梅毅说中华英雄史

明

繁华与崩溃

梅毅 著

天地出版社 | TIANDI PRESS

图书在版编目（CIP）数据

明：繁华与崩溃 / 梅毅著. —成都：天地出版社，2017.10
（2024年11月重印）
（梅毅说中华英雄史）
ISBN 978-7-5455-3170-1

Ⅰ. ①明… Ⅱ. ①梅… Ⅲ. ①中国历史－明代－通俗读物
Ⅳ. ①K248.09

中国版本图书馆CIP数据核字（2017）第235331号

MING: FANHUA YU BENGKUI
明：繁华与崩溃

出品人　杨　政
作　　者　梅　毅
责任编辑　杨　露　陈文龙
装帧设计　水玉银文化
责任印制　王学锋

出版发行　天地出版社
（成都市锦江区三色路 238 号　邮政编码：610023）
（北京市方庄芳群园3区3号　邮政编码：100078）
网　　址　http://www.tiandiph.com
电子邮箱　tianditg@163.com
经　　销　新华文轩出版传媒股份有限公司

印　　刷　北京中科印刷有限公司
版　　次　2018年1月第1版
印　　次　2024年11月第7次印刷
开　　本　660mm×920mm　1/16
印　　张　39
字　　数　542千字
定　　价　88.00元
书　　号　ISBN 978-7-5455-3170-1

咨询电话：（028）86361282（总编室）
购书热线：（010）67693207（营销中心）

名家评论

李国文（著名作家）

梅毅在评骘论定某段历史事实、审知识鉴某个历史人物时，与时下某些史学家、某些文学家，刻意要将历史写成某种样子，以达到取悦谁，讨好谁，达到获取更大利益的个人目的，是有着天壤之别的。……他宁愿坐冷板凳，啃硬骨头，溯本追源，寻出真情，回顾返视，以求真知。有什么说什么，秉持史学家的直笔；有多少说多少，体现文学家的良知，这是难能可贵的治学精神。

蒋子龙（著名作家）

梅毅英美文学专业出身，毕业后即入金融界工作，浸淫资本市场二十余载，风华正茂之年，信笔游缰，以“赫连勃勃大王”名头驰骋互联网，大哉壮哉！吾尝细谈其历史小说《南北英雄志》第一部《驺虞幡》，英伟雄健，如此笔力如此才，“茅盾文学奖”，不亦易乎！

高洪波（著名作家）

“梅毅说中华英雄史”的出现，让我们中国作家这个群体感到欣喜：因为，梅毅让我们看到了作为作家自我扩展的无限可能性，认识到作家书写历史，其实是自司马迁以来的传统！而作家梅毅所撰写的历史著作，无论从文笔还是史实，都可以称之为“好的”。一部“好的”历史书与“坏的”历史书的区别，就在于好的历史学家能够运用他自己独特的判断力去解析历史。

沈渭滨（复旦大学历史系教授）

要写活历史，除了扎实的史学功底和睿智的识见外，生动的文笔当不可少。我细读了“梅毅说中华英雄史”，感到梅毅的文笔确实生动，具有亦庄亦谐的感人魅力。他的一系列历史纪实体作品，似乎有着共同的写作风格：他力图继承太史公开创的历史文学余绪和评判史实的精神，努力效法历史演义家的结构布局和善于演绎的流风，倾心于散文、小说家捕捉细节、铺叙感受的技巧，试图熔于一炉。

王学泰（中国社会科学院文学研究所古代史研究员）

梅毅没有像过去有些历史学家那样，只要不利的资料，都否定。梅毅的书附的史料也很多，包括一些当时人的记载，包括内部文件，还包括一些外国人的记载，给我们开阔了眼界，为我们理解某一段历史提供了一个评价平台。

雷　颐（中国社会科学院近代史研究所研究员）

“梅毅说中华英雄史”有很重要的意义，他把史学界的成果大众化了。从前教条主义的教育，对梅毅来说没有形成一个框架，没有形成一个偏见。他的书里面的很多东西，虽然是近代史学界已经研究过的，已经谈得很多了，但是他的突出意义在于把它大众化。

张　鸣（中国人民大学国际关系学院教授）

梅毅虽然写得很通俗，有点像小说，但是一看就知道他是下狠功夫看过史料的，跟那些网络上完全演绎、完全口语化、变成现代化的历史叙述、根据一点东西进行演绎的东西，还是很不一样的。……梅毅很注意那种历史细微的细节，你一看就感觉挺有趣的，实际上史料都有，但是过去没有人揭示这个。

杨念群（中国人民大学清史研究所教授）

梅毅的书比较可贵的地方在于，在整个的叙事过程中，历史人物的悲欢离合和成败得失，是在历史的叙述中一环环展现出来的，没有马上就进入一种历史判断。……按照历史情景的本身来展现双方的对垒的过程，实事求是地，可以说是相对平实地去展示历史。这样出来的效果，相对来说是有一定的说服力的。

钱文忠（复旦大学历史系教授）

像梅先生这一批具有金融背景的人，可能更了解现代人在想什么。……梅先生“一方面沉醉于纸醉金迷的生活，一方面留恋于历史的幽暗光线”，这种生活状态，这么一种冲突，在一个写作人身上体现出来，经过微妙的递嬗后，又去影响他们的文字，而这种文字，以其独特的韵味来影响现代人的心志。

雷　达（著名评论家）

梅毅高产，又有见解，而且能辩证地看时代、文学的发展，这一点非常棒。最近这些年，我们国内关于历史方面非常“热”，电视热播、网络热聊、影院热映、图书热销。而他 2003 年底就已经开始写中国大历史，可见他极富预见性。

白　烨（著名评论家）

梅毅的历史写作，基本上还是正史的写法，同时有天马行空的类似杂史、野史的感觉，所以让人印象深刻。梅毅的大手笔，是他能在写事件时突出人物，以点带面，这种写法是他的首创。梅毅与众不同的历史写作，还在于他能用现代意识回顾以前的历史，他从人性角度细腻观察历史。

肖复兴（《人民文学》副主编）

梅毅讲述历史一点也不枯燥，正因为他是以人来贯穿的，并不是以从前传统的方式来进行断代史的研究。形象演绎是梅毅书写历史的专长，他写起历史来不仅好看，而且能活灵活现地把过去的历史再现于我们面前。

叶延滨（《诗刊》主编）

梅毅的历史写作有两大优点，第一，他确实有见识，他的历史观察力非常奇特。如果讲历史的真实性，人们宁肯去相信枯燥的教科书，但是人们读梅毅的历史著作，主要是想读作者的见识。第二个优点，梅毅的历史写作以文笔取胜。

刘鸿儒（中国证监会首任主席）

我看“梅毅说中华英雄史”的时候，符契相合，感到由衷的欣喜。在我们证券监管单位的梅毅，竟然打着一面“赫连勃勃大王”的大旗，成为声名显赫的历史学家，而且风生水起，已成“中国互联网历史写作先行者”。他不仅写出了几百万字的中国历史作品，可谓“著作等身”，而且坊内畅销，洛阳纸贵。从2010年开始，他又在中央电视台《百家讲坛》节目开讲《鲜为人知的杨家将》《隋唐英雄志》，好奇之余，我更多感到的还是欣喜。

朱伟一（证监会研究员、社科院法学所兼职教授）

读了梅毅的历史书，我觉得历史比小说更深刻。……梅毅的视角独特，让人读之津津有味。

曹可凡（著名电视节目主持人）

他（梅毅）发现了很多别人没有发现的材料，当然他更多的是可以从现有平凡的材料当中找出历史的端倪。这些可能显而易见，但是有时对显而易见的东西不忽略，反而可以找出历史的真谛，这是梅先生的书突出的地方。……作为一个传媒从业者或者一个普通的读者，通过这个书，我可以获得很多知识。

自

序

英雄是民族最闪亮的坐标

2016 年 11 月 30 日，我作为中国作协九大代表，在人民大会堂，亲耳聆听了习近平总书记的讲话：“中华民族生生不息绵延发展、饱受挫折又不断浴火重生，都离不开中华文化的有力支撑。中华文化独一无二的理念、智慧、气度、神韵，增添了中国人民和中华民族内心深处的自信和自豪。”

话语入心，感受颇深！

联想到我本人的创作，从 2003 年到 2015 年，12 年时间，正是为了弘扬中华传统文化，为了找回中华民族那份沉甸甸的文化自信和历史自信，在中国最物质的南方城市深圳，我坐着冷板凳，独立完成了 10 卷本、500 多万字的《帝国真史》系列丛书。

抚今追昔，纵观历史，如今，我静下心来，俯首思之，得出这样的结论：我们这个民族之所以伟大，就在于我们是一个历史上有无数英雄的民族！

回望中国历史数千年进程，特别是朝代更迭的那些铁血岁月，英雄鹰扬，豪杰虎跳，确确实实让后人无限神往！在每一个令人目眩神迷的伟大时代中，各类英雄横空出世，他们之间的纠葛、交结、争斗，无不充满了动人心魄的感人故事，处处闪耀着人性的光辉，荡溢着历史的波谲云诡，迸发出惊人的感动力！即使在今天，无数中华历史英雄那些激动人心的时刻，肝肠寸断的瞬间，那些汗与泪倾泻而成的故事，依旧晶莹闪耀……

一个没有英雄的民族是不可想象的！物质时代，我们对中华民族的英雄崇拜，可以治疗拜金主义的“软骨症”，可以治愈蝇营狗苟的精神瘫痪，可以让我们在庸常生活中重新体味诗性的、崇高的人性大美与激情，可以一砖一瓦地重新建砌我们民族精神的巍峨华殿，可以让我们在对英雄人物的遭遇感同身受的同时，细细咀嚼诗性而永恒的苦难、孤独与崇高——一切的一切，就是要进一步提升和重铸我们伟大民族的精神风骨！

我在“以人为本”“以人带史”的独特历史讲述中，总会给大家展示历史洪流中那些血肉英雄的人生传奇。大哉英雄，他们离奇跌宕的命运和令人扼腕叹息的结局，他们之间的惺惺相惜和恩义散场，连我这样冷静的写作者都每每为之流泪动容。我希望能够以客观的、现场感的讲述，消除流水账式的干巴巴的教科书式的平铺直叙，一改宫廷史书荒诞不经的星宿下凡式的神化，一改旧时代民间叙事中英雄故事天命巧合的际遇铺陈，泯除昔日怪力乱神的“超现实”力量冲突——最终的目的，就是要重力突破传统中国通史写作那种老旧的格套，从崭新的、完全的、人性义理的角度，去描写、描摹历史中的“人”在乱世之中生存挣扎所遇到的矛盾、痛苦，从而进一步展示出那些伟大时代伟大英雄的反省、发愤、坚忍，展现乱世之中人性的恢宏壮美和平凡生命力的顽强不屈。

在两千多年中国历史的宏大画幅中，我们面对灿若群星的历史人物，有时候，确实不能以成败论英雄。波澜壮阔之间，我总会发现那些欢乐或悲伤英雄身上的熠熠闪光，他们高尚的友情、撼天动地的义气、深沉的亲情以及奋不顾身的勇气——所有这些，无不具体而形象地展现出我们国人一直以来崇尚的价值观，体现出我们最原始、传统的道德。他们的英雄传奇、他们的侠义勇武、他们之间的惺惺相惜，无不与我们中华民族传统的道德观相契合，故而历久弥新！

以历史的逻辑和历史的纵轴、横轴构建传奇化的个人经历，确实非常不容易。为此，如同入群山寻宝，我只能对史料细细爬梳，从汗牛充栋的史料中仔细挖掘，以历史真实为基础，增添合理想象，还原历史，润饰附会，撷取那些细微、深刻而又不经意处的细节，继而细细雕琢，默默推想，最终来张扬我们心目中的历史英雄楷模，体现出那些英雄们平凡中自然而然的感人情怀，挖掘出埋藏于历史深处的复杂而伟大的人性！

正如习近平总书记所言："祖国是人民最坚实的依靠，英雄是民族最闪亮的坐标。歌唱祖国、礼赞英雄从来都是文艺创作的永恒主题，也是最动人的篇章。……对中华民族的英雄，要心怀崇敬，浓墨重彩记录英雄、塑造英雄，让英雄在文艺作品中得到传扬，引导人民树立正确的历史观、民族观、国家观、文化观，绝不做亵渎祖先、亵渎经典、亵渎英雄的事情。"

在十多年的写作过程中，我力避当下坊间最流行的群氓庸俗搞笑史观，扬沙弃砾，以历史守护者的角度，切入中华大历史活生生的血肉肌体之中，从中发现每个伟大时代各路英雄的英伟、自我突破，甚至是狂狷的人格状态，探究辉煌乱世大时代中作为个体的"英雄"的挣扎过程。

看啊，这些人，有血有泪，有悲伤有欢乐，有飞扬有落魄。看啊，这些历史长河中伟大英雄们短暂而辉煌、悲伤的人生历程，真实而丰沛的情感。今天的人们，肯定能够在谛听和仰视中，深刻感受我们伟大历史嬗变无常的命运，沉浸于历史戏剧性的快感中，体悟那些英雄在困境中的抉择和成长。

在我们为泪水所溅湿的笑声中，在惊回首的历史探望中，那些具有冰山大漠魂魄的英雄雕像，在中华民族雄浑壮美的历史背景映衬下，会越来越清晰而丰满！

2017 年 8 月 6 日于深圳

目录

导读

纵欲时代的困惑

明朝灭亡的历史悖论

回首当年，绮楼画阁生光彩。朝弹瑶瑟夜银筝，歌舞人潇洒。一自市朝更改，暗销魂，繁华难再。金钗十二，珠履三千，凄凉千载。

这阕《烛影摇红》丽词，乃明朝南都陷落之际松江美少年夏完淳的感时伤怀之作。绮楼盛境，帝国繁华，转瞬间皆成梦忆，不能不让人扼腕慨叹。

明朝，是一个欲望自始至终都勃勃膨胀的年代。

其实，欲望，绝非一个贬义词。人之所以为人，欲望乃基本的原始驱动力。中国社会，从历史的经验上大体来讲，一向对“人欲”采取优容的态度。《礼记》曰“饮食男女，人之大欲存焉”，肯定了人生的基本欲望。即使是给后世人以刻板说教印象的理学宗师程颐，他所谓的“去人欲，存天理”，原本的指向也只是要求帝王敬理克欲，并不是板着面孔训斥一般百姓去压抑基本的欲望。

明代以来，“童心说”“性灵说”“情教说”等哲学思潮，都在不断呼吁人们打破禁欲的桎梏，鼓励众生去追求人生的欢乐，并竭力尊崇人之为人的情感意志。

可惜的是，抛开明代后期“非君抑尊”思想的进步意义不讲，明朝社会，自上而下，由始至终，爱恨骋意，倨傲以狂，狂放自适，嬉乐贪欢，最终皆归并为个体欲望和群体欲望的无限放纵。

个体性和社会性欲望的无限膨胀和放纵，最终导致了明朝的灭亡。明太祖朱元璋刑网四布的统治欲，明成祖朱棣骇人听闻的杀戮欲，明英宗朱祁镇、明武宗朱厚照毫不负责任的嬉乐欲，明世宗朱厚熜、明神宗朱翊钧财迷心窍的贪攫欲，明熹宗朱由校放任自流的淫乐欲，明思宗朱由检刚愎自用的控制欲，无所不登峰造极；同时，在这些迷狂帝王的欲海中，李善长以营党欲，朱高煦以篡夺欲，王振以虚荣欲，刘瑾以把持欲，严嵩、张居正以求权欲，魏忠贤以变态欲，吴三桂以私情欲，无遮无掩、放荡恣肆地在近三百年间狂暴地躁动，横溢泛滥，莫有止息。最终，欲望湮没了一切，家倾国亡，同归于尽。

明朝的“纵欲”之风，完全是“贵己贱人”的放纵。此种纵欲，既非兼爱，又非尊身。各种人群在追求一己之利的同时，聚滴成潮，最终成为淹没一切的天下大害。

在这个纵欲成风的时代，人的价值并非因追求有所升华，个体缺失反而成为整个时代的人性普遍特征。纵观作为“社会良心”的士大夫阶层，自负、好刚、使气、矜夸、孤傲、浮躁，成为其最为显著的性格特征。在他们淋漓挥洒的诗文中间，我们看到更多的是戾气而不是霸气，是狂狷任性而非个性张扬，是浮躁阴鸷而非明朗任侠，是纵情放荡而非率性求真。

于是，在放纵之后，迷惘、孤寂、苦涩、失落、忧郁、凄苦一拥而上，理性与克制成为真空地带，道德感从社会人群中被抽离几尽。

内忧外患之中、网罗高张之下、酒醉金迷之间，危机日甚，直至于亡。

万历年间《顺天府志》中所描写的人欲横流、穷奢极欲的社会现象，即使对于今天也极富警醒性：

风会之趋也，人情之返也，（开）始未尝不朴茂。而后渐以漓，其流殆益甚焉。（社会）大都薄骨肉而重交游，厌老成而尚轻锐，以宴游为佳致，以饮博为本业。（人民）家无担石（之储）而饮食服御拟于巨室，囊若垂罄而典妻鬻子以佞佛进香。（更）甚则遗骸未收，即树幡叠鼓，崇朝云集。噫，何心哉！德化凌迟，民风不竟。

明朝一代，自1368年至1644年，共两百七十七年历史。不过还有多种说法。崇祯帝死后，南明有福王、鲁王、唐王、桂王等，政权一直延至1662年。如果算上奉明正朔的台湾郑氏政权，即可延至1683年。但从“大一统”观念看明朝，其终止年份应为1644年。

近三百年间，明王朝有它自盛而衰的过程：自洪武元年（1368年）至“土木之变”（1449年）的八十余年间，为社会经济重构期；自正统十四年“土木之变”到正德末年的七十多年，是明朝经济自我修复和调整期；自正德、嘉靖相交之际到万历中前期，乃商业经济新变化、社会相对稳定的变革期；自万历中后期到崇祯末年（1644年）的半个世纪，乃社会土崩瓦解一步一滑落的溃决期。

总体上讲，除了朱棣“靖难”篡位内战以及最后十几年内外交困大战的两个时期外，明朝二百多年间的对外武装冲突和境内离叛都不算严重，持续时间也不长。从“大局”上观察，明帝国社会在大多数时间段内处于稳定和平稳发展之中。明朝中央政权对于边疆少数民族地区的经营积极有效，对内政令推行顺利，商品经济发展迅速，文化传统极具总结性和传承性。

但是，明朝政治、文化、经济的发展，如果放置于当时的世界大舞台上来观察，就难免显得逊色。特别是在火器制造、天文地理、历法运算等自然科学领域，大明王朝因中央帝国故步自封的意识，已经大大落后于时代。而且，15世纪和16世纪的全球，是世界性的地理大发现和大航海时代。当郑和的辉煌远航被当作滥费国帑而遭尘封之后，人们的冒险意识和进取精神，逐渐为泱泱大国心态和科举场屋钻营所遮蔽。

成熟文明的崩溃，并非在于社会与个人陷于纵欲状态下的麻木不仁。明朝的灭亡，同样是一个持续渐进的过程。但它在僵卧不动的边缘没有坚持太久，突如其来的内部崩坍和外力作用结束了它在旧时代的踽踽独行：农民战争的巨大消耗与女真部落令人瞠目结舌的突然崛起，终于把大明王朝在极短时间内推入了历史的深渊之中。一种长期平稳发展的文明，终于沦为充满暴力与血腥的末世。这个并不十分邪恶的旧时代，最终被白山黑水之间的屠龙骑士用刀剑刻画上了句号。

值得注意的是，明帝国灭亡前连一个让人喘息的回光返照时期都未曾享受过，更未经历过五代十国那样长久的“末世”期。清朝统治者汲取了蒙古统治人群的失败经验，在使用短暂而骇人的血海恫吓之后，他们手持儒家传统的幌子，开始了对庞大帝国处心积虑的经营。

可悲的是，大明王朝的文明之火并未被移置于一种更为广大的空间。这种毫无新意的平移置换，使中原王朝迈上了一种看似辉煌其实是原地踏步的停滞之途。古老的中华文明，并未在改朝换代中和“异质文化”的浸染下得以凤凰涅槃，而是陷于一种新统治者有计划、有目的的精神圈囿的窒息氛围。清朝这种“柔性”的精神摧残，表面上看似黏合了统治者与被统治者地理与文化间的裂痕，究其实也，于汉民族而言，这种摧灭对中华文化核心价值的腐蚀性以及由此导致的民族衰退的可怕性，超过十个“扬州十日”。

万马齐喑中，在无尽的高压之下，我们的民族性格变得消沉、委顿和烦琐，昔日天真率直、极富文明创造力的人民，日益成为柔懦和忍耐的“顺民”。

明王朝的丧钟响起之后，中国步入一种浑噩而长久的假寐期。令人泫然悲哀的是，明亡之后，经过又一个近三百年的轮回，继之而来的，是更严重的分裂和混乱以及西方“文明”的野蛮侵略。中央帝国的臣民，在手持刺刀和新式武器的外夷士兵眼中，竟成了荒诞可笑的脑后拖着小辫的“土著”。可悲的是，当清朝龙旗在紫禁城的黄昏中被扯下快一个世纪后，我们不少人心中的“辫子”，仍然顽固地悬在脑后。

大明王朝的赫赫人物，当然不是滚滚历史车轮中机械僵硬的“部件”，更不是教科书中枯燥呆板的平面人物。拭去民间艺人和戏剧演义的垢腻油彩，挥去尘封久远的历史沉积，我们会恍然发现那些已经格式化的并渐渐消隐于历史隧道中的面孔，是那么新奇和陌生：

朱元璋暴戾无情，在立国道德层面上却无可指摘，得国最正；朱棣看似治国有道的雄才大略，却真正种下日后女真崛起于东北的深祸至忧；宦官王振误国误民导致英宗皇帝被俘的“土木之变”，一切的一切竟然出于乡儒衣锦还乡的虚荣心；明武宗嬉乐荒唐、不可饶恕的游戏生涯，其实有过赈灾免赋的为善之举；大学士严嵩恶贯满盈的一生，其实都是他桑榆之年的倒行逆施，青年时代的严嵩原是一位好学上进的士子；嘉靖年间喧扰一时的沿海“倭患”，葡萄牙人和中国海盗竟也出没其间；明神宗贪敛暴虐的统治年代，竟然也有“三大征”的进取（当然还包括由此导致的巨额开销）；努尔哈赤、皇太极统据中原的“雄才大略”，仔细推究却大都源于投附汉人的怂恿；李自成、张献忠看似进步的“革命”意绪，其实不过是出于驿卒和弃伍士卒的愤怒；吴三桂、李成栋看似皆“冲冠一怒为红颜”，原来各有各的难言隐衷……

汤传楹在其《闲杂笔话》中这样写道：“天下不堪回首之境有五：哀逝过旧游处，悯乱说太平事，垂老忆新婚时，花发向陌头长别，觉来觅梦中奇遇……然以情之最痛者言之，不若遗老吊故国山河，商妇话当年车马，尤为悲悯可怜。”伤痛悼惜之中，回首明朝，风流如梦，绮华成空。

苦涩之余，仅以陈子龙一诗述怀：

独起凭栏对晓风，满溪香水小桥东。

始知昨夜红楼梦，身在桃花万树中。

从头收拾旧山河

朱元璋的个人“奋斗史”

朱元璋，今人言及这位大名赫赫的皇帝，往往和“骇人听闻”这个四字成语联系起来，人们总是指斥他诛杀功臣的千古凶暴和个人性格方面的阴鸷沉猜。确实，这位明太祖立法严酷，尽揽朝中大权于己手，建立锦衣卫皇家特务组织，禁锢百姓思想。为了诛除功臣，他机关算尽，大肆罗织，戕害无数无辜人命。

在朱元璋时代，帝王皇权不仅仅被神化，也被推至至高无上、不容置疑的顶尖地位。同时，文臣士大夫再无尊严可讲，随时会被皇帝或者太监一声令下，按在朝堂上当众被杀威棒一样的廷杖击打。看见众臣士大夫在殿下翻滚哀号，朱元璋脑海中很有可能幻化出他自己青少年时代的形象：一位步履匆匆、惊惶四望、衣衫褴褛、手提打狗棒、四处乞讨的和尚。

所以，看见自己的臣下被卫士们用大棒乱打，朱元璋那变态的心中，肯定会涌起无限的快意。

但无论如何，朱元璋在开国者最基本的道德方面，却无任何令人指摘的地方：明朝得国，正大光明！

中国历史，自上古三代之后，得国最正的，只有汉朝与明朝。刘邦与朱元璋，皆平头百姓出身，一刀一枪拼打出国家，化家为国，由匹夫而成为天子。其兴兵之始，本来就是荒乱末世活不下去，原意并无欺上造反之心和狡诈乱世之意。而且，他们两个人又不似曹操、司马懿、刘裕、萧道成、赵匡胤之流，那些人凭借在手中的掌国大权，篡夺老主人的国家。

当皇帝后，朱元璋忌讳多多，唯独不忌讳自己“匹夫”的苦出身身份，在诏书中多次自称发迹前是“淮右布衣”，总忘不了自比刘邦。也甭说，史书上记载，朱元璋“先世家沛（地），徙句容，再徙泗川。父（朱）世珍，始徙濠州之钟离”。不知是朱元璋授意还是当时记实录的史臣“希旨”，连他的“老家”也与汉高祖刘邦同籍。

当然，时代在进步。史臣笔下，朱皇帝他妈不像刘皇帝他妈是被“神龙”摁在地上受的孕，而是“梦神授药一丸，置掌中有光，吞之，寤，口余香气”。

古人每当涉及记载皇帝之诞生，想象力总是贫乏，刚刚在“神龙”“神虎”梦奸帝母的叙述上有些“改进”，笔势一转，又归流俗：“（朱元璋）及产，红光满室。自是夜数有光起，邻里望见，惊以为火，辄奔救，至则无有。”这些当然纯属瞎编滥造。朱元璋家穷得叮当乱响，不可能连夜烧柴煮鸡蛋。果真数夜屋里发光，也早被元朝政府的探子上报加以铲平。无稽之谈，帝王附会罢了。

朱元璋自濠梁起兵以来，定东南，平“汉”，灭“吴”，击降方国珍，打败陈友谅，收取两广，而后收拾队伍，鼎力北伐，平秦晋，取大都，继而收蜀取滇，十五余载苦战经营，终成大一统的明朝。

所以，史臣这句话，绝对不是拍马屁：

“明太祖崛起布衣，奄奠海宇，西汉以后所未有也。”

早岁已知世事艰

濠梁起兵

读过宋史、元史的人都知道，元朝的武力之盛，自古罕匹，亚欧大陆，无数帝王、国王、部落酋长，皆在蒙古铁蹄下颤抖。然而，黄金家族统治中国才几十年，由于“马上得之”，继而“马上治之”，致使国祚日衰。昔日赫赫雄武，竟沦为不堪一击。

特别是元顺帝继位以来，天灾人祸不断。自广州朱光卿和汝宁的“棒胡”造反以后，全国动乱蜂起，按下葫芦又起瓢，最终闹出了刘福通等人的“红巾军”。一时间忽变为燎原之态，元朝灭亡，已成必然之势。

朱元璋，这个名字是他投附郭子兴后由郭子兴取的，他原名朱重八。朱重八的父亲，也不叫朱世珍，原名朱五四。朱元璋的妈妈，叫陈二娘。朱元璋的大哥叫朱重四，二哥叫朱重六，他本人排行老三，叫朱重八。

看见这么多数字，我们当代人可能奇怪，这朱家难道是“数学世家”，咋起名字都按数字排列？

清朝人俞樾在他的《春在堂随笔中》写道：“元制，庶人无职者不许取名，而以行第及父母年龄合计为名，此于《元史》无征，然证以高皇帝（朱元璋）所称其兄之名，正是如此。”他又举当时绍兴乡间为例：“如夫年二十四，妇年二十二，命为四十六，生子即名‘四六’；夫年二十三，妇年二十二，合为四十五，生子即名‘五九’，五九相乘，四十五也。”

据俞老钩沉，明朝大将常遇春的曾祖父叫常四三，爷爷叫常重五，父亲叫常六六；大将汤和的曾祖叫汤五一，爷爷叫汤六一，父亲叫汤七一，等等，皆为佐证。

元顺帝至正四年（1344 年），淮河大灾，水旱蝗灾祸不单行，活人一个个倒下变成死人，速度快得不及掩埋，当然就爆发了传染病。朱家虽然在朱重八小时候夜夜“冒光”，此时却无任何“异兆”，与常人凡家无异。几天内，朱元璋的父亲、母亲、幼弟均病死，贫不能殓，只得用草席一裹随便挖坑埋掉。又过几天，朱元璋二哥朱重六也染病而亡。

无奈之下，年仅十七岁的小朱只得进入皇觉寺为僧。他并非信佛，只图有口饭吃。仅仅一月刚过，庙里粮食被僧人食尽。树倒猢狲散，小朱重八只得身着僧服，步行西至合肥，在光州（今河南潢州）、固州、汝州等处辗转流浪，化斋乞食。

三年下来，天天辛勤奔走，只为饱腹活命，朱元璋熬过人生一大劫难，终得不死。

大饥荒之际，淮西地区已经遍布反抗的种子。当地最活跃的当数游方僧出身的彭莹玉，人称“彭和尚”。此人到处传播“弥勒教”，以烧香拜佛为名，奉“弥勒佛”和“明王”为大神，称为“明教”。彭和尚属明教南宗一系。北宗一系是家在河北栾城的韩山童。韩家几代人皆为白莲教教主，趁着反抗的烽火四起，便也称明王要出世，暗中加紧准备。

明教，其实最早叫“摩尼教”，乃波斯人摩尼在3世纪创立的一种糅合佛教、祆教、基督教为一体的混合宗教，武则天时代传至我国汉族地区，一度在汉人与回鹘地区大盛，信众人数颇多。唐武宗时期毁佛，顺便也把明教禁了。转入地下后，明教适应能力很强，道教及民间诸神和原始传说日益添入其中，最终形成了类似会道门的组织。北宋时期，明教一度大盛，特别是江南地区，明教斋堂比比皆是，其中供奉摩尼和耶稣的画像。

日后，明教与白莲教合流，在缺少经济联系的广大农村地区如火如荼发展，多次起事，也多次被镇压。元顺帝时，天灾频频，人心思乱，于是信徒们纷纷暗中串联，号称弥勒佛降生，明王出世，意欲发动。1337年，陈州人胡闰儿起事，就是明教规模很大的一次暴动。1338年，彭和尚的弟子周子旺在惠州起事，自称“周王”，率众五千人造反，但很快被元朝平灭。彭和尚由于擅用符水“治病”，为当地民众掩蔽逃走，跑到淮西潜伏起来。

元末大乱，除各种政治、经济原因外，导火索是黄河水灾。时任元朝宰相的脱脱知难而进，非要征国内几十万人治理黄河。他在至正十一年初夏发调民工，开河二百八十里，以贾鲁主持河政，勒黄河入故道。此举此行，“利在千秋”，患在元朝。

一直寻摸起事机会的韩山童得到消息后，暗中凿刻了一个一只眼睛的石头巨人，派人埋于黄陵岗开河必经之地，并派遣徒众四处散布谶谣：“莫道石人一只眼，挑动黄河天下反。”于是，韩山童以及得力助手刘福通、杜遵道等人四处活动，大肆宣传明王出世的消息，开始打起复兴宋朝的旗号。

结果，石人挖出，数万黄河挑夫、兵士亲眼所见，一传十，十传百，百传千，千传万，本来就遭受元朝重重压迫的汉人百姓，均闻言思乱。

于是，韩山童自称宋徽宗八世孙，刘福通自称宋将刘光世后人，大家齐推韩山童为明王，聚众起事。不料，人多口杂，消息泄露。元朝地方政府派出几百人，在“开幕式”上把韩山童抓住，立马押送县府开斩。刘福通、韩山童之妻杨氏与其子韩林儿好不容易才得逃脱。

依理讲，擒贼先擒王，韩山童都被杀掉了，大事应该不成才对。但刘福通有勇有谋，振臂一呼，旬日之间，得河工数万人。这些人均头缠红巾，揭竿而起，杀掉元朝监工，四处进攻。由于红巾军很快攻下朱皋（今河南固始）这个大粮仓，开仓放米，马上吸引饥民十余万来加入。这样一来，江南大震，义军四起。

彭和尚闻讯，当然不会闲着，推徐寿辉为头领，拉起队伍，攻克沔阳、武昌、江陵、江西等多处府郡。

几个月时间内，数支起义队伍几乎占领了西至汉水、东至淮水之间的所有土地，成为元朝的“国中之国”。

元末士人叶子奇在其笔记《草木子》中，给我们描述了这样一幅元末社会的图景：

> 元朝末年，官贪吏污。始因蒙古、色目人罔然不知廉耻之为何物。其问人讨钱，各有名目，所属始参曰拜见钱，无事白要曰撒花钱，逢节曰追节钱，生辰曰生日钱，管事而索曰常例钱，送迎曰人情钱，勾追曰赍发钱，论诉曰公事钱。觅得钱多曰得手，除得州美曰好地分，补得职近曰好窠窟，漫不知忠君爱民之为何事也。

当然，这种景象并非元末才有，实际上自始至终贯穿于整个元代，只不过发展到末期，名目得到更细的划分。

政治上自不必讲，元朝“四种人”的划分，是毫无遮掩的民族压迫。经济方面，元朝的破坏可谓罄竹难书。北方中原地区的汉族人民最为悲惨，几个世纪以来，契丹、女真、蒙古轮番入主中原，造成一次又一次战争浩劫，人口锐减不说，大部分良田变成荒地。蒙古统治者成为中原大地的主人以后，不仅“继承”了宋、金留下来的大片“官田”和“公田”，把战争中死亡人口的有主土地划为“官田”，还强行侵夺当地汉人正在耕种的良田，没为“公田”。然后，很快把这些田地分赐给宗王、贵族以及寺庙。

这些奴隶主领主，各拥赐地，俨然是独立王国的土皇帝，大的“分地”（蒙古贵族在“赐田”以外还有“分地管辖权”）可广达方圆三千里，户数可达二十万之多。由于“分地”有免役特权，寺庙又免纳租赋，最后一切沉重的负担，均转嫁到所谓的自由民身上。特别在初期，蒙古贵族不喜欢定居的生产生活方式，上万顷土地被刻意抛荒，使之成为他们思慕梦中故乡的“草原”，以供放牧之用。而在其间，供他们残酷役使的“驱丁”，则完全是没有任何人身自由的奴隶。

在中国南方，除大量人口被掳掠、卖到北方做奴隶以外，当地汉族人民还要忍受与元朝上层相勾结的汉族“功臣”或投附地主的压迫。这些人并不因为自己一直身处南方而在剥削方面稍显温情，他们甚至仿效北方那种压榨“驱丁”的方式盘剥佃户。

元朝的佃户与前后朝代最大的不同，在于他们可以整家整家地被田主任意典卖，他们所生的后代仍是男为奴仆女为婢，完全是奴隶制的一种另类表现形式。即使在大罗网中星星点点分散的少量自耕农，仍旧被元朝沉重的徭役和赋税压得喘不过气来。无奈之下，他们常常又跌入另一种万劫不复的深渊——向官府以及与官府勾结的色目人借高利贷，即骇人听闻的“斡脱钱”。这种高利贷的利息有个很好听的名字：“羊羔儿息”——一锭银本，十年后即飞翻至一千零二十四锭。

在如此残酷的压榨下，自耕农的破产与逃亡成为元代社会的常态。

对元帝国大唱赞歌的人们，总是炫耀地声称元代拥有当时世界上最先进的商品货币关系：纸币交钞是元帝国唯一合法的通货，在欧亚大陆诸多地区畅行无阻。但是，这种“畅行无阻”，是基于铁火和刀锋下的强制。除元初忽必烈时代交钞尚有基本信用外，这种基本上没有准备金的纸币政策只能说明一个事实：元朝政权在贪淫暴政下肆无忌惮地掠夺。

忽必烈死后，元朝的通货膨胀一天比一天加剧。红巾事起后，军费支出剧增，元廷只能拼命赶印纸币，最终使得这些“通货”形同废纸。即使是在所谓的“和平年代”，元朝也凭这种纸币形式不断地掠夺人民的资产，除支付军费、政府开支以及维持官僚机构运行外，都是套取现货输往海外，换来一船又一船、一车又一车价值连城的宝石、美酒、金银器、地毯等奢侈品。

一部分东西方元史专家夸夸其谈的横跨欧亚的帝国交通线，最初的目的就是便于运输这些帝王贵族的“必需”之物以及能够更快更准确地把帝国军队派往每一处角落，镇压任何可能的反抗。至于后世客观上所起的“加强了世界间的经济文化交流”的作用，并非元朝统治者的原意，他们至死（甚至元朝灭亡）也没什么人会想到这样的“积极意义”。而且，设驿站、铺道路、开漕运的所有这些“方便”，无不是建立在被奴役人民的血汗之上。

元朝最后的崩溃，很大程度上也源自“钞票”这小小的纸片。财政崩垮后，再想维持统治，难比登天。

施行如此残暴而无人性的统治，在冷兵器时代，元朝的灭亡就成为必然。

身为天下至尊，元顺帝整日与十个“倚纳”宠臣在宫中群交滥交，性活动的过程扑朔迷离，骇人心目：各人赤身裸体，脑袋上都戴顶黄色高帽，上缀黄金打制的“佛”字，手执念珠，列队在大殿内边行走边念咒语。同时，殿内有美女数百人，身穿奇装异服，垂挂璎珞流苏，按弦品箫，玉体横陈，高唱《金字经》，四下蹦跃，大跳“雁儿舞”。顺帝等人，又饮酒又服食春药，心醉神迷，大有一日快活敌千年的极乐之感。

不仅自己快乐，顺帝表示“太子苦不晓秘密佛法，此秘戏可以延年益寿”。于是他又让秃鲁帖木儿教太子有样学样，“未几，太子亦惑溺于邪道也”。纵观中国上下五千年历史，淫暴如秦始皇、齐显祖、隋炀帝、金炀帝，他们都仅仅是自身宣淫，对下一代储君太子皆付名师硕儒教诲，从未听说让人教儿子也学坏的。元顺帝可谓中国历史上唯一一个向儿子传授性学古怪大法的皇帝。

当元顺帝浸沉于歌舞享乐的时候，元朝的“叛逆”们力量越来越大。

刘福通于至正十五年在亳州立韩林儿为帝建“宋”后，打败元朝的河南行省平章政事答失八都鲁，并生俘其子孛罗帖木儿。但不久元军发动突袭，又抢回了孛罗帖木儿（此人日后还有故事可说）。同时，元廷调察罕帖木儿等军进攻“宋”军。

刘福通才略不凡，他以进为退，以攻为守，在1356年秋发动三路大军北伐：李武、崔德率西路军出潼关，直奔晋南；赵均用、毛贵统东路军，由海道攻山东；关铎和潘诚领中路军跨越太行山进攻山西。刘福通本人则率大军转战冀南、豫北地区，大败答失八都鲁。刘福通勇猛善战，他使计，派人四处放出风声，说答失八都鲁与自己暗中讲和。元廷愤怒，下诏严责答失八都鲁，这位骁将竟忧愤而死，其子孛罗帖木儿接替了他的职位。

刘福通趁元军内部混乱之际，于1358年攻克汴梁。这是一座政治含义极浓的城市，刘福通终于可以以之为都城，希望以昔日北宋的首都当招牌，真正重开“大宋之天”。

三路北伐军方面，西路军在攻凤翔时失利，一战溃散，诸将散走；东路军开始连连得胜，几乎占据整个山东，并挥师北上，直逼大都。当时，山西的两部元军察罕帖木儿与孛罗帖木儿正因争地盘“窝里斗”，打得不可开交。毛贵、赵均用二人如果抓住有利时机，稳扎稳打，很可能一举攻下大都。由于内部不和加上轻敌，红巾军在柳林大败，溃退回济南。不久，内讧发生，赵均用杀毛贵；过了一阵子，赵均用又被毛贵手下杀掉。如此一来，本来是统一队伍的山东红巾军分裂成数股。中路军本想进入山西后驰援毛贵进攻大都，中途被元军阻挡，在河北南部战斗一阵，就忽然转攻晋北。

1357年，这支行踪飘忽的中路红巾军竟然一举攻破元朝两都之一的上都，把宫阙尽数焚毁。然后，他们又进攻辽阳。至正十九年，关铎等人又率大军攻入高丽，并攻占高丽都城。这一支红巾军虽然神勇，可他们的首领就知道四处指挥兵士辗转征杀，没有任何坚定的政治理念和终极目标。

高丽王逃跑，其手下大臣委曲求全，暂时忍辱屈服，一大帮人跪迎红巾军，纷纷献出自己的女儿、姐妹，分配给红巾军各级将领为妻。

红巾军将士们迅速腐化，纷纷娶高丽女人为大小老婆，恣情往来。转战多年的红巾军乍入温柔乡，一下子丧失了斗志和警惕性，数万人挤在高丽王城中，成日醉了睡、睡了醉。

见时机差不多，一天晚上，在京的高丽大臣和平民忽然接到高丽王命令：立刻进攻，王京内只要是不讲高丽话的，立刻攻杀，一个不留！

事起仓促，红巾军上下本来都把这些天天把他们伺候周到的高丽男女当成亲人，不时还亲热地跟倒茶递水的阿妈妮来几句不伦不类的高丽话，忽然之间，石头代替了泡菜缸，大刀片子代替了高丽参。惊愕之余，军士们被杀者众多，主将关铎等人及数万兵士皆一夕被杀，唯独绰号"破头潘"的潘诚手下一名偏将左李命大。他因驻守城外，最终率一万不到的兵马逃回鸭绿江，向元军投降。

大概交代了刘福通等红巾军将领和元顺帝，回来再讲朱元璋。

出外走动三年，乞讨三年，阅尽人生冷暖。此时的朱元璋，身在皇觉寺，心在众山间。外间动乱四起，红巾军到处发动力量攻占城池。元军打不过红巾军，整日杀掠良民百姓邀赏请功，世间怎一个乱字了得。

于是，和尚更思人间事，小朱在佛前掷卜三次，终于为自己投奔义军找到了心理凭依。至正十二年三月十五日，朱元璋穿件破烂僧服，直抵濠州（今安徽凤阳）城下，要见当时占据此城的"城大王"郭子兴。

郭子兴，原籍曹州。其父乃一走方郎中兼算命师傅，年轻时为谋生在定远一带转悠，最后，他娶县中一老财主瞎而胖的闺女为妻，家财益饶。腰中有了钱不算，瞎老婆还为郭生下三个儿子，其中老二就是日后的郭子兴。郭子兴长大后，任侠好施，喜筵宾客。如此的"惹事精"，赶上乱世，定为一方英雄。

乱起之时，郭子兴聚数千青年人，一举攻克濠州，一时间声名大振。与郭子兴同为事头的，还有孙德崖等四个人。五位爷各称"元帅"，谁都不服谁。郭子兴本人土豪出身，另外四位百分之百的"流氓无产者”，粗鲁野蛮，日行剽掠。郭子兴很看不起他们。

四人不悦，合谋想搞掉郭子兴。

濠州门兵见朱元璋这样一个粗头大脸的怪和尚要见元帅，以为是间谍，立刻把他五花大绑并通禀郭子兴。结果，郭子兴见来人状貌奇伟，聊了几句，很投脾气，大悦之下，他把和尚任命为自己的贴身亲兵，立刻就让朱和尚当上十夫长。

日后，凡有攻伐，郭子兴皆让朱元璋打头阵。小朱运气不错，往往旗开得胜。由于当时郭子兴与四帅倾轧，正需贴身卖命的心腹，他很快就把自己的义女马姑娘嫁给小朱为妻，正式为他起名为朱元璋，字国瑞。

成为郭元帅的乘龙快婿后，朱元璋在军中地位日益提高，人皆呼之为“朱公子”。至于他的老婆马氏，乃郭子兴老友宿州人马公之女，十余岁时父死，入郭家为义女。

“朱公子”个人事业有成，但当时红巾军的形势却一派大坏：十月间，元朝丞相脱脱亲率兵马，在徐州大败义军“芝麻李”。赵均用、彭早住（彭大）两部人马也被击溃，一起窜入濠州。赵、彭二人喧宾夺主，入濠州后地位反而在郭子兴等“五帅”之上。

“五帅”见风使舵，郭子兴尊礼彭早住，孙德崖等人拥推赵均用，各自拉帮结派。城外，脱脱派贾鲁率大批元军把濠州围个水泄不通。

大乱当前，濠州城内诸人互相算计。孙德崖挑拨赵均用，说郭子兴眼中只有彭大。赵均用愤怒，设计诱执郭子兴，将他捆起来准备杀掉。朱元璋当时正在淮北带兵，闻讯大惊，忙回濠州向彭大诉怨。彭大怒，拍胸脯说：“有我在，你岳父肯定无事！”于是，两个人拥兵而行，直冲入赵均用府邸，把浑身枷锁的郭子兴救出。

麻秆打狼两头怕，赵均用没敢吱声。只有孙德崖心中暗恨没杀成郭子兴。

还好，濠州被围七个多月后，元军主将贾鲁病死，围解。城内的赵均用和彭大来了精神，一个称永义王，一个称永淮王，关上门当起王爷来。

朱元璋处于“创业”期，很注意招募人才，陆续得淮西二十四将为自己效力。这些人的名字一定要记住，除汤和外，再除去明朝建国前战死的，其余皆在功成后被朱元璋整族诛除。他们是：徐达、汤和、吴良、吴桢、花云、陈德、顾时、费聚、耿再成、耿炳文、唐胜宗、陆仲亨、华云龙、常遇春、郭兴、郭英、胡海、张龙、陈桓、谢成、李新材、张赫、周铨、周德兴。

带着这些人，朱元璋南攻定远，软硬兼施，连蒙带骗，收降附近占山据寨的红巾军近三万人，军威大振。

不久，定远人冯国用、冯国胜（又名冯胜）兄弟也率众来投。与其他苦大仇深的起义军首领不同，冯氏兄弟地主出身，读过书。特别是冯国用，很有政治头脑，向朱元璋建议道：“金陵虎踞龙盘，帝王之都。您应该先拔金陵，定鼎之后，命将四出，救生灵于水火，施仁义于远近，切勿贪妇子玉帛之小利，如此，天下不难定也！”

朱元璋闻言大悦。

继冯氏兄弟之后，定远儒生李善长也来投靠。朱元璋与之一见如故，气味相投，马上就任命他为“掌书记”，军政大事皆咨之而后行。

红红火火之际，朱元璋的侄子朱文正和外甥李文忠也来归附。当时李文忠年仅十二，牵着二舅的衣服不放，朱元璋感动：“外甥见舅如见母呵。”就把他和沐英等少年兵皆“赐”姓朱，养为义子。每逢大乱之世，诸将皆喜养义子自固。日后，朱元璋有义子二十余人，有名的除李文忠、沐英外，还有朱文刚、平保儿等人。这些义子并非只是充任朱元璋保镖那么简单，日后朱元璋“生意”做大，义子们又兼“监军”之用，监视诸将。

朱元璋庄稼汉出身，统驭人才却很有一手。除义子外，他攻下金陵后又实施主将留家眷当“人质”的做法，逐渐使之成为制度，以防将

马皇后像

领叛变。而且，冯氏兄弟、李善长等“知识分子”给予他很大启发，为防止手下大将身边也有“诸葛亮”出谋划策，朱元璋严禁诸将手下置儒生，只允许设办事员一类的吏来处理公务。

濠州方面，彭大、赵均用二人裹胁郭子兴等人，窜往泗州。其间，彭、赵二人争权，士卒内斗，彭大本人竟中箭而死。由此，赵均用一支独大，兼并彭大手下部伍，又开始打郭子兴算盘，时刻想整死他。

在外掠地的朱元璋闻之，遣人劝解：“赵王您当年落魄趋濠州，倘若郭公闭门不纳，必死无疑。入城后，您又踞位其上，以势凌之。郭公乃无大略之人，容易对付，所可虑者，乃郭公手下驻滁州将领。”

赵均用思之，甚觉有理，加上收受朱元璋大笔金宝孝敬，便放郭子兴去滁州。

郭子兴人到滁州，朱元璋立刻率两三万人马来归。郭感觉很好，也想过下当王爷的瘾，想立刻称王。

朱元璋劝阻：“滁州四面皆山，舟楫商旅不通，非求安立国之地。”

郭子兴悻悻，但不得不听。

郭的为人，枭悍善斗，个性刚强不容人，待人寡恩。每俟事急，郭总召朱元璋谋议，亲如左右手一样；事解，则马上轻信人言，戒备这位屡立大功的女婿。

入滁州才一个多月，郭听信谗言，剥夺朱元璋一切兵权，并要召女婿的文胆李善长为自己做事。李善长厚道人，涕泣不行，依旧待在朱元璋身边。

在这种危急情势下，朱元璋发挥其天性中“大奸似忠”的品质，对老丈人“事之愈恭”。更重要的是，朱元璋妻子马氏从家中拿出大把金银珠宝往自己干妈那里送。

枕边风最硬，郭子兴老婆天天在老公面前说干女儿、干女婿的好话，终究使得朱元璋免于被杀的命运。

至正十四年冬，元朝丞相脱脱率大军进攻高邮的张士诚，分兵围六合。六合守将心慌，遣人来求郭子兴出手相援。

张士诚本人不是红巾军出身，郭子兴与六合守将多有旧怨，根本不愿发兵。

朱元璋劝说："唇亡齿寒，六合一破，滁州不能独存，何必因小而失大！"郭子兴醒过味来，连连称是，询问诸将谁愿领兵救六合。

当时，元军号称百万，众人皆畏，无一人愿往。

朱元璋自告奋勇，提数千人东去，坚守瓦梁垒。元军势大，不久攻下六合，直逼滁州，朱元璋赶忙回防。

其间，朱元璋用计，命部将耿再成佯败，引元兵来攻。元兵追击，朱元璋忽然掉头反击，埋伏的兵马四起，滁州兵又冲出，大败元军。

得胜后，朱元璋忙派人把缴获的马匹悉数还与元军，送酒送牛慰劳，表示滁州城内皆是大元良民，目的是完城自保，对官军没有恶意。

元军有了面子，又攻不下滁州，就上报说"招安"了滁州，径直参与高邮围城战，放了郭子兴、朱元璋一马。

可笑的是，高邮城内张士诚上天无路、入地无门之时，元廷内讧，顺帝一纸诏书解除丞相脱脱兵权，散罢其兵。一时间，高邮围解。

朱元璋方面，此时得到虹县壮士胡大海入伙，此人长身铁面，智力过人，立即被任命为先锋将。

眼见归附人马日多，滁州乏粮，朱元璋就建议郭子兴南攻和州。郭子兴同意。于是，朱元璋派胡大海领兵，一鼓而下和州。郭子兴大喜，命朱元璋为总兵官，镇守和州。至此，十夫长变成了总兵官，朱元璋终于有了发家的大本钱在手。

为了经营"根据地"，朱元璋整肃军纪，严禁掠人妻女。于是附近百姓大悦，都把他的军队当成人民的队伍。

刚刚消停了几十天，濠州"五帅"之一的孙德崖率部下拥至和州就食。朱元璋见老上司来，不敢不让他进城，连忙热情招待。

身在滁州的郭子兴闻讯大怒，率众兵前往和州，想与老对头孙德崖火拼。孙德崖听说郭子兴气势汹汹而来，心里也惊，忙指挥人马往外撤。

朱元璋觉得过意不去，亲自送部队出城，并让孙德崖率军殿后，镇抚己军，免得与郭子兴的入城先头部队发生冲突。

不料想，郭子兴怒气冲冲来得快，正赶上孙德崖往城外走。仇人见面，分外眼红，两支友军登时交手，杀得你死我活，孙德崖被郭子兴活捉。

朱元璋闻变，策马欲逃，被孙德崖手下军将一棍子打落马下，捆个结实，拥之而行。半路，众人遇见孙德崖弟弟，一起商量，准备杀掉朱元璋泄愤。

彼时，日后的朱皇帝命悬一线，只要有哪位急红眼的孙德崖部下上前给他一刀，日后中国历史就会全然改变。

关键时刻，孙德崖部中有一位张姓将领上前全力阻止杀人，认为现在还不知道孙德崖死活，如果杀掉朱元璋，主帅也必死无疑。

和州城内，郭子兴正高兴逮住孙德崖，准备千刀万剐了这个“老战友”以泄愤。忽听女婿朱元璋被对方生擒，他顿时郁闷，如失左右手，立即派汤和为人质换回朱元璋。又是那位张姓将领力争，孙部兵将释放了朱元璋。无奈之下，郭子兴只能放掉孙德崖，不久汤和也从孙部得归。

此次遭遇，险过剃头，如无那位张姓将领，朱元璋早就被砍掉人头。可叹的是，这位张姓将领并未留下名字，日后再无出现于史书之中。一是可能在混战中死亡，二是可能隐姓埋名。否则，朱元璋就会和他儿子朱棣一样，也有一个“恩张”了（事见朱棣传）。

值得一表的是，作为堂堂一方统领，郭子兴因放走孙德崖一事郁闷至极，终日咬牙切齿，自己和自己较劲。三个月后的一天，他酒后越想越气，一下子脑出血，死了。

当时，红巾军中势力最大的刘福通拥立韩林儿为皇帝，号“小明王”，改元“龙凤”。自然，刘福通以“大龙头”自居，行檄天下，也派使者到和州招抚，任郭子兴之子郭天叙为都元帅（郭子兴有三子，长子战死，次子郭天叙，三子郭天爵），以张天佑和朱元璋为副元帅。这个张天佑是郭子兴的小舅子。

《明史》和《实录》等书上讲，太祖（朱元璋）慨然曰“大丈夫宁能受制于人耶”，即拒绝接受刘福通的“任命”，“然念（韩）林儿势盛，可倚藉，乃用其年号以令军中”，这完全是日后朱元璋“阔”了翻脸不认人的瞎编派。

当时接到这种任命，几个人乐得屁颠屁颠。与方国珍、张士诚不同，那些人有与元朝讲条件受招安的“本钱”，而朱元璋等人当时的身份是起义军，翻来翻去想找一条粗腿来抱。他们巴结不上大元，好歹先靠上一个韩林儿这样的“皇帝”，混个名号，心理上也好受些，四处攻掠更有借口和凭恃。

郭子兴的两个儿子，从前在滁州时见干妹夫声名日盛，当时就想以毒酒害死朱元璋。朱元璋当时不说穿，如期与二人一起赴宴，中途忽然勒马跃起，往复再三，仰头向天空喃喃自语，煞有介事似在与“神人”谈话。而后，朱元璋变脸大骂：“我怎么对不起你们两个人，空中神人告诉我，你俩要用毒酒杀我！”

这两人不察是消息泄露，真以为有神灵佑护干妹夫，汗流浃背，自此再不敢对朱元璋萌生害意。后来，郭天叙与另一个副元帅张天佑均死于陈野先之叛。郭天爵被韩林儿任为中书右丞。朱元璋得势后，找个借口把这位干小舅子杀掉。由此，他干老丈人郭子兴就成了绝户。不过，郭子兴有一妾生女，后被朱元璋享用，封为惠妃，还生下蜀王、谷王、代王三个儿子。这样讲的话，郭也有幸使血脉得延。洪武三年，朱皇帝追封老上司郭子兴为滁阳王，终于了却他当王爷的耿耿“夙愿”。

势之在起，人人从龙。虹县人邓愈、怀远人常遇春两位神勇之将即来投附。此时的朱元璋，已经很有政治权谋和御人手腕。他知道常遇春乃武装头目刘聚手下，便说："汝因部队无粮来归，然汝故主在，吾安得夺之。"

常遇春顿首泣诉："刘聚剽掠盗贼，胸无大志。如能效力于您，虽死犹生！"

当时，朱元璋正要渡江发展，便激言道："能相从渡江乎？取太平之后，归我未晚也。"

本来，朱元璋坐屯和州，一直想渡江开辟新领地，却找不到渡船。之所以忙着渡江，重要原因之一是军粮问题。虽只一江之隔，对面的太平路周围皆是产米区，乃鱼米之乡。如果部队得进，吃穿不愁，日后的发展肯定就是硬道理了。

恰在此时，廖永安、俞廷玉一伙人，率领一帮人马船只泊于巢湖结水寨自保，遣使向朱元璋表示投附之意。朱元帅大喜，"此天意也，机不可失"，亲自率兵至巢湖与廖永安等人会合。接着，他登舟前行，在黄墩大败元军水师，打通了通向长江的水路。

1355 年夏，朱元璋集结大军，直攻采石矶。常遇春身先士卒，在牛渚矶大显神威，单人持戈跃上岸边，所向披靡，攻克采石矶。大军乘胜，径冲太平（今安徽当涂）。元朝太平路平章完者不花等人弃城遁逃。

在太平，朱元璋定下攻取金陵方略，又得儒士陶安、汪广洋等人，开帅府，立规模，移文仍用龙凤年号，旗帜战衣皆红色，俨然一支正规的红巾军。

但是，太平一点也不太平，城四周元朝军队密布，元将蛮子海牙等人以巨舰拦截采石矶，中闭姑孰口。元朝地方民兵武装头领陈野先进攻最积极，与其将康茂才水陆分道，充当元军先锋，直杀太平城下。

岂料，朱元璋早有准备，命徐达、邓愈出奇兵突出其后，在襄阳桥设下伏兵，一举生俘了陈野先。

朱元璋释之不杀，陈野先表示降附，但他心中仍然想帮元朝灭红巾军。于是，他写信给蛮子海牙等部以及屯于集庆路附近的元军“招降”，表面上是招降之辞，实则意在激之，想激发这些人的血气和斗志反攻。

不料，各路元军本就怀有二心，见到这位陈猛将都投降了，皆无斗志，一时间真有许多人前往太平向朱元璋投降。

自悔失计之余，陈野先暗嘱其老部下，待红巾军攻集庆（今南京）时不要卖命，并声称自己有机得脱的话，一定复归元军。朱元璋闻之，也不强留，纵之使还。

溧阳、句容、芜湖等地，皆在朱元璋掌握之中。

陈野先被朱元璋释放后，纠集旧部，在秦淮河附近集结，暗中与元军集庆主将福寿联络。此时，郭子兴的儿子郭天叙与舅舅张天佑两人均领兵，先于朱元璋对集庆展开进攻。攻了几日，身在曹营心在汉的陈野先部根本不卖力，郭天叙和张天佑手下又无猛将，双方在集庆呈胶着状态。

陈野先以商议军事为名，请都元帅郭天叙和副元帅张天佑来自己营中饮酒。二人不知是计，欣然前往。刚一落座，大刀横飞，两位主帅前后脚进地府报到。

陈野先与元将福寿立刻对红巾军败军猛打，边杀边追，一直追击到溧阳。

岂料想，溧阳的元朝地方武装只知道陈野先投降的事情，认定他是红巾军，听说有人打着他的旗号来，立刻准备上好的埋伏圈，正好把陈野先候个正着。见到迎前的一伙人皆元军装束，陈野先还没在意，刚要张口打招呼，对方箭飞枪掷，自己成了血蜂窝，死于马下。

即使有了陈野先的“前鉴”，朱元璋仍旧礼待元朝官员。太平陷落后，元朝贵族哈纳出（木华黎后人）被俘，天天郁郁不乐。朱元璋对他说：“人臣各为其主，何况你又有父母妻子，还是放你回去吧。”这些小伎俩，日后证明效果奇佳。

1356年春，大将常遇春又出奇兵，在水上大败元朝蛮子海牙的水军，自此，元军扼江阻遏之势遂衰。四月，朱元璋率领诸将，水陆并进，向集庆发动猛攻。

朱元璋部下勇猛，又无陈野先这样的人诈降与城内里应外合，一下子就把驻守城外的元军陈兆先部打得大败投降，得数万降卒为己用。

为了表示自己宽宏大度，朱元璋故意从这数万降兵中挑出五百精壮之士为自己的护卫，并在夜间解甲而寝，安睡达旦，以示不疑。此计管用，新降兵士疑惧顿消，铁定心要为朱元璋卖命。

几天休整后，红巾军尽力攻城，冯国用将五百兵为先锋，在蒋山大败元军，直抵城下，诸军拔栅竞进。元将福寿督兵力战，终于不敌，兵败身死，集庆最后落入朱元璋之手。

元将康茂才率部投降，蛮子海牙逃归张士诚。

有了集庆这块风水宝地，朱元璋终于为帝业奠定了最稳固的根基，不仅获形胜之地，又平添兵民五十万。

于是，他改集庆路为应天府，并设天兴、建康翼元帅府，以廖永安为统军元帅。上报韩林儿后，“朝廷”升任朱元璋为枢密院同佥，不久索性让朱元璋做了江南行中书省平章，诸将不少人也获封为元帅。

此时，元朝大军正和刘福通诸部周旋，所以朱元璋暂时还很安全。

当然，应天府周围，东有元将定定，西有徐寿辉，南有元将八思尔不花，北有元朝地方武装青衣军，而且东南还有张士诚势力，皆虎视眈眈，想不居安思危都不行。

平定江南首攻坚

击灭陈友谅

讲陈友谅，必定先要提一下“天完”政权。这一支湖北红巾军，事主是“彭和尚”彭莹玉，主要执行人是邹普胜。至于被推为“领袖”的徐寿辉，本来是布贩子一名，彭和尚见他相貌不俗，便推举为王，实则绣花枕头一个。

继刘福通起事后，至正十一年十月，彭和尚与麻城人邹普胜拥徐寿辉起事，攻陷蕲水和黄州路。彭与邹二人马上以蕲水为都城拥徐寿辉称帝，国号“天完”，建元“治平”。

天完者，大元上各加一横一宝盖，压大元为主。文字游戏，智短谋浅，“天完”，天要它完，能不完吗？

也甭说，天完政权初开张时，攻伐四克，不仅打败元朝威顺王宽彻不花大军，连陷饶州、信州以及湖广、江西诸郡县，未几又破昱岭关，攻克杭州。赵普胜一军也能打，连克太平诸路，声势大振。

可惜的是，天完政权中，没有具有战略眼光的知识分子教他们长谋远略，虽得城多多，却遂得遂失。折腾一年多，所据广大地区一个一个丢掉，最后连“国都”蕲水也被元军攻下，“皇帝”徐寿辉只能跑到黄梅躲着。

彭和尚见势不妙，携带大笔珠宝不知所终，日后此人再未露面，估计蓄发当起了富家翁。

节节败退之时，天完政权幸好有倪文俊能干，率军接连攻克沔阳、襄阳、中兴（今江陵）、武昌、汉阳、蕲水等地，最终把“徐皇帝”迎驾到汉阳。

不久，天完政权内讧，陈友谅杀掉倪文俊，并统其军。

陈友谅，沔阳打鱼人出身，本姓谢，其祖父入赘陈氏，因从其姓。他小时候也读过几天书，略通文义。青年时代有算卦人说他家祖坟风水好，当出贵人，这使得陈友谅窃喜之余，一直怀有造反异志。

徐寿辉起兵时，陈友谅正当小县吏，即刻投笔从戎，加入造反队伍。他首先在倪文俊手下当文书，不久自将兵出外发展，很快成为天完政权的一方军将。

倪文俊与徐寿辉相处了一阵，“君臣”不和，倪想杀“皇帝”徐寿辉，不成，只得跑往黄州自己老部下陈友谅处。谁料，陈友谅正愁自己手下人马不多，见倪自己送上门，欢天喜地迎接。没过几天，陈友谅就在酒宴上杀掉老上司，并其兵马，自称宣慰使，不久自称平章政事。

陈友谅部与朱元璋部最早的接触，是元顺帝至正十七年底的事情。常遇春、廖永安等人率军自铜陵进攻池州（今安徽贵池），杀天完将洪元帅。

陈友谅兼并倪文俊部队后，一路进击，连下江西隆兴、瑞州，并遣部下猛将赵普胜率军猛攻池州。赵普胜原是巢湖水贼，曾归附过朱元璋，后来叛去归徐寿辉。此人外号“双刀赵”，骁勇能战，一直以安庆为大本营。攻克池州后，他进袭太平。朱元璋恼怒，急遣徐达等人突袭赵普胜的栅江大营，并夺回池州。

朱元璋深忌赵普胜勇武，派人携重金入陈友谅处行离间计，使其亲信陈说赵普胜有自立之心。赵普胜当然不知道这些情况，每次接待陈友谅来使，皆洋洋自得、大夸自己的功劳，很有“舍吾其谁”的架势。陈友谅正疑他，听使人如此说，终定杀心。

于是，他以会师为名，从江州领大军忽至安庆。赵普胜没有任何心理准备，派人驾船，亲自带了烧羊美酒迎接。两舟交会，陈友谅一脸笑容现于船头，赵普胜连忙跨身上前见礼。赵刚一低头，精光一闪，脑袋就掉在自己双脚之间。

杀了如此勇将，诚为陈友谅一大败招。他兼并赵部后，即刻挑选精兵奔袭池州，被朱元璋手下徐达杀得大败而去。

“皇帝”徐寿辉听说臣子陈友谅在外边干得不错，又攻占了龙兴（今南昌），觉得这地名不错，表示自己要迁都龙兴。陈友谅当然不想身边多出一个“皇帝”来，表示不可。

徐皇帝也是该死，大草包带着几万人就从汉阳出发，直奔江州而来。

江州乃陈友谅大本营，见徐皇帝自来寻死，他也不敢“怠慢”，伏兵郭外，把徐寿辉及其“禁卫军”迎入城中，即刻关闭大门，把数千人杀个精光，软禁了徐寿辉。

陈友谅自称汉王，置王府官爵。

1360 年夏，陈友谅挟持徐寿辉，率水军直犯太平。

朱元璋手下猛将花云守太平，人数只有数千，顽强抵抗。三天后，陈友谅乘涨水之际，巨舰直泊于太平城西南角，大船船尾高与城平，士卒蜂拥而登，太平城被攻陷。

猛将花云被擒，不屈痛骂：“贼奴！汝辈现缚我，吾主必为我报仇，斩汝等万段！”他奋力跃起挣开绳索，夺刀杀五六人。

陈友谅大怒，派人把花云绑在大船桅杆上，命兵士万箭齐射，把花云射成个刺猬。

攻得太平城，陈友谅更觉徐皇帝再无用处，派壮士用铁锤击碎其头，胡乱抛尸完事。

天完政权，这下真的彻底完了。

然后，陈友谅在采石矶一带的五通庙举行登基仪式，自称皇帝，国号“汉”，改元“大义”。

这位陈皇帝称帝太心急，“群臣”立于江边，草率行礼，突遇大雨，殊列仪节，狼狈不堪。最早拥立徐寿辉当“皇帝”的邹普胜，如今反成为陈友谅的“太师”。陈友谅以张必先为“丞相”，以张定边为“太尉”。然后，他率军还江州。

到了老窝后，他马上遣使送信给张士诚，约定共灭朱元璋。张士诚只想自固，没有应承。

在江州休整了数日，陈友谅引大军东下，直扑建康。

金陵城中，人心大骇，朱元璋手下不少人心意摇动，有欲降的，有欲逃的，有欲据钟山死守的，人心惶惶。

朱元璋问计于刘基。刘基心沉气稳，说：“天道后举者胜。我军以逸待劳，何患不克！明公您宜开府库，固士心，倾至诚，伏兵伺陈击敌。取威制胜，以成王业，在此一举。”

朱元璋遂意决。

当是时也，朱元璋文臣武将中多有出迎自保之心，估计连朱元璋本人也多夜睡不着觉，细想过是否当个“汉臣”。正是刘基一席话，终使朱元璋心稳神固。

刘基于1360年春与宋濂、章溢、叶琛三人一起往建康投附朱元璋，此人精通天文、兵法，是个通才人物，很是有真本事。更引人注目的是，他乃元朝进士出身（元朝汉人中举者，百年间仅两千人左右，极其稀罕）。

这时，有人提议朱元璋先收复太平以牵制敌方，有人建议朱元璋亲自指挥出建康御敌，均为朱元璋所拒。朱元璋没读过什么兵书，属于那种天生有感觉的军事家，他说：

“太平城壕堑深固，如果当时陈友谅没有巨舰，不能水上进攻，太平根本不会陷落。倘使我们现在去围城，不可能短时间拿下。而且，贼军水军十倍于我军，屯兵于坚城之下，进不能取，退不及援，肯定吃亏。如果我军出城逆敌，敌军以偏师牵制我们主力四处兜圈，陈友谅会以舟师顺流而下直奔建康，半日即可抵城下。到时，即使我们的步兵骑兵能够即时回援，也是百里趋战，精疲力竭，此乃兵法大忌。”

朱元璋先派出胡大海直捣广信（今江西上饶）以制其后，然后召指挥康茂才议事。康茂才乃先前降而复叛的陈野先属下将领，闻诏立至。朱元璋开门见山：“听说你一直和陈友谅关系不错，今其入寇，我很想让他快些来。你假装充当他的内应，派人捎信给他，约他速来，最好让他兵分三道来击，以弱其势。”

康茂才唯唯，仍旧有些摸不着头脑：“我家中有个门子，从前一直在陈友谅家中做事，让他送信，对方必无疑心……不过，我们如今多数人都害怕汉军到来，为何要引诱对方来打我们？”

朱元璋一笑："情况再发展下去，陈友谅必和张士诚联手，二寇谋合，何以对付！今先破陈贼，则张士诚闻之胆落！"

康茂才恍然，依计行事。

康茂才的门子化装进入陈友谅军，陈得书大喜，问："康公今何在？"

门子答："正提军守护江东桥。"

问："桥是何质地？"

答："木桥。"

陈友谅喜形于色："你回去告诉康公，我很快就去那里，到达后则高呼'老康'，让他闻呼而出。"

门子回来后，康茂才马上报知朱元璋。朱元璋大喜："贼人入套了！"忙命李善长派人把江东桥木板拆掉，改成铁石桥。一夜之间，桥成。

同时，听说陈友谅一军打探过新河口方面的道路，朱元璋派大将赵德胜在新河两岸筑虎口新城。

于是，朱元璋动员所有人马，命常遇春、冯胜等人率精兵三万埋伏于石灰山侧，徐达等人陈兵于建康南门外，杨璟驻兵大胜港，张德胜等人率水军出龙江关外，朱元璋本人亲统大军在卢龙山待敌。

他命令持旗信号兵分持红黄旗埋伏于卢龙山左右，"寇至，则举红旗；黄旗举，则伏兵皆发"。

陈友谅自恃有康茂才做内应，人马船只又多，果然引水军浩浩荡荡杀来，直进大胜港。

港湾窄狭，又有朱元璋大将杨璟严阵以待，每拨只能有三船并进，急得陈友谅跳脚，也不想分兵了。他马上从大胜港掉头，出长江之上，径直扬帆趋江东桥。

结果，船队大集出发，巨船大舟，本想一下子撞毁木桥直行，近前却发现桥身是大石砌成，绕以铁环，灌以铁汁。

陈友谅大惊，忙急呼，希望“内线”康茂才出来接应。喊了半天，根本没人应声，陈友谅忽悟自己中计。

迂回半日，费了好大的劲，陈友谅只能下令舰队再次掉头，直趋龙江。汉军势锐，他们绕了半天道，却都是待在船上，体力并未消耗。靠岸后，一万多精兵飞身下船，在滩头立栅，准备结阵进攻。

身在卢龙山的朱元璋看得仔细，下令击鼓举旗。红旗扬起，诸军争相趋前拔栅，与陈友谅汉军厮杀在一起。正相持间，又一轮鼓声响起，山前黄旗又起，常遇春伏兵忽现，徐达率部杀至，张德胜的水师也一时云集。

内外合击之下，陈友谅登岸的兵士根本招架不住，争相往岸边的船上跑。恰值退潮，无数巨舰搁浅，汉兵被杀掉、溺毙无数，仅被俘虏的就有近万人，又有巨舰百余艘、战船数百皆为朱元璋所得。

坐在指挥大舟上的陈友谅见势不妙，忙乘小船逃走。朱元璋没有鸣金收军，下令诸将急追。追至采石矶，陈友谅纠结溃亡之众，复与朱元璋军大战，复被廖永忠、华云龙等人打得大败。

朱元璋军队乘胜之下，吓得陈友谅太平守军也无斗志，慌忙遁去。朱元璋收复了太平城。

汲取上次太平城西南临姑溪水道的经验教训，常遇春派人改筑城墙，往后移二十余步重筑，以免敌方巨舰可以直泊城头。

胡大海方面进展也不错，攻取信州。

有了这次大胜，朱元璋声名赫赫，被小明王封为吴国公。朱元璋并未见好就收，很快占据了长江上流要地安庆。安庆本来是陈友谅手下勇将赵普胜坚守，由于此人被陈诱杀，将领皆有怨心。赵普胜手下将领张志雄向朱元璋投降，尽告安庆城守详情，带着朱元璋军队一举攻克安庆。但不久，陈友谅手下大将张定边率军突袭，又把安庆夺回。

1361 年，朱元璋觉得火候差不多，决定亲征陈友谅。

他亲乘巨舰，自率水师进攻安庆。安庆城坚，数攻不下。刘基进言，要朱元璋舍安庆不取，直接进攻陈友谅的老窝江州。朱元璋从之，立刻率兵西上。

经小孤山时，陈友谅大将傅友德、丁普郎主动率部投降。朱元璋早闻傅友德的勇名，大喜过望，立刻把他擢为大将，派他去江西招谕诸郡归附。

由于朱元璋行动迅速，陈友谅根本不知道对方径来江州施行攻击。

忽然之间，陈友谅发现朱元璋大型水师舰队在江州城外江面上密密麻麻一大片，真如神兵天降。陈友谅仓促间不能成军，只得携妻子率亲随逃奔武昌。苦心经营几年的老根据地，一朝为朱元璋所据。

大军乘胜，攻克蕲州、黄州、兴国、黄梅、广济等地。不仅如此，形势逼人之下，为陈友谅守南昌的胡廷瑞见风使舵，派人向朱元璋约降。不费吹灰之力，南昌又入版图。虽然后来小有反复，南昌仍为朱元璋牢牢掌握。

此时此刻，陈友谅与朱元璋调换了位置。朱元璋咄咄逼人，陈友谅频频招架，疆域日蹙。

愤恨之下，陈友谅大整水军，命人制作上千艘巨舰，皆高数丈，丹漆涂饰，上下三层，每层可以驰马，又置马栅于其间。楼船巨大，骇人心目，可称是古代版航空母舰。更惊人的是，陈友谅巨船皆以铁皮包裹，极其坚实。他纠结六十万兵（不一定有这么多，但怎么也有四十万），尽载其家属官员，倾国而来，直冲南昌，准备先拿下这一重城。

可见，陈友谅毕竟一鲁莽汉，净爱干孤注一掷的事情。

鄱阳湖大战，即将开始。

陈友谅轻躁，大军甫出，便径自去南昌，想攻陷此城。

当时的南昌守将，乃朱元璋亲侄朱文正和心腹大将邓愈。朱文正派出各将校分守南昌各门后，自提两千精兵，往来指挥、策应。

陈友谅相中了看似容易进攻的抚州门，亲自指挥兵士进攻，并立于船上督战。守抚州门的正是猛将邓愈。汉兵准备很充分，各人手举箕状竹盾牌，矢石不能伤，加上威胁巨大的撞墙机，一下子撞毁城墙二十余丈，汉兵呐喊拥上。

关键时刻，邓愈守军一排人从墙后忽然站起，个个手持火铳，枪声响处，冲在前排的汉兵全被打倒。如果是箭弩，威力即使比火铳大，也吓不住汉兵。眼见敌人手持喷火冒烟的怪家伙，声音震耳欲聋，汉兵很少有人见过这东西，登时胆落，屁滚尿流而去。其实，火器早在南宋对完颜之水军作战时就第一次使用。宋元更迭之际，忽必烈把这些东西发扬光大。火铳之物，发明制作于元朝中后期，战争中使用得并不多。江南多巧匠，朱元璋属下大将邓愈脑子活，先人一步，把这些"玩物"用在战场之上，效果惊人。倘无此物，南昌城当时就会陷落。

一顿狂轰后，陈友谅督战队斩杀胆怯的汉兵数人，剩下的人咬咬牙，又重新冲向城边。守城兵士在城门处和城墙倒塌处争竖木栅，汉兵争先恐后攻击。朱文正督诸将死战，且战且筑，连夜把被撞毁的城墙又重新修整完毕。

酣战之中，南昌城内李继先、牛海龙等数名将领皆战死。

见抚州门难以遽破，陈友谅督军转攻新城门。守城猛将薛显更出人意料，率领锐卒突然先发制人，守城部队大开城门，首先向汉军发动进攻。陈友谅猝不及防，手下平章刘震昭被斩杀，死伤数千人，乃退。

情急之下，陈友谅增修攻城器具，想破栅后从南昌水关攻入城内。他下达死命令，退后者皆斩，于是汉兵冒死冲撞。

朱文正派兵士手持长槊，隔栅刺杀汉兵。汉兵此次有准备，几个人抱住长槊尖头，死命往回拉，夺槊后，汉兵又发动新一轮猛攻，使得近战中南昌守兵被杀不少。

幸亏朱文正的临时兵工厂就设在栅后，他命令士兵把长槊槊尖放入锻铁的火炭中烧红，再伸出栅外刺敌。汉兵夺槊，一时间皮焦肉烂，哀号遍地，终不得进。

陈友谅用尽攻击之术，但城中备御万方，汉军被杀伤众多。

见南昌攻不下，陈友谅分兵陷吉安、临江，把俘虏的几个守将斩于南昌城下，朱文正等人丝毫不为所动。陈友谅恼急，又挥兵猛攻官步、士步二门，朱元璋手下勇将赵德胜中伏弩身亡。

南昌被围攻，内外隔绝，音信不通，朱文正在派遣千户张子明赴建康告急的同时，又派出一名外号“舍命王”的士兵出城诈降，诉称稍缓几日，城内主帅要降。

陈友谅无谋，信以为真，马上缓其攻势。到了约定的投降日，南昌城上旗帜一新，杀声动天。

陈友谅恨极，命人把诈降的“舍命王”捆在城前碎剐。这位爷出来就没想活着回去，不然就不叫“舍命王”了。

当时的朱元璋，正亲自率兵去解救安丰（今安徽寿县）被张士诚攻击的小明王和刘福通。张士诚并非有意和陈友谅相互响应牵诱朱元璋，纯粹的临时性军事行动而已。激战中，刘福通战死，朱元璋赶到，打败了张士诚大将吕珍，“救”了小明王。至此，“皇帝”韩林儿变成朱元璋手中之物。

张子明报告陈友谅猛攻南昌，朱元璋真吓了一大跳，问：“陈友谅兵势如何？”

张子明答：“陈友谅兵势很盛，但攻城中汉兵战死不少。现今江水转涸，很快就不利于巨舟泊行。其师出已久，兵粮马上也会成问题。如果有援兵至，里外夹攻，必可破敌！”

朱元璋沉吟片刻，对张子明说：“你回去告诉文正，让他再坚守一个月，我将亲自率兵前往破敌！”

张子明得命而还。行至湖口，被陈友谅巡逻兵抓住。

陈友谅亲自审问，说：“如能为我诱降，不仅不杀你，高官厚爵任你选。”

张子明假装答应。

转天，汉军押张子明至南昌城下，守城将士皆凭城往下观望。

张子明站定，仰头高呼道："主上令诸公坚守，大军马上就来！"

朱文正等人闻言，守志益坚。狂怒之下，陈友谅又在阵前剐杀张子明。

朱元璋调兵遣将，他立命正围攻庐州的徐达、常遇春还兵，集水陆兵二十万，与自己一起共征南昌。

进至湖口后，朱元璋先遣一军屯于泾江口，又派一军屯于南湖嘴，准备一战全歼这个宿敌。

至此，陈友谅整整包围南昌八十五天，虽杀掉朱元璋十四员大将，仍未能克坚城。

听闻朱元璋亲自来战，陈友谅马上解围，掉头杀出鄱阳湖，前来迎战。

朱元璋胸有成竹，他率水军自松门入鄱阳湖，扬帆而来，与陈友谅军在康郎山附近相遇。

当时，乍从水军的阵容看上去，汉军占有明显优势，其巨舰高大威猛，铁皮闪烁黑光，虎虎逼人。

朱元璋仔细观察后，对诸将说："彼巨舟首尾相连，不利进退，可破也！"于是，朱元璋命己方舟师列为二十队，其间以小船遍载火器弓弩，告诫诸将说："接近敌船后，先发火器，再发弓弩，舟船相接后，则以短兵击之！"

由此，鄱阳湖大战拉开序幕。

徐达、常遇春、廖永忠等人先发，驱船直逼敌人巨舰搏战。徐达表现最出色，他身先士卒，击败汉军前锋，杀敌一千五百人，并俘获汉军巨舰一艘，使得军威大振。

首战告捷，对于朱元璋一方军士的心理来讲起了真正的鼓舞作用。大将俞通海乘风发射火炮，又一举焚毁汉军巨舰二十艘，汉兵被杀被溺一万多，不少人身上着火在水中扑腾。

当然，汉军并不示弱，以巨舟逼近，箭弩齐发，朱元璋手下两位元帅当即战死。而且，汉军船高，先施火攻，居高临下扔火把，连徐达的指挥船也被烧着。徐达临危不惧，边扑火边指挥，奋战得免。

陈友谅手下骁将张定边有勇有谋，他看见朱元璋的指挥舰居中，立刻率几只巨舰直扑而来。

朱元璋心慌，掉头避逃时慌不择路，在近岸处搁浅。汉军一围而上，数艘巨舰及几千兵士包拢过来。

朱元璋手下猛将程国胜和陈兆先冒死抵抗。情急之下，牙将韩成跪告朱元璋说："古人言杀身成仁，臣不敢爱其死。"言毕，他穿上朱元璋本人的冠服，面对密密麻麻进攻的汉军大叫一声，投水而死。

汉军见"朱元璋"投水自杀，喜跃高呼。消息传出，围攻之势稍缓，不少兵将开始把注意力放在打捞"朱元璋"的尸体方面，准备捞上后剁成数块向陈友谅请功。

混战之间，朱元璋指挥舰上的大将陈兆先和宋贵皆战死。

危急时刻，常遇春指挥船队逼近敌将张定边巨舰，一箭射中正站在前甲板指挥的张定边，使得他本人的指挥舰不得不后撤。

俞通海闻朱元璋被围，也红了眼。他从水战中抽出数艘船，一直冲向朱元璋的指挥舰，连挤带撞，终于把大船从沙中撞动，重新返入深水之中，朱元璋躲过一大劫。

俞通海的小船，复为敌人巨舰所压。士兵们以头抵舰，兜鍪尽裂，才逃过一劫。俞通海救了朱元璋后，与廖永忠一起乘轻舸小船追击败走的张定边，边追边放箭，致使张定边铠甲上中箭百余，完全成了一个刺猬，倒在甲板之上。

见天色已晚，朱元璋定定心神，鸣金收兵，召集诸将议事，总结首战一日的经验。为防止张士诚乘虚而入，朱元璋命令徐达率一支部队回防建康。

转日，朱元璋亲自布阵，与陈友谅重新交手。

陈友谅急红了眼，下令把所有巨舟接连锁串在一起为水中巨阵，旌旗楼橹，望之如山。壮观是壮观，但陈忘了“火烧赤壁”的故事。三国故事在元末成型，四处开讲，比现在的《百家讲坛》还热闹。

战事紧急，陈很可能早忘了那些评话。他忘了，朱元璋没忘。也甭说，面对如此水中浮荡的巨舰，朱元璋战队的船短小简陋，似乎面对铜墙铁壁。

朱元璋怒恼，立刻下令斩杀退却的队长十多名，但仍然止不住退势。正当朱元璋声嘶力竭下令杀人的当口儿，大将郭兴进言：“不是我方将士不用命，敌人舟船太高大，我认为一定要火攻才行。”

这句话提醒了听过《三国演义》的朱元璋，他马上命常遇春等人分别调集七艘渔船，载满芦苇秆柴，以火药填充其间，等待时机投入战场。

待东北风起，时机成熟，朱元璋命士兵捆扎稻草人在七艘渔船上直立，衣以甲胄战盔，持矛在手，伪装成兵士的样子。然后，他分募敢死士卒伏于船中划船。这样，陈友谅军士以为来船是普通战船，没有太多防备。

时值黄昏，七艘渔船竟然趁乱驶入汉军巨舰近前。敢死士卒乘风纵火，风急火烈，须臾之间已经冲撞到汉军舰队内，猛烈燃烧。火势迅急，数百艘船一齐着火。燔焰涨天，湖水尽赤，汉军死者大半，且多数是被烧死。

这一把大火，烧死陈友谅两个弟弟陈友仁、陈友贵及大将陈普略。特别是陈友仁，号称“五王”，此人眇一目，多智谋，骁勇善战。他的死亡，对陈友谅军形成了极大的心理打击。当然，朱元璋方面损失也不小，丁普郎等数员大将也战死。

第三天，双方再次大战。

汉军虽然损失惨重，战斗力仍旧不弱于朱元璋军，双方在湖上进行殊死搏斗。

文士刘基在朱元璋船上东走西望，一直不闲着。他忽然大叫：“难星过，马上换船！”拉起朱元璋就跳上另外一艘船，甫坐未定，朱元璋原来所乘大船立刻被炮石击毁。

刘基也是装神弄鬼，大白天哪里能见到“难星”，无非是观察到有敌船的大炮在向帅舰瞄准而已。虽如此，心理暗示作用很大，朱元璋及其手下均觉得有“诸葛亮”在船上，勇气倍增。

陈友谅见朱元璋指挥舰被击碎，高兴得大叫。俄顷，见帅旗高悬，朱元璋又出现在船头指挥，汉军将领皆相顾失色。

廖永忠、俞通海等人率六只战船深入，汉军联大舰拒战，波浪翻滚下，小船一下子看不到踪影。不久，六舟旋绕汉军而出，势如游龙。朱元璋诸将见之，勇气百倍，呼声震天。

打仗打的就是精气神，精神原子弹一爆发，想不胜也难。就这样，朱元璋军队以小打大，无数小船围着汉军巨舰，纷纷飞登敌船，待甲板上汉军被杀尽，底层摇橹兵士犹茫然不知，仍旧一个劲儿喊号子卖力摇橹。

朱元璋士兵图省事，掷火烧船后，纷纷跳回自己小船上，摇橹汉兵尽被烧死。

战至中午，陈友谅汉军气泄，大败，所丢弃的旗鼓器杖，浮蔽湖面。

俞通海等人回来报功，朱元璋喜不自胜，赞赏道：“今日之捷，诸君之功也！”俞通海进言：“湖水有浅有深，战船难以回旋。不如急入大江，据敌上流。”朱元璋颔首。水军先行抵至罂子口，横截湖面，把陈友谅军队堵在水道中不敢动弹。

这一次，陈友谅丧胆，再不敢轻易出战。不久，朱元璋指挥水军连夜行至左蠡，扼控咽喉水道。相持三日后，陈友谅最强的左右金吾部将领来降，更使汉军势弱胆丧。

见陈友谅龟缩不出，朱元璋写信激之：“陈公您乘尾大不掉之巨舟，殒兵蔽甲，与我相持。以陈公平日之强暴，正当亲自决一死战，奈何徐徐随后，似听我指挥，此非大丈夫所为也！”

陈友谅见信大怒，下令尽杀交战中生俘的朱元璋士兵几千人。

朱元璋一反其道，下令把所有汉军俘虏放掉，伤员发药疗伤，仁义得不行，又下令公祭敌方死难者。

如此，人心向背，不言而明。

相持一月有余，朱元璋除写信激怒陈友谅逗他玩以外，天天与博士夏煜等人草檄赋诗，意气弥壮。同时，他分兵连克蕲州、兴国。

陈友谅残军粮尽，遣精锐突袭南昌抄粮，朱文正派人尽焚其舟，陈偷鸡不成蚀把米。

不顾朱元璋军水陆结营的严阵以待，陈友谅最终不得不冒死突围，准备顺江而下，由禁江遁回。

朱元璋早有准备，指挥诸军精锐出击，纵火筏冲击敌舰。汉军舟船散走，朱元璋军队追奔数十里。

其间，陈友谅把脑袋伸出舷窗察看形势，一支箭弩飞来，不偏不倚贯其眼睛而入，陈友谅遂一命呜呼。

朱元璋军士闻讯，欢呼雀跃，斗志更盛，激战中又活捉了陈的“太子”陈善见。不久，汉军的“平章”陈荣等人，率水军五万余人投降。

张定边趁天黑，乘小船装载陈友谅尸体及其另外一个儿子陈理奔还武昌。回武昌后，张定边拥立小孩子陈理为帝，改元“德寿”。

朱元璋回金陵休整，不久，他率大军亲征武昌。

在城下安排围城事宜后，朱元璋分兵徇汉阳、德安州郡，湖北诸郡皆不战而降。

见形势大好，朱元璋留诸将围城，自己率护卫军返回金陵。

当然，鄱阳湖大战胜利后，朱元璋也知道自己胜得侥幸，对刘基说：“我不该亲自去安丰（救韩林儿）。假使那时陈友谅乘我不在建康，顺流而下直捣巢穴，我进无所成，退无所归，大事去矣！今陈友谅不攻建康，而围武昌，出此下策，不亡何待！”

性格即命运，陈友谅的冒险轻躁，也决定了他失败的结局。

进围武昌四个月，城坚不下。1364 年春，朱元璋从建康出发，再次亲自临敌指挥。

其间，汉军“丞相”张必先自岳州率军来支援，乘其立足未稳，朱元璋派常遇春突然中道攻袭，活擒了这位外号“泼张”的骁将。

常遇春押着张必先来到城下，向上喊话：“汝所恃者，唯泼张一人，今已为我所擒，尚何恃而不降！”

张必先也气沮，仰头向上，对张定边喊话：“吾已至此，事不济矣，兄宜速降为善。”

城上的张定边，垂头丧气。本来他在水战中就中箭百余、一身箭疮，此时却依旧想咬牙坚持。

见火候差不多，朱元璋派俘虏的陈友谅旧臣罗复仁入城劝降，表示说：“陈理若来降，当不失富贵。”

罗复仁入城，与陈理抱头大哭，张定边也在一旁大哭。

于是，转天大清早，陈理衔璧肉袒，率张定边等人出城，诣军门投降。

这小孩子俯伏战栗，不敢仰视。朱元璋见其弱幼，心觉可怜，亲自扶起，握其手称：“我不会治罪于你。”

归建康后，朱元璋授陈理为归德侯，又授陈友谅的爸爸陈普才伯爵，封陈友谅两个弟弟伯爵。明朝建立后，陈理逐渐长大，朱元璋不放心，把陈理远徙高丽，命高丽王严加看视，并把陈友谅二弟迁往滁阳软禁，但都未加以杀害。

陈友谅僭号称帝四年，未料想后代子孙倒去高丽天天吃泡菜度日，福兮祸兮，自不多讲。

在来武昌生擒陈理之前，朱元璋已在建康称吴王。本来李善长等人劝朱元璋称帝，朱元璋一直记得六年前儒士朱升的规劝：“高筑墙，广积粮，缓称王。”所以，他不着急称帝，以自己手中小明王的名义，先“任命”自己当了王爷。

当时，张士诚也自称吴王。所以，张吴就被称为东吴，朱元璋的“吴国”是“西吴”。

值得一提的，浴血奋战南昌八十五天的朱元璋侄子朱文正，很快为按察使李钦冰劾奏其“骄侈觖望”，并说他有“异志”。疑惧之下，朱元璋竟然亲自率水师至南昌城下查看虚实。

朱文正惶骇出迎，立刻被逮捕押回建康。朱元璋杀心大动，欲拿亲侄开刀立法，幸亏朱元璋妻马氏劝解：“此儿只是性刚而已，不可能有别的事。”由此，朱元璋才没有“显诛”侄子。

史书称朱文正“免官安置桐城，未几卒”，应该不是好死。朱元璋之猜忌，此时已显端倪。

劾奏朱文正的李钦冰也没活多久，很快“以他事伏诛”。估计是朱元璋杀侄后后悔，故而又杀李钦冰。

朱文正死时，其子守谦才四岁，朱元璋抚摸小孩儿的脑袋说：“宝贝别怕，你爸爸欠家教让我不高兴，我不会因他之故而废你。”朱元璋视之如己子，更名为炜。后来朱守谦（朱炜）被封为靖江王，世镇桂林。

卧榻之侧不容鼾睡

击灭张士诚

张士诚，小字九四，泰州人。他自青年时代起，就做当地盐场帮闲记账一类的杂差，很能损公肥私，凭关系让三个弟弟干上操舟运盐的营生，顺便走私贩盐。这些虽然不算什么大恶，却无“职业道德”可言。盐铁在封建社会一直是国家严管专卖产品。由此，利润颇丰。

手中有了钱，张士诚自然轻财好施，很似《水浒传》中的“及时雨”宋江，颇得当地老百姓欢心。从人品上讲，张士诚为人是元末群雄中数一数二的“好人”，不奸险，能容人，礼待读书人。但乱世大伪，既然他没有杀妻灭子的“气魄”，根本就熬不到最后胜利的那一天。

由于张氏兄弟向寿州附近诸富人家卖盐期间多受凌侮，不少大户还欠钱不给，加上盐场一个保安（弓手）丘义没事就辱骂张士诚，惹得张氏兄弟杀心顿起。恰值当时天下已乱，他们便于元顺帝至正十三年夏天，忽然起事。

加上张士诚和他三个弟弟，以及一个名叫李伯升的好汉，当时一伙人一共才十八位。起事时，他们并无远大理想，只是杀人泄愤而已。就这十来号人，先冲进盐场保安室把弓手丘义乱刀剁死，然后遍灭周围诸富家，放火烧掉不少大宅院。

由于当时盐场工人生活极其艰辛，苦大仇深，见有人带头挑事，纷纷报名加入，共推张士诚为主，百多人聚集一起，一下子就攻克了泰州。接着，他们攻破兴化，占领重镇高邮。

胜利如此容易，张士诚便自称“诚王”，国号“大周”，开始过称王称帝的瘾。

转年，张士诚树大招风，大元朝的丞相脱脱亲自率百万大军来攻，把高邮团团围住。当时的张士诚，叫天不灵，呼地不应，悔得肠子都青了。最惨的是，他想投降都不行，脱脱铁定了心攻下高邮后要尽屠当地兵民，以在江南树威示警。

人算不如天算，脱脱遭朝中奸臣算计，元顺帝一纸诏书把他就地解职押往吐蕃，半路毒酒赐死。至于那“百万大军”，一时星散，群龙无首，张士诚终能逃出生天，率一股人马逃出高邮。

在天下大乱的形势下，张士诚很快东山再起，并迅速占领了江南最富庶的常熟、平江（今苏州）两个重镇。平江有粮仓、衣仓、钱仓，真正的大富之地。而后，张士诚势力发展极为迅速，湖州、杭州、诸全

（今浙江诸暨）、绍兴、宜兴、常州、高邮、淮安、徐州、宿州、泗州以及朱皇帝的老家濠州，全部被其占领。刘福通如此勇武之人，也被张士诚手下大将吕珍包围于安丰，出战时被杀。如果朱元璋不来救，连小明王韩林儿也会被张士诚军队活捉。

有一点要弄清，张士诚打刘福通，不是所谓的“起义军内讧”，这两个人根本不是一个派系。

江南群雄，分为两大派系，即刘福通和徐寿辉的红巾军系，以及张士诚、方国珍的非红巾军系。红巾军系又分东西两派，东派名义上以小明王韩林儿为其主，实由刘福通掌握，郭子兴、朱元璋这一支其实就是东派红巾军系，在淮水流域四处闯荡。西派红巾军包括徐寿辉、陈友谅以及日后割据四川的明玉珍，他们的活动地点主要是汉水流域。红巾军之间，平时也互相争得你死我活，所以，张士诚打刘福通，可称是天经地义之事。

而且，张士诚和元朝的关系也很好玩。起事当年他就受朝廷“招安”，还弄了个官做。但当元廷要他出兵去打濠州等地红巾军时，他怕吃亏，推托不去，而是径直占了高邮当起自封的王爷来。脱脱丞相大军百万来攻，张士诚差点就被抓住碎刀凌迟。时来运转后，他改平江为隆平郡，开弘文馆，招贤纳士，提前干起“贤德”帝王的营生。

后来，张士诚受苗军杨完者部的打击和朱元璋的排挤，他就接受元朝江浙行省右丞相达识帖木儿的“劝告”，再次投降元朝，当起大元的“太尉”来。

扯虎皮做大旗，张在几年间据地两千余里，北逾江淮，西至濠泗，东达至海，南连江浙，俨然江南一国。

再往后，张士诚要当真王爷，元朝不答应，他就自立为“吴王”，和元朝基本闹翻，连粮食也不往大都运送了。

朱元璋、张士诚二人的冲突，源于至正十六年。本来降附朱元璋的“黄包军”（这些人以黄帕包头）头领陈保二忽然倒戈，逮捕朱元璋派来的将领，向张士诚投降。

当时朱元璋正忙于西线作战，起先还不敢与张士诚闹翻，派人送信一封，以“隗嚣称雄”的字眼奉承张士诚，希望两家“毋生边衅”。张士诚左右不少文人，他自己也读书，深恨朱元璋信中以“隗嚣”比拟自己，若如此，朱元璋就是“汉光武帝”刘秀了。

就因这几句话，张士诚把朱元璋的来使扣压，不肯讲和。

于是，朱元璋派大将徐达进攻常州，张士诚派弟弟张九六（张士德）来援。徐达设伏，活捉了张九六这员悍将。张士诚气沮。

不久，华云龙等将在旧馆大败张士诚另外一个弟弟张士信。

连败之下，张士诚与朱元璋书信，表示愿意送黄金五百两、白银三百斤以及粮食二十万石，双方讲和。朱元璋得理不饶人，复信历数其罪。结果，和议不了了之。

围了数日，朱元璋军队终于夺回常州。徐达善战，又顺利攻克常熟。

正是在这种情况下，张二次受元朝“招安”。

1358 年春，朱元璋派大将廖永安、俞通海、桑世荣等人大张旗鼓去“讨伐”张士诚，并派出邓愈、李文忠、胡大海等人从徽州昱岭关攻取了张士诚的建德路。

张士诚大恼，复遣兵反攻常州、常熟，均失败而归。

东边损失西边补，这年秋天，张士诚以计杀掉元朝的苗军元帅杨完者。

杨完者一部苗军乃元政府为了平息江南叛乱从湖广招来的少数民族部队。这部苗军烧杀抢掠，备极惨毒。在所有江南一带打仗的军队中，天完政权纪律最好，其下依次是刘福通红巾军、张士诚军、朱元璋军、元朝政府军、陈友谅军，最差的就是杨完者的苗军。所以，元朝江南行省的达识帖木儿才与张士诚暗中约定联手，做掉了这个骄横滥杀的苗帅。

张士诚杀杨完者，不仅是为民除害，为元除害，也是为朱元璋除害。杀掉杨完者，张士诚很快占据杭州和嘉兴两处要地，愈无所惮，再不把元朝的官员达识帖木儿放在眼里。

张士诚正在兴头上，派兵攻常州，被汤和击败，又丢了宜兴。朱元璋手下水师大将廖永安乘胜入太湖，深入追击，反而被张士诚大将吕珍候个正着，吕珍生俘了廖永安。

朱元璋想以俘获的三千张士诚兵将换廖永安一个人，张士诚不答应，他提出要以廖永安换自己弟弟张九六，朱元璋又不答应。害怕张九六乘间逃出为其兄平添羽翼，朱元璋先下手宰了张九六。

元至正十九年，胡大海、李文忠攻下张士诚的重镇诸暨州。

张士诚遣将攻江阴，被守将吴良打得大败而去。

朱元璋得江阴后，张士诚的舟师不敢溯大江而上。

数败之下，张士诚不甘心，1359 年秋天，他再派人攻常州，又败；1360 年派兵侵诸全，杀守将；派大将吕珍入长兴，也败。

1361 年，朱元璋遣胡大海进攻绍兴，不克而还。同年冬天，张士诚大将李伯升率精兵十余万进攻长兴，水陆并进，先胜后败，最终遭朱元璋守将耿炳文和常遇春内外夹击，狼狈而去。

对张士诚来说，否极也有小泰来。

元至正二十二年，守金华的朱元璋大将胡大海被属将蒋英、刘震杀掉。蒋、刘二人本是苗帅杨完者部下，张士诚杀杨完者，二人向朱元璋投降。胡大海喜二人骁勇，置于麾下，待之不疑。二人日久思变，约定几个苗将，准备起事。他们邀胡大海到金华八咏楼观射弩。后者很高兴，如约而来，想视察将士操弩演兵。还未下马，蒋英袖中突现铁锤，把胡大海脑袋击碎。然后，他们还杀掉胡大海儿子胡关住及金华数位文武官员。起事后，几个人心中也害怕，忙派人向张士诚投降，大掠金华而去。

趁乱，张士诚派其弟张士信和大将吕珍率十万兵马包围诸全。结果，守将谢再兴与朱元璋外甥朱文忠设计使吕珍分兵，又以炮铳等火器相攻，以少胜多，打得张士信仓皇逃走。

1363年，气急败坏的张士诚派大将吕珍集十万大兵进围安丰，杀掉了红巾军领袖刘福通。刘辛苦数年，为朱元璋除残去秽。张士诚杀刘福通，其实等于是为朱皇帝做事前的“驱除”工作。

由于名义上的“共主”韩林儿从安丰跑到滁州被吕珍追打，朱元璋不得不救，亲率徐达、常遇春移大军而来，终于击走吕珍。当是时也，险过剃头，如果西面的陈友谅倾国顺流直下建康，后果不堪设想。

朱元璋正擦冷汗，忽然传来一个大坏消息：诸全守将谢再兴（朱元璋亲侄朱文正的岳父）叛降于张士诚。

谢再兴之叛，源自朱元璋待人太苛：谢为了赚钱，暗中不时派军士私携银两去张士诚所占据的杭州买东西，带回来低买高卖。朱元璋怒，严责谢再兴，并下令召他回金陵，以他将替代其职务。此外，谢再兴二女儿在建康，朱元璋不打招呼，擅自将她许配给大将徐达，有如分配军需品，也惹得谢恼怒。（日后谢再兴女婿朱文正不明不白而死，也可能是朱元璋恨和尚憎及袈裟而致。）

谢再兴深知朱元璋杀人不眨眼，惶惧之下，杀掉知州栾凤，率诸全守军赴绍兴向张士诚投降，不久便率更改服色的吴军攻击东阳。幸亏李文忠闻乱后从严州急驰赶到，诸全方面才没捅大娄子。

这时，朱元璋正在前线指挥军队与陈友谅干仗，无暇东顾。元至正二十四年秋，张士诚逼元朝江浙行省长官达识帖木儿自杀（前一年九月他已经自称“吴王”），基本上独立，不过年号仍用元朝的“至正”。

江浙富庶地，竟成温柔乡。苏杭的张士诚部伍很快就从上至下腐化得一塌糊涂。方圆两千余里，甲士数十万，又据天下富庶胜地，他不得不感觉良好。特别是其弟张士德在时，已经延致不少著名文士，诸如高启、杨基、陈基、张羽、杨维桢等人，终夕饮乐于幕府之中，唱和往来。

张士诚也和张士信一样，喜欢招延宾客，又向这些文人墨客大赠舆马、居室、文房精品，远近潦倒的文人雅士，一时争相趋之。

张士诚为人，“外迟重寡言，似有器量，而实无远图”。据有吴中地区后，眼见自己辖区户口殷盛，他日渐骄纵，怠于政事。其弟张士信和其女婿潘元绍特别喜欢聚敛，大肆搜罗金玉珍宝及古书名画，日夜歌舞自娱。

穷人乍富，也不是多么反常。可怕的是，张士诚手下军将也腐化至极。史载，这些军爷们，“每有攻战，辄称疾，邀官爵田宅然后起。（将帅）甫至军，所载婢妾乐器踵相接不绝，或大会游谈之士，樗蒲蹴鞠，皆不以军务为意。及至丧师失地还，（张）士诚概置不问，已而复用为将。上下嬉娱，以至于亡”。

相比之下，朱元璋兢兢业业，朝夕不寐，从严治军，连他自己都说：“我无一事不经心，尚被人欺。张九四（士诚）终岁不出门理事，岂有不败者乎！”

从前陈友谅要张士诚一起夹击朱元璋，张不出手。现在，陈已败亡，张士诚反倒来了精神。

元顺帝至正二十五年春，他派大将李伯升与朱元璋叛将谢再兴一起，率马步舟师二十余万，跨越浦江，包围诸全之新城，造庐室，建仓库，预置州县官属，大作持久必拔之计。结果，朱元璋外甥李文忠与大将朱亮祖等人以少胜多，把东吴军杀得丢盔卸甲，李伯升等人仅以身免。

朱元璋指挥若定，麾兵攻克泰州，数月后又攻下张士诚的发家之地高邮。

元顺帝至正二十六年，徐达与常遇春会师攻淮安，克兴化，淮地皆平。五月，攻取了对朱元璋来讲最有象征意义的“龙兴之地”——濠州老家。

朱元璋亲自至濠州，拜陵墓，宴父老。宴父老是真，省陵墓嘛，纯属瞎掰。他一家皆葬乱坟岗，席烂土浅，“龙凤”之尸早已被野狗吞食，哪里还找得到。

大好形势下，朱元璋集团内部仍有不少人高估张士诚势力，文臣之首的李善长就表示：“（张士诚）其势虽屡屈，而兵力未衰，土沃民富，多多积蓄，恐难猝拔。”

武将徐达深谙主子意图，进言曰：“张氏骄横，暴殄奢侈，此天亡之时也，其所任骄将如李伯升、吕珍之徒，皆龌龊不足数，唯拥兵将为富贵之娱耳。居中用事者，迂阔书生，不知大计。臣奉主上威德，率精锐之师，声罪致讨，三吴可计日而定！”

朱元璋大喜，立命徐达出师。

1366 年 9 月，朱元璋以徐达为大将军、常遇春为副将军，率二十万精兵，集中主力消灭张士诚。

朱元璋多计，命二将不要先攻苏州，反而直击湖州，“使其疲于奔命，羽翼既疲，然后移兵姑苏，取之必矣！”有如此战略家，不胜也难。

二将依计，徐达等率诸将前往龙江，另遣李文忠趋杭州、华云龙赴嘉兴，以牵制张士诚兵力。诸将苦战。

在湖州周围，东吴兵大败，大将吕珍及外号“五太子”的张士诚养子等骁勇大将皆兵败投降，其属下六万精兵皆降。湖州城中的张士诚司空李伯升本想自杀“殉国”，为左右抱持不死，不得已也投降。

到了年底，在朱亮祖大军逼迫下，杭州守将谢五（叛将谢再兴之弟）也被迫开城门投降。如此，东吴左右臂膀皆失，平江成为孤城，面临南、西、北三面被围之势。

平江城坚，一直打了十个月，才最终被攻克。

在派军出发攻打张士诚的同时，朱元璋派大将廖永忠“迎接”小明王，行至瓜州时，廖永忠入舱把韩林儿一刀砍死，然后把船凿沉，施施然回来复命。从此以后，朱元璋再也用不着打“龙凤”年号。

杀韩林儿之事，后世不少人皆认定是朱元璋指使，但也有历史研究者认为此举实是廖永忠多事，为表功媚主。朱元璋大可封韩林儿一个王号什么的软禁般养起来，用不着做这么“此地无银三百两”的事情。当时朱元璋还算厚道，没有像司马氏对成济那样“嫁祸”于他，但估计心中很是鄙薄廖永忠的为人。

元至正二十七年（太祖吴元年，1367 年），见围城三月不下，朱元璋也不着急，从建康发来“最高指示”：“将在外，君不御，古之道也。自后军中缓急，将军便宜行之。”

徐达接书感奋，更加细心和卖命。

朱元璋见张士诚龟缩平江，志在必得，但也怕攻城死人太多。他原本之意就是围之困之，让张最终不支出城投降。同时，朱元璋不断派人送书城内，以钱镠、窦融相比拟，劝张自动归服。张士诚倔强，不降。

延至七月，张士诚见城中余粮渐尽，他又是厚道好人，干不出杀人为食的恶事，便率绰号“十条龙”的上万亲军冒险突围。

出城后，望见城左西吴兵队阵严整，心虚不敢犯，便转至舟门，向常遇春营垒杀来。这下可是遇到了煞星，常遇春有勇有谋，百战良将，挥兵直前，与东吴兵激烈厮杀。同时，他指挥善舞双刀的猛将王弼从另路绕出，夹击东吴兵，把张士诚万余扈卫精兵皆挤逼于沙盆潭中，杀掉十分之三，溺死十分之七。张士诚本人马惊坠水，几乎被淹死。亲兵冒死把他救起，以肩舆扛上，复逃回城中。

过了十来天，缓过劲来，张士诚咬咬牙，再次亲自率兵从胥门突出。出于玩命心理，张士诚军勇锐不可当，打得正面拦击的常遇春部招架不住。

如此天赐良机，本来能突围，站在城头上的张士诚弟弟张士信不知是坏了哪根神经，大呼“军士打累了，可以歇兵”，马上鸣金收兵。

张士诚等人愣怔之余，常遇春复振，掉头进击，把东吴兵打得大败，从此张士诚不敢复出。

形势危急如此，张士信这个倒霉蛋丝毫不知愁，总是没事人一样大张盛宴，遍摆银椅，与亲信左右饮美酒，食佳肴。仆从向他进献一个大水蜜桃，张士信欣赏久之，刚张嘴要吃，忽然城下发巨炮，恰恰打中张士信，这位爷脑袋被击烂，与桃汁一起四溅飞迸。

兵败弟死，张士诚仍旧很顽强，指挥城中兵民抵抗，杀伤不少西吴兵马。

十月间，徐达展开总攻，百道攻城。东吴军终于不支，城陷。

张士诚在府邸中闻城溃，对其妻刘氏说："我兵败且死，你怎么办？"

刘氏良德妇人，冷静答道："君勿忧，妾必不负君。"言毕，她怀抱两个幼子，在齐云楼下积柴薪，与张士诚诸妾登楼，自缢前令人纵火焚楼。

时值日暮。大英雄张士诚真是日暮途穷，独自呆坐室中良久，望着齐云楼的大火若有所思。然后，他投带上梁，准备上吊自杀。

张士诚旧将李伯升受徐达谕旨，到处寻找张士诚，刚好发现前主人在半空蹬腿，忙上前解救下来，号哭劝道："九四英雄，还怕不保一命吗！"

徐达立即押张士诚上船，由水路送往建康。其间，张士诚一直坚卧舟中绝食。被押送建康中书省后，朱元璋派李善长劝降。张士诚大骂，两个人几乎动手。当夜，趁人不备，张士诚终于上吊自杀。

昔日拥强兵大胜之时，张士诚内怀懦弱，坐失良机；当其被俘为虏时，辞无挠屈，绝粒自经，也不失为一大丈夫。

对于吴地人民来说，张士诚为人宽厚多仁，赋税轻敛，因此吴人对他颇多怀恋。至于明人书中对他的多种指斥，多不属实。张氏属下贪纵，但并不残暴，也没滥杀人，加之吴地殷富，即使东吴官员爱钱，也不是挖地三尺那种搜刮。

反观朱元璋，恨吴人为张士诚所用，他取大地主沈万三家的租薄以为依据，格外加赋，高达每亩实粮七斗五升，并在数年时间内把吴地的中小地主基本消灭干净。明朝人贝清江记载说：“三吴巨姓……数年之中，或贫或覆，或死或徙，无一存者。”

苏州当地人一直很怀念昔日张士诚轻徭薄赋的仁德，每年七月三十为张士诚烧香，托名为地藏菩萨烧香，实际上是烧“九四香”（张士诚原名张九四）。

仔细分析，张士诚已经落入朱元璋之手，朱元璋还派人劝降，这种心理很难捉摸。

很可能是朱元璋为了找感觉。想想陈友谅、刘福通等人皆死，终于抓住一个活的，如果看见对方匍匐自己脚下称臣，肯定是件很爽的事情。不料张也是大倔头，宁自杀不哀求。

听说对手自杀，朱元璋怒极，派人把张士诚尸身以大棍击烂，分尸喂狗。朱元璋的变态，从此可见一斑。

中原北望气如丝

驱逐元朝统治者出大都

干掉陈友谅、张士诚，朱元璋在江南一带已无劲敌，于是他就在1367年底，派徐达与常遇春等人率大军开始北伐。北伐之始，朱元璋发表《奉天北伐讨元檄文》，乃大文豪宋濂手笔，气势磅礴，震古烁今，不得不全文录之：

> 自古帝王临御天下，皆中国居内以制夷狄，夷狄居外以奉中国，未闻以夷狄居中国而制天下也。自宋祚倾移，元以北狄入主中国，四海以内，罔不臣服，此岂人力，实乃天授。

彼时君明臣良，足以纲维天下，然达人志士，尚有冠履倒置之叹。自是以后，元之臣子，不遵祖训，废坏纲常，有如大德废长立幼，泰定以臣弑君，天历以弟酖兄，至于弟收兄妻，子烝父妾，上下相习，恬不为怪，其于父子君臣夫妇长幼之伦，渎乱甚矣。夫人君者，斯民之宗主，朝廷者，天下之根本，礼仪者，御世之大防。其所为如彼，岂可为训于天下后世哉！及其后嗣沉荒，失君臣之道，又加以宰相专权，宪台抱怨，有司毒虐，于是人心离叛，天下兵起，使我中国之民，死者肝脑涂地，生者骨肉不相保，虽因人事所致，实天厌其德而弃之之时也。古云："胡虏无百年之运"，验之今日，信乎不谬。

当此之时，天运循环，中原气盛，亿兆之中，当降生圣人，驱除胡虏，恢复中华，立纲陈纪，救济斯民。今一纪于兹，未闻有治世安民者，徒使尔等战战兢兢，处于朝秦暮楚之地，诚可矜闵。方今河、洛、关、陕，虽有数雄，忘中国祖宗之姓，反就胡虏禽兽之名，以为美称，假元号以济私，恃有众以要君，凭陵跋扈，遥制朝权，此河洛之徒也；或众少力微，阻兵据险，贿诱名爵，志在养力，以俟衅隙，此关陕之人也。二者其始皆以捕妖人为名，乃得兵权。及妖人已灭，兵权已得，志骄气盈，无复尊主庇民之意，互相吞噬，反为生民之巨害，皆非华夏之主也。

予本淮右布衣，因天下大乱，为众所推，率师渡江，居金陵形势之地，得长江天堑之险，今十有三年。西抵巴蜀，东连沧海，南控闽越，湖湘汉沔，两淮徐邳，皆入版图，奄及南方，尽为我有。民稍安，食稍足，兵稍精，控弦执矢，目视我中原之民，久无所主，深用疚心。予恭承天命，罔敢自安，方欲遣兵北逐胡虏，拯生民于涂炭，复汉官之威仪。

虑民人未知，反为我雠，絜家北走，陷溺犹深，故先谕告：兵至，民人勿避。予号令严肃，无秋毫之犯，归我者永安于中华，背我者自窜于塞外。盖我中国之民，天必命我中国之人以安之，夷狄何得而治哉！予恐中土久污膻腥，生民扰扰，故率群雄奋力廓清，志在逐胡虏，除暴乱，使民皆得其所，雪中国之耻，尔民等其体之。

如蒙古、色目，虽非华夏族类，然同生天地之间，有能知礼义，愿为臣民者，与中夏之人抚养无异。故兹告谕，想宜知悉。

北伐，从精神层面上讲，朱元璋非常有优势。他以汉人为正统，以民族主义为号召，在标榜“天命”的同时，自称是前去驱除“胡虏”，从道义上明显占据了上风。

而且，朱元璋在檄文最后也留了个“尾巴”，表示只要“胡虏”诸族规规矩矩不反抗，一样可以宽大处理，成为大明顺民。

其实，早在元顺帝至正十九年秋，听说察罕帖木儿平汴梁、定山西，尽有秦陇之地，朱元璋就吓得心惊肉跳，忙派人从方国珍处搭船入海绕道去北方，侦察形势。两年后他正式派汪河去察罕帖木儿处。明朝史书都讲是去“通好”，实际上是朱元璋派人携厚宝向元朝称臣。

天不祚元，最有能力中兴元朝的察罕帖木儿被红巾军降将刺死，其势遂衰。虽然其义子王保保（扩廓帖木儿）骁勇善战，却无其义父的政治远略。所以，当王保保在至正二十三年春派人携书来“通好”时，朱元璋态度大变，拘其使节不遣。

元朝方面，乱成一锅粥。自孛罗帖木儿与扩廓帖木儿两军开始“内战”，一直到李思齐、貊高等人在晋地厮杀，整整八年过去，元朝的正规军与杂牌军一直在北方相互绞缠，杀得你死我活。正是由于这样，江南的朱元璋才能从容放开手脚，先后消灭了陈友谅、张士诚、方国

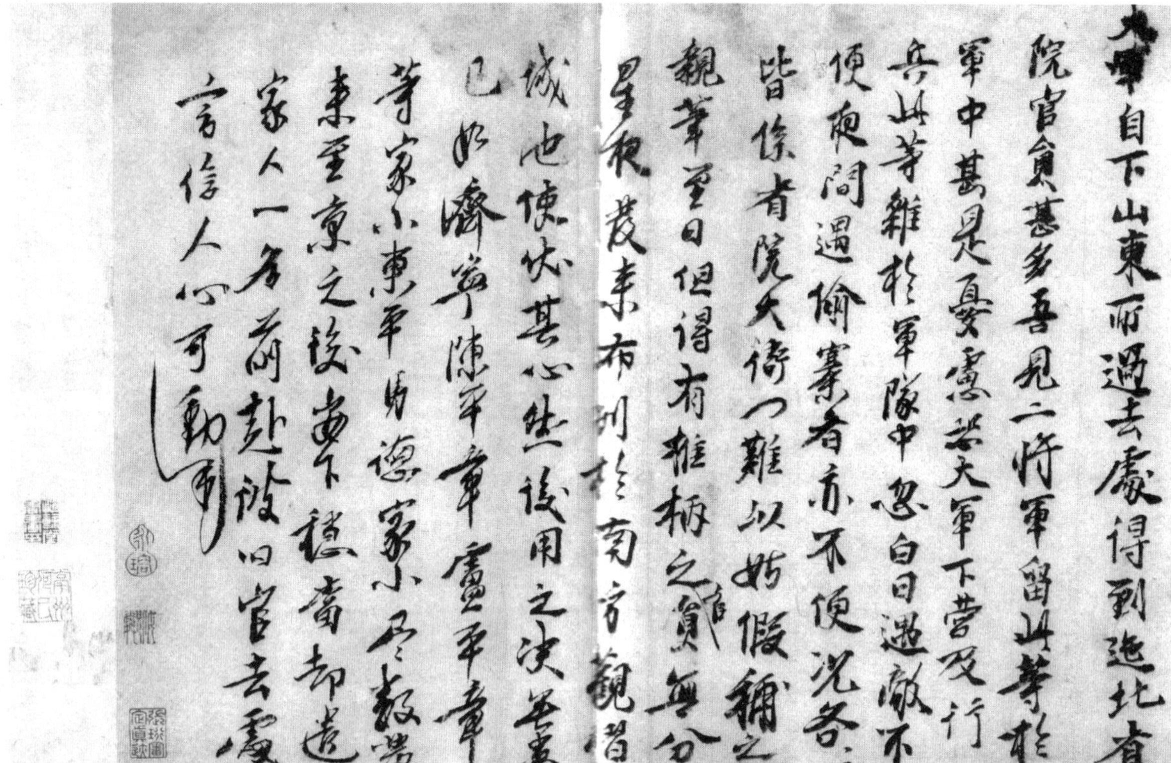

《大军帖》 明　朱元璋

珍、陈友定等人。除江南地区外，湖南和两广也尽入朱元璋手中。

在北方元军诸部自相残杀正酣时，至正二十七年年底，朱元璋正式开始了北伐。这位要饭花子出身的爷们儿很有远略，他并不主张直捣大都，而是这样向诸将布置：

“元建都百年，城守必固。若悬师深入，不能即破，顿于坚城之下，馈饷不继，援兵四集，进不得战，退无所据，非我利也。吾欲先取山东，撤其屏蔽；旋师河南，断其羽翼；拔潼关而守之，据其户枢。天下形势入我掌握，然后进兵元都，则彼势孤援绝，不战可克。既克其都，鼓行云中、九原，以及关陇，可席卷而下矣。”

于是，明军（两个多月后的至正二十八年，即洪武元年，1368年正月朱元璋才建立“大明”，此时应称为“南军”）二十五万人，由徐达和常遇春率领，浩浩荡荡杀向北方。

果然，一切皆按朱元璋先前布置施行，明军所至皆克，迅速逼向大都。

眼见国家危亡在即，元顺帝下诏重新强调皇太子“总天下兵马”的威权，诏谕诸将，作了最后一番垂死挣扎而又详尽的“战略部署”：

“复命扩廓帖木儿仍为前河南王、太傅、中书左丞相，统领见部军马，由中道直抵彰德、卫辉；太保、中书右丞相也速统率大军，经由东道，水陆并进；少保、陕西行省左丞相秃鲁统率关陕诸军，东出潼关，攻取河洛；太尉、平章政事李思齐统率军马，南出七盘、金、商，克复汴洛。四道进兵，掎角剿捕，毋分彼此。秦国公、平章、知院俺普，平章琐住等军，东西布列，乘机扫殄。太尉、辽阳左丞相也先不花，郡王、知院厚孙等军，捍御海口，藩屏畿辅。皇太子爱猷识理达腊悉总天下兵马，裁决庶务，具如前诏。”

王保保接诏，并未遵诏而行，而是向云中（今山西大同）方向进发。其帐下不少将领很狐疑，问：“丞相您率师勤王，应该出井陉口向真定（今河北正定），与在河间的也速一军合并，如此可以截阻南军

明太祖像

（明军）。如果出云中，再转大都，迂途千里，这怎么能行？”

王保保敷衍：“我悄悄提军从紫荆关（今河北涞源）入袭，出其不意，有什么不好？”

倒是他身边谋士孙恒一语挑明：“朝廷开抚军院，步步要杀丞相。现在事急，又诏令我们勤王。我们驻军云中，正是想坐观成败！”

进言者听此话，只得默然。

可见，大都元廷危急，王保保仍持坐观态度，元军其余诸部可以推想。

很快，明军打到通州。元朝知枢密院事卜颜帖木儿像条汉子，出兵力战，可惜兵败被杀。

眼看大都不保，元顺帝在清宁殿召集三宫后妃、皇太子等人，商议出京北逃。左丞相失烈门等人谏劝，一名名叫赵伯颜不花的太监更是跪着叩头哀号：“天下者，世祖之天下，陛下当死守，奈何弃之！臣等愿率军民及诸卫士出城拒战，愿陛下固守京城！”

顺帝已经吓破胆，当然不听。太祖元年七月二十八夜，元顺帝最后看了一眼元宫的正殿“大明殿”，嘴里嘀咕了一句什么，即率皇后、皇太子等人开健德门，出居庸关，逃往上都方向。八月二日，明军攻入大都城，元朝灭亡。

元朝的宫殿正殿，名字就叫“大明殿”，元顺帝临行前看着那三个字，兴许和我们后人想的一样：莫非这是“大明”取代“大元”的象征？其实，如同“大元”取自《易经》“大哉乾元”之语一样，元朝的“大明殿”也是出自《易经》乾卦的“彖辞”——“大明始终”；元顺帝逃走时所经的“健德门”，出自乾卦“天行健”；“厚载门”出自坤卦“坤厚载物”；“咸宁殿”出自乾卦“万国咸宁”；等等。元代大多是根据《易经》为宫殿和宫门起的名字，至于日后与“大明”暗合，也是小概率的巧合吧。

元顺帝在一年多后因痢疾病死，终年五十一岁，蒙古人为其上庙号为“惠宗”。他之所以被称为元顺帝，是朱元璋日后认为这位元帝知顺天命，退避而去，特加其号曰“顺帝”。

元顺帝遁走，徐达上《平胡表》给朱元璋：

> 唯彼元氏，起自穷荒，乘宋祚之告终，率群胡而崛起。以犬羊以干天纪，以夷狄以乱华风，崇编发而章服是遗，紊族姓而彝伦攸理。逮乎后嗣，尤为不君，耽逸乐而招荒亡，昧于竞业；作技巧而肆淫虐，溺于骄奢。天变警而靡常，河流荡而横决，兵布寰宇，毒布中原。镇戍溃而土崩，禁旅颓而瓦解，君臣相顾而穷迫，父子乃谋乎遁逃。朝集内殿之嫔妃，夜走北门之车马。臣（指徐达自己）与（常）遇春等，已于八月二日，勒兵入其都城。

百年汉族郁结之气，竟能在这一篇表章中一泄而出。

自顺帝跑出大都后，标志着蒙古贵族在中国统治的终结。日后再提及这个流亡政权，就只能称其为“北元”了（明朝称“鞑靼”或者“瓦剌”）。元朝虽亡国，但并没有灭种。

元顺帝从大都出逃后，一路惶惶然如丧家之犬，用了近二十天工夫逃到上都。但此时的上都宫阙府衙先前遭红巾军一部劫掠焚烧，根本不像个都城，到处残垣断壁，四处瓦砾。见此情景，顺帝一行人心凉了大半，本想再远窜和林，不久就听说明军并未派大部队来追，诸人方敢喘口大气。

元朝虽亡，当时的残余势力仍旧让元顺帝觉得有重回大都的希望：辽阳有兵十万，云南仍旧掌握在蒙古宗王手中，王保保有大军三十万在山西，李思齐、张思道有数万兵在陕西，加上各地杂七杂八的零散武装以及集民自保的所谓“义军”，全部军队人数加起来有几十万之多。

可惜的是，由于从前当众砍杀了宗室阳翟王，顺帝对西北诸藩的

“亲戚”们不抱幻想，他目前最大的心愿就是夺回元朝政治统治的象征地大都。其实，早知如此，他当初就不应逃跑得那样仓促。

朱元璋是位懂谋略的帝王，他深知山西的王保保不除，元朝仍旧有死灰复燃之日。于是，他令徐达、常遇春两人即刻统军去平山西，同时又增派汤和等人提军赴援。明军一路基本顺利，接连攻下泽、潞两州（今山西晋城和长治），准备合围云中。

王保保在元顺帝的催促下正往大都方向赶，听说明军要倾其老巢，他立刻回军。走到半路，明军已经拿下太原。双方对垒，王保保挑选数万精兵，准备拼死一决。

未料想，明军策反了王保保部将“豁鼻马”（估计是绰号），连夜劫营。元军霎时惊溃，王保保惊慌中跳上一匹马就跑，狼狈得脚上只穿一只靴子。由此，数万劲骑，王保保带走的只有十八骑，余众不是被杀，就是投降明军。

王保保先逃至大同，惊魂未定，又驰往甘肃。由此，山西皆为明军攻克。

明军一鼓作气，稍事休整后又开拔，准备克复陕西。

元顺帝思念大都心切，命右丞相也速率数万骑兵经通州攻大都。当时通州由明将曹良臣驻守，兵员不满千人。他只得使“疑兵计”，白天夜里轮流不断让人摇旗呐喊，击鼓不绝。元军以为明军人多，也速竟然惊骇退走，失去了进攻大都的最好机会。

朱元璋得知顺帝用意后，急遣大将常遇春率所部从凤翔急行军驰援大都（明朝已将大都改称“北平”）。在优势兵力下，明军数战皆胜，接连攻克会州（今辽宁平泉）、大宁州（今辽宁朝阳）。

偷鸡不成蚀把米，现在元顺帝连上都也待不住了，只得逃往应昌（今内蒙古克什克腾旗）。

常遇春明军势锐，一举攻克上都，斩首数万，降敌一万有余，得辎重、牲畜、粮草无数。

陕西方面，徐达一军直下奉元（今西安），元将张思道未战即逃，李思齐虽有十万大军，也不敢做像样的抵抗，西奔临洮。

徐达与诸将产生异议，他坚持己见，认定要先拿关中元将中最硬的李思齐开刀，直下陇州（今陕西陇县）、秦州（今甘肃天水）、巩昌（今甘肃陇西）、兰州。由于事先做过不少“思想工作”，李思齐向明军投降，附近元军残部皆望风降服。

张思道从奉元逃跑后，向宁夏方向逃跑，留其弟张良臣和姚晖等人守庆阳。到了宁夏，穷蹙势孤的张思道走投无路，只得向王保保“报到”。王保保十分气愤，张口大骂：“从前你与我争关中的勇气哪里去了？”马上把他押入囚牢关了起来。

庆阳方面，张思道之弟张良臣诈降，结果使明军受降部队损失惨重。徐达闻讯大怒，指挥四路大军围攻庆阳。北元派出数道兵增援，皆被围城明军打败溃逃而去。坚守数日，庆阳城中粮尽，守将之一的姚晖向明军投降，张良臣等人跳井未死，被明军捞出后皆剐于军营之前。

王保保得知庆阳失陷后，便集兵猛攻兰州。猛攻数日，难克坚城。愤懑之下，王保保率元军在兰州附近大掠泄愤。出乎他意料的是，明朝大将徐达来得快，在定西车道岭与其狭路相逢。

元、明两军中间隔一条深沟，各自树栅建鹿角，作持久相斗状。明军粮多兵壮，有持久战的本钱；王保保元军情怯粮少，先自慌了心神。

徐达使心理战，命令明军昼夜不停发动假攻击，使元军不得片刻休息。

闹腾了两天，明军忽然闭营假装休整。筋疲力尽的元军谢天谢地，终于有机会吃口军粮歇一觉。

殊不料，大半夜间，明军全军发动攻击，又累又乏的元军根本不敌，近十万将卒被生擒。王保保仅与妻儿数人北走黄河，抱持流木渡河，奔逃和林。

这次，他不仅本人狼狈到家，还把北元最大一份家底基本赔光。

应昌方面，城池完整，但仍旧面临老问题：粮草不足，难以拒守。王保保等人一直上书顺帝让他离开这一危险地带来和林，但顺帝仍旧想回大都，希望元军会创造“奇迹”。

奇迹未看到，痢疾却先到。早已被“大喜乐”淘虚了身子骨的元顺帝又因贪嘴，多吃了些不干净的牛羊肉，忽染痢疾。缺医少药加上抵抗力过弱，五十一岁的顺帝活活拉肚子而死。大元最后一代帝王，死得如此不堪。

皇太子爱猷识理达腊这回终于可以做皇帝了，他改元“宣光”，即杜甫《北征诗》中之“周汉获再兴，宣光果明哲”，颇有中兴大元之意。这位太子爷虽然一直是个“事头”，又好佛法喜欢腐化，但其实他的汉文化功底颇为深厚，除能写一笔潇洒遒劲宋徽宗体书法外，还会做汉诗。其诗大多散佚不存，只在《草木子》一书中存有一首《新月诗》：“昨夜严陵失钓钩，何人移上碧云头。虽然未得团圆相，也有清光照九州。”清新可喜，就是没有帝王气象在诗中。（此诗有人误记为朱元璋的孙子建文帝所作。）

爱猷识理达腊的帝位还未坐热乎，朱元璋的外甥李文忠已经统大军杀来。本来他是大将常遇春的副手，常大将军在攻克上都后暴疾身亡，所以他就成为这支大军的总指挥。

听说元顺帝已死，皇太子还在应昌，求功心切的李文忠马上向这座城市发动进攻。结果自不必说，明军杀擒元军数万，并活捉了北元皇帝爱猷识理达腊的皇后、嫔妃、宫女以及他的儿子买的里八剌。

北元的这位“新帝”腿脚利索，又逃过一次大难，最终逃往和林。

明洪武五年，朱元璋怕北元死灰复燃，派徐达、李文忠等人大军四出，统十五万精骑准备彻底消灭王保保和爱猷识理达腊。

明军初战得胜，但进至岭北，遭遇王保保埋伏，大败一场，死了几万人（明朝自己说是一万多）。转年，王保保复攻雁门，太祖下令诸将严备。但他的注意力集中在中原地区，此后明兵甚少出塞主动进攻元朝残兵。

早在此次出师前，明太祖曾七次派人往王保保军营“遣使通好”，王保保皆不应。最后，朱元璋派出王保保父亲的好友、元朝降将李思齐出塞，想以言语打动王保保归降。

王保保对这位先前与自己关中大战的“老叔”很客气，又请吃饭又请喝酒，就是不提归降之事。待了数日，王保保派人礼送“老叔”出境。行至塞下，送行骑士临别忽然对李思齐说：“主帅有命，请您留一物当作纪念。”

李思齐很奇怪：“我自远方而来，未带重礼。”

骑士说：“希望您留下一臂以为离别之礼！”

望着面色严肃的精甲铁骑数百人皆对自己虎视眈眈，李思齐自知不免，只得自己抽刀切下一条胳膊交与骑士。伤口虽然齐整，又有从人救护，但难免流血过多。他回来后不久即死掉，在新朝也没享几天好福。

正因如此，朱元璋对王保保更是油然生敬。一日，他设宴大会诸将，问：“天下奇男子，谁也？”大家皆回答：“常遇春所将不过万人，横行天下无敌手，足可称是真奇男子！”朱元璋摇头一笑：“常遇春虽人杰，我能得而臣之。天下奇男子，非王保保莫属！”

大起大落后，王保保在和林与从前的“皇太子”相处和睦。洪武六年他又统军杀回长城边，但被老对手徐达候个正着，在怀柔把他所率元军打得大败而去。

洪武八年，正值壮年的王保保染疾而死，其妻毛氏自缢殉夫。

洪武十一年，爱猷识理达腊也病死，残元大臣谥其为“昭宗”，并拥其弟（有说是其子）脱古思帖木儿为帝。十年后，这位爷在捕鱼儿海（有说是贝加尔湖，有说是距热河不远的达尔泊）晃悠，被明朝大将蓝玉侦知消息，率十万大军前去攻击。明军杀元军数千，生擒近八万人，就是跑了脱古思帖木儿本人。此时的北元皇帝再无昔日的威赫声名和尊严。逃往和林的路上，他被叛臣也速迭儿缢死。

百年之前，蒙古军队如同火山中喷流出的炽热岩浆，没有任何东西能阻挡他们滚滚向前。他们骑着蒙古矮马，武器皆简单而实用。正是凭借原始的冲动，蒙古武士以极少的人数，完成了人类历史上史无前例的征服，无数种文明皆似漂亮的琉璃一样粉碎在狼牙棒下。

欧洲的重铠骑士们有命逃回城市的，便向主教和国王渲染黄色面孔海潮般急涌而来的恐惧，这就是"黄祸"一词的产生。实际上，这些骑着高头大马身穿精钢铁甲的大个子们无非是以敌人的众多来掩饰自己战败的无能而已。西进的蒙古军队虽然杀人无数、毁城无数、击败有建制的军队无数，但他们最大的战役也从未使用过十二万人以上的兵力。当然，"黄祸"渲染者的谎言基本无人拆穿，因为己方的目击者基本上都已在惊愕中死于蒙古军的弓箭或者刀下。

与从前相比，蒙古战士的战马更高大，身体更肥硕，打仗的行头要复杂数倍，但仍然被汉人军队摧枯拉朽般地一击再击，一退再退，终于回缩至青草漫天的草原。其实，蒙古战士的体魄并未因百年岁月而变得虚弱，唯一改变的，是他们昔日那种奋不顾身、勇往直前的勇气！

《明史》《新明史》对"鞑靼"的记载混乱不堪，均列于《外国传》中。但"鞑靼"（即北元）系系相传，一直有二十八代之多。反观"大明"，不过才十六君而已。明成祖把蒙古当成心中大患，亲征数次，仍旧不能把"黄金家族"的直系继承人连根拔掉。北元最昙花一现的荣光，当数脱脱不花大汗（权臣也先）时期，堂堂明英宗皇帝，竟然成为蒙古军队的俘虏。明武宗正德年间，元朝正系后裔达延汗一举击败漠南蒙古西部的地方部落势力，基本上找回了昔日漠南漠北蒙古大汗的感觉。1570年，达延汗的曾孙俺答汗（又称阿勒坦汗）手下有十余万蒙古铁骑，为蒙古诸部之雄。张居正等人很有政治远见，封其为顺义王，从经济上给予蒙古人不少好处，换来的是和平以及顺义王对明朝的朝贡关系。

1632年，皇太极率军猛攻察哈尔，把蒙古最后一位大汗林丹汗打得大败，窜至大草滩急火攻心发痘而死。1636年，女真人建立的后金汗国征服了漠南蒙古。时光流逝四百年，女真人的灭国之恨终于得报，现在反过来是蒙古王公要匍匐于女真人的马下舔靴尘了。

1644年，清朝统治者在北京坐稳龙廷后，把蒙古诸部划分成四十九个旗，成吉思汗的子孙完全丧失了独立的领地。至此，他们祖先那宏阔帝国的美妙图景，永远地变成了昔日黄金般的回忆和静夜无人时焦渴的梦想。

再接再厉定国家

方国珍降、陈友定灭、两广归附、蜀地纳款、云南大定

甫灭张士诚，朱元璋迫不及待下令对方国珍动手。

方国珍是元末群雄中辈分最高的"老前辈"。诸多人中，属他起事最早，元顺帝至正八年，他就聚众千人劫掠元朝运粮船，梗塞海道。

此人长相也奇特，史载，他"长身黑面，体白如瓠"。仔细思之，也不奇，脸黑，是因为他"世以贩盐浮海为业"，太阳晒的；身体皮肤白，衣服遮拦阳光，所以就白。

无论如何，方国珍四兄弟横行海上，忽东忽西，让元朝伤透了脑筋。后来，对元朝他也是忽降忽叛，据有温州、台州（今浙江临海）等地，并受元朝诏命进攻张士诚，且七战七捷。不久，张士诚受招安，也当上了元朝的太尉，二人才停止相攻。

方国珍初作乱时，元朝很当回事，官府出空白宣敕数十道，募人击方国珍，海滨壮士多应募，打得方国珍有些招架不住。但元地方政府官吏腐败，该赏官时反而向击方国珍者索重贿。对方只要不出钱，根本也得不到官，往往有一家数人战死而最终不得官者。反观方国珍党徒，元

朝一再招安抚谕，子弟宗族皆至大官。由此当地人羡慕他们，转而加入其中为盗，方国珍手下日益增多。

虽然起事早，但方国珍并无大志。朱元璋攻取婺州后，他忙奉书送黄金五十斤、白银五十斤及文绮百匹来献，并派次子方关为人质向朱元璋“效忠”。

朱元璋也会做人，归还其质子，厚赐遣返，并派人委任方国珍为福建行省平章事。

方国珍阴持两端，一面受朱元璋印诰，一面仍派海船替张士诚运粮输往元朝大都。

朱元璋军队攻克张士诚后，方国珍大恐，一面遣使佯称贡献侦察形势，一面暗中勾结王保保和陈友定等人，阴图形成犄角之势。

朱元璋闻讯大怒，移书数其罪，并责军粮二十万石让他来献。

方国珍倒不是特别慌，海贼出身的他，日夜倒腾珍宝，大治舟楫，时刻准备逃往海上。

张士诚被灭后，朱元璋大军来势汹汹，台州、温州皆被攻克。方国珍自知不敌，率所部乘船遁入海中。但是，朱元璋手下也有“水贼”出身的将领廖永忠等人，率水军配合汤和等人的陆军倾力围剿，方国珍部下多降。

本来朱元璋十分恼怒这个三心二意的东西，但方国珍手下詹鼎“谢罪表”写得好，朱元璋览后顿起可怜之意：

> 臣闻天无所不覆，地无所不载。王者体天法地，于人无所不容。臣荷主上覆载之德久矣，不敢自绝于天地，故一陈愚衷。臣本庸才，遭时多故，起身海岛，非有父兄相藉之力，又非有帝制自为之心。方主上霆击电掣，至于婺州，臣愚即遣子入侍，固已知主上有今日矣，将以依日月之末光，望雨露之余润（拍朱元璋马屁，说自己早知道朱元璋是真天子）。

> 而主上推诚布公，俾守乡郡，如故吴越事。臣遵奉条约，不敢妄生节目。子姓不戒，潜构衅端，猥劳问罪之师，私心战兢，用是俾守者出迎（从前的冒犯，我不知情，都是属下们干的，我一直孝敬）。然而未免浮海，何也？孝子之于亲，小杖则受，大杖则走，臣之情事适与此类（这几句话最让朱元璋开心，看见比自己岁数还大的方国珍拿自己当亲爹来比拟，能不高兴吗？）。即欲面缚待罪阙廷，复恐婴斧钺之诛，使天下后世不知臣得罪之深，将谓主上不能容臣，岂不累天地大德哉（如果您杀我，可就是您的不厚道了）。

方国珍在信中把朱元璋比成亲爹，把自己比成犯事避杖逃走的儿子，不能不让朱元璋欣喜。于是，他表示说，方国珍虽然负恩实多，只要投降，我仍饶你一命。

方国珍至建康后，朱元璋当面责让："你来得太晚了！"

方装可怜，顿首谢罪。

朱元璋心中舒服，授他为广西行省左丞，食禄而不予之官，赐大宅院于建康，挂个荣衔养起来。

明朝成立后，方还多次以"功臣"身份参加盛大宴会。一次赴宴，他突发脑出血，"嗷"的一声就倒地了。

朱元璋对他特厚道，忙授其二子官职，派人通知濒死的方国珍。方欣慰颔首，死了。

如此导致元朝灭亡的大祸首，又落在朱元璋手里，竟然善终，真是一个天大的奇迹。

方国珍此人，也有一"花絮"可表。他割据一方时，其女儿年方妙龄，由于病痘，前往延庆寺祈福。庙中一个名叫竺月华的年轻和尚风流轻佻，看见美人来庙内，便顺口吟诵《望江南》词，挑逗方国珍女儿："江南柳，嫩绿未成阴。攀折尚怜枝叶嫩，黄鹂飞上力难禁，留下待春深。”词中很有些猥亵的意思。

方姑娘人小心细，冰雪聪明，回家后就向父亲告状，说和尚调戏自己。

方国珍大怒，命人立刻把“贼秃”捆来，准备装入“猪笼”内扔到水中淹死。

见押来的和尚容貌俊俏，吓得浑身乱颤，方国珍又笑又气，仿效其口吻，也作词一首：“江南竹，巧匠结成笼。好与吾师藏法体，碧波深处伴蛟龙。方知色是空。”方本来大字不识的一个粗人，此时倒很幽默。

临死之际，竺月华这个年轻和尚还算镇定，表示说：“死即死耳，容我再作词一首。”方国珍答应。

竺和尚吟道：“江南月，如鉴亦如钩。如鉴不临红粉面，如钩不上画帘头。空自惹肠愁。”

见年轻俏和尚以自己名字入词，自我贬损一番，方国珍转怒为喜，笑言：“这次就放掉你这个小和尚！”

由此事可以看出，方国珍的确不是一般的憨人粗汉。

在发兵攻打方国珍时，1367年冬，朱元璋派中书平章胡廷美为征南将军，会同江西行省左丞何文辉，前去福建平灭陈友定。不久，又令汤和、廖永忠由海道进攻福州。

元朝这位大将陈友定，与陈友谅没有亲戚关系。

陈友定，字安国，福建福清人，小商贩出身，在明溪驿任驿卒。由于善谈兵事，为元朝汀州地方官蔡某赏识，授为黄土寨巡检，以讨山贼起家。元末大乱，英雄莫问出处，陈友定几年内就当了清流县令。至正十九年，陈友谅部将攻汀州，被陈友定击退，元朝政府命他为福建行省参政。

与陈友谅打了三年，福建大部皆归陈友定所有。元朝的福建行省平章政事燕只不花徒拥虚名而已，陈友定才是真正的行省一把手。到了至正二十四年，大都方面诸道隔绝，只有陈友定每年向大都运输贡物。

由于绕取海道，十次运物只有三四次能送到，很有一番忠心赤诚。

至正二十五年，陈友定受元廷之命，进攻朱元璋的地盘处州（今浙江丽水），但没得到便宜，匆忙撤军。

陈友定虽拥八闽之地，但各地守将心意不一，多有向朱元璋归降者，诸城相继被攻下，福州也被汤和攻陷。

陈友定无奈，只得拥兵死守延平（今福建南平）。不久，漳州、泉州、建宁（今福建建瓯）皆落入明军之手。

汤和、廖永忠先礼后兵，攻延平前派出使节招降陈友定。陈友定杀掉来使，与诸将歃血为盟，发誓忠于元朝。但陈友定毕竟不是大军事家，总以为明军千里远道而来，诫使诸军毋出战，想待明军气泄兵疲时再出城攻杀。

长期固守愁城，将吏多怨。诸将被围急了，缺衣少吃，想冲出拼死一搏，也为陈友定所阻。在这种情势下，城内将士多有出城投降者，陈友定因疑心，又枉杀一员能战大将，致使众心解体。

受围十日后，延平城内有炮声响。明军误以为是城中降将内应，鼓噪登城，歪打正着，很快就攻克延平坚城。

陈友定知大势已去，对左右从官讲："公等善自为计，我为元朝死耳！"他独坐省堂，按剑仰药自杀。

明军来得快，灌水压腹，为陈友定排毒，把活人押送建康。

朱元璋起先对陈友定很敬重，诘问道："元朝已亡，你为谁守城？"

陈友定虽遍身绳索，仍不屈不挠，直斥道："无须多言，除杀掉我以外，你又能干什么！"

朱元璋大怒，立命人杀陈友定及其子于闹市。

陈友定虽败亡，但对元朝忠贞不贰，始终如一，父子骈首，慷慨赴死，不失为乱世大丈夫！

相较平定方国珍和陈友定，朱元璋平定两广就顺利得多。洪武元年三月，朱元璋命廖永忠、朱亮祖二人从海道取广东，又命湖广行省的杨璟带兵攻取广西。结果，廖永忠水师甫到潮阳，就接到元朝广东行省左丞何真的降表。

何真，东莞人，本为淡水盐场小管事。元末乱起，他结民自保城池，一步一步被元朝加官。此人很知“天命”，知道胳膊拧不过大腿，递降表后，亲自去惠州迎接廖永忠，被马上安排入京见驾。

朱元璋大喜，赐宴，特赠白金千两，立授何真为江西行省参知政事，并誉为“识时达变”的天下豪杰。

何真降明，乱世自保而已。此人受元朝恩惠不多，投降又保全不少生民性命，无可厚非。

广西方面，明兵不是很顺利，围攻永州时死了不少军士。梧州方面还好，元朝当地的“达鲁花赤”拜住（蒙古人好多叫这名字）率官吏父老迎降，藤州、容州相继而下。

明军最难打的当数靖江（今桂林）。元朝广西行省平章政事也儿吉尼死守死斗，最终因城内将领叛降明军，靖江得陷。也儿吉尼逃跑未成，被擒送建康处死，成为为数不多的为元朝殉国的蒙古人。

至此，两广归于大明版图。

洪武三年，朱元璋派大将汤和与傅友德分头从湖北和陕西进兵，准备全取四川。

四川当时还存有一个地方政权，国号“大夏”，乃昔日徐寿辉手下大将明玉珍所建。

明玉珍在至正十七年受命外出抢粮，溯江而上，一下子就攻取了重庆、成都以及今天的贵州部分地区，当上了天完政权的陇蜀行省右丞。至正二十年，听说陈友谅杀掉徐寿辉，明玉珍非常气愤，断绝与陈的来往，并于至正二十二年春在重庆称帝，建元天统。此人虽无远略，但本性节俭，颇好读书，折节下士，在四川“国”内开进士科，定赋税，以十分取一，可称是难得的宽明廉厚之主。其间，他与朱元璋也信使往来，颇为友好。朱元璋当时敌人多，卑辞下意，自比孙权，以明玉珍比刘备，双方很是亲热。

明玉珍人好，命不好，为“皇”五年即病死，时年仅三十六岁。当时是元至正二十六年春天。

明玉珍死后，其子明升嗣位，年方十岁，诸大臣皆粗暴无礼，互相争权夺势，不肯相下。由此，“大夏”开始走下坡路。

朱元璋建明后，明升派使臣来贺。转年，朱皇帝怪明升“不懂事”，没有主动“归命”，就派人去诏谕。明升不从（此人还小，主要是左右大臣及其母后彭皇后不从）。

如此，朱元璋下令诸将进攻。

蜀地虽险，也抵不住大明的虎狼之师。明将傅友德走当年邓艾袭蜀的老路，一路攻克江油、绵州（今绵阳）、江州（今广汉）。汤和走水路，直落夔州（今重庆奉节），逼近重庆。

明升大惧，有大臣劝其逃往成都，明玉珍老婆彭氏泣言道：“成都即使可以到，不过是迁延旦夕之命罢了。大军所至，势如破竹，不如早早投降以全活百姓性命。”

于是，明升“面缚、衔璧、舆榇”，向明军投降。

朱元璋在建康见明升，怜其幼弱，没有依照孟昶降宋故事让他行“伏地上表得罪”之礼，授其为归义侯，赐第京师。

转年，为长久安定之计，明太祖把明升与陈友谅之子陈理一起送往高丽施行高级别的软禁。

有人见此可能问，高丽王数代一直都是元朝的驸马爷，怎么现在又听明朝使唤呢？

当过元朝的驸马确实不假。但明朝初建，高丽国王当时是王颛，他马上贡方物，进贺表，并上书请封。“事大主义”，是高丽避免被中原王朝打击灭亡的铁定规则。高丽王交回元朝所赐金印，敬用明朝新赐印章，贡献数至，孝敬恭谨。朱元璋见高丽贡使频来，也不忍心，加之高丽使臣乘船来贡，每年都淹死不少人，就下诏：“高丽贡献繁数，困敝其民，宜遵古诸侯之礼，三年一聘。”

洪武六年，高丽内政有变，国王王颛为权臣李仁人所弑。王颛无子，以宠臣辛旽之子王禑为义子，李仁人就扶这个王禑为傀儡国王。自那时开始，明朝与高丽的关系陷入僵局，但高丽政府一直死乞白赖巴结大明，又贡马又贡金，明朝却而不受。到了洪武二十一年，高丽王王禑上表称铁岭之地实属高丽旧地，乞求朱皇帝赏还与他。朱元璋断然回绝，坚称高丽一直以鸭绿江为界，警告对方不要再生诈挑事。这一点，朱元璋深明民族大义。

高丽王向明朝上表的当月，国中有事。王禑因怒杀大将李成桂之子，李成桂率兵反攻都城，软禁了王禑，推立其子王昌为王。不久，废王昌，立另外一个宗室王瑶。由于王瑶确属王氏高丽王族血系之亲，朱元璋遣使表示承认他的地位。

洪武二十四年十二月，王瑶派儿子王奭来建康朝贺，结果，王奭未归，李成桂便踢掉王瑶，自立为王。至此，高丽王氏自中国五代以来传国数百年，终于寿终正寝。

李成桂当了国王心中极不踏实，很怕大明派兵来攻，就上表“哀陈”自己迫不得已被众人推为国王，希望皇帝“原谅”。朱元璋认为高丽僻处东隅，也懒得生事，命礼部移谕道：“果能顺天道，合人心，不启边衅，使命往来，实尔国之福，朕又何诛！”

这样，明朝算是承认了李氏高丽，李成桂这才大出一口气踏实下来。

洪武二十五年，李成桂遣使求更改国号，朱元璋下诏，依据古义，仍称“朝鲜”。所以，从那时开始，明朝和朝鲜关系一直非常亲密，并曾在它即将被倭人攻亡时伸手相援。

至此，朱元璋只剩下云南一地未破。

云南之地，乃忽必烈之子忽哥的后代袭封，一直称梁王，当时的梁王是巴匝剌瓦尔密。洪武六年，朱元璋派王伟为诏使到云南，前去招降。王伟很擅言辞，在大殿上历陈天意人事，侃侃而言，使得梁王手下相顾骇服，颇有降意，礼敬之余好吃好喝厚待王伟。

不久，北元太子在沙漠自立，派使臣脱脱（蒙古人好多叫这个名字）从西藏入云南征粮，策划联兵以拒明师。脱脱打听到梁王有降意，便逼迫他杀掉明使以表对元朝的忠心。梁王犹豫，下不了手，就派人把王伟藏于民间。

脱脱闻知后，讥诮梁王说："国家颠覆不能救，却欲附他人！"言毕，跃马驰去。梁王不得已，只得把王伟交出与脱脱相见。

王伟虽为文士，铁骨铮铮，朗言道："天命终结元朝，大明当代之！烟烬余火，敢欲与日月争光乎！汝早晨杀我，大明兵晚夕必至！"

脱脱大怒，立杀王伟。可惜王伟奇才之士，竟死于胜利之后。

王伟说得对，也不对。对，在于明朝必得云南，不对，在于没有"朝发夕至"那样快。直到洪武十四年，一切准备停当，朱元璋才对云南用兵。

明军兵分两路，分由傅有德和郭英指挥，连下城池。傅有德手下有猛将蓝玉和朱元璋义子沐英，兵强将勇，仅三个月就由遵义（今属贵州）打到曲靖。

当时梁王也不示弱，派出大将达里麻率十万精兵与明军大战。

沐英督师涉水，气势如虹，直冲元军大阵。双方交手，元军根本不是对手，横尸十余里，主帅达里麻被活捉。

梁王闻败讯，知道事不可为，忙挈妻子逃入普宁州一个军事据点，把自己的王爷龙衣烧掉后，先驱妻子入滇池，他随后跳入，自杀身亡。

明军入昆明，秋毫无犯。

洪武十五年春，蓝玉、沐英等人进攻大理，生擒土司段世。同时，分兵取丽江，破石门关，攻克金齿，于是附近土司相继投降，云南悉平。

想当初，元世祖忽必烈在最盛时，在这些地方屡遭败绩，大明军却能步步为营，屡战屡胜。

很快，云南附近的缅国和“八百媳妇”国（元成宗曾在此大败）均上表请求内附。

朱元璋设置大理指挥使司，派人统兵守之。委任将军沐英率军数万，留镇滇中。

沐英多次平定云南“百夷”的造反，最终卒于镇所，时年四十八，被追封黔宁王。以后，沐氏世代镇云南，自明仁宗开始，铸征南将军印给沐氏家族，沐氏与明朝同始终。

沐氏在滇日久，威权日盛，但沐氏诸人活着时，没有人当过云南王。沐氏基本都是明朝公爵，只有沐英和其子沐晟死后被追封为王。

狡兔已死狗当烹

胡蓝之狱

朱元璋以一平头百姓出身，无依无靠，奋起而得天下，古往今来大概只有汉高祖刘邦与他有得一比。其手下儒臣文士，言谈话语中，也多以汉高祖来“鼓励”朱元璋。

李善长初入幕府，即对朱元璋讲：“汉高祖布衣之士，豁达大度，知人善任，五年遂成帝业。朱公你生长濠州，距沛地不远，如取法汉高祖，天下不足定也！”

有了这种“说法”，朱元璋要成为“汉高祖”就成为一种心理暗示，步步习刘邦，处处效高祖。

首先是他在金陵建都一事，穷极壮丽，正是效当初萧何建未央宫之前例。未几，又迁江南十四万富户于中都，也是仿汉高祖徙齐楚大户以实关中的事情。还有，就是分封子弟。本来汉朝时的“七国之乱”“八王之乱”为封建制度敲起了警钟，真“封建”之事渐行渐远。结果朱元璋在这一点仍旧效仿汉高祖，大封子弟为王，最终种下儿子燕王的篡弑之祸。

至于刘邦兔死狗烹，诛韩信、杀彭越，朱元璋也有样学样，“胡蓝之狱”弄死四万多人，可谓青出于蓝而胜于蓝也。

朱皇帝诛杀功臣，并非一般人想象中的刚刚建立明朝就大开杀戒。

明朝甫立，天下未定。他屠刀首举之时，当为洪武十三年开始对宰相胡惟庸下手。而当时之事，胡惟庸确有谋逆之心，论理该杀，同诛者也不过陈宁等几个大臣。所谓“胡党”大狱，则是十年之后的事情，族诛三万多人。过了三年，朱元璋又兴“蓝党之狱”，借诛蓝玉之名，族诛一万五千多人。由此，功臣宿将，芟夷几尽。

胡惟庸阴险，当杀，蓝玉跋扈，也该死。至于株连的数万人，百分之九十九都是朱元璋借题发挥牵扯上的，他们都比窦娥还冤。而且，诛死的四万多人，不是后人穿凿附会瞎添数，当时的官方文件《昭示奸党录》（胡案）、《逆臣录》（蓝案）记载得清清楚楚，所以数字方面没有一点夸大。

好在历史是后人写的，蓝玉等人并未入《明史》逆臣传，倒是胡惟庸名列《奸臣传》第一的位置。

明朝一代，有“丞相”之名的，只有四个人：李善长、徐达、汪广洋、胡惟庸。但徐达只是挂荣衔，真正理过事的只有三个文臣。

胡惟庸，定远人，在至正十五年朱元璋攻和州时即来帐下投附。这样一个乡村学究，很快就成为朱元璋幕府的笔杆子。早年，胡惟庸遭遇也一般，最多做到宁国知县、吉安通判此类的下级官员。由于善敛财，知道买官的门径，他向当时深受朱元璋信任的李善长献上黄金二百两，才在吴元年进入朝廷当上了太常卿（礼部主事）。

得入京城当官，凡事就好办多了，机会也日益增多。为了巴结李善长，胡惟庸把侄女嫁给李善长的侄子，两家成了亲家，更增添了家族势力。

李善长作为朱元璋左右手，定榷盐、榷茶诸法，开铁冶，定钱法，奏定官制，监修《元史》，规划明初开国的祭祀、爵赏、封建等一系列政治、经济制度，居功甚伟，被朱皇帝誉为“朕之萧何”，称为“真宰相”。

由于李善长当权日久，遍引亲信于朝，朱元璋也日渐冷落于他。李善长知道急流勇退，称病退休。朱元璋念起旧情，还把女儿嫁给他儿子，并在洪武十三年起复他一次，与外甥李文忠一起“总理中书省等军国大事”。

李善长的丞相位置空出来后，朱元璋曾向刘基询问继任人的合适人选。当然，朱皇帝是自己提出人选，要刘基出主意拿捏。朱元璋首先认为杨宪合适，刘基与杨宪两人关系相当好，但他秉公直言：“杨宪有宰相之才，无宰相之器。任宰相之人，当持心如水，以义理为权衡，而能置身事外，杨宪没有这种器量。”朱元璋又提名汪广洋，刘基摇头：“他比杨宪差远了。”朱元璋提名胡惟庸，刘基更是竭力反对，认定此人是小牛不能拉大车。

也甭说，胡惟庸虽然是“小牛”，在倾害他人方面乃大老虎一只。他听说杨宪要入相的风声后，马上找到李善长，表示说这个山西人当了丞相，我们淮西人便再不能当大官了。

淮人集团在明初势力最大，乡里乡亲，文臣武将，遍列朝廷，里外上下一合手，最后果真把杨宪排挤得丢了性命，为朱皇帝所杀。

杀了杨宪，加上李善长推举，胡惟庸天天一脸谄媚，很受朱元璋喜欢，宠遇日盛。洪武六年，他被升为右丞相，未几又进左丞相。

独相数年，胡大权在手，生杀黜陟，往往不奏报皇帝而行。内外诸司上奏封事，他必先取阅。凡有不利于自己的奏章，都匿下不呈。四方躁进之徒及功臣武夫失职者，争走其门，对胡惟庸百般巴结，馈遗金帛、名马，不可胜数。

对此，大将军徐达曾向朱皇帝反映情况。胡惟庸阴险，用重利引诱徐达的门人，想让他上告徐达谋反。结果门人反把胡惟庸托出，只不过朱皇帝当时没深究而已。

另外，深恨刘基说过自己不能为相，胡惟庸以替刘基治病为名，派医生携慢性毒药治死了刘基。刘基一死，胡惟庸更加肆无忌惮。

由于胡惟庸定远老家宅院的旧井中忽生石笋，“吉瑞”突现，又有人告诉他祖坟中好几个坟头夜有火光炽天，坟头冒烟，他以为是天降吉兆，暗喜中更加自负，忖度自己又要“进步”了。官至丞相，再“进步”，就只能当皇帝了。

恰巧，当时有明朝功臣吉安侯陆仲亨擅用公家驿传，平凉侯费聚嗜酒好色，均为朱元璋节责重谴。胡惟庸看中二人戆勇无谋，便吓唬二人早晚会被正法。二人大惧，哀求胡出主意。胡惟庸便让二人在外收集军马，以备“急用”。同时，他在朝中与陈宁勾结，阅示天下军马图籍，很想把明朝取而代之。

为了成事，胡还托李善长的弟弟、时任太仆寺丞李存义劝说李善长也入伙。估计当时并未明说，李善长年老，也装糊涂，其实是婉拒。

胡惟庸确是很“庸”，造反这么大的事，竟然让这么多人知道。而真正起作用的禁卫军军官，他一个也没争取到，反而大老远派人携书向元顺帝儿子、远在沙漠的旧元太子称臣，还派他的心腹明州卫指挥林贤从海道借倭兵准备里应外合。

甭说，林贤还真从日本“借”来了四百倭兵，按原计划，这些人准备充当贡使随从趁觐见之时行刺朱皇帝。具体方法是：贡使在大殿上奉巨烛，里面事先装填火药和刀剑。试点时，巨大的蜡烛放出的不是芳香而是烟雾和刀剑，贡使趁机操兵，在殿上杀掉皇帝。结果，当这批日本人坐船抵达南京时，胡惟庸已经被杀，四百人刚上岸就被铁棍打翻，一齐押往云南深山老林去“劳改”。

胡惟庸太自得，本来没着急动手，一是想趁朱元璋外出巡视时动手，二是想等林贤与倭使朝见时行刺。但是，几件小事，让他狗急跳墙，不得不匆忙布置。

其一，占城国入贡，胡惟庸未及时报告，朱元璋怪罪下来，他又转嫁责任，惹起朱元璋愤怒；其二，朱皇帝推究刘基死因，赐死汪广洋；其三，胡惟庸儿子乘马车遇车祸而死，他怪罪车夫，一刀把人砍了，朱元璋闻之愤怒，让他"偿命"。

数事相加，胡惟庸越想越怕，对左右说："主上任意杀掉有功之臣，我可能也不免。同样是死，不如先发，以免寂寂受戮！"

未等胡惟庸动手，本来与他一伙的御史中丞涂节关键时刻害怕，主动上奏，在洪武十二年年底向朱元璋告发了他。同为中丞的商嵩由于被胡惟庸贬为中书省小吏，怀恨在心，也向皇帝汇报胡的"阴事"，并涉及御史大夫陈宁和最早上告的中丞涂节。

朱元璋大怒，立刻逮捕胡惟庸等人审讯。

被牵引联告的御史大夫陈宁，很早因文字才气为朱元璋任用，但此人本性严苛，在苏州任地方官时为催赋烧铁烙人，人称"陈烙铁"。他入京为御史后，益加严苛，连朱元璋都数次斥责他。陈宁儿子劝其收敛，他竟然操起大棒把儿子活活打死。朱元璋闻讯，深恶其杀子之举，说："陈宁对儿子如此，心中怎能有君父！"闻皇帝此言，陈宁心惧，故而串通胡惟庸谋反。

据《明通记》记载，洪武十三年正月，胡惟庸诡言其府中水井出醴泉，邀朱皇帝临幸。驾出西华门，有一太监云奇驰马冲驾，因气勃口不能言，比比画画。朱元璋怒其不敬，令左右乱棒击打，把云奇胳膊都打断，几乎当场打死，但英勇的云公公仍然指着胡惟庸宅院做刀砍状。"上悟，乃登城望其第（胡家），（见）藏兵复壁间，刀槊林立。（帝）即发羽林（军）掩捕"。

此记，实乃小说家语。朱元璋半老头子，又没望远镜，不可能在宫城上看见胡惟庸家中的情形。

实际情况是，涂节上告胡谋反，后商嵩又上告，朱皇帝派人逮捕胡惟庸，自然一审即清。

案子定结，胡惟庸、陈宁，包括首先上告的涂节，皆被拉入集市碎剐。胡党羽、僚属以及一切与胡惟庸有关系的人（包括向他送过书画签过名的几个文人画家），共一万五千余人皆被杀。

本来，名单中还有大文豪宋濂。由于他的孙子与胡惟庸相识，不仅孙子被杀掉，连已经告老还乡的宋濂也被解送入京。幸亏有马皇后劝解，言宋濂曾为诸王老师，又不知谋反事，被“从轻”发落流放茂州，但中途病累而死。

当时，群臣认为李善长知情不告，也应加罪，朱皇帝还装宽容仁义，说：“朕初起兵时，李善长来谒军门，曰‘有天有日矣’，是时朕年二十七，善长年四十一。所言多合我意，遂命掌书记，赞计划……陆仲亨年十七，父母兄弟俱亡，恐为乱兵所掠，持一升麦藏于草间。朕见之，呼曰‘来！’遂从朕。既长，以功封侯。此皆吾初起时股肱心膂，吾不忍罪之。”

但是，过了十年，朱元璋为诛除群臣，旧事重提。不仅赐死李善长，又族灭李善长全家以及陆仲亨等人，滥杀两万多，株连蔓引，数年未平。

李善长最冤，这位“萧何”不仅自己以古稀之年上吊，还三族被诛，只有当驸马的儿子李祺侥幸逃过一命。为此，虞部郎中王国用上书为他辩冤：

>（李）善长与陛下同心，出万死以取天下，勋臣第一，生封公，死封王，男尚公主，亲戚拜官，人臣之分极矣。藉令欲自图不轨，尚未可知，而今谓其欲佐胡惟庸者，则大谬不然。人情爱其子，必甚于兄弟之子，安享万全之富贵者，必不侥幸万一之富贵。善长与惟庸，犹子之亲耳，于陛下则亲子女也。使善长佐惟庸成，不过勋臣第一而已矣，太师国公

封王而已矣，尚主纳妃而已矣，宁复有加于今日？且善长岂不知天下之不可幸取。当元之季，欲为此者何限，莫不身为齑粉，覆宗绝祀，能保首领者几何人哉？善长胡乃身见之，而以衰倦之年身蹈之也。凡为此者，必有深仇激变，大不得已，父子之间或至相挟以求脱祸。今善长之子（李）祺备陛下骨肉亲，无纤芥嫌，何苦而忽为此。若谓天象告变，大臣当灾，杀之以应天象，则尤不可。臣恐天下闻之，谓功如善长且如此，四方因之解体也。今善长已死，言之无益，所愿陛下作戒将来耳。

由于这封由大才子解缙代笔的奏疏写得过于合情合理，杀人如麻的朱皇帝竟然没生气，不了了之。但字里行间也虚透这样一个信息，朱皇帝迷信，不过杀李善长避天灾罢了。大功臣如此待遇，朱元璋也忒狠了些。

胡惟庸一案，除李善长、陈宁、涂节等人族诛以外，还有如下功臣也牵涉入案被族诛：吉安侯陆仲亨、平凉侯费聚、延安侯唐胜宗、南雄侯赵庸、济宁侯顾敬、临江侯陈镛、营阳侯杨通、淮安侯华中、申国公邓镇以及诸将丁玉、李伯升等人。

这些人名，读明朝开国史的人一定觉得很眼熟。不错，千百战役中，为朱元璋出生入死的，皆是这些人及其子弟家属。

再谈谈蓝玉一案。

蓝玉与胡惟庸一样，也是定远人，乃明朝开国大功臣常遇春的小舅子。此人长身赤面，仪表堂堂，是勇略双全的大将材料。他最早录于常遇春帐下，临敌勇敢，所向皆捷。后来，他跟从傅友德伐蜀地，从徐达北征，与沐英一起定云南，功勋卓著。朱元璋娶其女为自己儿子蜀王的王妃。

洪武二十一年，蓝玉与大将冯胜北征残元，在金山击降蒙古纳哈出二十万众，并顶替冯胜为大将军。（冯胜在明开国功臣中名列第三。北伐大胜后，朱元璋借口他藏匿良马、向纳哈出老婆索求大珠异宝，诬之以罪，逮捕软禁于凤阳。诛蓝玉后两年，又下诏赐死于南京。）

投降的纳哈出随傅友德征云南，中途病死。其子察罕倒霉，这位蒙古青年最后竟坐蓝玉案被诛。

蓝玉屯兵蓟州，在洪武二十一年统大军十五万，深入漠北。在捕鱼儿海大败北元可汗脱古思帖木儿（元顺帝之孙），俘获蒙古王公、妃、公主、将校以及兵卒八万多人，脱古思帖木儿仅与数十人逃脱。不久，蓝玉领兵破蒙古哈剌率军，获人畜六万余。还师后，得封凉国公。洪武二十二年，蓝玉督修四川城池；二十三年，蓝玉率军平灭施南、都匀等地土人造反；二十四年，蓝玉总七万兵马，定西番，平灭月鲁帖木儿之叛。

功成还师，蓝玉被加衔为太子太傅。闻此，他怏怏不乐，说："我的功劳，难道不能当太师吗？"

朱皇帝闻此，杀心大动。

蓝玉身为大将军，的确比较跋扈，平时多养义子，乘势暴横。而且，俘获北元可汗妃子后，他竟入帐强奸，使得元主妃子羞愧自杀。

即使没有这些过错，以蓝玉的功劳和能力，他也逃不出一个"死"字。

洪武二十六年春，锦衣卫指挥蒋瓛上告蓝玉谋反，蓝玉被逮捕。

只要进了大牢，没罪也要有罪，据狱辞上记载："蓝玉与景川侯曹震、鹤庆侯张翼、舳舻侯朱寿、东莞伯何荣及吏部尚书詹徽、户部侍郎傅友文等谋为变，将伺帝出耤田举事。"这种"口供"，百分之百是屈打成招。

据《明通鉴》记载，蓝玉征讨纳哈出回京后，曾对太子朱标说："我观燕王（朱棣）在北平（今北京），阴有不臣之心，殿下应该有所防备。"蓝玉之所以亲近太子，是因皇太子妃是常遇春女儿，蓝玉本人是常遇春小舅子。有这层关系，他自然倾向于太子一系。

皇太子朱标天性孝友，自然不信。

但燕王朱棣不久即得知蓝玉的这些话。所以，太子朱标病死后，朱棣入朝，便意味深长地劝父皇注意蓝玉等人尾大不掉。

史载，“上（朱元璋）由是益疑忌功臣，不数月而祸作”。

朱元璋、朱棣一对阴诈父子，两人合谋，任谁也活不了。

蓝玉一案，族诛一公、十三侯、二伯，牵连被杀一万五千多人，元功宿将，相继被诛戮。

谋逆之罪一般都是碎剐凌迟处死，念及蓝玉与自己是儿女亲家，朱元璋心一软，宽大处理：碎剐改成剥皮。

这样，刽子手把蓝大将军整张人皮剥下来，算是留了全尸，并把人皮送往他女儿蜀王妃处“留念”。

明末农民军攻破蜀王府，在王府祭堂发现了这件“文物”。

要说朱皇帝真是非常残忍之人，洪武八年，杀德庆侯廖永忠（沉小明王那位爷）；洪武十三年，鞭死永嘉侯朱亮祖父子；十七年，杀临川侯胡美；二十五年，杀江夏侯周德兴；二十七年，赐死定远侯王弼、永平侯谢成以及颍国公傅友德；二十八年，赐死宋国公冯胜——所有这些人，均为明朝开国浴血奋战半生。

至于文臣方面，朱元璋也不手软，李仕鲁谏言不要佞佛，被武士掼死阶下；叶伯巨谏言诸王分封太侈，被拷死狱中；王朴廷辩，朱元璋怒其无礼顶嘴，乱棍打死；张来硕谏止取已婚配的少女做宫女，被当廷割肉而死；茹太素进忠言，被拉下去砍头，等等。加上日后的“空印案”及“郭恒案”，朱皇帝诛死文臣无数。

四十年间，根据朱元璋自己审定的《大诰》《大诰续编》《大诰三编》等统计，所记枭首、凌迟、族诛、剥皮、抽筋等共计一万多案，杀人上十万，以致杀到后期，连地方办事的官员都严重空缺，出现了罪官带枷坐堂办案理事的“奇迹”——倘使这些“犯官”不办事，政事就无人料理了。

朱元璋不仅爱杀人，他还喜欢用各种花样杀人，不仅恢复了黥刺、劓刑，又新发明了去势、挑膝、抽筋、刷洗（用竹批搓肉把人搓死）等新名目，极肆淫毒。以致众官上朝前，皆像赴死一样和妻儿诀别，嘱托后事，唯恐上朝就回不来了。晚上活命回家，阖家欢喜，庆幸又活一天！

文臣武将中，第一功臣徐达在洪武十八年生背疽，最忌吃蒸鹅。朱元璋闻讯，特赐蒸鹅一只，徐达不敢不吃，跪在床上谢恩，一口一口吃完，不几日病发身死。

据笔者揣测，蒸鹅不一定能吃发了把人吃死，只不过皇帝已明确表明了态度，不死，就“辜负”了朱皇帝，弄急了没准族诛。为保全宗族，他只能服毒药“按时”过去了。

真正幸免于难的，只有主动交兵权的朱元璋的儿时玩伴汤和以及朱元璋外甥李文忠。有传李文忠被朱元璋毒死，可能不是事实。所以，朱元璋臣下最“幸运”的，当数早先病死的常遇春和邓愈，二人死得是时候，不仅死后封王，后代也得保全，早死而得“福全”，悲哉！

为此，清朝历史学家就发过感慨：

> 汉高（祖）诛戮功臣，固属残忍，然其所必去者，亦止韩（信）、彭（越）。至栾布则因谋反而诛之，卢绾、韩王信亦以谋反有端而又征讨。其余萧（何）、曹（参）、绛（周勃）、灌（婴）等，方且倚为心膂，欲以托孤寄命，未尝概加猜忌也。独至明祖，藉功臣以取天下，及天下既定，即尽取天下之人而尽杀之，其残忍实千古所未有，盖雄猜好杀，本其天性。

所以，以明太祖较宋太祖，赵的“杯酒释兵权”，简直就是慈悲！

朱皇帝不仅诛杀文臣武将，还大兴文字狱，把元末明初的文人祸害得厉害。由于他粗通文墨，比不通文墨的“大老粗”更坏，咬文嚼字近乎变态：

浙江林元亮进表有“作则垂宪”、北平赵伯宁有“垂子孙而作则”、福州林伯璟有“仪则天下”、桂林蒋质有“建中作则”、澧州孟清有“圣德作则”，都是替府署进贺表撰写的马屁辞。朱元璋多疑，认定“则”为“贼”，觉得这几个人是讥笑自己，杀，杀全家。常州蒋镇有“睿性生知”，朱元璋认为“生”字讥讽自己曾为僧，杀。怀庆府吕睿有“遥瞻帝扉”，朱元璋以“扉”为“非”，想远看老子的“不是”，杀。亳州林云有“式君父以班爵禄”，朱元璋认为“式”有“弑”音，杀。尉氏县许元有“藻饰太平”，朱元璋认为是讥讽本朝“早失太平”，杀。德安府吴宪，有“天下有道”，朱元璋理会为“天下有盗”，杀。又有异域僧人学会汉语作诗，诗中有句为“愚僧万里来殊域，自惭无德颂陶唐”，朱元璋拆字，“殊”字，“歹朱也”，称我为“坏朱”，又言我“无德”，杀！

朱元璋如此炽旺的杀心和疑心，只缘于其手下臣子一句提醒：“文人善讥讪，张九四请文人起名，儒生为其名曰‘张士诚’。”

朱元璋当时还不明白，说：“此名挺好呵。”

文臣解释：“《孟子》曰：士，诚小人也。儒士暗中讥讽，张士诚至死不知。”

朱元璋闻言，疑心大起，故以此无厘头杀人百数，均是州郡高级知识分子。

由此，文臣叶伯巨上书，称：“朝廷取天下之士，网罗捃摭，务无余逸，有司敦迫上道，如捕重囚。比到京师，而除官多以貌选，所学或非所用，所用或非其所学。洎乎居官，一有蹉跌，苟免诛戮，则必在屯田工役之科，率是为差，不少顾惜。”这个奏章，极其实在地反映了当时的明朝朝廷现状，即不当官要被杀，当了官更挨杀，人人自危。

叶伯巨上表后，也被逮入狱，受折磨而死。

少有的言事未见杀的，乃中书庶吉士解缙。

朱元璋很喜欢这个才子，对他说："朕与尔，义则君臣，恩犹父子，当知无不言。"有这圣谕，人精一样的解缙才上万言书，遍及时政，大略有以下内容：

> 臣闻令数改则民疑，刑太繁则民玩。国初至今，将二十载，无几时不变之法，无一日无过之人。尝闻陛下震怒，锄根剪蔓，诛其奸逆矣。未闻褒一大善，赏延于世，复及其乡，终始如一者也。
>
> …………
>
> 天下皆谓陛下任喜怒为生杀，而不知皆臣下之乏忠良也。
>
> …………
>
> 陛下天资至高，合于道微。神怪妄诞，臣知陛下洞瞩之矣。然犹不免所谓神道设教者，臣谓不必然也。一统之舆图已定矣，一时之人心已服矣，一切之奸雄已慴矣。天无变灾，民无患害。圣躬康宁，圣子圣孙继继绳绳。所谓得真符者矣。何必兴师以取宝为名，谕众以神仙为征应也哉。
>
> …………
>
> 夫罪人不孥，罚弗及嗣。连坐起于秦法，孥戮本于伪书。今之为善者妻子未必蒙荣，有过者里胥必陷其罪。况律以人伦为重，而有给配妇女之条，听之于不义，则又何取夫节义哉。此风化之所由也……

解缙虽对朱元璋当时政事多所指摘，但出发点是一个"忠"字，并把一切的一切皆归罪于"臣下乏忠良"，而非"陛下任喜怒为生杀"。因此，表疏一上，朱元璋连连称道，赏观不已，大叫"才子，才子"。

解缙小骂，搔到痒处，说得痛快。

后来，解缙入兵部找人办事，言语傲慢，为人所告，朱元璋便对来京朝见的解缙父亲说：“解缙大器晚成。你带你儿子回家，十年后再来，朕将大用。”

结果，八年后朱元璋就崩了，官迷解缙入京哭吊，被言官弹劾其违制，不守母丧，置九十老父于家不顾，贬为河州卫吏。建文帝待其不错，免责免罚，召为翰林待诏。结果，朱棣篡国，解缙一马当先迎候这位燕王，大受信用，擢为侍读，以文渊阁阁臣的身份参与机务。而后，解缙得罪了明成祖朱棣的儿子汉王，被诬称私谒皇太子。朱棣大怒，把解缙逮捕，下诏狱拷打，一关就是五年。最终，解才子被锦衣卫埋于雪中窒息而死。

可见，朱元璋心中的“忠臣”解缙，却是这种急功近利、人品不好的人。

朱皇帝还首设锦衣卫，布置检校于各级部门，大行特务政治，这些手段最终为其子朱棣“发扬光大”，立东厂，荼毒忠良，惨不忍言。

而且，朱元璋首先破除“刑不上大夫”的古制，大兴廷杖之风，有事没事就在上朝时把大臣活活打死，摧残士气，前所未有。

说了朱皇帝这么多坏事，也该说点他的好事。

> 明（朝）承法纪荡然之后，损益百代，以定有国之规，足与汉唐相配。

朱元璋开国规模，盛运弘略，可谓一代大有为君王。有心之人，可细观明史中《食货志》《刑法志》《职言志》等内容。他进行了诸多的制度创新。特别是衣冠、语言方面，明太祖也不遗余力，破百年旧俗，一返中华之风：

洪武元年二月壬子，诏复衣冠如唐制。……命复衣冠如唐制，士民皆束发于顶，官则乌纱帽、圆领袍、束带、黑靴。士庶则服四带巾，杂色、盘领衣，不得用黄玄。乐工冠青“卍”字顶巾，系红绿帛带。士庶妻首饰许用银镀金，耳环用金珠，钏镯用银，服浅色团衫，用纻丝、绫、罗、绸、绢。其乐妓则戴明角冠、皂褙子，不许与庶民妻同。不得服两截胡衣。其辫发椎髻、胡服、胡语、胡姓一切禁止。斟酌损益，皆断自圣心。于是百有余年胡俗，悉复中国之旧矣。（《明太祖实录》卷三）

此外，明初贡举制度大有可称道处，国学中培养了大批的政治人才，隆于唐宋。在沿袭元朝政治体制基础上，朱皇帝惩元朝权臣之乱，削弱相权，并以胡惟庸之乱为借口最终取消了宰相制度，把中书省六部之权全收于自己手中。（此举有利必有弊，最终弊大于利，造成君主绝对独裁。）他还在洪武九年撤销“行中书省”，把地方大权一分为三，以承宣布政使司、提刑按察使司和都指挥使司三名官员分管行政、司法、军事，取消了从前行省参知政事大权独揽的局面，更利于中央集权。而且，军事方面的“卫所”制度，也是一种创新，深得唐朝府兵制度的优良传统和精髓。

朱元璋出身贫民，最恨官吏贪污，他在这方面下手很狠，力度很大，剥皮抽筋，以惩贪官。严刑峻法之下，明初地方和中央政府吏治澄清，官员治理各方面确实比较清明。

此外，朱元璋刻铁牌于内宫，严禁宦官干政，违者必斩（此牌在宣德年间由太监王振派人盗毁）。

可笑的是，明太祖防阉最严，而明代阉祸最烈，这是朱元璋始料不及的。

朱元璋杀人，动辄以数十万人计，在此不再赘言。笔者撷取他亲自编纂的《大诰》中一则小事，来彰显这位君主那种猫玩耗子的残虐。

皇帝诛杀大臣，屠戮功臣家属，历史上不乏事例。但是，一位九五之尊的帝王亲自审讯一个集市中普通的卖药郎中，几乎是史无前例。

事情的大概缘由是这样：锦衣卫监者有个厨子叫王宗，因犯小错，怕事发后被杀头，就让家人到卖药郎中王允坚处买一副毒药准备自杀。王允坚就卖与王宗家属。从法理上讲，王允坚并非故意毒死别人性命，他所做之药无非是砒霜巴豆一类的，还有可能是可使老病难医之人“安乐死”的药。

不幸的是，王郎中生活在朱元璋时代，出售毒药，本身就是必死的罪过。如果按罪杀头，杀了也就杀了。朱元璋阴暗心理发作，非要亲自鞫审这位倒霉的卖药郎中。

王允坚被押入内廷宫殿，已经吓得半死。朱元璋高坐于御座之上，喝令王允坚吞服自己制作的卖给厨子家属的毒药。

王允坚本人持药在手，颜色大变，诚惶诚恐，犹豫半天，才把药吞下。

见王郎中吃下毒药后，朱元璋问：“此药用何料制成？”

王允坚：“砒霜巴豆为主，以饭黏之成丸，裹以朱砂。”

朱元璋：“服后多久人会死？”

王允坚：“半天光景。”言毕，这位郎中泪如雨下。

朱元璋见状，狰狞一笑，问：“尔何以有如此凄凉之感？是怕死还是眷恋妻子儿女？”

王允坚：“我有一个儿子在军队做事，还有一子出门在外，临死不见二人，所以心内生悲。”

朱元璋接着问：“此毒可以解吗？”

王允坚：“可以。”

问：“何物可解？”

答："凉水、生豆汁、熟豆汤，可以解毒。"

朱元璋也懂些医理，说："此解不快，何法可以快解药毒？"

王允坚说："粪清掺凉水。"

朱元璋马上派人取来凉水半碗，又用蛋壳装来粪清，放置于一旁。但他并非马上给王允坚解毒，而是煞有兴趣地等待这位卖药郎中腹中毒性发作，欣赏他备受折磨的惨状。

果然，药性发作，王允坚在地上辗转呻吟，浑身上下抓挠，不停用手抚肚腹，眼神张皇。

朱元璋很悠闲地从御座踱下，站在王允坚身边问："毒发时什么感受？"

王允坚边喘息边回答："五脏不宁，心热血升。"

朱元璋又问："这种毒药入体，伤摧哪种经络？"

王允坚汗如雨下，腹如刀绞，一边打滚一边回答："五脏先坏，毙命后，全身发黑。"

朱元璋抚须微笑，又问："几时可解，过多久不可解？"

王允坚几乎说不出话，被锦衣卫兵士猛踹一脚，挣扎回答："过了三个时辰，就不能用解药救治了……"

欣赏毕王允坚中毒打滚全过程，朱元璋十分满意。终于，他命人把解药灌入这位郎中的腹中。

卫士把王允坚拖下殿，放在庭院。朱元璋气定神闲，远观这位倒霉蛋上吐下泻、捶胸揉腹，上下数窍在那里排山倒海一样排毒。

最终，王允坚活过来，啥事都没有。毒性已解，又成好人一个。

朱元璋冷笑一声，下令："押入死牢，明早闹市，枭首示众！"

折腾半天，这位卖药郎中仍然逃不出一个"死"字。

日理万机之余，朱皇帝能抽出数个时辰观看"医学试验"，不说明别的，只能说明这个人极其残忍、阴暗。为此，他还津津乐道，编入法律笔记一样的《大诰》。

《大诰》里洋洋大观，全文皆以“朕”为第一人称记录，娓娓而谈，语言十分口语化。朱元璋的目的就是让他统治下的百姓皆能读懂。

时过数百年，我们掀开书页，仍觉冷气森森，骇人心目。

最成功最无情的篡弑者

朱棣“半由人事半由天”的帝王之路

明成祖永乐十九年（1421 年）。

北京紫禁城内的御花园中，良辰美景，满目姹紫嫣红。帝王朱棣，脸色阴沉，他斜坐在龙椅之上，观看大戏一样，冷漠而又饶有兴趣地注视数百名宫女在庭苑内遭受残酷的剐刑。

一个又一个二十岁左右花样年纪的妙龄宫女，雪白的肌肤被手法纯熟的军士们用无情的钢刀细割慢切，鲜血无声地流淌在土地上。毕竟大多是未成年少女，她们对疼痛的忍耐力极其有限，哀号声响彻四周。由于不少受刑宫女是朝鲜人，姑娘们临死前的惨号和哀呼均以母语吭叫而出。

御花园内，侍立的兵士和宦者战战兢兢，有许多人吓得双腿打战，不忍睹视。

此事因由，实则由一桩小事引起——永乐十八年，明成祖朱棣的宠妃王氏病死，老皇帝哀痛不已，性情变得十分暴躁。当然，两个儿子为皇储之位明争暗斗，鞑靼部阿鲁台数次侵边等事，也是让朱棣气恼上火的另外因由。

烦躁之中，皇宫内有人告发宫人贾氏（朝鲜人）、鱼氏与宦者“通奸”（宫女和宦者结为夫妻一样的伴侣，实际上没有夫妻之实，仅仅是相互慰悦、相互照顾而已，宫内称为“菜户”或“对食”）。朱棣闻之

明成祖像

大怒，立命禁卫军把贾氏、鱼氏二人抓起来审问。

二位宫人心慌，先行上吊自杀，算是躲过挨剐大劫。

朱棣闻讯更怒，派人把贾氏的几个侍婢抓起，严刑拷问。惨遭折磨不过，几个女孩就自诬说宫内侍婢等人想“谋逆”。于是，接连有更多的人被抓，更多的人屈打成招。百连千扯，自承“谋逆”的宫婢侍女，竟然达近三千人之多。

所有这些人，最后皆一个下场：剐！

剐就剐了，大可秘密行刑。但是，性格阴险、变态的朱棣喜欢公开的杀戮，他亲自监刑，分批剐杀宫女，共杀了几天才杀完。

这位皇帝以年过花甲之身，不顾胖硕的身坯，每日均孜孜操刀，亲手残杀这些没有任何过错、屈打成招的妙龄少女。

当他操刀细细剐杀一名河北籍宫女时，姑娘不顾刻骨疼痛，噀血，痛骂道：“你年老阳衰，我们宫人与宦者相悦，又有何罪！”

朱棣闻言更怒，在乱捅宫女致其死之后，又命兵士前去屠灭了这名女孩的三族。然后，他下令画工描绘贾氏、鱼氏两个宫人与宦者裸体的图画，遍示内宫，以为惩戒。

看着老皇帝身穿金黄龙袍亲自操刀割人，在身边服侍他多年的老太监和老军将皆不感惊讶。这些人在二十多年间，看过老主子数次残酷杀人，特别是朱棣篡夺其亲侄建文帝皇位后，残杀建文大臣，曾对方孝孺有“十族”之诛。所以，朱棣当廷杀人剐人已是见惯不怪的常态。

明王朝阵阵的血腥气，在它的起始年代，就弥漫四出，经久不绝……

独裁老皇帝咽气前的担忧

孱弱太孙不稳固的皇位

凤阳（濠州）要饭花子出身的朱元璋，乱世撞大运，在诸位文臣武将支持下，于元末诸路义军中异军突起，东杀西砍，血战中原，终于一统华夏，建立大明。

洪武三年（1370 年），大功告成之际，论功行赏，封十人为公爵，二十八人为侯爵，丹书铁券，誓言历历。众人总以为“河带山砺，爰及苗裔”，然而，不过二十年间，朱元璋屡行大狱，诛戮功臣，牵连株引，从前为他血战沙场的武臣谋士不仅自身难保，三宗九族也在他阴险毒辣的诏示下被杀个精光。其间总共有四万多人人头落地，不仅有与朱元璋是儿女亲家的胡惟庸、李善长，也有为明朝立功无数的大将军蓝玉，更有甚者，朱元璋连其亲侄亲甥等有血缘关系的亲戚也不放过，疑之必死，臆之必死。

究其因由，老头子不过是想其子孙后代安稳坐江山，一世、二世、三世乃至万世，斩除任何威胁朱家帝系的可能因素。

另一方面，朱皇帝广封朱氏宗室，几个儿子皆拥劲卒，居大镇，下诏严令群臣时时刻刻、无微不至地尊显朱氏皇族。当时，他有二十四个儿子和一个侄孙，都建藩为王，有地有兵有钱。在要求帝国各级官吏缩紧开支、廉洁奉公的同时，朱元璋对姓朱的皇族肆其所欲。明朝的藩王，都有五万石米的俸禄，还有钞二万五千贯，绢布盐茶马草各有支给，以至于最低的奉国中尉也有禄米二百石。到了明末，这些朱氏凤子龙孙，竟有几十万之众。试想，光养活这些人，就几乎可以把一个强大的王朝掏空。

明朝打着反腐倡廉的旗号，官俸为历代最薄。百官之俸，最初皆取江南官田。后定明官禄，正一品月俸米八十七石，从一品至正三递减十三石，到最低官级，正七品至从九品递减至仅五石而已。其后以绢以钞以银折算，也大抵依据此制。

从官禄来看，这些整日为大明帝国机器运转殚精竭虑的官员待遇，同皇族相比，简直天上地下！

估计天道煌煌有征，朱元璋六十五岁那年，其仁弱的太子朱标因病而死，坏事做绝的老皇帝无限悲伤，亲御东角门，对群臣垂泣，第一次显现出其悲怆、苍凉的独裁者的惊恐。

无奈之余，依据父子家天下的古礼，在群臣推拥下，懿文太子朱标的儿子朱允炆被立为皇太孙，备位东宫。

六年后，残忍冷酷至极的朱元璋驾崩。

又有谁能料到，数年之间，叔侄相争，同姓相残，大明朝文臣武将没有出来觊觎皇位的（稍有头脑和武勇的都被整家诛杀），反倒是朱元璋自己的宝贝儿子朱棣横里杀出，坐上了原与他基本无缘的龙椅。

不成熟的正确选择

建文帝削夺诸藩

建文帝朱允炆，朱元璋太子朱标的嫡子，自小聪慧好学。朱标患重病时，朱允炆才十四岁，昼夜立侍其父懿文太子床前，绝对是个仁孝的好苗子。

朱允炆伺候亲爹两年多，身子骨孱弱的老太子朱标终于命赴黄泉。朱允炆至孝之人，居丧毁瘠过哀，不食数日，真正体现了封建时代人子的纯孝之情。

心如铁石的老皇帝朱元璋亦哀不自胜，抚着孙儿的背，劝说道："你真是孝顺呵！别这样悲哀不吃东西，会拖坏了身子骨，我还活着啊，你让我怎么办！"

朱允炆这才稍稍进食，收泪强忍哀痛，以使皇爷安心。

洪武二十五年十月，朱允炆被立为皇太孙。

洪武二十九年，老皇帝朱元璋召集诸子于东宫参见朱允炆，行宫廷仪制，也就是让朱允炆的叔叔们拜见未来帝国的皇帝。厚道谦和的朱允炆内心很是不安，于东宫按朝廷礼仪受拜后，赶忙入内殿，以家人礼拜见诸叔。

以前，皇太子朱标辅佐朱元璋处理公务时，由于其本性仁厚，在刑狱方面多所减省，救回不少人命。当时，太子还惹得刻薄寡恩、天性好杀的朱元璋老大不高兴。

朱允炆为皇太孙时，辅佐老皇帝处理朝务，也效仿其父，凡事以宽大为怀。由于当时武臣谋士几乎被朱元璋杀了个精光，加上隔代亲的感情，朱元璋没有再对孙子发怒，一直龙心甚悦。

作为皇太孙的朱允炆，根据《礼经》，参考历朝刑法，对洪武律令中特别不合理的七十三条重法予以删改，深得民心，天下称颂。洪武二十八年，明廷诏去黥、刺、剕、阉割诸刑，想必也是皇太孙劝老皇帝去严刑之效。

明太祖洪武三十一年，朱元璋驾崩，朱允炆即皇帝位，是为建文帝，诏改明年为建文帝元年。

朱允炆为皇太孙时，朱元璋儿子辈的诸王以叔父之尊，多有不逊，视其为黄口小儿，骄横之情溢于言表。肩负明帝国未来重任的朱允炆心中很是忧虑。有一天，他问侍读的太常卿黄子澄："我几个叔叔各拥重兵，何以制之？"

黄子澄儒士出身，深谙历史故事，马上一五一十详细地把汉景帝实行削藩政策、平定七国之乱的史实讲给当时的皇太孙听。

毕竟也是一仁弱书生，朱允炆听后心喜，觉得事情并不难办，自言自语道："有这种谋略，我以后就不会担忧了！"

当初，朱元璋建立明朝后，在南京建都，地距边塞六七千里。故蒙古残兵败将常常于塞下出没，捕杀吏民，抢夺财物，骚扰边境。因此，对于各边境重要地区，明初皆以至亲皇子坐镇。

朱元璋对属下将领非常猜忌，对他自己的骨肉诸子却一千万个放心，下命诸子可以专制国中，各拥精兵数万，并有征调各路军兵的威权。

朱元璋为人做事雷厉风行，杀人从未手软，但对中国历史的流脉，他根本不如那些读过书的帝王们那样理解得深透，想不到他自己死后亲儿子会带兵干掉亲孙子，直接威胁着他绞尽脑汁在千百万人头堆上建立的大明帝国。

虽然朱元璋喜怒无常，总以杀人为乐事，但其臣子中也不乏深思远虑、忠心耿耿之辈。早在洪武九年，训导叶居升就“应诏陈言”，极论朱元璋“分封太侈”的隐患：

> 《传》曰：“都城过百雉，国之害也。”国家惩宋、元孤立，宗室不竞之弊，秦、晋、燕、齐、梁、楚、吴、闽诸国，各尽其地而封之，都城宫室之制，广狭大小，亚于天子之都，赐之以甲兵卫士之盛，臣恐数世之后，尾大不掉。然后削之地而夺之权，则起其怨，如汉之七国，晋之诸王。否则恃险争衡，否则拥众入朝，甚则缘间而起，防之无及也。

在点明了诸侯藩王尾大不掉的隐忧后，叶居升进一步力排众议，深入分析了“疏不间亲”论点的害处：

> 今议者曰“诸王皆天子亲子也，皆皇太子亲国也”。何不摭汉、晋之事以观之乎？孝景皇帝，汉高帝之孙也。七国之王，皆景帝之同宗父兄弟子孙也。当时一削其地，则构兵西向。晋之诸王，皆武帝之亲子孙也。易世之后，迭相拥兵，以危皇室，遂成四裔云扰之患。由此言之，分封逾制，

祸患立生。援古证今，昭昭然矣。

在举出了西汉“七国之乱”和西晋“八王之乱”的鲜明例证后，叶居升还在奏表中言之凿凿地为老皇帝出主意：

> 昔贾谊劝汉文帝早分诸国之地，空之以待诸王子孙，谓力少则易使以义，国小则无邪心。愿及诸王未国之先，节其都邑之制，减其卫兵，限其疆里，亦以待封诸王之子孙。此制一定，然后诸王有圣贤之德行者，入为辅相，其余世为藩辅，可以与国同休，世世无穷矣！

如此立意明白、条理清晰、直陈利害的忠臣言奏，朱元璋阅毕，竟勃然大怒，认为叶居升居心叵测，离间皇室。

锦衣卫不是吃素的，这些皇家恶狗以最快的速度把叶居升从家中逮入大狱，五刑毕具，把他活活拷打致死。

此后，就此事再无敢言者。别的皇帝只有“逆鳞”数片，朱元璋这条老龙，全身上下都是“逆鳞”，况且议论皇上家事，动辄就有灭族之罪。因此，在其后的洪武二十多年间再也没人提起藩王诸镇之事。

建文帝继位后，宣布太祖遗诏，其中关键内容在最后：“诸王临国中，毋得至京（城）。王国所在，文武吏士听朝廷节制，唯护卫官军听王。”

此诏用意，一是怕诸王以哭临大行皇帝为名忽然带大兵进京夺位，二是明令各藩王属下官吏直接听命朝廷。

诏下，诸王不悦。这些人互相之间秘密通风报信，都私下讲是新上任的兵部尚书齐泰从中阻挠他们这些“孝子”进京哭灵。

不久，户部侍郎卓敬上密疏，奏请裁抑宗藩。疏入，不报。

建文帝留中不发，实际上是正在认真考虑削藩的步骤。

虽然卓敬上的是密疏，但诸王耳目众多，消息早已传开，于是燕、周、齐、湘、代、岷诸王频相煽动，流言四起，多闻于朝。

事已至此，建文帝就把从前的老师黄子澄和兵部尚书齐泰秘密召至内殿，商议削藩大事。齐泰认为燕王拥有重兵，且“素有大志”，应该先拿燕王开刀，削夺他的藩地。黄子澄持相反意见，认为燕王久有异志，一直秣马厉兵，很难一下子解决，他主张宜先取周王，剪去燕王手足，然后再图燕王不迟。

建文帝年轻，两位左右手又都是文士书生，仓促间就议定大事。于是，建文帝继位后的当年七月，下命曹国公李景隆突然调集大兵奔赴河南，把周王王府围个水泄不通，逮捕了周王及其世子嫔妃一干人等，俘送南京。接着，下旨削去周王王爵，废为庶人，迁至云南蛮荒之地看管。

同年冬天十二月，建文帝把代王徙至蜀地，把这位为人告发“贪虐残暴”罪名的皇叔交予蜀王看管。

由于事出突然，周王、代王措手不及，果真没费什么力气就被一窝端掉。但是，被逮的两个王爷“罪状不明”，确实也令不少人心中疑惑。

当时朝中各位朝臣附和新帝之意，纷纷上书削藩，倒是一位退休的都督府断事（高参）高巍上书劝谏，有理有节，建议把诸王的藩地交叉分封给已婚的王子们，犬牙交错，互相牵制，互相维护，互相监视，不仅推恩及广，又不会因强行削藩而伤感情。如此，诸侯势弱，自然天子势强。

建文帝嘉之，然不能采用施行。估计是当时齐泰、黄子澄正受宠任之际，建文帝对这两个人言听计从，想一举削夺诸位藩王的实权。

建文元年（1399年）五月，朝廷又因岷王朱楩有“不法事”，废其为庶人。不久，湘王朱柏因私印钞票和擅自杀人，受到朝廷“切责”。朝廷还派使臣至其封地，勒令其入京接受鞫审。

这位湘王朱柏挺倔拧，对左右说："我听说前代大臣下狱前，多引决自杀。孤家是高皇帝子，南面为王，岂能受辱于狱吏而求活呢！"

他聚集诸子、嫔妃，紧闭宫门，阖宫自焚而死。

一不做，二不休。建文帝及朝臣下诏齐王朱榑进京，废为庶人，关进大狱。接着，下诏把代王朱桂软禁在大同，废为庶人。

数月之间，针对诸藩王的大狱一起紧接一起，天下震动，恰恰也给了实力最强的燕王朱棣以起兵口实。

"诸藩者，削亦反，不削亦反。"开头不拿最强的燕王开刀，这才是建文帝及其诸臣最大的失策！

清初史家谷应泰对于建文削藩之事倒有"事后诸葛"之见。他认为，明太祖在世时，就应该下令诸藩遣子入侍于京师，并在禁宫内院建"百孙院"，择以淳儒良师对这些小龙崽子们予以教化，既留了"人质"，又传习了藩臣之礼；同时，再派勇臣猛将镇守四方关键之地，坚壁高垒，严防诸藩异动。一俟诸王子弟成年，马上下恩诏裂土分封，使各个小国林立，都没有能力萌发造反不臣之心。

依笔者愚见，谷应泰也是妄自忖度。朱元璋何其残暴之君，他一辈子心思用在防臣、防民、钳制人口、诛戮有功之上，怎么又会有人敢当他在世时提出诸如建"百孙院"的建议呢？即使有人敢于疏奏，老家伙定会追根潮源，追问臣下"所安何心"，稍有不慎，三宗九族，顿成齑粉！

潜龙蛰伏

朱棣起兵前的准备活动

朱棣，正统史书（包括清朝修的《明史》）都讲他是明太祖朱元璋第四子，与懿文太子朱标、秦王朱樉、晋王朱棡与周王朱橚皆为孝慈高皇后马氏所生。

但正史中也有虚透消息之处，在《明史》卷一百四十一齐泰的传略中，有这样的记载："周、齐、湘、代、岷诸王，在先帝时，尚多不法，削之有名。令欲问罪，宜先周。周王，燕之母弟，削周是剪燕手足也！"为此，再查周王朱橚，其生母是朱元璋的硕妃孙氏，据明清时的笔记史料记载，孙氏是高丽人。当然，也有记载说朱棣是元顺帝没来得及逃走的妃子弘吉剌氏所生。弘吉剌氏被朱元璋纳入后宫时已怀孕两三个月，这样一来，朱棣倒是元顺帝的后人了。当然，这种说法传奇性成分比较大，正如民间渲染元顺帝本来就是宋朝被俘末帝的血脉一样，是失败者的一种心理安慰罢了。

不过，史载朱棣"貌奇伟，美髭髯"，这种样貌和他的老爹朱元璋反差巨大，笔者倒深信他身上有北方高丽人的血脉因子。

无论朱棣亲妈是谁都不重要，最重要的是，他是朱元璋亲儿子。洪武三年，朱棣得封燕王。洪武十三年，朱棣于北平开藩建府。

大概久习战阵，长年在朔方征战，朱棣年轻时就智勇有大略，能推诚任人。洪武二十三年，朱棣和皇兄秦王朱樉、晋王朱棡一同勒兵进讨蒙古残部乃儿不花。朱樉和朱棡怯懦，皆逗留不进。朱棣倍道兼行，指挥所部士兵直趋迤都山，大败乃儿不花，缴获人口牛马无数。听闻儿子朱棣大胜的消息，朱元璋大喜，此后屡派朱棣率诸将出征，并令他节制沿边兵马。可见，朱棣是个久习边事且弓马娴熟的善武王爷，并有近二十年独霸一方的经验。

早在洪武二十五年，皇太子朱标薨，朱棣已动窥位之心。日后朱棣篡位成功成为永乐皇帝，在承其命撰写的史书里，无聊的奴才文人们添油加醋，追述当时，描写说："皇太孙（朱允炆）生而额颅稍偏……太祖每令赋诗，多不喜。一日，令人属对，大不称旨。复以命燕王（朱棣），语乃佳。太祖常有意易储。"

这些小说家式的谎言，无非是讲建文帝长得不周正，无人君之貌。

如果按样貌类推，历史上瘸麻瞎的皇帝真有不少，也被史臣个个附会成异兆龙征，不同凡响。建文帝倒霉失败，连因小时侧睡而造成“额颅稍偏”，也成为不能为帝的把柄，完全不能服人。

此外，如果讲诗词歌赋，朱棣久于军旅，吟诗作对之才再怎么不凡也绝对比不上自幼就有一帮硕儒辅导的建文帝，大字不识几个的朱元璋也绝不会因对上一个好对子而生易储之心。永乐帝属下谀臣之无聊，确实让人难忍。

此外，明朝郑晓所著《建文逊国记》中，有这样的记载：“太祖命帝（建文）赋新月，应声云：‘谁将玉指甲，抓破碧天痕。影落江湖上，蛟龙不敢吞。’太祖凄然久之，曰：‘必免于难。’”应该更是附会的小说家言。要饭花子出身的朱皇帝不可能悟出此深奥的诗境，且此诗诗意纤弱颓靡，不像硕儒教出来的皇太孙所作，倒像落拓书生所为。

为了烘托燕王朱棣有九五异兆，后来的小人儒者还编撰如下故事：

> 诸王封国时，太祖多择名僧为傅，僧道衍（姚广孝）知燕王当嗣大位，自言曰：“大王使臣得侍，奉一白帽与大王戴。”……燕王遂乞道衍，得之。

“白”加“王”上为皇，与其说这和尚有识皇之眼，不如说朱棣早有不臣之心。

建文帝继位，周王朱橚首先被捕，使得本来就心怀异图的朱棣抓紧时间招兵买马，挑选壮士为卫军，又四处召集异人术士。（朱棣也知道篡逆是十恶不赦大罪，勾引术士相人在身边无非是给自己以心理安慰，并对左右从人施以心理暗示。）

同年年底，建文君臣已知悉燕王举动不寻常，并采取了一些措施提防朱棣。

首先，建文帝以防备北边蒙古为名，派武将戍守开平，并下令调征燕王所属卫兵出塞。其次，派工部侍郎张昺为北平布政使，任谢贵为都指挥使，随时随地侦视这位王爷的动静。同时，朱棣的大舅子徐辉祖（功臣徐达之子）常常把从妹妹那里打听来的燕王信息密禀于建文帝，由此大见信用，被加封为太子太傅，与李景隆一起统管军队，随时准备发动图燕之举。

建文元年春天，燕王派长史葛诚入京奏事，其实也是到朝廷探听口风，打探虚实。建文帝推诚相待，向葛诚询问燕王的情况。葛长史老实人，又值皇帝垂问，便把燕藩平素的不轨之事一一禀报。建文帝既喜且忧，遣葛诚回北平，密使其为内应。

朱棣多疑，殆似其父朱元璋。葛诚回来后，他觉察这个人神色有异，顿时起疑。

三月份，燕王依礼入觐新君侄子建文帝，“行皇道入，登陛不拜”。大庭广众之下，朱棣愤然抗然，显然不仅老奸巨猾，确实还气势凌人。当时就有监察御史奏劾其“不敬”之罪。

建文帝仁厚，表示“至亲勿问”。

户部侍郎卓敬再次密奏：“燕王智虑绝人，酷类先帝（朱元璋）。夫北平者，强干之地金、元所由兴也，宜徙燕南昌，以绝祸本。”建文帝览奏后变色，藏于袖中，不置可否。

转天，他亲自召见卓敬，问：“燕邸骨肉至亲，卿何得及此？”

卓敬出言不凡，说：“隋文帝、杨广两人难道不是亲父子吗？”

建文帝默然良久，仍旧下不了决心，只是摆手说了句“爱卿不要再讲了”，示意卓敬退下。

四月，燕王朱棣归燕国。真所谓“天予不取，必受其咎”！在南京如果想处置燕王朱棣，两狱卒之力耳，可以随便给他安个什么罪名，先抓起来再说。可惜建文帝太过柔仁，让后人纳闷的是，也不知一直出主意削藩的齐泰和黄子澄等人干什么去了，关键时刻不力劝建文帝下手，放虎归山，养虎反噬，悔之无及。

当然，建文帝采取了一些补救措施——派都督耿瓛掌北平都司事，都御史景清为北平布政司参议，又诏派宋忠率三万兵屯守开平，以备边为名，敕令燕府精兵护卫皆隶属宋忠。同时，他还密诏张昺、谢贵严备燕王的一举一动。

朱棣归燕国后，马上托疾不出。不久，对外又称病危，以此迷惑朝廷。

五月，太祖朱元璋小祥忌日，依照礼制诸侯王皆应亲临陵墓致祭。朱棣自称病笃，派其世子朱高炽及另外两个儿子朱高煦、朱高燧入京。当时有参谋劝他不要把几个儿子都派入京师参加祭礼。燕王朱棣一语道破心机："此举，只为令朝廷对我不再怀疑。"

燕世子朱高炽等三兄弟入京，兵部尚书齐泰就劝建文帝把三个人都一并软禁起来，又是黄子澄表示异议："不可。疑而备之，不是好事。不如遣还。"

秀才议事，思前想后，终无成者。倒是燕王儿子三兄弟的亲舅魏国公徐辉祖入殿密奏，表示说："我这三个外甥中，唯独朱高煦勇悍无赖，非但不忠，又会叛父，他日必为大患。"

建文帝犹豫，向徐辉祖弟弟徐增寿和驸马王宁问计。这两人平时和燕王及其三子关系密切，饮酒纵马欢歌，自然都是说好话，建文帝就在仪式后把三人好好打发归燕国。

朱高煦临走，还偷偷潜入舅舅徐辉祖的马厩，盗走最好的一匹马，其无赖之性暴露无遗。

本来，朱棣派三个儿子入京后不久，便忽然生悔，生怕三个小子被他们当皇帝的堂兄弟一网打尽。现在，看见三个人根毛未动、全须全尾无恙返回，朱棣喜出望外，大叫："吾父子复得相聚，天赞我也！"

建文帝放朱棣回北平，一错；又纵放燕王世子朱高炽等人归燕国，使朱棣起兵更了无顾忌，二错；特别是放走了强悍敢战的朱高煦，三错。日后，朱棣之兵锋最锐者、关键时刻加最后一把力者，当数这位朱高煦。彼时，建文帝大叹“吾悔不用（徐）辉祖之言！”为时已晚。

既然已放虎归山，建文君臣也应该观变待时，不要激起朱棣急反之心。

可是，建文元年七月，这位年轻的皇帝遣人逮捕燕王官校于谅、周铎至京杀头，并下诏谴责朱棣。

为了争取时间，朱棣装疯，或于北平市中狂呼乱走，夺人酒食胡吃海塞，胡言乱语，躺在地上打滚叫骂，或一整天一整天地假装不省人事。

建文帝眼线张昺、谢贵入王府“探病”。盛夏暑天，他们看见朱棣披着大棉被在一个大火炉子前烤火，连连摇头大呼“冻死我了”。

张、谢两人密奏，建文帝等人还真有些信以为真。幸亏燕王长史葛诚为内应，密报朱棣即将举兵。兵部尚书齐泰确也当机立断，马上发符遣使，命有司迅速前往北平，逮捕燕王府邸内相关人等，密令张昺、谢贵等人相机行事。

同时，明廷密敕北平都指挥使（军区司令）张信，因其一直为燕王亲任，命他亲自逮捕朱棣。

假使张信受命，朱棣再大的本事，也不过一王府独龙，皇诏一下，众人放杖，逮送京师，故事也就至此告一段落。

历史偏偏就在关键时刻出现戏剧性转变。

狂龙横飞

朱棣的“靖难”起兵

张信手拿密敕，忧虑又不敢声张，只是愁眉苦脸地唉声叹气。他母亲疑而问之，张信以实相对。其母大惊，说：“不可。吾故闻燕王当有天下。王者不死，非汝所能擒也。”

至此，朱棣一直在自己身边聚集和尚、道士、相士的“包袱”才在这关键处抖落。张母可能平时喜斋乐佛，常常走庙入观，听见不少流言，相信这位燕王是九五真龙。

亲妈的话不能不听，张信主意已定，决计向燕王摊牌。

张信策马至燕王府邸，为门人所拦，门人推脱说燕王病重，不能见人，其实是朱棣害怕被人当面擒拿，外面来人一律免见。这张信也有办法，改乘一妇人小轿，乔装打扮，径入府门，再自报真实身份求见。

朱棣不得已，哼哼唧唧，歪在床上勉强“带病”接见。

张信入室，纳头便拜。朱棣假装半身不遂，只吱吱呀呀比画，假装不能言语。

张信说：“殿下您别这样装了。有什么要事请与在下商议。”

朱棣大着舌头，哆哆嗦嗦，说：“我病得厉害，不是假装。”

张信又说：“殿下如果不对为臣讲实话，我身上有敕令，您应该马上束手就擒，入京鞫讯；如您心中有意，请别瞒我！”

见张信如此推心置腹，朱棣不敢再装，连忙从床上滚落，向张信下拜，说：“您救了我一家人的命啊！”

随即，两人密语多时，又把和尚道衍召入一起计议起事。朱棣称帝后，对于在战场上无尺寸之功的张信“论功比诸战将，进都督佥事。封隆平侯，禄千石，与世伯券”。无论是朝会还是平时见面，朱棣都呼张信为“恩张”，不仅如此，大凡察藩王动静等特务秘事，皆命张信去办，对他一直荣宠不衰。

与此同时，张昺、谢贵等人手执建文帝所下逮捕燕王府官以及削夺燕王爵号的诏书，率领北平七衙属吏及屯田军士把燕王府城包围起来。

有张信支持，朱棣心中稍安，他忙唤卫队长（护卫指挥）张玉、朱能率壮士八百人入衙府，以待急变。

张昺、谢贵等人率兵包围王府后，高声唤王府属官出门就逮。为了虚张声势，他们还不停往王府内射上几箭。

由于燕王府内兵少，朱棣也很惊惧，问左右："他们的兵士在外面满街都是，怎么办呢？"

卫队长朱能出主意："如果能先擒杀张昺、谢贵，别的兵士就容易对付。"

朱棣沉吟半晌，想出一计："既然诏令是逮捕我府内官属，可以诳骗张、谢二人入王府，告诉他们诏令中要逮捕的众人已经在押，需要他们两人进府验看。"

于是，朱棣大开王府大门，在东殿端坐，对外声称自己重疾得愈。事先，他命壮士在殿门及端礼门内埋伏，约定以令行事。然后，他派人召唤张昺、谢贵两人入王府。

起先，张昺、谢贵怕中计，不来。为了诳骗两人，燕王又派人拿着写有诏逮官属的详细名单送给二人观看，表明是请两个军官入内查验"犯人"正身。

张、谢两人思虑再三，加上建文帝诏令只说是逮捕燕王官属，和这位皇叔还没完全撕破脸，踌躇片刻，便按剑前行。

临入王府大门，张、谢两人身边的众卫士被门卫喝止。由于朱元璋时代皇族高于天的余威，王府确实不能随意进入，本着惯性思维，张、谢两人也没有坚持带护卫入府。

进入燕王府大堂，看见朱棣曳杖而坐，俨然大病初愈的样子。两旁府属齐集，音乐声起，赐宴行酒。酒过三巡，有侍女端献精美漆案，上有瓜片排列齐整。

"正好有人进献新瓜，今与卿等尝之。"说着话，朱棣站起身，亲自拿起两片瓜，朝张、谢两人走来。

两人起身躬谢，正要伸手接瓜，不料，朱棣忽然变脸，大骂道："就是平常编户齐民老百姓，兄弟宗族尚能相保全。我身为天子亲属，朝夕忧恐自身性命。朝廷待我如此，天下又有何事不可为！"

言毕，朱棣掷瓜于地，瞋目怒视张昺、谢贵。

燕王府内顿时伏兵大起，众卫士拥上前把张、谢两人绑缚起来，葛诚等建文帝内应也被当即拿下。

朱棣扔掉手中拐杖，大叫道：“我根本没病，是迫于奸臣陷害不得不为此计。”他把手一挥，叱出张、谢等人，皆斩于王府堂前。

张昺、谢贵两人的卫士从属多人在王府门外等了许久，都认为两人和王爷饮宴，稍稍散去。不久，听说张、谢两人被燕王杀掉，包围王城的明军群龙无首，顿时溃散。

只有北平都指挥彭二比较沉着，单枪匹马于市中大呼“燕王造反”，集兵士千余人，猛攻端礼门。正指挥间，燕王手下两个健卒乘乱进前，把彭二砍落于马下，乱刀杀死，众兵逃散。

朱棣急忙下令，命张玉等人率兵乘夜突击，攻夺北平九门。由于事起仓促，八个门楼被一举攻下，只有西直门兵士顽强，一直死守。

燕王派指挥唐云单骑谕降：“汝毋自苦，朝廷已听燕王自制一方矣，汝为谁守？”守门官兵一时惶急，不知真假，也都一哄而散。

仅仅两三日内，燕王朱棣已经搞定整个北平城，朝廷派来的都指挥使余瑱和马宣身边士兵寥寥无几，一个退守居庸关，一个逃往蓟州。

明将宋忠率兵三万自开平奔至居庸关，深惧燕兵勇猛，竟然退保怀来。

至此，燕王朱棣援引明太祖《皇明祖训》“朝无正臣，内有奸逆，必举兵诛讨，以清君侧之恶”，并以诛齐泰、黄子澄为名，称其军为“靖难之师”，正式举兵反叛。

建文君臣闻变，下诏削夺燕王属籍。双方开打。

朱棣起兵后，进军非常顺利。

大军甫至通州，据守的明将房胜就举城降附。燕将张玉很快攻陷蓟州，杀明将马宣；又破遵化，下密云。不久，又攻陷居庸关，明守将余瑱因援兵不至，弃城奔往在怀来扎营的宋忠。

龙虎决斗

“靖难之役”的六次大战

朱棣毕竟不是笼里养出的娇鸟。他自少年时代起就随朱元璋征战，成年后又独当一面，是久娴军旅的帅才。击走余瑱后，审时度势，朱棣认定明将宋忠拥数万兵于怀来，必会在建文帝诏旨催促下进据居庸关。因此，朱棣下令军队进前主动出击。

诸将不解，言道：“彼众我寡，难与争锋。不如乘关据守，待其来犯。”

朱棣力排众议：“宋忠部伍新集，军心不齐。应以智胜，不能力取。而且宋忠为人刚愎自用，轻躁寡谋，乘其犹豫首鼠之时，击之必破！”

言毕，朱棣率八千骑军精锐，卷甲倍道而行，直趋怀来。他据鞍指挥，面有喜色。这些表现，均说明朱棣显然是有成竹在胸。

本来，宋忠先在军中玩心理战，放言说明军在北平的家属皆为燕兵所杀，积尸满路，想借此激怒属下将士死战。朱棣早已得知情报，他先派明军在北平的一帮子弟高举大旗为先锋，隔老远就呼兄唤弟，告知全家安康，阖门无恙。

宋忠手下北平籍的兵将皆心中大喜，相互传语：“宋都督骗我们。”很快，绝大部分北平籍明军倒戈跑掉。

宋忠无奈，只得率余众仓促列阵。阵形未稳，朱棣的燕军已呐喊鼓噪冲过来，大呼向前。明军都指挥孙泰非常勇猛，策马迎着燕兵猛冲，杀伤不少燕兵燕将。朱棣忙找几个神射手上前，迎头就射，把孙泰射得遍体流血。孙将军一腔忠勇，不顾血流遍甲，奋呼陷阵而死。

孙泰一死，本来心里就发虚的明军见势不妙，纷纷溃逃，返奔入怀来城。燕军尾随追入，攻陷怀来，把宋忠、余瑱以及都指挥使彭聚三人活捉，送至燕王马前。

此三将打仗虽不得力，却都是忠义之士，皆不屈被杀。见主将如此，被俘的一百多名明军中级将校皆不肯投降，慷慨就死。

明初将士，多忠义之人，绝对不像明末的武将，已被太平岁月腐化了意志，遇谁降谁。他们虽然为朱明同姓的燕王所擒，也能保持效忠中央朝廷的大节，确令后人敬重。

燕兵攻克怀来后，势如破竹，开平、龙门、上谷、云中皆不攻自破。不久，又攻陷永平。至此，朱棣的北平大后方根据地已成稳固之基，再无太大的后顾之忧，可以锐意南下。

北方军情如此紧急，建文君臣并没有十分在意，认为燕王朱棣只是侥幸得胜。当时，建文帝正锐意文治，天天与方孝孺等大学者、诸文臣讨论《周官》法度。

黄子澄虽是书生出身，却也能看出燕兵来者不善，劝谏道："燕兵素强，不早御之，恐河北尽失。"

至此，建文帝才派长兴侯耿炳文、驸马都尉李坚等人率师北伐，抵挡燕兵的进攻。黄子澄不放心，接着下令安陆侯吴杰、江阴侯吴高以及十多位都指挥使数道并进，号称百万，直趋北平方向进军，并飞檄山东、河南、山西三省助给军饷及后勤支持。

众将出发前，建文帝御大殿送行。如果是讲些"旗开得胜，马到成功"的官话废话都不打紧，偏偏建文帝饱读诗书，又是柔仁之主，他劝诫众将："从前南朝梁国萧绎为了登上帝座，命令他的属下时有'六门之内，自极兵威'（意思是怂恿他的手下趁乱杀掉他的三哥、侯景所立的简文帝萧纲）之语，这样的事情不祥至极。现在，你们这些将士将要和燕王对垒交战，千万注意不要杀伤燕王，不要使朕有杀叔父的坏名声留于后世。"——这"谆谆"嘱托是建文帝一生中最臭的一招棋。

燕王朱棣造反，威胁大明家国社稷，双方主力未接，皇帝竟讲明不能让这位"反贼"叔父有损伤，诸将投鼠忌器，兵士又不敢抱"擒贼先擒王，杀贼先杀头"之心。由此，就可以预见日后明军面对燕兵时的困窘之境。

大战之一——真定之役

建文元年九月，明朝长兴侯耿炳文等人率三十万大军进驻真定，徐兵率兵十万驻河间，潘忠率数万军驻莫州，杨松率九千精兵为先锋进扎雄县，准备与潘忠会军攻打燕军。由此，明、燕两军的第一次大战——真定大战——揭开序幕。

燕将张玉骁勇有谋，他先行化装对耿炳文明军进行了一番实地侦察，回营后向燕王朱棣报告："耿炳文所率明军毫无纪律，自恃人多，杂乱布营。潘忠、杨松扼我军南路，应该先吃掉这两个人的部队。"

朱棣闻言大悦，亲自率兵至涿州。

他在娄桑稍作休整后，引军急渡白沟河。上岸后，他对诸将说："今夜是中秋佳节，明军不知我军已至，必会饮酒作乐，乘他们不备，我们必破敌军！"

半夜，燕军静悄悄赶至雄县城下，缘城而上。

城内明军丝毫没有准备，酒酣刚刚入睡，忽闻刀枪呐喊之声，个个惊起。毕竟这些明军是先锋兵，只是思想麻痹，战斗力意志力并不弱，纷纷死战，但最终因枪械刀器不及操持，不敌武装到牙齿的燕兵。结果，杨松与其九千明兵全部战死，其上好骏马八千多匹也全为燕军所获。

朱棣并未在雄县城内大摆庆功宴。他预料到在莫州驻军的明将潘忠知道雄县有事必会提兵赶来增援，急命将领率千余人渡月漾桥，在水中埋伏。诸将问因由，朱棣讲："潘忠想不到雄县这么容易被我攻陷，我们半路埋伏截击，必能活捉此将。"

潘忠闻先锋兵受到进攻，果然率军往雄县杀来。刚过月漾桥，忽然望见对面燕军迎面冲来。正惊愕间，路旁火炮大作，从桥下水中乱蹿出浑身是水的燕军，举刀朝明军乱剁。

潘忠想后撤，月漾桥已被燕军所据，进退失据，明军掉落桥下溺死无数，潘忠本人也被燕兵生擒。

连番胜利，朱棣自己也觉喜出望外，急询众将下一步该怎么办。燕将张玉出主意："应该直趋真定！我军新胜气锐，乘敌立足未稳，可一举击破！"

众人称善。

行至半路，耿炳文手下部将张保来降，告知明军三十万部队中已有十三万先至滹沱河，分据南北两岸。

朱棣安抚张保，让他回转明营，以自己兵败被俘、乘间逃出为借口，作为燕兵进攻时的内应。

燕军诸将都觉不妥，认为应该乘敌不备，忽然袭取，不应该放回张保。

朱棣老谋深算，讲出自己的计策：

"明军分据河南、北两岸，说明他们已知我军正往前进，有所准备。现在让张保回去告诉他们我们已经临近，明军必定把南岸的兵马全部调往北岸，并力与我军相战，这样我们可一举消灭南北两岸十三万明军。如果明军分屯南、北两岸，我军战胜北岸明军后，疲累喘息之际，南岸明军忽然进攻，我们必败无疑。而且，我们临阵向明军耀威，告知其雄县、莫县军队已经被歼，他们兵将定然气沮，可一举灭其锐气。"

布置妥当后，燕王朱棣只率三骑至真定东门，突入运粮后勤部队，捉了两个"舌头"，一问，明军果然已经南营北移。

朱棣率数十轻骑，边呐喊边冲锋，绕出城西南，连搅明军两营。

耿炳文闻讯，赶忙率兵出迎，燕将张玉、马云、朱能等人率燕兵冲前奋击，朱棣率数百奇兵循城从背后夹击，一行人虎狼般横贯明军南阵。

明军立足未稳，一时大溃，耿炳文见己军已败，连忙往后撤退。

退至滹沱河东，耿炳文整残兵数万，重新列阵与燕兵对决。

燕将朱能举槊大呼，率先冲入明军阵中，燕兵也高呼狂叫，跟随主将入阵击杀。

明军见敌人勇猛，各自掉头逃命，自相蹂躏，死者无算。

耿炳文策马逃跑，直往真定城内窜奔。剩余跑得快的明军惊乱之间，争门而入，又挤死踩死许多，最终只有少数明军入城，放下沉重的城门，凭城固守。

明将吴杰等来援，还未及至，听说耿炳文大败，皆抱头鼠窜。

野战可以凭借勇气一冲而胜，攻城却是另外一回事。燕军猛攻三日，真定城内明军死守。朱棣见燕兵已疲，反正已经旗开得胜，军心已稳，就率军回北平休整。

败讯传回京师，建文帝大怒，说："耿炳文老将，竟一战而摧锋，以后怎么办！"

黄子澄安慰建文帝："胜败乃兵家常事。现在再调五十万军队，齐围北平，以众击寡，必能克敌。"

黄子澄建议以李景隆替换耿炳文。建文帝亲自在江边为李景隆（李景隆父亲李文忠是朱元璋亲外甥，所以他是建文帝表哥）送行，赐其通天犀带，并诏令这位大将有专征杀伐之权。

大战之二——北平之役

曹国公李景隆春风得意，专征专杀专制大权在手，他这辈子，幸亏燕王造反，才修来如此的福分和风光。他乘豪华的皇家驿车赶至德州，收集耿炳文的残兵败将，调集各路军马凑集五十万众，在河间扎下大营。

一直镇守辽东的明将江阴侯吴高也与耿瓛等人率军包围了燕军驻扎的永平城。

燕王朱棣乍听明军又有五十万兵马来攻，起先很是忧虑。再听说是李景隆为主帅，朱棣眉头顿展，哈哈大笑起来："李九江（景隆小名九江），膏粱竖子耳！此人寡谋而骄矜，色厉而中馁，未尝习兵见阵，皇帝授予他五十万大军，实是坑害自己啊。"

燕军诸将不知虚实，从前也没和李景隆这位“高干子弟”打过交道，纷纷劝朱棣不要轻敌。

朱棣笑言道：“兵法有五败，（李）景隆皆蹈之。为将政令不修，上下异心，一也；北平早寒，南兵衣单，不足披冒霜雪，加之兵无余粮，马无宿草，二也；不量险易，冒入趋利，三也；领而不治，智信不足，气盈而愎，仁勇俱无，威令不行，四也；部伍喧哗，金鼓无节，好谀喜佞，专任小人，五也。李景隆五败皆备，何能为也！”

同时，朱棣做出一个极其大胆的决定：“李景隆知道我本人在北平据守，肯定不敢来攻。我现在要去驰援永平。李景隆知道我不在城里，必集大军攻城，到时我回师反击，坚城在前，大军在后，必能破敌！”

燕军将领虽都认为燕王言之有理，但仍认为北平城军队太少，众寡不敌。

朱棣开导他们：“城中部队，出战则不足，守城则有余。我率兵在外，随机应变。我出兵并不是为了救永平之围，主要是引李景隆来围城。江阴侯吴高为人胆怯，我本人一到，他必从永平撤走，到时我就不会在外面耽误，立马杀个回马枪。”

临行前，朱棣严嘱据守的世子朱高炽坚守北平，切勿出战。

朱棣一直是奇兵取胜。当他亲率燕兵至永平时，江阴侯吴高等人的明军还正在城外垒营。

燕王猝至，吴高大败，数千明军被杀，退保山海关。

朱棣有勇有谋，认为吴高战斗之中虽然常怯阵，但为人行事缜密，善于城守。于是，他就使反间计，给吴高写信盛赞其作战有方、为人厚道。

建文帝闻讯，马上下诏削夺吴高的侯爵，徙广西安置，只令明将杨文守辽东。

1399 年 11 月，朱棣置北平于不顾，乘胜率燕兵直趋大宁。

驻守大宁的是朱元璋另一个儿子宁王朱权，他是朱棣的十七弟。

大宁在喜峰口外，东连辽左，西接宣府（今河北宣化），为明朝巨镇，有甲士八万，革车六千。建文帝继位后，深恐宁王朱权与朱棣合谋，下诏削朱权的护卫三军。

朱权正郁闷间，忽闻燕王从刘家口间道直趋大宁，未来得及反应，燕兵已经攻克大宁西门。

朱棣单骑入宫，极陈自己受建文君臣迫害之状，兄弟二人抱头大哭。

朱棣奇袭大宁，此招是险中求胜，一举两得。因为当时大宁朱权属下的明军多是元朝降附将士，战斗力极强，全都聚集在松亭关防御。这些将士的家属，都在大宁城内。

朱棣入城后，厚抚大宁将士家属。松亭关的明朝蒙裔将士，听闻子弟妇孺安全，纷纷暗中约结投附。

宁王朱权对外事一无所闻，天天和皇兄朱棣饮酒称冤，因为他本人并未造反与朝廷相抗。

见诸事已了，燕王朱棣辞行，宁王朱权肯定要与皇兄送别。刚至郊外，正执酒送别间，伏兵四起，燕兵劫持这位泪眼未干的宁王，入关而西，直奔北平。随燕军后行的，还有未曾与燕军一战就降附的骁勇蒙古兵——朵颜诸卫数万人及战车数千辆。

福兮祸兮。这位宁王朱权被裹胁造反，糊里糊涂地被四哥连同世子嫔妃一干人众劫持入燕。朱权善谋，又会写文章，被劫持后就也死心塌地，常常亲自为燕王撰写檄文。朱棣当时答应他，成功后“当中分天下”。当然，这也就是说说而已。朱棣称帝后，朱权知道自己再要求回大宁肯定会受疑忌，就请求朱棣封自己在苏州或杭州为王。朱棣认为两地皆太近于南京，不许，最后封其地于僻远的南昌。朱权深知皇兄嗜杀好疑，自构豪华别墅一间，整日读书鼓琴，朱棣在位期间也一直没有“惦记”他。朱棣死后，明仁宗朱高炽继位，朱权倚老卖老，上书说南昌本来不是他的封国，要回大宁。明仁宗回信，抢白他一顿：“南昌之地，叔父受之皇考已二十余年，非封国而何！”碰了钉子之后，朱权索性不再想别的，天天与一帮文士饮酒赋诗，还撰《通鉴博论》二卷，善终于室。

回头再说明军统帅李景隆。

李景隆听说朱棣本人自率军队出攻大宁，非常高兴，连忙率明军渡卢沟桥，直逼北平。

见桥上并无燕兵把守，李景隆沾沾自喜，言道：“连此桥也不派兵把守，可见燕兵将帅没有见识！”

其实，朱棣临出发前就讲过：“就要使李景隆困于北平坚城之下。”因此他下令撤掉卢沟桥的燕军守卫。

李景隆率明军把北平城围得铁桶一般，在九门筑垒，挥军猛攻北平。

明初虽有攻城火炮，但攻城仍是非常困难的事情。加之燕王起兵以来一直早有准备，深沟高垒，城墙加厚，五十万明军一时间也无可奈何，只能眼看着进攻的将士在城下“前仆后继”。

攻击北平丽正门的一支明军战斗力很强，已经有一股部队冲开城门，逼得城内一帮妇女都在城上掷瓦投石，帮助燕兵御敌。

如果李景隆指挥有方，再派上数千后备队，丽正门必破无疑。坚城再牢，只要一门被攻破，很快就会全城陷落。但李景隆号令不严，已经登城的明军忽然撤退。可见，明军的战斗力不弱，但约束力很差。攻打丽正门的明军看见后面没有后援，就自作主张回到营垒休整。

受此惊吓，北平燕军防守益坚。同时，燕世子朱高炽严密部署，用人得当。燕兵燕将还常常乘夜缒下城闯入明营中乱杀一气，明军深受扰乱。

不得已，明军退营十里。

胶着期间，明朝都督瞿能奋勇当先，在他两个儿子的帮助下，率精骑一千多，乘乱杀入北平张掖门，锐不可当。攻入城门后，燕兵拥上断杀，瞿能父子一面抵挡，一面派人飞速报告李景隆派兵增援。

李景隆妒忌瞿能勇武，怕他夺取攻燕头功，不仅没派人支援，反而派信使阻止瞿能，让他们退出城门，说是等大队明军齐至时再一起攻入。

“机不可失，时不再来”。燕兵连夜在城墙上泼水，天寒地冻，转天早上，整个北平城墙变成坚硬光滑无比的大冰墙，任明军再有天大本事也登附不上。

北平守军争取了宝贵时间，燕王朱棣回军路上也十分顺利。朱棣在会州还做了短暂休整，检阅将士，把军队分为五军，各以张玉、朱能等勇将为帅，并把在大宁归附的蒙古骑兵分编入各军。

1399 年 12 月，朱棣所率燕兵趁北河水冻结，突然对明先锋都督陈晖发起进攻，大败明军。败逃明军掉头逃跑，人多脚重，冰河大开，淹死无算。

燕兵乘胜，出奇兵左右进击，连破明军七营，直逼李景隆中军大营。

燕将张玉等人部勒军马，列阵逼前，把明军逼得节节后退。

明军刚刚退至城下，北平城内城门大开，燕兵从里面高呼杀出，双方夹击。

李景隆明军再也支持不住，他本人弃大营连夜逃跑。

转天早晨，固守九门营垒的明军奋力抵拒，仍被燕兵攻破四垒。惶急之间，大家又听说主帅李景隆不知去向，顿时星散，丢弃兵粮，趁夜南奔。

李景隆兔子一样，一直逃到德州。

建文帝隐约也听闻战事不利，就问黄子澄进展如何。

由于李景隆是自己极力推荐，黄子澄匿败不报，回复说：“听说我军交战数胜，但天气奇寒，士卒不能忍受，现暂回德州，待明年春天再大举进攻。”

转头，黄子澄派人急报李景隆不要以败讯上闻。

建文帝不知情，派下特诏加封李景隆太子太师，兼赐玺书、金币、御酒、貂裘。

大战之三——白沟河之役

李景隆在德州召集整合各道明军。

燕王朱棣也没闲着。他大集诸将，晓谕道：

“李景隆在德州休整，肯定想等明年春天再大举进攻。现在要做的是诱出南军使其无暇休整。因此，我想亲自率军进攻大同。大同告急，李景隆肯定会派军救援。南兵体力脆弱，大冬天在苦寒冰冷的北方往来行军，疲于奔命，因冻饿就会逃散不少。拖到明年春天，我们再依据形势击破朝廷主力。”

经过几次恶战，燕将已经见识了燕王算无遗策，没有一人表示异议，都表示完全同意。

于是燕兵在朱棣带领下直出紫荆关，攻克广昌。

建文二年，燕王朱棣包围蔚州（今河北蔚县），不久明军守将投降。燕军兵不血刃，直进大同，声势甚猛。

李景隆闻警，忙亲自率军救大同。

明军这边从紫荆关进来，那边朱棣已经由居庸关回去，返回北平，兜个大圈，胜利回城。

其间，最苦的要数李景隆所带的南兵，一路饥冻而死有数万人之多，军队中被冻掉手指的士兵有十之二三，战斗力大减。明军一路上随路丢弃铠仗，兵械损失，不可胜计。由此，春季攻燕的计划未能实施。

建文二年五月，李景隆会兵德州。明武定侯郭英、安陆侯吴杰等人也提兵至真定。李景隆率兵过河间，前锋将已先期到达白沟河。郭英等过保定，约定在白沟河与李景隆会军，合势而进。

很快，几路明军会合，共有兵六十万，号百万，在白沟河驻营，列下大阵，准备与燕兵一决雌雄。

面对这次气势汹汹、有备而来的南军，燕王朱棣仍旧波澜不惊。

“李景隆匹夫之辈，唯恃人多势众。然人多势众也不可恃！人多易乱，击其前则后不知，击其左则右不应，将帅不专，政令不一，甲兵粮饷，适足为吾资耳。”朱棣笑言。于是，他先派大将张玉前往白沟河，自己随后而行。

此次对阵，明军中确实不乏英才。前锋将平安曾做过燕王朱棣的旗下大将，多次随燕王出塞进攻元朝骑兵，深晓朱棣的用兵之道。

两军对阵，平安立刻率万余精骑直冲燕军杀来。平安本人身高体壮，骁勇善战，手持利矛，跃马入阵，一个人冲在明军最前面。瞿能父子也随后奋跃，所向披靡，杀伤不少燕兵。一波冲击过后，燕军损伤不少，小却。

危急关头，燕将谷允和一个名叫狗儿的内官非常勇猛，率两股燕军与南兵对冲。朱棣本人亲自率兵夹击，双方混战一团。

战至天黑，双方才各自鸣金收兵。此次交锋，燕军损失不少，平安前锋明军仅损失百余匹战马。

由于明军在地里埋了不少土地雷，燕兵人马被炸死炸伤不少。双方夜深休息时，燕王朱棣仅率三骑殿后，中途迷路，最后趴在地上寻摸好久，找到河岸，才分辨出东西南北，磕磕撞撞回到营中。

回营后，朱棣令张玉将中军，朱能将左军，陈亨将右军，共集全部马步军十余万，在黎明时分又向明军列阵而来。

明将瞿能得胜心切，率其子弟兵纵马直荡燕将房宽军阵。明前锋将平安也在旁边掩护，荡破房宽阵列，擒斩数百燕兵。

张玉等燕将见房宽败北，皆面有惧色。

朱棣不为所动，鼓励说：“胜负常事耳！彼兵虽众，不过日中，保为诸君破之。”言毕，朱棣亲率精锐骑兵数千突入明军大阵，张玉与朱棣儿子朱高煦挥军齐进。

明军和燕兵举枪挥刀，马步混战一团。双方大战百余合，死伤惨重。朱棣所骑马多中流矢，换马就换了三次。他身边所带箭矢，也射光了三筒。

最后，这位燕王只能提剑奋击，最后拼得剑刃残缺，所骑马又被河堤绊倒，差点被明将瞿能一枪刺死。惶急之下，朱棣奔逃至堤岸高处，挥鞭向堤下召唤，佯装下面有自己的埋伏人马。

李景隆远远望见，怕遭埋伏，忙发号令明军退后。

朱棣换乘新马，又率兵转身冲入阵内击杀。

明将平安武艺高强，在阵中往来驰突，专捡燕将砍杀。不久，平安即斩燕将陈亨于阵，又砍断燕将徐忠的几个手指。

朱高煦见事急，忙率精骑数千冲入阵中，与明军团团相杀，交缠在一起。

此时，朱棣本人已经疲劳至极，只是凭着意志力坚持不倒下。

战至正午，明将瞿能率守兵重新冲阵，口中大呼“灭燕”，斩杀燕兵数百。

关键时刻，忽然一阵大风吹来，明军中最显眼的帅旗忽然被吹折，古人迷信，南军相视色动，许多人心中不由得惊慌失措。朱棣见状，率骑兵从侧翼突入明军阵中，驰击砍杀，与朱高煦合兵，混乱中竟把已经战至力竭的瞿能父子皆斩杀于阵。明将平安与朱能交阵，也被打败，兜马回走。

于是，明军列阵大崩，奔走逃跑之声如雷。

燕军乘风纵火，烧毁明军营垒。

见大势已去，李景隆等人各自逃命，明军被杀及掉入河中淹死的有十多万人。

燕军一直追到旧战场月漾桥，明军被杀被淹死数万人，横尸百余里。

各路明军悉溃，只有魏国公徐辉祖一军独全。

李景隆跑到德州还未喘过气，燕兵已经追至，于是他又跑往济南。德州终于落入燕军手中。

幸亏坚守济南的是建文帝忠臣铁铉，燕军兵锋才止。

铁铉本来是山东参政，负责催督军饷为李景隆军队做后勤保障工作。听闻明军大溃败消息，铁铉收集溃亡明兵，死守济南，任凭十余万刚刚得胜的燕兵轮番冲锋，岿然不动。

建文帝闻讯，马上升铁铉为山东布政司使，并招还败军之帅李景隆。接着，下诏以盛庸为大将军，陈晖为副将。

李景隆两次大战，丧明军百万，由于他是与朱明皇族有至亲关系的贵臣，建文帝竟“赦而不诛”。

保荐人黄子澄又悔又急，痛哭上谏：“李景隆出师观望，心怀二意，如果不杀他，何以谢宗社，励将士！”副都御史练子宁也在朝会上抓住李景隆，历数其罪，恳请建文帝诛杀这位三心二意、战意不坚的老花花公子。

但毕竟是自己表哥，建文帝皆未应允。

大战之四——东昌之役

燕王朱棣十几万大军，包围济南城三月有余，连攻不下。诸策失效之后，燕军便堵堰城外各条溪涧及河流水源，准备积水灌城。

济南城内军民大惧。

铁铉镇定自若，说：“别害怕，我有计破贼，不出三日，贼兵必遁！”

铁铉安排“诈降计”。他派壮士安装大铁板在城门圆拱上端，又让守城士卒大哭哀号：“济南城快被淹了，我们就要死了！”

不久，他尽撤楼橹防线，派城中百姓长者代替守城军做使者，到燕王大营跪伏请降：“朝中有奸臣进谗，才使得大王您冒危险出生入死奋战。您是高皇帝亲儿子，我辈皆是高皇帝臣民，一直想向大王您投降。

但我们济南人不习兵革，见大军压境，生怕被军士杀害。敬请大王退师十里，单骑入城，我们恭迎大驾！”

燕王朱棣不知是计，闻言大喜。出征数日，燕兵疲极，如果济南城降，即可割断南北，占有整个中原地区。

因此，朱棣忙令军士移营后退，自己高骑骏马，大张黄罗伞盖，只带数骑护卫，过护城河桥，径入城内准备受降。

城门大开。守城明军都齐聚于城墙上往下观瞧。

燕王朱棣刚进城门，众士卒高呼“千岁到！”，预先置于门拱上的大铁板轰然而落。幸亏朱棣命大，铁板稍落早了零点几秒，正砸中燕王所骑马头。燕王滚落于地，大惊失色，身边卫士忙给他换一匹新马，一行人掉转马头就往外跑。

济南守卒连忙牵挽护城河浮桥，可惜年久桥重，费了牛劲只拉挽起一米多高，朱棣和一行卫士纵马腾逸而去。

狂怒之下，朱棣挥兵攻城。

铁铉伏于城头，大骂朱棣反贼。燕王大怒，搬来数门火炮对城内一顿狂轰。危急关头，铁铉亲书高皇帝朱元璋神牌，悬于四城之上。

见有朱元璋神牌，燕兵不敢再用炮击，济南城得以保存。

相持之间，铁铉又常常出其不意，派骁勇军卒不分白天黑夜从城内突出，骚扰袭击燕兵，搞得这群疲惫之师无可奈何，多被杀伤。

朱棣愤甚，计无所出。和尚道衍劝言，认为燕兵师老兵疲，应回北平再图后举。朱棣听劝，班师回北平。

铁铉及明将盛庸等乘胜追击，收复德州等地，兵威大振。

建文帝下诏，擢铁铉为兵部尚书（齐泰当时已卸任），协助盛庸准备北伐燕军。

1400 年 10 月，建文帝下诏，命大将军盛庸统平燕诸军北伐。副将军吴杰进兵定州，都督徐凯等人屯于沧州。

11 月，燕王朱棣听说盛庸向北平方向进发，便想先发制人进攻沧州，又怕明军有备，就对外扬言要出征辽东的明军。

燕军将士听说又要大冷天去辽东作战，皆郁郁不乐。

行至通州，张玉、朱能等将入帐，劝说燕王："现在大敌当前，我们却提军远征辽东苦寒之地，士卒离心，恐怕出师不利。"

朱棣屏去旁人，对二将说："现在明将盛庸驻军德州，吴杰、平安守定州，徐凯和陶铭在沧州筑固城池，相互倚持为犄角之势。我们现在出军，实际上是要去奇袭沧州。德州、定州城坚墙厚，肯定不能攻下。沧州城溃塌日久，现在天寒地冻，明军筑固城墙的速度肯定很慢，乘其懈怠，我们袭之必取！"

两将闻言，恍然大悟。

燕兵至天津，过直沽，朱棣忽然下令军队转而南行。燕兵大多不明就里，纷纷询问："我们不是向东征辽吗，怎么又向南进军呢？"

燕王朱棣装神弄鬼，一脸神秘，答道："夜间我见有白光两道，自东北指西南，占卜一卦，卦象表示'南行大吉'。"于是，他指挥燕兵急行军，一昼夜疾行三百里，黎明时分，已至沧州城下。

明将徐凯一直听谍报说朱棣带兵去打辽东，因此正不紧不慢地督促明兵抬石头、和泥灰，修筑城池。

燕兵突至城下，明军才发觉敌至，大多数兵士股战而栗，吓得连甲胄都来不及穿。

燕兵不顾疲劳，肉搏登城，不久陷城。

徐凯等将慌忙逃跑，半路又遭早已埋伏好的燕兵截击，数将皆被活捉，明军被燕军斩首一万多，投降的数万明兵，皆为燕将谭渊下令活埋。

1400年年底，朱棣命令驻扎于直沽的燕兵乘大船顺流而北，满载缴获的辎重财物。他本人亲自率军循河而南，屯军馆陶，出掠大名，烧毁明军军饷无数。

不久，燕王率军至汶上，掠济宁。明将盛庸、铁铉避其锋芒，跟蹑其后，在东昌扎营。明军先锋将孙霖刚到滑口，即被燕军袭败，孙霖败走。

燕军大集东昌，准备向明军发动攻击。

盛庸、铁铉二人闻燕军将至，忙宰牛犒劳有功将士，誓师励众，做足了“思想工作”，准备背城决战。

由于燕兵屡胜，已有轻敌之心。望见明军出城列阵，燕兵一哄而上。明军早已埋伏的火器、毒弩一时齐发，燕军死伤甚众。此时，明将平安率所部明军杀到，与盛庸合军，双方大战起来。

燕王朱棣故伎重施，他以精骑冲左掖，突入明军中坚。明军厚集，围朱棣数重，把这位燕王层层包围起来。幸亏燕将朱能等人率劲兵轮番攻击明军阵地东北角，使盛庸等人撤西南角兵士前击抵截，包围燕王的明军稍稍减缓。

朱能率精骑突入阵中，奋力死战，保护朱棣冲出重围。

燕将张玉不知燕王已安全撤走，拼死突入明军阵中想救主，最终力竭，被明军连人带马剁成数截。

明军乘胜进击，斩杀燕兵一万余人。燕兵大败，明军尾随追击，击杀燕军数万。

此次大战，如无建文帝先前不许加害燕王的诏书，朱棣再有十条命也已报销掉。

朱棣自己也得便宜卖乖，每战皆挺身而出，与明军短兵相接。加上他本人精于骑射，每次燕兵大败，他常常一人一骑殿后，搭箭发矢，毙伤追兵成百上千，使所部能安然得脱。

这种不公平竞争，明兵明将只得自认倒霉，望人兴叹。

逃跑途中，朱棣儿子朱高煦及时驰援，击退盛庸追兵。不久，燕将朱禄等人也赶到，众人合军，部伍稍整。听闻大将张玉败殁，燕王痛哭，叹道：“胜负常事，不足虑。艰难之际，失此良辅，殊可悲恨！”日后朱棣称帝，以张玉为靖难第一功臣，追封荣国公、河间王。

建文三年春正月，东昌大捷消息传来，建文帝大喜，入太庙祭祖，告东昌大捷，并赏赐银物，褒奖将士。

大战之五——夹河之役

燕王朱棣返回北平，亲自撰写祭文，追悼张玉等阵亡将士，并在众人面前脱下自己的袍服焚之，以衣亡者，哭奠道："虽其一丝，以识余心！"这种收买人心的表演很有效果，燕军将士父兄子弟见之，皆感泣不已。

追悼会开完，朱棣再集将士，总结东昌战役大败的原因，对将士说："从前数战，我们燕军每战必胜，东昌一役，接战即退，遂尽弃前功。尔等奋不顾身，故能出万死，所谓不怕死者必生！此后，万勿轻敌，万勿退却，违者杀无赦！"

燕军又出师，次于保定。

当时，明军盛庸合诸军二十万驻德州，吴杰、平安提军出真定。

燕军将领建议先集重兵攻陷定州。朱棣表示不可。"野战易，攻城难。今盛庸聚德州，吴杰、平安驻真定，相为犄角，攻城未下，两部明军合势来援。坚城在前，强敌于后，胜负难判。今真定距德州二百余里，我军界其中，敌必出迎战，取其一军，余敌必破胜。"

众将不解，又问："我军夹于两敌之间，如果他们腹背夹攻，怎么办呢？"朱棣说："百里之外，势不相及。两军相搏，胜败在呼吸间，虽百步不能相救，况二百里哉！"

四月，燕军次滹沱河。朱棣多派骑哨游兵绕走于真定、定州之间，迷惑明军。不久，侦骑报告朱棣：盛庸率军驻营于夹河，平安驻师于单家桥。

朱棣率兵从陈家渡渡河逆迎而上，与明军相距四十里。

以前相战，多是燕王朱棣出奇兵，忽然袭击。此次大战，倒真正是公平竞争。双方在夹河岸边布阵，各自准备充分。

朱棣仍旧一副大大咧咧、满不在乎的样子。他策马出阵，身后只带三骑随从，不慌不忙，驰至盛庸明军阵前几十米的地方进行仔细观察。映入朱棣眼帘的，是盛庸明军整齐有序的坚阵，以及阵旁的喷火车、巨铳和强弩。如果是其他燕将觇视，别说是四个人，就是四百人，明军一声令下，劲弩狂发，来者肯定立马变成刺猬。

燕王自己前来，明将仍旧遵从建文帝"不得伤害朕叔父"的诏旨，眼睁睁看着朱棣视察自己部伍一样从阵前游移而过。直到朱棣掠阵而过，盛庸才派人追击，皆被这位善射的王爷射却。

燕王回阵，挥手示意万余步骑直前而进，进逼盛庸明军军阵的左翼。明军举起巨大而坚固的盾牌（类似今天的防暴盾牌），抗击燕军矢刃。不料，燕兵对盾阵早有准备，他们事先做好六七尺长的大矛，在末端横贯铁钉，钉末又有倒钩刺。第二排燕兵立定后掷标枪一样对着明军盾阵猛掷，然后拥上，前拉后扯，这样一来，明军肯定会起身使劲挣脱，一下子，盾阵就露出不少破绽和缝隙，其余手持短兵的燕兵正好乘间而入，杀伤不少明兵。

明军抵挡不住，纷纷弃盾后撤，燕兵蹂阵而入。

燕将谭渊见明军左翼大乱，马上率其部下乘势猛攻。不料，斜刺里又冲来明将庄得，率众死战，填补住明军左阵缺口，并立斩燕将谭渊及其手下数百人。

燕将朱能、张辅（张玉之子）挥军而前。朱棣本人依恃南兵不敢向他射箭投矛，率一队劲骑竟从明军阵后自背突出，直贯阵前，与朱能军相合，如同一把利刃一样，把明军捅个透心凉。起先准备的火器、劲弩都来不及发射，明军一下子乱了阵脚，全部乱成一锅粥。

混战之间，刚刚杀掉燕将谭渊的庄得又被燕兵斩首，明军中最骁勇善战的榜样人物皂旗也于阵中战死。此人是个高大健美的士卒，每次冲阵都手执皂旗先登，燕军十分畏惧此人，呼之为"张皂旗"。虽在乱战中身中刀剑砍刺无数，张皂旗临死仍"执皂旗不仆"。

双方酣战整整一天，傍晚时分，各自敛兵回营。

为了拖住盛庸明军以图全歼，朱棣带十余骑紧迫明营，并野宿一晚。天明时分，众人一睁眼，忽见左右皆是盛庸的明兵。左右卫士恳请燕王快速逸去，朱棣仍旧从容，说了声“毋恐”，十分镇定地整理衣袍甲胄，然后翻身上马。

史载：“日出，（朱棣）乃引马鸣角，穿敌营，从容去。（明军）诸将相顾，莫敢发一矢。”

此情此景，完完全全是当代武侠言情片最煽情最不令人信服的电影画面。一可想其在初升旭日下慷慨飞昂的飒爽英姿，一可叹建文帝“不得伤害朕叔父”的迂腐。

燕王朱棣还营后，嘱咐诸将说：“昨天谭渊逆击太早，故不能成功。敌军虽败挫一阵，仍有战斗锐气，只有绝其生路，才能一举歼敌。今天双军交战，你们一定要保持阵形不乱。我率精骑在阵间往来驰突，一旦见到敌人有可乘之隙，你们就全力冲入奋击。两阵相当，将勇者胜，今日之战，全赖诸位将军勇武！”

双方复战。盛庸明军阵于西南，朱棣燕军阵于东北。朱棣仍临阵督战，率一队奇兵前后左右往来驰击。从辰时一直战到未时，两军互有胜负，忽退忽进，一时间还真分不出胜负。由于一直是饿着肚子拼死厮杀，双方将士皆疲惫至极，各自坐在地上喘气休息。

忽然间，东北风大起，尘埃满天，沙砾击面，咫尺不见人，双方战士被刮得睁不开眼。明军多是南方人，很少见过这种沙尘暴天气，加上劲风迎面而吹，登时慌乱无措。燕兵乘风势，大呼起击，朱棣派出左右翼的后备队一齐向前，钲鼓之声震天撼地。盛庸明军不敌，纷纷扔下武器飞蹿而逃。

东昌大捷后，盛庸所率的明军自上而下皆有麻痹轻敌之心，众将士皆着锦绣衣袍，浑身上下满揣缴获的金银扣器，常常互相吹嘘“破北平，张筵痛饮”。

这次兵败，明军为了逃命边跑边扔东西，从前的“战利品”又成为敌军的“缴获品”。

燕王朱棣战罢还营，尘土满面，诸将都认不出是他，听闻语声，才知道是燕王本人。可见，是役打得多么艰苦卓绝。

大战之六——滹沱河之役

由于连次大败，建文帝日益忧恐。下诏流放齐泰、黄子澄，令有司抄家，以谢燕王。实际上，这只是表面做做样子，建文帝是派两个人去京师之外募兵。

建文三年五月，明将吴杰从真定引兵出发，本想与盛庸合军。刚走出八十里远，盛庸败讯传来，吴杰急忙率军退守真定。

燕王朱棣确实善于识将。他说：“吴杰若婴城固守，为上策；或军出即归，避我不战，是谓中策；若来求战，则下策也。我料其将出下策，破之必矣。”

为了诱引吴杰军出击，燕王下令军士出营四处搜粮，但规定不能离营太远。同时，他派军士化装成老百姓，怀抱婴儿逃入真定城，报说“燕兵四散出去寻粮，营中无备”。

吴杰果然上钩。他认为燕兵新胜，志气骄盈，便想以轻师掩其不备，率军从真定城出发，师次滹沱河，距燕军七十里。

燕王听闻明军出城，大喜。时值傍晚时分，朱棣催促军士渡河。

诸将皆劝明早再渡，燕王不许：“机不可失。稍缓之，彼退守真定，城坚粮足，攻之难矣。”

燕军骑兵从上流并渡，河水受遏，下流水浅，燕军大批步兵也趁机一拥而上，涉过河去。

由于天色大晚，唯恐明军遁去，燕王率数十骑“逼敌营宿”，让明军将士看见自己的模样，牵制对方。

一大早，明将吴杰等人大排方阵于西南，严阵以待。

老于军旅的朱棣见吴杰四方阵，笑谓诸将说："方阵四面受敌，岂能取胜！我稍以兵攻其一隅，一隅败，则其余自溃矣！"

于是，朱棣先派兵士于三面呐喊佯攻，自己亲师精锐猛攻吴杰方阵东北角。燕将个个奋勇争先，督战甚力。燕王朱棣使出出敌背后的招数，率一队人循滹沱河岸疾驰，绕出明军阵后突入，大呼奋击。明军矢下如雨，燕王侍卫所举大旗之上，积箭如猬毛。虽如此，燕军将士多被杀伤，燕王朱棣本人却没中一箭。

明将平安在阵中立一高数丈的瞭望台，登高以望燕军情势。望见平安将旗字号，燕王朱棣深知此人是明军军胆，便亲自率兵冲向瞭望台。

平安眼看朱棣执枪纵马而来，心里也不能不慌，慌忙跳下，骑马遁避。恰值大风忽起，发屋拔树，燕军乘之，吴杰的明军大溃。

果真奇怪，初夏时分竟又刮起狂风，命运之神再次在关键时刻青睐朱棣。朱棣麾兵四向逼蹙，明军被斩首六万余级。吴杰等人率残军退保真定。

至此，滹沱河一役，又以燕王大胜告终。

终极目的

通往帝都的最后胜利

燕兵此次大胜后，河北郡县多降，顺德、广平、大名等地皆附于燕。

朱棣上书建文帝，要朝廷招还吴杰、平安、盛庸诸将，交战双方各自罢兵。

建文帝把燕王书信示于臣下，方孝孺出主意说："我们诸军仍在集结，燕军久羁大名一地，夏日暑雨，不战自疲。现在，应急令辽东诸将入山海关，攻永平，真定诸将渡卢沟桥冲击北平。燕军必急回军以卫巢穴，我军蹑其后追击，必可一举成功。但是，为了缓其兵锋，慢其骄心，应下诏赦其罪过，使其部署因日久懈怠而军心离散。”

于是，建文帝派大理寺少卿薛嵓携诏书入燕营，赦燕王父子及诸燕军将士罪，仍复王爵，勿预兵政，归国息兵。

薛嵓见朱棣。朱棣问建文帝有何言教，薛嵓说：“皇上说，只要殿下早晨释甲，来谒孝陵，大军晚上即旋师。”

朱棣闻言瞋目大怒：“哼！这话三尺童子也骗不了啊。”

燕王将士在帐中鼓噪，纷纷扬言要杀掉皇使。

朱棣红脸使完，又充白脸：“奸臣不过数人，薛嵓天子使臣，不得妄动！”

然后，他带着薛嵓在营中观射，耀武扬威，显示实力。

临行前，他对薛嵓大言道：“归，为老臣谢天子……但奸臣尚在，大军未还，臣将士心存狐疑，未肯遽散。望皇上诛权奸，散天下兵，臣父子单骑归阙下，唯陛下命之。”

朱棣何等人也，软硬不吃。建文君臣不得不再想办法。

燕军驻扎大名期间，明将吴杰、平安等发兵截断北平粮草运输线。朱棣以报还报，派六千轻骑驰奔徐州、沛县一带，装扮成南军，背后插柳枝为暗号，躲过明军防守，直入济宁各仓，尽焚明军粮储。

接着，朱棣暗中派兵潜入沙河、沛县，烧毁明军数万艘粮船，无数军资机械俱为灰烬，河水尽热。

由此，德州粮饷断绝，京师大震。

明将平安在真定不甘寂寞，准备主动进攻北平。他率军在距北平五十里的平村扎营，常出兵骚扰燕兵。燕世子朱高炽派使向燕王告急。

朱棣派大将刘江星夜驰还，携火炮数十门，至城外即燃响巨炮，城中燕兵冲出，双方夹击，大败明将平安，斩首千余。平安走还真定。

其间，方孝孺还向建文帝出主意反间燕王父子——派使臣密至北平，赐燕世子朱高炽皇上御笔亲诏，“如归朝廷，许汝为王”。北平城内的太监黄俨与朱高炽不和，一见朝廷信使来，马上派人快马驰报燕王，说“世子将反”。

朱棣犹疑，向另一个儿子朱高煦问计。朱高煦回答：“世子本来就和太孙（建文帝）关系很好。”几人正商量怎样除掉“叛父”的世子，朱高炽已派人来，把被捆绑得结结实实的建文帝使臣和未启封的诏书送至朱棣营中。

燕王朱棣又惊又喜，看完书信后，大叹：“差点杀了吾子！”

1401 年 8 月，明将盛庸檄令大同守将房昭引兵入紫荆关，侵扰保定诸县，并于易州西水寨驻兵。

西水寨地处万山丛中，易守难攻，可窥伺北平，相机而动。朱棣听闻此讯，深知保定是股肱之郡，保定一失，北平必危。于是，燕军班师。

燕军渡过滹沱河，至完县，增兵镇守保定。行军路上，朱棣还派三万精骑邀击明将吴杰给房昭发去的大批粮饷，围困西水寨。

吴杰派人来援，快赶到西水寨时遭燕兵埋伏，被杀得大败，西水寨守军观此大骇，与真定兵俱一溃而逃。此战，燕军斩首万余级，明军摔下山崖又死近万人，除房昭外，多名高级将校被生俘。

得胜之后，燕军还师北平。

1401 年 12 月，建文帝派遣忠心耿耿的驸马都尉梅殷镇守淮安，募兵四十万，驻军淮上以扼燕军。

至此，燕王朱棣起兵三年，虽然多次大胜明军，但所得土地仅永平、大宁、保定，旋得旋弃，战死者甚众。明军虽屡遭挫败，但军队分布颇盛，时时有告捷消息。

明军是拥正朔的正规军，名正言顺，从整体形势讲，打到这份上，朱棣并没有任何优势。如果战事一拖再拖，燕兵疲敝，人心离散，没准就会杀出几个军将剁砍朱棣父子人头以取富贵。

最最紧要关头，建文帝宫内的太监帮了朱棣天大的忙。由于建文帝御内臣甚严，不少宦官心怀怨望。这个年轻皇帝秉承老皇帝朱元璋旨意，严防太监干政，只当他们是供洒扫的奴仆而已。同时，他常常严惩冒皇帝名义出外勒索的宦官头目，使得他们心中充满怨毒，纷纷派人到朱棣处示好，把“金陵空虚”的消息告诉燕王，建议燕军“乘间疾进”。

一席话点醒梦中人！朱棣决计直趋金陵，准备与建文帝临江决战，拼个鱼死网破。

建文四年年初，朱棣提兵出北平。燕军士气高昂，先在藁城破明兵，斩首四千，紧接着破衡水、下东阿、陷沛县，并在邹县以十二骑大破明军运粮的后勤士兵三千多人，直围徐州。

徐州明兵胆破，龟缩城内不敢战。燕军绕过徐州，径趋宿州。

燕军行至淝河，明将平安率军四万蹑随其后。

观察地形后，朱棣判断道：“滨河地带多树木，敌兵必疑我军设伏，淝河地平少树，彼不疑，可伏兵。”他亲师精兵两万，持三日粮，至淝河设伏。

临行，他嘱诫诸将，一俟燕兵与敌军开战，“则举火。一炬举，余炬皆应”，以惊吓明军。

平安明军将至，朱棣派数百燕军快马迎前。燕兵见了明军，故作惊慌状，丢下大批看似像金帛的袋子，掉转马头逃走，以诱引明军入伏击圈。

明军士兵纷纷下马，争抢大袋子里的“货物”。打开一看，全是烂草。这样一来，明军骑阵稍乱。喧哗之间，已入燕军埋伏圈。

一声锣响，燕兵跃起，平安所率明军知道中计，掉头就走。平安自率三千骑兵奔亡于北岸，燕王朱棣仅以数十骑人马，横挡住平安去路。平安手下有员蒙古勇将名叫火耳灰，先前也在燕王手下为将，入侍京师数年，被建文帝派到平安手下充当主力。火耳灰识得燕王面目，手执长槊就向朱棣奔来。朱棣手下燕将童信一箭射中火耳灰的坐骑，燕兵生擒火耳灰。火耳灰的部曲哈三帖木儿也很勇猛，见主将被擒，立刻策马杀到，又被燕军射落马下生俘。

明军见状惊恐，大败而去。

当晚，朱棣释放火耳灰等人，并以这些憨厚忠勇的蒙古人为贴身侍卫。诸将劝他小心，朱棣不听。北人大多质鲁朴实，朱棣正是看准了这点，故而用人不疑。

朱棣挥师临淮，大破明军后勤部队。明兵部尚书铁铉率部来迎，燕军交战失利，危急之间，朱棣幸得火耳灰等蒙古侍卫翼护，方有惊无险（火耳灰报恩也真快）。

1402 年 5 月，明将平安在小河南岸扎营，燕军于河北岸驻营。各自准备后，双方于清早交战。

混战之间，平安左刺右杀，在北坂和燕王朱棣马头相对。此时，平安也顾不得“莫伤朕叔父”的诏令，举槊急击，数次差点刺中朱棣。

见对方动真格的，朱棣身手再好，心中也十分着慌。幸亏燕军蕃骑指挥王骐赶到，跃马直冲平安，平安坐骑又蹶了一下，朱棣才逃得一命。

双方大战一整天，各有死伤。于是明军驻桥南，燕军驻桥北，相持数日。不久，明军粮尽，燕兵乘间袭击。恰适明将徐辉祖军至，双方又大战于齐眉山，自午至酉，胜负相当。

乱战之中，燕将王真、陈文、李斌等人都临阵被杀，诸将心生恐惧，纷纷劝朱棣：“我军深入日久，暑雨连绵，淮土蒸湿，疾疫多发，不如回军至小河之东，休息士马，再作打算。”

朱棣坚持前进，他说：“兵事有进无退！现在我军胜势已见，如果掉头北返，军心马上解体！”

众人之中，只有燕将朱能坚决站在燕王一边，苦劝诸将坚持，莫生退心。

建文朝臣探知消息，知道燕军正在苦撑，败象已露，就劝建文帝说：“燕军很快就要败北，京师不可无良将。”

建文帝不知兵，马上下诏徐辉祖军入卫京师，这样一来，小河战场只剩下何福所率一支孤军与燕军相持。

双方对垒期间，燕王朱棣令军士进行休整，广赐财物，收买军心。明军由于畏战，往往掘堑作垒为营，军士白日黑夜都不得喘息，人力虚疲，往往真到作战时全无体力。

由于日久乏粮，明将何福下令移营至灵璧就粮。当时，明将平安率骑兵六万人，护送大量运粮兵车前往何福营中。朱棣侦知消息后，派精兵万余人阻挡平安援兵，并派朱高煦伏兵林间，等候明军疲惫时忽然杀出助战。

燕王朱棣安排停当，率师逆战，两翼骑兵扇形排开，直杀明运粮援兵。平安引军突至，截杀燕兵一千多人。朱棣见状，忙命步军纵击，横贯明军大阵，截断其军。明将何福见仗已开打，就也率军出壁而战，与平安合击燕军，攻杀燕兵千余，燕军小却。

朱高煦见双方打得火候差不多，趁明军喘息之际，忽然率生力燕军加入战斗，朱棣率后退的燕兵急转身，一齐掩杀明军。

何福等人大败，死伤万余人，丧马三千余匹，燕军尽获明军粮饷。

何福所率的明军逃入营垒后，饿得双眼发绿。众将集合议事，决定转天突围，闻炮声即开门冲出。

没等天亮，朱棣已指挥大军进攻明营，诸将先登，兵士蚁附。燕军发三震炮，何福部下明军误认为是自己军营突围的炮号，争相推营门冲去。门塞不得出，明军自相纷扰，人马坠入壕堑，深沟皆满。

燕兵乘势大击，明军一败涂地。

此战，由于营中驰马不便，除何福一人侥幸逃脱外，大将平安、陈晖等多名明将皆被燕军生擒。至此，明军主力几乎丧失大半。

看见被捆缚押入大帐的平安，燕王朱棣笑问道：“淝河之战，公马不蹶，何以遇我？”

平安朗声大言：“刺殿下如拉朽耳！”

面对如此忠贞不屈之士，朱棣也不得不心生赞叹：“高皇帝（朱元璋）好养壮士！”命人送平安于北平，未加杀害。

平安，安徽滁州人，小字保儿。其父平定从太祖朱元璋起兵，与大将常遇春进攻元大都时战死。平安当初做过朱元璋养子，骁勇善战，力大无比。他以列将征燕，多次击败燕军。燕军有一勇将王真，朱棣常夸示人说：“诸将奋勇如王真，何事不成！”淝河之战，平安单骑挑王真于马上，勇冠诸军。因此，燕军见平安被擒，皆欢呼动地，纷纷大叫：“吾辈自此就安全了！”朱棣当时为收买人心，把平安械送北平。他称帝之后，还假惺惺以平安为北平都指挥使，不久就改授后府都督佥事（人武部长）的虚职。永乐七年（1409 年），朱棣巡视北京，快入城时，见奏章中还有平安的名字，对左右说：“平保儿尚在耶？”平安闻讯，知道朱棣仍怀嫌猜，马上自杀身亡。朱棣外宽内忌，由此也可见一斑。

从此，明兵情势急转直下。本来十万明兵从辽东赶往济南想与铁铉合军，走到直沽就被燕军截杀，主帅杨文被擒，没有一个人能到济南（辽东明军之所以迟到，主要是朱棣约鞑靼兵让其不断骚扰边境，牵制了辽东的明军）。

1402 年 6 月，燕兵至泗州，守军不战而降。

朱棣列大兵于淮河北岸，明将盛庸拥数万兵于南岸。未几，燕兵又施奇袭计，这群惯于骑马的北方兵竟能先派数百人乘小舟先入南军舰队中放炮，屡战屡败的南军惊骇至极，弃舰而逃。

燕军乘胜，当天就攻克盱眙，直趋扬州。

扬州守将王礼等人暗中通款燕王，把主管江淮的监察御史王彬捆住，大开城门投降。

接着，燕兵又降高邮、克仪真。此时，长江之上，遍插燕王大旗的巨舟往来穿梭，旗鼓蔽天。

金陵城内，大臣们见势头已变，各自心怀鬼胎，都以守城为名求出，致使都城更加空虚。

情急之下，建文帝派燕王堂姐庆城郡主入燕营请和，答应割地，与燕王平分南北，划江而治。

事已至此，朱棣当然不干，婉言拒绝。

建文帝惶急，忙问方孝孺："今奈何？"

孝孺书生，只能回答："长江可当百万兵。江北船已遣人烧尽，北师岂能飞渡？"

7 月，燕军大集合，于浦子口向明军发起攻击。明将盛庸与诸将逆战，竟也击退燕军，又赢得一次暂时的胜利。

至此，朱棣想与侄子议和北还。估计天气溽热，朱棣自己也有些顶不住，毕竟已得到一半国家，想先回北平休整一下再图后举。

假如此次朱棣回北平，后来的事情还真难以预料。大胜大败，谁也说不清楚，况且建文嫡孙嗣位，正朔所宗，军心民心，道德的力量无比巨大，可能会在一夜之间就令燕军兵败如山倒。

节骨眼儿上，朱棣能战惯战的儿子朱高煦率生力军赶来，见此，不由不使朱棣大喜过望。他一跃而起，按甲仗钺，抚着朱高煦后背说："勉之！世子多疾。"

言外之意是要把继承权传给朱高煦。有这一句话，朱高煦像被打了强心针一样，铁了心死战。

建文帝本来派都督佥事陈瑄率军增援盛庸，不料陈瑄径直坐船过江投降了朱棣。

于是，朱棣装神弄鬼，祭大江之神，誓师渡江。燕军舳舻相衔，旌旗蔽空，金鼓大震。当日万里无云，水平如镜，虽然盛庸水军沿江列舰二百余里，但明军看见燕军如此盛势，皆大为惊愕。仗未开打，明军心理上已经输掉。

燕军乘船迫岸，首先直冲盛庸主营。盛庸师溃，燕军追奔数十里。

最后，杀得盛庸单骑遁去，其余将士皆解甲投降。

明军舟师如此之众，竟不战而降，至此可见燕军的兵威已经非同一般。（盛庸逃跑后，朱棣不久即攻下金陵称帝。盛庸以余众降，奉命驻守淮安。不久，建文帝的兵部尚书铁铉被擒获，朱棣马上命盛庸退休。很快，朱棣就派人诬告盛庸“怨望有异图”，逼迫盛庸自杀。朱棣起兵后屡战屡捷，但多次败在盛庸和平安两将之手，因此一直记恨在心。）

抢渡长江后，燕军攻下镇江咽喉要地，直奔金陵杀来。

当时，本来凤阳还有留守军队数万，但守将认为中都不能轻弃，死心眼固守中都。驸马梅殷在淮安也有数万兵，但因消息隔绝，不知所为。

建文帝到了这个地步，惊惶忧郁，天天徘徊于殿庭间。无奈，他招方孝孺问计。

方孝孺只是一大儒，兵事根本非其所长。他只能在朝班上抓住李景隆，说：“坏陛下事者，此贼也。”请建文帝下令杀掉他。群臣班中共冲出十八人，都咬牙切齿，愤怒之下，争相上去拳打脚踢，差点把李景隆当众打死。

把李景隆暴打一顿，火气稍消，方孝孺出主意说：“城中尚有劲兵二十万，城高池深，粮食充足。应把城外居民尽驱入城，并把城外木材全部抢运入城，使得燕兵无攻城之具，日久就会自行撤离。”

建文帝从之。这一来，盛暑时节，老百姓毒日头下搬运巨木，饥渴劳苦，死者无数。为躲避拆毁自家房屋后运送房梁入城的苦差，许多人自己纵火烧屋，大火连日不息。

“屋漏偏逢连夜雨，船漏又遭顶头风。”好好的金陵城，东北角和西南角又无故崩塌，朝廷忙派兵民抢修，上下兵民都昼夜不得休息。

惶急无计之下，建文帝一拨又一拨地派李景隆和诸位王爷出城，乞求燕王朱棣退兵，答应割地平分天下。

朱棣当然不会退兵，一口咬定要逮捕奸臣，诸王个个碰了软钉子而回。

建文帝会群臣，当众恸哭。有人劝建文帝逃往蜀地，有人劝逃往浙江，有人劝逃往湖湘，意见纷纷，莫知所之。最早立议削藩的齐泰、黄子澄等出外“募兵”。至此，建文帝一筹莫展，天天长吁短叹，恨恨道：“事出汝辈，而今皆弃我去乎！”

燕王朱棣害怕四方勤王兵至，便派军队诸将日夜研究攻城计略，想尽快结束战斗。

哨探侦知金川门是李景隆把守，朱棣便率先派军攻打。燕军一到，李景隆与谷王朱橞马上大开城门投降。以兵部尚书茹瑺为首的数十个望风使舵的建文帝臣子也都纷纷投奔，叩请朱棣称帝。

李景隆是朱元璋重臣李文忠之子。李文忠是朱元璋亲外甥，连李景隆的名字都是朱元璋所起。此人相貌堂堂，但其实是个绣花枕头。他先前丢盔卸甲亡掉八十万军队，建文帝也没有诛杀他。危难关头，他不仅不以死报，反而首先开城门投降朱棣，此人品性也真是恶劣。朱棣即位后，李景隆得授奉天辅运推诚宣力武臣，增岁禄千石。朝廷每有大事，他还站在班首主持政议。为此，诸功臣皆不平。永乐二年，朱棣的兄弟周王告发李景隆在建文朝时强向自己索贿一事，不久，又有人告发他“蓄养亡命，谋为不轨”。毕竟姑表亲，朱棣不忍加罪，只是削夺他的勋号，让他以公爵身份归家停职。又过了些时日，有大臣弹劾“李景隆在家坐受阍人伏谒如君臣礼，大不道；（李）增枝（景隆子）多立庄田，蓄僮仆无虑千百，意叵测”。朱棣这才下旨把李景隆父子连同家眷全部软禁，没收全部家财。他要赖皮闹绝食，十几天不死，也就又继续苟延残喘下去。寂寞荒凉之下，直到永乐末年才病死。

建文帝惶急，史载，他是“逊国而去”。

建文帝逊国，乃中国历史一大谜团。官方所修正史也讲“宫中火起，帝不知所终”。但朱棣“遣中使出帝后尸于火中，越八日壬申葬之”，自己单方面宣布建文帝已被烧死。但他称帝后，仍然不放心建文帝，怕这位侄子日后东山再起，派人四处寻找。据有的史书记载，大太监郑和自永乐三年起数次下西洋，表面上是宣示大明国威，实际上最重要的目的只有一个，就是为了探访建文帝下落。当然，七下西洋，诚为我中华征服海洋的壮举。

建文帝嫡孙袭统，居正朔之位，竟败于起兵反叛的藩王之手，实是中国历史上一个非常出人意料的结局。总结起来，建文帝失败原因不外如下：

第一，建文柔仁。燕兵将皆骁勇善战之士，建文帝竟于大战前下诏“莫伤害朕之叔父”，不明之至，致使朱棣多次绝处逢生。假使明军在战场上能“擒贼先杀王”，燕军早就灰飞烟灭了。

第二，黄子澄、齐泰、方孝孺皆书生，仓促行削藩之计，不知兵事，没有什么大的战略眼光，以致误己误国，最后招致灭族惨祸。

第三，单用一将统帅军队。耿炳文一人统三十万军；李景隆两次败北，一战统兵五十万，一战统兵三十万；盛庸一人统兵二十万。明军“合天下之兵，握一人之手”。反观朱棣，单旅孤城，利于战不利于守，利于合不利于分。如果当初下令山东、河北诸将各拥众数万，凭城坚守，年深日久，以叛臣起兵的朱棣胜一仗败两仗，又一直逡巡在河北、山西狭窄地带，熬过一阵熬不过两阵，军队人心最终会轰然瓦解。

第四，建文帝彷徨不决，总在关键时刻犯致命错误。如果当时朝廷不招徐辉祖回金陵，而是让他留在原地与何福合击燕军，很可能挽转整个战场形势，给已经是强弩之末的燕军以致命的打击。

另外，纵观整个龙虎斗过程，建文帝一方除盛庸、平安有些智勇外，似乎没有什么特别突出的将帅之才。这也要“归功”于朱元璋，因为所有有智有勇有谋的名将早已连子孙都被诛除干净，留下的全是三四流将领，自然不是燕王朱棣的对手。

壬申殉难

朱棣残杀建文臣子的倒行逆施

朱棣入京后，立即张榜悬赏捉拿黄子澄、齐泰、方孝孺、铁铉等建文帝臣子数十人，并清宫三日，诛杀宫人、女官以及内官无数，只留下一帮曾向他通过风报过信的太监。

他又迁建文帝母亲于懿文陵幽禁，杀掉建文帝三个兄弟。建文帝七岁太子朱文奎于乱中“不知所终”。另外的小儿子朱文圭当时才两岁，朱棣先把这个小孩幽闭于广安宫，后来也不知所终，想必也是被朱棣派人弄死以绝后患。（也有记载说朱文圭一直被幽禁在凤阳，至明英宗时才得以放出，已经五十七岁，尚不能分辨马牛，完全被禁锢成了一个痴呆。）

朱棣派人扑灭皇宫大火后，首先做的就是召文学博士方孝孺来起草自己的即位诏书（朱棣的谋士姚广孝曾在北平对他讲，方孝孺是天下“读书种子”，绝不可杀）。

方孝孺乃建文帝耿耿忠臣，身穿缞绖白衣大哭于阙下。朱棣召其入殿，方孝孺也不施礼，依旧号哭不已。

朱棣劝说方孝孺：“我是效法周公辅佐成王啊。”

方孝孺止住哭声，厉声反问：“成王安在？”

“他自焚而死！”朱棣答道。

方孝孺又问：“何不立成王之子？”

朱棣回答：“国赖长君。”（意指他自己。）

方孝孺咄咄逼人：“何不立成王之弟？”（意思是建文帝几个弟弟都已成年。）

朱棣不得已，亲自下殿走到方孝孺面前，苦笑着说：“这些都是朕的家事啊，先生你不要为这些事费神。”

“顾左右授笔札，”朱棣说，“诏天下，非先生草不可。”

方孝孺掷笔于地，边哭边骂道："死即死耳，诏不可草！"

朱棣怒急，大声叫道："怎能让你痛快一死，即死，难道你不怕我诛你九族吗？"

方孝孺大喝："便诛十族又奈我何！"

此时，朱棣已坐上皇位，顿呈残暴本性。他命卫士用大刀把方孝孺嘴唇割开，一直划裂到耳边。然后，命人逮捕其九族亲眷外加学生，凑成十族，共八百七十三人，依次杀戮于方孝孺面前。

方孝孺忍泪不顾，最后被凌迟于聚宝门外，时年四十六。

方孝孺临刑前作绝命诗，曰："天降乱离兮孰知其由，奸臣得计兮谋国用犹。忠臣发愤兮血泪交流，以此殉君兮抑又何求。呜呼哀哉兮庶不我尤！"

建文帝兵部尚书铁铉被逮至京。朱棣坐于御座，铁铉背立殿廷，至死不转身面对朱棣。

朱棣派人割掉铁铉耳鼻，在热锅中烧熟，然后硬塞入这位忠臣口中，问："此肉甘甜否？"

铁铉厉声回答："忠臣孝子之肉，有何不甘！"

于是朱棣下令寸磔铁铉，这位忠臣至死骂不绝口。

怨恨之下，朱棣又把铁铉八十多岁的老父老母投放海南做苦役，虐杀其两个十来岁的儿子，并硬逼铁铉妻子杨氏和两个女儿入教坊司充当妓女。

建文帝刑部尚书暴昭，由于"陛见抗骂"，朱棣先去其齿，次断手足，以刀慢割脖颈而死。

礼部尚书陈迪，由于责问不屈，朱棣命卫士绑送他及其六个儿子一起至刑场凌迟。朱棣先派人割下陈迪儿子陈凤山的鼻子和舌头，塞进这位忠臣嘴里逼他下咽。陈迪虽为文士，至死不屈，怒骂而死。

建文帝右副御史练子宁，也因在殿上怒骂，朱棣命人先割掉其舌，此后寸磔而死，其宗族被杀者一百五十一人。

对建文帝兵部尚书齐泰，也是因其不屈，送刑场凌迟。

对太常卿黄子澄，诛其三族，凌迟处死。

建文帝监察御史高翔，因其丧服入见，朱棣命卫士杀之于殿上，没产诛族，又掘发高氏宗族墓地，焚骨抛尸，交杂狗骨马骨，四散丢弃。

对建文帝监察御史王度、宗人府经历宋征、监察御史丁志、监察御史巨敬，朱棣皆施以族诛之刑。

建文帝大理寺丞刘端弃官逃去，被抓入殿。朱棣问："练子宁、方孝孺是什么样的人？"

刘端笑答："忠臣也！"

朱棣问："汝逃，忠乎？"

刘端回答："存身以图报耳！"

朱棣狼性大发，命人用刀割去刘端耳鼻，狞笑着问满头血污的刘端："作如此面目，还成人否？"

刘端骂道："我犹有面目，即死可见皇祖！"

朱棣狂怒，亲手用棍棒把刘端捶击而死。

除了多位建文帝忠臣自己或全家自杀外，朱棣虐杀建文帝忠臣及其家属共一万多人。历朝历代异姓相伐相杀，也从未有这样惨屠对方官吏臣下的举动。因此，清初史家谷应泰这样叹道："嗟乎！暴秦之法，罪止三族；强汉之律，不过五宗……世谓天道好还，而人命至重，遂可灭绝至此乎！"

话说回来，对建文忠臣杀则杀耳，杀之可成其千秋万世之名。王朝皇族更迭，诛杀前臣也不算太过分的罪行。"古者但有刑诛，从无玷染"，而朱棣淫暴凶残，把多位忠臣孝子的大好清白妻女送入教坊司（公家妓院），生下男丁当家奴，生下女孩长大后接着做妓女……"此忠臣义士尤所为植发冲冠，椎胸而雪涕者也！"（谷应泰语）

直到二十二年后，朱棣儿子明仁宗朱高炽继位，才下诏称："建文诸臣家属在教坊司、锦衣卫、浣衣局及习匠、功臣家为奴者，悉宥为民。”

建文帝忠臣唯一善终者，只有魏国公徐辉祖一人。朱棣召见，徐辉祖不出一语。由于他是功臣徐达之子，家有免死的丹书铁券，其弟徐增寿又因想投降朱棣被建文帝杀掉，朱棣才免其一死，革其禄米，把他一直软禁在家。

残暴如此，坐稳龙椅后的朱棣很想又换张脸皮以“仁德”形象留诸后世。特别可笑的是，永乐二十二年的甲辰科举考试，第一名状元本来是孙日恭。考试官员最后把录取名单呈给朱棣过目，这位皇帝一反常态，细细研读，竟咬文嚼字起来：“孙日恭第一名，不行！日恭两字合起来就是‘暴’（古文是竖版，所以两个字看上去很像‘暴’字）。朕一向以仁心为本，平生最恶残暴苛刑，隐暴于名的人断断不能为我大明状元。”

他批来批去，从三甲之中点了一个名叫邢宽的人为状元。邢宽，乃“刑宽”的谐音，以此来显示永乐皇帝治下轻刑薄赋、仁德四海的“太平景象”。

这位动辄诛臣下“十族”、杀人过万眼都不眨、处心积虑迫害忠臣妻女的凶戾变态之人，临老却忽然变成似乎连只蚂蚁都不愿踩死、连一“暴”字都堵心碍眼的“仁德”之人，不得不让人佩服他的表演才能。

盖棺论未定

明成祖朱棣一生功业得失

后世讲起朱棣，大多褒大于贬。对外方面，特别是他五征漠北，先后击败瓦剌和鞑靼诸部（元朝灭亡后分裂为鞑靼、瓦剌和兀良哈三部。兀良哈早已归顺明朝，大宁的朵颜三卫即是兀良哈部）。同时，他又在西北设“关西七卫”，增设贵州布政司，在安南设交趾布政司。对内方面，他发展经济，休养生息，使国家岁粮收入大幅增加；同时剥夺藩王实权，进一步加强中央集权。文化方面，他授命臣下编纂《永乐大典》（当然主要目的是为了给自己歌功颂德和篡改史实），对文化典籍进行系统整理。因此，《明史》中对他赞扬有加。

然而，深入细致地研究明代历史，却可得出这样一个结论——虽然明朝之亡追根溯源是亡之于万历，但一切深祸至忧皆肇自这位“启天弘道高明肇运圣武神功纯仁至孝”的文皇朱棣。

对内，明朝正是从朱棣起开始大用宦官。因为正是建文帝的宦官向朱棣报告金陵空虚的实情，朱棣才一反一直在河北、山西诸地兜圈子的常态，直捣京师，得登帝位。

篡弑成功之后，朱棣大用太监，其间有郑和下西洋（这倒不是什么坏事）、李兴充当前往暹罗的国使、马靖镇甘肃、马骐镇交趾。特别是永乐十八年，又开设专由太监负责的东厂（朱棣又恢复朱元璋本已废除的锦衣卫，厂卫之祸，流毒深远）。由此，宦官拥有了出使、专征、监军、坐镇、刺探等诸多大权。

明太祖本来有祖制：“内臣不许读书识字。”朱棣却一反其制，听凭太监们“学文化”，到了明宣宗更是在内廷设内书堂，派大学士教小内侍们书写。这些太监们时间充裕又无青春期烦扰，明古今、通文墨，更能在关键时刻运用筹算智诈，欺君作奸。所以，明朝太监之祸日烈，如王振、刘瑾、魏忠贤等，积重难返，直至明亡。

对外，朱棣主要防备蒙古，尽坏朱元璋边疆政策的成制。本来谷王在宣府，宁王在大宁，韩王在开原，辽王在广宁（今辽宁北镇），沈王在沈阳，朱棣篡位后，深恐兄弟蹈习自己前路，尽迁五王于内地，致使东北无边备强兵，边疆严重内缩，山西等地也逐渐失去屏依。

虽然朱棣在朱元璋所设辽东都司的基础上又设奴儿干都司，但却用女真族太监亦失哈掌管大权。太监贪财重货，每每骚扰女真各部，导致矛盾多多，激使女真各部相互联合重组。至明朝中后期，奴儿干都司仅是一空名机构。满洲日益强大，而建州附近又无重镇，致使连连败绩，直至于亡。明朝最终未败于蒙古，而亡于明初不知名的满洲，细究缘由，正是基祸于这位明成祖朱棣。

当然，“贴金”工作一直有条不紊地进行着。朱棣生前就一直很注意“宣传”工作。建文四年六月他攻入南京，同年十月就下诏第二次重修《太祖实录》(建文帝修过一次)。他任命两个降臣李景隆和茹瑺为正、副监修官，以大才子解缙为总管。同时，朱棣对修史官员奖罚分明。对听话有意袒护朱棣篡改史实的，如胡广、黄淮等人，升官；对直书无隐不避朱棣忌讳的，如叶惠仲，族诛。仅仅花了九个月时间，这些“深体朕意”的奴才们就献上了篡改完毕的《太祖实录》。

后来，解缙因储君事得罪了朱棣，多疑的朱棣又三修《太祖实录》，派心腹姚广孝主管监修事宜。此次修史更加“仔细”，费时五年，删除一切对朱棣不利的史料，增加不少朱棣自以为是的“史实”。永乐十六年，书成献上，朱棣“披阅良久，嘉奖再四”，并对跪伏于殿下的几个奴才文人高兴地说：“庶几小副朕心。”

此次修史，主要是为朱棣篡位的合理性制造理论依据，不仅明白地写明朱棣是马皇后亲生子（其实他是硕妃所生），还编造了马皇后梦见朱棣解救自己的故事。此外，史臣们又编造了老皇帝朱元璋在临死前一直咽不下气，反复问“燕王来未？”——简直就是天方夜谭。一直相信父子家天下的朱元璋，如果临死前念叨燕王，肯定是告诫皇太孙和大臣们要提防这位皇四子，绝对不会在临崩前想把皇位传给他，更不会说什么“国有长君……燕王类朕，朕欲立之”。况且，建文帝继位时已经成年，根本不是什么不懂事的娃娃“幼君”。

所以，文字这东西的力量绝不可小看，加诸史书上的更是可以颠倒黑白、混淆视听。大家有时评价一个皇帝，往往都是听信史臣的史书，以为风骨文人们会直笔铺陈，所谓“国亡而史不亡”。

其实，真正的情况往往大相径庭。比如，明朝的正德皇帝，后人一讲起此人就觉得他荒淫昏庸、荒唐至极——究其原因，恰恰是因为他死后无子，皇位由他在湖北当藩王的堂弟朱厚熜继承。旁支入嗣的自卑和与臣下的“大礼议”之争（即大臣们坚持朱厚熜应该依礼以正德皇帝的父亲明孝宗为皇父，而不能以其生父兴献王为皇父），使得这位世宗皇帝在修《武宗实录》时，心怀隐恨，大曝正德皇帝这位堂兄的短处，满书都是前任皇帝的丑行和淫暴，一点也没有“为尊者讳”的意思。使得明武宗这位并非特别坏的皇帝成为明朝“坏皇帝”的典型。

有样学样

朱棣死后的“高煦之叛”

永乐二十二年春天，鞑靼阿鲁台进犯大同、开平。朱棣于四月间举行盛大阅兵仪式，率众大将第五次亲征。同年八月，朱棣病死于榆木川，终年六十五岁。遗诏传位皇太子。

太子继位，即明仁宗。

明仁宗朱高炽自幼就以聪慧仁德著称。“靖难”起兵时，朱高炽常常居北平留守，并曾以一万之兵拒李景隆五十万明军于北平城外，保全了朱棣的大本营。

但朱高炽的两个弟弟也都不是吃干饭的，朱高煦以军功有宠于明成祖，朱高燧以慧黠见喜于明成祖。当初建文帝听方孝孺之言，赐朱高炽密诏，使“反间计”欲离间燕王父子，多亏朱高炽仁孝如一，忙派人把建文帝诏书和诏使一齐驰送朱棣，才免却父子相残的悲剧。

朱棣篡位后，朱高炽为皇太子，朱高煦、朱高燧日与其党伺隙谗构。永乐十六年，宦官黄俨诬称皇太子擅赦罪人，邀德名于天下，有不臣之心，东宫官员坐死者甚众。

朱棣命侍郎胡濙暗中察访实情。胡侍郎秉公密奏，陈列皇太子

“诚敬孝谨七事”，才免却本性多疑的朱棣猜忌。后来，宦官黄俨等想弑朱棣谋立其三子朱高燧，事发伏诛，还是皇太子朱高炽力保朱高燧不知情，救了这位一直倾陷自己的三弟一命。

朱高炽继位后，任用贤良，友爱二弟，轻刑薄役，核查冤狱。其在位一年，用人行政，善不胜书，确实是明朝历史上罕见的仁德皇帝。可惜天不假年，明仁宗当了一年皇帝就病死，时年四十八。

明仁宗长子皇太子朱瞻基继位，是为明宣宗。

见年轻的侄子登基，一直觊觎皇位的汉王朱高煦觉得机会来临，反谋日甚，很想把他爸爸朱棣篡夺其侄建文帝的“靖难”大戏再演一次。

《广韵》曰，“煦，温也”，所谓“煦而为阳春，散而为霖雨”。偏偏人与名不符，朱高煦这个人，自少年时代就言行轻佻，是个本性凶悍的坏人。

靖难之役，勇武善骑射的朱高煦不仅在白沟、东昌等战役中立有大功，在关键战事也有奇功。江上之战，朱棣本来都要撤兵返走，多亏朱高煦亲率生力军赶到，喜得朱棣当时连骗带蒙又附有二三的诚意对他说：“吾病矣，汝努力，世子多疾。”婉言有立其为储贰之意。狂喜之下，朱高煦拼命死战，大败明军，奠定了燕兵攻克南京的最后胜利的基础。

虽说“君无戏言”，但朱棣的话也属高级而严肃的“逗你玩”。“吾病矣”——一活又活了二十二年；“世子多疾”——一活又活了二十三年，多疾不等于立马就死，只要活着，嫡长子就该是皇太子。

朱棣称帝后，封朱高煦为汉王，封地在云南；朱高燧为赵王，封地在彰德。

当时，朱高煦怏怏不肯之国，说：“我何罪，斥我万里。”朱棣不悦。

皇太子朱高炽仁德，力劝之下，使这位二弟能暂留京师。

封王后，朱高煦力求一支名为“天策卫”的御林军为护卫军，又趁朱棣高兴时增益两支卫军为护卫。由此，他常常自夸于人：“昔唐太宗曾封为天策上将军，吾今得此职，岂非天意在我乎！”

有一次，朱棣命皇太子朱高炽、汉王朱高煦以及皇太孙朱瞻基三人一起谒拜朱元璋孝陵。朱高炽一直体弱多病，是个素有足疾的大胖子。谒陵要步行，朱高炽要两个太监左右搀扶才能一瘸一拐慢慢挪步，就这样，还时不时一个大趔趄，样子着实狼狈。

身强力健的朱高煦在背后讪笑道：“前人蹉跌，后人知警。”

皇太孙朱瞻基倒是自少年时就有英锐之风，在朱高煦身后接口说：“更有后人知警也。”

朱高煦当时大惊失色，感觉这位侄子不是什么好欺负的“善茬”。

汉王朱高煦身长七尺余，矫捷善骑射，史载，他“两腋若（有）龙鳞者数片”，这种其实是牛皮癣的皮肤病更让他觉得自己是“真龙”下世，常以雄武自骄。

洪武十三年，朝廷改其封国为青州，朱高煦又不想去。他私募卫士三千人，也不隶籍于兵部，常常纵使这些人劫掠。兵马指挥徐野驴擒审其部下，朱高煦大怒，冲入衙府谈一二语，不称己意，以手中铁瓜当头把徐指挥活活砸死。

在外出征的朱棣回南京闻讯，大怒，把他囚禁在西华门内，准备废其为庶人。皇太子朱高炽好心“力劝”，最终只削其两支护卫，改封山东乐安州。

朱高煦此次不得不去，到乐安后，怨望益甚，异谋益急。皇太子多次亲笔写信告诫这位老弟要遵令守法，朱高煦仍旧我行我素。

明仁宗朱高炽继位后，朱高煦的儿子朱瞻圻日夜与其父互派信使通报京城的情况，潜伺变故，有时一昼夜就有六七趟来往谍报。

明仁宗内心知之，待其愈厚，成倍增加这位弟弟的岁禄，动辄赐赉万计。后来，朱高煦因怒在封国的王宫内杀掉朱瞻圻生母。怨恨之下，朱瞻圻就上书谒其父过恶。朱高煦也怒，“狗咬狗”反诉这位儿子常为自己“觇报中朝事”。

明仁宗毕竟是个老好人，叹息说：“尔父子何忍也！”下诏罚朱瞻圻去凤阳守皇陵。

明仁宗崩逝时，皇太子朱瞻基正在南京，奔丧回程时，朱高煦还想于半路伏兵谋杀这位嗣帝，因事发匆忙而未果。

明宣宗继位后没两个月，汉王朱高煦还假惺惺地“陈奏利国安民四事”。

朱瞻基性格很像他父亲，也是个厚道人，他对侍臣讲：“永乐中，皇祖常谕皇考及朕，谓此叔有异心，宜备之。然皇考待之极厚。如今日所言，果出于诚，则是旧心已革，不可不顺从也。”

于是，明宣宗大张旗鼓诏命有司施行，并亲笔写信表示感谢。

转年（宣德元年，1426年）正月，朱高煦以献元宵灯为名，派人窥伺朝廷武备。其实，他的反谋未尝有一日忘怀。接着，他向明宣宗索要骆驼，侄子皇帝与之四十；索要马匹，侄子皇帝与之一百二十；索要袍服，侄子皇帝又与之。

见这位侄子皇帝很好说话，朱高煦以为小皇帝怕自己，愈加恣肆。他暗约驻守济南的山东都指挥靳荣到时献城为应，又授指挥王斌、朱煊等人为太师、都督等官职，命其世子朱瞻垣居守。另外，他让四个儿子各监一军，他自己率中军，准备举兵进攻北京。

起兵前，朱高煦自作聪明，派遣其属下枚青入京，约英国公张辅为内应。张辅是朱棣“靖难”第一功臣张玉的儿子，闻言，连夜就把枚青绑起送入宫内。即使事已至此，明宣宗仍派中官侯太带自己亲笔信至乐安“晓谕”这位皇叔。

侯太到乐安后，朱高煦陈兵相见，南面高坐，也不拜领皇敕，令皇使侯太跪于阶下，大言道：“我何负朝廷哉！靖难之战，非我死力，燕之为燕，未可知也。太宗（朱棣）信谗，削我护卫，徙我乐安；仁宗（朱高炽）徒以金帛饵我。今又辄云祖宗故事，我岂能郁郁无动作！……速报上，缚奸臣来，徐议吾所欲。”

语气语态，与当初朱棣反建文帝时几乎同出一辙。

太监侯太是个胆小鬼，怕汉王杀掉自己，伏地唯唯。

回京后，明宣宗问他汉王说些什么，他回答说：“汉王无所言。”

随行护卫的锦衣卫乃有特务任务，向皇帝俱陈所见。明宣宗大怒，对侯太说：“事定必治汝！”

为了给自己造反制造论据和做铺垫，汉王朱高煦派人上疏朝廷众官，指斥明宣宗违背洪武、永乐旧制，与文臣诰敕封赠以及南巡诸事，公然宣扬朝廷罪过。同时，他斥责夏原吉等几个大臣擅权为奸，要求皇上交出几个人给自己杀掉。接着，他私下写信给诸位公侯重臣，骄言巧诋，污蔑明宣宗违祖制等事。

至此，明宣宗叹道：“高煦果反！”

明宣宗集朝臣商议。本来，明廷要派阳武侯薛禄率兵讨伐，大学士杨荣以建文帝时李景隆为戒，劝帝亲征。

英国公张辅自告奋勇，想自请两万兵前往平定朱高煦。

明宣宗表示：“爱卿您确实能击败叛贼。但朕新即帝位，保不准有小人怀有二心，亲征之事就这样决定了吧。”

明宣宗虽年纪轻轻，却属少年老成英明果决之主。

宣德元年八月，经过周密布置，祭过天地宗庙社稷山川百神之后，他亲率大营五军将士出征。

行至杨村，明宣宗在马上询问左右群臣：“众卿认为高煦计将安出？”

有人说“乐安城小，贼军必先取济南为大本营”；又有人说朱高煦先前一直逗留南京，此次造反一定会引兵南去。

明宣宗听毕摇头，说出自己的看法：“不然。济南虽近，未易攻取；闻朕大军将至，亦无暇攻取。高煦护卫军多家在乐安，不会弃家往南京方向征战。高煦外似诡诈，内实怯懦，临事狐疑，辗转无断。今其敢反，轻朕年少新立，众心未附。又以为朕不能亲征。今闻朕亲行，已经胆裂，其敢出战乎！至即擒矣。”

如此名正言顺，加上皇帝亲征，明宣宗仍在路上遣使向朱高煦传达诏旨，谕以逆顺祸福。年轻的皇帝英畅神武，词旨明壮。如此，明朝六军气盛，斗志昂扬。龙旗钲鼓，千里不绝。设想，当初建文帝有此远识和胜略，能够御驾亲征，估计走到一半，北平城内就会有人擒燕王朱棣来献。

大军一路鼓行，径直来到乐安城北，把乐安城围个水泄不通。

惊惶之余，城内守军乘城发炮，想弄出些大动静来吓唬城外明军，同时给自己壮壮胆。但明军忽然发放神机铳箭，声震如雷。

听到这么大动静，城中的朱高煦兵士皆股栗胆寒。

皇帝属下诸将请即攻城，不许。明宣宗依然敕谕朱高煦，要他主动投降。

朱高煦不报。宣宗皇帝复遣敕谕之曰：“前发敕谕，说得详尽。朕不再言，尔仔细思之，毋殆后悔！”

下了最后通牒后，明宣宗派人以箭缚“招降归正”敕书于城内，对城中人民告以福祸逆顺。

由此，城中不少人想缚执朱高煦来献。

嚣张这么久，大侄子皇帝真正提兵前来，朱高煦反倒狼狈失据。

在内殿徘徊思虑大半天，朱高煦只得秘密派人哀求明宣宗宽借一天，表示给自己一点时间，“今夕与妻子别，明旦出归罪”。

明宣宗答应。

当夜，朱高煦把多年私造的兵器和与众人往来密谋造反的文书信札，全部付之一炬，销毁罪状。

转天，朱高煦要出城投降，其将王斌很有血性，劝他说：“宁一战而死！就擒，辱矣。”

朱高煦以城小为辞，从地道偷偷溜出城，穿着一身白衣跪伏于侄子面前，顿首自陈："臣罪万死万死，生杀唯陛下命！"

明宣宗仁德，没有依刑法对他"明正典刑"，而是把他一家人送至京师，在西安门内新筑宫室。虽属软禁，但好吃好喝，饮食衣服之奉，仍旧无改。

班师之后，宣宗皇帝仅仅诛杀逆党王斌等六百余人，胁从者皆不问。

明宣宗本来想一鼓作气挥军彰德，把另一个叔叔赵王朱高燧也一并擒来。大臣杨士奇苦劝，认为赵王谋反无实，又属至亲，攻之没有正当理由。

明宣宗很听谏劝，回京后派人送亲笔信晓谕。忐忑不安的朱高燧见信，大喜曰"吾生矣"，忙上表谢恩，上献自己所有护卫军队。

明宣宗收其所还护卫，保留其仪卫司（仪仗队）。这样，赵王朱高燧得以善终。

朱高煦虽为囚徒，大宫殿大酒大肉仍旧享受，诸子妃妾一大家子住在一起，按理说装装孙子哀乞苟活也能善终。

有一天，明宣宗处理朝政后心情不错，亲自去逍遥城（宫殿名）看望这位被拘禁的叔王。

朱高煦不知哪根筋又搭错，倨傲不拜，横坐于地，冷眼观瞧明宣宗。

宣宗围着这位皇叔转了几圈，本想好言安慰几句，说说亲情叙叙旧，不料想，朱高煦忽然伸出一腿使个大绊子，把明宣宗绊倒在地。

宣宗大怒，立刻命力士从殿外抬口大铜缸进来（就是故宫里常见的那种），把朱高煦扣闷在里面。

铜缸重三百斤。这位汉王身板特好，孔武有力，用脑袋还能把缸顶起，晃晃悠悠又朝宣宗逼近。

盛怒之下，明宣宗派人抬来数百斤木炭，堆积于缸上，然后点火燃之。不久，炭烧铜熔，把朱高煦烧成一堆灰烬。

宣宗皇帝余怒未消，下令把朱高煦诸子全部处死。

纵观朱高煦所为，比其亲爹朱棣相差远矣，可以说是判若云泥。他既无深谋远虑，又无能将谋臣，更无坚城广地。老王爷为老不尊，仓促起兵，困守孤城，一俟宣宗侄子皇帝亲征，根本未作有效反抗，即刻束身就缚。

败则败矣，认命拉倒，还能保全残年。岂料，这王爷又有此行为。从此下三滥行径，可知朱高煦毕竟只是一介赳赳武夫，实无大计。

历史往往会惊人地相似，有时是喜剧，有时是悲剧，有时是荒诞剧。不幸的是，朱高煦拔了个末筹。虎父犬子，十分不肖。

太监公公要回家

从"土木堡之变"到"夺门之变"

明太祖朱元璋，无论理论上还是实践上，提防宦官最严。他死后，其子朱棣篡夺侄子建文帝帝位的过程中，得南京皇宫内宦官的通风报信，开始信用宦官。到了明英宗即位，大太监王振"出手不凡"，不仅开始了明朝宦官的掌权时代，还使得堂堂大明皇帝被瓦剌军活捉，上演惊天大戏"土木堡之变"，明朝差一点就变成"南明"。

其实，王振挟明英宗御驾亲征，出居庸关，过怀来，至宣府，入大同，五十万大军未同瓦剌军交手，混乱中已因乏粮饿死不少，僵尸满路。如果及时撤兵，这次重大军事行动的结局只是"不果"而已。

偏偏大太监王振本人乃读书人出身，脑子里总有"衣锦还乡"的念头，非要拉着明英宗到他蔚州老家大宅子留宿几日，以博天子幸宅的千秋万世名。如果真去了蔚州，可能历史上也不会发生"土木堡之变"。

大军前行几十里，王振心思缜密，忽然又顾惜起"家乡人民"来，怕五十万大军路过老家时人踩马踏糟蹋庄稼，便又擅自发旨改行往东，终被瓦剌军候个正着。瓦剌军大败明军，并生俘了明英宗。明军被杀死、饿死、自相践踏以及堕谷而死的，多达五十万。

明朝护卫将军樊忠在御营被团团包围的情况下，深怒王振祸国殃民，大叫"我为天下除此贼！"抡起大锤把大太监的脑袋砸得稀烂。这次，王振真的回了"老家"。

“仁宣之治”的休整期

明成祖朱棣死后，其子朱高炽继位，是为明仁宗。明仁宗虽有个享有万世残暴之名的爷爷和爸爸，他自己却是少有的仁德之君。对内，他释放被先帝囚禁的直言之臣后，还把建文帝的旧臣和流放边境的官员家属全部赦免。对外，他下诏与蒙古人讲和，以免再劳师费财。

明仁宗本人乃一个体弱多病的大胖子，为帝未满一年就病死，时年仅四十八岁。但是，他在位时重用阁臣，以文臣班子治理天下，算是为宣宗朝政开了一个好头。

明仁宗崩后，其子朱瞻基登基，是为明宣宗。小伙子即位不久，其叔父汉王朱高煦谋反，想把他爸爸朱棣当年的“靖难”再重演一遍。可惜，世易时移，朱高煦没有他老爸凶残多智的脑子，未出乐安城，已经被大侄子明宣宗亲自率军堵在老窝。在明军神机铳箭和皇帝亲征的双重威慑下，汉王朱高煦只得向侄子投降。

凡事都有好坏两个方面。汉王造反是件坏事，但年轻皇帝甫即位就敲山震虎，不仅铲除遗患，又大大树了一把威。同时，他又以此为理由，严禁藩王干政，并严禁他们自行来京朝觐，严禁藩王与朝内勋贵联姻，严禁诸王之间往来沟通，严禁他们随意出城。

明宣宗仍保留他父皇在位时建立的文渊阁。此阁建于皇宫之内，所以是“内阁”，以示有别于外廷。阁臣之中，最有名的是“三杨”：杨士奇、杨荣、杨溥。

明成祖时代，文渊阁还几乎是个政治摆设，乃皇帝顾问班子，最大的任务是教习太子读书。到了明仁宗、明宣宗时代，阁臣不仅充任皇帝侍讲，又主持草拟制诰，帮助皇帝处置军政要事，并有劾弹、决狱、军务等一系列话事权。

朱元璋在世时，废除丞相制度，自己亲掌六部，依靠四处分封的骨肉诸王当作凭倚。朱棣以藩王起事篡夺皇位，自然是以削夺诸王实权为当务之急，怕他们有样学样。因此，彼时的藩王们在军事上已无太多实权。

到明宣宗时代，自然要依靠文臣理国。为了加强地方的治理，明宣宗下诏把“巡抚”作为一个固定官职，使其有权处理地方诉讼和审理案状。朱元璋当年挖尽心思废地方行省、削弱地方权力。而明宣宗时代开始，从实际情况出发，使地方大员重新拥有了处置一方的权力。

对外关系方面，明宣宗时期，蒙古最强的两大部落是瓦剌和鞑靼，这两家连年遣使入贡打秋风，与明朝贸易往来，赚了不少，小日子过得红红火火，所以与明朝就没有再发生重大战事。但兀良哈三卫蒙古人逐渐为鞑靼阿鲁台裹胁，这些人仗恃有人撑腰，常常越境至滦河一带游牧。

明宣宗也气愤，1428年御驾亲征，以“巡边”为名，在滦河一带摆上当时非常先进的火器，朝兀良哈人一阵猛轰。强权即真理。兀良哈部哪里见过这么威力巨大的火器，被杀甚众，余辈抱头鼠窜。

大炮就是管用，兀良哈首领完者帖木儿本人亲自入朝谢罪。大明朝自然要显示仁德，封官赐物，让他们好吃好喝后打发回老家，之后他们很长时间不敢兴风作浪。

北元方面，自大将蓝玉击溃元顺帝之孙（又有说是其子）脱古思帖木儿之后，这位倒霉的汗王不久被叛臣杀掉，北元内部分崩离析，自然再成不了大气候。

明成祖中后期，北元太师阿鲁台掌权，竟敢杀掉明朝使臣，惹得明成祖大怒，率五十万人亲征，打得阿鲁台狼狈逃窜，他所拥立的北元“大汗”本雅失里战乱中狼狈投靠了蒙古部落的一支——瓦剌部的首领马哈木。阿鲁台怒恼，只得捡出一个成吉思汗弟弟的后代阿岱为可汗。头领们的关系如同冬天挤在一起相互取暖的刺猬，瓦剌首领马哈木与本雅失里日久生隙，深觉这么一个落难“大汗”碍手碍脚，便派人把他杀掉，立其弟答里巴为完全听自己话的“大汗”。阿鲁台听说本雅失里被杀，假装忠勇，向明朝借兵，声称要为故君“复仇”。

明成祖人精一个，表示非常“赞赏”，封阿鲁台“和宁王”空衔一个，鼓励他去打瓦剌。至于借兵嘛，就算了。瓦剌的马哈木原本就是明朝的“顺宁王”，听说明成祖与阿鲁台联系，非常惊恐，忙派人表示要献上从本雅失里尸体上找到的“传国玉玺”（即所谓秦朝那块，实际上是元成宗登基时所用的那块，为当时的皇太后派人伪造）。

明成祖不受。马哈木觉得大丢面子，恼羞成怒，不仅扣留明朝使臣，还在饮马河一带觊觎边境。这一来，惹得明成祖大怒，二次亲征，终靠大炮又教训了瓦剌人一顿，但此战明军也死伤不少。经此一役，瓦剌深知明朝这大老虎的屁股不好摸，忙向北京贡马贡羊贡牛肉干。双方都有台阶下，讲和。

由此，明朝与瓦剌的“睦邻友好”关系，一直保持了三十多年，到明英宗“亲征”才打破这种势态。

瓦剌部头领马哈木与明朝讲和，但对鞑靼的阿鲁台却下死命攻击，双方打得不亦乐乎。阿鲁台于永乐十三年出奇兵，一举干掉马哈木拥立的傀儡答里巴“大汗”。马哈木便又推立额森虎为牵线木偶般的“大汗”。由于阿鲁台总是攻击自己，马哈木怒极之下，转年率军深入至斡难河以北，准备以牙还牙，不料正好中了阿鲁台埋伏，兵败身亡，其子脱欢也被生俘。

额森虎捡了大便宜，“监护人”马哈木死了，他倒成了真正的“大汗”。

庆幸的是，马哈木之子脱欢未被阿鲁台杀掉，两年后被放归，回去后做了额森虎的“太师”。

额森虎在明仁宗洪熙元年（1425 年）病死，脱欢就拥立本雅失里一位侄孙脱脱不花为“大汗”（此人曾在明成祖时在甘肃向明朝投降，此时叛明西逃，投奔瓦剌）。由于后来明成祖几次亲征桀骜不驯的阿鲁台，脱欢乘其弊弱之机，在明宣宗宣德九年（1434 年）终于杀掉了鞑靼部的阿鲁台，为父报仇。

至于阿鲁台原来在鞑靼部拥立的阿岱汗，只能率为数不多的人马逃到亦集乃路（宁夏居延）躲起来。

瓦剌部本是蒙古偏支一部，但自马哈木起，经儿子脱欢经营，又到孙子也先，虽皆以“人臣”面目出现，实际上是北元的真“可汗”，蒙古皇室博尔济锦（孛儿只斤）氏不过是他们手中傀儡而已。所以，到了明英宗时代的“北元”，其实是瓦剌部的“北元”。

明宣宗在位十年间，对蒙古诸部一直以“抚”为主，其实是处于防御状态，总希望能挑拨蒙古诸部打仗，自己当仲裁人以获平安。

不巧的是，平衡手腕没有完全施展时，瓦剌击溃鞑靼，一支独大，为日后的明朝种下大患。

在南方，明宣宗最大的一个失招，是复封安南，即重新承认了它的半独立状态。明成祖时代，兵威四至，安南已经成为“交趾布政使司”与“交趾按察使司”辖下之地，与中原建制一样。安南人本性好乱，连年起兵反明。由于地处南方崇山峻岭，当年“大元”都束手无策，搞得明政府也头痛不已。

明宣宗继位后，面对清化府的黎利叛乱，耗兵费时，就想委曲求全，复封安南为藩国，让他们“岁奉常贡”。当时，大臣夏元吉等人力谏，认为明成祖至今二十多年苦心经营，如此则一朝弃去，安南又从郡县变为“国家”，前功尽弃。

可惜的是，杨荣、杨士奇这两个文臣无远谋，附和明宣宗，并在老挝找到安南王室后裔陈暠，派人护送他返国当“安南国王”，以图立傀儡来控制安南不反。

黎利胆子很大，陈暠一到，就被他弄死，然后“上表”，称陈暠病死，要明朝立自己为王。明朝不同意，要黎利再访陈氏后裔。黎利上表，称找不到（找到也杀干净了），退让一步，他请求明朝允许他“暂摄国政”。

1430年，明宣宗只得封他为代理国王（权署安南国事）。如此，便承认了安南立国，这位黎利便建立了黎氏安南，年号为“顺天”。由此开始，一直隶属中华一千多年的南方小邦，永久走上脱离之路。

总的来讲，明仁宗、明宣宗父子二人继明太祖、明成祖之后为帝，尤显“仁德”慈善，特别是仁宗，“用人行政，善不胜书”，让时人怀念不已。宣宗时代，“吏称其职，纲纪修明，政得其平，仓廪充羡，闾阎乐业”。所以，对于仁宣父子十年多的治绩，史称“仁宣之治”。

其实，正是朱元璋、朱棣父子过于暴虐，才显衬得明仁宗、明宣宗父子这么“仁德贤明”。相较宋代真正的仁君宋仁宗、宋真宗、宋孝宗等人，这两位明朝皇帝其实还差得好远。

宣德十年春，明宣宗因纵欲过度，崩于乾清宫，年仅三十八岁。年方九岁的皇太子朱祁镇即皇帝位，即明英宗，以明年为正统元年。

英宗皇帝即位后，尊祖母张氏为太皇太后，嫡母孙氏为皇太后，下诏罢诸司冗费，放出都坊司乐工三千八百余人。

新皇帝上任，施政之始，一般都有惯行的“振作”。

半年后，太监王振掌管“司礼监”。

王振当权的时代

明代宦官之祸很烈，但没有烈到像汉末以及中晚唐那样能把皇帝的废立死生皆操纵于手的程度。而且，明朝宦官如同寄生虫，他们的“寄主”皇帝一死，或者突然变脸发威，宦官本人权势顿时消散，汪直如此，刘瑾如此，冯保如此，魏忠贤也如此。

这种情况，均同朱元璋当年废丞相制度有关，由于军权、政权分由六部分担，皇帝一人提纲挈领。这些举措，听着好听，皇权独握，其实真正遇到事情，天子本人也因结构的复杂无从完全对一切大事加以掌控。皇帝如此，“准皇帝”的九千岁大太监也是如此。弄权一时好办，狐假虎威，有皇帝招牌，但当这块招牌不管用或不挡风时，太监只有挨剐的份儿了。

明太祖朱元璋丝毫不掩饰他本人对宦官的印象：“此曹（宦官）善者千百中不一二，恶者常千百，若用为耳目，即耳目蔽；用为心腹，即心腹病。驭之之道，在使之畏法，不可使有功。（宦官）畏法则检束，有功则骄恣。”

朱元璋规定，内臣官阶不能高过四品，月给食米一石，衣食用品皆为“官给”，并在宫内设立铁牌，上铸字：“内臣不得干预政事，犯者斩！”

也正是在朱元璋当政期间，内监二十四衙门已经搭建完毕，即十二监、四司、八局。其中，最有威权的是司礼监，其长官官称为提督太监。现代人一般把宫内的宦者统称为太监，年轻的叫小太监。其实，宦官等级森然，最高的一级才能叫太监，往下是少监、监丞，中级的有奉御、听事等，最低级就是杂役类，有手巾、火者之称。至于各个监局当中，除掌印太监、提督太监外，也有经理、管理、监工等职衔。

司礼监原本的职责，是管理皇城内大小宦官以及关防关禁、长随当差等事务。逐渐地，由于明朝皇帝惰于政事，司礼监太监反倒成了有实无名的真“宰相”了，监内一般有八九个宦官分别帮皇帝“御笔”朱批。

对于自己想搞猫腻的宦官来说，他可以把内阁奉呈入内的阁票打返，令阁臣重拟内容。刘瑾气焰最嚣张时，就把这些公文带回自己家中，与门客商量官员任免和处理意见，更改好以后也不交回内阁，直接以御旨名义发出，可谓做到登堂入室，随心所欲。

有人观此可能产生疑惑，朱元璋不是严禁宦官学文化吗，怎么又有这些文人“宦者”呢？这种教宦官学文化的事情，首先始自明宣宗，他设置“内书堂”，专门派文官教宦者学习，内容为《百家姓》《千字文》

《孝经》《大学》《中庸》《论语》《孟子》等，可惜的是，公公们忠孝节义入脑的少，奸诈使坏的心计反而因知识平添了“力量”。

入司礼监的宦者，一般必为“内书堂”毕业，入“文书房”办过事（“文书房”乃司礼监的“秘书处”），这样的公公，才能成为司礼监太监。但也有例外，比如魏忠贤，几乎就是大字不识的老粗。

司礼太监有“议政”权，并非关键，他们还掌管东厂、西厂等事。设想，一个衙门又管政事，又管监察，天下大事，皆入一司。东厂始设于明成祖朱棣时，一直至明朝灭亡，存在的时间长达二百二十多年。这一“特务”机关，直接向皇帝负责。东厂的办事太监有时由司礼监主管太监兼任，有时由司礼监二把手兼任，全名是钦差总督东厂官校办事太监，属下人尊称其为厂公或督主。

东厂手下的“刑侦”人员和打手，均来自锦衣卫。有人可能以为锦衣卫也是宦官机构。错！锦衣卫始于洪武朝的“拱卫司”。洪武十五年，正式成立“锦衣卫”，乃“上十二卫”中的一卫。“服飞鱼服，佩绣春刀”，是皇帝私人卫队，兼秘密特务工作。锦衣卫逮人，可以不经任何国家司法程序，他们不仅有逮捕权，还有审问权。不幸被逮的人，即入“诏狱”或“锦衣狱”，十人入狱八九死，令人闻之生畏。

锦衣卫下有十七个所，专门负责外出侦探的人员称为缇骑。人数最盛时，锦衣卫特务有十万人左右，加上各地流氓充当的“眼线”，达二十万人。

锦衣卫与“厂”并称，统称“厂卫”，但“厂”对锦衣卫有伺察之权。因为，太监多日夜在皇帝身边，一般来讲自然厂权要大过卫权。当然，厂卫权势此消彼长之际，相互勾结的时候为多，刘瑾、魏忠贤等大奸太监，均以自己的心腹亲信任锦衣卫使，完全把这些军棍当成大狼狗来使。刘瑾当政时，开设内行厂，把独裁发展到极致。他本人对厂卫“走狗”仍不放心，以内行厂的宦官来监督东厂和锦衣卫，但这一机构存在时间短，只有四五年而已。至于“西厂”，乃明宪宗朱见深于成化十三年（1477年）设置，乃太监汪直用事期间的事情，存在约五年多。其后，明武宗在刘瑾撺掇下又重设过一次，也有四年多时间，以后就未再设置过。

还有一事令大家叹喟，明人笔记《酌中志》记载，东厂大厅左室供岳飞画像一轴，厅后又有砖砌影壁，雕有狻猊以及狄青杀虎的塑像。厅西祠堂内还有一座牌坊，上面有朱棣御书"百世流芳"四字。大英雄岳飞与狄青，竟被这些宦官供奉，真匪夷所思。不过，"百世流芳"是决然不可能的，这些阉人特务们只能"遗臭万年"。

说完了司礼监、东厂、西厂、锦衣卫后，正式转入本文的主人公——王振大公公。

《明史》上讲，"王振，蔚州人，少选入内书堂"；又有笔记中说他年轻时一直读书，久考不中，才毅然发愤"自阉"。这种说法，是明朝严从简在《殊域周咨录》中提到的，根据他的说法，明成祖永乐末年（1424年），诏许国内学官考满无功绩者，如果有子嗣，就可以在自愿的情况下净身，入宫训导女官。当时有十余位这样的"学官"净身入宫，但日后混出头的只有王振一人。

不管怎么讲，王振确是个颇通文翰的宦官。明英宗为太子时，王振是东宫中下级宦官局郎一类的陪侍。小皇帝年方九岁，自然与平素教他读书写字、游戏玩耍的宦官最亲，并一直称王振为"先生"。

甭看王振没学过儿童心理学，他很能拿捏儿童爱玩爱看大排场表演的天性。英宗小皇帝刚刚继位，王公公就带着他去朝阳门外的武将台观看盛大的阅兵式，让诸卫和京中禁军的兵将们操弄刀枪、演习马术，射箭飞刀，把小皇帝乐得小手拍红。

高兴之下，小孩子马上让王振管理司礼监，成为太监中的第一人。王振手中有权后，立刻矫旨，提拔自己的心腹纪广（原为隆庆右卫佥事）为都督佥事，对外声称说他在比武中获第一。这样一来，就让自己人掌握了禁卫军权。纪广的越级擢升，标志着以王振为起始的明朝宦官专政的历史正式开启。

明仁宗的皇后张氏，时为太皇太后，得知孙子皇帝当学之年不御经筵听先生讲课，反而整天被王振引诱出宫观武弄枪，她很是生气。一日，她召集英国公张辅，大学士杨士奇、杨荣、杨溥，尚书胡濙以及英宗小皇帝一起入朝。

太皇太后奶奶坐着，皇帝孙子只能站着，众臣也立于西侧屏息侍立。

张太后指着五个大臣，对孙子说："这五个人，是汝父汝祖留给你当辅佐的，有行必与之计。国家政事，如果他们五位不赞成，绝不可行！"

小皇帝忙表示听命。

停顿一下，张太后派人宣王振入觐。

王公公很怕这位皇奶奶，入殿后俯伏跪听，大气也不敢喘一口。

良久，张太后一拍桌案，厉声叱责王振："汝一宦者，侍皇帝起居，多有不法之事，今当赐汝一死！"

女官闻言，立刻上前，横白刃于王振后颈之上。

英宗小皇帝一看奶奶要杀自己的老玩伴，又急又怕，连忙下跪为王振求情。五大臣见皇帝下跪，也忙跟着下跪向太皇太后求情。

张太后见此情状，觉得威吓目的已经达到，缓缓言道："皇帝年少，岂知此辈常祸人家国。这次我看在皇帝及大臣面上，饶王振一命，此后不可令他再干扰国政！"

这位张太后，乃一贤德明慧妇人。明仁宗做太子时，由于贪吃贪睡变成巨胖，加上他弟弟汉王朱高煦等人挑拨，明成祖非常厌恶这个不会上马击剑的胖太子，数次想废掉他。但儿媳太子妃张氏"操妇至谨，雅得成祖及仁孝皇后（欢）喜"，朱棣当年看在儿媳贤德的分儿上，才没有废掉胖儿子的太子之位（当然还有大臣的保举）。

明仁宗继统后，张氏为皇后，对中外政事，莫不周知。其子明宣宗在位，军国大议，多听她裁决。但是，张氏并不干政，对自己母家非常严厉，严禁外戚预政。

明宣宗崩后，英宗皇帝年幼，众臣请“垂帘听政”，张太后表示：“不要坏祖宗成法！”坚决不允。

但是，张太后仍旧是有妇人之仁，见孙子皇帝下跪为王振求情，心一软就后退一步，没有杀掉这个日后引出无数祸端的害人精。张太后于正统七年（1442 年）病死。

王振虽遭此大惊吓，并未收敛，反正有小皇帝撑腰，先让小主子高兴再说。他“老实”将近一年有余，胆子渐长，在正统元年冬又在将台召开“比武大会”，命令诸将骑射比武。

明朝京军万人受试，只有驸马都尉井源弯弓跃马，三发三中。十岁的英宗皇帝看得高兴，把自己手中酒杯赐予井源当“奖品”。

一旁聚观者，均私下纷言道：“去年王太监阅武，纪广骤升大官；今日皇帝亲自主持，怎么只赐一杯酒喝？”

井源忙乎半天，只赚得御赐一盏银杯。通过这一幕，明显向朝内外传达这样一个信息：要想升官发财，非王振大公公不可，皇上赏识也没实惠！

如此，又过了三年多，王振开始琢磨起几位顾命大臣来。

一日，王振赶上朝时，忽然问杨士奇和杨荣：“朝廷之事，全赖三位老先生。然而您三位年高倦勤，日后怎么办呢？”

乍受此问，杨士奇老头子一惊，矍然曰：“老臣我当尽忠报国，死而后已！”

不料，杨荣却讲：“吾辈年老，当推荐新进之人以侍君王。”

王振闻言大喜。转天，他就把侍讲学士马愉、曹鼐等人推荐入阁，参与朝政。

杨士奇很不高兴，埋怨杨荣与自己口风不一。杨荣劝说道：“王振讨厌我们，纵使我们苦苦坚持，他又能相容吗？一旦他以皇上名义出手任命某人入阁，我们也不得不听命。现在入阁的几个人，反正皆是我们的手下，也无大碍。”

杨士奇听此言，觉得有理。二位官场老政客，其实还是玩不过王公公。

王振这种慢火煎鱼、由浅入深的功夫，是想一步步卸掉“三杨”老臣的权力，让新入阁的人感念自己对他们的提拔。

品尝到当隐身“组织部长”的甜头，王振很快就矫旨提拔工部郎中王佑为工部右侍郎。这位王佑没什么本事，专会溜须拍马说甜话，很会伺察颜色。王侍郎长得不错，面皮光滑无胡须。王振也觉搞笑，一日忽然问王佑：“王侍郎，你怎么不长胡子啊？”王佑一脸笑开花，谄媚道：“老爷所无，儿安敢有。”王振开心，仰头大笑。

正统七年，太皇太后张氏病死后，王振终于长舒一口气，京城内再无让他心中生怯的人物了，从此益发无所忌惮。

老太后崩后，王振立刻派人盗走洪武年间竖立在宫内“内臣不得干预政事”的铁牌，秘密销毁，从意识形态方面开始大力消除一切不利于自己专政的东西。同时，王公公又大兴土木，在京城范围内大起殿宇和寺观，在讨好皇帝的同时，也想为自己祈福。

皇宫内新殿落成，依礼要皇帝亲自参加，大会公卿群臣摆宴庆祝。根据制度，宦官权力再大，也根本没有资格参加这种集会。

英宗皇帝少年人，一刻不见“王先生”就心里发慌，马上让人看看王公公在干什么。结果，内使一进门，正瞅见王振发怒，大言道：“周公辅成王，我难道在宴会上一坐的资格也没有吗？”

小皇帝一听，马上让人开东华殿中门，迎候王振。

众臣屏息观望，王公公慢踱而来。这一来，王公公面子大了去了。

权势熏炎之际，不少谄谀小人纷纷倚附王振得以升官。继王佑后，徐晞也被王振矫旨擢升为兵部尚书。“于是府、部、院、诸大臣及百执事，在外方面（大员），俱攫金进见（王振）。每当朝觐日，进见者以百金为恒，千金者始得醉饱出”。连都御史王文等主管监察的大官，见了王振都跪拜迎候。

当时，“三杨”中的杨荣病死，杨士奇退休（其子在家乡杀人，有口实在王振手中，他不得不退休），朝中只有杨溥，“年老势孤”，仅是个政治摆设罢了。

众人唯唯，也有正直不屈的大臣。薛瑄因为是王振老乡，被从山东地方上荐入朝廷，任大理寺左少卿。王振屡次派人致意，薛瑄一直不去拜谢，说：“我受公朝得官入京，不能入私室谢恩。”王振知悉后，也无可奈何。

一日，众臣在东阁议事，王振后至，公卿见大公公即跪拜，唯薛瑄一人行拱手礼，倒使王振不得不先向对方作揖。由此，王公公杀心顿起。

不久，他派人诬陷薛瑄，逮之入锦衣狱，准备处决。一日，王振见跟随自己多年的老仆人暗自流泪，便问缘故。老仆人说：“薛少卿要处死罪，所以我哭。”王振奇怪：“你怎么知道薛瑄其人其事？”老仆答道：“都是咱们蔚州老乡讲的。”然后他盛赞一通薛瑄的为人。

得知“乡誉”如此，王振意少解，怕做事太绝日后不好回老家，息除杀心，把薛瑄除名遣返。

薛瑄走运，侍讲刘球就没这样的运气。这位帝师上书言事，得罪王振，被逮入狱；未经审讯，王振便派锦衣卫刽子手在牢中砍断其头。南京国子监祭酒陈敬宗入京，王振知其名大，派人示意他来见。陈敬宗表示：“吾为诸生师表而私谒中贵，何以对诸生？”王振怒，使陈敬宗数年不得升迁。御史李俨见王振不下跪，立马被捕抄家，流放铁岭卫当苦力。锦衣卫兵卒王永在大街张贴揭发王振罪状的匿名大字报，很快被押上闹市凌迟处死。

时任兵部侍郎兼山西、河南巡抚的于谦也倒霉。他每次入京，均未登王振门行贿。恰巧，朝中御史有一个人与于谦姓名相类，上疏常与王振之议不合，大公公便把这两个人的名字误为一人，一日性起，矫诏降于谦官职，把他贬为大理寺左少卿。后来，由于河南、陕西两省的藩主与民众争相请留，于谦的巡抚之职才未被削夺。

为了惩罚不与自己一条线的大臣，王振“创造”出一种“荷校”的刑罚，即强迫大臣在长安门戴重枷以使这些大臣们“斯文扫地”。大枷板很重，从二十斤往上加，最重达百斤，往往立枷数日。犯事的大臣即使当时不死，回去也要缓上几年才能恢复。

王振用事期间，在北方对鞑靼用兵前，在云南也连年用兵，史称“麓川之役”。

朱元璋定云南后，在元朝麓川路与平缅路的行政区域，重新设置麓川平缅军民宣慰使司，并以当地傣族头领思伦发为宣慰使，其实是一种变相“自治”。

明英宗继位时，思伦发的后人思任发跋扈，夜郎自大，自称为王，并大肆进攻周围的腾冲、南甸等地，武装反明。

王振得知此事后，很想立功，于正统四年下令沐晟、方政等人提兵攻击。方政为将无量无识，提兵深入，被叛军伏击身死。沐晟作为主帅，虽为大英雄沐英之子，但并不知兵，闻败，惭惧发病，病死于楚雄。

明廷又任沐晟之弟沐昂为征南将军，接其兄任。这位爷也无将略，到了金齿一带就畏惧不前，部下遇败又不救，被明廷召回京城贬官两级。

屡战屡胜的思任发更加嚣张，在孟罗等地大掠杀戮，闹得云南人心惶惶。王振专政，欲示威于荒远之地，当然不肯罢休。正统六年，他派定西伯蒋贵为将军，总兵征讨思任发。同时，派太监曹吉祥监督军务，派兵部尚书王骥提督军务。

甭说，这拨明军能干，接连大败思任发，又破其象阵，杀掉敌兵十多万人，“麓川大震”，思任发逃往缅甸。明军暂时班师。

转年底，蒋贵等人再发大军出征，直捣缅甸，索要思任发。缅人刁滑，表示说还人可以，但明朝要割麓川一些地方给自己。

明军先礼后兵，见缅甸敢和朝廷“讲价”，兴军进攻，并把思任发儿子思机发打得大败。

缅人知道明军不好惹，连忙把思任发妻儿家属及属从三十二人捆上，献与明朝派去当使臣的千户王政。

途中，思任发绝食，王政派人强灌米粥，把这位叛夷养“精神”了，在道中捡块平坦地，明正典刑，砍下思任发脑袋，函送京城。

明军还师后，当地部落又拥思任发另外一个儿子思禄发为主，攻占孟养，喧扰一时。

明军师老兵疲，只得与思禄发讲和，相约以金沙江为界。思禄发见好就收，表示不再过江侵袭。明军班师回朝，以大捷上奏。

其实，劳民伤财许多日，明军只取得了名义上的胜利，实际上放弃了麓川。明宣宗弃交趾，明英宗废麓川。这对父子，糟蹋太祖、成祖的基业，真是“崽卖爷田不心疼”。

“土木堡之变”

明朝在北边与蒙古人干仗，老实说，还真不是王振挑的头。

蒙古瓦剌部本来有三大力量，其一马哈木，其二太平，其三把秃孛罗。永乐年间，明朝封马哈木为顺宁王，太平为贤义王，把秃孛罗为安乐王。

前文中提到，马哈木进攻鞑靼部阿鲁台被杀，其子脱欢被俘。日后，脱欢被放回，反戈一击，终于杀掉阿鲁台，为父报仇。他被明朝允许袭父爵，也称顺宁王。

英宗正统初年，脱欢杀掉贤义王和安乐王，兼瓦剌各部，成一方强主。他本想自称可汗，但诸部多有不允，无奈之余，只得又捡出元朝皇族的一个后代脱脱不花为大汗，脱欢自己当丞相。

正统四年，脱欢病死，其子也先袭位，称太师淮王，实际上他才是北元真正的主人，脱脱不花只是挂名傀儡而已。每次向明朝入贡，也先和脱脱不花都各派使节，明朝也平等对待来使，没把顺宁王使臣置于脱脱不花使臣之下。

也先地盘越来越大，收服了“三万水女真”，向东挨近明朝辖下的朵颜、福余、泰宁三卫。

英宗正统十年，也先集结沙州、罕东和赤斤蒙古诸部进攻哈密卫。明廷不仅不救，还敕令修好，怂恿了也先的野心。哈密重地，落入也先掌握之中。此后，他不断觊觎明朝西北边地。

当时，巡抚宣府、大同的明臣罗亨信上奏，提醒明廷在直隶以北战略要地增设土城防御工事。任兵部尚书的邝埜畏惧王振威权，不敢对此事拍板定夺。参将石亨性急，想要在大同四州七县范围内三丁籍一人为兵。罗亨信表示反对，认为边民疲于防守耕战，土地粮食不足，如按石亨之议行之，民众肯定会一时逃亡大半。

也先与明朝撕破脸皮的导火索，乃朝贡事件。

瓦剌蒙古最早入明朝贡的使臣只有三五十人，在北京等地总是受到明朝政府级别的接待，按人头赐银颇丰。一来二去，瓦剌觉得这种“打秋风”的方式回报多且快，就不停增派贡使的人数。

到了也先时代，每次均有一两千人之多。明朝负责接待的礼部对此早有发觉，屡次告诫瓦剌贡使不能越来越多，但也先我行我素，不断增派。正统十四年春，也先遣贡使二千人入京，这还不算，他又诈称人数是三千人，以冒取明朝的回赐。同时，他们带来向明朝进贡的马匹，也多疲劣不堪，以次充好。蹬鼻子上脸，也先确实无赖。

王振得知此事后，脑门子上火，大骂蒙古人不识抬举，胆子越来越大，敢敲诈大明朝。他告知礼部：“只按实来人数赐银，一个子儿也不多出。至于马价，以质论价，绝不能花买人参的钱买回萝卜。”

有大太监王振发话，礼部自然胆壮，依教行事，使得蒙古人大失所望。也先觉得十分没面子。

此外，在数次通贡过程中，明朝的各级通事（外交接待人员）收受了也先大笔贿赂，向蒙古人尽告国内虚实。也先曾要求明朝嫁公主于自己，明廷还不知道，高级通事却已经拍胸脯答应下来。所以，这次“贡马”，也先让使者向明廷表示是“聘礼”，朝廷才知道下边有人“许婚”。

王振遣礼部以皇帝名义答诏，明白告诉对方，朝廷没有许婚之意。也先闻此，非常愧愤，就“谋寇大同”。

八月，也先联集塞外蒙古及诸番部落，分三路入寇。也先本人统中路军，率军直攻大同；可汗脱脱不花自兀良哈率军，侵入辽东；阿剌知院率军，进逼宣府。

数十年过去，明太祖、明成祖那一茬儿兵将老的老，死的死，明军战斗力远不如从前。当也先瓦剌军进至猫儿庄（今内蒙古察哈尔右翼前旗）时，明将吴浩迎战，交手即败，他本人也战死。四天之后，大同总督军务朱瑛率数万明军迎堵也先于阳和口（今山西阳高），本来兵势不弱，但监军的太监郭敬无勇无谋，胡乱指挥，使得明军大败，一军尽没。西宁侯朱瑛等人战死，只有太监郭敬躲在草丛中才捡得一命。

这样一来，瓦剌军势如破竹，连陷塞外诸军事堡垒。而瓦剌的阿剌知院所率军队又从独石口南下，占据了马营堡（今河北赤城）。心惊之下，马营堡守将弃堡逃遁。阿剌知院乘胜，攻下永宁城（今北京延庆）。

三路瓦剌军中，只有可汗脱脱不花一路表现最差劲。他率东路军进围镇静堡（今辽宁黑山），被镇守的明将赵忠迎头痛击，一点便宜未捞到，狼狈回返，途中只得攻屠明朝一些驿站、屯庄以泄愤。

诸路败报频传，北京的王振不忧反喜，觉得自己应该抓住这个机会，再立大功以示威，使自己在朝中威望更上一层楼。他先派出井源（驸马都尉，演武比赛中那位获奖者）等四个将领率四万多人先行去大同。然后，王公公走入大内，劝明英宗“亲征”。

明英宗此时已经二十三岁，他自小就喜欢观看军队演操习武。“王先生”这么一撺掇，英宗皇帝十分高兴，觉得应该效仿祖宗那样跨马出征。

这小伙子黄毛未褪，也想横枪跃马，就如同现在毛头小孩打电子游戏玩攻略成专家，就以为自己可以带兵打仗一样。明太祖、明成祖一生戎马，屡经战阵，而明英宗仅仅是金笼贵鸟，哪里见过真战场。

消息传出，以吏部尚书王直为首的大臣纷纷力谏，苦劝英宗皇帝千万不要“御驾亲征”。确实，也先几万人的兵力，犯不着大明皇帝亲自出马。

王振不听，他私下合计，也先诸路加一块儿撑死超不过十万人，挟皇帝出兵，拥兵数十万，大不了用人海战术硬拼，比消耗，比人命，也能把瓦剌人打败。于是，他下令兵部两天内一定要调集五十万人马。

事出仓促，举朝震骇。

明正统十四年七月十七日，王振、明英宗率五十万胡乱集合的人马从京城出发，留英宗异母弟郕王朱祁钰（由太监金英“辅佐”）在北京留守。至于阁臣曹鼐、张益，英国公张辅，兵部尚书邝埜等六部尚书，全部随驾从军。也就是说，三分之二的政府要员，全部随皇帝而行。

当日，军行至龙虎台驻营。凌晨时分，军中炸营，当时不少人都以为是不祥之兆。

值此军国大事，王振自比为诸葛亮，很想“指挥若定”，但出军需要极其严密的布置和后勤保障工作的及时到位，五十万大军，随行役夫就应该有数十万之多。王振对这些“杂事”不屑一顾，加之催征太急，补给不足，光五十万人的吃喝拉撒，就已经使明军内部乱成一团。

秋雨时至。几十万大明军，冒着凄风苦雨，出居庸关，沉重前行，过怀来，至宣府。连日风雨，人情汹汹。随驾群臣察觉士气低落，接连在军中上表，恳请英宗皇帝回銮。

王振大怒，罚兵部尚书邝埜等人于草中长跪。见大公公“天威”震怒，成国公朱勇等人禀事时，都膝行而进。王振淫威，可见一斑。

阁臣曹鼐跪言：“臣子固不足惜，主上系天下安危，岂可轻进！”

王振回答：“如有不测，也是天命！”

王振恨这些人阻止他立不世之功，就下令群臣分编入各军，命令他们打仗的时候冲锋，想让这些大臣当炮灰战死。

大同还未抵达，由于军中乏粮，明军冻死、饿死不少，陈尸满路。同为太监的彭德清也以天象不利为由，劝王振还军，不从。

八月初一，数十万明军终于得抵大同。瓦剌部也先见状，佯装避去，实际是想诱敌深入。

当时，大同附近战场还未收拾，遍地是明军缺胳膊断腿无脑袋的尸体以及马尸、弃甲、辎重。王振大太监哪见过这些东西，阵阵尸臭入鼻，残尸蔽野，他内心骇惧。英宗皇帝也觉不妙，真战场活脱脱一幅地狱图，一点不好玩，哪能同京城内号角嘹亮、旌旗蔽天的演武场相比。

于是，他同“王先生”商量，想先在大同城停驻一段时间再说。但是，王振听说也先“退军”的消息，登时来了精神，力劝皇帝立刻北向出击。恰恰此时，先行派出的井源等部明军，其实已经大败亏输。

王振已成偏执狂，任谁劝也不行，一意孤行，非坚持进军。确实，事已至此，骑虎难下，无功而返，不仅狼狈，且脸面无光。

关键时刻，王振的心腹、老同事郭敬入见。这位郭敬在阳和口见识过瓦剌军的厉害，千辛万苦捡得小命，真正知道轻重。他哭劝王振，为持重保身之计，千万不要冒进。他还告诉王振，也先绝非害怕才后撤，而是诈术，就在不远处埋伏等待明军。

听此言，王振心凉。郭敬又劝：“趁现在也先退兵，正好以此为借口，我们马上退军，不算败绩。如果前行无功，到时候就不好收场。”

别人的话可以不听，郭敬公公是自己人，句句打动王公公的心。他显示出“果决”的一面，立即下令退军。

明军八月初一到大同，八月初二即“班师”，真是“兵贵神速”。数十万人马，原路后撤。

本来，明军应该由大同经宣府，从居庸关回北京。中途，王振想衣锦还乡，要拉着英宗还蔚州老家显摆一下，便下令改道由紫荆关入京。结果，大军惊惶退走，到处踩踏庄稼，王振又变成“人道主义者”，怕老家的乡邻田地也被蹂踏，在距蔚州四十里时，他又改主意，命令大军向宣府方向行进，仍从居庸关返回。

如此反复逡巡，不仅使也先军队追赶上来，又使明军侧背全然暴露给了瓦剌军。

就这样，拖了八天之久，明军才退至宣府。同时，也先骑兵也不慢，一路追赶，恰巧跟上。

王振心慌。他接连派出成国公朱勇等四员大将率两路兵分头阻击也先，皆被打败，将死兵亡，损失惨重。

八月十三日，明军退至怀来以西的土木堡。说来狼狈，五十万明军，被几万瓦剌军追撵。其实，如果明英宗等主要人马进入怀来县城，凭城暂避，还不至于败得太惨。但王公公要等他一千多辆大车的黄白财物，迟迟不走。

犹豫之间，兵部尚书邝埜又苦求英宗捡精锐部队拼杀突围，皇帝被说动，大太监王振偏执脾气又上来，坚决反对。

邝埜见不到英宗皇帝，想闯行殿亲自进行说服工作。王振大怒：“腐儒岂知兵事，再妄言，必杀汝！”

邝埜此时倒不怕王公公了，回言道：“我为社稷百年着想，干吗以死惧我！”

王振命卫士把这位尚书赶轰出去。

明朝窝里争执期间，也先的瓦剌兵马源源赶到，把明军包围在土木堡。

土木堡并非一个军事据点，其地原名“统幕”，讹称为“土墓”“土幕”“土木”，不仅没有城墙护池，而且地荒无水草，明军掘地两丈多深也挖不出水来。士兵缺粮还可以忍受，没水才是最要命的事情。

土木堡南面十五里处有一条河，却已经被也先派人占据。明军水源被断，军心大乱。

八月十五这天，中秋月圆，数十万明军被围，又饥又渴，精神几乎崩溃。

也先很有军事才能，他分出一支军马，从土木堡的麻峪口向明军发动进攻。坚守麻峪口的明军都指挥郭懋还算条汉子，死战一夜，瓦剌军未能攻破。但瓦剌后续兵马源源不断，给守口明军造成巨大压力。其实，当时人在宣府的明朝将领杨洪如果领兵向也先发起进攻，可以给瓦剌军来个反包围，内外夹击，说不定能把也先军马尽数消灭掉，毕竟明军在人数上占绝对优势。再不济，宣府明军进攻，明英宗也可以趁势突围逃走。但杨洪过于“持重”，龟缩于宣府坚城之内，闭门不出。

也先这个人，不仅会用兵，还十分阴险，懂得“心理战”。为了麻痹明军，他派人进入土木堡，表示要与明朝讲和。明英宗、王振听到这个消息，久旱逢甘雨一样，喜不自胜。忙不迭立刻让阁臣曹鼐拟写敕书，并派两个通事与瓦剌使臣一起前去也先处商谈和议。

明军士兵被围两三天，渴得要死，听闻双方终于讲和，一下子从精神上松懈下来，纷纷四出找水找草料，脱离了各个关键防御地点。

王振觉得大势不好，急忙传令移营，军人逾堑而行，跳沟躲坎，很快就乱了行伍。试想一下，五十万大明军，外有强敌，自己内部又乱成一窝蜂，不倒霉才怪。

明军南行才三四里地，瓦剌军队蜂拥而上，四面围攻。蒙古人打猎一样，用箭射死不少明军。然后，马军步兵一起上，刀砍斧剁，明军几无还手之力。兵士们争先奔逃，势不能止。他们已经饥渴了两三天，浑身无力，再让这些人冒死打仗，根本是不可能之事。

混战之间，也先关键时刻派出后备队，皆精甲铁骑，冲入明军阵中。这些骑兵高举长刀，逢人就砍，并大呼“解甲者不杀”。明兵在心理上早已崩溃，纷纷解甲。

瓦剌军高喊不杀人，只是说说而已，没有甲胄防护的明军个个都成了白切鸡，任由手持大刀的瓦剌军人屠戮。于是，明军裸袒上身，不是被杀，就是互相踩踏而死，尸体蔽野塞川。

人到一万，彻地连天；人上十万，无边无沿。五十万人，战场上估计就死了四十万。文武大臣，英国公张辅，尚书邝埜、王佐，阁臣曹鼐以及张益等数百人，皆在乱中被杀。特别是张辅，自年轻时代随父亲张玉为明成祖东闯西杀，战功卓著，历事四朝，尽心尽力。英宗出征，张辅已是七十五岁老翁，默默不敢言，只能从行。但王振不让他插手军政。至此，老头子竟不能善终。

至于众所周知的护卫将军樊忠以大锤击杀王振之事，可能不是事实，乃时人为泄愤编说此事以求“大快人心”。《明史》中讲，“（王）振乃为乱兵所杀”，应该是混战中被瓦剌军砍死或者逃跑时被踩踏而死。

明朝随臣中，只有萧惟祯等少数几个人命大，连同数千军卒拼死逃得入关。

王振老同事郭敬命真大，这次又侥幸逃回北京，但很快就因王振被清算而遭杀头之报。如此，他还不如死在阵上，怎么也称得上是“为国尽忠”。这郭敬公公也该死，他奉王振之命镇守大同时，为讨好也先，把数十大瓮箭头送与瓦剌，并大肆收受不良战马作为“回报”。阳和口大战，也因他阻挠兵将，使得明军大败亏输。

明英宗恐惧至极，在数百禁卫骑兵的护卫下想突围，几次均未成功。身边人被杀的越来越多，无奈何，发昏当作死，他下马放剑，坐在地上发呆，周围仅有十余个剩下的禁卫军和太监喜宁陪同。

瓦剌军打扫战场，一个下级军官见明英宗身上那副黄金甲值钱，叱令其脱掉。明英宗吓呆了，又不知对方那一口蒙古话是什么意思，没有立即解甲，惹得对方提剑过来要砍英宗的脑袋。

危急时刻，这个蒙古人的哥哥见明英宗装束不凡，忙制止兄弟动手，率数名兵士押着明英宗去见也先的弟弟赛刊王。

这时，明英宗缓过神，问："您是也先？伯颜帖木儿？赛刊王？还是大同王？"

赛刊王见来人出语不同凡响，立刻飞奔驰见也先，报告说："我部下俘获一人，举止言表甚异，莫非就是大明天子吗？"

也先立刻派曾出使过明朝的两位使臣去辨认。不久，二人跑回禀告："正是大明天子！"

以几万人打败五十万明军，已经出乎也先本人预料。现在，竟然能活捉大明天子，也先的心情几乎就不能用"喜出望外"四个字来表达，他自己都不敢相信这是真事。

此次三路出军，也先不过是想趁秋高草壮马肥之余杀掠一番，一为寻些小便宜，二为出出气，哪料想一举就干掉五十万明军，连大明天子也擒于手中。于是，他仰天高呼："我常常向天祈祷，求大元重新一统天下，真是上天保佑！"

这时候，也先的野心忽然空前膨胀起来，他想再造"大元"了。但是，对于怎么处理手中的这个大明天子，也先感到非常棘手。他做梦也没想到过自己这么一个边陲酋长能逮个活皇帝。

他向左右部落头领们问计。有一个头领名叫乃公，大声嚷嚷道："上天以仇人赐我们，杀掉算了！"

瓦剌部落的一个头领伯颜帖木儿大怒，上去就给了乃公一个大嘴巴，对也先说："大人您身边怎么有这种东西！两军交战，人马必中刀箭，或践伤身死，今大明皇帝独全然无伤，对我等又态度平和，更无失态失仪之处。我等久受大明皇帝厚恩赏赐，虽天有怒，推而弃其于地，但未尝置之死地。我等何能违天而行！如果大人您（也先）遣使告知中国（明朝），使其迎返天子，您岂不能博得万世好男子之名！”

蒙古众头领闻言，皆一旁赞和。

也先沉吟，终于点头。他倒不是想博什么“万世好男子之名”，而是觉得明英宗“奇货可居”。于是，他就委派伯颜帖木儿负责软禁明英宗，命被俘的明军校尉袁彬“陪侍”，照顾这位落难大明天子的起居。同时，也先派人去怀来城，告诉守将明朝皇帝被俘的消息，并索求金帛。

怀来守将不敢开门，以绳子把也先的信使吊上城，马上转送北京。

八月十七日，百官在宫内集合，虽然都听闻大败的消息，但一时不敢确实，也不知明英宗下落。也先使者来，大家才知道皇帝被人活捉，惊惧异常。

明英宗的皇后钱氏急眼，尽括宫中宝物，派人送至也先营中，想赎回英宗。对方不报。

见赚不开怀来城，也先又拥明英宗去宣府城下，以皇帝名义传谕守军开城。

当时，宣大巡抚罗亨信在城内，派人向下喊话：“我们所守者，乃皇帝陛下城池，日暮不辨真伪，不敢开城。”

见此计又不成，八月二十三日，也先率部众拥明英宗返回大同索求金币，表示说只要金银送得多，大明天子即可归还。

负责大同城守的都督佥事郭登坚闭城门，令人传达信息：“臣奉命守城，不敢擅自开闭城门。”

明英宗惶急，说：“朕与郭登有姻亲关系，他怎能拒朕于门外呢？”（郭登乃明朝开国功臣武定侯郭英的孙子，与明皇室有姻亲。）

侍从明英宗的校尉袁彬见守将不开门，深恐也先拿不到金银会因怒杀人，就用头触门，大哭号叫。

明朝的广宁伯刘安、都督佥事郭登等数人见状，出谒皇帝，伏地恸哭，奉上黄金二万两以及宋瑛、郭敬等人的家财“孝敬”英宗。英宗把金银“转赐”也先以及救自己一命的伯颜帖木儿。

诸臣出迎，大同城却紧闭大门，做足防御措施。

也先见无机可乘，就挟持明英宗北行，回老巢休整。

于谦的北京守卫战

英宗皇帝被俘消息传出，孙太后不得不亲自出面，召百官定计。她表示：“皇帝（英宗）率六军亲征时，已下令郕王在京监临百官。政务不能久旷，现在宣布，郕王正式代理皇帝之任，朝臣皆向郕王受命。”

隔了几日，孙太后下诏立明英宗年仅二岁的皇长子朱见深（原名朱见濬，后改名为朱见深）为皇太子，命郕王辅佐，想维持住自己嫡子英宗皇帝一系的帝位。

郕王朱祁钰是宣宗妃子吴氏所生，本来从未想到有一天会和皇位如此贴近。英宗亲征，他留守北京，实际上没有任何实权，因为大半政府要员均随皇帝外出，他自己在北京只是充当一个象征意义的摆设，一切事务均由各部留守官员处理。

谁曾料，英宗皇帝被瓦剌军活捉了，所有压力，均集中在郕王身上。

郕王理政事，他不是皇帝，当然不能御正殿，只能在午门会百官。

第一次主持会议，郕王就看见百官接二连三出班，异口同声，共同声讨王振倾危宗社，要郕王下令族灭王振。群臣声泪俱下，现场气氛十分哀沉悲壮，哭声连片。

郕王也是二十岁左右的青年人，没见过这种阵势，不知怎么办才好，便起身离座，想入内殿找嫡母孙太后商议办法。结果，未等宦官关上大门，众臣一齐拥入，非要当天讨个说法。郕王没办法，下令抄王振的家，并派指挥使马顺负责此事。

众人喧哗，高喊“马顺乃王振一党，应派都御史陈镒去主持籍没事宜”。传旨太监金英有点烦，叱令众臣退朝。百官此时再也忍耐不住，争相上前想扭住金英。金太监见势不妙，脱身逃入大内。

指挥使马顺狗仗人势，以为自己刚刚得了令旨，有话语权，便厉声呵斥群臣。

众人正愁找不着主凶泄愤，给事中王竑忽然扑上前，以拳猛击马顺的脑袋：“你这贼人往日一直依仗王振，今天怎么还这么胆大！”

百多号人纷拥上去，你一拳我一脚，没多久愣把马顺这么一个大汉殴毙于地。

这不算完，群臣又索求王振平素最信任的毛姓、王姓两位太监，金英公公怕牵扯到自己，立刻命人把内殿门开条缝，把王、毛二人踹出去顶缸。

众人上前，拳打脚踏，立毙二人，并陈尸于东安门，禁卫军士也纷纷上前踩踏尸体解恨。

接着，王振的侄子锦衣卫王山也被人押来，被五花大绑着跪在中廷，众人争相上前击打唾骂。

由于当着郕王面未得令旨殴杀三个人，百官心中忧惧不安。郕王本人也局促不安，不知事情发展下去要乱成怎样，他屡坐屡起，很想返回内宫。

兵部侍郎于谦忙上前揽住郕王的袍服，进谏道：“殿下不要离开，王振乃罪魁祸首，不抄家不足以平民愤。众臣行为过当，皆一心为国，没有他意。”

郕王听劝，马上派人宣旨，表示马顺罪应处死，百官各归位、司其职，朝廷不会追究责任。众人跪听旨意后，拜谢行礼有秩序退出，终未酿成大乱。

当日之事，全赖于谦挺身而出，临危不乱，关键时刻留住郕王，处置得当。所以，事定后，吏部尚书王直拉着于谦的手叹息道：“朝廷正赖您才得定安！今日之事，即使有一百个我王直，也不知能干什么！”

由于表现出色，孙太后下诏任于谦为兵部尚书（原来的尚书邝埜已死于土木堡战事）。

明朝廷清算王振，对王家及王振徒党均行抄家，史载“（王）振第宅数处，壮丽拟宸居，器服珍玩，尚方不及。玉盘径尺者十面，珊瑚高者七八尺，金银十余库，马万余匹，皆没（于）官”。

王振之侄王山被押入闹市凌迟，族属男女老幼皆被斩。王振光宗耀祖未成，三族皆成鬼魂。

延至八月二十九日，由于文武大臣纷纷上奏劝郕王即位，边事紧急，国赖长君，孙太后不得不降诏，以郕王即帝位，遥尊英宗为“太上皇”，改明年为“景泰元年”。

这位郕王朱祁钰，便是明景帝。

孙太后虽然心里不舒服，但仔细一想毕竟嫡孙还是皇太子，只能放眼长远了。其实，史书《英宗本纪》中讲英宗乃孙氏所生，其实并非她亲生，“妃（孙氏）亦无子，阴取宫人子为己子，即英宗也”。皇宫内殿气象森严，却总能发生些千古不能破解的离奇案子，明英宗至死也不知道自己生母是谁。知道这一天大秘密的，只有孙氏本人，她至死也未讲出真相。

有英宗皇帝捏在手里，也先胆大气壮，在给明朝的书信中言辞悖慢，索金索物。

明景帝召大臣议事，兵部尚书于谦泣言：“瓦剌贼人无道，必将长驱深入侵掠，宜早为之备。先前京中各营精锐，基本皆随太上皇出征，京中军资器械，十不存一。当急之计，应召集民夫义勇，更替治河漕运官军，让他们一起前往神机营报到，操练听用。工部方面，也要马上日夜赶工，督造防守器械。京师九门，应遣都督孙镗、卫颖等人亲率士兵出城守护，列营操练，以振军威。文臣方面，应派给事中官员王竑等人分头出巡，以免疏漏。同时，还应把城外居民皆迁入城内，以防遭瓦剌劫掠。”

于谦还救因坐不救乘舆（英宗皇帝）之罪的宣府守将杨洪和万全守将石亨出诏狱，命杨洪回守宣府，石亨统管京营兵马。日后，石亨对于谦恩将仇报，那是后话。

明景帝对于谦言听计从，分派兵部要官守卫居庸关、紫荆关等重要关口。派出数位文臣巡抚各地，抚安军民，招募兵马。由此，北京城内外，又有近三十万可用的人马。

也先休整部伍后，在同年十一月以送明英宗回京为名，与可汗脱脱不花合兵，入寇紫荆关，北京戒严。

此次进犯，也先仍旧是三道分出，他自己率主力由中路进发。一行人到达大同，也先就派被俘的明朝太监喜宁和指挥岳谦往城下叫门，说是瓦剌军送明朝皇帝回家。

守将郭登上城大声回话："赖祖宗神灵保佑，国家现在有皇帝了！"

也就是说，他明白无误告知城下的也先：我大明已有新君，不要再用英宗要挟我们。

也先知道明军防备甚严，得不到便宜，便不攻而去，向紫荆关杀来。

明朝被俘的宦者喜宁本人就是鞑靼人，被俘后马上向也先投降，尽告明朝虚实。也先挟英宗皇帝入寇，也是他出的坏主意。

由于众寡不敌，紫荆关被也先部队攻破，明军指挥韩清等人战死。消息传来，朝野汹汹，人无固志。

大敌当前，明廷又放出先前在交趾大败被判死罪的成山侯王通为都督，帮助守城。结果，有人问王通有何好办法守城，这位败将只能想出在北京城外再筑一墙的馊主意，跟没说一样。

侍讲徐珵很有时名，太监金英召他问计。徐珵说："我观星象历数，天命已去，皇帝当幸南京。"金英乃明宣宗时司礼太监，闻言大怒，厉声叱责，让人把徐珵轰出大殿。也正是这位徐爷，很有预见，早在也先七八月间入寇之初，他已经先让老婆孩子携带一切值钱的东西，除他

于谦像　图出《晚笑堂竹庄画传》

以外，全家南迁。

转天，于谦得知朝臣中有人提议南迁，立刻上疏抗言：“京师天下根本，宗庙、社稷、陵寝、百官、万姓、帑藏、仓储咸在，若一动，则大势尽去！宋南渡之事，可鉴也。徐珵妄言，当斩！”

关键时刻，太监金英也在众前附和于谦，高声道：“死则君臣同死，有谁再敢言迁都之事，奉皇帝之命，立刻诛杀！”

这样，明廷就形成了“决议”，北京内君臣一心，坚决固守。

于谦很有远见，为了免使京城外各处粮食为也先所袭用，他立刻令当地官员烧毁粮仓。

也先大军来逼，群臣有言守，有言战，意见不一。防御主将石亨建议紧闭九门，坚壁高垒以避瓦剌兵锋。

于谦大不以为然：“强贼势盛，如今我们再示之以弱，贼势愈张！”

于是，于谦命诸将皆背门而阵，紧紧关闭各个城门，使兵士有必死之心。他本人身穿甲胄，在德胜门外建指挥中心，以示自己也有必死之心。

于谦下死命令：临阵将领不顾士兵率先后退者，杀主将；军士不听指挥先退者，后队斩前队。

他四处入营流泪激劝，以忠义鼓励三军。于是人人感奋，勇气倍增。大敌当前，明廷内部终于总体上一致对外，抱成一团。

尚宝司丞夏瑄又陈说四策：第一，瓦剌军多骑兵，擅长野战，不擅攻城，开始时应坚壁高垒，以沮其气；第二，如果敌军深入，应以敢死队夜袭敌营，并在纵深地带埋伏兵马，以逸待劳，纵出杀掉追击的敌人；第三，瓦剌举部而来，退无所御，应命令防边士兵内外夹攻，敌人会因担心退路被截而惊溃；第四，明军本身依城为营，应保证退有归，把军队分为三队，如果前队战退，严命中队斩前队退兵以儆效尤，不斩退兵者，与退兵者同罪，后队突前斩之，此举在于使士兵生畏怯之心，反正都是死，不如死战……如此种种，明景帝皆下诏照准，下令施行。

内奸，是最凶恶的敌人。明朝的太监喜宁为也先出谋划策，撺掇也先开始假装不要进攻，以议和为名，索求北京城内诸大臣出来“迎驾”。如果主事大臣出城，一举擒获，城中群龙无首，自然就更容易攻打。

见也先的使臣来，明廷也不能不有所表示，便把通政参议王复升为礼部侍郎，把中书舍人赵荣升为鸿胪寺卿，在城外的土城庙拜见英宗皇帝。

也先、伯颜帖木儿还算知礼数，英宗坐着，他们两个人擐甲持弓，站在英宗身边。虽然不失礼数，但一看架势就知道是挟持。

王复等人入拜英宗皇帝，呈上两种文本的书敕。英宗读汉文版，也先等人读蒙古文版。

太监喜宁凑在也先耳边说了几句，也先明白过味来，厉声道：“尔等皆小官，应立遣王直、胡濙、于谦、石亨等人来见！”

明英宗此时还算有些心机，小声对王复说：“他们没有善意，你们赶紧走。”

王复、赵荣辞拜。

眼看不能使明廷大臣出城，瓦剌军四出剽掠，杀人放火，并焚毁了昌平的皇陵寝殿。在逼近宣武门的同时，瓦剌军南逾卢沟桥，在北京周围四处掠杀。

明廷当然有动作。一方面下令辽东总兵曹义和宣府总兵杨洪各选精骑从外面夹击瓦剌，一方面又派人行离间计，伪造北京城内大太监兴安给太监喜宁的书信，内容是讲喜宁告知明廷他已经完成诱也先深入的任务，明军可乘其孤军深入一举歼灭之。

果然，此信被瓦剌巡逻队截获，也先对喜宁颇有怀疑。恰巧的是，明朝宣府、辽东援兵皆及时赶到，明军军威大振，也反证了先前对太监喜宁的反间计。

也先列阵于西直门外，把明英宗囚禁在德胜门外一间空房子里以作要挟之用。

当时，明军共二十二万人，绕城列阵，旗甲鲜明，严威赫赫，瓦剌军胆怯，不敢轻犯。

毕竟先前在土木堡得过奇胜，趁风雨大作，也先派出部队全力进攻德胜门。

于谦在城外民房中设伏，派出骑兵诱敌。双方交手，明军佯装不支，掉转马头往回跑。也先来了精神，麾万余铁骑追击。埋伏于民房中的明军突出，箭弩、火器齐发，瓦剌军死伤数千人，大败而走。这一仗，时任瓦剌平章的也先弟弟孛罗、平章卯那孩等将也被打死。

安定门方面，石亨与其侄石彪率敢死队，手持巨斧，主动出击，直杀入迎面瓦剌军中坚部分，逢人就砍，所向披靡，瓦剌军不得不后撤。石亨得胜不饶人，率军追战城西，一直把敌军追杀得向南逃窜。

与此同时，石彪率精兵千余人，佯装不敌，向彰义门方向后退。瓦剌军见这支明军人数较少，集中兵力合力来攻，半截正好遇上刚刚击溃瓦剌中坚的石亨，斜刺里扑上前，石彪又率佯败明军忽然止步，也掉头迎上厮杀，瓦剌军不敌，败走。

由于西直门有也先主力，都督孙镗有些支撑不住，其他诸门守御的明军各自忙于厮杀，无人派兵来援。幸亏都督范广率神机营在西直门，他们手中持有火炮火铳，火器厉害，杀得瓦剌军一倒就是一片，勉强抵抗住了敌军的进攻。

虽如此，瓦剌军狂攻，孙镗渐渐支撑不住，忙叩西直门城门让守军开城门，想率军队退入城中。负责监军的给事中程信文人无武略，忙打开城门让明军入城。结果，明军见身后城门大开，顿失斗心，纷纷往回跑。瓦剌军见状，突来精神，喊杀进逼，向城门处集结而来。

城内的程信脑子还算活，见此情状，知道不能再开城门，如果瓦剌军趁势闯入，一切全完蛋。于是，程信急忙命兵士把西直门大门重新关上，下死命令让孙镗回兵力战。

明军退路已绝，复陷死地，反而激发出潜在的能量，转身扑向瓦剌军，殊死拼杀。程信又与王通、杨善等人率军士大喊鼓噪，架起火器朝瓦剌兵群中猛轰。未几，石亨也引援兵赶到，瓦剌军终于不敌，狼狈退去。

经此一天的激烈战斗，也先郁闷至极，知道北京城不是想象中那样容易攻克的。

他趁夜移营，准备不声不响地撤围。

于谦从派出间谍的嘴里得知明英宗已被也先转移走，不在德胜门外。他马上令石亨等人高燃火把，以巨炮猛轰城门外悄悄卷帐拔木的瓦剌军，一时间，血肉模糊，鬼哭狼嚎，万余瓦剌军人被烧死。

也先大骇，北遁出居庸关；伯颜帖木儿挟明英宗出紫荆关；脱脱不花本是来驰援，得闻也先败讯，连关也未敢入，率众掉头跑了回去。

在于谦指挥下，诸将追杀瓦剌军队，石亨、石彪在清风店破敌；孙镗、杨洪等人追击瓦剌于固安，大败对手，并夺回被掠民众一万多人。

虽如此，瓦剌军先前在北京城四周郡县散掠，往往百余骑兵驱万余百姓，看上去是大部瓦剌军队。明军不知底细，被迫分兵，由此被杀的也有数百人。

无论如何，明军取得了北京保卫战的最终胜利。

北京城解严。论功，杨洪被封为昌平侯，石亨被封为武清侯；于谦得授少保衔，总督军务。

于谦固辞，表示："京城四郊多垒，受围数日，士大夫之耻也，我怎敢邀功！"

明廷不允。

总结这次北京保卫战的胜利，无外乎两个字：民心。

民为邦之本，明朝立国，虽对功臣多加屠戮，对士大夫多加凌蔑，但对老百姓来讲可谓深仁厚泽，使得在皇帝被敌生俘的情况下，军民均无离叛之意。敌国外患，反而激发起明朝军民旺盛的斗志，齐心协力，赶走了气势汹汹的瓦剌军。

北京保卫战中，彰义门明军副总兵武兴战死，瓦剌军大举杀入，至土城，当地人民虽手无寸铁，但皆跑上屋顶，大声喊杀，乱投砖石瓦片击敌，终于等到明军来援，敌寇未逞。民心如此，安得不胜！

当然，于谦也功不可没。正是在他指挥下，“傲如石亨，怯如孙镗，懦如王通，无不斩将搴旗，缘城血战，追奔逐北，所向披靡”。史称，于谦“当军马倥偬，变在俄顷，（于）谦目视指屈，口具奏章，悉合机宜。僚吏受成，相顾骇服。号令明审，虽勋臣宿将小不中律，即请旨切责。片纸行万里外，靡不惕息。其才略开敏，精神周至，一时无与比。至性过人，忧国忘身”。

明朝后来至万历末年，明廷榨取民脂民膏，不遗余力，民不聊生，内忧外患，才终致国亡。

明英宗方面，被瓦剌军裹胁出紫荆关，恰逢连日雨雪，他乘马踏雪而行，跋涉艰难。幸亏有袁彬忠心耿耿护卫，还有蒙古通事哈铭尽心维护，才保明英宗未冻饿而死或被摔死。

中途驻营，也先战败后第一次来见明英宗。他命人宰杀马匹，拔刀割肉，燔熟一块上好马肉，亲自送给明英宗，说：“不必忧虑，终当送你归国。”

食毕，也先辞去。

一行北行，至小黄河苏武庙，伯颜帖木儿正妻阿挞剌阿哈嘱咐侍女设帐迎驾，宰羊递杯，伺候英宗进膳。不几日，恰值明英宗生日，也先亲来上寿，送给这位倒霉的明帝衣服，大摆宴席。

最让人感动的，是袁彬、哈铭二人，事无巨细，竭力尽忠，侍奉落难的明英宗。由于天寒地冻，夜间营帐内酷寒，袁彬和哈铭天天要明英宗把双脚放入他们怀中，轮流为皇帝暖足。

一日，早晨醒来，明英宗对哈铭说：“知道吗，昨夜你睡得死，一只手正压我胸口，我几乎透不过气，直到你睡醒我才拿开你的手。”并向哈铭讲述汉光武帝与严子陵共卧的故事。

哈铭本性质朴，闻皇帝此言，感动得一塌糊涂，顿首谢恩。由于他本人就是蒙古人，也能时时与伯颜帖木儿妻子等人说上话，让这些人劝伯颜帖木儿和也先放还明英宗。

袁彬、哈铭忠义君子，太监喜宁乃奸恶至极的小人。他见袁、哈二人竭力护持明英宗，怀恨在心，数次劝也先杀掉英宗身边这两个人，天天为也先出主意怎样与明朝讨价还价。一日，也先被喜宁的谗言激怒，派人拖出袁彬、哈铭二人要斩首。明英宗这时也急了，真的奋不顾身，扑到二人身上要与他们同死，这才救下二人性命。

喜宁还向也先出坏主意，让瓦剌军西攻宁夏，直捣江南，在南京立明英宗为傀儡，与北京的明景帝对峙，以兄制弟，夺取明朝江山。此招甚毒，但也先不是志向远大之人，觉得此计可行性太差，施行起来困难，最终没有采纳。

所以，明英宗对喜宁这个小人，恨之入骨。

于是，他与袁彬定计，派喜宁入京当使节，并派遣同样被俘的明军士兵高磐随行。事先，明英宗暗中叮嘱高磐如何行事，并亲写书信，缝在高磐的裤子里。

喜宁挺扬扬自得，以瓦剌和明英宗双料使臣自居，入宣府与明军谈判。

明将出城，与喜宁在城下宴饮，高磐突然大声呼喊，抱住喜宁不放，声称太上皇有旨。招待来使的明将不敢怠慢，挥兵扑上，把瓦剌使团全部活捉，缚送喜宁入北京。

读了明英宗的亲笔信，听了高磐一番指控，明景帝君臣大怒，把太监喜宁送入闹市，碎剐凌迟，终于为明英宗除去一块心头大患。

听闻喜宁被杀，也先也很恼怒，与其弟赛刊王等人分道进攻。打了数次，均遭败绩。

这时候，瓦剌内部开始分化。阿剌知院首先暗中与明朝讲和。瓦剌首领也先与他的属下一直有矛盾，外亲内忌。也先与属下合兵攻打明朝，利多则归也先，弊害则众人均受，使得那些瓦剌酋长很不爽。伤人损物不说，昔日每年都能从明朝得到大批金银绸帛的赏赐，如今一丝全无。

后来，也先也知道了阿剌知院和脱脱不花相继暗中与明朝议和之事，他不甘人后，也马上派人同明朝讲和。

但是，这一次，明景帝回复漠然。原因很简单，双方讲和，肯定要送回明英宗这个“太上皇”，明景帝不知拿这个皇帝哥哥怎么办。

于谦方面，他针对群臣各持议和的局面，力拂众议，表示“社稷为重，君为轻”，派人持书申诫边将，不要擅自与瓦剌讲和，不要擅自接受瓦剌送来的来信，甚至明英宗本人的亲笔信也不能收。如此，也为他本人日后的悲剧埋下了伏笔。

明英宗的“夺门”复辟

景泰元年（1450年）秋，也先正式遣使议和。礼部尚书胡濙等人奏请迎太上皇，景帝不答。但是，面对群臣上疏的压力，明景帝不能不有所表示。

他在文华殿大会群臣，说：“朝廷因通和坏事，欲与瓦剌贼寇断绝来往，而卿等近日又屡屡上言议和，更欲何为？”

吏部尚书王直出班对奏：“太上皇蒙尘，理应迎回。希望陛下务必遣使交涉此事，勿使他日生悔。”

景帝闻言不悦：“我本人根本没有贪恋过帝位，卿等日前把我强推到这个位子上，现在又三心二意！”

听景帝此言，众臣心中惶恐，还真没人能接下这个话茬儿。

于谦出班，从容言道：“天位已定，孰敢他议！派遣使者入瓦剌，可以舒边患，又能侦察敌情。”

听了这句话，景帝觉得自己帝位无忧，忙说：“从汝！从汝！”

于是，明廷派出李实为主使，携明景帝给脱脱不花的亲笔信，往见瓦剌君臣。

到了位于失八秃儿的也先大营，致礼通书已毕，瓦剌人带李实一行人去伯颜帖木儿营中拜见明英宗。

当时，明英宗住在毡帐中，吃羊肉，喝奶酪，行动之时只有破牛车一乘。见皇帝落魄到这个份上，连穿戴打扮都像北京城外赶骆驼的蒙古人，李实等人哭泣不止，明英宗也哭。

良久，明英宗叹息一声：“陷我于此，乃王振也。”

问及太后、皇帝（景帝）等人后，明英宗又问李实等人是否带来中土的衣服、食物。李实一行人来得匆忙，根本未及准备这些东西，只能把随身携带的衣食献给明英宗，并表示道歉。

明英宗摆摆手，苦笑道：“这不算什么，卿等为我办大事。也先想把我送回，卿等归报朝廷。如果我能得归，愿为黔首百姓，得守祖宗陵庙就知足了。”

明英宗肯定读过史书，知道宋高宗赵构拼死拒绝迎回其父兄的“事迹”，深知自己的归朝是一个“老大难”问题。弄不好现在的皇帝弟弟与也先做交易，把自己就地“咔嚓”了。

可怜之人，必有可恨之处。

由于明英宗是落难皇帝，李实胆子也大，问了几个平素万万不敢发问的问题。

李实：“皇上居此，还思念从前所享用的锦衣玉食吗？”

明英宗：“当然。”

李实：“为何陛下您恩宠王振至此，而致身俘国失？”

明英宗：“朕确实不能明察忠奸。但王振当权时，群臣无一肯言者，今日却皆归罪于我。”这句话，十足说明明英宗仍无悔悟之心。

日暮时分，李实等人拜别明英宗，归于也先大营，受到对方设宴款待。

蒙古人好客，也先、伯颜帖木儿都穿戴貂裘胡帽，他们的老婆珠绯覆面，各自端着大盘羊肉互相递吃，席间换人轮流弹琵琶、吹笛儿、劝酒。

酒酣之余，也先开口："南朝（明朝）乃我世仇（指明朝驱元朝入沙漠），今上天发威，使皇帝为我所得，我一直不敢怠慢，倘使南朝获俘我，不知如何对待？……皇帝在此，吾辈无所用之，欲奉之南还，南朝又不派人来迎，为什么？"

李实等人回辩，但均词不达意，言说不通，被也先一句话顶了回去："南朝遣汝等此行来通问，非为奉迎。若想皇帝回国，当遣重臣来迎。"

李实还未回京，趁脱脱不花遣使议和的机会，明景帝忽然又派出右都御史杨善出使瓦剌。

中途，杨善遇见回途的李实，李实具知他出使的详情，使得杨善成竹在胸，表示可以见机行事，奉明英宗返北京。

其实，明景帝派杨善出使完完全全是敷衍，总想迁延岁月，双方使来使往，把此事一直拖下去。而且，使节出行前，明景帝没有授意礼部给他们准备任何礼品，只让这些人带着嘴去。瓦剌人对收受银帛习以为常，如果见杨善一行人空手而至，没准大怒就更把明英宗留住不放——这可能是明景帝心内的小算盘。

杨善一出境，也先就派出汉人田民为馆伴使迎接，密伺虚实。田民招待杨善，屏去旁人，说："我被迫留于瓦剌效力。我很好奇，前日土木堡之役，大明军为何如此不堪一击？"

杨善心中有底，侃侃而言："那时候，六师劲旅全被征调南征（讨安南等地），太监王振想邀太上皇幸其老家，扈从不及，军内指挥不一，所以一战即溃。虽如此，瓦剌侥幸得胜，不见得是什么好事。如今，南征劲卒悉归，有二十万众，朝廷又特别在国内招募有搏击技能的新兵，得三十万人，全都进行神枪、火炮、药弩等军事技巧的专门训练。同时，我们大明在边境地带要害处加强防御，遍植铁锥，马蹄踏上立刻会被贯穿。为了防瓦剌再来，朝廷还招募数千飞檐走壁的刺客，这些人穿营度幕，敏捷似人猿，专为与敌相持时乘夜潜入敌营取上将人头……当然，依现在形势看，所有这些都将无所施用了。”

田民奇怪，问：“为何无所施用？”

杨善：“和议马上就达成，大明和瓦剌一定欢如兄弟，当然就用不着这些士兵和防御再动干戈了。”

杨善这张嘴真能说，既吓唬了对方，又留一个大台阶给对方下。

田民回也先大营，据实以告。也先不断点头，和议之意益坚，便决定在大营接见杨善一行使臣。

也先见杨善，咄咄逼人，立刻责问：“为何南朝减我马价？”

杨善：“昔日瓦剌使臣，不过三五十人，近来多至三千余人，归时皆金帛器服络绎于道，满载而归，大明待瓦剌不薄。”

也先：“为什么拘留我数名使者？赐我布帛中，又常有裂幅不足数的情况呢？”

杨善：“布帛中有裂幅不足数的情况，乃奸诈通事所为，事情暴露后，已被大明明正典刑诛杀。不过，瓦剌所贡马匹矮劣，貂皮鄙旧，估计应该不是太师您的本意吧？至于瓦剌使臣有失踪者，或中途为人劫持，或为强盗所害，大明拘留这些人又有何用！”

你一言，我一语，杨善反反复复，历述明帝累朝恩遇之厚，并说天道好生，如今瓦剌纵兵杀掠，定会惹得上天大怒，等等，把也先说得心服口服。

最后，也先出于好奇，问了两个问题。

也先：“太上皇回国，还临御天下吗？”

杨善：“天位已定，不得再易。”

也先："古代尧舜禅让之事如何？"

杨善："尧让位于舜，今日兄让位于弟，皆为善事。"

也先悦服。

气氛融洽之时，瓦剌平章昂克冷不丁断喝，问杨善："你们来迎太上皇，带什么重礼来？"

杨善答："如果我带重宝来迎太上皇，后人会认定你们是贪图宝货才放人。此次我空手而来，归朝后书之史册，后世人皆会称赞瓦剌深明大义，不是贪图财礼的小人。"

也先闻言不停点头，赞道："好，好，让史家好好记述此事。"

转天，也先在大营设宴，引杨善见明英宗。也先本人与妻妾依次起立向被俘的明帝敬酒为寿。

喝了好半天，也先忽见杨善一直站立，忙让他入座。明英宗见状，也让杨善入座。

杨善施礼进言："虽在草野，不敢失君臣之礼！"

也先闻言顾羡，叹赏道："大明真乃礼仪之邦！"

酒宴结束，也先亲自送明英宗出营。

四五天之内，明英宗、杨善等人被也先、伯颜帖木儿等人轮流宴请，大喝送行酒。

临别时，也先与瓦剌各酋长都骑马送英宗皇帝，陪了大半日。最后，他临别下马，解弓箭战裙呈给英宗当礼物，各位酋长拜哭而去。那位伯颜帖木儿更是依依不舍，一直送到野狐岭口才满含热泪依依惜别。

明英宗也感动，大家相处日久，还真生出了感情来。

明英宗被俘，乃大不光彩之事，即使落魄到这份儿上，明朝史臣仍旧渲染明英宗为"真命天子"，敌不敢害："初上皇（英宗）入敌营之夕，也先有异志（想杀人），雷震死也先所乘马，而上皇（明英宗）寝幄复有异彩，（也先）乃止。及是上皇（英宗）所居毳帐，每夜有赤光奕奕绕其（帐）上若龙蟠，也先大惊异，寻欲以妹进（给英宗当妃子）

上皇，上皇却之，（也先）愈敬服。自是五七日必进宴，置酒为寿稽首行君臣礼。”

这种记述，三岁娃娃也骗不了。当然，也先献妹想和明英宗攀亲可能确有其事，但身为敌俘，大冷天住简陋帐篷，明英宗肯定没有色欲，顺水推舟当个柳下惠，这倒是人之常理。

太上皇被放回的消息传入京师，明朝上下皆高兴，唯独明景帝一人郁郁不乐。

杨善先于明英宗回京，立下如此“奇功”，并未获升迁，仍在鸿胪寺任礼官。群臣从此安排中已经感觉到明景帝的不快。

明景帝与朝中群臣你来我往，胳膊终于拗不动大腿，迎驾之事“一律从简”。明英宗也知趣，行至唐家岭时，就遣使入京，表示他已经避位，免群臣迎接。

于是，明英宗从安定门入城。明清两代，此门非常冷清，门外都是一望无际的大粪场和乱坟岗。具有讽刺意味的是，安定门本来还是大将出兵得胜的回师收兵之门。

明英宗灰溜溜入宫，在东安门，景帝迎拜，英宗答拜，假模假式逊让良久。哥俩虽各自心怀鬼胎，表面功夫还是要做给群臣看。

于是，明英宗被迁入南宫居住，实则是软禁。群臣入见，一概被阻止，只允许孙太后前去探望。

说实话，明景帝这样对待大哥明英宗，虽不近人情，但现在的人也不应太苛求于他。天家骨肉相残之事，历史上数不胜数，景帝没用一杯毒酒或一根长帛弄死英宗，其实还是蛮厚道。

但景帝这个厚道人，在景泰三年却做了一件不厚道的事情。他把为皇太子的侄子朱见深废掉，改封沂王，立自己的儿子朱见济为皇储，在朝臣中引起很大争议。

天命无常，只当了一年多皇太子的朱见济病死，明景帝又无别的儿子，皇储之位重新虚空在那里。

群臣纷纷入奏，要求明景帝复立侄子朱见深为皇太子，不少人上疏理直气壮大讲朱见济的早夭，乃“天命所在”，即本应明英宗儿子朱见深为皇太子。明景帝盛怒，廷杖数位朝臣，御史钟同由于在朱见济死后首上疏章，竟然被当廷杖毙。

但明景帝不是昏君，也不是暴君，诸事烦忧，内火疾攻，很快他就身染重病。景泰八年年初，明景帝连到南郊行郊祀之礼也不能亲去，就派石亨代他本人去行祭礼。

群臣见皇帝病成这个样子，不少人又出来劝景帝立太子。景帝闻言，连忧带气，离鬼门关又近了数步。

当时，主掌京营诸军军权的石亨见明景帝已至弥留状态，心内忽起异念，企图趁此机会拥明英宗复辟，以得泼天富贵。于是，他找到掌管营兵的都督张軏、内监曹吉祥以及太常寺卿许彬商议此事，许彬向石亨推荐徐有贞。

这徐有贞不是别人，正是瓦剌进犯北京时首倡南逃迁都的徐理，为掩羞，他才改名徐有贞，当时官为左副都御史。听石亨之言，这位投机文人立刻答应，并成为这一伙人出谋划策的“文胆”。

景泰八年正月十六日，傍晚，众人毕集于徐有贞家。他爬上屋顶，假装去观星象，很快就急忙下房，说：“事在今夕可成，机不可失！”

当时，正好有瓦剌扰边的警报传来，徐有贞对石亨说：“正好借边报名目，对外宣布受皇帝诏命，提兵入大内以备非常，无人敢挡。”

于是，四鼓时分，石亨开长安门，率兵千人直入。宿卫士兵见是京营首长，皆惊愕不知所为，没有一个人出来喝问阻挡。徐有贞有心机，入门后，他把大门紧锁，把钥匙也扔入水中，说：“万一内外夹攻，大事去矣。”于是众人皆听徐有贞处分。

夜色昏黑之间，石亨这样的武将也心惧，低声问徐有贞：“事情能成吗？”

徐有贞大言：“正是天赐良机，千万勿生退心！”

众人赶到英宗被软禁的南宫，宫门紧闭，叩门无应。

徐有贞有胆识，马上派兵士取一巨木抬上，数十人持之，一齐猛撞宫门，同时，又派身体敏捷的兵士爬墙而上，入南宫收缴里面卫兵的兵械。

门坏墙塌，诸人终于进入南宫。明英宗被吓了一大跳，以为弟弟派人来杀自己，颤抖着问："尔等来此欲何为？"

众人俯伏跪言："请陛下登位。"

明英宗这才定下一颗心。众人拥抬着这位本被"闲置"的太上皇，直入奉天殿。

入大内时，门卒喝问，明英宗回答："我乃太上皇也！"

诸兵惊惧，见来人还真是太上皇，没有人敢出来阻拦。

于是，明英宗升座，大鸣钟鼓，开启诸门。

诸大臣早朝，本想拜见明景帝。入大内后，听见南宫方向人声喧沸，奉天殿上也人来人往。正惊疑间，徐有贞出现，大喝："太上皇复辟矣！"

百官震骇之余，不得不下意识地挪步入贺。

明景帝昏迷中，也被钟鼓声惊醒，忙唤左右喊于谦来。左右宦官告知，"上皇复辟了"。

良久，明景帝口中只说出"好，好"两字，又昏迷过去。

明英宗复辟成功，史称"夺门之变"。徐有贞功最大，被授翰林学士，成为阁臣。石亨、张軏、曹吉祥，自然皆加官晋爵，封伯封侯封公，连太监曹吉祥的干儿子曹钦也被授予都督同知这样的高级官职。

师出不能无名。明英宗与徐有贞等人商量后，立刻把兵部尚书于谦和大学士王文逮捕了，诬称二人在明景帝病重期间想拥立帝系藩王入京为帝。

明英宗恨于谦，是因为于谦说过"社稷为重，君为轻"这样的话，差点使自己不得返京。但是，他起先也不想杀于谦，并说"于谦实有功

（指他主持坚守北京）”。但徐有贞马上接茬儿：“不杀于谦，此事为无名！”也就是说，只有定于谦有拥立“外藩”之心，夺门复辟才有合理借口。明英宗终于答应。

英宗复辟后的第六天，大英雄于谦与王文被诬称谋立襄王之子为帝，被杀于西市，其家被抄，家属全被流放苦寒边地劳改。

至于明景帝，无人再管他，被活活饿了多日，含恨而死（一说是被明英宗派宦官勒死），反正不是善终，年仅三十岁。

明英宗心量褊狭，杀于谦饿死弟弟景帝不说，还要把弟媳景帝皇后汪氏生殉，最终为大臣劝止。值得深思的是，日后明英宗临崩，下诏废除嫔妃生殉制度，成为他一生中寥寥可数的“善举”之一（明朝自朱元璋起，一直有殉葬制度。朱元璋死有四十六个妃子陪死；明成祖朱棣死后有十六妃和数百宫女生殉；连明仁宗也有五妃生殉；明宣宗有十妃殉葬）。另一个“善举”是他下令放出被幽禁深宫五十多年的建文帝次子朱文圭，但那时这个“建庶人”已是一个傻子，出来后对现政权无任何威胁了。

明景帝死后被以王礼草草埋葬，直到明英宗儿子朱见深继位，才下诏为叔父“平反”，恢复帝号。

明英宗对弟弟明景帝不厚道，对弟媳汪氏怀恨在心。在大臣劝阻下，英宗想让汪氏生殉明景帝不成，就废其皇后之号，让她搬出皇宫到外面居住。由于时为皇太子的朱见深（日后的明宪宗）知道这位婶母当时力劝叔父明景帝不要废自己王储的位号，对她很是敬重，在父亲明英宗面前一直说好话，使得汪氏出宫时能够带走许多宝物。而且，汪氏与宪宗生母周氏妯娌之间关系一直很融洽。见此，明英宗也就不想再把这位弟媳怎么样。一天，明英宗忽然想起宫内有一条祖传的“玉玲珑玉带”，问及宦官。宦官回称，玉带由汪氏出宫时带走。明英宗派宦官追索。汪氏性刚，见来人要玉带，她从匣中拿出这个宝物，走出屋门，扬手扔入井中，愤怒回声：“没有！”索物太监悻悻而去。汪氏对侍候她的宫人愤愤不平言道：“我当了七年天子妇（景帝在位七年多），还消受不了这数片玉石吗！”明英宗闻之气恼，遣锦衣卫到汪氏住处进行软抄家，把所有珍宝搜个底掉。这位汪氏寿数长，正德初年（1506年）才病死。

于谦与王文被判极刑时，王文不停申辩自己无罪，于谦坦然，笑着说：“此必石亨等人主意，争辩又有何用！”怡然受刑。

于谦的死刑处决方式极其残酷，先被剁去手脚，再被处死，几乎介于腰斩和凌迟之间。后世之所以很少有人知道于谦死状，是因为明英宗的儿子明宪宗替老子修实录时，为掩遮父过，让人删除了处死于谦的有关记述。当时，有兵将感于于谦的忠义，收取其遗骸殓之。一年后，其尸身才得以归葬杭州。

“赖有岳（飞）于（谦）双少保，人间始觉重西湖。”

孙太后起初不知于谦死讯，数日后方闻，嗟悼累日，叹息良久。

确实，如果当时没有于谦，这位妇人可能在北京城被攻陷后，像从前北宋的妃子皇后一样，被瓦剌人带走残害了。

于谦死后，石亨推荐党羽陈汝言代为兵部尚书，未一年陈汝言即因收贿被抓，赃累巨万。明英宗闻之，愀然不悦，对大臣们讲：“于谦被遇于景泰朝，死时家无余资。陈汝言一样官职，所贪何其多也！”

石亨等人惭愧，皆俯首不能对。不久，瓦剌复侵边，明英宗忧形于色。

侍卫一旁的恭顺侯吴瑾进言：“倘使于谦活着，当不令寇猖獗如此！”

明英宗默然。

直到成化年间，于谦才被平反，得谥“肃愍”。万历年间，明廷又改其谥号为“忠肃”。

于谦为人，太过正直，所以才触怒了徐有贞、石亨这两个小人，非要置其于死地不可。对徐有贞来讲，当初他首倡南逃迁都，于谦带头叱责，已经让他对于谦恨之入骨。后来，徐有贞求于谦在景帝面前说好话给自己迁官，于谦一口答应。但是，明景帝对徐有贞这个人记忆犹深，知道这个小人从前曾出馊主意迁都，坚持不答应升迁他。为此，徐有贞认定于谦不仅没有出力，还在景帝前说自己坏话，典型的“以小人之心度君子之腹”；至于石亨，北京保卫战之前，他从大同战场逃归，本来被夺职，正是于谦保荐，他才得重新起用，且一战成功，暴得大名。当时，石亨为了报答于谦，就面禀景帝，说于谦之子于冕非常有才略，陛下应该亲自接见，破格提拔。于谦正派人，不允其子入京陛见，并斥责石亨不以公行事。这样一来，石亨大恨，与于谦结下梁子。

人世间事，宁得罪君子，不得罪小人。徐有贞、石亨均是小人，怨毒满腹，所以他们才非要陷于谦于死地而后快。

可叹的是，明英宗复辟后，对导致一系列灾祸的大太监王振却念念不忘，下诏公祭王公公，招魂厚葬，并把王振从前主持修建的宏伟壮丽的智化寺专门用来祭祀王振，亲题巨匾，以“精忠”二字对王公公“盖棺论定”。

“曹石之变”及诸人结局

明英宗复辟后，非常倚重徐有贞、石亨和曹吉祥三个人。特别是徐有贞，很快又被升为兵部尚书，受封武功伯兼华盖殿大学士，并得赐号“奉天翊卫推诚宣力守正文臣”，食禄一千一百石，世袭锦衣卫指挥使。

大权在手，徐有贞肆无忌惮，但有皇帝信任，谁也奈何不了他。

得志之后，徐有贞有意与石亨这么一个武将和曹吉祥这么一个太监拉开距离。他还常在明英宗面前诉说二人在外的贪横之事。英宗心动。

石亨、曹吉祥知道风声，大加怨恨，日夜聚议，密谋构陷徐有贞。

明英宗常与徐有贞密议政事，屏除旁人。但身为司礼太监的曹吉祥有眼线，偷听了不少这君臣二人的“悄悄话”。一日，曹吉祥问明英宗某事因由，英宗大惊，急问你从何得知，曹公公答言，乃徐尚书讲给我听。自此，英宗皇帝开始疏远徐有贞。

不久，石亨、曹吉祥二人向明英宗泣诉，说徐有贞想以内阁的力量倾陷他们两个“忠臣”。

英宗皇帝很讨厌徐有贞“泄密”，把他外放为广东参政。

石亨等人恨极徐有贞，派人投匿名信，诬称他“指斥乘舆”，流放途中说皇帝坏话。

明英宗恼怒，下诏把徐有贞发配到云南一带为民。

一直到石亨等人事败，他才获召还，但未获起用，而是释归老家无锡。这位“短小精悍”的老头儿天天手持铁鞭起舞，想效廉颇复用，终不能重新被召入朝。灰心之余，他放浪山水之间，又活了十几年才病死，算是善终。

除去了共同的“敌人”徐有贞，石亨和曹吉祥又开始狗咬狗，相互争权倾轧。

石亨美男子，生有异状，方面伟躯，美髯及膝，如果脸色再红些，活脱脱一个关羽再生。其侄石彪也美须髯，与石亨一样魁梧，当时算卦人说这叔侄俩皆有封侯之相。石亨袭其父职，为宽河卫中下级军校，特善骑射，能用大刀，每战辄摧破奋前，实为一刀一枪挣得的功名。

自从拥立英宗皇帝复辟后，石亨得首功，晋爵忠国公，其家族男性成员冒功入锦衣卫为官者多达五十多人，四千多与他有旧的部曲和熟人皆冒领“夺门”之功而得官，势振中外。英宗皇帝对他眷顾特异，言无不从。一时之间，冒进小人咸投其门，势焰熏天。

石亨讨厌文人外放为巡抚监督武将，尽撤巡抚回京，由此大权悉归石亨。同时，凡是有言官上章弹劾，均被他倒打一耙。石亨数起大狱，把不少御史弄得家破人亡。

石亨武人一个，不知盈满，成日干预政事，有时为手下人向皇帝要官遭拒，悻悻然见于颜色。特别让明英宗生疑的是，石亨常常不待宣诏而入宫，出来进去前呼后拥，耀武扬威。

时间一久，明英宗当然不能容忍，便问阁臣李贤如何应付。李贤答："圣上应该独断！"

明英宗顿悟。他马上下诏给各门，武将非宣诏不得入见。从此，石亨很少再有面见明英宗的机会。

如果此时石亨知趣，急流勇退，知道收敛，交出兵权，兴许还能善终。但他与侄子石彪各自蓄养军官猛士数万，朝中内外将帅半出其门，国人为之侧目。石亨更不知自敛，在京城内大建华丽的府第，连明英宗在大内登翔凤楼都看得见这座耀人眼目的大宅，以为是哪位王爷的王府。

明英宗忍耐未发。天顺三年（1459 年），石彪本人想当大同总兵，撺掇人上书"保奏"他。英宗大怒，派锦衣卫把石彪等人逮入诏狱拷问，并在他家里搜出一些绣蟒龙衣及与御床一样模式的"违制"之物。于是，明廷对石彪抄家，勒令石亨"退休"。

其间，明英宗还不太忍心对石亨下手，就问阁臣李贤："石亨有夺门之功，我怎么处理他呢？"

李贤回禀："天位本来就是陛下您的，称'迎驾'则可，如何称'夺门'，'夺'则不顺，何'夺'之有？彼时，万一石亨等人谋泄，不知陛下有多么危险！如果当时石亨等人不为贪功行仓促之事，郕王（景帝）死后，大臣们仍会奉您平安复位。"

一席话，说得明英宗连连点头。石亨也就注定要挨刀了。

于是，受英宗谕旨，锦衣卫指挥逯杲上奏石亨阴谋不轨，石亨被下诏狱拷问。石亨身板再结实，也禁不得锦衣卫内狱卒的大板子和各种刑讯手段，很快就被活活打死在监狱中。其侄石彪也很快被以谋反罪处决。

当然，这叔侄二人，虽与徐有贞、曹吉祥合谋倾害于谦，但说他们谋反确实冤枉。所以清人编《明史》，并未把他们放入《逆臣传》中，实为公允。尤其是石彪，史臣评价说：“（石彪）本以战功起家，不藉父兄恩荫，然一门二公侯，势盛而骄，各行不义，为帝所疑，遂及于祸。”

石亨一死，“夺门”三功臣只剩曹吉祥一个人了，这位公公不喜反忧，很有岌岌可危之感。

这位曹公公乃滦州人，一直是王振的亲信，在英宗初年数次出外当监军，畜养了不少壮士在家。明景帝时，他又负责监京营军，故而与石亨友善，并配合石亨迎英宗复辟。

为了感谢这位公公，明英宗把他升为司礼太监，即太监第一人，总督三大营，权大势大，宫内无人可比。其义子曹钦还被晋封为伯爵，侄子曹铉等人皆受封都督官衔，其门下厮养冒官者多至千百人。一时间权势与石亨相并列，时称曹、石二大家。

由于明廷已经定了调子，下令自今起奏章不可用“夺门”二字，从大原则上就否定了“夺门之功”。

石亨被逮治，曹吉祥越来越如坐针毡。于是，他渐蓄异谋，想弑掉明英宗。

干这种惊天“大事”，没有军人帮助万万不行。曹吉祥开始天天在自己大宅院张宴，请在京军营及锦衣卫等各级中高级军官饮酒作乐，大散金钱谷帛，任由这些人取用。这些因曹公公保荐而飞黄腾达的军官们也怕他势败受牵累，皆愿尽力效死。

曹公公的干儿子曹钦问门客冯益：“自古有宦官子弟当皇帝的吗？”

冯益答：“您老曹家魏武帝曹操就是啊！”

冯益没说谎话，曹操他爸就是认太监为干爹才改姓曹，这位魏武帝原姓“夏侯”。

曹钦闻言大喜，更坚定了谋反的决心。

天顺五年秋，曹吉祥因对家人施私刑致死，被言官弹劾。明英宗正愁抓不住曹公公把柄，命令锦衣卫指挥逯杲去按察，降敕遍谕群臣。

曹钦闻讯大惊：“先前降敕，石亨将军被捕，今天又来这一套，是想灭我们曹家啊！”

于是，诸人谋议，准备在七月庚子日动手。曹钦提外兵入大内，曹吉祥本人以禁兵接应。

定谋后，曹钦召诸位参加起事的将校在晚间饮宴。半道，入伙的一个军官马亮害怕事败被诛三族，悄悄溜出，向值宿朝房的怀宁侯孙镗与恭顺侯吴瑾告发此事。

吴瑾赶紧让孙镗从长安右门的门缝内塞进急报帖子，报告曹家谋反一事。

明英宗大惊，立刻派人在大内逮捕了大太监曹吉祥，并下敕皇城及京城九门皆严闭不开。

曹钦发觉马亮逃走，知道消息泄露，连夜带人驰往锦衣卫指挥逯杲家，杀掉逯杲，并把阁臣李贤砍伤于东朝房，拎着逯杲鲜血淋漓的首级对李贤说：“就是这个逯杲要惹我啊！”

逯杲这个人，确实不是好人，他本来是由于石亨和曹吉祥的推荐才当上锦衣卫大官。但是，逯杲奉命按察曹家不法之事，曹钦绕道杀这个人，其实在当时完全是浪费时间。

由于事情败露，曹钦索性公开造反，率数千精兵强将猛攻东、西长安门。皇宫大门结实，根本冲不进去。里面守门士兵又搬出准备修御河河堤用的厚砖砌在门后，更使宫门难以攻破。

曹钦等人乘乱纵火烧门，并在宫门外往来驰骋呼叫。

怀宁侯孙镗宿于朝房，本来是为了转天一大早带数千军马西征边境，特意来趁明天早朝向皇帝辞行。见事情危急，他忙派两个儿子招已经集结待命的西征军，进攻在东长安门烧门欲闯皇宫的曹钦。

曹钦从西长安门杀至东长安门，中途正遇向外跑的恭顺侯吴瑾，一刀就削掉对方的脑袋，奔驰至东长安门。

由于曹钦兵纵火烧门，东长安门塌毁。门内守卫禁卫军忙搬取一大堆薪柴放在门口，火借风势，大火使得曹钦兵仍旧闯不进来。

天快亮时，孙镗手下的西征军杀至，曹钦手下士兵渐渐不支，又多心虚，渐渐奔散。

孙镗勒兵追击，杀掉曹吉祥侄子曹铉等人。

曹钦勇猛，率十余人杀出一条血路想从安定门逸出，但大门紧闭，门卒众多，他只得掉转马头逃奔家中。

孙镗等人率军追杀，曹钦指挥数百家丁仆从关门拒战，终于不敌。诸军大呼杀入。

曹钦见大势已去，投井自杀，终未当成“曹操”。

明廷下令，族灭曹家及其姻家，尽屠参与政变的党羽，并把大太监曹吉祥当众碎剐。只有最先告变的马亮好命，得授都督一职。

至此，“夺门之变”三大“功臣”，一贬二死。

又过三年，明英宗在1464年正月病死，时年三十八。

其子朱见深继位，是为明宪宗，次年改年号为“成化元年”。

后世历史学家不少人不辨史实，以土木堡之役为口实，大讲此役乃“明朝由盛至衰之始”，其实全然是无稽之谈。

明英宗继承仁宗、宣宗之基业，海内富庶，朝野清晏，他前后在位二十四年，除土木堡被俘之事以王振擅权外，大局面并未坏掉，所以才有后来明宪宗、明孝宗的成化、弘治之治。而这父子相承的四十年间，政局基本稳定，是明朝民力财力积累的承平治世。所以，称土木堡之役为明朝由盛到衰的转折点，实为一叶障目之辞。

最后，提一下“土木堡之变”的另一位主角瓦剌首领也先。

也先放归明英宗后，当年仍旧来贡，呼啦啦还是三千多人，明廷盛陈大宴接待，同时也在席间幕后耀兵亮甲，给对方以心理威慑。当时处于幽禁状态的太上皇明英宗，也派人以自己名义赐也先大笔赏物。明景帝闻之不悦，便决定与瓦剌断绝关系，不再遣使回报。

尚书王直等人相继进言，谏说如果断绝关系，也先会重新挑起边衅。明景帝回言："正是使来使往，才有摩擦生过节。昔日瓦剌入寇前后，不都是礼尚往来吗，还不是照样开战。"于是，明景帝亲笔写敕书给也先："先前使节往来，难免因小人言语短长而使双方生隙。朕今不再遣使，太师（指也先）也不必再请，以免日后生事！"

这样一来，瓦剌人再不能从明朝政府方面得到好处。此后，也先数次犯边，但没有什么特别大规模的行动，小劫小抢，骚扰而已。

瓦剌对外无大战事，便开始内讧。那位名义上的可汗脱脱不花之妻，是也先的姐姐，所以，也先就想让脱脱不花立自己亲外甥为太子，脱脱不花不答应。也先生气，本来以前他就恨脱脱不花与阿剌知院先于自己和明朝讲和，又怕这位汗爷日后势大于己不利，就先下手为强，突然出击，在1451年杀掉了脱脱不花，把他的部众分给瓦剌诸酋长。脱脱不花的弟弟阿噶巴尔济本来事先依附也先，想也先杀掉哥哥后立自己为汗，结果，哥哥刚被杀，也先就找上门。阿噶巴尔济狂喜，以为是拥自己为可汗，但刚出帐门就被也先当头一刀砍死，其子哈尔固楚克想逃，也被抓住砍头。

可汗兄弟子侄皆被杀死，也先便在1452年自立为可汗，以其次子为太师，自称大元田盛大可汗，改元"添元"。"田盛"，即"天圣"之意。明廷当然不会称他为田盛大可汗，回报书中只称他为瓦剌可汗。

也先当了可汗后感觉特别好，常常强迫蒙古诸部徙迁，日益骄横，荒于酒色。

自元顺帝逃出大都以来，蒙古虽然一直处于内乱之中，但蒙古可汗向来都是由"黄金家族"后裔继承。正基于此，瓦剌部的也先势如中天之时，仍旧推脱脱不花为可汗，这样才能以理服众，挟可汗而令诸部。如今，他自立为可汗，以非"黄金家族"成员身份登汗位，又依汉法建"年号"，自然引起蒙古诸部的公愤。

于是，与也先一直鼎足而立的蒙古头领阿剌知院率先发难，在 1454 年进攻也先。不可一世的也先，外战内行，内战却是大外行，加之内部离心离德，一战即溃。他本人也在混战中被乱刀砍死，死相非常不堪。

阿剌知院没高兴多久，他自己又被鞑靼部的孛来杀掉。

从此以后，瓦剌部群龙无首，东蒙古诸部（即鞑靼）死灰复燃，登上草原大舞台开始唱主角。“自也先死，瓦剌衰，部属分散，其承袭代次不可考”。

孛来杀阿剌知院后，立王子马可古儿吉思为可汗。另一位鞑靼首领毛里孩也不示弱，立脱脱不花的幼子脱古思猛可为可汗（即摩伦汗）。这两部在向明朝进贡的同时，也在宁夏与兀良哈一带相互攻杀。明廷乐得其成，封孛来为太师淮王（与也先一样），称他拥立的马可古儿吉思为迤北可汗。

明宪宗成化年间，孛来数次来明朝入贡，趁送骏马貂皮之机，大打秋风，获赐甚多。与也先一样，孛来与马可古儿吉思相处一久就生出矛盾，便杀掉后者，自立为汗（又有说是多郭朗台吉杀马可古儿吉思）。如此，自然失道寡助，毛里孩乘机攻击孛来，杀掉了这位汗位未坐稳的老乡亲。

毛里孩杀孛来后，一时称尊，便又与他所拥立的摩伦汗发生摩擦，双方大打出手，摩伦汗被杀，其部将斡罗出逃走。

而后，鞑靼诸部相互攻掠、仇杀，你死我活。恰因如此，明宪宗时期边境才稍得休息，除因争夺哈密频发战事外，没有特别大规模耗财损兵的对外战争。明朝大将王越和余子俊二人都是非常有才干之人，鞑靼虽然有时能够进入河套地区骚扰，但很快就被逐出。

人生一场戏

性情皇帝明武宗

1518 年，明朝皇廷内的操场上，有一个为半透明丝织品围拢起来的帐幕，奇怪的是，帐幕的上面没有穹顶。猎猎罡风，把帐幕吹得摇摆作响。一群锦绣罗衫的宫人和披挂金银甲胄的御林军，正屏住呼吸，观看帐幕内部的“马戏”表演：只见一位二十多岁的青年男子，面容俊秀白皙，体格健壮。他头结网巾，赤裸上身，下身只着红罗蔽膝，脚蹬乌色软皮靴。旁边的空地上，散放着织绣着金龙图案的盘领窄袖袍和翼善冠。

此人身手敏捷，跳来荡去，正在和一头吊睛大老虎周旋。那头百兽之王咆哮甩尾，冲来扑去，眼中凶光横露，傲然有吞噬之意。但大虫剪翻舞爪，皆被青年人闪躲而过。

擦身之时，这位高大结实的小爷，整个身体飞旋，侧飞一脚，正踢中老虎咽喉，把大家伙踹得跌出丈外，哀号不已。

旁观者齐呼“万岁”。

这位爷，不是什么皇宫内演杂耍的艺人，更不是类似古罗马的角斗士一样的斗兽人，乃是堂堂大明天子——明武宗正德皇帝朱厚照。

保泰持盈　国泰民安

过渡性帝王明宪宗、明孝宗

明英宗死后，其子朱见深继位，即明宪宗。朱见深原名朱见濬，其父被俘时，他还很年幼，被大臣们和太后推上皇太子之位。明景帝坐稳帝位，想立己子为皇储，就把这位侄子改封为沂王。

明英宗复辟，朱见深再次被立为皇太子，可以说他自小多灾多难。

从心理学角度讲，儿童时期精神受创伤的男孩，心理依赖感很强，所以朱见深一直宠信比自己大十七岁的万贵妃。

明宪宗继位时，年方十八岁，万氏已经三十五。这个妇人心机很深，她能一直把比自己年纪几乎小一半的皇帝夫君紧紧拿捏于手中。得寸进尺之余，她进谗言，迫使明宪宗废掉皇后吴氏。有此妇人干政，可想而知，明宪宗时代的政治好不到哪里去。这位万贵妃不仅大用太监汪直，又奢侈无度，崇佛建庙，在宫中称魁，暗中害死不少明宪宗别的嫔妃生下的孩子。

宫内如狼穴，万贵妃是个阴险的母狼。只有宫女纪氏（此人乃广西贺州土司之女）稍稍幸运，她所生之子朱祐樘被宦官张敏藏起，终于能在宫内活到六岁。后来，这小孩子浮出水面，为明宪宗所知。万贵妃恼怒，很快派人毒死纪氏，但纸里包不住火，小孩子不能再放手弄死，她索性撒手不再管束宪宗皇帝，任他和妃子们生孩子。活一个是活，活二十个也是活，反正老娘肚子生不出，任这些宫女妃子们生子。这样，日后立皇储的混乱节骨眼儿，再看老娘本事。

纪氏之子被立为皇太子后，宪宗生母孙太后亲自养育这个孙子。老奶奶天天把孩子关在自己宫里，怕遭万贵妃毒手。

一次，万贵妃召太子到自己宫里“玩”，奶奶嘱咐孙子说：“到那里去，什么东西也不要吃！”孩子很聪明，蹦蹦跳跳入万贵妃宫，万氏立即端出一大堆吃食儿。孩子摇头，说自己不饿。其实，万贵妃是想巴

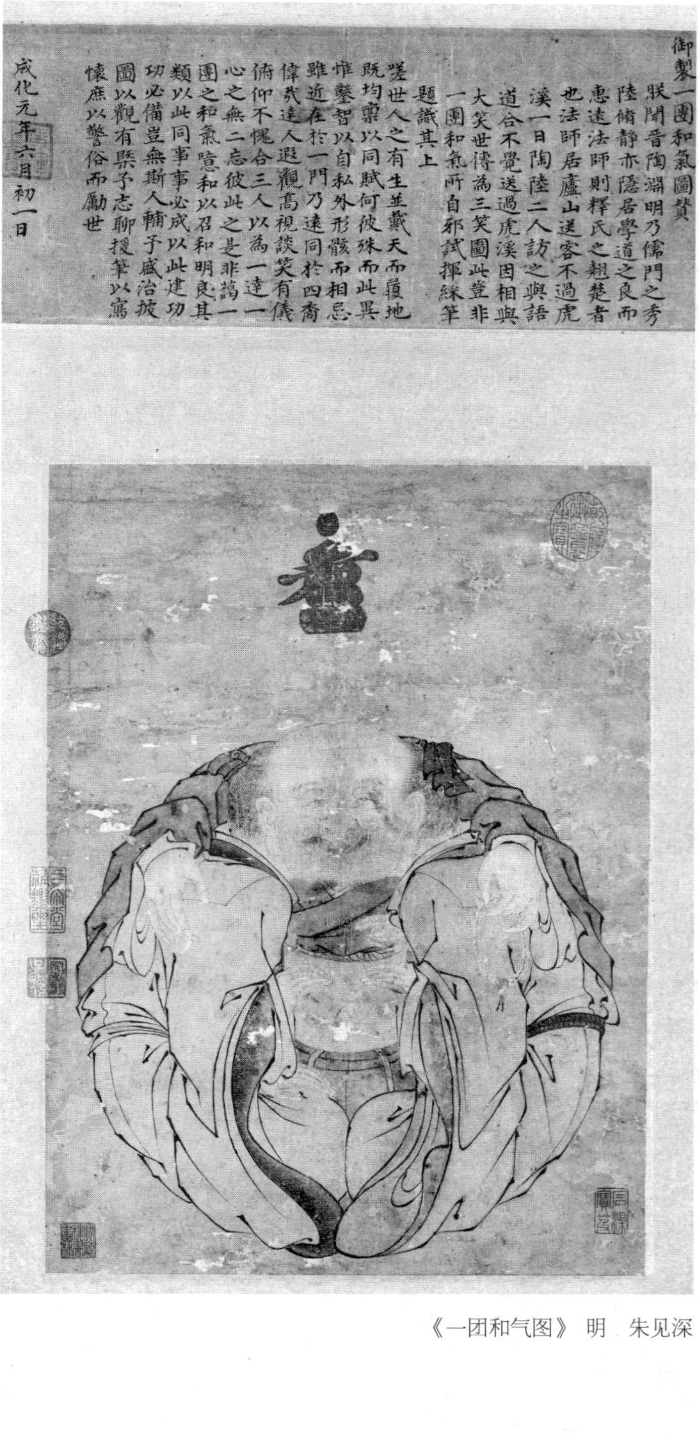
御製一團和氣圖贊
朕聞晋陶淵明乃儒門之秀
陸脩静亦隱居學道之良而
惠遠法師則釋氏之翹楚者
也法師居廬山送客不過虎
溪一日陶陸二人訪之與語
道合不覺送過虎溪因相與
大笑世傳為三笑圖此豈非
一團和氣所自邪試揮緑筆
題識其上
嗟世人之有生並戴天而履地
既均禀以同賦何彼殊而此異
惟鑿智以自私外形骸而相忌
雖近在於一門乃遠同於四裔
偉哉達人邈觀高視談笑有儀
俯仰不愧合三人以為一達一
心之無二忘彼此之是非藹一
團之和氣蘊和以召和明良其
類以此同事事必成以此建功
功必備豈無斯人輔予盛治披
圖以觀有槩予志聊援筆以寫
懷庶以警俗而勵世
成化元年六月初一日

《一团和气图》 明　朱见深

结这位“准皇帝”，此时她已经不敢暗下毒手。见孩子说不饿，她便又派人做了碗鱼羹，让小孩子喝。这位皇太子眨巴着大眼睛，索性直说：“不吃，我怕有毒！”万贵妃闻言，又气又急，抚掌大哭：“这十岁不到的小孩子，竟然如此怀疑我，日后他当上皇帝，肯定要我命啊！”

由此，万贵妃愤郁成疾。成化二十三年（1487 年），恶妇病重而死。明宪宗震悼不已，辍朝七日，谥之为“恭肃端慎荣靖皇贵妃”。一直有恋母情结的明宪宗遭受不了打击，半年后也病死。其子朱祐樘继位，是为明孝宗，改元弘治。

一朝天子一朝臣。明孝宗继位，有朝臣上书要追究明孝宗生母被万贵妃毒死之事，并要兴起大案，逮治万贵妃宗族家属。明孝宗厚道人，怕此事牵涉到后人对父皇的评价，下诏不问。

明宪宗时期，已经恢复了叔父明景帝帝号，并平反于谦冤狱，早期颇有善政。但是，由于明宪宗宠信万贵妃，太监汪直又开西厂特务机关，为害不少。可幸的是，宪宗一朝多有正直大臣，如李贤、彭时、商辂、韩雍、项忠、王越、余子俊、马文升等人，或文或武，俊才贤杰，终使成化年间的政局大体维持不坏。

明宪宗庸君一个，其子明孝宗却是个正直的贤德明君。这位皇帝恭俭有制，勤政爱民，保泰持盈有道，在徐溥、李东阳、谢迁等人的辅佐下，罢黜佞幸、治理河患、编修会典、阻遏鞑靼，文功武绩，良可称道。

可惜的是，明孝宗寿命不永，三十六岁就病死。其长子朱厚照继位，时年十五岁，这位小爷，即大名鼎鼎的明武宗。

明孝宗大好人一个，不幸的是，上有庸父明宪宗，下有狂儿明武宗，他本人在明史中反而不那么引人注目了，几乎是个被人遗忘的角色。

明武宗在位的十六年，才真正是明朝由盛到衰的一个关键转折点。

气灼天下　千刀万剐

刘瑾公公的时代

明孝宗临崩前，弥留之际，勉力支撑，派人把大学士刘健、李东阳、谢迁三人召至乾清宫病榻前，嘱托道："朕遇病不起，也是天命。朕继位以来，一直遵守祖宗法度，不敢怠慢荒惰。日后之事，多烦爱卿诸人费心！"

他又拉着刘健的手，托孤道："太子年幼，好逸乐，爱卿等当教之读书，辅导他成为有德明君。"

继位的明武宗朱厚照，他从出身方面讲，正得不能再正。其生母乃明孝宗正宫皇后张氏。而且，孝宗与张氏夫妇二人，乃历史上非常罕见的恩爱帝王夫妻。史载，"帝（孝宗）与张后情好甚笃，终身鲜近嫔御"。

明孝宗由于不好色，儿子很少。除朱厚照以外，还有一个儿子朱厚炜，三岁时就病死。所以，明孝宗只有儿子朱厚照一个"根正苗红"的接班人。知己莫若父，对这个儿子的心性，明孝宗临崩前一语道明，可见他对少年儿子一直怀有忧虑。稍感欣慰的是，正臣在朝，天下不乱，明孝宗觉得儿子继位后，有大臣们匡正，应该能学好。

但在皇权极其专制的明朝，在根本制度上就有皇帝大如天的弊病。如果赶上明君或者庸君，一般都不会闹出太多乱子。但如果赶上明武宗这种青春期继位的帝王，异想天开，想啥干啥，国家可就倒了大霉。

明武宗正德元年（1506年）初，太监刘瑾被委任掌管"五千营"。刘瑾，陕西兴平人，原姓谈，他与王振一样，属于成人后自阉入宫。这种人深知世事，比自幼阉割的宦官坏得多。他在明景帝时代入宫后，认一刘姓太监为义父，故而改姓刘。明武宗当太子时，刘瑾在东宫服侍，把太子哄得团团转，斗鸡玩狗，他须臾不得离开这位善解人意的刘公公。

所以，明武宗当皇帝后，很快就对刘瑾加以提拔。

明武宗从太子东宫带入皇宫中的近侍宦官，除刘瑾外，还有张永、谷大用、马永成、高凤、罗祥、魏彬、丘聚等七人，合称“八虎”。这八位太监都是人精，专门会逗十来岁的小皇帝开心，尤以刘瑾最为狡黠。此人颇通古今，心中常慕王振的为人，他的人生理想，就是学习前辈王公公。多么荒谬，导致明英宗土木堡之败的王公公，竟然是后来的刘公公称羡效仿的对象。

刘瑾为了邀宠，天天用鹰犬、歌舞、角抵等引诱小皇帝，又常常导引明武宗微服出宫游玩，可以说是把皇帝教坏的罪魁祸首。

明武宗朱厚照，当时只是个十五六岁的少年，近墨者黑，自然喜欢身边这些朝夕与自己欢歌玩耍的公公，讨厌那几个终日向自己灌输仁义道德的大学士。

明孝宗遗诏中，有要求罢免宦官出监各城门外任的内容，刘瑾均阻之不行。他还劝明武宗下诏，要那些在外监军的宦官每人上交“万金”的“承包费”，导引皇帝大兴敛财之念。同时，刘瑾又在京城周边广置“皇庄”，达三百多所，夺人土地，侵民害物。

外廷方面，大臣们起初对明武宗从东宫带至大内的几个宦官并未在意，只以为几个人是逗皇帝在宫内乐乐而已。但是，这些人撺掇皇帝广置“皇庄”、四处捞钱、扰民侵利，大臣就不能坐观。大学士刘健、谢迁、李东阳一时进谏，皇帝不答。

阁臣们累谏不听，尚书张升、御史王涣以及南京给事御史李光翰等人纷纷上章论谏，亦不听。直到负责观察星象的杨源拿“星变”来说事，表示这几个太监作害已经上干天谴，明武宗才有所心动。

大学士刘健、谢迁等人与户部尚书韩文等人接二连三上章，劾奏刘瑾等人，陈述这些人的罪恶：“置造伪巧，淫荡上心。或击球走马，或放鹰逐术，或俳优杂剧错列于前，或导乘万乘之尊与人交易，狎昵媟亵，无复礼体。日游不足，夜以继之。劳耗精神，亏损圣德……前古阉宦误国，汉十常侍，唐甘露之变，是其明验。”

大臣们希望皇帝把汉朝、唐朝的宦官乱政引以为戒，恳请明武宗下诏，把几位太监下狱，严加鞫问。

见大臣们如此来势汹汹，大有不杀自己的玩伴不罢手的气势，明武宗毕竟是个初登帝位的少年人，为此惊泣不食。几个太监也大惧不已，一起抱头痛哭，觉得好日子到头了。

时任太监“总司令”的司礼监太监王岳也是明武宗东宫旧臣。可这位王公公是个好太监，本性刚直，对刘瑾等人诱引武宗皇帝偷鸡摸狗胡作非为的事情非常反感，他坚决支持大臣们法办刘瑾等人的疏议。

明武宗无奈，派太监李荣向上朝的大臣们传话，表示说：“这些宦官奴才们服侍自己日久，不忍马上处置他们。希望诸臣宽延，朕慢慢自会处理这些人。”

大臣们喧嚷不已，非要皇帝立刻下旨裁处。此时的刘瑾、张永等人，惊骇异常，自求发配南京安置，表示只要能饶自己的狗命即可。

大学士刘健等人固执异常，表示“流放”不可以接受，强逼明武宗下旨杀死这几个太监。司礼监太监王岳附和阁臣意见，希望武宗皇帝下诏立逮诸人入狱，严加惩治。

武宗皇帝不得已，只能应允，只待转日发旨，逮捕刘瑾等人下狱治罪，给大臣们一个交代。

其实，朝中大臣此时大可给明武宗情面，先流放了这些太监。只要这些人离开皇帝左右，到时候想杀想剐，容易得很。但阁臣刘健等人，得理不饶人，非逼明武宗表态，立马要收拾刘瑾等得宠的公公，让明武宗很不舒服。惶急之中，刘瑾等人忧泣不知所为。

其实，大臣当中，当时的兵部尚书许进就是个明白人，他说：“这些宦官被流放在外就足够了，如果逼急了他们，没准会有甘露之变那样的事情发生！”众人不听。

恰巧，吏部尚书焦芳是个坏人，他一直与刘瑾交好，便马上通知刘瑾朝臣动向，并暗中为刘公公等人出主意。于是，当天深夜，明武宗正在宴饮听戏之际，刘瑾、张永、谷大用等八个人忽然出现，向小主子跪地叩头不已，大声哭泣喊冤。

见此“惨”状，明武宗也起悯然之情。

刘瑾哭诉：“陷害我们的，主凶是王岳！”

武宗皇帝不解：“为什么说是他？”

刘瑾：“王岳提领东厂，与外臣相勾结，里应外合，想陷害我们几个忠心耿耿的奴才！朝臣们所说奴辈等买鹰进犬供陛下玩乐，难道只有我们几个，王岳没份儿吗？”

听闻王岳与朝臣勾结，明武宗怒从心头起：“应该马上逮捕这个吃里扒外的王岳！”

刘瑾察言观色，深知机不可失，时不再来，马上进言：“狗马鹰兔这类玩意儿，何损万岁您盛德！如今左班大臣敢于大言无忌的原因，是司礼监没有我们自己人啊。如果陛下您让自己人掌握司礼监，谁还敢嚷嚷！”

明武宗大悟，他立即传旨命刘瑾入掌司礼监，并“提督团营”。这样一来，东厂、西厂这样的特务机关不仅掌握于刘瑾手中，他还有了京城禁卫军的指挥权（刘瑾为“总指挥”，丘聚提督东厂，谷大用提督西厂，张永等人掌管禁卫军营务，分据要地）。

刘瑾连夜安排布置。太监可比朝臣们果断得多，他们立刻逮捕王岳等不与自己一心的原上司，将其流放南京。

刘瑾等人忙了一宿，外廷大臣什么都不知道，皆被蒙在鼓里。

转天早朝，众官正要上奏逮治刘瑾等人。未等开口，有中官宣旨，宣布了皇帝对刘瑾等人的新任命以及对王岳等人的处治。

朝臣一时愕然。谁能料想，一夜之间，情况大变。

刘健等阁臣知道事情不可挽回，只得上章求去。明武宗自然乐得清闲，交与刘瑾处理。刘瑾自然“批准”，勒令刘健、谢迁致仕，独留李东阳一人看守内阁。

李东阳能留下，是因为日前阁议时，刘健拍案痛哭，谢迁大骂宦官不止，唯独李东阳一人反应不是很激烈，沉默无言。刘瑾耳目多，侦知此情后，才决定留下李东阳一人当障眼牌。

消息传出，山西道御史刘玉等人上书恳谏，要求武宗皇帝不要弃逐顾命大臣。武宗览奏大怒，把几人逮捕入狱，削职为民。

看到皇帝如此表态，刘瑾等人更加肆无忌惮，日以深文峻法诛囚诸臣，使得大臣们自顾不暇，没人再敢进言。

眼看刘瑾主事后大臣们的奏章少了很多，明武宗感觉耳目清静许多。欢喜之余，他觉得刘公公有能力，深可信赖，大加倚用。

刘瑾当然不会放过老上级王岳公公，派人于半路追杀之。

刘瑾非常有心机，素善矫饰，对老同事谷大用等人办事也非常“挑剔”，以显示他的“公心”。这样做，既震慑了同辈，又在明武宗面前卖了好。武宗直称赞他执法公允。

为了拉帮手，刘瑾擢升首先向自己告密的吏部尚书焦芳为大学士。二人表里为奸。

外廷有了焦芳这么一个同谋，刘瑾羽翼顿丰，办事更加顺手。依据明代制度，吏部首长不能兼任内阁之事。因为内阁负责看详拟票，吏部负责官员铨选，如果二者由一人兼任，就相当于总理兼任组织部长，把宰相的职责都拿到手里。明朝立国以来，一直禁行这种任命。刘瑾打破成法，由自己人焦芳一人兼两任，主要是为了他们办事方便。

由于先前户部尚书韩文也是率众臣劾奏太监的带头人，刘瑾自然不放过他，日伺其过，找茬儿把韩文贬官，逐其回老家为民。改任吏部尚书的许进与刘瑾意见相左，也被刘瑾逐出。只要有大臣上章疏提意见不符刘瑾心意的，轻则免官，重则入狱被杀。

时任兵部主事的王守仁上书谏明武宗惩罚言臣太过，刘瑾览之大怒，矫诏逮王守仁入狱，狠杖五十大板，几乎把王主事活活打死，然后罚他为贵州龙场驿丞。流放途中，刘瑾派人在途中伺伏，想置王守仁于死地。行到杭州，王守仁怕自己被害死，连夜把衣服抛入水中，又写遗诗“百年臣子悲何极，夜夜江涛泣子胥”，想制造投水自杀的假象骗过杀手的追杀。这一招做得很到位，连其家人都以为他真死了，服丧告殡。王守仁隐姓埋名，窜入武夷山中，终于逃脱刘瑾的毒手。但不久，他又怕自己连累其父王华，只得重返“人间”，赴贵州龙场充当驿丞。王华时任南京吏部尚书，刘瑾强逼他退休。

王守仁终得不死，否则，中国思想史上就少了一颗巨星。他后来成为一代哲学宗师，以“阳明”学派著称后世。

刘公公有东厂、西厂在手，大搞特务活动，派遣阉党分镇各地，迁擢军队官校达一千五百六十余人，传旨给数百名锦衣卫升官，散布间谍密探，远近侦伺。

刘公公爱搞创新，他开创“枷法”，有事没事就以皇帝名义把大臣们囚枷于长安门，站错队的大臣被枷死者甚众。对于关键部门，他要安插自己人，超拜官秩，以刘宇为兵部尚书、以曹元为陕西巡抚……宁王朱宸濠有不轨之心，派人送大批金宝给刘瑾，希望朝廷还回他的旧有护卫军，刘瑾立许。

总之，刘公公办事坚持八字原则：顺己者昌，逆己者亡。

兵部尚书刘宇原先只是宣大总督这样一个地方官，入京后为左都御史，马上向刘瑾送万两白银为“见面礼”。彼时刘瑾刚刚当权，期望值不高，不过数百两白银的盼头，忽见这么多白花花的银两，惊喜莫名，大叫：“刘先生待我太好了！”因此，刘公公投桃报李，手中有“组织”权后，立马就任刘宇为兵部尚书。

所以，刘宇确实捡了个彩头，押宝得当，在刘公公欲显未显之时，果断送大礼。当初这一万两白银对刘瑾的影响，日后几十万白银也换不来。司空见惯后，刘瑾对银子这种见面礼的印象就不再深刻。

这位刘宇是个人精。几年后，刘瑾败前两月，他见刘公公一直排斥正人，树敌无数，预感到公公要倒台，便急流勇退，告老还乡。当然，刘宇依然名列阉党，可他毕竟身家性命得以保全。且刘宇当政几年来，收受白银上百万两，相比当初送刘瑾那区区一万两银子，绝对是个大好的买卖。值了！

刘瑾把天下大事一把抓的招数并不新奇，但此招于太监们来讲屡试不爽：趁明武宗聚精会神看杂耍、歌舞表演或戎服骑射玩打仗游戏时，刘瑾总会捧着一大堆奏章要皇帝"省决"。一来二去，明武宗兴头被扫，叱骂道："我要你们这些人是干什么用的！拿这种屁事烦朕！"

刘瑾等的就是这句话，立刻自己全权负责处理这些军国大事。

刚开始时，刘瑾还象征性地把奏章批复意见进内阁"拟旨"。内阁的办事官员不傻，纷纷逆探刘瑾公公的真实意图，然后按照他的要求拟旨。其事大不能决者，内阁官员先让堂候官到刘瑾处请明，然后方敢下笔。到了后来，刘瑾索性连这道程序也省略，把全部奏章文件带回自己私宅，由师爷张文冕一手操办。

这张师爷松江胥吏出身，因犯法被通缉，逃入刘瑾府中，大受信用。由此，这么个"副股级"胥吏变成了真正有权操掌天下万机的"真宰相"。

由于权势熏天，大小官员奉命出外及还京的，朝见皇帝后，肯定会赴刘瑾私宅辞拜。公侯勋戚，谒见刘瑾均行跪拜礼。

刘瑾办事，当仁不让，他自建"白本"，然后把大意写好后送内阁拟旨。李东阳等人自顾不暇，皆唯唯诺诺，极言称美。诏旨中有言及刘瑾的，皆称"刘太监"而不敢写其"名讳"。在都察院的奏章中，有一次官员误写"刘瑾"名于其上，惹得刘公公拍案大怒，最后都御史屠滽率全体僚属向他下跪求饶。

为了进一步加强太监权力，刘瑾矫诏宣布，各地镇守太监可以参与当地的刑名政事，还革除"巡抚"的称谓，让地方大权也被公公们牢牢掌握。

宦官非常记仇，果真是嫌隙之怨，易构难消。于是，正德二年四月，刘瑾命百官跪于金水桥南，宣布“奸党”人员及他们的罪名，为首的“奸党”，就是最早想要“八虎”太监性命的大学士刘健、谢迁以及户部尚书韩文，共五十三人之多。名在“奸党录”中的人，在官者全被开除。

至于李东阳，刘瑾不忘旧恨，把这位阁臣构陷下狱准备弄死。但由于李东阳善于乱世沉浮，依违其间，加上刘瑾一直敬佩的大名士翰林康海到刘瑾家中说情，李东阳最终才捡得一命。此后，李东阳更加小心翼翼，委蛇避祸。他之所以一直未被刘瑾拔除，也是当时刘瑾阉党不想尽逐旧日阁员，怕行事太过会引起朝野更大的反弹。加之李东阳为人做事不是特别冲动冒失，平日又能为公公们写碑文进赞语什么的，所以他才被刘太监最终“包容”。

日后，刘瑾身败，李东阳被不少人誉为能识大体，夸奖他能在虎狼公公们当道时保全“善类”。这其实也是言之过当，李不过是“恋栈”而已，没有什么对恶势力做斗争的勇气和实际举动。但李东阳为人廉谨宽厚，小心谨慎，又为明朝一代文学宗师，从本质上讲绝对不是什么坏人。上有昏君，下有阉党，他沉浮其间，殊为不易。

除焦芳以外，刘瑾在正德二年冬又任命张彩为文选司郎中。这位张彩虽也是佞幸小人，但他有真本事，乃进士出身，曾为吏部主事，因与焦芳关系好，自然为刘瑾所用。

张彩是个美男子，面貌白皙，身材修伟。见刘瑾时，高冠鲜衣，须眉蔚然，词辩泉涌，很是招人喜欢。刘瑾看见如此人才投奔门下，又敬又爱，执手移时，相见恨晚。他赞叹道：“张先生，真神人也，我怎么能得到您这种人才呀！”

这位张彩一路高升，不久入阁，并加太子少保。张彩很会来事。每次刘瑾公公休假期间，满朝文武公卿皆在其宅前等候，有时等了大半天也不见刘公公露面。唯独张彩总是故意徐徐而来，缓步摇身，直入刘瑾小阁，与公公欢饮好久，才怡然而出。由此，大家更加畏惧敬惮张彩，拜见张彩和拜见刘瑾一样恭谨。

张彩人精美男子，人品却真是极差。在官任上，他变乱旧格，贿赂肆行。此人生性好色，无所不为。抚州知府刘介是他的安定老乡，张彩知道他有一个美妾，便升任刘介当了太常少卿这样的京官。然后，张彩入刘介府贺升迁之喜：“你怎样报答我？”刘介惶恐：“我一身之外，皆是您张公之物！”张彩不客气，径入刘介后房，手牵其妾，扬扬自得载之而去。不久，他听说平阳知府张恕有美妾，便向对方求索。张恕不与。张彩恼怒，派御史诬称张恕有罪，准备加以逮治。张恕闻讯害怕，只得献出美妾，方才免祸。

张彩虽好色爱财，但为主子刘瑾尽心尽力，出过不少主意收买人心。见外官纷纷向刘瑾行巨贿，他私下对公公说：“这些人在地方上搜刮小民，然后献给您的不过十分之一，但天下之怨都归于您，应重罚他们其中的一些人以昭示天下！”

刘瑾大声称善，一时间搞运动一样“反贪污”“反行贿”，使得地方官员因贿得罪入狱的有不少人。时人为此有段时间大受蒙蔽，以为张彩能引导刘瑾向善。

正德三年七月，明武宗上朝时，发现有人趁众臣朝拜时向朝堂投匿名信。武宗皇帝眼尖，命人拾取，仔细一读，全是上告刘瑾不法的内容。青春期的武宗皇帝逆反心理很严重，他当着百官的面恶狠狠地拿着匿名信说：“你们所说的好人，朕就是不用！你们所说的坏人，我一定要用！”

刘瑾更怒。他把当天上朝的三百多大臣皆驱至奉天门外，让他们集体东向罚跪。众臣跪了一天，因干渴当场就死了四个人。见酷暑天众臣罚跪，太监李荣也看不过去，趁刘瑾不在时派内侍们向人群中扔冰镇西瓜以救渴，刘瑾见而恨之。太监黄伟也很义愤，话里有话地高声叫道：“匿名信中所书，皆是利国利民之事，大丈夫一人做事一人当，奈何枉累他人！”事后，刘瑾把李、黄二太监予以免职并逐出宫。

最后，刘瑾准备把所有当天在场的大臣皆打入诏狱拷问，大有不审出投匿名信的人绝不罢休之势。后经李东阳苦劝，又有他的亲信告称匿名信乃宦官内部有人投放，刘瑾才饶过众官一回。

除老同事管理的东厂、西厂、神机营之外，刘瑾加设内行厂，他亲自督理。这内行厂权力最大，是特务中的“王中王”，往往中人以微法，被“惦记”上的人及家属基本上是活不了几天。

内行厂不仅仅能监察一般的人，连厂卫的特务和特务头子也在侦察之列。也就是说，刘瑾对老同事也不放心，对这些同类不断加强监视，唯恐他们不与自己同心同气。

正德四年，刘瑾得力心腹焦芳退休。刘瑾便把心腹刘宇由吏部尚书升任为太子太傅、文渊阁大学士，入阁办事；迁吏部左侍郎张彩为吏部尚书。所以，当时的吏部、户部、兵部尚书，都是刘瑾党羽。

焦芳此人，居内阁数年，帮助刘瑾浊乱海内，变置成法，荼毒缙绅，是一个大恶之人。他每次拜谒刘瑾，必称刘公公为“千岁”，自称“门下”。在阁中裁阅奏章，焦芳皆对刘公公言听计从，是真正的太监奴才。众臣向刘瑾行贿，都先向焦芳送大礼。他的儿子焦黄中，傲狠无术，参加廷试，以为必得第一。李东阳等人持平，把他列为二甲头名，焦氏父子愤愤不平，径自找到刘瑾，焦黄中凭空立得翰林检讨的美官。但刘瑾也有“公正”时，见焦芳天天口中骂李东阳不停，便对他说：“你儿子有天在我家作《石榴诗》，非常拙劣，干吗总恨人家李东阳不取他第一！”从此，焦芳不敢再言。

日后，焦芳与张彩有隙，惹起刘瑾愤怒，数次当众斥责焦芳父子，他这才不得不退休避祸。也幸亏焦芳出局早，刘瑾败后未被牵涉判重罪，竟得善终。

刘瑾除在京城抓权外，又广在地方生事。他多次矫诏遣人盘查天下军民府库，凡地方有存留的财物，皆强令解送京城，郡县积储，为之一空；同时，他对各外地入京朝觐的官员下死命令，每布政司入朝，一定要献纳白银二万两；他还把京城客佣之人全部逐出；还下令全国寡妇必须改嫁，家里有人死亡不及时埋葬的立刻焚烧，等等。不一而足，天下怨恨。

盈满必亏。刘瑾身败，有内因，也有外因。内因是宦官集团之间的内讧，外因是宁王朱宸濠之叛。

正德五年五月，安化王朱寘鐇造反。王爷造反，当然要有名义，他打出的旗号就是“清君侧”，檄文中列举十七条刘瑾的“大罪”。当然这位安化王“清君侧”是假，他要当皇上才是本意，但檄文中写明的刘瑾罪状却件件是真。

刘瑾大惧，立刻安排手下绝对不许明武宗看见这份檄文，同时，他调兵去镇压这位造反的王爷。

思来想去，刘瑾对于这种军国大事自己拿不定主意，最终在阁臣等人的建议下，起用都御史杨一清为提督、太监张永为总督，提数万劲旅前去征讨。

刘瑾百密一疏，杨一清和张永均与他有大过节，虽然事后刘瑾忙派自己心腹陈震以兵部侍郎兼佥都御史的身份赶往前线，想“总制其事”，但安化王朱寘鐇的造反十八天即完蛋，功劳自然算不到刘瑾和陈震身上，倒被张永和杨一清得了头彩。

在此，交代一下刘瑾与张永、杨一清之间的过节。

张永，保定人，本来与刘瑾是铁哥们儿，均是“八虎”中的干将。明武宗继位后，张永总掌神机营。他与刘瑾通力合作，把司礼监太监王岳、大学士刘健等人挤出朝廷。

利益永恒，友谊不恒。刘瑾当权后，作恶多端，总爱拿捏自己昔日最铁的老哥们儿以示“公平”，时不时驳回张永等人的建议，并找茬儿抓张永手下宦官刑讯拷问。张永气恼，溢于言表。刘瑾就向明武宗进言，准备把张永打发到南京降级使用。

如果是别人，哪怕他是大学士，也只得听天由命，自认倒霉，但张永可不。他本人即是内廷大太监，可以想见皇帝就见。听说此事后，张永直接跑到明武宗面前，哭诉刘瑾陷害自己。明武宗招来刘瑾对质。未及开言，张永扑前当面就给刘瑾一拳，把气焰熏天的刘公公打坐在地。对明武宗来讲，刘公公、张公公都是自己东宫当太子时的老玩伴，手心手背都是肉，处理谁都于心不忍。于是皇帝当和事佬，让另外一个宠信太监谷大用做东家，宴请二人讲和。

太监心性，表面举杯互相致意，心中积怨日深。

至于杨一清，他在正德三年任总制三边都御史时，曾被刘瑾逮捕下诏狱。其实，杨一清并未直接得罪过刘瑾，只是因为刘公公恼怒他不向自己送礼、不向自己表忠心站队，就诬称他“冒破边费”（杨一清曾建议在延绥至横城一带三百里筑长城，明廷同意，拨银十万两修筑），逮下锦衣狱。幸亏大学士李东阳等人紧劝，言杨一清有“高才重望”，治罪会“影响不好”，刘瑾这才放他一马，但仍然勒令杨一清致仕，打发他回家。此次杨重被起用，主要因为他晓悉边事战事。

张永、杨一清临行，明武宗一身戎服，骑马送二人至东华门，亲赐关防、金瓜、钢斧，给足了面子，可以说宠遇甚盛。

一旁的刘瑾又眼红又恼怒，却也无可奈何。

刘瑾本想趁张永外出期间陷害于他，但明武宗正依赖他平叛，再怎样也说不进话去。

至于安化王朱寘鐇乃庆靖王曾孙，弘治五年（1492年）嗣王位。他身在西北，天高皇帝远，身边又多佞妄之人，一直怀有不臣之心。但究其身边谋事之人，水平确实不高，只有宁夏的两个生员，一个叫孙景文，一个叫孟彬，其实是两个自不量力的穷酸，喝酒吃肉后就劝安化王应该雄踞西北造反，然后一统江山。更可笑的，这两人为使安化王下定决心造反，还玩了一手拙劣的把戏。有一个巫婆，名叫王九儿，是玩鹦鹉骗人的，她教鹦鹉说话，每见朱寘鐇，鹦鹉就大叫“老天子”。朱寘鐇见这只五彩斑斓的大鸟都知道自己是“天子”，益怀不轨之心。

当时朱寘鐇造反，在宁夏当地还真有“客观”条件。刘瑾派人在宁夏重新丈量田亩，征马益租，敲诈日酷，当地诸戍将卫卒皆怨恨满心。于是，安化王在王府中大摆酒宴，宴请诸边将，以言激怒众武夫，决定尽杀诸文臣，劫众起事。武将们头脑简单，又恨刘瑾手下人欺侮太甚，纷纷表示：“即使大事不就，死且无恨！”于是，都指挥何锦、周昂、丁庆等人皆参与谋反。

一日，朱寘鐇摆下鸿门宴，杀掉了巡抚安惟学、总兵姜汉、少卿周东等人，放狱囚、焚官府、劫库藏、夺河舟，把庆府诸王、将军等宗室都抓了起来，勒索金币数以万计。接着，他又招平卤城千户徐钦引兵入城，伪造印章旗牌，四发檄文，以讨刘瑾为名，开始造反。

安化王造反时，派人去招时为宁夏游击将军的仇钺来与自己会军。仇钺很老练，当时他正外出在玉泉营防边，根本不清楚情况，领兵还镇后，单骑归于私第不出。安化王以为这个人好欺负，没有再派人杀仇钺，只是把他手下军马全部劫走为己用。当时，京城人纷纷传言仇钺已经造反，而时为兴武营守备的保勋与仇钺是姻亲，时人讹传保勋也是安化王的外应。

明廷毕竟还有不少明白人，不仅没有听信传言，还传令任仇钺为副总兵，以保勋为参将，让二人率兵讨贼。保勋忠义之人，上疏朝廷，表示自己“恨不飞渡黄河，食贼肉以谢朝廷”。

仇钺处于被软禁状态，他假装重病不起，暗中招纳游兵壮士于府，准备与保勋等人里应外合。同时，仇钺假装积极，派人为安化王出主意：“应急守渡口，防止敌人决江灌城，并阻遏东岸之兵，千万不要让他们过河。”叛将何锦等人信以为真，率数千叛军主力出城把守渡口，只留周昂等带领少数兵士守于城内。

安化王出城拜神，又让叛将周昂来请仇钺前来给自己当陪同。仇钺装出一病不起的样子，连唤数次都不出。安化王便派周昂本人亲自来催。这下被仇钺候个正着。周昂刚到床前施礼问候，仇家的两个仆人就突现其身后，用大铁骨朵把周昂灌顶砸死，并立马割掉首级。

于是，仇钺披甲仗剑，跨马出门。他身后有一百多壮士、家丁跟从，一行人直奔安化府杀去。由于叛军大多在外，王府根本没多少人守卫。仇钺来得太急，手下又多神勇百战之士，一下子就冲进去，生擒了安化王父子，并杀掉为他出谋划策的孙景文等人。

干完这些，仇钺假传安化王命令，让守渡口的叛将何锦返城。何锦等人行至半路，便遭迎头痛击，狂逃至贺兰山中，不久皆被擒斩。

所以，这倒霉的安化王造反，自起兵到失败，总共十八天。

安化王父子被擒，是正德五年四月二十三日，路遥水远，明廷并不知道这一消息。张永、杨一清出师北京，是五月份的事情。也就是说，二人受诏提大军出发的时候，安化王造反已经失败了十几天，只是明廷没得到消息。

事定后，张永和杨一清仍旧驰往宁夏，抚定地方。当时宁夏盛传京营士兵将屠宁夏，人心不宁。二人入宁夏后，晓谕地方，镇抚民众，派人认真分辨首谋、共谋、随从等罪犯，遣押安化王入京受审，保全了百多余被胁从的边将。

由于恩威并行，宁夏大定。

安化王父子自不待言，入京伏诛；仇钺功高，得封咸宁伯。

恰恰是张永、杨一清在宁夏灵州共事期间，二人相谈甚欢，定下了除掉刘瑾的谋略。

杨一清知道张永与刘瑾有嫌怨。一日，二人饮酒，杨一清叹言道："张公您神武明达，定宁夏易如反掌，但国家大患在京城！"

张永知道杨一清话中有话，反问："杨公您指是谁？"

杨一清移至张永身边，在他掌上用指画定一个"瑾"字。

张永不停点头，但又很为难地表示："此贼朝夕侍于帝侧，朋党遍朝野，根深叶茂，耳目众多。"

杨一清慷慨激昂地说："张公您也是皇上信臣，今讨贼不付他人而付公，圣意可知，对您极其信重。如今，功成奏捷，张公您如乘机以论军事为名，陈言帝前，揭发刘瑾罪恶，皇上必听您之言而诛刘瑾。刘瑾一诛，张公您可悉矫前弊，收天下人心，千古功业，在此一举！"

一席话，张永深为之动。但张公公仍旧有所顾虑："万一事不成，奈何？"

杨一清激励道："只要张公您肯在皇上面前进言，大事必成。万一皇上不信，您一定要顿首泣谏，做出剖心明志的姿态，以力死请，皇上必为您所打动。如获应允，立刻逮捕刘瑾，切毋迟疑！"

张永闻言，拍案勃然而起："杨公此言是也，老奴何惜余年，定揭发巨奸，以报主上！"

由此，二人议定，也决定了刘瑾的命运。

八月，张永回京叙功，杨一清仍留守，总制三边军务。

杨一清也真够难受，成日提心吊胆，盼望张永事成，害怕张永失败。

刘瑾不知死。他获悉安化王造反被平定，竟侈然自以为功，矫旨给自己增加俸禄，又提拔哥哥刘景祥为都督。这位刘大哥福薄，刚接任命就病死，无福消受都督一职。

也可能出于某种不祥的预感，听术士说自己的侄孙刘二汉有"天子之相"，刘瑾一时间竟起谋逆之念，在宅中广置甲杖，准备伺机起事。查其原意，本想借其兄刘景祥发丧时，百官送葬，他准备兴兵把众人一网打尽，然后率党徒弑明武宗，推侄孙刘二汉称帝。

其实，这位刘公公也是脑子一热发疯，侄孙当了皇帝，再怎样也不会让他这个太监叔爷爷当"太上皇"。

张永有心机，他先报称要在八月十五日入京献俘贺捷。刘瑾一边在京中加紧谋逆准备，一边让人告诉张永不必这么着急就入京。

张永闻此，公公们心意相通，更觉刘要干大事，他就比预定日期更早一步，急急赶入北京献俘。

明武宗非常高兴，亲自在东华门参加献俘礼，大摆宴席，犒劳张永等人。

君臣多日不见，备感亲切，明武宗、张永两个边喝边唠，渐至深夜。

刘瑾一旁陪得厌烦，起身告退，殿中只留下张永与皇帝二人在席。

见刘瑾退席还家，张永立刻从怀中取出安化王的檄文，指控刘瑾激变边塞，结怨天下，阴谋不轨。

对此，明武宗起初还敷衍，说："算了，说这个干吗，喝酒吧。"

张永连忙跪地叩诉："离此一步，老奴再无机会生见陛下！"

武宗闻此矍然，问："刘瑾想干什么？"

张永答："他想取天下。"

武宗当时喝得很高，摇头一笑："天下任他取罢了。"

张永大声疾呼："刘瑾取天下，置陛下于何地！"

听此言，明武宗稍稍酒醒，方允其奏。张永完全依据杨一清教诲，马上派禁兵连夜逮捕刘瑾。

刘瑾正在熟睡，宫廷禁卫军撞门而入，刘瑾惊起。军将也不多说，立刻把刘瑾逮捕入狱。

刘瑾倒不是特别惊慌，问："皇上在哪里？"

军将回答："在豹房（其实是和张永在一起）。"

刘瑾对家人说："这事真是太可疑！"

但有诏逮人，他不得不从。

转日，众臣上朝，不见了大太监刘瑾，交头接耳，似乎知道了他已经"出事"，但没什么人敢声张。

京城内情势也很紧张，巡逻士兵大批大批骑马上街，交驰于道，严防刘瑾党羽生变。

起初，明武宗并没想杀刘瑾，毕竟多年老伴当，没功劳也有苦劳，没苦劳也有疲劳。

听说要把自己发配凤阳，刘瑾写信向明武宗哀乞，说自己被捕时没穿什么衣服，想让家人回家捎两件衣服给自己，以此试探皇上意思。

明武宗见帖，顿起怜意，命人交还刘瑾故衣百件。刘瑾得意，对看望的家人说："我仍不失为一富太监矣。"

张永知道了这件事，心内大惧，知道不马上重办刘瑾，哪天皇上"回心转意"，刘公公又会卷土重来要自己的命。

于是，张永下令有司以最快速度对刘瑾家宅进行抄搜。结果，"得金二十四万锭，又五万七千八百两。元宝（白银）五百万锭，又一百五十八万三千六百两。宝石二斗，金甲二，金钩三千，玉带四千二百六十二束，金汤盒五百，蟒衣四百七十袭……"

清单送上，这些骇人听闻的财物，并未让明武宗感到愤怒。让他勃然大怒的，是看到下列抄家搜得的东西：盔甲三千，衣甲千余，弓弩五百。

最终要刘瑾性命的，是搜得平日刘瑾在宫中陪侍皇帝时的一把扇子。这把扇子，让明武宗惊怒异常：扇骨内藏锋利匕首二枚！

"瑾果反！"武宗皇帝拍案顿喝。于是，他下令锦衣卫、法司把刘瑾押至午门，命朝臣廷讯。

刘瑾仍大大咧咧不在乎。在午门跪定，听闻给事中李宪也弹劾自己，他笑了，大声说："李宪出自我门下，他也来弹劾我！"

刑部尚书刘璟素怕刘公公得紧，此时噤口不敢开言。

见百官呆立沉默，泥塑木偶一般，刘瑾更来了精神，大言道："满朝公卿，皆出我门，谁敢审我？"众人闻言屏息。

此时，驸马都尉蔡震上前，扬手给了刘瑾一个嘴巴，怒喝道："我乃国戚，不出汝门，待我审汝！"

此时，内廷又有武宗旨意传出，"打四十"。于是，五棍一轮，八名大汉轮打，一顿杀威棒，终于打消了刘瑾的嚣张气焰。

蔡震问："为何家中藏甲？"

刘瑾："用来保卫皇上。"

蔡震大喝："藏甲于自己家中，如何保卫皇上！"

刘瑾语塞。这时，又有官员上前宣读抄家所得禁物，刘瑾知道事已败露，只得承诏。

由于又挨打又挨夹棍，最后画押时，刘公公连笔也拿不住，揉手半天，才颤巍巍画成一个十字，算是画招认罪。

自供状呈上，武宗皇帝表示不用复审，下诏对刘谨处以凌迟之刑。

至于刘瑾受刑挨剐的详情，正史皆略，但当时监斩官张文麟为刑部河南主事，此人文人出身，退休后写书，详详细细记录了刘公公被剐三千三百五十七刀的经过：

> （刘瑾）凌迟刀数例该三千三百五十七刀（不知是怎样"科学"计算出的如此刀数），每十刀，一歇一吆喝（类似卖肉表演），头一日，例该先剐三百五十七刀（先剐零头，后来好计数）。（所剐之肉）如大指甲片（大小），在胸膛左右起，初动刀则有血流寸许，再动刀则无血矣（刀少，血易凝结）。（旁）人言，犯人受惊，血俱入小腹小腿肚，剐毕开膛，则血皆从此出（不知是否合医理）。至晚，押瑾至顺天府宛平县寄监，释缚数刻，瑾尚能食粥两碗（保留元气，留待慢慢剐，反贼乃如此）。次日，则押至东角头（第一日在西角头）。先日，瑾受刑，颇言内事（泄露国家机密，骂领导人），以麻核桃塞口，数十刀气绝……奉圣旨，刘瑾凌迟数足，剉尸免枭首……剉尸，当胸一大斧，胸去数丈。

张文麟目见耳闻，当可足信。但就是凌迟数与天数含混，他笔记中只记录凌迟当日和次日，依理应凌迟三天。第一天剐了三百五十七刀，而他描写次日时，“数十刀气绝”，不知是如何凑算成律定的“三千三百五十七刀”，可能是漏记，也可能行刑计数另有讲究。

但有一点非常可信：刘公公以近六十之年受剐，死得非常非常痛苦。但想想他从前害死那么多人，四位朝中御史犯小过也被他凌迟，就觉得这也真是上天有眼，罪有应得。

行刑之时，昔日受害家属“争买其肉啖之，有以一钱易一脔者”。也算替亲人报仇了。

不仅刘瑾被杀，其亲属，包括有“天子之相”的刘二汉，一共二十五人，皆被斩首示众。好在他哥哥刘景祥死得是时候，否则也被从家中拖入闹市砍头。

至于刘瑾党羽，前大学士焦芳、刘宇以及现任户部尚书刘玑等人，皆被削籍为民。只有张彩最倒霉，他在刘瑾败后被逮入狱，严刑拷打。

张彩大呼冤枉，狱中上疏，指斥阁臣李东阳等人也阿附刘瑾。

此时，张永大公公非常有定力，对众臣讲：“刘瑾用事时，我们这些人都不敢言声，甭说两班官员了！”言外之意，是保护李东阳。

锦衣狱内吏卒希旨，对张彩夹棍、脑箍、灌鼻、钉指、“鼠弹筝”、“拦马棍”、“燕儿飞”，一齐用上，老美男子没几天就被折磨死，仍被“剉尸市中”。

诛杀刘瑾后，根据廷臣所奏，把刘瑾变易的“成宪”尽数更回。共吏部二十四事、户部三十余事、兵部十八事、工部十三事，禁令各地镇守太监干预地方刑名政事，并罢内行厂与西厂。日后，特务机构之一的西厂未再重设。

这时候，明武宗已经是二十岁的小伙子，不再是事事依赖太监玩伴的少年。此后十年，他沉浸在豹房淫乐与四处巡游的玩乐中，诱导他失德的不再是内廷公公，而是外镇军官江彬一类人。

“阁臣自（刘）瑾党败后，所用亦非甚不肖，时士大夫风气未坏，特资擢用，所得亦多正人，而帝（武宗）之不可与为善，则童昏其本质

也。”（孟森语）

刘瑾乱政，确实引起社会动乱。他被杀两个月后，河北地区就有刘六、刘七起事；四川保宁刘烈率众造反进攻陕西；不久廖麻子等人也自称“扫地王”，众达十余万，肆掠陕西、湖广等地；江西方面，也陆续有王钰五、汪澄仁、何积钦等人造反。可幸的是，明朝刘晖、王守仁、彭泽等人善战善抚，几年内陆续平乱，使其没对明朝政府造成伤筋动骨之患。

现在，该交代一下诛杀刘瑾的主策划杨一清和张永。

在张永援引下，杨一清在刘瑾败后入朝，拜户部尚书，不久迁吏部尚书，加太子少保。明朝六部中，吏部权最重，连巡抚等官也皆由吏部任用，吏部长官自可以随意任用自己人。可见为报谢杨，张永不遗余力。

杨一清为人精敏，爱惜士大夫。他不喜金钱，馈谢之资，缘手即散，因此广得人心。明武宗后期，钱宁、江彬乱政，杨一清辞官回乡。明世宗继位，特别敬重杨一清，诏其以少傅之衔总制陕西三边军务。宰相行边，实由杨一清而始。明世宗还下诏褒美，比之为郭子仪。再后，杨一清遭张璁排挤，落职闲住，郁郁而死。

杨一清天阉之人，无胡须，容貌寝陋，但为人博学善权变，晓畅边事，可以说是明武宗一朝最有才干的臣子，不少人把他比为唐玄宗时的贤相姚崇。

张永呢，当时号称是“辑宁中外，两建奇勋”（把平安化王之乱和擒诛刘瑾头功都弄在自己身上），其兄弟二人皆被封为伯爵。张永本来想自己受封为侯爵，因阁臣不同意作罢。正德九年，他督兵宣大，击败进犯的蒙古兵。

明世宗继位后，御史弹劾张永与谷大用等人“蛊惑先帝（武宗），党恶为奸”。张永被诏令退职。嘉靖八年（1529年），还是杨一清上疏直言，奏言张永有诛刘瑾大功，他得以重被起用，提督京城团营。由于年纪已大，张永不久即病死于任上，实为善终。

这个公公早期为太监“八虎”之一，作恶想必不少，但有主谋诛除刘瑾的大功，其余的就不算什么了。

人生如戏　荒嬉一生

明武宗的后十年

明武宗刚杀刘瑾后，政局并未有起色。当时他已经二十岁，血气充盈，精力充沛，又天性好动。所以，武臣江彬，就宿命般进入了他的视野。

江彬是宣府人，军将出身，最早以蔚州卫指挥佥事这样的下级职务得以显身。正德六年河北等地刘六、刘七等人起事，蔓延迅猛，北京城内明军懦弱不能制敌，明武宗就派太监谷大用与阁臣李东阳等人商议，想调边兵入京畿灭起义军。

李东阳切谏，首先，他认为宣府等地乃防守漠北蒙古部落的重要防卫大镇，抽调劲军离岗，会对国防产生巨大威胁；其二，边军入调，京军出防，本末倒置。京军在内怯懦，出外又恃势淫占，让他们守边，肯定缺乏战斗力，而且会因大肆扰民带来祸害。而且，胡乱调换京军、边军，容易使军士思乱，很有可能造成变起中途的后果……

说了半天，啥用没有，明武宗我行我素，转天降内旨调守边军队入京。

当时，江彬官任大同游击，随大同总兵张俊入调。“过蓟州，杀一家二十余人，诬为贼，得赏。”《明史》此说或可存疑，但悍将狡狠，已初露端倪。

江彬不是太监那样的阴柔便佞之人，他作战勇猛，将生死置之度外。在与农民军淮上交战时，身中三箭，其中一箭从面颊射入，镞出于耳，江彬手拔而出，拍马继续作战，确实是一员神勇猛将。

正德七年，各地农民军造反渐息，入调各部边兵还镇大同、宣府（这也说明明武宗当年的决定是正确的），经过北京时，明武宗犒赏诸军，宴饮众将。由于江彬事先送大笔金银予明武宗宠臣钱宁，他才有机会受到皇帝在豹房的近距离接见。

江彬美男子一个，还是那种魁硕阳刚型，身高臂长，相貌堂堂。特别是脸上那一道显疤，更让明武宗知悉了他"拔镞"击敌的勇猛，叹赏道："江彬真是勇健之士！"由此，立蒙皇帝赏遇，他与宣府守将许泰等人皆被留在京师皇帝身边，不再回去当边防军。

江彬确实是个人才，不仅马上腾转如飞，骑射一流，又会谈兵，常常在明武宗面前讲述战事，眉飞色舞，把武宗皇帝说得身如亲临，又向往又叹服。

数日之际，明武宗就擢升江彬为都指挥佥事。这位"中校"一下子就成了"上将"，成为皇帝的贴身亲信，出入豹房，与皇帝同起卧。

江彬大大咧咧之人，与武宗下棋，竟敢与皇帝争子，不许悔棋，语出不逊。禁卫军将周骐没见过这么胆大的人，在一旁叱责江彬。

江彬怀恨，暗地谕指锦衣卫中与自己亲近的官员，诬周骐以罪，下狱拷掠而死。经此事之后，明武宗左右之人皆知道了皇帝"大红人"的分量，皆畏服江彬。

江彬得宠，最早荐他面君的钱宁心中渐渐不悦。

钱宁本是云南穷苦人家子弟。太监钱能在云南任监军时，少年钱宁被卖给钱太监当家奴，故而姓"钱"（其本姓史传不载）。入了太监寓，自然干叔干伯都是大公公。钱能死后，推恩其家人，钱宁得封"百官"。他特会巴结刘瑾，所以被推荐到武宗身边当差。由于有"开左右弓"射箭的绝技，钱宁大受宠幸，武宗皇帝干啥荒唐事都带钱宁当随从。明武宗遇宴饮喝醉，往往枕钱宁肚腹大睡。百官候朝时，往往站了半天不知皇帝所在，大家只得伺察钱宁的行踪和出动迹象，以此推知

明武宗像

皇帝所在。所以，他一个小小侍卫，竟然成了皇帝起居的风向标。为此，诸大臣也争相造谒送礼给钱宁。群臣有谁小拂其意的，这个小人马上中伤害之。

正德八年底，明武宗下诏让钱宁掌管锦衣卫，赐其国姓（朱姓）。当时，太监张锐掌东厂，钱宁掌锦衣卫，合称“厂卫”，权倾一时。钱宁自制的名片上自称“皇庶子”，俨然以皇帝儿子自居。

当初武宗在大内建豹房为淫乐之地，正是钱宁的主意。由于他出身底层，世事皆晓，陆续引荐戏子臧贤唱曲、回族人于永进春药、西藏密宗僧人献“双修”秘戏，恣进声伎为乐，又时时诱引武宗皇帝微行出外瞎胡闹。可以说，最早让明武宗知道皇宫以外的世界很精彩的人，就是钱宁。特别是他主管锦衣卫后，更是恃势横行，贪污受贿、掠人妻妾、诬人致死的坏事干过无数件。

江彬得宠之日，也正是钱宁登峰造极之时。

本来，江彬根本不能与钱宁相抗衡。但是，有一天发生了一件小事，钱宁与江彬在武宗皇帝心目中的位置，突然调了顺序：

明武宗体格棒，常常在内宫纵虎豹等猛兽入笼，他亲自擒捉为戏。这种高级“极限”运动，自古至今，除了古罗马被逼上场的角斗士，还真没有几个人敢玩。

大概那天送来的老虎体型巨大又生猛了些，几个回合搏斗下来，明武宗体力不支，身上多处被猛虎抓伤。小伙子气喘吁吁，急唤钱宁入笼帮忙。

钱宁一时间踌躇不前，没能在最关键时刻一表“忠心”。

眼看大老虎嗷的一声跃起，大爪子扑向明武宗，一旁侍卫的江彬当仁不让，飞身跃入笼槛中，一个飞脚踢在猛虎脑袋上。明武宗趁势扑上，双手狠扼猛虎咽喉，制服了猛兽。当时，皇帝气喘吁吁，脸上还挂着笑，对钱宁说：“这事我一人足能对付，还用得着你吗！”

这位帝王对生死危急关头钱宁不救，已经大起嫌憎之心，自然觉得江彬是耿耿忠臣，又给足自己面子。所以，日后钱宁在武宗面前讲江彬坏话，根本入不得他的双耳。

江彬察觉到钱宁不能容自己，京中又都是这位锦衣卫头子的党徒，相较之下，自己势单力孤。于是，江彬想借边兵自固，就对明武宗盛赞边军骁悍英勇，应该与内地军队互相换防操练。

明武宗爱玩，更喜武事，马上下诏调辽东、宣府、大同、延绥四镇军兵入京，号称“外四家”。从此，武宗皇帝多了一件大乐之事，即命上万人在大内操演。旌旗招展，铳炮齐鸣，兵士们摔跤搏斗，射箭击打演习，喊杀阵阵。

明武宗本人常常身着黄金软甲，跨高头大马，与江彬并骑巡视，铠甲相错，旁人看不清谁是臣，谁是君。

玩得高兴，明武宗命江彬领神威营，许泰领敢勇营，赐二人国姓，并把距北京不远的原太平仓改为镇国府，凭空新设了一个军事单位，专供这些陪他玩乐的边兵居住。

不久，明武宗下诏让江彬兼统四镇大军。皇帝玩耍，规模很大。明武宗常常自率会射箭的数千小太监为一营，号为中军，晨夕驰逐，甲光照宫苑，呼躁达九门。他几乎天天阅操，诸边军士全副黄罩甲披挂，江彬等人皆戴遮阳帽，帽植天鹅翎，威风凛凛。万人万马，锦绣灿烂，因此明武宗把阅兵称为“过锦”。

由于军将充斥京师，大内地方不够用，明武宗下令强拆积庆坊、鸣玉坊的民房，推平后在原地建立“义子府”和专供他们一行人嬉玩的“皇店酒肆”，时时游乐其中。他还常常与江彬等人一起微服出京，在京郊等地游逛。群臣进谏，武宗皆不听。

虽然明武宗稍稍疏远钱宁，但江彬知道钱的势力盘根错节。为了使皇帝在相当长的时间内远离钱宁，江彬便想出劝皇帝出外巡幸的办法。于是，他不时在武宗耳边讲，宣府的乐工技艺高，当地美貌妇人多，又可以四处巡边，瞬息之间奔驰千里，干吗非要整日郁郁居于大内之中为廷臣所烦扰呢。

明武宗不住点头，游兴大发。

正德十二年秋的某一天，明武宗在江彬引导下，神秘兮兮地仅带几百人，急装微服小打扮，飞驰至昌平，准备出居庸关而去。

不料，巡关御史张钦坐镇城楼，任凭江彬等人威胁恐吓，坚称来人无关文，就是不让守卒开关门。明武宗一行只得悻悻而归。

数日之后，明武宗先下旨让太监谷大用代替张钦之职，一大帮人连夜出京，顺利过关，飞抵至宣府。

江彬早已派人在宣府兴建了奢华骇人的“镇国府”，并把豹房内的珍玩奇物与美姬乐工运到这里“伺候”。不仅如此，君臣兴起，多次大半夜到官民之家“临幸”，只要发现有漂亮女人，不管未嫁已嫁，皆一把搂住。

此种进入民宅频频淫污妇女的帝王，这位正德皇帝系第一人，也是最后一人。但从旧时代的“理论”上讲，“四海之内，莫非王土；率土之滨，莫非王臣”，推而思之，自然是“天下妇女，莫非王妾”。臣民妻女让天子“幸”了，还能说什么，跪送谢恩而已。

武宗皇帝大乐之，乐而忘归，称宣府为“家里”。

十月间，江彬陪同武宗自宣府驰奔大同，在阳和附近游猎。恰巧有蒙古诸部数万骑兵寇边，大掠应州。边将王勋等人知皇帝在附近，拼死力战，蒙古兵败退而去。

至于明武宗本人，率一哨人马，由江彬陪驾，正好在途中遭遇一股蒙古骑兵，双方拼杀。大战近一个时辰，蒙古骑兵挡不住明军扈卫精骑，留下十六具尸首遁走。明武宗马上功夫了得，竟然以九五之尊，于交战中手刃蒙古兵一人。从前的打仗做戏，今天果然得以实用。

观诸史籍，多言此战失多获少，声称明朝官军死数百人，笔者觉得是史官（嘉靖朝写实录的人）撒谎，实际是想抑压明武宗战绩。有明一代，皇帝亲征不少，明英宗大草包不说，明太祖、明成祖多次出征，但皆是亲自指挥而已，能以皇帝身份置生死于不顾纵马挥戈杀敌的，仅明武宗一人而已！

此次实战，可把明武宗乐坏了。自此，他改换身份，自称为镇国公、威武大将军“朱寿”，实实在在融入真实游戏的角色中，还派人把“朱寿”大将军的胜捷喜报送达京城。

此后，凡国内军国大事，武宗皇帝一概交予江彬。江彬不是权臣，又不是喜欢弄权的太监，所有奏章报入后，这位爷一概不处置，往往两三年也不处理。

朝廷大臣前后切谏不已，明武宗皆不听。典膳官李恭上疏，严劾江彬诱帝出行之罪，不久他就被江彬派人逮捕，拷死狱中。

过了两个多月，明武宗回京过春节，主持了一些礼仪祭祀之事，但他一颗玩心常在宣府塞外。

正月间，借郊祀机会，他又与江彬出关游玩，在密云、怀柔一带游逛。江彬知道皇帝精力旺盛又喜欢民女，沿途强征良家妇女数十车跟随，其间有数位出车祸摔死，扰民良多。

得闻奶奶辈的太皇太后王氏病死，明武宗才不得不回京主持丧仪。回到大内，他首先下诏，命大将军朱寿（就是他自己）统率六军，以江彬为副将军，封为平虏伯，并荫其三子为锦衣卫指挥，还升赏许泰等内外官员九千五百五十余人，赏赐亿万计。

只要皇帝高兴，万事不惜血本。

到了夏四月，明武宗借送太皇太后灵柩之机，又一次出关巡幸。

听闻宁夏有边警，明武宗高兴，急忙回京，召大臣议“北征之事”，准备派“大将军朱寿”与江彬一起率军“御敌”。众臣明知皇帝下诏，自己任命自己为将出征极其荒唐，又不好说破，只能群跪谏止。

明武宗不悦，集大臣于左顺门，召大学士梁储，令他当面草制。

梁储倔强，高声道：“其余事皆可顺从，此制我绝不起草！”

武宗皇帝闻言大怒，仗剑而起：“如不草拟制书，当吃此剑！”

梁储伏地，叩头泣谏：“臣逆君命，实有罪，愿受死！倘若为臣草制，则是以臣的名义命令皇帝，臣死不敢奉命。”

僵持久之，明武宗虽荒淫，但非残暴之君，骂骂咧咧掷剑于地而去。自己让人撰写诏命，不再走行政部门的过场。

制令虽未下达，但阻止不了皇帝出关。明武宗由江彬陪同，自大同渡黄河，在榆林游玩数日，扎营于绥德，纳总兵官戴钦之女为妃。

回程中，一行人经西安过偏头关，抵达太原，在城内大征美女及乐工。也正是在这里，明武宗看上了乐工杨腾的老婆刘氏，一见倾心，爱极了这位有夫之妇，携之而归。江彬等诸近侍皆“母事之”，称刘氏为刘娘娘。

明武宗确实荒唐。延绥总兵马昂因罪被免官，但他有一位如花似玉的妹妹，能歌善舞，骑射之余，又解诸蕃语言，已经嫁给军官毕春为妻，且有两个月身孕。为保官职，马昂在江彬协助下从妹夫毕春家抱走了妹妹，献给明武宗，后二人如胶似漆。

高兴之余，明武宗马上升马昂为右都督，赐其二弟蟒衣，下令盖大宅子让马昂兄弟居住。一日，闲极无聊，武宗皇帝亲自去马昂家，看见马昂一妾甚美，命马昂献出。马昂犹豫，武宗怒起离去。这可吓坏了马昂，忙通过太监张忠把美妾里外打扮一新送入宫内。转天，有旨传出，马昂二弟皆升都指挥一类的大官。欣喜过望之余，马昂“又进美女四人谢恩”。

朝臣有知此事，骇恐异常，生怕小军官的骨血成为日后“储君”，狂上奏章。

武宗也烦，不久又玩腻了肚子日大的马小妹，便遣之出宫，终未酿成犬儿变龙子的大过。

正德十四年正月，明武宗自太原还归宣府。武宗东西游幸，达数千里之遥，乘骏马、持弓矢、涉险阻、冒风雪。随从卫士中途多病，而他又渔色又长途奔波，竟丝毫不觉劳累。

回京后，歇了一个月，明武宗又下诏："镇国公朱寿（他本人）南巡。"

由于江西的宁王朱宸濠久蓄逆志，天下皆知，群臣死谏，一百多人伏阙痛哭拦阻，惹得武宗皇帝怒起，当廷杖责大臣。锦衣卫兵士手下不留情，竟然杖死十多名大臣。

金吾卫指挥张英为义气所激，光膀子挟两大袋土拦路哭谏。不从，即拔刀自刎，血流一地。侍卫见张英未死，叱问他挟土袋想干什么，张英道："恐血污帝廷，以土掩血。"言毕气绝。

如此折腾，明武宗没了兴致，江彬等人，亦知朝臣不服，稍稍畏惮。

七月，江西的宁王朱宸濠造反。

消息传至北京，江彬欣喜，欲劝明武宗亲征，并下令说，敢有进谏者，处极刑。

于是，九月间，明武宗率江彬、张锐、钱宁从北京出发。

行至半路，太监张锐与江彬皆禀告武宗皇帝说，钱宁一直与宁王暗中勾结。武宗点头，以留钱宁监察皇店为名，阻止他随驾。

不久，钱宁事露，明武宗遣人立刻逮捕他，并查抄其家，"得玉带二千五百束，黄金十余万两，白金三千箱，胡椒数千两"。但钱宁此人在明武宗时代未被处决，一直被关押。后来明世宗继位，钱宁被凌迟于市，其养子十一人皆被斩杀，幼子下蚕室。以太监之奴起家，儿子复为阉人，钱宁这个云南苦孩子折腾半世，终于获此结局。

明武宗一行人"亲征"，行至半路，江西的王守仁已经活捉了造反的宁王朱宸濠。但明武宗不让他献俘，继续自己的南行旅程。

年底，大部队抵至扬州，强征民居为都督府。武宗遍劫妇女、寡妇，猎色不已。可幸的是，陪同武宗出游的"刘娘娘"很贤惠，常哭谏武宗不要过分扰民，他才稍稍收敛。

正德十五年，明武宗到达南京，终于坐在南京的龙庭上找了一把昔日明太祖的感觉。

江彬所率数万北方边兵，跋扈特甚，欺行霸市，强买强卖，把南京城整得个乌七八糟，人心惶惶。不久，明武宗还想幸苏州，下浙江，遍游湖、湘，南京众臣苦谏，随行北方诸将又不思南行，所以才未成行。

七月间，明武宗在牛首山以南游玩。期间，军中夜惊炸营，使得众臣惊骇了好一阵。当时宁王朱宸濠一直被逮系于江上的船中，民间纷纷讹传宁王将为人劫持生变。武宗皇帝也觉不踏实，不久即从南京启程，返回北京。

至此，再调头详细交代一下宁王朱宸濠叛乱以及王守仁率兵平叛的详细过程。

志大才疏　窥伺龙位

不自量力的宁王朱宸濠

早在明武宗正德二年，大太监刘瑾就在收受宁王朱宸濠重宝之后，矫诏恢复这位王爷在江西一带的屯田护卫，使之拥有了自己的一支武装。

宁王一系是皇室近亲，第一代宁王朱权是朱元璋第十七子。太祖诸子中，“燕王（朱棣）善谋，宁王（朱权）善战”，两个人都不是省油的灯。宁王本来的封地在喜峰口以外的大宁，朱棣起兵篡位时，设计挟制了这位十七弟。称帝后，朱棣便把这位善战的弟弟改封于江西，让他远离边陲，无法再发展。同时，朱棣对藩王进行了严格的限制，特别是严禁他们拥有武装力量，以免他们有样学样，仿效自己昔日之举，重新上演“靖难”篡位大戏。天顺年间，宁王多有不法之事，连护卫亲军也被削夺，改为南昌左卫。

由于刘瑾收贿后“通融”，宁王朱宸濠得以把南昌左卫军又变回为自己王府的护卫军，终于得到一支像样的武装。高兴没多久，三年后，刘瑾的倒台使他所有昔日作为皆被逆转，兵部又把宁王护卫改为南昌左卫。

如此倒腾，宁王朱宸濠异心更炽。转年，他就把其生母葬于西山的青岚，这是一块所谓的“龙兴”风水宝地，明廷曾严令禁止在此建坟。

古人迷信，宁王自不例外。算卦先生李日芳常讲南昌城东南有天子气，于是宁王在当地建“阳春书院”，实际是把这地方当“离宫”，以应“天子气”。又有术士李自然为骗钱，三番五次说天降神谕，宁王有“天子”命。这些“鼓励”和“上天”转达的暗示，都使得宁王朱宸濠摩拳擦掌，非要整出点儿名堂来不可。

大臣陆完任江西按察司时，巡抚地方。宁王日夜延其至王宫，供他好吃好喝，奉承说：“陆先生他日必为京中公卿大臣！”陆完心中暗喜。宣德九年（1434年），陆完果然被召回北京任兵部尚书，投桃报李，他替宁王找关系打通关节。通过钱宁的努力，宁王终于又重新拥有了“护卫屯田”的权力，为日后起事奠定了丰厚的人员组织基础。

不过，宁王并非那种城府极深的巨猾之人，离“天子”之位还有十万八千里。于是他就自称“国主”，以护卫为“侍卫”，把王爷令旨改称“圣旨”，给时人留下诸多把柄。同时，他派手下人在江西招募大盗杨清等百余人入王府为自己效力，号称“把势”。在鄱阳湖一带打家劫舍为生的贼头杨子乔听闻此事，也立刻积极投靠宁王，在水面陆地肆行劫掠，帮助宁王训练手下。

打仗干活的人有了，举人刘养正这种“文胆”也被招入王府。刘举人通晓古今，见宁王当日，就大讲特讲昔日宋太祖“陈桥兵变”之事。宁王朱宸濠大喜，自认为刘举人很懂事，以宋太祖喻己，将在世间“拨乱反正”。

正德十年，感觉超好的宁王一日因江西都指挥戴宣惹怒他，竟然擅自命手下人用大棍将其当场击死。这事可闹大了，明朝的王爷再厉害，也不能擅自杀掉朝廷委派的地方官员。时任江西按察司副使的胡世宁马上奏了他一本。朱宸濠颇惧，就推称是手下人所为。毕竟朝中有钱宁等人帮衬，宁王本人不仅没事，他还反诬胡世宁“离间皇亲”，使得当时已升任福建按察使的胡世宁被逮入锦衣狱，拷掠几死。

明武宗荒淫，一直没有儿子。宁王闻之心动，便准备无数金银财宝送与北京的钱宁等人，希望自己的长子能入京到太庙进香，实际上是想劝武宗皇帝立自己的儿子为皇储。廷议上，大臣多有反对，明武宗自己也没拿这事当回事，不了了之。

朱宸濠诸多异常举动，一般人不敢明说，但巡抚江西的都察院右副都御史孙燧与巡抚南赣等地的都察院右佥都御史王守仁早就心中有数。特别是孙燧，由于他本人就驻派南昌，深知大变将作，就均征赋、饬戒备、实仓储、散盐利，渐次削除不利于朝廷的赋税，侦逮奸党送狱，以削剪宁王的羽翼。虽如此，有胡世宁前车之鉴，孙燧只能暗中行事，不敢奏明朝廷宁王要造反。

到了正德十二年，宁王府中就有几个官员上奏朱宸濠的不法之事。又是通过京中的钱宁，宁王把这些人发配的发配、下狱的下狱，并因此怀疑属官周仪告密，指使贼人屠灭周仪全家，杀六十多人。

朱宸濠加紧了造反前的物质准备工作，招募巨盗数百人，四处劫掠军民财货物资，收买皮帐、制作皮甲、私制刀枪、赶制佛郎机（火铳）等火器，日夜造作不息。

为了能有广泛支持，他派人秘密联络漳州、汀州以及南赣一带的少数民族，约好起事时群起响应。

这年年底，太监毕贞被朝廷派来监抚，此人乃钱宁同伙，到江西后与宁王臭味相投，附之为逆。宁王以进贡方物为名，派出多人驰往京城，沿途设置健步快马，限十二日内把京中之事报知自己，侦伺京城动静。

江西巡抚孙燧日夜忧心宁王突然造反，便以防盗为名在进贤、南康、瑞州等地修建新城，并在兵家重地九江增设防备，各设通判官，以备仓促。为避免宁王起兵时抢劫南昌武库，孙燧又以讨贼为名，把卫城兵库内的武器皆调派到外地。他笑对手下人讲："宁王造反，即使我灭不了他，他也会因为我现在的安排而最终为朝廷所灭。"

由于孙燧率兵捕盗甚急，宁王手下的巨盗不少人被杀或落网。急得这位王爷忙找到"老关系"陆完，让他串通钱宁等人想办法，把孙燧调走。

孙燧见情况紧急，数次上奏朝廷，大概有七次之多，均急报宁王逆行加速，但送书人皆于中途被害。由于宁王本人是明廷皇亲，孙燧不敢先下手为强。

宁王一伙人本来还有耐心，准备等哪天明武宗出游时摔死或在豹房玩乐时被虎豹咬死后再趁机举事。但是，北京方面，太监张忠、江彬等人与钱宁争权，他们又都知道宁王与钱宁私下不法勾结的事情，就想趁揭露宁王逆谋之事把钱宁搞下去。

东厂太监张锐、大学士杨廷和先前收受宁王大笔金宝。但得知这位王爷实有反心，他们也怕日后事发牵连自己，也落井下石，一起上奏，说朱宸濠"包藏祸心，招纳亡命，反形已具"。

明武宗见这么多人如此说，立刻派太监赖义及驸马崔元等人携带敕书前往南昌，警告朱宸濠，并削其护卫。

由此，宁王朱宸濠只得提前造反。

正德十四年六月十三日，朱宸濠生日。他正在王府大摆酒宴，款待来贺生日的镇抚三司官员。席间，宁王预设的京中密探飞报，朝廷已经派人来责罪，并要削除其护卫。宁王大惊，忙招刘养正等人密议。

刘养正首先建议："明早镇抚三司官员必定依礼节来入谢，可趁此机会尽擒众官，杀掉不与我们同心的人，然后发兵起事！"

到了这个地步，也没有更好的办法，否则只能坐以待擒。于是，宁王等人连夜布置，召集平素豢养的贼盗吴十三等人，让他们在厅堂左右设下伏兵。

转天一大早，众官来拜谢昨日的生日宴请。刚刚起身，突然从外闯入数百带刀兵士，把官员们团团包围。

众人愕然间，宁王起身高声宣布："正德（指武宗）乃孝宗皇帝从民间捡来的孩子，太后有密旨，令我入朝监国，汝等知之乎？"

巡抚孙燧未料到事起如此仓促，但事至此时，他知道这位王爷是真要造反了，遂独前呵斥："太后密旨安在？"

宁王一愣，他没想到孙燧会这样质问他。待了片刻，他仰脖高喝："不必多言，我今欲往南京，汝保驾否？"

孙燧瞋目大骂："天无二日，臣无二君，有太祖法制在，你是什么东西！"

宁王朱宸濠大怒，立叱卫士把孙巡抚捆绑。

按察司副使许逵大呼："孙都御史乃朝廷大臣，汝等反贼，真敢擅杀大臣吗！"同时，他扭头顿足对孙燧说："我早就劝君先下手，你不听，今受制于人，后悔无及！"

宁王派兵士拥上，把许逵也绑了，问他是否跟从自己起事。许逵大骂："狗贼，我唯有赤心报国，怎肯从尔等为逆！"并大喝："今日贼杀我，明日朝廷必杀尔等逆贼！"

于是，孙燧、许逵二人，皆被宁王遣人押往南昌惠民门外斩首。二人临刑不屈，破口大骂。城中百姓闻之，无不流泪叹息。

一不做，二不休。宁王命人把众官中与自己素不相谐的十多人关入大狱。

在刘养正策划下，宁王挟持了南昌当地退休的前侍郎李士宝，劫持镇抚三司的一些官员，传檄远近，革除正德年号，指斥朝廷。

当时从理论上讲，宁王造反的口实还真不少，可以称是"清君侧"，可以称是"逐昏君"，但他本人就是大恶之人，所以号召力就不强。

啥事未成，宁王就委任李士宝为左丞相、刘养正为右丞相，派几个贼头顺流夺船，四处收兵。刚开始的时候，叛军还挺顺利，南康、九江俱被攻陷，当地守官守将逃走。

最早声讨宁王罪恶的，是当时提督南赣军务的王守仁。而他这次之所以能幸免于与孙燧、许逵等人一起被杀，还是因为当时的兵部尚书王琼有远见。王琼知道宁王早晚要反，恰值福州有三卫军人小规模叛乱，他就把王守仁暂时派往福州处置此事。王琼对手下讲："福州军人叛乱，本是小事，不足烦王守仁如此大才之人去平定。但他可以借此掌握一军，又有敕书在手，以待他变（指宁王随时可能的造反）。"

结果，王守仁果然因外出未被宁王在南昌宴会时逮住。

宁王六月二十四日正式造反。王守仁六月二十五日在丰城得知消息，立即往江西回赶。临江知府欢喜无限，忙把他迎入城中商议对敌之策。

王守仁虽为文臣，却极晓兵法大略，他说："宸濠若出上策，会直捣京师，出其不意，则社稷危矣；若出中策，直趋南京，则大江南北一时尽为其所据；如只据守江西省城，则出下策，可一举擒灭之！"

于是，他立即派人在通往北京、南京的要害处设置疑兵，又伪造朝廷早就派兵严备的假公文，故意让宁王的手下人拾到，造成各处皆有准备的假象。

宁王朱宸濠中计，没敢立即出兵击袭。由此，就给了王守仁非常充分的调动和喘息时间。

王守仁与吉安知府伍文定会兵后，商议道："兵家之道，急冲其锋，攻其有备，皆非上计。我们现在假装在各个城府自守不出，宁王不久就会集大兵自南昌出发，到那时，我们再尾随蹑追。依我之计，宁王兵出，我等应该立刻发兵收复省城南昌。他闻老巢被收，肯定回救，我们恰好集结兵力在他回军途中邀击，此乃全胜之道。"

时在北京的兵部尚书王琼接到王守仁飞奏宁王造反的消息，对众宣言道："有王守仁在，大家不用担忧，不久当有捷报。"

明廷得知宁王朱宸濠反讯后，根据江彬等人的建议，很快就逮捕了钱宁、陆完等人，将其下狱抄家。

侦知江西王守仁等人据城不出，宁王朱宸濠胆子愈大，仅留数千人守南昌，他自己与刘养正、李士宝等人率领六万人，号称十万人，满载珍宝，带着他的世子出江西，分军一百四十余队，分五哨出鄱阳湖，舳舻蔽江而下，声言要直取南京。

造反大军，先攻安庆。安庆城里，守城的守将勇武，宁王朱宸濠数日不能攻克。

王守仁得知宁王出南昌的消息，知道一切皆在预料之中，便与伍文定在临江樟树镇会兵。知府戴德孺引兵自临江，徐琏引兵自袁州，邢珣引兵自赣州，通判胡尧元、童琦引兵自瑞州，各自率兵赴会。六月十八日，大家齐集丰城，商议出兵事宜。

听说王守仁欲攻南昌，不少人有异议："宁王一直谋划造反，南昌留备必严，恐怕难以一日攻拔。今宁王攻安庆，日久不克，兵疲意沮，不如以大兵逼之于江中，与安庆守军夹攻之，必败敌人。宁王一败，南昌不攻自破……"

王守仁摇头，说出自己的意见："不然。我军如舍南昌不攻，与宁王必定相持于江上。安庆守军仅能自保，不可能抽兵增援我们。此时，宁王南昌守军可以乘间断绝我们的粮道，而南康、九江贼军又可合势出击，我们腹背受敌，肯定要吃大亏。宁王集所有精锐之兵齐攻安庆，南昌防御必薄。加上我军新集气锐，南昌定可一攻而克。宁王闻我军攻南昌，必会自安庆解围，还兵救其老巢。待其回军，我方已克南昌，宁王闻之必然夺气，首尾牵制，必为我擒！"

果然，七月二十一日，大军齐集南昌城下，王守仁下达死命令："一鼓附城，二鼓登城，三鼓不登者诛，四鼓不登者斩其队将！"于是，号令一下，士兵蚁附秉城。

南昌城上虽设守御，皆闻风倒戈，城门多有不闭者，士兵遂入。

南昌如此坚城，由于宁王暴虐，人民不附，守将怯懦，几乎没怎么召集，就被王守仁大军攻陷。

入城后，王守仁安抚士民，籍封府库，城中遂安。

当时的朱宸濠正因安庆久攻不下而着急上火，亲自督兵填壕堑，竖云梯，期在必克。

听闻王守仁率兵攻南昌，宁王大恐。李士宝等人多谋，劝宁王舍安庆不攻，径攻南京。如果得登帝位，自然占据了名义上的优势，可使江西等地自服。

宁王短视小人，惦记老窝的金银财宝，没有听从李士宝的建议，马上要回援南昌。他从安庆撤围，立刻派二万精兵先发，他自率四万军随后继之。

听闻宁王朱宸濠大军还攻江西，明军内部有人建议："宁王兵盛，心急愤怒，乘众而来。我方援军未集，势不能支，不如坚壁自守，以待四方之援。"

王守仁自有其独特见解："宁王兵力虽强，但以威劫众，所至焚掠，不得民心。虽兵马势众，但宁王部伍从未遇旗鼓相当之军与之相战。其部将本来想待其称帝以取富贵，今其进取不能，巢穴又失，沮丧退归，众心已离。我军以锐卒乘胜击之，彼将不战自溃！"

果不其然，七月二十三日，王守仁率诸将在樵舍迎击宁王朱宸濠叛军，败其前锋。转天，黄家渡一战，又大败叛军，追奔十余里，擒斩二千余首级，叛军溺水死者万计。宁王大沮，退保八字脑（地名）。

至此，宁王的先遣军，已经被完全消灭。

宁王本人乘舟夜泊，泊地名为"黄石矶"。他问从人当地何名，对曰"黄石矶"。南方人"黄""王"二音不分，宁王听成"王失机"，大怒，立身挥剑，把答话人脑袋砍掉。

叛军见兵败，军心已经溃散，逃兵日多。

事已至此，硬着头皮也要死撑到底。宁王朱宸濠大赏将士，奖当先者千金，受伤者五百金，并招南康、九江兵前来会合，并力合战。

重赏之下必有勇夫。叛军拼死前冲，杀掉官军数百人，致使官军战阵不稳。

吉安知府伍文定虽是文臣，却提剑监军，急斩先退者数人以殉。他身先士卒，站立于炮铳之间，大火焚其须髯，伍文定坚守不动。见伍知府如此，众军勇气倍增，殊死抵拒，兵势复振。

明军炮铳齐发，宁王朱宸濠所乘指挥大舟也挨炮着火，大溃。不得已，宁王率残兵退保樵舍，联舟为方阵，准备做垂死挣扎。

正当宁王军将为如何处理败将争执不下之时，官军已经发动火攻。大军四集，争相进击，宁王军终于四散而逃，大势去矣。

时至此刻，宁王朱宸濠万念俱灰，与嫔妃泣别。成百绝色佳人，知道造反被抓没什么好下场，皆赴水自杀。至于宁王本人、其世子，以及李士宝、刘养正等数百头领，皆被生俘。此战，叛军溺水淹死的就有三万多，所丢弃的衣甲器仗财物，在水面上与浮尸积聚，横亘若洲。

水上战场，真是“壮观”得很。

官军把朱宸濠一行人押上囚车返回南昌，军民聚观，欢呼之声震动天地。

入城后，王守仁阅视俘虏，宁王老着脸还哀呼：“王先生，我欲尽削护卫，还能当个庶民老百姓吗？”

王守仁心中冷笑，脸上不动声色，回答道：“自有国法处置你。”

这边宁王已被活捉，京城内的明武宗高兴之余也心急火燎，想借“亲征”之名南巡，以尽游玩之乐。

大军刚行至良乡，王守仁捷报已至，并表示要献俘阙下。

明武宗连发数檄止之。如果宁王被送来北京，他就不能“南巡”游乐了。

九月间，明武宗至南京，王守仁又欲到南京献俘，仍不被允。江彬、张忠等人深知皇上爱玩的心性，想让王守仁把宁王一行人放归鄱阳湖，以使明武宗能亲自率军与其“交战”，而后再奏凯论功。

王守仁不得已，连夜过玉山，押解宁王一行叛将取道浙江以进。

这时候，大太监张永正在杭州等着王守仁，准备让他纵俘鄱阳湖，以使皇帝能亲自“打猎”。

王守仁见张永，苦求道：“江西之民，久受宁王荼毒，今经大乱，又继以旱灾，加之供京军粮饷，困苦已极。如再有苦压，一定会啸聚山谷为乱。如果此时放宁王入湖，兵连祸结，何时有个结局啊！”

张永即是昔日诛除刘瑾的首谋太监。听王守仁一席话，深以为然，缓言道：“我此行杭州，因为群小（指江彬等军人）在君侧，不得已候你于此，非为掩功而来。但皇上之意可顺不可逆，群小若乘其怒激之，大事不好。”

王守仁听此言，稍稍心定，便把宁王一行人转交张永，连夜返回江西。

王守仁学乖，再上奏疏，称“奉威武大将军（朱寿）方略讨平叛乱”，即把大功归于武宗皇帝及其左右。

张永回南京后，见武宗皇帝，极言王守仁忠臣，良可信赖。本来，江彬等人事先已经在武宗皇帝前进谗言，讲王守仁本来依附于宁王朱宸濠，后来见其不能成功，才反手一击击擒宁王。经张永大公公一番释疑解惑，武宗皇帝终于相信王守仁是“好人”。于是，他下诏命王守仁巡抚江西，并擢升吉安知府伍文定为江西按察司使。

年底，宁王一行俘囚槛车被押送至南京。武宗皇帝想自以为功，就与江彬等诸近侍戎服骑马，大列队伍，出城数十里，列俘于前，作凯旋状。

宁王朱宸濠被囚一年后，正德十五年年底才被赐死，并被焚尸扬灰。宁王之乱，终于尘埃落定。

王守仁方面，平宁王之乱，立下如此殊勋，但武宗离世前一直未为他叙功。明世宗入统，很想召王守仁入朝，并下诏封其为新建伯。但是，王守仁与兵部尚书王琼关系好，阁臣杨廷和与王琼不睦，不少大臣嫉妒王守仁功劳，皆以“国哀未毕，不宜举宴行赏”为名，阻止他入京。虽然稍后任命他“南京兵部尚书”这样一个虚衔，但并未发给他铁券和岁禄。忧恨之下，王守仁拒不上任，病辞归家。未几，其父病死，因丁父忧，他只能闲居于乡，郁郁数年。

耽乐嬉游　体疲身乏

明武宗戏剧人生的终结

正德十五年八月，玩够了猫捉耗子游戏的明武宗终于率军往北京回返。

回程路上，武宗皇帝当然不会闲着，自瓜州过长江，登金山，游镇江。在清江浦，武宗见水上风景优美，鱼翔浅底，顿起渔夫之兴，便自驾小船捕鱼玩耍。

提网见鱼多，明武宗大乐，尽力挽提，以致船体失去平衡，他本人跌落水中。明武宗在北京长大，不会游泳，掉入水中后手忙脚乱，一阵乱扑腾，虽然亲侍们把他救回，但水呛入肺，加之惊悸惶怖，身强体壮的小伙子自此身体就不行了。

导致他大病的原因，最有可能的是肺部积水。另一个可能，是受惊加秋日着凉，引发肺炎，才击垮了身体特棒的皇帝。今天，肺炎乃一般病症，大剂量的消炎药加上保养就能痊愈。但在明朝，肺炎、肺积水可是要人命的绝症。

途中耽搁几个月，正德十六年正月，明武宗一行才回到北京，文武百官在正阳桥南接驾。

武宗皇帝身体困疲，仍强自支撑，入城时大耀军容，把俘虏的将臣以及从逆者家属数千人皆五花大绑，令他们跪于辇道两侧，活人头上插标写上姓名，死人枭首悬头于竿。特别的是，路两旁皆标以白帜，数里不绝，一派发大丧的排场，当时就有不少人觉得不祥。

明武宗仍旧戎服乘马，立于正阳门下，阅视良久，才入宫中歇息。老小伙子又发烧又咳嗽又胸闷，还有心气和精气神玩阅俘的把戏，真正是荒唐到底。

正月十四日，明武宗仍旧强撑，在南郊主持大祀礼。行初献礼时，武宗皇帝下拜，忽然口吐鲜血，瘫倒在地，大礼不得不终止。

拖了近两个月，正德十六年三月十二日，武宗皇帝处于弥留状态，对司礼太监讲："朕疾不可为矣。其以朕意达皇太后。天下事重，与阁臣审处之。前事皆由朕误，非汝曹所能预也。"

人之将死，其言也善。言毕，这位英俊爱玩的大明天子崩于豹房，时年三十一。

其实，明武宗朱厚照在后世人眼中十足坏人一个，但相比明太祖、明成祖、明世宗、明神宗、明熹宗，他并没有坏到哪里去。只是继位为帝的不是他儿子，而是以藩王入大统的堂弟明世宗。出于私愤，明世宗在实录编撰中下令史臣皆录其恶，丝毫不为尊者讳，使得武宗皇帝荒唐之行天下人皆知，且"万古流芳"。

明武宗为帝，北征南巡以外，不是没有干过好事。史不绝书的，是正德一朝多次赈灾免赋。而且，刘瑾之诛，宁王、安化王乱平，北御蒙古，皆是正德年间的大事，他在位时代的臣子有不少能干贤才，皆从侧面反映出这位帝王治下总体治略的可称道之处。

再举数个小例子以彰显正德时代的"好事"：其一，宁王造反，武宗亲征，行至山东临清，传令当地官员进膳。由于人多仓促，有官员在武宗本人面前竟然忘记放下筷子。他笑道："怎么这样怠慢我！"话虽如此，并未发怒，吓得尿裤子的地方官员也未得到任何怪罪。其二，太监黎鉴向都御史王頀索贿被拒，便跪于武宗面前哭诉王頀虐待蔑视自己。武宗笑言："肯定是你要人家东西没要成，王巡抚怎敢惹你这样朕身边的红人。"其三，武宗皇帝一行至扬州，江彬等人欲夺富人宅院为"威武将军府"，知府蒋瑶坚执不可。江彬伺机报复，正好明武宗手钓大鱼一条，戏称价值五百两银子，江彬就强卖给在一旁侍立的蒋瑶，让他用库钱购买。蒋瑶屁颠颠从家中跑回来，把老婆的耳坠头簪献上，说："官库无钱，臣所有唯此。"见此，武宗皇帝也是"笑而遣之"。其四，武宗祖母太皇太后王氏崩，百官送葬时，正值大风雨，泥地中众人欲下跪时，明武宗遣使谕止……诸多小事，从一个侧面说明明武宗本人并非残虐淫暴大恶之君，他这辈子坏就坏在一个"玩"字上。

所以，史臣也公正："毅皇（武宗）手除逆（刘）瑾，躬御边寇，奋然欲以武功自雄。"该肯定的也应肯定。

明武宗病危时，江彬不知深浅，仍矫旨改团营为"威武团练"，任命自己为军马提督，兼掌京内大军，以至于大臣们都忧惧江彬旦夕之间造反。

大学士杨廷和为人老辣，亲自与江彬寒暄，常常没事人一样谈笑，使得江彬不觉有异。

明武宗崩后，杨廷和秘不发丧，与司礼太监魏彬定计，派内官密禀太后，索得除掉江彬的手敕。于是，他们以坤宁宫殿成、要行安装上梁的仪式为由，派人找江彬与工部尚书李燧一起入宫主持典礼。

江彬不知是计，穿礼服入宫，其侍卫被阻于宫外。礼毕，江彬欲出，太监张永又出面，留他吃饭。

远远看见有宦者持诏带几个锦衣卫士兵走来，江彬感觉不对，朝西安门方向狂奔，但宫门紧闭。无奈，他又顺墙疾行，趋北安门。结果，把门的兵将说："皇上有旨，留提督在宫内！"

江彬可笑又可气："今日旨从何出？"意思是皇帝病成那样，我又没派人发旨，哪里有什么"圣旨"。说话间，他推搡拦阻他的门将，想乘间逃出宫去。

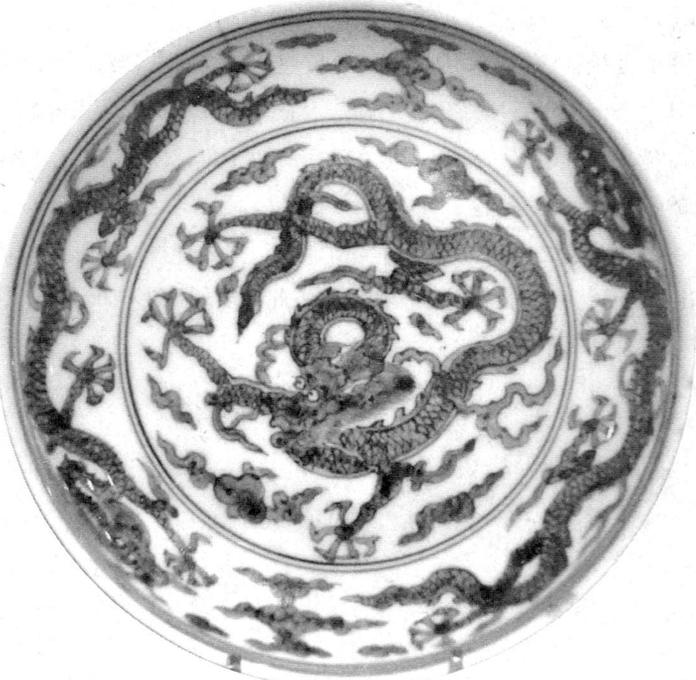

龙盘　明嘉靖时期

这时，得到密令的门将再也不怕江彬，命手下士兵一拥而上，把江提督绑成粽子，连打带骂，把他胡须拔个精光。昔日威武绝伦的大将，如今狼狈不堪。

明世宗继位后，下诏凌迟江彬，并杀其成年的五个儿子，其幼子江然与其妻女俱罚送功臣家为奴婢。对江彬抄家时，查得黄金七十柜，白银两千两百柜，其他珍宝不可计数。

平心而论，江彬也就是一个恃宠跋扈的武夫而已，自始至终没有剪除异己之心，也没有质劫公卿之志，一心一意只想哄明武宗开心，常年导其游猎，骚扰地方。所以，他在武宗身边十年，为恶之事，比起刘瑾乱政的五年，远远不及。

明武宗弥留之际，江彬没有任何拥立宗室的打算，可称是皇帝的耿耿忠臣，绝无为己为身远谋的私虑。为此，虽然江彬当时是以“谋逆”的罪名惨遭凌迟，后世史臣并未把他列入“逆臣传”或“奸臣传”中，只划入“佞幸”一类而已，实为公允之举。

严嵩的历史机遇与一生浮沉

万事浮生空役役

无端世路绕羊肠，偶以疏慵得自藏。
种竹旋添驯鹤径，买山聊起读书堂。
开窗古木萧萧籁，隐几寒花寂寂香。
莫笑野人生计少，濯缨随处有沧浪。

如此一首好诗，疏朗，散淡，恬适，自然，用典熨帖不露痕迹，于精简处现典雅，在随意间显大气。此诗名为《东堂新成》，作者乃明朝大名鼎鼎的大学士严嵩。

写好诗的，当然不一定是好人！

国人往往对任何历史人物均以忠奸或者好坏来框定。说起严嵩，人们脑海中肯定会浮现出京剧中大白脸、耸端肩、斜阔步的一个大奸臣面目。

其实，真正的历史人物严嵩，绝非能以好坏忠奸来区分那么简单的。每一个鲜活的个体，绝对脱不开那个时代的环境，如果把历史中的“这个人”从复杂的关系中加以抽离，其实也就成为呆板的、符号化的空洞名字。

真正的严大学士本人，风神像秀，长身玉立，眉目疏朗，音声宏阔。放在如今，也让人一见倾心。

严嵩大学士的一生，跌宕起伏，值得大书特书。嘉靖皇帝一朝，宦官弄权情况几近绝迹。所以，严氏父子当政握柄，自然为时人侧目，失去话语权后，代代流恶，成为巨奸大恶。特别是经过戏曲、话本和说书人的渲染，严大学士完全沦为“遗臭万年”的悲惨角色。

“大礼议”

名号纷争引致的党争

明武宗好色荒唐这么多年，竟然“颗粒无收”。临崩时，他自己没有儿子，只能下遗诏让在安陆的堂弟兴王朱厚熜继承皇帝位子。

朱厚熜时年十五岁，乃明宪宗二儿子兴献王（谥号）朱祐杬的独子。由于兴献王是孝宗亲弟，明武宗死后，朱厚熜以堂弟身份“兄终弟及”，也合乎帝王承继的传统。

正德十六年（1521 年）五月，朱厚熜由安陆入京。其生父兴献王早死，只有寡母蒋氏与其辞行。蒋氏乃一藩王妃，没见过什么大世面。她当时很谨慎，嘱咐儿子说：“吾儿此行，荷负重任，不要随便说话。”朱厚熜跪答：“一定遵奉您的教诲。”

朱厚熜不比当年继位为帝的堂兄明武宗，他在藩地时受过极其正统的儒家教育，少年老成，本性阴沉，又不喜动。行至良乡，接到礼部公文，见上面有让他先入宫为“皇太子”的安排，朱厚熜很不高兴，回复说：“遗诏让我当嗣皇帝，怎么又出来这种事？”显然，明廷大臣们是想他以“皇太子”身份继统为帝。

给死去的堂兄明武宗当“儿子”，朱厚熜当然不干。所以，到了北京城以后，这位心思缜密的少年坚持不入城。阁臣杨廷和依旧希望这位“嗣皇帝”按礼部规定办，朱厚熜坚执不可。

由于明武宗遗诏中的“接班人”人选天下皆知，再怎样也不可能另外推一个“嗣皇帝”出来，杨廷和等人拗不过少年朱厚熜，只得授意群臣劝进。

朱厚熜这才答应入城。他由大明门入宫，拜谒大行皇帝（明武宗）梓宫后，又见宫内的皇太后（武宗生母），然后出御奉天殿登上皇帝宝座，改明年为嘉靖元年（1522 年），这位就是明世宗了。

继位后，同几乎所有新帝登基后都要象征性做的一样，明廷以皇帝名义下诏，尽革明武宗时期弊政，在平反昔日蒙受不白之冤官员的同时，处决、惩治了前朝许多跋扈的文武官员。

身登九五宝座，嘉靖皇帝一面派人往安陆迎取其生母，一面下令朝廷礼部官员集议如何崇祀他的生父兴献王。

在当时的继位诏书中，有“奉皇兄遗诏入奉宗祧”一语。这位少年皇帝，乃大孝之人，总觉得这句话显然是给堂兄当儿子的意思。为此，他费尽心思要尊崇自己的本生父母。

这种宫廷礼仪，现代人可能不太明白，可能不少人会以为：你连皇帝都当了，怎么还惦记着如何让死去的亲爹再风光一场，没意义嘛！不少当代“大儒”也不时讥讽为“大礼议”拼死进谏的官员，说那些人死脑筋，人家小皇帝爱干啥干啥，爱封死去的爹为皇帝关你们什么事，豁出身家性命争这些“细枝末节”，傻呵。

不！当时的这些事情，在古代皆属“基本原则”，是天道大经，为臣子不争这些原则问题，就是不忠。所以，大臣们才如此纷争嚣嚣，数年不绝。

大学士杨廷和乃官场老人，熟谙史籍，对礼部尚书毛澄说：“此事以汉代定陶王、宋代濮王二事为依据，敢有异议者皆为谀奸小人，依法当诛！”也就是说，根据前代外藩王入继大统的事例，新皇帝应以明武宗为皇兄，以明武宗之父明孝宗（嘉靖帝的伯父）为皇考。这样一来，就只能让新帝以其生父生母为皇叔父、皇叔母。

为了弥补兴献王“无后”的“遗憾”，廷臣们建议让益王的儿子朱崇仁过继给死去的兴献王为“儿子”，代替现在给明孝宗当“儿子”的嘉靖皇帝。这样一来，那个朱崇仁就只能称他的亲爹益王为“叔父”。

看到这种“编排”，少年嘉靖皇帝老大不高兴：“父母岂有能更换的，再议！”

杨廷和等大臣六十多人上疏力谏，希望新帝以大局出发，兼顾“天理”“人情”。嘉靖皇帝不听。

新帝登基之际，新科进士张璁是个投机分子，他先透过老乡、时任礼部侍郎的王瓒当众散布消息，表示新皇帝入继大统，并非以别人“儿子”的身份嗣承帝位，与旧日汉哀帝和宋真宗时代之事不同。

杨廷和很讨厌这种卖巧行为，指派言官劾王瓒过失，把他贬往南京，当那里摆设的礼部侍郎。

张璁见势不妙，沉默了一阵。之后，他听说新帝不停让礼部集议对其生父的尊崇之礼，便投石问路，呈上《大礼疏》一篇文章，把“继统”和“继嗣”问题抛出，论点论据颇有可采之处：

> 朝议谓皇上入嗣大宗，宜称孝宗皇帝为皇考，改称兴献王为皇叔父，王妃为皇叔母者，不过拘执（于）汉定陶王、宋濮王故事耳……夫汉哀（帝）宋英（宗），皆预立为皇嗣，而养之于宫中，是明为人后者也。故师丹、司马光之论，施于彼一时犹可。今武宗皇帝，已嗣孝宗十有六年，比于崩殂，而廷臣遵祖训，奉遗诏，迎取皇上入继大统……遗诏直曰“兴献王长子，伦序当立”，初未尝明著（陛下）为孝宗后，比之预立为嗣，养之宫中者，其公私实较然不同矣……夫兴献王（指嘉靖皇帝的生父）往矣，称之以皇叔父，鬼神固不能无疑也。今圣母（指嘉靖皇帝生母）之迎也，称皇叔母，则当以君臣礼见（是指如果以叔母名义相见，嘉靖的生母要向嘉靖皇帝下拜），恐子无臣母之义。《礼》“长子不得为人

后”（嘉靖皇帝是兴献王的独长子），况兴献王惟生皇上一人，利天下而为人后，恐子无自绝父母之义。故皇上谓继统武宗而得尊崇其亲则可，谓嗣孝宗以自绝其亲则不可。或以大统不可绝为说者，则将继孝宗乎？继武宗乎？夫统与嗣不同，非必父死子立也。汉文帝承惠帝之后，则以弟继；宣帝承昭帝之后，则以兄孙继，若必强夺此父子之亲，建彼父子之号，然后谓之继统，则古当有称高伯祖、皇伯考者，皆不得谓之统矣……臣窃谓今日之礼，宜别为兴献王立庙京师。使得隆尊亲之孝，且使母以子贵，尊与父同，则兴献王不失其为父，圣母不失其为母矣。

看见张璁这篇东西，郁闷久之的少年皇帝大喜。他一直想大干一场，但毕竟年少，读书不够多，没有“理论”依据。

至此，如获至宝之余，少年嘉靖皇帝命司礼监宦官把疏议送至内阁，传谕说：“此议实遵祖训，据古礼，你们这些人怎么没有这种想法！”

杨廷和见疏大怒：“书生焉知国体！”这阁臣马上持张璁之疏复入宫内，想给皇帝摆事实讲道理。

嘉靖帝趁机把张璁论疏从头到尾细读一遍，欢言道：“此论一出，吾父子之情肯定得以保全了！”于是，他不理会杨廷和的反对，降手敕给阁臣：“卿等所言，俱有见识，但至亲莫过于父母，今尊父为兴献皇帝，母为兴献皇后，祖母为康寿皇太后。”

杨廷和身为首辅，很是坚持原则，封还皇帝的手敕，上言道：“皇上圣孝，出于天性。臣等虽愚，夫岂不知《礼》谓所后者为父母，而以其所生者为伯叔父母。盖不唯降其服，而又异其名也。臣等不敢阿谀顺旨。”

接着，几位御史、给事中等言官也交谏表示张璁议疏偏狭，希望嘉靖皇帝“戒谕”张璁这等躁进之人。

由于初登大宝，少年皇帝不敢太与大臣们较劲，只得让礼部继续商议此事。

延至十月，嘉靖帝的生母兴献王妃蒋氏行至通州，由于名号位号未定，自己儿子又当上了皇帝，便再无当初小心谨慎之情。她听说廷臣们想让儿子尊明孝宗为“皇考”，大怒道：“怎么这些人竟敢把我儿子当成别人的儿子！”泼妇本色顿现，就赌气待在通州不往前走了。

嘉靖皇帝闻此，涕泣不止，忙入内宫对明武宗生母慈圣皇太后张后表示“愿避位奉母归养”，以撂皇帝挑子来软威胁，众臣为此惶惧不安。

见施压起到了作用，少年皇帝独断“本生父兴献王宜称兴献帝，生母宜称兴献后”，并诏示大臣开大明中门奉迎他的生母蒋氏。

当然，嘉靖帝也做稍许退让，没敢再坚持让生母谒太庙。本来明廷有祖制：妇人无谒太庙之礼。

朝臣之中，如兵部主事霍韬等人，见张璁这么一个新科进士因巧言得达帝听，也思奉谀升官，开始上疏附和张璁疏奏。

嘉靖皇帝观此，追尊本生父母的决心日益坚固。

首辅杨廷和很讨厌张璁这样的幸进小人，便外放他为南京刑部主事。张璁怏怏而去。

嘉靖帝得寸进尺，追生父为“兴献帝”后，又下御札，批示礼部在兴献帝、兴献后的称呼中再加上“皇”字。

杨廷和等人力争，嘉靖帝抬出明孝宗皇后张氏，说是这位太后指示自己这样做。杨廷和见争之不得，自请罢归，不报。

给事中朱鸣阳等百余官员上章进谏，表示不宜对皇帝的本生父母加“皇”字，嘉靖帝不听。

恰巧，嘉靖元年正月，清宁宫发生火灾，杨廷和等人上言，认为这是“天意示警”。古人自上而下都迷信，小皇帝心动，一时间他不敢再有进一步举动，便下诏称明孝宗为“皇考”，明孝宗皇帝张氏为“圣母”，并称兴献帝、兴献后为“本生父母”，不再加“皇”字。

一波刚平，一波又起。朝廷刚刚消停了几日，巡抚湖广的都御史席书上疏劝嘉靖皇帝在改元之际把兴献帝定为“皇考兴献帝”，在大内别立一庙加以崇祀，祭以天子之礼；至于嘉靖帝生母蒋氏，也不应再以“兴献”二字加之，应称“皇母某后”。吏部员外郎方献夫也上表，力劝嘉靖帝“当继统而不继嗣”，改称明孝宗为“皇伯”，称生父兴献帝为“皇考”。

二人疏上，杨廷和等人阻之不报，恨二人媚上多事。

到了嘉靖二年，这位青春期的皇帝更有主见，不顾群臣反对，在安陆的兴献帝庙祭祀时行用太庙一样的“八佾”大礼。年底，人在南京的刑部主事桂萼与张璁二人经过谋划，又上疏再言“大礼”。同时，他们附送先前未达嘉靖皇帝御览的席书和方献夫二人疏奏作为“声援”：

> 臣闻古者帝王事父孝，故事天明；事母孝，故事地察。未闻废父子之伦，而能事天地主百神者也。今礼官以皇上与为人后，而强附末世故事，灭武宗之统，夺兴献之宗，夫孝宗有武宗为子矣，可复为立后乎？武宗以神器授皇上矣，可不继其统乎？今举朝之臣，未闻有所规纳者，何也？盖自张璁建议，论者指为干进，故达礼之士，不敢遽言其非。窃念皇上在兴国太后（指嘉靖皇帝生母）之侧，慨兴献帝弗祀三年矣，而臣子乃肆然自以为是，可乎！臣愿皇上速发明诏，循名考实，称孝宗曰皇伯考，兴献帝曰皇考，而别立庙于大内，兴国太后曰圣母，武宗曰皇兄，则天下之为父子君臣者定。至于朝议之谬，有不足辩者，彼所执不过宋濮王议耳。臣按宋臣范纯仁告（宋）英宗曰：“陛下昨受仁宗诏，亲许为仁宗子，至于封爵，悉用皇子故事，与入继之主事体不同。”则宋臣之论，亦自有别。今皇上奉祖训，入继大统，果曾亲

> 承孝宗诏而为之子乎？则皇上非为人后，而为入继之主明矣。然则（称皇）考（于）兴献帝，母兴国太后（以生母为本生母），可以质鬼神俟百世者也。臣久欲上请，乃者复得见席书、方献夫二臣之疏，以为皇上必为之惕然更改，有无待于臣之言者。至今未奉宸断，岂皇上偶未详览耶？抑二臣将上而中止耶？臣故不敢爱死，再申其说，并录二臣疏以闻。

一番“忠勇忘身”的表功，句句打动嘉靖帝心扉。他览之大喜，大言：“此事关系天理纲常，文武大臣集议之！”

为了展示追崇本生父母的决心，且帝位已坐稳，嘉靖帝罢免了处处和自己过不去的大学士杨廷和。在此种情势下，仍有礼部尚书汪俊等朝中大小臣工二百五十多人独署或联署八十多篇奏章，请求嘉靖帝依部议行事。反观张璁、桂萼一方，只有寥寥四个人声气相同。

嘉靖帝很恼怒，忍了数日。不久，楚王朱荣诚等人及锦衣卫千户聂能迁等人想讨赏讨官，上书附和张璁。嘉靖帝感觉到了这股“支持”力量，下诏调桂萼、张璁二人由南京来北京。

时值嘉靖帝生母蒋氏生日，嘉靖帝大摆宫宴，命妇们纷纷上笺祝贺。只过了几天，又遇明武宗生母慈圣皇太后生日，嘉靖帝偏心，下旨免命妇入宫朝贺。此举引起在朝官员不平，纷纷上疏进谏，均被嘉靖帝下旨逮入诏狱拷讯。

张太后为人贤德厚道，其实在嘉靖帝入宫初期，她完全有能力与阁臣一起下诏废掉这个侄子。此外，她又不会来事，对待以外藩王妃身份入宫的嘉靖帝生母不是特别客气，引起当今皇帝小爷的怀恨。日后，张太后弟弟张延龄被人告发不法之事，坐法当死，张太后放低姿态向侄子皇帝请求饶弟弟一命，遭到严词拒绝。不仅如此，嘉靖帝还把太后的另一个弟弟张鹤龄也逮入诏狱刑讯致死。张太后惊恐过度，不久暴崩。嘉靖帝复下旨杀掉她活着的弟弟张延龄。

由此，可以看出嘉靖帝此人品性极差。假使当初张太后反对他入统，皇帝这位子绝非他能坐上。

四月间，嘉靖帝下令，称生父兴献帝为“本生皇考恭穆献皇帝”，其生母为“本生母章圣皇太后”。为此，礼部尚书汪俊求去，嘉靖帝不让他平白“致仕”，切责后罢其官职。

由南京而来的张璁、桂萼二人行至半途，见到诏书后，又起新点子，认为诏书内有“本生”的字眼是礼部官员阴谋，佯为亲尊，实则疏远，应该直接称嘉靖帝生父为“皇考”，前面不宜带“本生”二字。

嘉靖帝认为他们说得很对，按章修改，去掉“本生”二字。

廷中众臣闻言，深恶张、桂两个小人多事，纷纷扬言说二人入北京后要杀掉他们。

这两个书生闻言，入北京后就装病，不敢出门，怕被群臣当众殴打。

吏部尚书乔宇、杨慎（大学士杨廷和之子）等人纷纷上言，劝嘉靖帝罢免张璁、桂萼二人以平息“邪说”。结果，皇帝反其道而行之，任张、桂二人为翰林学士，切责乔宇、杨慎等人。

张璁、桂萼二人得到新官职后，益加肆无忌惮，忙不迭上疏言“大礼”，有十三条之多，均为嘉靖帝采纳，并命礼部官员施行。

激于义愤，杨慎在下朝后对群臣讲：“国家养士一百五十年，仗节死义，正在今日！”大家纷纷响应，几百人一齐跪在左顺门，还有不少人边大哭边高声呼喊“高皇帝”“孝宗皇帝”，声达内殿。

从早上直到中午，嘉靖帝几次传谕退出，众人却一直跪伏不起。

这一来，嘉靖帝暴怒，命司礼监宦官把哭宫的所有大臣名字全部记上，然后命锦衣卫按名逮人，第一天就把一百四十三人下狱，其余八十六人待罪。拷讯之后，下令杖罚五品以下官员，编修王相等十七个人被活活打死，并把修撰杨慎、吏部侍郎何孟春、学士丰熙等人谪贬远荒之地。

十月，嘉靖帝下诏改称明孝宗为“皇伯考”，布诏天下，还准备把他生父兴献帝的灵寝迁入北京。有官员劝说“帝魄不可轻动”，这才没有搬动死人入京。

可叹的是，杨慎当时三十出头正当年，此人浊世翩翩佳公子，是正德六年状元郎，中举时年仅二十四岁。由于带领群臣哭宫，他被杖打后，又由嘉靖帝下旨贬往云南永昌卫。偏偏倒霉的是，杨公子赶上的这位嘉靖皇帝寿数长，在位四十多年，瘴山雾水凄凉地，三十六年弃置身。杨爷这一流放就是几十年光景，嘉靖三十八年死于贬所。这位十一岁即能赋诗的大才子，一生创作诗歌二千多首，并著有诗歌评论名著《升庵诗话》。古稀之年，本来回家探亲想在四川老家多待些时日，杨爷竟被“劳改局”官员派人强押回云南。凄怆之余，他作《六月十四日病中感怀诗》：“七十余生已白头，明明律例许归休。归休已作巴江叟，重到翻为滇海囚。”郁闷不已，病死异乡。

嘉靖四年，嘉靖帝在皇宫内为其生父兴献帝立“世庙”，迎其神位于观德殿。此时，群臣因高压反对意见日稀，纷纷表贺，并献《世庙乐章》。又过了三年，《明伦大典》撰成。

始作俑者张璁被封为谨身殿大学士、太子少保兼太子太傅、吏部尚书。平时奋斗几十年才能当上首辅，由于他首议“大礼”，六七年功夫就蹿至权力的顶端。

“大礼议”之争，如果书生气地讲，实则是当时居主导地位的程朱理学正统派与王阳明心学派之间的较量。

以杨廷和、杨慎父子所代表的旧臣集团以程朱理学为宗，强调“义理”；而王阳明学派主张“天理”，应向“人心”和“人情”倾斜，把“理”拉向“气”。但从当时的实际来讲，旧臣一派虽然理论僵化并有不近人情之处，但多正人君子，非为谋己谋身；张璁一派虽近“情”，但多是见利忘义、贪图官爵的小人（王阳明当时还活着，张璁一派的席书、方献夫等人均是他的学生辈，但王先生深知官场险恶，并未对“大礼议”明确表态）。

就事论事，张璁在“大礼议”问题上起了一个坏头。但这个人日后表现多有善举，刚明果敢，廉洁自律。他罢休天下各地镇守的宦官，重新清理贵族豪强隐匿的土地，拒腐反贪，干过不少好事。所以说，历史上的个人，极难以“好”“坏”加以绝对性区分。

而且，张璁当时举人出身，总让人误觉得他是青年才俊，其实他时年已经快五十岁了，七考不中。日暮途穷，潦倒的中年知识分子投机取巧，也在情理之中。而那位与他臭味相投一同钻营的桂萼，也是在官场蹭蹬多年不受人待见的中年人，怨恨之火中烧，很想搏一把以出人头地。有一点要说明的是，张璁为人善钻营，日后又觉自己名字中的“璁”与皇帝名字“厚熜”犯讳，主动要求改名。嘉靖皇帝大喜，钦赐其名为“孚敬”，字茂恭。所以，读明朝史有时看到张孚敬，其实就是张璁。

交代了“大礼议”，就该讲严嵩了。

“青词”圣手

严嵩的政治际遇

严嵩，字惟中，号介溪（又号勉庵），成化十六年（1480年）生人。此人家境平平，正是江西乡间好学的风气，才使得这个平民出身的苦孩子“学而优则仕”，一步一步走向权力中心。

纵观严嵩的发迹，其实他属于“为霞尚满天”的类型，六十岁以后才飞黄腾达。

弘治十八年（1505年），严嵩中进士，得入翰林院，时年二十六岁。小严当时考试还名列前茅，二甲第二名，是乙丑科那一批进士中的第五名，成绩优异，一丁点儿不掺水。

正当他作为朝廷青年官员后备梯队准备大干一场时，正德三年，其祖父去世。转年，其母亲又因病去世。古人以孝道为先，严嵩必须回家守丧三年，许多晋升机会就平白错过了。

福兮祸兮，明武宗正德年间的政治，笔者在前一章已经讲过，前五年有刘瑾大公公干政，后十年有江彬乱政，朝廷中的正人君子几被排除殆尽。严嵩正好没赶上蹚浑水，实际上避免了正德一朝的政治斗争，也免遭政治迫害。

所以，严嵩借守丧之机，在老家钤山读书，一隐就是八九年，整日埋头写诗著述，颇著清誉。彼时的严嵩，可以说是极富政治智慧。特别是刘瑾在朝期间，如果他迁延不去，只有两种结果，其一是抗衡被杀，其二是同流合污，哪一种结果都是一个“惨”字。而且，刘瑾是陕西人，其心腹吏部尚书兼大学士焦芳是河南人，极其排挤江西人（焦芳曾因才疏学浅遭受江西籍大臣彭华的讥讽，极恨江西人），所以，身为江西人的严嵩，自然在朝也不会有好果子吃。

严嵩在老家诗酒自娱，并非真隐，一直保持敏锐的政治嗅觉，与朝野名流李梦阳、王守仁等人往来密切，诗文唱和。古代为官为吏都要有真本事。科举取士，决定了一个人想在官场混，必须是经过十年（或数十年）寒窗苦读，头悬梁，针扎腿，个个都是满腹经纶，才能进入这个圈子。没有真材实料，只凭捶腿揉腰送东西，还真弄不来乌纱帽戴，更不能与名流递上话。

严嵩何许人也，泱泱大儒，知古详今，自然是名誉日隆，又博清誉赞诩，广为人知。因此，直到正德十一年，刘瑾、焦芳一帮人倒台几年后，他才重入朝廷。

此时的严嵩，已经深有城府，不急不躁，静待机会。当然，也有客观原因，他一直在南京以及翰林院这样清闲之地居“闲职”，想急于出头也没太多机会。

正德十六年，明武宗驾崩，明世宗嘉靖时代来临。很快，就是

严嵩像

“大礼议”而引致的纷争，杨廷和父子等旧臣纷纷被贬斥，朝臣面临全新洗牌的局面。经过数年争斗，嘉靖帝与张璁一派大获全胜。由此，还要表一下张璁、夏言等人，然后才能把严嵩接上。

张璁、桂萼二人得手后，嘉靖帝追崇其生父的事情得到阶段性成功，但也不敢马上擢拔二人入阁。他们岁数虽不小，但资历太浅，声望又低，皇帝本人怕再遭阁臣封驳和言官疏论。

当时的首辅费宏是官场老油子，表面上他不似杨廷和那样锋芒毕现，内心却极鄙张、桂二人，常暗中使绊。张、桂二人挟恨，便劝嘉靖帝召前朝重臣杨一清入阁替代费宏任首辅。

杨一清就是当年和太监张永设计干掉刘瑾大公公的主谋，为人名声好，又曾经入过阁。嘉靖皇帝在当王子时就对这位杨爷仰慕已久，自然御笔照准，由此杨重入内阁。

但依明朝政府内不成文的律例，首辅一般都是中举时三甲的中选人士，费宏是状元出身，又是现任首辅，杨一清立时把他顶下去，于情于理都说不过去。正好，费宏儿子在老家犯法被关，张璁等人抓住这个“软肋”，联合几个言官劾奏费宏。费宏只得自己上章求辞，嘉靖皇帝反正不待见他，很快御批准辞，费宏只好灰溜溜走人。

杨一清任首辅，虽然感激张璁、桂萼推举，但他和嘉靖帝都知道，依照“廷推”的办法使张、桂二人一同入阁是不可能的事，这两位名声确实很差。但此时首辅是“自己人”，事就好办多了。嘉靖帝先后以“中旨”自任二人入阁，命张璁以礼部尚书兼文渊阁大学士身份入内阁机务，命桂萼以吏部尚书兼武英殿大学士入阁。这样一来，二位“大礼议”功臣终于成为核心“阁臣”。

凡是入了官场的人，皆似冬天挤在一起取暖的刺猬，不久就会相互刺痛对方。杨一清与张、桂二人相处日久，因处理锦衣卫指挥聂能迁一事意见不同结下梁子，最终发展到在皇帝面前互相攻击。

相比之下，杨一清在嘉靖帝眼中“道德”形象的分量更重一些，一怒之中，他下诏把张、桂二人削职。但毕竟是自己的“心头肉”，没过多久，嘉靖帝先后把二人召还入朝。

郁郁之下，杨愤然辞官，老姜终于不敌新葱。

经过一次忽然打击，张璁“乖”了许多，对嘉靖皇帝更加谨慎小心，并取代杨一清当上了首辅。屁股决定脑袋。首辅的位子坐好，先前属于“激进派”的张璁，一改昔时面目，凡事以因循为准则，不想也不必再搞什么哗众取宠之事。

后来，嘉靖皇帝日益沉迷道教，又要搞“天地分祀”，张璁不愿多事，非常“持重”地劝皇帝没必要“分祀”。

殊不料，长江后浪推前浪，在朝内任给事中（七品言官）的夏言上疏皇帝，大力赞同进行“天地分祀”。

张璁闻之大怒，如今角色互换，他变成了昔日杨廷和一般的保守派，便示意心腹霍韬等人拟文肆意辱骂、驳斥夏言。一伙人宣泄畅意，很是痛快。可他们忘了一件重要的事情，嘉靖皇帝与夏言二人意见相同，骂夏言，实际上就是不给皇帝面子。

果然，嘉靖帝览文震怒，在把霍韬投入大狱的同时，对夏言升官晋爵，以示殊宠，并破格把他擢为侍读学士。此官虽不是太高，但得以时常面见皇上，属于高级秘书。

夏言为人仪表堂堂，口齿伶俐，进讲之时琅琅而言，一派道骨仙风，很让嘉靖帝欢喜。

从朝野两方面讲，张璁先前兴“大礼议”搞事，得罪人无数，独霸朝局，与桂萼联手整治异己，又结下无数梁子，在许多人眼中的形象就是气势熏炎的“黑老大”。

夏言扬眉剑出鞘，无知者无畏，敢于与当朝首辅叫板，大家都倾心于他独行侠般智斗张璁的勇气，根本没人去想这位夏爷要皇帝进行“天地分祀”其实也是拍马屁。

“群众”的力量是巨大的。待张璁知晓了什么叫作“小不忍则乱大谋”时，朝议清议已势如潮水，他感觉到自己失去皇上眷顾，只得悻悻然辞官归家。这是嘉靖十四年的事情。

张璁虽去职，并未惹嘉靖帝深恨，毕竟他是这位皇帝初入皇宫时最得力的依托者。嘉靖十四年，张璁患重病，皇帝还不时遣宦官到其家中送医送药，并赐自己平时服用的“仙丹”。又过三四年，张璁终于病死于老家。嘉靖帝闻之震悼，认为这位臣子当初能“危（己）身奉上”，定其谥号为“文忠”，追赐太师。

张璁一去，按顺序阁臣翟銮升居首辅。夏言于转年入阁，以礼部尚书、武英殿大学士身份参与机务。虽然排名在他前面的有翟銮和李时，可夏言如日中天，翟銮又是一个橡皮图章加橡皮泥一样的官场“老好人”，因此，实际主持政务的非夏言莫属。

经过“大礼议”、杨一清主政、张璁执政，再至夏言入阁，一系列的政治斗争，牵涉无数人员的利害关系，时而制衡，时而联动，派系和山头林立。当一个朝代趋至鼎盛后，政治中心内部肯定会因权力分配滋生门户党争，由量变到质变，最终侵蚀王朝的机体。

夏言当了实际的首辅，他又是江西贵溪市人，同为老乡的严嵩自然感到了机会。

此时的严嵩，经过官场多年历练，读书人的散淡早已凝结成趋炎附势的势利和“臣妾意态间”的柔和。低眉顺目加上老乡之间交谈中的亲切乡音，使夏言这样从中下级官员直蹿入阁的性格执拗之人一见倾心，刻意对严嵩加以提拔。

不过要注意的是，不是老夏提拔小严，而是小夏提拔老严。严嵩从进士入科方面讲是夏言的“前辈”，比夏言早四科，入仕当然早得多。而且，从“成绩”方面讲，严嵩是那一届进士第五名，夏言的排名在那一科一百多名以后，要差严嵩好多。

但机遇不同，命运不同，严嵩入仕正值正德年间，一下子就耽误了近十年。夏言出头就打“纸老虎”张璁，一下子深得帝眷，后浪新人，反居其上。

嘉靖七年，严嵩以礼部右侍郎的身份奉命祭告皇帝生父兴献帝在安陆的显陵，回奏时大称在当地看到的数项“吉瑞”之兆。好吉兆令嘉靖帝大喜，升其为南京礼部尚书。严嵩本人虽然不在政治中心，但他在新帝心目中的印象一直特别好。

由于欣赏严嵩对自己诚惶诚恐，恭顺有加，夏言便把这位老乡调到北京简拔为礼部尚书。听上去是部长级别的官员，其实在当时属于可有可无的角色，仅仅是替夏言这个“国务总理”打杂而已。

但打杂弄不好也出事。嘉靖十七年，严嵩差点惹火上身，险些激起皇帝的恼怒。这年夏天，嘉靖帝心血来潮，又想让自己生父兴献帝像正式皇帝一样称“宗”，把神位迁入太庙供奉。当然，过场还要做，他就把此事下礼部集议。此时的严嵩精神上还残留些书生正气，知道张璁先前“大礼议”之举在朝野留下“媚君邀宠”的骂名，但如果明确反对，肯定官帽不保。好歹在官场混了二十多年，严嵩想打马虎眼，上疏言事时模棱两可，与礼部官员议事时也推三阻四，想以“拖”字诀把事情搁置下来。

嘉靖帝眼里不揉沙子，大恼之余，勤奋创作，亲写《明堂或问》一文，遍示群臣，气急败坏地书面质询大臣们“为何朕爹不能入太庙”。

严嵩吓坏了。惶恐揪心的节骨眼儿，毕竟转舵快，他立即表明自己支持皇帝生父入太庙的立场，并详细考订古制，撰写入庙礼仪的每一个步骤和细节，使得“入庙礼”盛大而隆重，终于博取了嘉靖帝的欢心。

礼成后，严嵩获赐金币，深得皇帝眷宠。

一不做，二不休，严嵩又上疏，建议“尊文皇帝称祖（朱棣），献皇帝（嘉靖生父）称宗”。皇帝采纳，朝廷下诏，尊太宗文皇帝朱棣为“成祖”，嘉靖生父献皇帝为“睿宗”。这个睿宗皇帝生前只是王爷，沾了儿子与严嵩的光，死后得以进入太庙与明朝诸帝一起受人供奉。

此次以后，严嵩铁定心要以皇帝为指南针，知道所谓的“正直”是不能升官的累赘，“清议”如同凉风吹过后就无用处，唯有皇帝的眷念和呵护才是脚跟立稳朝堂的最佳保险。

嘉靖帝生父神主入太庙大礼后不久，严嵩上奏说天上出现“庆云”，认定是皇帝孝德感动上天。他奋笔疾书，呈上两篇拍马屁的文章《庆云赋》和《大礼告成颂》。嘉靖览之甚悦，命人把两篇文章珍藏于史馆之中，并加严嵩太子少保。不久，严嵩做陪臣参加各种礼仪，获得的赏赐数目已经与几个阁臣一模一样。

所以，迎合嘉靖帝追崇其生父，也成为严嵩政治生涯中一个最重要的转折点。

凡人皆有酸葡萄心理。夏言见严嵩如此受宠，心中很不是滋味，开始对这位老乡疏忌起来。严嵩深知现在还不能与夏言闹翻，事之愈谨，每每置酒，邀夏言宴饮。夏言常不理不睬，有时答应去，严嵩宾客请柬都发齐了，众僚满堂，他又忽然推托有事爽约；好不容易夏大爷亲临一次，却“薄暮姑至，三勺一汤，宾主不交一言而去”，让严嵩丢尽了面子。

严嵩恨得牙根痒痒，仍旧一脸诚敬，大事小事皆拿给夏言参决。一次，有紧急公文需待夏言批复，恰值这位夏爷有小病在家休养，严嵩屁颠颠亲自把文件送上门去。夏言心情不好，推辞不见。严嵩颤巍巍派随从在夏言内宅的院子里铺上席子，自己高捧公文，跪而读之。

隔窗望见年近花甲的半老头子直腰跪在那为自己朗读文件，弄得夏言心中好不落忍，也觉自己过分了些。同时，他心中踏实下来，觉得自己荐擢的老乡确实一直把自己当恩人，从此不再存心刁难、整治他。

严嵩方面，上有帝宠，下有群僚请他办事，连宗藩王爷请恤乞封也要送大笔金宝与他，自然腰杆日硬。同时，他还有个极会走通关节、联络关系的儿子严世蕃。小严一时间在府上收钱办事，捞得不亦乐乎。御史、言官们当然不会闲着，纷纷交章弹劾严氏父子纳贿等事。严嵩很会来事，每次为人办事前他都会事先在嘉靖帝前有意无意地透露。所以，皇帝认定诸事严嵩皆关白过，言臣捕风捉影而已，反而更信任严办事得体，没有事情瞒着自己。

实际上，当时的严嵩收钱胃口并不大，几千两银子而已。最“危险”的一次，是共和王死后，其庶子与嫡孙二人争袭王位。共和王庶子乃小老婆所生，暗中送严嵩三千两银子，严就答应他袭爵。结果，共和王王妃认定嫡系的孙子当承袭，派人入北京大理寺击鼓喊冤。事情败露后，严嵩忙入见嘉靖帝，“坦白”了自己收受银两的事情。由于严嵩先前干事一直卖力，嘉靖帝觉得这位能臣一脸惶恐的样子很可怜，对他说，你安心做事好了，不要介意这件事，明白表示不会追究责任。

当然，嘉靖皇帝对严嵩的眷宠，绝非仅仅是好印象或者严嵩能依顺己意办事麻利，最最关键之处在于：严嵩擅长撰写嘉靖帝醮祀时必用的“青词”，他是一心慕道的皇帝须臾不可或缺的大能人！

现在的有些人，如果把“青词”是什么讲给他听，肯定不屑一顾甚至认为可笑：所谓青词，就是嘉靖帝在拜礼道教神仙时表达自己敬崇“心声”的表章，一般用朱笔恭写于青藤纸上，所以叫“青词”。皇帝本人恭读后，拜礼，然后把青词焚烧，以使这些谀谄道教天帝们的忠心词语上达天听。

虽然青词纯属诞妄不稽的东西，但撰写这玩意儿要极高的艺术素养，需要擅长汉赋骈体长文，不是一般只读经学文章的文人所能写出的。再者，嘉靖帝本人文化修养极高，又信奉道教，对青词要求非常高，绝对是既要有华丽的辞藻做形式，又要有深刻实在的语言表达他自己的“心声”。每次醮祀，青词均是他一个字一个字拜礼时念出，可称是“字字珠玑”。

所以，对大臣们来说，撰写几万字的军国大事建议书，反而不如绞尽脑汁写千把字青词给皇帝留下的印象深刻。

后世人一说起严嵩多坏多谄媚，往往拿青词说事，讽刺他是“青词宰相”。殊不知，就连号称“清正”的夏言本人，起先也是因赞同“天地分祀”、以撰写青词才深得皇帝青睐。当初夏言没这一手，也没有日后入阁的可能。

说起嘉靖帝沉溺道教，还有好长一段可讲。入宫的第二年，嘉靖元年夏天开始，年方十六岁的小皇帝已经开始对寺观佛道等感兴趣，但他当时的宗教观处于起步阶段，未能定型。转年，有暖殿太监崔文，他本人信道教，便引诱嘉靖帝参观各种道教仪式，声称信道可以长生不老。从此，嘉靖帝开始了他长达四十多年的尊崇道教的路程。他先以乾清宫为“大本营”，不时在宫中建醮，日夜跪拜祈祷，并下令道士训练十数个小太监尽习道教诸仪式，赏赐无算。当时，首辅杨廷和就上疏规谏，不报。“大礼议”稍稍告一段落后，自嘉靖五年起，嘉靖招江西龙虎山道士邵元节入宫，封为“真人”，日夜大兴醮礼。当时的大学士杨一清，曾进言说皇帝不宜在宫内祀天，嘉靖帝稍稍收敛。杨一清致仕后，张璁依承上命，在钦安殿为皇帝建醮，祈祷早生皇子。夏言得进，也正是因为他受任为“醮坛监礼使”，大写青词，给嘉靖帝留下深刻印象。

嘉靖十五年，宫内大兴隆寺发生火灾，御史以“天变”为由谏劝皇帝不要再沉迷道术。为此，嘉靖帝竟然把火灾归罪于佛教僧人，令大兴隆寺僧人还俗，并把明成祖朱棣的军师和尚姚广孝的神位从太庙配享中撤出。同时，他又为邵元节加道号为“致一真人”，官阶二品，岁给高俸，赐田三千亩，并派锦衣卫四十人供其差遣。这位邵元节其实是个气象学家，会观天气，常常假装祈祷得“雨”得“雪”，故为嘉靖帝所重。可巧的是，这一年年底皇帝真有儿子出生，一切又都归功于众人的醮祀。邵元节首当其功，官至一品，得授礼部尚书。

崇道的同时，嘉靖帝大肆打击佛教，在皇宫禁城尽撤佛殿，并把宫内数代收藏的金银铜像尽数拆除熔毁，共重一万三千多斤。同时，他下令把“佛首佛牙”之类的“灵物”及“舍利”一类的东西尽数从宫内撤毁。本来夏言建议把这些东西在京郊野外找地方一埋了事，嘉靖帝倒有“远见”，表示说：“朕观此类邪秽之物，有智者必避之不及，但小民愚昧，肯定会内心以此为奇异，偷挖出后找地方供奉以招诱百姓献财，不如在京内大道上烧毁，使百姓尽知！”

可悲的是，毁佛方面嘉靖帝“唯物主义”得非常到位，结果走向另一个极端，对道教沉迷得不行。这根本不是什么好事。

可能有人奇怪，怎么大凡皇帝崇道，必毁佛；皇帝崇佛，必毁道。道理很简单，尊道的皇帝身边一群道士“真人”，自然对自己的“传统”竞争对手大肆抨击；尊佛的皇帝，宫内必罗致不少“高僧大德”，肯定要“揭发”道教的荒妄。

所以，佛道两家，多年来一直没有“和平共处”过。

嘉靖十八年，“真人”邵元节“升天”了，正在裕州巡幸的嘉靖帝闻之“大恸”，敕以官葬，丧仪如伯爵。这位能“呼风唤雨”的特异功能大家，怎么也逃不了一个“死”字。邵死后，嘉靖帝又招方士陶仲文（又名陶典真）入宫，一心迷崇道教。

严嵩在一心一意讨好嘉靖帝的同时，时刻准备倾陷夏言。

夏言有所察觉，就嘱托自己当言官的党羽上章弹劾严嵩。但是，当时的严嵩深为嘉靖帝所信任，御史、言官们越弹劾他，皇帝反而愈信任他，认定严正是因为不遗余力地站在自己身边，才惹来言官的攻击。

在喜欢严嵩的同时，夏言越来越让嘉靖帝不待见。

这位帝君常在宫内西苑斋居，入值官员觐见，皆像道士一样乘马而入，唯独夏言摆谱，每次皆让人用肩舆把他抬入苑内。嘉靖帝不悦，隐忍未发。同时，嘉靖帝爱戴道士们所戴的香叶巾，就让尚衣局仿制五顶沉水香质地的小冠，赐给夏言和严嵩几位尊显近臣。夏言不识抬举，上密疏表示：“此冠非人臣法服，我不敢当。”这下可把嘉靖帝惹得怒火中烧。反观严嵩，他每每于召对之日，头顶香叶冠，并在上面罩轻纱以示自己对皇帝赐冠的诚敬，使得皇帝龙心大悦。

严嵩长身挺拔，眉目疏朗，香叶冠那么一戴，轻纱那么一飘，举止潇洒，仙风道骨，嘉靖帝看着就舒服。

另一方面，夏言身居首辅之位，政事繁多，自然对皇帝交予的写青词的任务难免有所怠慢，不仅词采失色，有时竟然图省事把几年前写过的内容杂糅一下又献上去哄弄皇帝。偏偏这嘉靖帝记性特别好，每篇青词他都亲自朗诵过，见夏言如此敷衍自己，更是气不打一处来。

同时，严嵩与皇帝身边的老道陶仲文关系搞得又密又近，陶老道常在皇帝面前说严嵩的长处以及夏言的短处。为了给皇帝留下深刻印象，二人同时入对时，严嵩常故意惹夏言不高兴，夏每每勃然大怒，当着嘉靖帝训孙子一样叱责严。见此状，嘉靖帝心中更是不平。

嘉靖二十一年夏六月的一天，君臣二人交流融洽之机，嘉靖帝向严嵩询问他对夏言的看法。严早就等着这一天，扑通一声跪地，泪如雨下，老脸哆嗦，尽诉夏言种种跋扈欺凌之事（夏言先前与外戚郭勋不和，互相倾轧，也引起嘉靖恼怒）。

大怒之下，嘉靖帝立刻手写敕令，历数夏言“罪状”，指斥他把持言路，轻慢君上，诏令夏言“落职闲住”，连个“闲官”的差事也不给。一朝首辅，直落为民，夏言可谓丧尽脸面。

夏言一去，严嵩得以礼部尚书、武英殿大学士的身份入阁，时为嘉靖二十一年秋八月。花甲老头，终于实现了他人生的“理想”——一人之下，万人之上。

现在的人，多以为大学士就是当朝一品大员了。非也！明代自始至终，大学士秩止正五品，其官仍以本人所兼的尚书一职为重，他们挂牌署衔也是本衔在下，兼衔的尚书官名在上，为某部尚书兼某殿阁大学士。明初废相后，设内阁大学士，其实当时只是给皇帝当高级笔墨顾问和秘书。由于这些人得在大内授餐，侍天子于殿阁之内，故称“内阁”。而“内阁”一词真正定型，处于明成祖之后明仁宗之始，“内阁”权力逐渐加重。最初明朝大学士共“四殿”“两阁”。四殿者，中极殿大学士（原为华盖殿），建极殿大学士（原为谨身殿），文华殿大学士，武英殿大学士（严嵩即以此名）。两阁者，文渊阁大学士，东阁大学士。

严嵩入阁后，引起很大争议，给事中沈良才和御史童汉臣等人交章劾奏这位大学士奸险贪污，不堪大任。严嵩以退为进，自己上章求去。嘉靖帝当然不允，手诏百余言慰留，并亲书“忠勤敏达”四个大字赐予严嵩。

为示殊宠，嘉靖帝又为严嵩家中藏书楼赐匾曰“琼翰流辉”，道教祈祀阁匾曰“延恩堂”，并加严嵩太子太傅，旗帜鲜明地支持这位“青词老臣”。为了安慰严嵩，嘉靖帝不久又把上章弹劾的童汉臣等人外贬。

花甲翁入阁后，精神亢奋，天天在内宫西苑简陋的报房值班伺候皇帝，从不请假。风中黄叶树，灯下白头人，严不停奋笔疾书代替皇帝创作妄天的青词，达宵不寐。当时的名义首辅是翟銮，但嘉靖帝总是把严嵩当首辅对待，翟銮唯唯而已。很快，严嵩又进吏部尚书、谨身殿大学士、少傅兼太子太师。“组织”大权落于严手中，也算是“天道酬勤”吧。

翟銮虽是个木偶，严嵩仍不能容他，嘱心腹言官以其二子有罪弹劾他，翟竟被削籍而去。这一点，严嵩确实不厚道，刚拗如张璁、激越如夏言，都容得翟当摆设。轮到严嵩，竟对这个“老实人”也不相容，显然过分。

严嵩入相的这年冬天，嘉靖二十一年十月二十一日夜，皇宫中发生了一件骇人听闻的谋弑事件。以宫女杨金英为首的十多名小姑娘，竟然准备在深夜把皇帝勒死，幸亏几个人慌乱之间把绳子结成死结，踏进阴曹半条腿的嘉靖帝才最终得活。

对于此事的经过，《明史》的《后妃传》中简单记叙了几句，《明实录》中也是草草叙述，大概是为尊者讳，不想多说。记载此事最详细的，当数当时任刑部主事的张合。张合文人，退休后著书《宙记》，记载了此事的详细经过：

> 嘉靖二十一年十月二十一日，奉懿旨（方皇后的命令）：“好生打着问！”得（逮捕）杨金英，系常在、答应（低级宫婢）供说：“本月十九日，有王、曹侍长（王指王嫔、曹妃即端妃，这是方皇后冤枉她，此人因貌美被嘉靖帝宠幸，对谋弑之事根本不知情）在东稍间点灯时分，商（量）说：‘咱们下了手罢，强如死在（皇帝）手里！’杨翠英、苏川药、杨玉香、邢翠莲在旁听说，杨玉香就往东稍间去，将细料仪仗花绳解下，总搓一条。至二十二日卯时分，将绳递与苏川药，苏川药又递与杨金花拴套儿，一齐下手。姚淑翠掐着（嘉靖帝）脖子。杨翠英说：‘掐着脖子，不要放松！’邢翠莲将黄绫抹布递与姚淑翠，蒙在（嘉靖帝）面上。邢翠莲按着（嘉靖帝）胸前，王槐香按着（嘉靖帝）身上，苏川药拿着（嘉靖帝）左手，关梅秀拿着（嘉靖帝）右手，刘妙莲、陈菊花按着（嘉靖帝）两腿，姚淑翠、关梅秀扯绳套儿。张金莲见事不好，去请娘娘（方皇后）来。姚淑翠打了娘娘一拳。王秀兰打听（当作‘发’）陈菊花吹灯。总牌（宫女官名）陈芙蓉说：‘张金英叫芙蓉来点着灯。徐秋花、邓金香、张春景、黄玉莲把灯打灭了。’芙蓉就跑出叫管事牌子来，将各犯拿了。”

嘉靖帝被数个宫女这么一勒，当时处于休克状态，方皇后唤来数位御医，没一个人敢用药，都怕担责任被诛九族。最后，太医院使许绅颤巍巍调了一副“峻药”，给皇帝灌下。就这样，数个小时后，嘉靖帝吐瘀血数升，缓过命来，静养多日，才能视朝。

其间，方皇后自作主张，认定曹妃和王嫔二人率宫女作逆，把数人凌迟处死。嘉靖帝病好后，听闻自己美貌的曹妃被片片割肉而死，心中对方皇后产生极大怨恨。五年后，皇宫内发生火灾，宦官们请示皇帝要去救方皇后，嘉靖帝不吱声，任由方皇后被烧成一截人肉炭。这位方皇后，是嘉靖帝第三个皇后。他第一个皇后是张氏，因妒忌失礼遭夫君足踹，流产血崩而死。他第二个皇后也姓张，以色得幸，嘉靖十三年，色衰而废，两年后郁郁而死。这样，方氏得以立为皇后。想当初第一个张后被废，正是因为方皇后和第二个张皇后（二人当时为妃）伺候嘉靖帝喝茶，皇帝抚摸二妃玉手玩弄，惹得坐在一旁的张后投杯而起，结果被嘉靖帝暴怒下猛踹一脚。方妃成为方皇后，小老婆变大老婆，比从前的大老婆更狠，竟能趁乱令人把美貌情敌绑缚法场碎剐。

对于几个宫女想谋弑嘉靖帝一事，后人往往忽略其因由，总觉是事起仓促的突发变故。其实，细细钩沉当时人的笔记，才发现有一种说法比较可信：

嘉靖帝希求长生，身边聚集了不少道士为他炼丹药，这些丹药中有不少属于春药。中国古代春药配方很奇怪，其中一味名叫“天葵”，即少女处女初潮经血，此物可提炼出一种名为“红铅”的粉剂。嘉靖帝后宫养了不少这种产“药”的少女，为了大量采集她们的经血，御医、道士们又强迫她们吃药，使她们经血过频过量。最有可能的是，宫中已经为此祸害死了许多少女。杨金英等人觉得反正是死，不如先弄死这魔头皇帝再说，情急之下，才想出用绳勒嘉靖帝的下策。只可惜，死结不能收勒至紧，又有人临阵逃脱告密，数位奇女子终于未得成功。

试想一下，十几个十五岁左右的小姑娘，齐心合力想在大龙床上勒死一个三十六七岁正当壮年的皇帝，此情此景只能用“壮烈”二字来形容，但是如果上镜头上文学剧本的话，就稍显暧昧。

严嵩当政三年多，同为阁臣的有礼部尚书张壁、吏部尚书许赞。张壁病死，许赞又被严嵩排挤，削籍而去。

嘉靖帝是昏君，绝非庸君，他逐渐觉察到严嵩在朝内遍植党羽，行事蛮横，便于嘉靖二十四年底重新起用夏言。夏言自回老家后，当地小官待他也傲凌不礼。他悒悒不乐，每逢元旦、皇帝生辰之日，他肯定上表称贺，自称“草土臣”。嘉靖帝“惭怜之”，便又召回了这位昔日宠臣。

夏言卷土重来，不仅官复原职，又加太子少师，位在严嵩之上，重新成为首辅。

经过一次大起大落，夏言根本不吸取教训，以为大权重掌，对严嵩的态度变本加厉。

朝上，凡是军国大事草章拟旨，他根本不和身为次辅的严嵩商议。同时，他大肆报复，逐个搜捡严嵩安插在朝廷内的心腹，尽数逐去，且声言要追查深究。

慑于夏言声威，严嵩不敢出面相救，内心衔恨至极。特别让严嵩感到害怕的是，严嵩之子严世蕃当时任管理财赋的尚宝司少卿，招财纳贿、克扣贪污，被夏言侦知得一清二楚，准备凑足证据后自己直接上奏给皇帝。

严嵩闻之大惧，领着儿子亲自到夏言府上乞求首辅放自己父子一马。

夏言称病，不见。多亏严嵩以大笔金银买通夏言门人，父子二人直入夏言榻下，长跪泣谢，一把鼻涕一把泪哀求首辅手下留情。夏言妇人之仁，见老乡这么低三下四，心一软，又想把此把柄捏住日后更好调度严嵩，便把案件置之不报。严嵩父子心内愈恨。

另一方面，锦衣卫都督陆炳因触犯法禁，夏言准备严办，吓得这位特务头子也不得不亲自入宅跪求夏言法外开恩。大学士无长虑，挥挥手斥出，表示这次就算了。

鹰犬小人当然得罪不得，陆炳由此深恶夏言，并渐渐和严嵩父子搭上线，时刻准备着扳倒夏言。

《入跸图》（局部） 明

夏首辅为人自视甚高，嘉靖帝常遣小宦官们来递送文件，他对这些人爱搭不理，视如奴仆。反观严嵩，每次有小公公到来，无论官阶高低，他一定亲迎出门，执手延坐，并信手把几大锭黄金塞入公公们袖中，让诸人感觉如沐春风。

这样一来，皇帝身边的太监们平日家长里短，没一个人讲夏言好话，但皆齐口赞颂严嵩“仁德”。

嘉靖帝小人心态，时时遣小宦者们偷偷去看阁臣们在干什么。严嵩自然事先知悉，每每大半夜还正坐于值房，挥笔凝神，白头发丝乱动，为皇帝撰写青词。至于夏言，小宦者们便回报说，夏大人总是早早回家，与宾客饮酒欢宴。长久以往，嘉靖帝日益对夏言不满。

严嵩本人的“处世为人”，并不属于嚣张狂妄类型。特别是对于内廷宦官，他竭尽“礼貌”。一宦者曾对朝臣讲：“我辈在大内日久，见时事凡有几变：昔日张璁先生进朝，我们要向他打恭；后来夏言先生入宫，我们只平眼看他。今日严嵩先生来，都要先向我们拱手拜礼才入宫。”

这一记述，一直被各种史书转载，以证明明朝太监的日益跋扈。其实，转载者大多不明就里，因为他们弄不清楚如下事实：嘉靖朝是除朱元璋时代以外，宦官最“老实”的时代！那位宦者所说，不过是从一个侧面表现出严嵩为人的阴柔罢了。

过了两年多，严嵩看准时机，以“河套之议”的机会，终于扳倒夏言，并把这位比自己年岁小的“老”上司送入鬼门关。

当时，都御史曾铣总督山西。此人很有军事才能，数次领兵打败侵入河套地区抢掠的蒙古骑兵，便上疏提出恢复整个河套地区的计划，永逐“套寇”。

疏上，夏言觉得自己二次入阁，怎么也要在任上弄出点动真格的大动静，以彰显自己能耐，便立即推举曾铣，向嘉靖帝进言恢复河套。帝王自然都有开疆拓土的志向，嘉靖帝心动，就多次让夏言拟旨褒赞曾铣，准备给他增兵增饷，立下不世之勋。

但是，开边动武，后果难测。一直沉迷于道教的嘉靖帝行事后，心中又后悔。

严嵩揣摩到嘉靖帝心意，极力陈言不可兴开边衅，并搬出明英宗时代的陈年老事，连蒙带吓唬，弄得嘉靖帝十分后悔，便生气夏言当初出这种馊主意。

夏言不知道嘉靖帝心理上已经发生了九十度大转弯，不停上言，催促皇帝下旨出兵，并要求赐予曾铣誓书御剑，给他以专戮节帅的职权，以保障军事行动的顺利进行。览奏，嘉靖帝心甚恶之。

可巧，北京忽刮大风，澄城山地震山崩，迷信的嘉靖帝觉得这是上天示警，更绝了兴兵的念头。其实，当年夏天，陕西已经发生过山崩和地震，这种大灾大难在旧时代皆被看作是“上天示警”。地方官立即上报，皆被严嵩扣住不发，他要等到最佳时机上报。所以，趁着北京大风的当口（大风这种灾异，古人认为是边地开战的预兆），看准了嘉靖帝正欲静下来做祈祷长生的斋醮仪式，严嵩马上连同陕西地震山崩当“天警”一同奏上。

见到天警报告，吓得迷信的嘉靖帝心慌意乱，忙问严嵩有何办法可以“转祸为福”。

严嵩老人精一个，下跪自劾道：“复河套之议，实是以好大喜功之心，行穷兵黩武之举，上干天怒，为臣不敢反对夏言，一直没有依实上奏，请皇上您先处理我的失职。”

嘉靖帝不仅没处理严嵩，还挺感动，觉得严嵩是铮铮直臣。同时他更恨夏言和曾铣没事找事。

很快，言官们纷纷上言，极陈不可开边衅。由于先前已经连下数诏褒扬曾铣，嘉靖帝一时找不到台阶下，便手诏示问廷臣：“今逐套贼，师（出）果有名否？兵食果有余？成功可必否？一（曾）铣何足言，如生民荼毒何！”

手诏一出，群臣立刻嗅出味来，从前依违夏言的官员们也力言不能挑起战事。

夏言这时才感到害怕，上疏谢罪，并指称："严嵩在阁中一直与我意见一致，现在他却把一切过错推于臣身。"

嘉靖帝见疏，更怒夏言推诿责任，并斥他"强君胁众"，命令锦衣卫把陕西的曾铣逮入京师。

这时候，先前夏言得罪过的锦衣卫都督陆炳终于找到时机，与严嵩在刑部的心腹一起捏造罪名，以边臣向辅臣行贿和"结交近侍"的罪名，杀掉了曾铣。隆庆初年（1567 年），曾铣得以平反，赠兵部尚书，谥"襄愍"。

此时，嘉靖帝对夏言还未动杀心，只是尽夺其官阶，下令他以尚书身份退休回家。

行至通州的夏言听说曾铣在京师问斩的消息，惊吓得从马车上掉下来，大叫道："唉，我这番死定了！"情急智生，他忙上书给嘉靖帝辩冤，声称一切皆是严嵩倾陷他。

此时，写这些东西不啻给嘉靖皇帝火上浇油，他马上严命众臣集议夏言之罪。

刑部尚书喻茂坚不忍置夏言于死地，便奏称夏言应该论死，但身为辅臣，可以援引明律"八议"中"议贵"的条目免于一死。嘉靖帝大怒，斥责喻尚书党附夏言。

更倒霉的是，恰巧有蒙古部落进犯居庸关。严嵩抓住这个茬子，坚称夏言兴挑边衅，导致国家不宁。

这样一来，夏言自然逃不出被杀的命运。他被锦衣卫从老家抓回京师，弃斩西市，时年六十七。堂堂大明首辅，竟在闹市被斩。此后，朝中大权，悉归严嵩一人。

夏言被杀，其实当时还有不少人拍手称快，因为此人的个性过于张扬。身为官场老人儿，此种霸道张扬的为人处事之道，肯定会得罪许多人。

严嵩与夏言之争，绝非日后严嵩败后所谓的“正邪之争”，仅仅是正常的官场恶斗，谈不上哪一方站在正义上面。

在极权制度的圈子里面，即便本性是正人君子，如侥幸不败，大多也只能浮沉取容。否则，轻的是贬官，重的则是脑袋搬家。

独相二十年

严嵩秉政时期的贪横误国

严嵩于嘉靖二十年八月八日为相，嘉靖四十一年五月去位，二十多年来，最大的过恶如下：其一，信用心腹赵文华，使东南倭患愈演愈烈；其二，清除异己，继杀曾铣、夏言之后，又在嘉靖三十四年杀杨继盛，使明朝首开杀谏臣之恶例，随后又杀沈鍊和王忬，虽命令皆出于皇帝“圣裁”，但主谋皆是严氏父子；其三，贪污纳贿，在朝内结党营私。

嘉靖二十九年，蒙古俺答汗侵袭明境，严嵩向兵部尚书丁汝夔授计说：“地近京师，如果兵败难以掩盖，一定命令诸将不要轻易与敌交战，他们饱掠后自会离去。”

可见，严嵩作为相爷，在军国大事上确实没什么远计和魄力。丁尚书傻不拉叽，唯严相国所指，传令诸将勿战。本来明朝大多数军将就饮食终日，皆怯于战斗，有了兵部长官的命令，都大松一口气，互相戒嘱传言：“丁尚书讲不要与敌交战。”

这下可苦坏了百姓。他们饱受蒙古军队的烧杀抢劫，官军皆龟缩于坚城之中，不做任何御敌的行动，连姿态也不做。民间大愤。

俺答汗的蒙古军队撤走后，老百姓纷纷上万民书，矛头直指丁汝夔畏怯无能，明廷下令逮捕他。

严嵩怕丁说出自己事先为他出主意，假意安慰道：“你别怕，我自会保你无事。”丁汝夔大傻帽一个，有严相爷给自己打保票，刑部鞫审时他很“配合”，没有多作辩驳。他就等相爷向皇帝说好话直接把他赦免了。

结果，不久，一帮狱卒就从狱中把他提出，丁还以为是走个过场后就把他释放。一行人直接把他押至西市，刽子手持大刀正等着他来。直到自己被踹跪于地，丁汝夔才恍悟为相爷所卖，大叫“王八蛋严嵩误我！”话音刚落，头也随之落地。

嘉靖三十年，锦衣卫经历沈鍊因严嵩御寇无方，抗疏历数这位当朝阁臣“十大罪”：

> 昨岁俺答犯顺，陛下奋扬神武，欲乘时北伐，此文武群臣所愿勠力者也。然制胜必先庙算，庙算必先为天下除奸邪，然后外寇可平。今大学士（严）嵩，贪婪之性疾入膏肓，愚鄙之心顽于铁石。当主忧臣辱之时，不闻延访贤豪，咨询方略，唯与子（严）世蕃规图自便。忠谋则多方沮之，谀谄则曲意引之。要贿鬻官，沽恩结客。朝廷赏一人，（严嵩）曰“由我赏之”；罚一人，（严嵩）曰“由我罚之”。人皆伺严氏之爱恶，而不知朝廷之恩威，尚忍言哉！姑举其罪之大者言之。纳将帅之贿，以启边陲之衅，一也。受诸王馈遗，每事阴为之地，二也。揽吏部之权，虽州县小吏亦皆货取，致官方大坏，三也。索抚按之岁例，致有司递相承奉，而闾阎之财日削，四也。阴制谏官，俾不敢直言，五也。妒贤嫉能，一忤其意，必致之死，六也。纵子受财，敛怨天下，七也。运财还家，月无虚日，致道途驿骚，八也。久居政府，擅宠害政，九也。不能协谋天讨，上贻君父忧，十也。

疏上，严嵩没什么反应，嘉靖帝先倒恼了，认定沈鍊诋诬重臣，立即派人逮之于廷，当众杖责，然后罚他去保安为民。

沈鍊进士出身，为人疾恶如仇，与锦衣卫都督陆炳关系不错。陆炳是严嵩同党，常常带沈鍊参加严氏父子召集的宴饮。沈鍊心中憎恶严氏父子，更恨严世蕃纵酒虐客强灌别人，每每箕踞坐骂。严唯独惮惧他，从不敢强灌他酒。

按理讲，凭借他与上司陆炳的关系，沈鍊巴结严氏父子升官很容易，但此人正直出于天性，不吐不快，最终却落个被谪为民的下场。

沈鍊在保安“劳改”期间，当地父老知其清名，纷纷派子弟向这位先生求学。他以忠义伦常教导学生，又时时缚三个草人，分别写上严嵩、李林甫、秦桧姓名，手持弓箭射之泄恨。

几年后，当地守官是严嵩心腹杨顺。为了巴结严氏父子，他向严世蕃报称说：“沈鍊在保安当地阴结死士，击剑骑射，准备伺机刺杀大人父子。”严世蕃大怒，立遣党羽巡按御史李凤毛去抓沈鍊，把他的名字列入该杀的白莲教匪首名单，乘间上报。兵部下文，沈鍊被处死。这还不算，严氏党徒为了更使严世蕃高兴，又杀沈鍊二子，借此获得升迁。

嘉靖三十二年，兵部员外郎杨继盛痛恨严嵩误国，突然上奏弹劾严嵩，指认他有“十大罪”“五奸”，言辞激烈。

百密一疏，见杨继盛奏文中援引两个王爷为人证，严嵩大喜，以为可以此为罪，就在嘉靖帝前谎称杨继盛无故把宗室牵引入纠纷之中。

嘉靖帝果然大怒，立刻下令当廷杖打杨继盛一百，并命刑部定罪。刑部不敢得罪严嵩，断成死罪，系之于狱，但拘押三年。嘉靖帝一时也不想杀掉这个学问深厚并享有天下清名的直臣。

有人劝严嵩不要杀杨继盛，免得招众怨，严爷心动。无奈，其子严世蕃及党羽非要置杨继盛于死地，天天劝说严嵩下手。于是，在第四年秋决时，严嵩揣知皇帝深恨的所谓“抗倭不力”的都御史张经和巡抚李天宠肯定要被处决，便阴附杨继盛之名于二人案卷之后递呈上去。

嘉靖帝不细省，御笔勾决。杨继盛终于被杀，时年四十。他临刑赋诗："浩气还太虚，丹心照千古。生平未报恩，留作忠魂补。"

天下知与不知，皆涕泣传颂之。

杀杨继盛，严嵩可谓是把天下人都得罪了。其实，早先时候，杨继盛在皇帝面前抗言疏指丧权辱国的咸宁侯仇鸾，而严嵩一直恨仇鸾不附于己，非常欣赏杨继盛这位耿直才子，亲自提名，把他连升数级，直接提拔为兵部武选司的主管。孰料，杨继盛只思君恩，疾恶如仇，讨厌严嵩更甚于讨厌仇鸾，不仅不到严府"谢恩"，反而马上就上疏曝其罪恶，可以说是耿直至极的一个正人君子。

但以实论之，杨继盛弹文中第一条，其实站不住脚。朱元璋废相权，是政治上的一种倒退。明仁宗时代开始逐渐加重大学士权位，渐成祖制，所以拿严嵩握宰相权违背祖制说事，应属这位杨爷时代和意识的局限。

严嵩父子仗恃皇帝的信赖和手中的权势打击正直之士，排斥异己。这些其实都算不上什么大奸巨恶。但是，严嵩滥用只会谄媚滑顺的小人主持大政，于国于民是真正做了大坏事。比如，任用赵文华，使东南倭乱愈演愈炽，诚乃严嵩的大恶之一。

赵文华此人，乃嘉靖八年进士，本性狡险，得官后考拔不及格被外贬。举进士前，他在国子监读书时结识了当时担任祭酒的严嵩，二人很是投缘。由于严嵩知道自己树敌太多，父子多有过失，便想安插自己心腹在关键部门，以便日后出事好有照应。于是，他就与赵文华相结为义父义子，把赵文华擢为刑部主事。

不久，赵文华知道嘉靖帝好道术，就私下进媚皇帝，上献"百华仙酒"，表示说："臣下师父严嵩正因饮此酒而长寿体健！"嘉靖帝试饮，果然醇香浓厚，味道好极了。估计美酒里面有植物兴奋剂，忽然间让嘉靖帝神清气爽。他非常高兴，立下手敕，向严嵩询问此酒制作工艺。

严嵩接敕大惊，咬牙道："赵文华安敢这样做！"确实，这狗儿子瞒着自己向皇帝献好酒，让皇帝感觉自己有好东西舍不得奉献。如此，赵文华自己做好人，倒让严落于人后，这真让人窝心。恼怒归恼怒，严嵩也不敢发作，婉转上奏道："臣生平不食药饵之物，臣活这么久，自己也不知所以然，绝非饮药酒而及。"

回阁房后，严嵩盛怒，立刻招来赵文华大骂斥责。赵跪泣久之，严怒不可解。不久后，严嵩休假归朝，群僚进见，严嵩仍怀恨赵文华，让从吏把他推出门。

这一来，赵文华真怕了，携大笔金宝跪献自己干妈（严嵩老婆）。一日，严嵩夫妇家宴，严世蕃以及众义子侍立两侧，一家人其乐融融。赵文华事先跪伏于窗外，观察动静。良久，严嵩老妻佯装不知这对义父子二人不和之事，问严："今日全家欢会，怎么独不见我儿文华？"严嵩轻蔑一笑："阿奴负我，怎能在此！"严嵩妻忙温语相劝，诉说赵文华诸多"孝敬恭顺"的事情。严嵩听着，面色转和。

赵文华见时机已到，立刻急趋入房，长跪涕泣不已，连声叫爹，于是父子二人和好如初。

东南倭患昌炽后，严嵩禀报嘉靖帝，派赵文华在祭海神的同时，前往那里主剿倭寇。赵文华无略小人，胡乱指挥，冤杀总督张经等人。幸亏有胡宗宪、俞大猷等人能干，平徐海，俘陈东，使东南倭患大有收敛。当然，这些成绩，赵文华皆据为己功。为此，明廷加其太子少保，荫其一子为锦衣千户。

赵文华在东南倭患中的种种劣行，笔者将在后文平倭的段落中详述。

赵文华自恃立功而得宠遇，日渐骄横，连严世蕃也不放在眼里，拿宫中大小太监也不当回事。特别让严世蕃生恨的是，赵文华曾向他进献一顶金丝编织的幕帘，他稀罕当作宝贝。后来他才得知，赵文华有美妾二十七人，人人有这样的金幕帘，这让他深以为恨。

宦官方面，由于赵文华手紧，不再出金银，大小太监从他那里根本打不到秋风。于是，这些人回宫后，就总是向嘉靖帝汇报赵文华接受皇帝赐物时倨傲不礼。特别让皇帝生气的是，赵文华进献西域春药，嘉靖帝饮服后效果特别好。药丸食尽，他又向赵文华索要这种西域药，但赵皆自己享用，回称没有。宁可无了有，不可有了无。嘉靖皇帝大恨。

一日，他上宫城远眺，见西长安街新起一高楼，耸入云天，就问左右："谁家宅第，如此豪华？"左右称："赵尚书新宅。"其中有一人被赵文华得罪过，阴不拉叽来一句："工部贮存修宫殿的巨木，大半都被赵文华盖新宅了。"

嘉靖帝闻之脸色大变。稍后，嘉靖帝就找茬儿让他回原籍休养。又过了些日子，嘉靖帝怒发其罪，黜赵文华为民，并贬其子为小兵戍边。赵文华当时真得了病，遭此大谴，病势转沉，腹溃而死。

严嵩晚年，思维迟滞，再不像初时那样对一直在西苑"玄修"的皇帝所发诏旨做出敏捷反应。

嘉靖帝大道家、大文学家，手敕往往辞旨玄奥。这时候，只有严世蕃能刻意揣摩，并达无不中。一方面是由于严世蕃智商高，另一方面是因为他"情商"也高，总拿大把银子贿赂皇帝左右宦官侍女。所以，嘉靖皇帝喜怒哀乐，宫内的耳目们纤悉驰报，他们每次均能从小严处得到大笔"情报费"。故而严世蕃成竹在胸，想皇帝之所想，急皇帝之所急。

严嵩当政最后时期，诸司上报事情要他裁决，他均说"与东楼议之"。"东楼"，严世蕃别号也。早年，由于有妻子欧阳氏规劝，严嵩对儿子管教甚严。欧阳氏病死后，儿子再也无人管束。而且，由于缺了儿子不行，严嵩上表皇帝，请皇上允许儿子留京服侍自己，让孙子代之扶老妻之丧归老家。

严世蕃服丧期间，大行淫乐之余，在家中代老父处理诸司事务。由于他身有丧服，不能入值朝房，这就让老严嵩作了难。

有时嘉靖皇帝派宦官急赤白咧，狂催他拟旨草文什么的。可怜严嵩老眼昏花，老脑袋已经转不动，奏对多不中旨，使得嘉靖帝大为恼火。

此外，道士蓝道行以扶乩为名，用沙盘代替“神”言，极陈严氏父子弄权跋扈之状。嘉靖帝问：“如果此事为实，上天何不殛杀二人？”蓝道行答：“留待皇帝正法！”嘉靖帝默然心动。

严嵩还有另外得罪嘉靖帝的地方。嘉靖帝自居的西苑万寿宫因火灾不能住，暂居狭窄的玉熙宫，因此郁郁不乐。他召问严嵩，严劝皇上还大内居住。这可触动了嘉靖帝的忌讳。正是由于嘉靖二十一年皇帝本人在大内宫中差点被宫女们勒死，这位一向信邪迷信的皇帝才再未回去居住。严嵩此议，正触霉头。不久，严嵩又请皇帝还居南内，那地方又是从前明英宗被软禁的地方，此议让嘉靖帝更怒。

关键的时刻，好好先生徐阶出场了。

徐阶，江苏华亭人，嘉靖初年进士出身，乃当科探花郎。史书上称他“短小白皙，善容止。性颖敏，有权略，而阴重不泄”。入翰林后，他本来前程一片光明，却得罪了当时的皇上大红人张璁，被贬出京。过了好几年，昔日春风得意又秋风失意的小徐才得以重返翰林，并受夏言援引，一步一个坑，最终当上了礼部尚书。

从“站队”方面看官场，严嵩整掉夏言，肯定要“惦记”徐阶。可这徐尚书经过从前的蹉跎，深知当朝一把手惹不得。他从不当面顶撞严嵩，把严奉承伺候得好得不行，所以严嵩除掉他的意图就不那么迫切。更庆幸的是，夏言虽倒，徐阶因一手漂亮青词，哄得嘉靖帝对他大加青睐，须臾不可或离。如此，严氏父子想扳除他，倒是非常之难。

当然，此前有一事，严差点要了他的性命：一日，嘉靖单独召严嵩问话，征询他对徐阶的看法。严嵩想了想，说：“徐阶缺的，不是才能，只是心眼太多些！”这句话要命，严是讲先前徐阶力争嘉靖帝早立太子之事。嘉靖脸色阴沉，幸亏后来未对此事深究。正是由那时起，徐阶对严嵩益加恭敬，并殚精竭虑撰写青词给嘉靖帝，以图保身。

嘉靖帝想造新宫，问严嵩，没结果。他就召时为次辅的徐阶。徐阶一口应承，表示先前建殿，余留建筑材料很多，如果下令营建，几个月即可造成新的宫殿。嘉靖帝大悦，立即下诏任徐阶儿子尚宝丞徐璠兼工部主事一职，主持新宫建设。结果，仅仅三个月多一点，宏伟雄壮的新宫建成，嘉靖帝当天就迫不及待搬入“新家”，名之曰“万寿宫”。

经过此事，皇帝对徐阶另眼看待，深以为忠，进其为太子少保，兼尚书俸禄，并超擢其子徐璠为太常少卿。

严嵩知悉帝宠已移，又开始装孙子，率儿子严世蕃和一群子孙家人到徐阶家中，表示说：“老夫活得也差不多了，我死后，徐大人善待这些人！”

徐阶装得更像，立即还拜，表示自己受严相爷提拔，对他绝无二心。

严嵩一行人刚走，徐阶儿子徐璠进屋，对父亲说：“您这些年一直受严氏父子欺压，该出手时候一定要出手！”岂料，徐阶拍案大骂：“没有严相爷，我们徐氏父子哪里有今天，你这个忘恩负义的东西！”原来，严氏父子耳目众多，徐阶家人中就有几个严世蕃重金豢养的“间谍”。

徐阶的表现，立刻被传到严氏父子耳中。从此严嵩对徐阶完全放松了应有的警惕。

嘉靖四十一年，身为御史的邹应龙忽上奏章，弹劾严世蕃贪污受贿等不法之事。但奏章当时未敢牵连严嵩，只讲他“植党蔽贤，溺爱恶子”。

历史上有些事，发端时离奇得近乎荒诞。邹御史之所以敢于忽然间挺身而出，并非直接受徐阶指使，而是缘于他所做的一梦：他梦见自己骑马出猎，看见东边有一高楼，土基宏壮，顶覆秸秆。邹应龙拉弓而射，大楼轰然坍倒。醒后，邹御史鼓励自己，这是我扳倒“东楼”（严世蕃）的吉兆啊，于是他奋笔疾书，立写弹文。

嘉靖帝对严嵩父子日久生厌，又有道士们一旁撺掇，便下诏逮严世蕃入大理狱，命严嵩致仕，但岁禄照发，留有情面。

发现皇帝对老父严嵩没有一棒子打死，严世蕃深知事情不像想象中那样不可挽救。他通过早先交结的内保太监，奏称道士蓝道行与邹应龙里外勾结，陷害大臣。嘉靖帝各打五十大板，命人逮捕蓝道士送入牢房审讯。严嵩嘱托刑部的心腹，严刑拷打蓝道行，最终目的是让他诬攀徐阶为幕后指使。谁料，蓝道士挺“英勇”，坚决不承认受徐阶嘱指。由于严氏父子势力根深固结，最终蓝道行获罪被处死。

朝中独相十余年，严嵩党羽力量确实大。但是，如果不处理严世蕃，又无法向皇帝交代，法司最后就裁定严世蕃受贿白银八百两，上案于御前。

廷议后，判决流放严世蕃于雷州，其两个儿子及心腹罗龙文等人分戍边地。

嘉靖帝念严嵩旧情，特宥严世蕃一个儿子为民，回老家伺候严嵩起居。

严嵩离朝后，没人再与自己谈玄论道，加之蓝道行又被处决，年已半百的嘉靖帝追念他过去二十多年的赞襄之功，悒悒不乐。于是，他把已经升任首辅的徐阶叫来，表示自己要退居二线，当太上皇，准备在西内一心拜道。徐阶极陈不可，谏劝皇帝不要撂挑子。

“好，既然如此，你们一定要与朕同辅玄修，努力崇道，日后再有谁敢上疏劾奏追论严嵩、严世蕃父子，朕一定下令把他们与邹应龙一同送斩！”嘉靖帝声色俱厉。

远在江西南昌的严嵩闻此，知道皇帝仍有念旧之情，就趁嘉靖帝生日，在铁柱宫使道士建醮为皇帝祈祷，亲自撰写《祈鹤文》献上。皇帝优诏答之。见有回信，严嵩蹬鼻子上脸，上疏乞求皇帝准许自己被流放的子孙能回南昌给自己养老。对此，嘉靖帝没有答应。

事已至此，严世蕃也不消停，惹事不断。他被明廷下令流放雷州。

但是，刚刚行至半道，他便擅自回返，在南昌大兴土木，修建豪华别墅。更危险的是，他常常酒后宣言："哪天我得以重起，一定要拿下徐的人头，邹应龙也跑不掉！"

徐阶得闻，忽起斩草除根之心。

严嵩听见儿子如此放话，叹息对左右讲："此儿误我太多。圣恩隆厚，我得善归。此儿虽被遣戍，遇赦也可得归。今忽忽大言，惹怒圣上与徐阶，我严氏家族，横尸都门那天，想必不远矣！"

合该有事。袁州推官郭谏臣因公事路过严嵩府宅，看见一千多工匠正大修府邸。严府仆人作监工，望见郭推官根本不起身见礼。郭谏臣大怒，上状于御史林润。这位巡察御史先前劾奏过严嵩党徒，很怕日后严嵩父子重起遭到报复，见此状大喜，立刻添油加醋，上奏严世蕃在江西阴聚徒众，诽谤朝议，图谋不轨。同时，他还奏称小严聚数千人（一下把数目扩大几倍）以修宅为名，阴谋造反。

疏上，嘉靖帝大怒，命林润诏逮严世蕃等人入京审讯。

林润得令即行，一面下令捕人，一面又上奏疏，半真半假，把严世蕃一案渲染得活灵活现：

世蕃罪恶，积非一日，任彭孔为主谋，罗龙文为羽翼，恶子严鹄、严鸿为爪牙，占会城廒仓，吞宗藩府第，夺平民房舍，又改厘祝之宫以为家祠，凿穿城之池以象西海，直栏横槛，峻宇雕墙，巍然朝堂之规模也。袁城之中，列为五府，南府居鹄，西府居鸿，东府居绍庆，中府居绍庠，而嵩与世蕃，则居相府，招四方之亡命，为护卫之壮丁，森然分封之仪度也（喻指严氏父子僭越制度自以为王爷）。总天下之货宝，尽入其家，世蕃已逾天府，诸子各冠东南，虽豪仆严年，谋客彭孔，家资亦称亿万，民穷盗起，职此之由，而曰："朝廷无如我富。"粉黛之女，列屋骈居，衣皆龙凤之文，饰尽珠玉之宝，张象床，围金幄，朝歌夜弦，宣淫无度，而曰：“朝廷无如我乐。”甚者畜养厮徒，招纳叛卒，旦则伐鼓而聚，暮则鸣金而解，明称官舍，出没江广，劫掠士民，其家人严寿二、严银一等，阴养刺客，昏夜杀人，夺人子女，劫人金钱，半岁之间，事发者二十有七。而且包藏祸心，阴结典楧，在朝则为宁贤，居乡则为（朱）宸濠（喻指严氏父子想效仿朱宸濠造反），以一人之身，而总群奸之恶，虽赤其族，犹有余辜。严嵩不顾子未赴伍，朦胧请移近卫，既奉明旨，居然藏匿，以国法为不足遵，以公议为不足恤，世蕃稔恶，有司受词数千，尽送父嵩。嵩阅其词而处分之，尚可诿于不知乎？既知之，又纵之，又曲庇之，此臣谓嵩不能无罪也。现已将世蕃、龙文等，拿解京师，伏乞皇上尽情惩治，以为将来之罔上行私，藐法谋逆者戒！

严世蕃落到这地步，仍旧嚣张，放言：“任他燎原火，自有倒海水。”

几个被一起关押的党朋见严爷这么镇定，连忙问计。严世蕃说：“通贿之事，不可掩遮，但圣上对此并不会深恶痛绝。‘聚众通倭’罪名最大，可以派人立刻通知朝中从前相好的言官，在刑部把这一条削去，增填我父子从前倾陷沈鍊、杨继盛下狱的‘罪恶’，如此，必定激怒圣上，我辈可保无忧！”

结果，这招真灵，刑部尚书黄光升及大理寺卿张守直等人受传言欺弄，又有言官做手脚，他们撰写罪状辞时果真把严氏父子陷害杨、沈二位忠臣的事情写入，且大肆渲染。

待他们持状入见首辅徐阶，这位徐大人早已成竹在胸，随便看了诉状一眼，置于案上，问：“诸位，你们是想救严公子呢，还是想杀严公子？”

众人愕然，齐声曰："当然是要杀他！"

徐阶一笑："依照你们所上诉状，必定会让他活得更自在。杨继盛、沈鍊受诬被杀，天下痛心。但是，这两人被逮，皆当今圣上亲下诏旨。你们在案中牵涉此事，正触圣上忌讳。如果奏疏上达，圣上览之，必定认为法司是借严氏父子这案子影射皇上圣裁不公。皇上震怒之下，肯定要翻案。到时候，严公子不仅无罪，还会款款轻骑出都门，且日后说不定又能重新得以大用！"

几个人一听，如雷轰顶，均惊立当堂。良久，他们才讲："看来要重新拟状了。"

徐阶怡然，他从袖中掏出自己早已写好的状疏："立即按此抄一遍即可。如果你们回去反复集议，消息泄露，朝中严党必有所备，那样，别生枝节，大事就不好办了。"

众人唯唯。

发稿示之，见徐阶所草罪状，重点在于描述严世蕃与倭寇头子王直阴通，准备勾结日本岛寇，南北煽动，引诱北边蒙古兵侵边，意在倾覆大明王朝。

果然，疏上，嘉靖帝拍案狂怒。他最恨倭寇和蒙古兵，见小严和这些人勾结，那还了得，马上下令锦衣卫严讯。

严世蕃等人，很快得知徐阶所拟的罪状，相聚抱头大哭："这回死定了！"

狱成，严世蕃等人被斩于市，严氏家族被抄家。共抄得白银二百零五万五千余两，奇珍异宝不计其数，多为皇宫内府所无。不久，严氏党徒在朝中的诸人，也皆为徐阶等人清洗出去。严家大树，连根被拔。

至于严嵩老爷子，白发苍苍八十老翁，一身破衣烂衫，满脸污脏，日日持一破碗，在乡野间的坟间转来荡去，靠捡那些上坟的供品充腹以活命。挨了一年多，老头子凄凉死去。

昔日威风凛凛的大宰相，落得如此下场，想来也令人鼻酸。中国古代的政治生态，历来如此，风光时可以一句顶一万句。但是，只要政治上倒台，就身败名裂，哪怕你是堂堂相爷，也逃不出空腹惨死的结局。

从实而言，严世蕃死有余辜，但徐阶玩的这种政治手腕，也过于阴狠，非要编造莫须有的通倭谋逆大罪来搞严家，其目的就是一定要牵连上严嵩。谋逆大罪，株连抄家绝对难免，徐相爷非要置政治对手严嵩父子永世不得翻身。对于这一点，明朝当时及日后多有人不平，认为徐阶的手段，使严世蕃的罪名不能服天下人心，刑非所犯，于理不称。

天道好还。日后徐阶下台，又被“后浪”高拱怨恨算计，以其二子乡间怙势犯法为由，把他两个儿子罚往边地“劳改”。他自己差点与严嵩殊途同归。幸亏不久张居正把高拱又拱下去，他才得保善终。

作为徐阶弟子的张居正还算厚道，他当政后，派江西地方官员收拾严嵩枯骨，修坟安葬。严爷再怎样也是堂堂大明一代宰相，总不能和要饭花子一样的死法、葬法。

嘉靖一朝，正因为无大奸太监，方显严嵩柄政的罪恶。其实，许多军国大事方面，嘉靖帝乾纲独断，最大的坏事都是由皇帝拍板，严嵩只是依违而已。

中空的王朝

嘉靖年代的最后岁月

严嵩身死后，荒淫的嘉靖帝也崩了。

这位君王的末年，沉溺道教尤甚。宫中宦官为了“安慰”他，常常趁他呆坐时从旁边扔落一个大桃，报称“天赐神桃”。为此，嘉靖帝会大喜连日，又兴“报恩”醮礼数日，耗费金银无数。即使是兔子生下两只崽，或者殿庭阴凉处生出几枝大个儿的狗尿苔（灵芝），在宫中也被当作祥瑞来庆贺一大番。

嘉靖四十五年初，户部主事海瑞的上疏，道出了这位皇帝崇道费财的真实情况：

> 陛下即位初年，敬一箴心，冠履分辨，天下欣然……望治未久，而妄念牵之，谬谓长生可得……一意修玄……二十余年，不视朝政，法纪弛矣；数行推广事例，名器滥矣。二王不相见（指嘉靖帝听从道士劝言，不与自己两个儿子见面），人以为薄于父子；以猜疑诽谤戮辱臣下，人以为薄于君臣；乐西苑而不返大内，人以为薄于夫妇。吏贪官横，民不聊生，水旱无时，盗贼滋炽，陛下试思今日天下为何如乎……古者人君有过，赖臣工匡弼，今乃修斋建醮，相率进香，仙桃天药，同辞表贺，建宫筑室，则将作竭力经营，购香市宝，则度支差求四出。陛下误举之，而诸臣误顺之，无一人肯为陛下言者，谀之甚也……自古圣贤垂训……未闻有所谓长生之说……陛下师事陶仲文（老道士），仲文则既死矣，彼不长生，而陛下何独求之……诚一旦幡然悔悟，日御正朝，与诸臣讲求天下利病，洗数十年之积误……使诸臣亦得自洗数十年阿君之耻……天下何忧不治？万事何忧不理？此在陛下一振作间而已。

嘉靖帝览疏狂怒，非要马上杀海瑞。幸亏一名叫黄锦的太监谏劝："此人素有刚直痴名，上疏前已经与妻子相诀，购买棺材待死。如皇上你现在杀了他，适成其名。"

因此，海瑞只被收监论死。

可巧，这年底，嘉靖帝就崩了。其子明穆宗继位第二天，海瑞即得释，且被视为忠耿直臣。

嘉靖帝死因，也是死在“道”上。道士王金献“仙丹”，药方诡秘不可识。药性燥烈，估计都是剧毒物和麻醉药的混合品，吃下去一会儿很舒服，连服就会导致肾衰竭。“大力丸”吃了一个月，这位荒淫帝王就“升天”了。

嘉靖一朝，内有权臣，外有海患边患，皇帝本人又媚道崇道，奢侈无度，倾竭天下人民膏血以供自己迷信之用，国内经济情况日益恶化，真正把大明帝国带到了岌岌可危的边缘。特别是财政方面，嘉靖帝屡建宫殿、道宇，举行斋醮仪式，花费无数。

除此以外，军费开支巨大，沿海和近蒙古部落的边境都有战事，督抚大臣趁机贪污，军费达至天文数字。举嘉靖三十一年为例，当年户部所奏岁入只有二百万银，而军费开支一项却高达一千多万，严重超支。

由于国内矛盾激化，各处起事不断，农民、矿工、盐徒、各种民间宗教团体纷纷揭竿而起，按倒葫芦又起瓢，搞得明政府焦头烂额。大明帝国，已经成为“大暗”帝国。

被遗忘的盗贼

盗据澳门的“佛郎机”

我居住在深圳，有一哥们儿和我老友鬼鬼，关系很铁。那哥们儿的老婆在香港工作，每次过关前总爱买一些“葡国蛋挞”回来。一次，哥们儿塞了我一盒，让我带回家吃。过后问我如何，我当然说好吃。此后，每隔十天半个月，哥们儿就会通知我到他家里去取礼物。于是，每次我的车中数个小时内就一直散发着“葡国蛋挞”那发酸甜腻腻的味道。

这种东西，我其实很怕吃。我的几个女同事倒嗜之，每次的礼物，其实都进了她们肚子。

特别是有一次，哥们儿去澳门小赌怡情，回来马上打电话给我：“我们给你从澳门带来了真正的葡萄牙蛋挞！”

手捧那盒“葡国蛋挞”，我心怀感激，但也忍不住问哥们儿：“喂，你知道佛郎机吗？”哥们儿还在海外留学过呢，他摇摇头，思索了一下，说：“我只知道佛朗哥，20世纪中后期西班牙的独裁者。”

我苦笑一下，只能低下头，当着哥们儿夫妇面，盛赞这“葡国蛋挞”好吃，绝了。

“那你就趁着新鲜现吃一块啊！”哥们儿老婆殷切地说。

被明清史臣弄混的国家

“佛郎机”的由来

佛郎机，在明代和清代前期的著述中又写作“佛朗机”，不少书中都指称这是一种铳炮。明代在中国传教的耶稣会士艾儒略（Aleni）在其《职方外纪》一书中很详细地解释了铳炮为什么叫作佛郎机——“以西把尼亚（西班牙）东北为拂郎察（法国，源于‘法兰克’一词）……遂称西土人佛郎机，而铳（炮）亦沾袭此名。”

但是，《明史》中《外国传》上记载的佛郎机，是这样写的：“佛郎机，近满剌加（马六甲）。正德中，据满剌加地，逐其王。”也就是说，明朝人和日后根据明朝人记述撰写明史的清初史臣，都把佛郎机误认为是满剌加的邻国。

其实，佛郎机，乃葡萄牙，由此一来，明朝人把欧洲的国家，一下子搬到东南亚来了。为何出现如此巨大的谬误呢？

明朝人称葡萄牙人为佛郎机，可以肯定的是，此译音来源于到中国朝贡做买卖的东南亚回教徒。阿拉伯、土耳其等地的人概称欧洲为佛郎机，即对法兰克（Frank）一词的转读。转来拐去，发生音变，到了中国就变成佛郎机了。

其实呢，法兰克人也只是公元6世纪左右征服法兰西的一个日耳曼部落名称，并非代表整个欧洲。

再进一步分析，《明史》中提到的“满剌加”，位于今日的马来半岛，控扼马六甲海峡，乃大明王朝一个藩属国，明清学者认为佛郎机地近满剌加，完全出于误解。

1509年，葡萄牙殖民者塞克拉率六艘战舰登陆满剌加。两年后，十八艘葡萄牙军舰大举入侵，热兵器对冷兵器，满剌加人大败，苏丹本人也跑到了今天新加坡东南的一个小岛上躲避，而满剌加国遂为葡萄牙人占据。

葡萄牙之所以垂涎满剌加，一是因为这里乃太平洋重要门户，香料贸易的重要集散地；二是因为当地多矿，物产丰富。

葡萄牙乃欧洲古国之一，1143 年正式成为独立王国，而后两个多世纪靠舰船起家，成为海上强国，在全球各处扩展殖民地。但它于 1580 年为西班牙侵并六十年，中间虽独立了一段时间，1703 年又沦为英国的附庸。直到 1891 年，葡萄牙才有了第一共和国。连列宁都说过：葡萄牙是欧洲资本主义国家中的穷国。至今在西欧，看门人职业大多由葡籍人担当。葡萄牙人个个一脸憨相，脸庞圆乎乎、红润润的，加上澳门回归顺利，我们中国人对他们印象不错。殊不知，有明一代，佛郎机（葡萄牙人）乃最最穷凶极恶的一群，沿海倭寇盗患，他们才是真正的始作俑者。

葡萄牙人占据满剌加以后，在正德十三年（1518 年），乘船到广州怀远驿，冒充满剌加朝贡使节，企图骗过中国官员，得到贸易凭证（勘合）。

但是，这些西洋人鹰鼻凹目，金发碧眼，根本不像广州官员印象中的满剌加人。为了掩遮自己的样子，他们把自己伪装成穆斯林，白布缠头，个个一袭长袍。

广州官员对于外国人见得多，很快发现这些所谓的贡使连基本礼仪都不会。破绽露出，这些人不敢不说实话，就承认自己是佛郎机。

广州官员索要“国书”，这些人也拿不出。朝廷闻奏后，下令地方政府好吃好喝好招待，收受“贡物”点数后，折价付银，打发这几艘船回国。同时，允许他们派几个人入京汇报情况。

在明朝人自己的《大明会典》中，没有“佛郎机”这样一个藩贡国，朝廷也想弄清楚这些相貌古怪的家伙到底从哪儿冒出来的。当然，他们被安排学习礼仪，未能立即成行。

中国对葡萄牙人不熟，他们对大明倒熟，先前已经有好几批亦商亦盗的海上商贩在明朝沿海靠岸，获利颇丰，并购买美轮美奂的中国瓷器

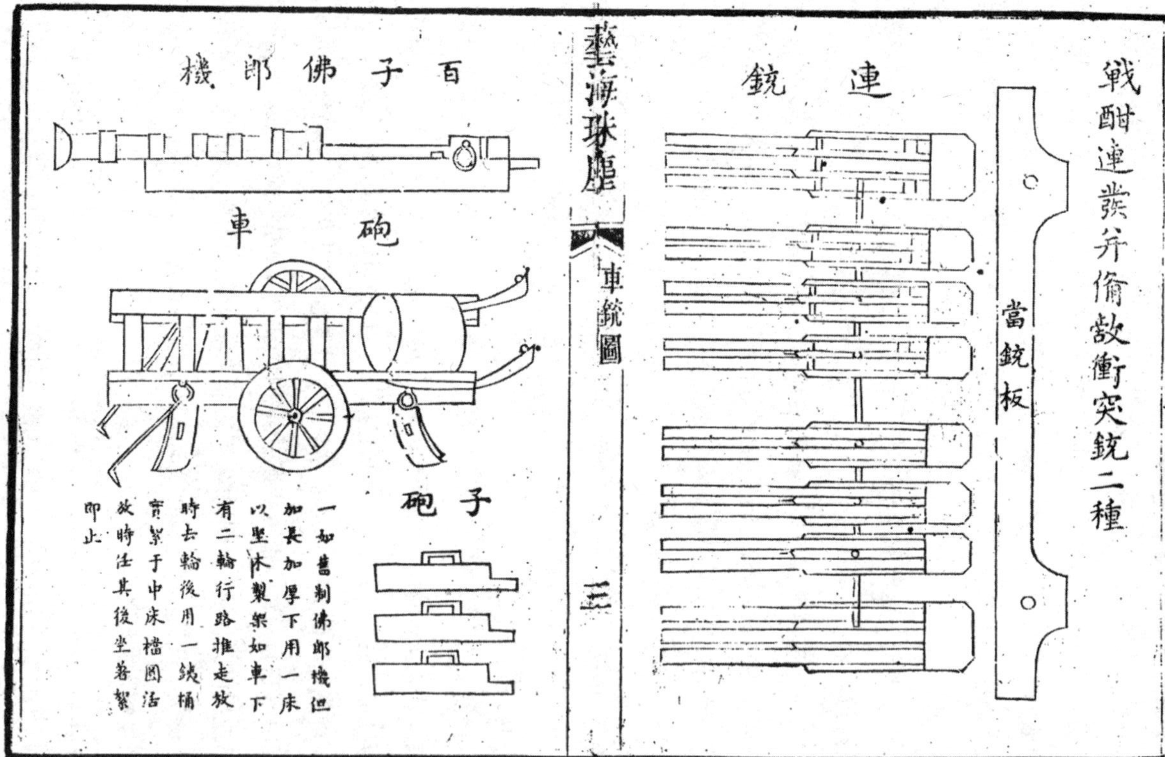
戰酣連發并脩敵衝突銃二種
當銃板
連銃
藝海珠塵
車銃圖
三
百子佛郎機
砲車
子砲
一如舊制佛郎機但加長加厚下用一床以堅木製架如車下有二輪行路推走放時去輪後用一鐃桶實架于中床檔圓活放時任其後坐著絜即止

《车铳图》 明　赵士桢

回国，上献王室，深受嘉赏。

但是，在广东沿岸的佛郎机船队并未回国，美妙的东方新世界令这些西方野蛮人眼馋了，吃得好，玩得好，用得好，这一帮家伙就沿海停停走走，自恃手上有铳炮，不时上岸唬人抢劫商旅。对此，明人著述中说他们“烹食婴儿”。吃小孩之事可能有些夸张，但掠卖人口完全是事实。他们与两广奸民海盗勾结，掠走不少当地人民为奴，然后在海上贩卖。

由于滞留于广州的使节买通了当地任监守的太监，几个人很快得到批准可以入京。

当时，正德皇帝正借亲征朱宸濠为名在南京游玩，葡萄牙使臣佩雷斯便往南京面君。荒唐皇帝对这个穆斯林打扮的“番人”很有些好印象，因为他的样子很像皇宫中的波斯猫，就饶有兴趣地与他交谈了一会儿。

大明皇帝当然不会用英语或者什么葡萄牙语与他对话，都由“火者”亚三当翻译，大家相谈甚欢。翻看礼物后，正德帝又试射了几下手铳，很觉好玩。

打发佩雷斯离开后，正德皇帝把“火者”亚三留下，一方面向他询问域外的风土人情，一方面不时让他教自己几句西洋语为乐。可以说，正德皇帝是最早学习外语的中国皇帝，不知当时他的水平够几级。

可能现在的人对“火者”二字不明其意。“火者”，不是烧火的人，是当时广东、福建一带富豪家中供驱使的阉奴。在中国，只有皇家才有资格使用阉人宦官，但闽粤名家富商，家趁人值，常常私阉穷人子弟为奴，称为“火者”。正是因为亚三本人也被阉过，所以他才方便入皇宫天天伺候正德皇帝。

亚三之所以得留，还在于佩雷斯当时给了正德帝宠臣江彬不少奇异洋物。有江大将军引荐，亚三入宫，自然也是佩雷斯的眼线。

这位亚三有样学样，跟随正德帝回北京，狗仗人势，见了提督主事梁焯也不下跪见礼。梁提督生气，立即叱令左右绑上这个奇装异服没胡子的怪人，鞭之数十，打了个鲜血淋漓。江彬听说后，赶忙过来救人，大骂梁焯："亚三乃与天子嬉戏近臣，又怎能向你这样的小官下跪！"

结果，正德帝转年病死，江彬被诛，亚三也被捕下狱。经过审问，他承招为佛郎机做探子，窥伺虚实。于是，验明正身后，他被押赴刑场，在闹市被斩，尸体遭焚毁。

那位佩雷斯也没走出国。他被明廷下令逮捕，流放西北地区后下落不明。

"请神容易送神难"

赖着不走的葡萄牙商盗

正德死后，其堂弟嘉靖帝继位。这时，明廷接到满剌加使者的诉状，请求大明帮他们复国。礼部经过调查后，报称佛郎机假借满剌加名义挟货通市，久滞不去，有窥伺之意，主张沿海官员把这些人尽数驱逐出境。明廷认可。

诏令下后，广州官员马上通知佛郎机离开。但葡萄牙人卡尔佛带着几只大船仍死皮赖脸不走。于是，地方官员就把他弟弟瓦斯科以及几个葡商抓入监狱。

卡尔佛怒恼，招来近海的几只船入湾，据险顽抗，并向明军开炮，想占据南头一地。

明朝官员非常气愤，敢在大明地方撒野，真是活腻烦了。而且，当时葡萄牙人的火器远远不如明末清初时期西洋炮火那样厉害。在葡商船上服务的中国人杨三等人又知晓民族大义，半夜下船，教授明军制造铜铳的方法以及弹药配方。

经过充分准备后，海道副使汪鋐指挥水军向葡船发动进攻。明军先用火攻，用了几只破船遍载柴草，浇以膏油，顺风纵火，一下就烧掉了葡萄牙人的两条大船。同时，明军派善潜水者入江，凿沉了对方一艘大船。然后，明水军驶近攻击。

葡萄牙人使出决胜法宝，搬出铳机向明军猛轰。不料想，明军大船贴近，以同样的铳炮回轰对方。葡萄牙人吓坏了，放弃抵抗，掉转船头就跑，明军穷追猛打。

最终，仅有三艘葡萄牙大船逃回满剌加，其余皆被焚毁击沉。这一仗很漂亮，佛郎机盗寇偷鸡不成蚀把米，悻悻而去。

转年，嘉靖元年（1522年）秋，又有一批葡萄牙殖民者灭掉了苏门答腊沿岸一个小国巴西之后，奉葡王之命，驾五艘巨舰，兵员一千多人，扬帆直逼广东珠江口。此来，一是报复，二是准备在中国沿海建立一个永久军事基地。

在新会的明朝备倭指挥柯荣等人立即组织水军，在西草湾一带拦截敌舰，猛攻侵略者。

此战，明军斩首三十五级，生擒四十二名葡萄牙人，俘获两只大船。其余三艘船逃掉。

嘉靖帝下旨，把所获夷兵就地斩首示众，悬于广州城门楼上。不仅如此，明朝官军缴获数筒葡萄牙原装船用炮铳，名之为佛郎机，上献朝廷。这就是“佛郎机”当作火器名的起始。

其实，明朝在弘治年间（六七十年前）就已经从走私的西洋船上获得过这种武器，只不过当时没给这种武器起名。

据明人胡宗宪《筹海图编》记载，佛郎机“以铁为之，长五六尺，巨腹长颈，腹有长孔，以小铳五个轮流贮药安于腹中，放之。铳外又以木包铁箍以防决裂。海船舷下每边置放四五个，于船舱内暗放之。他船相近，经此一弹，则船板打碎，水进船漏。以此横行海上，他国无敌……海船中之利器也。守城亦可。持以征战，则无用也”。他还讲到有通事（翻译）献手铳（早期手枪），射程百步，也是一样的武器原理。

后来，明朝兵部铸造一千多门佛郎机大炮，名为“大将军”，下附木架，可高可低，发放于三边守军。但明朝将士不怎么会使用这种大家伙，一直未用于实战。

胡宗宪还说：“中国原有此制，不出于佛郎机。”这句话不错，火器由宋朝已经在战争中所用，元朝更是进一步发展了制造工艺，只是当时没有过多重视，乱哄哄中就亡国，铳炮基本没有发挥作用。元末明初朱元璋军队在不少战役中使用类似火器，效用明显，有几次成为战争胜利的决定因素。

但有一点可以肯定的是，至正德、嘉靖年间，西洋制造方法肯定优于明朝，他们的佛郎机比“大将军”什么的火炮威力更大，很可能当时的西方制造工艺要比明朝先进。

此事之后，葡萄牙人被明朝打怕了，好久不敢想武力入侵的法子，就上书要求与明朝通商。由于朝臣们普遍认定佛郎机乃“贼虏之桀”，皆建议朝廷拒绝与之交往。但不少人希望明朝恢复与东南亚诸通贡国的贸易，因为海禁对广东番舶收入大有影响，大多数商船都驶往福建沿海去做买卖了。后来，巡抚朱纨严禁通番，整治海防，葡萄牙人赚不到钱，就开始杀人明抢，做起无本“买卖”来。

气急败坏成巨盗

杀人劫货的葡国海盗

明朝嘉靖年间的所谓“倭患”，最早乃于嘉靖二十六年大爆发。

巡抚浙江兼任福建等处海道的朱纨下令剿捕海盗，严禁通番，并催使近海居民通盗者互相告发。吃“走私饭”已成习惯的地方豪民汹汹而起，吃里扒外，纷纷与葡萄牙人勾结，上岸杀人放火。地方官不知实情，上报说是倭寇入侵。

究其实也，最早的盗贼们根本不是真倭，反而是由海而至的葡萄牙人。这些人在闽浙大掠，与日本浪人及中国海盗头子王直、徐惟学等人大肆勾结，在嘉靖十九年就已经把宁波附近的双屿港当作“大本营”，四处出击，杀人越货。由于时人总以“倭寇”称呼这些贼徒，后来反而很少有人知道葡萄牙人才是最早的罪魁。

特别可恨的是，葡萄牙人在放火烧杀抢劫财货之外，他们与倭寇最大的不同，就是喜欢大量俘掠平民，转送海上贩卖为奴。

嘉靖二十七年，盘踞双屿岛的葡萄牙人、日本浪人、中国海盗的据点被明军攻克，这伙贼人暂时退出浙江，逃往福建的金门（当时称浯州屿）集结，转至福建为祸。不久，即发生了在诏安附近的走马溪之战。

走马溪位于诏安县东南，里面有一个避风港，名曰“东澳”，大批走私海盗船常在此聚集，故此又称“贼澳”。

明军在嘉靖二十八年正月二十六日，从走马溪发兵船，进剿这批海盗。这伙盗贼先是持鸟铳上山阻击，但被明朝伏兵打下山去，只能逃回船上。明将卢镗亲自擂鼓督阵，指挥水军进攻，包围了七只敌船。经过激烈战斗，“生擒佛郎机国王三名，一名倭王”以及其余“黑番鬼”等人共四十六名。

在明朝人的眼中，这些人“俱名黑白异形，身材长大”。可见，除葡萄牙白人外，其中还有充当他们奴隶的黑人。明朝人当时很少见到黑人，看见这样的人种，自然视为异形“黑番鬼”。但所谓的“佛郎机国王”和“倭王”，不过是海盗高级头目。同时，被杀海盗中还有数十名中国人。

由于朱纨巡抚的举措触犯了闽浙豪氏富商的利益，这些人在朝中又有不少亲贵做靠山，便有御史弹劾朱纨杀掠来明朝进行正当贸易的满剌加人。

明明是佛郎机（葡萄牙）盗贼，朝中御史颠倒黑白，诬称朱纨滥杀与明朝有藩贡关系的贡使和商人。

明廷下诏逮朱纨入京，朱巡抚悲愤自杀。自朱纨死后，海禁复弛，葡萄牙海盗遂纵横海上，更加猖獗。而先前在走马溪战役中指挥得力的卢镗等将领，也被朝廷逮捕下狱。

海禁解除后，明朝沿海贸易飞速发展，特别是浙东一带，海盗、商人角色互换十分快，赚大钱就当商人；如果赔了，他们就干没本买卖做“海盗”。

明廷发觉这样下去会出大事，只能把卢镗等人从监狱放出来，调兵遣将，在两浙闽广江淮一带四处征兵集饷，准备打击海上侵扰势力。

结果，人心思乱，沿海贼民纷纷入海，倭寇大起。所谓“倭寇”，其实真倭只有十之二三，中国人占绝大多数，其间也有不少葡萄牙人。对此，笔者会在下篇专门讲平倭的章节中详细叙述。

可以肯定的是，葡萄牙人绝对是最早煽惑倭寇的主凶，他们流窜到哪里，哪里就会冒出倭寇。在浙江、福建受挫后，葡萄牙人只能窜至广东谋求“发展”。这些贼人，沿海乱泊乱窜，杀人放火强奸的同时，掳掠平民，可谓是坏事做绝，所以当地人称他们为“番鬼”（现在广东人仍称洋人为“鬼佬”）。

掩人耳目费心机

窃据澳门的佛郎机

澳门，在明朝时称为“壕境”，有时也作“濠境”，其实原名是“蚝境”。大家都知道“生蚝”是美味，“蚝镜”本指蚝壳一处滑润部分，因其平滑如镜，称为“蚝镜”。而蚝镜澳，正是因为当地地形似“蚝镜”而得名，明人有时也称之为“香山澳”。

此地之所以又被称作“澳门”，是因为“澳者，泊口也”，此澳有南台北台；“台者，山也”，两山相对，峙立如门，所以称为“澳门”。

但是，澳门英译为“Macao”，葡译为“Macan”，白话为“马交”（音为“马考”），这又是如何而来呢？原来，葡萄牙人初入澳门，见有大庙（当地人称“妈阁”，即妈祖庙。“妈阁”一词由“娘妈角”庙转音而成），葡萄牙人本来是问地名，当地人以为是问庙名，便以白话答说是“妈阁”，葡萄牙人就认定此地叫“Macan”。

嘉靖三十二年，有一伙葡萄牙人在澳门靠泊，佯称是外国贡使，由于海水打湿上贡物品，希望当地官员允许他们上岸晾晒。当时在澳门有话事权的是明朝海道副使汪柏，他收受异宝贿银后，就答应了这些人的请求。

由此，葡萄牙人在此上岸，先是搭帆布帐篷，逐渐得寸进尺，运砖搬瓦，聚屋成落，慢慢扩大规模。临时帐篷，逐渐成为永久居所。

其实，当时汪柏正是奉命剿海贼驻军于附近，他明明知道这伙人就是朝廷最最痛恨的佛郎机。但受人钱财要办事，他便告诫他们千万别称自己是佛郎机。

只要有利可图，自己被称作“大狗鸡”也可以，葡萄牙人当然一口应承，当时他们真的还挺低调。

不久，这些洋人又把中国人同伙何亚八一伙人出卖，向明军通风报信，使得汪柏一举镇压了何亚八海盗组织。为此，汪柏更觉自己离间分化得计，下令完全允许葡萄牙人留驻当地。

另外一方面，这些葡萄牙人能进献嘉靖帝拜道所用的龙涎香，平时还按照规矩缴纳税银，皆使明朝地方当局认定他们有用。特别该说明的是，葡萄牙人个个都是行贿高手，洋烟洋酒洋美人加上海外奇珍异宝不停往当地官员衙门里送，明朝地方官员们不能不睁一只眼闭一只眼。

得便宜卖乖，从16世纪的葡萄牙人平托开始，一直到18世纪的冯秉正（Joseph de Mailla）等人，均说澳门是中国政府为了奖励葡萄牙人帮助驱除海盗而送给葡萄牙人的。后来，居心叵测的日本学者藤田丰八，假装研究钩沉一番，宣布说葡萄牙人确实帮助中国政府镇压了海盗

“张四老”。但是，遍查中国史籍，根本没有“张四老”这个人。瑞典的龙思泰（Ljungstedt）更可笑，他考证说“张四老”就是郑芝龙，完全驴唇不对马嘴，年代和人名完全搞混。

但是，所谓的葡萄牙人帮助打海盗，也非捕风捉影。嘉靖四十三年柘林澳一带的明军水兵兵变，威胁到广州城的安全。在澳门的葡萄牙人丑表功，主动请缨，向明政府地方官员要求派他们当先锋，攻打叛卒。当时的两广总兵是名将俞大猷，他以招抚为名，出其不意，很快就把水兵叛乱镇压下去。明军对虎门附近三门海上停泊的九艘叛兵船发动攻击，葡萄牙人在一旁发炮声援，摇旗呐喊，起到了吓唬作用。事后，他们大肆张扬，向俞大猷报功。

俞大猷事前，为了纠集各方力量平叛，答应过“功成重赏其夷目”，但绝非官方宣布，而是私下允诺澳门的葡萄牙商人的头目一年内免予抽税。葡萄牙人自恃有功，不仅头目不交税，阿猫阿狗都不交税，最后激恼了当地的海道副使莫吉亨，把澳门出入海路堵截，不让船只出入。

见捅出大娄子，葡萄牙人又不敢和明军真干，只能服软，自愿纳税，倍于从前。

俞大猷方面，其实早就把澳门葡萄牙人视为眼中钉。同时，他对地方官姑息葡萄牙人盖屋成村占据一方的做法十分反感，已经准备集兵驱除，但不久他受明廷中人陷害失官，此举未果。

葡萄牙人想趁热打铁，以协剿有功为名，想派使臣去北京。这次他们自称是“蒲丽都家”国（葡萄牙音译），说是已经兼并了满剌加，现在代替满剌加入贡。

明朝人从未听说过“蒲丽都家”这个国家，葡萄牙人又无印之勘合，所以，他们连广州布政司官员这一关都没过。明朝官员识穿了他们就是“喜则人，怒则兽”的佛郎机，坚拒他们入贡。

最后，葡萄牙人连入贡明朝的资格也没得到，悻悻而返。

万历二十九年（1601 年），海上后起之秀荷兰有二百多人分乘两艘兵舰突然出现在澳门海面，狗咬狗一样与葡萄牙人干了一仗，却失败逃走。荷兰海军司令（Nan Waerwijk）大怒，率一只大型舰队来攻，结果遭遇台风，被刮到了澎湖。刚喘口气，忽然发现明军数十艘从福建方向驶来的巨舰，荷兰人吓得慌忙逃跑。

经此一役，澳门葡萄牙人找到了借口，以防御荷兰人为名，开始在当地兴筑炮台和垣墙等工事。当地中国人愤怒，民众自发而起，先把耶稣会士修建的堡垒付之一炬，并相传佛郎机要造反谋逆。

葡萄牙人吓坏了，立刻派人携重宝到广州向当地官员道歉，声称葡商绝无造反之事，这事才得缓息。

由于从万历二十六年到万历三十八年做两广总督的大贪官戴耀一直对葡萄牙人姑息纵容，使澳门的葡萄牙人趁机发展，窃据已成事实。后来，张鸣同继任后，仍旧姑息。他主要是吓唬葡萄牙人不要引倭寇入广东，违者严办。他还威胁说，葡萄牙人如果再掳掠人口贩卖，将被赶出澳门。毕竟葡萄牙人经商已获巨利，就大有收敛。

但到了万历四十二年之后，葡萄牙人钻明朝《海道禁约》条文的空子，以修缮旧建筑为名，大兴炮台，葡萄牙头目卡拉斯科还在中央高地的三巴炮台建立“总署”，俨然治外一国。

万历四十六年始，东北满洲努尔哈赤崛起，辽东陷落，明廷的注意力转向。大臣徐光启主张铸造大炮，并派人来澳门向葡萄牙人购买大炮。

天启初年（1621 年），明朝人又想“以夷攻虏”，在澳门招募二十四名葡萄牙雇佣兵，准备派他们携大炮往东北帮助打满洲人。可笑的是，这些“老爷兵”每人还配备两名中国仆人伺候。

他们行至半路，刚刚走到南昌，因朝廷内部多有官员反对用这些“夷人”打仗，这些家伙又被原道遣回，但他们凭空骗取了三万四千两白银的工资。明朝广州地方政府也好玩，责令澳门的葡萄牙商人分摊这些开支。

彼时的葡萄牙人还慑于大明之威，只得吃下哑巴亏。毕竟听从明廷使唤，又派人遣物，中国官员至此就不大防备这些葡萄牙人，使得他们加紧了在澳门的“经营”。

从1580年起，葡萄牙本国国内已经衰落不堪，沦为西班牙附庸，被迫加入与荷兰、英国等国的恶斗，民疲财耗，许多海外殖民地为他国所夺。母国疲弱，澳门的葡萄牙人也无底气。他们占据澳门，也就低调许多，对于当地只是窃据而已，没敢再挑起大事端来。

明朝沿海“倭乱”始末

倭刀狂徒们的覆灭

2006年初，各大媒体均从不同角度报道了这样一个算不上热点的非娱乐消息：安徽歙县，由日本人出资，为明朝倭寇头子王直修建墓园。坟墓建好后，浙江丽水学院和南京师范大学两名青年教师愤然砸碑。据当地政府称，他们本来要以“历史”搭台，“经济”唱戏，想把王直墓园搞成个旅游点，故而与“日本友人”协商，邀请身在日本的明朝大汉奸王直后裔来歙县立碑修墓。

消息传出，舆论为之小哗然了一把。支持砸墓碑的人自然从民族大义出发，他们愤愤不平，认为如果允许为王直这样的卖国贼修墓的话，更有理由为汪精卫等人重建坟茔（按他的“级别”，都可以建“陵”了）；反对砸碑者自然是不少自诩为世界主义者，认定砸碑之举是愤青的作秀。

无论如何，日本人为中国明朝的一个民族败类修碑，并得到当地官员的大力支持，这在我们不少人历史观本来就混淆而有诸多争执的时候，尤其刺激国人的神经。

但是，南京的一个律师和所谓民间历史协会的会长，皆从法律和历史角度指责二位中国义士砸碑的行为。律师言辞犀利，认为砸碑二人的举动“行动不理智，程序不合法”，属于“故意损坏公私财物”；历史协会会长认为，倭寇为中国带来了早期资本主义萌芽，应该肯定。由此推之，八国联军侵华和日本侵华，大概也会被这种“历史学家”肯定为“打破中国封建社会和独裁政治的积极力量”吧。

其实，对今人来讲，王直这个名字很陌生，“倭寇”一词又太宽泛。而且，称王直是“倭寇头子”，更会有不少人茫然。在一般人头脑中，日本人怎么会叫“王直”这么一个中国化的名字！再者，他怎么会成为倭寇头子呢？

说来，还真是话长。

倭寇

源远流长的祸患

明朝倭寇，一般人都以为是中后期才出现的，其实，由来已久。早在太祖洪武二年（1369 年），倭寇就已经数次攻掠苏州、崇明等地，杀人劫物，猖狂一时。

明代倭寇之祸大致可分为三个时期：第一个阶段是洪武至正德年间；第二个阶段是嘉靖年间，也是最猖獗的时期；第三个阶段是万历年间。

至于对明朝倭寇之患性质的定义，20 世纪 80 年代之前，学者们言之凿凿，把其定性为“日本武装侵略集团对中国沿海的破坏性掠夺战争”。随着改革开放后意识形态层面的放松，20 世纪 80 年代后期至今，不少中国学者忽然具有了“国际视野”，以日本学者的研究成果作为准绳，语不惊人死不休，大讲明朝倭寇的性质是“明朝东南沿海各阶层人民反封建、反海禁的正义斗争”，是“明朝中国社会资本主义萌芽的标志”。

上述二类观点均失之偏颇，前者把倭寇之患完全说成是日本人的侵略，后者则耸人听闻地美化海盗侵掠。

其实，明朝倭患，是以葡萄牙殖民者为诱因的，以中国沿海商业海盗为首、以日本浪人集团为辅的盗贼集团，对明朝中国人民烧杀劫掠的非正义战争。

早在元朝时期（元武宗至大元年，1308 年），已经有日本商盗焚掠庆元（今浙江宁波）的记载。但那时的倭寇应该基本上都是真倭，中国人很少。元朝末年，恰恰是日本的南北朝时期，特别是日本南朝的征西府及各地分裂割据的地方大名势力，谁都不服谁，你杀我伐，使得战乱中大批日本武士、浪人、海盗、商人、流民等潮涌至中国沿海。同时，他们又与被朱元璋击败的张士诚、方国珍等部相勾结，在大明朝沿海地区不时烧杀劫掠。

虽然海寇猖獗，但当时朱元璋认为心腹之患是北方的残元势力，对沿海的外寇入侵只是防御而已。他下诏加强海防力量，禁止军民人等“私通海外”，但未完全实施海禁，还允许贡舶贸易。

朱元璋初建明朝时，他对日本的情况不甚了了。洪武二年，倭寇犯山东，朱元璋仍旧是“天朝”思维，遣使至日本，诏谕其奉表来朝，语气充满恫吓。日本南朝的怀良亲王乃后醍醐天皇的儿子，见明朝来诏语气强硬，不吃这套，竟敢杀掉几个明使并拘押了正使杨载等人。转年，明使又来，怀良态度有了一百八十度的大转弯，厚待来使，上贡马匹及衣物，并向明朝放还倭寇在明州和台州等地抢掠的平民男女七十多人。朱元璋大喜，自以为明朝天威所至，终于使小倭臣服。其实，怀良当时的服软，是因为日本北朝咄咄逼人，日本南朝疆土日蹙，不想也不敢又树一大敌，再招惹明朝的进攻。

过了好久，朱元璋才知道所谓的“日本国王”怀良不过是个亲王，日本还有一大半地方归于北朝统治，于是他派使臣前往日本想与日本北朝联系。在怀良阻挠下，明使一直不能北行。过了近两年，明使才与实际主持北朝政事的幕府将军足利义满（源道义）联系上，进入日本王京商议两国“友好”之事。足利义满很有长远思虑，他派使臣携贡物而来，但朱元璋认定日本来使没有正式称臣称藩的官方表疏，拒绝接受贡品。他厚赏日本使者，诏遣归国。

日本方面，南北朝大致是这样形成的：1318 年，即日本文保二年，后醍醐天皇即位，他属于大觉寺系统。借将军幕府内部发生内讧之机，他想推动倒幕来使自己的虚位变实。结果，幕府将军一派先下手，把后醍醐天皇流放到隐岐（今岛根县），转而拥立持明院一系的皇室后代光严天皇即位。后醍醐天皇的儿子怀良亲王与大阪武士楠木正成等人立刻起兵相抗，发起倒幕战争。开始时，怀良亲王一派非常顺利，甚至把他天皇爸爸也从隐岐救出。幕府一派大将足利尊本来是奉命镇压，但他中途倒戈，支持后醍醐天皇，回军灭掉了镰仓幕府的北条氏。如此一来，光严天皇退位，后醍醐天皇复辟，实行天皇亲政。

君臣相处日久，天皇想下手把他的恩人足利尊也干掉。可这位足利尊不是吃素的，他先下手，再次逮捕了后醍醐天皇，扶立持明院系统的光明天皇即位。后醍醐天皇跑到吉野，与光明天皇并立，所以，日本出了南北朝局面。后醍醐天皇一派转为南朝，光明天皇一系称为北朝。这种对峙，一直延续了五十多年。

当然，大明朝并不知道日本还有什么“天皇”，蕞尔小邦，不过是模仿大唐高宗皇帝的“天皇”称谓，自娱自乐而已。

明初倭寇，真倭居大多数，多数来自日本列岛的萨摩、长门、博多、鹿八岛等地，入侵道路和以往入贡道路一样，由高丽趋山东，在四五月乘东南风沿海扬帆而至。所以，山东半岛、辽东半岛的倭患在明初最严重，其次是浙江。当时受倭患困扰最大的，还有明朝的藩属国高丽（朝鲜）。但李氏王朝建立后，朝鲜国内政治局势好转，倭寇连连受挫，就把入侵重点转向中国沿海。

胡惟庸案发生后，朱元璋因为此案涉及日本人而龙颜大怒，对日本深恶痛绝，遣使痛责。不料，南朝的怀良亲王觉得山高皇帝远，派人送来表文，语意傲慢无礼。

朱元璋阅毕，气得哇哇大叫，但最终还是以元朝征倭失败为前鉴，没有发兵征讨这个海外狂妄小国。

朱元璋本身就是个偏狭之人，由此对倭人满心痛恨。洪武二十七年之后，幕府将军足利义满已经统一了日本，并以太政大臣的身份当上了日本实际上的主人。他主动派人来向明朝示好，皆被朱元璋拒绝。当然，朱元璋不敢轻视海防，几十年间，洪武一朝共在辽东、山东、南直隶、浙江、福建、广东等地设立了五十八卫及八十九所，置兵数十万，有兵舰千余艘，严防倭寇。

明太祖朱元璋死后，其孙朱允炆继位，也就是建文帝。日本的足利义满忙趁机遣使表示友好，在正式表文中有“日本国王臣源（道义）”的自称，也就是以藩国身份向大明称臣。建文帝厚报使者，热情接待。

但是，日本使节再来明朝时，大明皇帝已经变成了朱棣。明成祖朱棣虽然篡了侄子的江山，对日本的态度却没有变化。他非常热情，特别是足利义满的称臣纳贡，让这位野心家十分舒坦。

为此，明朝与日本建立起正式的“朝贡关系”，约定日本十年一入贡，人数每次不超过二百人，史称《永乐勘合贸易条约》。

听见古代中国四周的小国纷纷入贡，可能许多现代人会觉得特别自豪。其实，这些蛮夷小国的所谓“入贡”，只是变相打秋风捞便宜而已，真正的称谓应该是“贡舶贸易”或者“勘合贸易”。

以倭国为例，其使臣进献贡品，中国肯定要依其价值回赐金银，往往是一根萝卜换回人参钱。只要你小国承认我大明为“天朝”，我们就厚赏金钱买脸面；使臣们除贡品外，又搭载不少官方货物在当地贩卖，为体现宽仁，明朝基本是予以免关税对待，即不对货物抽分，以此来达到怀柔远人的目的。最后，来使们个个夹带私货，上至正使，下至船夫役佣，都揣私货来贩，明朝当然对此不闻不问，任其货殖取利。

所以，各个蛮夷小国都特别喜欢和中原王朝打交道，叫声爷爷能换那么多好处，傻瓜才不干。所以，虽然规定“十年一贡”，每次二百人

日本后醍醐天皇像

为限，但日本贡船一年就来几次“入贡”。

为了向大明示忠心，足利义满也在国内搜捕倭寇，并派兵到对马诸岛，歼了数百劫掠中国沿海的贼人，获贼头二十人。而后，趁永乐三年（1405年）入贡时，把这些倭寇全部交予大明朝处置。明成祖朱棣自然高兴，对足利义满予以重赐，但他拒绝收倭虏，让日本使节自己处置。

日本使节很“懂事”，回行至宁波时，他指挥手下，把二十个倭寇头子全部放入立于海边的大铁锅内，统统小火蒸熟，然后抛入海中喂鱼。自然，此举又获明廷大笔金银的赏赐。

永乐六年，足利义满病死，他的儿子新任幕府将军。这位足利义持是反明派，断绝了两国的正常关系，倭寇来犯加剧。但后来随着足利义教的继任，日本恢复了与明朝的友好关系。所以，自永乐至正德的近一个世纪内，中日官方关系大局上是友好的。即便如此，明朝沿海倭患时有发生，日本各地大名诸侯或武士、浪人集团常常冒充贡使，在中国沿海一带骚扰抢掠。

永乐十七年，明朝辽东总兵刘江在望海埚一战大败倭寇，斩首千余，活抓数百，一时间倭寇的活动大有收敛。

明英宗正统四年（1439年），四十多艘持有明朝勘合的倭船趁明军不备，突然发动袭击，在浙东杀掠官兵平民数万人，登陆后焚屋掘坟，无恶不作。当是时也，浙江许多地区“流血成川，积尸如陵”。在20世纪的中日战争中，这些倭寇的后代们变本加厉，又在中国重新上演种种恶行。

对此，明朝政府极其重视，派重兵分守要地，增置堡垒，添置大船，在沿海严备，使得倭患稍息。

明朝与日本政府官方之间，仍旧保持贸易往来，但也都是薄来厚往的不平等贸易，日本人从中赚取了高额利润。以日本刀一项为例，这种刀器，品质好的在日本国内最多值一千五百文，而到了明朝，至少也要一万文卖出。由于刀剑这种东西不占地方好携带，日本的“贡使”们纷纷私携这种货物进入中国。事实上，刀剑等武器本来是严禁作为商品进口的，但明政府还是委曲求全，就怕小不忍则乱大谋。

有时候，明朝官员偶尔因日本使臣携带刀剑太多表示拒绝购买，日本人就会威胁说："如果大明嫌弃我们的货物，我们国王肯定大大的不高兴，到时候海寇闻风而至，不知谁能担此罪责？"由此，明廷在与日本的贸易中，经济负担日益沉重。加上每次成百上千人的接待费，明廷确实有苦难言。

日本人是那种欺软怕硬的典型，这些持有勘合的商队在中国各驿站被好吃好喝伺候着，仍旧不知足，时常凌侮驿官驿夫，甚至多次趁酒醉殴死中国人。过分到这种地步，明政府还是息事宁人，谕令日本使臣把人犯带回自己国家审讯，以示"朝廷宽宥怀柔之意"。

从明初期的倭寇入侵可以见出，明朝"禁海"不是倭患的原因，而是倭患的结果。明廷当时并非断绝了市舶贸易，只是禁止沿海居民私自出海贸易，并非"闭关锁国"。

倭寇大兴

嘉靖时代的巨患

自嘉靖中期开始，明朝沿海倭患忽然大增，无论是规模、数量还是入侵次数，宛若狂潮来袭。这到底是什么原因呢？

从外部来讲，即日本方面，明朝进入嘉靖时代，日本步入其历史上的战国时期，君弱臣强，各地大小诸侯狗咬狗乱杀一团。在如此分崩离析的国度中，上自将军、下到浪人，个个都成为海上冒险家，争相拥入中国沿海抢劫杀掠。当然，其间还有葡萄牙等西方殖民者的推波助澜。他们手法多、形式多，但目的只有一个，掠夺大明王朝巨大的物质财富。

从内因方面看，浙闽一带沿海的官宦豪强势力靠走私积累起巨大的财富，又凭金钱买通朝官为自己在京城代言，政治、经济能量巨大。这些人一直庇护海盗组织。同时，以大汉奸王直为首的海盗头子与日本人及佛郎机人勾打连环，里应外合，攻打起中国来熟门熟路。这些，再加上沿海悍猾奸民为暴利纷纷从倭，以致倭寇来势汹汹。

当然，内因方面最关键的，还应推嘉靖朝廷政治的腐败与官员的贪渎。他们一级一级地烂下去，文官要钱，武官惜死，每次都借平倭为名大捞好处，克扣军饷、中饱私囊、巧取豪夺、横征暴敛，最终使得倭患愈演愈烈。

言及嘉靖时代的平倭过程，一定要提到如下人物：王忬、朱纨、张经、赵文华、胡宗宪、俞大猷、戚继光。可叹的是，今人谈起明朝倭寇的平灭，只知道民族英雄戚继光，其实当时比他抗倭早、名声大的武将还有不少。以俞大猷为例，当时就人称“俞龙戚虎”，无论资历功劳，俞大猷都在戚继光之上。

含冤而死的朱纨

谈嘉靖年间倭患，最早一定要提嘉靖二年（1523年）的“争贡事件”。

日本内部，将军幕府当时已经成为幌子，势力最大的是两个战国大名：大内氏、细川氏。双方皆垂涎于对明贸易所获的巨利，他们最终达成妥协：大内氏每次贡二船，细川氏每次贡一船。双方所携勘合也不同，大内氏持正德勘合，细川氏持弘治勘合。

嘉靖二年初夏，大内氏一方的贡使宗设谦道率三艘大船抵达宁波。很快，细川氏贡使鸾冈瑞佐也乘一大船泊岸。细川氏船少势弱，其中却有个华人宋素卿充当副使。这位宋爷深知中国官场的“规矩”，刚到宁波，他马上携大笔珍宝买通了主持市舶司的太监赖恩。赖公公有银子就是爹，马上特殊照顾细川氏一行使节，不仅先给他们一大船贡物验货放行，在设宴接待时还让宋素卿等人坐于上座。

大内氏的贡使宗设谦道怒从心起，几杯绍兴老酒下肚，哇呀呀拔出倭刀，蹿上去先把与自己争座的细川氏贡使鸾冈瑞佐捅个透心凉。然后他指挥从人杀人，沿路放火，追杀宋素卿等人。

明朝地方政府没有任何准备，任凭宗设谦道一伙人拔刀追逐，如入无人之境。

杀得性起，这伙野蛮倭使从宁波一直杀到绍兴。宋素卿多亏腿脚快，才有幸捡得一命。

这种外国使臣商团在别人国家杀人放火之事，实属罕见，所以，明朝地方武备官员根本猝不及防。宗设谦道一行人烧杀过后，抢夺了几艘明朝军船逃往海上。其间，明朝指挥刘锦率水军去追，也被倭人以劲弩射死。

明廷震怒，逮治贪污受贿的太监赖恩和惹是生非的细川氏副使宋素卿，但对杀人放火后逃走的宗设谦道无可奈何。

大内氏听宗设等人回来诉说详情，心中也惧怕明廷翻脸断绝往来贸易。那样的话，损失就大了。于是，大内氏派出使臣先赴朝鲜，希望朝鲜充当中间人调停。明廷不理。

嘉靖九年，日本将军幕府又托向明朝入贡的琉球（今日本冲绳）世子代转陈情，希望明廷恢复市舶入贡。明朝回复，让日本方面擒送先前惹祸的宗设谦道。幕府当然交不出，交涉多年，一直延至嘉靖二十六年，明朝一直没有恢复与日本正常的入贡往来。

为了便于约束日本，明朝要求日本交出他们拥有的二百多道弘治、正德勘合，表示要换发新勘合。由于权不一出，日本方面无能为力。嘉靖三十年，大内氏头子大内义隆被手下人刺杀，勘合俱失，延续了百年的中日市舶贸易正式终结。也恰恰在这一时期，东南沿海金子老、李光头等中国海贼勾结佛郎机（葡萄牙人），王直、许栋勾结倭人，他们四处劫掠，在海上和沿岸设立根据地，准备大干一场。

早从嘉靖十八年起，倭寇们就干得热火朝天，每次均以华人贼寇为向导，或冒夜窃发，或白日行凶，鬼影一样突然冒出于富邑大城，杀人越货，无恶不作。

嘉靖二十一年，倭寇自瑞安（今属浙江）入台州，攻杭州；二十四年，数十艘倭寇战舰泊于晋江（今福建泉州），四处抢掠；二十六年，倭寇各集部伍，在漳州、泉州一带海域专抢过往商船、民船；二十六年，倭寇大抢宁波、台州，肆掠而去。

日久迁延，明朝的海防非常糟糕，昔日战舰十不存一，兵额严重不足。漳州、泉州那么大一片海防，从前旧额是二千五百人，到嘉靖二十六年仅剩一千人不到，且多为老弱残兵。

在这种情况下，明廷起用右副都御史朱纨为浙江巡抚。朱纨，正德十六年（1521 年）进士出身，久历地方，很有远略。他到任后，严查渡船，抓紧保甲，搜捕奸民。同时，由于他布置有方，明朝将领卢镗率福清兵奋勇杀敌，很快就讨平了盘踞于覆鼎山一带的倭寇，并在九山洋水战中打败王直。

接着，明军在双屿筑置堡垒，擒斩真假倭寇不少，连大盗李光头也落网被杀。

但是，福建、浙江等地沿海豪民皆在朝中有代理人。他们看见朱纨严行海禁，搜杀内贼，极其害怕，纷纷托人上告，诬称朱纨捕获的许多海盗是良民。朝中与沿海豪民有关系的御史立刻出面，劾奏朱纨“举措乖方，专杀启衅”，说他阻止了正常的对外贸易。

朱纨闻之激愤，上书争曰：“去外国盗易，去中国盗难。去中国濒海之盗犹易，去中国衣冠之盗（指地方豪强）尤难。”

明廷不辨是非，罢朱纨官职，派人到军中审问。朱纨慷慨流涕，表示：“我贫且病，又负气，肯定不能忍受审讯之辱。纵使皇上不想杀我，闽浙奸豪势力也要置我于死地。如此，我自决之，无须他人！”于是，在兵部审讯官到来之前，朱纨仰药而死。

朝廷不罢休，逮捕先前打仗卖力的卢镗等人，均送入死牢严加看管。

自朱纨死后，朝廷又罢地方巡视大臣，于是“中外摇手不敢言海禁事”。由此，海寇、豪民们弹冠相庆，迎来了他们走私贩掠的大好时光。

远见卓识的王忬

嘉靖三十一年夏，倭寇进犯台州，破黄岩，在象山、定海一带大掠。这时的倭寇，主角其实皆是中国人，其中以王直最为著名。

王直，安徽人，出身于海上走私世家，他手下有不少倭人“雇佣兵”，甚受日本浪人重视。而且，王直手下几大帮倭寇的中级指挥官也多为浙江、福建一带的沿海走私者和海盗。反观他们手下的倭人，“勇而憨，不甚别死生。每战辄赤体，提三尺刀挥而前，无能捍者”。这些发型丑怪、奇形异状的壮矮汉子，确实对明朝军民有一种心理威慑。

所有这些倭寇集团中，大的有数千人，小的有数百人，王直最强，徐海居次，其余还有毛海峰、彭老生等十余个海上匪帮。他们往来近海，为害日烈。这些人不仅具有超强的战斗力，还善设伏兵，常常以少击众，弄得明朝地方政府焦头烂额。明廷震怒下，只得派出都御史王忬提督军务。当时王忬正在山东巡视，闻命即赴浙江。

由于浙江本地军人“脆柔不任战”，王忬便以参将俞大猷、汤克宽为心腹，征调少数民族的狼兵、土兵到沿海，增修堡垒，严阵以待。

由于知人善任，指挥得当，转年，即嘉靖三十二年春，明军就在普陀大破倭寇。王忬不仅使用俞大猷、汤克宽这样的智谋勇略之人为心腹，他还上奏朝廷释放出因受朱纨案牵累下狱的卢镗。同时，他发银犒兵，激以忠义，所以将士用命，皆愿效死。

这样，官军合力，夜袭倭寇巢穴，首战就斩首一百多人，生俘一百多人，倭寇落入水中溺毙的也有两三千人。本来此役可以一举擒获王直，不料，海上忽刮大风，官军水营大乱，王直趁机遁走。

此次普陀大捷，虽然获胜，却也打草惊蛇，使得倭寇由原先的大群集团活动改为分散袭扰。此后，温州、台州、宁波、绍兴等地均不时受到啸然忽至的倭寇杀掠，大为当地之患。

由于汤克宽率兵捕剿，倭寇便移舟北向，侵入松江、苏州等地。这些地区一直以富庶著称，倭寇们饱掠八方，满载而归。其中，以华人萧显为头目的一部四百多人的倭寇组织为害尤烈。他们攻破南江、川沙两地后，尽屠当地居民，并在松江城下扎营，气焰十分嚣张。不久，此部倭寇包围嘉定、太仓，四处杀人放火，残虐无极。最终，还是明将卢镗能战，率部掩击，阵中斩杀萧显，其残余倭众遁入浙江，被俞大猷部明军全歼。

同年八月，太平府知州陈璋率兵在独山破倭寇，斩首千余级，余众乘船而遁。同年底，倭寇啸集两三千人，齐攻太仓州。攻城不克，他们便分掠四境，当地居民惨遭荼毒。

明朝官军围追堵截，效果不明显，而沿海走私成习惯的奸民有不少人乘势化装成倭寇模样，四处抢劫杀人。这些海盗团伙中，真倭不过十之二三。转年，即嘉靖三十三年初，倭寇从太仓州溃围而出，抢夺民船入海。他们不是逃往外洋，而是大掠通州、如皋、海门等州县，又把明朝在当地的盐场焚掠一空。其中，有数艘贼船因海上大风被吹至青州、徐州一带，船上的数百倭寇上岸后，逢人就杀，见屋就烧。山东大震。

倭势看上去似乎很盛，实际上在王忬的打击下只剩下虚火。王忬严密监察沿海通倭的官绅土豪，建筑堡垒，广发间谍，使得倭寇头子们很难摸清岸上明兵布置的虚实，往往乘船漫无目的漂于海上，粮食吃光后，他们只能遁返日本诸岛或窜至荒岛。

可惜的是，杭州等地官民不堪劳苦，对王忬常常让他们持兵登城守卫的轮流值班很恼火，抱怨他扰民，上奏朝廷，说他数举烽火唬人。

明廷不深究，仅从表面上看到倭寇四处窜扰，就认定王忬在沿海抗倭行事不力，调他以右都御史的身份巡抚大同，改派徐州兵备副使李天宠为右佥都御史，暂代他的位置。

王忬一去，浙江一带倭患复炽。

值得庆幸的是，王忬离开之前，留下了两位重要的抗倭大将，即浙直总兵俞大猷和参将卢镗。

战胜却遭杀头的张经

张经是福建侯官人，正德十二年进士。户科都给事中出身，作言官时多有论劾。后来，他以兵部右侍郎身份总督两广军务，大败藤峡贼；继而抚定安南，进为右都御史。不久，因丁忧回籍。复起后，被明廷任为三边总督。还未赴任，即有朝廷言官劾其在两广任上克扣饷银，明廷为调查此事，追回对他的任命。调查一阵，查无实据，但对张经仕途已产生不利影响。他被改任南京户部尚书，不久改为南京兵部尚书。

鉴于沿海倭寇猖獗，张经有深厚的作战指挥经验，明廷便在把王忬调走后，派张经为总督大臣。当时，他的权力很大，“总督江南、江北、浙江、山东、福建、湖广诸军”。

张经到任后，首先征调两广一带少数民族狼兵和土兵入浙江等地，想凭借这些人的战斗力一举剿灭倭寇。

明朝征兵未至，倭寇却先一步大举入侵。五月间，大批倭寇自海盐出发，直趋嘉兴。幸好当地有猛将卢镗守候，贼寇稍却。第二天，倭寇与明军在孟宗堰大战，中途佯装不胜败走；明军追击，正中埋伏，官军被杀四百多人，溺死几千人。倭寇乘胜，入据石墩山为大本营，然后分兵四掠。不久，寇众聚集，合攻嘉兴府城，明将陈宗夔率兵抵御，把倭寇击退，烧掉敌方不少船只。

倭寇遁入乍浦，几股人马合集，在海宁诸县游走杀掠。数日之内，贼寇们东掠入海抵至崇明，夜袭得手，攻破城池，杀崇明知县。接着，倭寇乘以锐势，进逼苏州，在四郊大掠大杀。

七月间，另一批倭寇从吴江出发，直抵嘉兴。王江泾一战，明朝官军大败，都指挥使夏光阵中被杀。而包围苏州的倭寇抄掠至嘉善，转掠松江，然后扬帆出海，准备把“胜利品”运回海中的岛屿分肥。他们行至吴淞，被总兵俞大猷截击，明军小胜。

九月间，参将李逢时、许国在嘉定附近的新泾桥与倭寇相遇，明军初战时取胜，但二将争功，冲锋时遭受埋伏，反而被倭寇击败。此战，明军被杀死、淹死数千人。

明廷闻报，不思筹划御敌击敌的方略，反而跑出一个严嵩党羽赵文华。这位身任工部侍郎的奸臣上言：“倭寇猖獗，请祷祀东海以镇之！”如此荒唐之举，竟然马上得到崇信道教的嘉靖帝批准，下诏让赵文华到东南沿海一带请道士做法事。

如果仅派赵文华跳大神、烧神纸，也不会出大乱子。嘉靖帝还让他督察沿海军务，这样一来他成了口含天宪的钦差大臣。

他到浙江后，凌辱官吏，胡乱指挥，公私受扰，益无宁日。

嘉靖三十三年四月，田州瓦氏土兵率先抵达。土兵兵锋正锐，皆欲速战。张经持重不可。不久，东兰土兵等少数民族兵相继到达。张经把这些人分隶俞大猷、汤克宽等人掌管，分别屯军于金山卫、闵港、乍浦三地，分军抗倭，形成犄角之势，并想等永顺军、保靖军二军会合后一同勠力进伐倭寇，争取以打大仗的方式尽快、更多地对倭寇实施灭顶式打击。

由于张经谋略远大，加之他以前的战功卓著，当时“中外欣然，谓倭寇不足平”，都认为他的成功指日可待。

嘉靖三十四年春，枳林一带的倭寇大集攻掠杭州一带，蹂躏诸村镇，使得杭州城外数十里流血成川。先张经来浙江的巡抚李天宠手中兵少，无可奈何，只得坚壁清野，烧掉城外民居建筑，以免使倭寇踏房攻城。

奸臣赵文华新至，很想立功。他与浙江巡抚胡宗宪友善，二人商议后，赵文华就死催身在嘉兴的张经立刻出兵进击倭寇。

张经持重之人，力言不可，非要等永顺军、保靖军到来后一起合击倭寇。

赵文华再三催促，张经皆不听。他自以为资历比赵文华老，但他忘了赵文华在朝中有严嵩撑腰。

赵文华恼怒，马上写密疏送予嘉靖帝，诬称张经“糜饷殃民，畏贼失机，欲待倭寇掠足遁逃之机剿余寇报功”，竭力请求朝廷立刻逮治张经。

朝中，由于赵文华是自己干儿子，严嵩立刻进言于皇帝，指称张经在苏州等地劳师费饷，扰民乱政。嘉靖帝大怒，下诏逮捕张经以及当时守卫杭州的李天宠。

当赵文华密奏张经不作为时，永顺军、保靖军皆已抵达嘉兴。见时机已到，恰好有大批倭寇来犯，张经指挥卢镗、俞大猷等人，先于石塘湾大败倭寇，又在王江泾复大败倭寇，斩首数千，贼寇淹死数千。剩余倭寇见势不妙，慌忙逃回老巢柘林（今广东饶平），纵火尽焚所掠财物，然后驾船二百余艘往海上逃窜。

此捷，“自而有倭患以来，此为战功第一”。

捷报上闻。但逮捕张经、李天宠的诏书已发下。

兵部有大臣上奏，希望皇帝能让张经将功赎罪，留任于当地继续抗倭。嘉靖帝先前听严嵩之言，此时怒气未消，骂道：“张经欺诞不忠，听说赵文华上章劾奏，他才勉强一战，此人不可轻饶！”

过了几天，皇帝又觉不对味，唤严嵩入朝究问实情。严嵩自然全力为赵文华回护，表示说：“大臣徐阶等人都是江浙一带人，他们也说张经养寇不战。至于近日大功，乃赵文华、胡宗宪二人合谋之力，张经只不过是冒功罢了。”

有了他这句话，实际上是判了张经死刑。

张经被逮入朝后，备言进兵始末，并称自己任总督半年，前后俘斩五千倭寇，乞求皇帝原宥其罪。

嘉靖帝偏执，认定张经欺君，并于当年秋决之时处斩了张经以及巡抚李天宠，天下人皆冤之。

张经死后，都御史周珫接任。他上任仅三十四天，就为赵文华所劾，杨宜代其任。由于赵文华督察军务，杨宜知道自己两个前任一死一贬，非常小心，天天曲意奉承赵文华。虽如此，赵文华还朝后，仍觉杨宜不是自己人，推荐胡宗宪代杨宜为剿倭的总指挥。杨宜由于伺候小心，只遭“夺职闲住”的处分，没有遭遇大祸。

自嘉靖三十二年至三十九年，明朝苏松地区的巡抚共有十个人，没有一个有好下场：

> 安福彭黯，迁南京工部尚书。畏贼，不俟代去，下狱除名。黄冈方任、上虞陈洙皆未抵任。任丁忧，（陈）洙以才不足任别用。而代以鄞人屠大山，使提督军务。苏、松巡抚之兼督军务，自（屠）大山始。阅半岁，以疾免。寻坐失事下诏狱，为民。继之者（周）珫。继珫者曹邦辅。以文华谮，下诏狱，谪戍。次眉州张景贤，以考察夺职。次盩厔赵忻，坐金山军变，下狱贬官。次江陵陈锭，数月罢去。次翁大立。当大立时，倭患已息，而坐恶少年鼓噪为乱，竟罢职。无一不得罪去者。

张经所指挥的王江泾大捷，其实给予了倭寇沉重打击。正是由于严嵩、赵文华一伙人的背后拆台，加上张经死后入江浙一带的狼兵、土兵不听调遣，倭患逐渐转剧。

嘉靖三十四年九月间，百余倭寇自上虞登岸，在当地造成巨大惊扰。同时，又有一伙倭寇百十号人突现杭州，西掠于潜、合化，直至严州。在明军围捕下，这伙人突入歙县，沿路剽掠，径直太平。很快，他们忽然东向，直犯江宁，杀明指挥朱襄等数百人。

特别骇人听闻的是，这一拨倭寇到江宁时人数不过八九十人，竟然冲破千余名明军防守的秣陵关，流劫溧水、溧阳等地，趋宜兴、无锡，一昼夜狂奔一百八十里，杀抵浒墅关。明军拦截，死伤数百人，只杀掉倭寇十九人。接着，这伙狂贼又往太湖方面狂奔，准备在水上夺船逃跑。幸亏明军数千人大集，在杨家桥一带包围了这几十号人马，终于尽歼其人。

可叹的是，这百十号倭寇，自绍兴开始流劫各地，经行数千里，杀伤明军四五千人，猖狂八十多天，才被彻底消灭。可见明军的指挥和战斗力是何等糟糕。

由于从各地征召的少数民族狼兵、土兵扰民剽掠，明廷下令遣送这些人回乡。虽然俞大猷等部明军小有斩获，倭势并不减弱。

赵文华回朝复命，为了彰显己功，便上奏“水陆成功”，谎报军情，最终使倭患更加严重。

迁延数日，嘉靖帝渐知赵文华没有据实上报，屡次质问严嵩。严嵩曲为回护，赵文华顺势把过错皆推诿他人。

嘉靖三十五年，明廷以胡宗宪为兵部侍郎兼佥都御史，总督各地兵民抗倭。

权术过人、劳苦功高却不得其死的胡宗宪

后世言及平倭，总是讲戚继光、俞大猷、张经等人，其实，平倭最得力、立功最大的，非胡宗宪莫属。可惜的是，他为人油滑，在朝中交结赵文华、严嵩，致使后人对他的品行评价大打折扣，影响了他平倭的勋劳。

胡宗宪，字汝贞，南直隶徽州绩溪人。嘉靖十七年进士。此人为官，一步一个脚印，历经知县、御史、巡按，这样，他不仅在地方历练，在军队中也久经锻炼（巡按宣府、大同）。

嘉靖三十三年，胡宗宪巡按浙江。当时，张经为总督，李天宠为巡抚，这两个人皆对朝廷派来祭海兼督察军务的赵文华不买账。唯独胡宗宪深晓官场三昧，一心奉迎赵文华。赵文华大喜，与胡宗宪暗中谋划，齐力倾陷张、李二人，并最终把他们送上法场。

但实话来讲，明军王江泾大捷，总体上讲是张经指挥有方，而胡宗宪本人也出力不少。当然，最终报功时，在赵文华的陈说下，大功皆归于胡宗宪一人，他被擢升为右佥都御史，代替李天宠为浙江巡抚。后来，也是在赵文华努力下，胡宗宪竟能以兵部右侍郎的身份充任总督一职，取代杨宜。

胡宗宪任上一直很卖力，绞尽脑汁想平定倭患。他先派出手下人蒋洲、陈可愿到日本活动。这两位爷乃胡府门客，皆能讲一口流利的日语，是纯熟的外交人才。二人入日本，首先见到王直的养子王激。由于大家是大同乡，自然意气相投。由王激引见，蒋、陈二人得与王直会面。

王直并不在日本本土居住，他占据日本沿海五个岛屿，拥众自保。他手下财物山积，人员上万，俨然一方国王。王直最初在日本很吃得开，岛民们纷纷在他率领下侵入中国沿海杀掠，获利颇丰。后来，由于明兵征剿，死人过多，甚至出现过一个小岛上几百男性倭人出海无一人

生还的事情，倭人逐渐对王直产生了怨恨情绪。为此，王直心里不踏实，所以他近年一直居于自己能控制的海中岛屿上。

凭借与王直同乡的关系，胡宗宪首先把关在金华监狱中的王直老母和妻子释放出狱，好吃好喝养起来，供奉甚厚。如今，蒋洲、陈可愿又来致意，王直心动，对二人讲："正是俞大猷对我下手太重，想赶尽杀绝，我才跑到这里。如果朝廷赦免我，恢复通市，我肯定会归国效力。"

于是，蒋洲自己做人质留在岛上，王直派养子王滶与陈可愿一起回国。

王滶并不是只身与陈可愿回到沿海，而是率一支千余人的船队回去。胡宗宪面见王滶，激以忠义，厚赏财宝，让王滶"杀贼立功"。

结果，深晓倭寇行踪的王滶出手不凡，在舟山等地大败倭寇（王滶本人和他的手下人，无论华人倭人，皆倭寇打扮，所以容易迷惑对方）。

胡宗宪把捷闻送达于朝廷，以朝廷名义赏赐王滶等人财物，并做出言之必信的姿态，听任王滶等人受赏后扬帆回日本。

王滶又喜又感激，回去后积极做工作。不久，他就派人送信给胡宗宪，说另三个倭寇头子徐海、陈东、麻叶三人要来攻袭沿海。

果然，徐海不久就率大隈、萨摩西岛的真倭万余人分掠瓜洲、上海、慈溪等地，并集兵猛攻乍浦。

胡宗宪在塘栖立营，与巡抚阮鄂形成犄角之势。慑于倭势，他们也出迎击敌。阮鄂手下游击将军宗礼敢战，率兵进攻徐海部倭寇，三战三捷，可最后不幸中伏而死。倭寇乘胜机，包围了身在桐乡的阮鄂。

胡宗宪见情势紧急，忙抽兵回撤杭州。同时，他派指挥夏正持王滶的书信劝降徐海。徐海见王滶手书，大惊："怎么，老船主（王直）也要归降吗？"

王直在倭寇和海盗中名气巨大，加上徐海本人在阵中受伤，他心中颇动降意。由于不知事情深浅，他也不敢立刻答应，推托说："我们这批人三路进击，我一个人说了不算，还有陈东、麻叶两位。"

夏正依胡宗宪嘱咐，骗徐海说：“陈东已经和我们有密约，现在就看您的意思了。”

徐海闻此言，立刻怀疑陈东与明军早有秘密协议。

陈东方面，也听说有明使入徐海大营密谈，吃惊不小。由此，二人嫌猜日深。

在夏正劝说下，徐海遣使向胡宗宪谢罪，但索要大笔金银犒军。胡宗宪即刻施行，派人送银送酒送肉，这可让徐海喜出望外。于是，他马上释放二百多明军俘虏，并从桐乡撤围。由此，明朝巡抚阮鄂才捡得一命。

徐海解围后，回到大本营乍浦休养。

胡宗宪派人送信，劝说徐海：“徐大人已经内附大明，吴淞江倭寇贼盛，何不击之立功！而且，那伙贼人有财物数百船，您可以率兵掠之以为军资。”

徐海缺心眼一样，信以为然，很快就率军逆击昔日的“战友”，斩首三十余级。

而恰恰趁他出军时，胡宗宪遣俞大猷乘间带兵出发，放火烧毁了他的老巢乍浦附近停靠的许多大船。

徐海心惊，忙派其子徐洪为人质，向胡宗宪“孝敬”飞鱼冠、坚甲、名剑以及金宝无数。胡宗宪投桃报李，回赠徐洪更多的金宝，还让他捎话给徐海，希望徐海把陈东和麻叶两人缚送明军。

徐海见胡大人如此“仗义”，非常感激。他很快就把麻叶抓住，五花大绑送至胡宗宪门下。

胡宗宪非常有心计，他对麻叶亲解其缚，许以大官，诱使他写信给陈东，要对方下手除掉徐海。胡宗宪得麻叶亲笔信后，送与陈东，赚得对方回信，却又派人转送徐海。

徐海见信大怒。同时，徐海的两个美妾翠翘、绿珠也被胡大人派人收买，日夜不停对徐海讲陈东要害他。枕边风不得了，徐海立刻派人携重宝送给陈东的主子、萨摩岛主的弟弟。倭人见利忘义，看见金宝无数，大喜，立刻让人绑了陈东送与胡宗宪。

由此，陈东、麻叶二人在明军监室中得以相会。

陈东、麻叶被逮，吃亏最大的其实是徐海。如果他真正降附了明朝，自可无忧。但他并未得到赦令和官封，此时羽翼已失，势单力薄，很是尴尬。

徐海傻不拉叽，自忖绑献陈东、麻叶有功，对胡宗宪无丝毫防备。于是，双方约定日期，徐海准备正式投降。

谁料，徐海投降心急，提前一日赶至杭州，把大部队留在城外，他自己率日本海岛酋长百余人贯甲仗剑而入。

当时赵文华和阮鄂都在，闻之心惊，怕徐海以降附为名赚城杀人，急劝胡宗宪拒绝对方。

这位胡大人临危不乱，安慰赵文华勿惧，立刻派人开帐接见徐海。其实，徐海是真降。他入帐之后，率众叩首谢罪。胡宗宪离座，亲自扶起徐海，表示朝廷一定会“宽大处理”，希望他日后“戴罪立功”。

胡宗宪话这样说，心里却很为难。徐海这种在沿海杀掠多年的巨寇，朝廷一直要他项上人头，胡宗宪本人并无给予特赦的权力。

于是，胡总督先安排徐海手下近万名降附的倭寇住下，在沈庄扎营。沈庄有河，把庄子分为东西两部分。徐海手下降倭居西，胡宗宪的明军居东，隔水相望。

晚间，安排妥当，胡宗宪唤来被软禁的陈东，让他写密信给住在西庄徐海营中的老部下们，称徐海与官军合谋，晚上要尽杀倭寇以立功。

消息传出，倭寇大惧，乘夜向徐海营帐喊杀而来。徐海忽然惊醒，忙令其手下卫士拼命抵拒。贼人们互相残杀，徐海本人大腿中槊，勉强支撑。

混战间，明军已把倭寇团团包围。

凌晨，见自己营盘众倭弟兄们死伤殆尽，明军在周遭合围喊杀，徐海知道自己上当受骗，绝望中投水自杀。

明军此次不费功夫，大获全胜，连日本大隅岛主的弟弟辛五郎也被活捉，只有少数残敌奔遁舟山。胡宗宪即刻命俞大猷追击，雪夜焚其栅垒，倭寇尽被烧死，两浙倭患渐平。

嘉靖帝大悦，行告庙礼，凌迟麻叶、陈东、徐洪、辛五郎等贼头，诏命加胡宗宪右都御史，赐金币。

说句实在话，胡宗宪计谋虽好，却不太厚道。怎么说徐海也是降俘，杀降不祥，不知胡总督是否知道此说。

徐海、陈东等人被解决掉，下一个目标就是倭寇大头目王直了。

嘉靖三十六年，听说“老战友”徐海等人皆死，王直顿起兔死狐悲之感，携手下三千多名倭寇乘船至宁波岑港，大掠四境，然后撤回海上观望。

虽如此，由于先前蒋洲等人做工作，王直杀人不多，只是想显示一下自己的实力，增加与明朝谈判的砝码。

胡宗宪派人通知蒋洲，蒋洲转告王直，说：“如果王公您降附，朝廷会委任您都督一职。”

蒋洲不知胡总督这是一计，与王直歃血为盟。

王直异常激动，奋言道：“我当为朝廷肃清海波，赎家庭性命！”他先派手下毛海峰、叶碧川随蒋洲出发，自己随后率大部队跟进。

但是，蒋洲几个人到杭州后，王直迟迟不来。明朝官员纷纷称疑，觉得王直使诈，很可能是乘间再发攻袭。于是，明廷巡按御史王本固下令把蒋洲抓入监狱，严审他是否通倭卖国。

蒋洲又冤又气，辩称：“王直肯定要投降，他违期不至，很可能因海上风大。”

蒋洲说得不错。王直所乘大舟刚行一天，正遇海上飓风，一行人几乎丧命。他只得派人折回重发一批新船，故而迟来。

王直此来，又在宁波岑港靠停。浙江一带居民听闻倭寇船只上百艘数千人靠泊岑港，大惊大骇，传言纷纷。

朝廷诸臣闻之，也都私下认为胡宗宪引狼入室，必酿东南大祸。

王直远来，发现明军在岸上不远处盛陈军容、壁垒森然。对此，他非常不高兴，派义子王滶上岸质问胡宗宪："我等奉诏而来，专为息兵安境，不料胡大人您严禁舟船出海，又摆大军严加戒备，不是要哄骗我吧！"

胡宗宪心中焦急如焚，但有巡按御史王本固等人一旁伺察，他不敢行事太过，只得派人回复王直，表示朝廷"万分欢迎"他归顺。同时，他让被软禁的王直亲儿子写信给其父，劝王直马上上岸投诚。

王直接信苦笑，复信只几个字："吾儿何其愚也！汝父在，朝廷厚汝；父来，阖门死矣！"

但是，事已至此，王直毕竟要和明廷谈判，就要求蒋洲登船或明军派一有身份的人来己军中当人质。蒋洲本人来不了，他被巡按御史关在牢里，正受刑拷问着。于是，胡宗宪就派一直与倭寇打交道周旋的指挥夏正，手持伪造的朝廷赦免王直的批奏去见王滶（其实他确实写了奏疏，只是还未获批准）。

王滶不知是假，兴冲冲回去转告王直。王直很高兴，庆幸自己劫掠杀伐大半生，终于在祖国有正当身份了。

王直深信不疑之余，把部伍安排妥当，便大大咧咧上岸，身边仅带数名随从。

聚观百姓很好奇，见他个半老头子气宇轩昂，一身华丽的明服，而他身边侍从，个个是脑袋秃几块的倭寇发型（其中有华人有倭人），非常惹眼。

胡宗宪热情得不得了，待王直以宾礼，在杭州挑一处豪宅安置他住下，又派卫兵又派轿夫，盛情招待。

事情发展到这个地步，胡宗宪本意确实是想力劝朝廷赦免王直，以倭寇击倭寇，自可肃清沿海大患。

疏上，明廷的御史王国祯等人力持不可，称王直是倭寇元凶，绝不可赦。

本来，胡宗宪还要上疏抗辩，但随后他听说朝内不少人声称他本人接受王直大笔贿赂，故而力争赦免这个海盗头子的大罪。

宦海沉浮多年，胡宗宪惊出一身冷汗，忙撤回原先的疏奏，改称王直罪大恶极，应立即正法。

王直锦衣玉食多日，在杭州大宅子翘首期待朝廷的任命。平时，他还细细研究海图，准备随时以都督身份出海杀捕倭寇。

一日，忽听门首喧哗，王直以为有任职诏命，忙衣冠一新，出门迎接。岂料，来人并非老乡胡宗宪，而是巡按御史王本固带着许多衙役凶巴巴到来。未及开口，王直被差人们一顿乱揍打翻在地。转眼之间，他已从座上客变成被五花大绑的阶下囚。

王直不傻，很快明白过来，冷笑一声，叹道："胡公误我！"

王直的案子毋庸细审，他先前的罪恶够他死一万次了。不几日，王直和他老母亲、妻子等宗族数十口均被押至杭州刑场处决。

干了这么多年海上杀人劫掠的勾当，王直是经历过大世面的人，临刑神色不惊。

王直唯一感怀的，是自己这么一个聪明绝顶的人，竟然最终被看似忠厚义气的老乡胡宗宪骗到。

大刀砍下之时，王直一声怒吼。

王直被杀，停留岑港的三千多倭寇悲愤异常。这些人皆百战死士，跟随王直浴血奋战多年。老东家一死，他们自觉无所归依，个个按剑而起，憋足了劲要与明军大战。

最倒霉的当数明军派去做人质的指挥夏正。王滶听闻义父被明廷诱杀，气得双眼通红，立刻把刚刚还在一起欢饮的夏正绑在船头，破口大骂明军无信。然后，众倭寇冲上前，碎刀割剐了夏正。

夏正是条汉子，至死一声不吭。可这位汉子也憋屈，骂不出声，只能沉默就死。因为他知道，朝廷诳杀王直的招数，太过于理亏。

王直之死，造成了倭寇新一轮疯狂的报复。他手下三千多狂倭杀红眼，一路在海上漂，一路狂杀。嘉靖三十七年初，这些人先攻潮州，杀伤不少明军后，又扬帆直犯福州。刚刚从浙江调至福建任巡抚的阮鹗不能敌，竟出下计，从库银中调出数万两白银，连同明军新造的六艘大船一起，送与倭寇，以买自己一方的安定。

这帮贼寇收银收船后，掉头进攻福海，连当地县令也杀掉，大肆抢掠。

不久，数股倭寇忽来忽往，在台州、惠安、长乐、漳州、泉州等地登陆，极尽淫毒。

由于新倭大至，海患复起，明朝严旨切责胡宗宪，并把总兵俞大猷、参将戚继光等人的军职一概削夺，限令他们一个月内先荡平岑港的倭寇。

王直残部在舟山严设防守，阻岑港而战。明军虽勇，但倭寇恃凭有利地形，对明军杀伤甚众。

另一方面，各路倭寇源源而至，不少打着为“老船主”王直报仇的旗号，气势异常。

从前，明军还有剿和抚两种手段，如今骗杀了王直，任你说破天，各路倭寇也不会向明朝官军投降。

胡宗宪急得如热锅上的蚂蚁一样。由于不少倭寇侵掠福建，许多福建人就声称是胡宗宪故意纵倭南遁，想把倭患引出他自己所在的浙江一带。在朝中，福建籍的言官李瑚上书劾奏胡宗宪。

气急败坏之余，胡怀疑手下的总兵俞大猷（也是福建人）与上面通气，就首先出招，上奏说俞大猷治军不力，纵倭南逃。这位俞总兵倒霉，数年来出生入死与倭寇血战，结果却落得个被逮入京城拷讯的下场。好在他从前立功多，朝中又有不少官员搭救，才没被处死，发往塞上守边。当然，俞大猷免于一死的最关键处，在于他朝中的一些福建老乡凑钱，送了三千两黄金给严嵩之子严世蕃。小严一高兴，片纸一张，就保下了俞总兵的项上人头。

以后几年，福建、广东、江北等地倭患频频，但就实来讲，胡宗宪名义上督领东南数十府，地域广大，好多地方只能遥领而已，不可能事事做好，因此不能就此就讲胡宗宪指挥无能。毕竟沿海防线太长，倭寇神出鬼没，声东击西，让明军防不胜防。

为了保官保位，胡宗宪很善于走上层路线。由于他通过赵文华得与严嵩父子相结，平日里不停孝敬这二位无数金银异宝。有了严氏父子在朝中帮他讲话，胡“威权震东南”。同时，胡宗宪喜欢养士，座上客常满，樽中酒不空，故而誉言四起，人人称善。但对于老百姓来讲，这位胡大人额外加赋，竭力搜刮，民间怨声载道。

不久，有言官奏称胡侵占国帑三万多银子，还销毁账册，其罪彰明。胡宗宪上疏自辩，表示自己挪用公款是为国除贼之用。这话倒有一半是真的。他派人离间，收买倭寇，确实要花大笔“公关费”。

嘉靖帝对他本人印象也好。倒不是因为他平倭有功，而是他常常进献白龟、五彩灵芝等吉祥物，使得崇信道教的嘉靖帝龙心大悦，不仅不降罪，反而晋升他为兵部尚书。

严嵩失势后，朝中言官弹劾胡宗宪结交严嵩以及奸欺贪淫等十大罪，嘉靖帝本人仍然替他回护：“胡宗宪并非严嵩一党。朕拔用他八九年，都没什么人拿他说事。正因他多次上献祥瑞之物，引起邪人憎恨。如果加罪于他，日后谁还为朝廷卖命！”

毕竟不少罪证确凿，但胡宗宪因为嘉靖帝的保护，得以从轻处罚，夺职闲住。

胡不耐寂寞，在老家赋闲也不闲着，趁嘉靖帝生日上献十四种“健身延年”的房中术。皇帝大悦，准备重新起用他。

可巧，御史查抄严世蕃贼党罗龙文家，发现了数篇胡宗宪的亲笔信，是他在嘉靖三十八年左右被弹劾时写给罗龙文的。信中，他乞求罗

《抗倭图卷》(局部) 明 仇英

龙文替自己在严世蕃面前说好话，大讲自己对严氏父子的感激与孝敬。由于严世蕃等人当时的罪名是“通倭不轨”，嘉靖帝恨之入骨。这样一来，皇帝对胡宗宪的好感顿时消失，下诏逮治胡宗宪。

万念俱灰之下，入京后，胡宗宪在狱中横刀自杀。

这位胡大人，有勇有谋，在抗倭前线，常常一身戎服立于矢石之间亲自督战，怡然自若，诚为大勇之人。特别是他智擒徐海、陈东、王直等倭寇巨头，功莫大焉。可惜的是，胡宗宪为人过于精明，最后反被精明所误。还好，他在万历初年（1573 年）被平反，追谥“襄懋”。

清朝历史学家谷应泰说得好：胡宗宪虽引刃自杀，却应该无颜见徐海、王直二巨贼于地下！言而无信，欺诈立功，终不得好报。

当然，胡大人之功绝不可没，倘若二贼不死，倭患可能会广而泛之。

力战歼倭的俞大猷、戚继光

论抗倭功劳，戚继光其实应该排在俞大猷之后。只不过由于最露脸的平海卫灭倭大战，戚继光居首功，俞大猷反而居于次功。再后，戚继光又于北地守边，劳苦功高，多兵书著作，又深为张居正委用，故而在后世反而以他的破倭之名最高。

其实，从明朝嘉靖年间的平倭战争以及个人奋斗进程中仔细观察，无论战功、资历、声名，俞大猷都在戚继光之上。

老成持重俞大猷

俞大猷，字志辅，福建晋江人。史载，他自幼喜读书，但并非传统儒学典籍，而是沉迷于《易经》。当然他读《易经》，不像现在那些算命先生，俞大猷读《易经》，在于“推演兵家奇正虚实之权”。

深得兵家阴阳道数之后，俞大猷投入当时剑术名家李良钦门下习武。虽然家贫屡空，他从来不以为意，确实是个坦荡奇男子。

其父病死后，俞大猷并未按照老爹遗愿报考功名，而是承袭百户的世职。可见，他父祖辈也是明朝中下级军官。

明朝有武举。俞大猷在嘉靖十四年应试成功，得授千户一职，守御金门。当时，沿海一带已经不断有小股倭寇骚扰，俞大猷向巡按御史上书献计。

明朝有与宋朝相仿的风气，重文轻武，巡按御史大怒："小校安得上书言事！"派人找到俞大猷，打一顿板子后削职。

但小俞年轻气盛，百折不挠。不久，兵部尚书毛伯温拟征安南，俞大猷复上书言事，并自请从军效力。毛尚书大以为奇，可惜不久罢兵，俞大猷未派上用场。

嘉靖二十一年，蒙古的俺答汗大举入寇山西，朝廷下诏在全国荐选勇士。俞大猷憋足一肚子气，诣巡按御史处自荐。还好，这任御史没打他，并把他的名字上报兵部。尚书毛伯温对俞大猷的名字很熟悉，立即荐他入宣大总督翟鹏帐下听用。

帅帐之中，众将满座，翟鹏召见俞大猷，与他议论兵事，探视其才艺。血气方刚的俞大猷侃侃而谈，有理有据，数次驳倒翟鹏。结果，翟总督起身离座，上前亲执俞大猷之手叹道："我真不该对待武人一样对待您呵。"为此，一军皆惊。

虽如此，翟鹏可能心中仍觉小俞纸上谈兵，真打仗时根本不敢用他。

久住无聊，俞大猷辞归。毛伯温闻之，把他用为汀漳守备（城防司令）。有了一个舞台，俞大猷得以施展，他在与诸生文会赋诗的同时，天天教习武士剑术，并出手不凡，首战就打败著名的海贼康老，俘斩三百多人，由此被提升为署都指挥佥事，一战成名。

嘉靖二十八年，朱纨巡视福建，提拔俞大猷为备倭都指挥。当时，恰逢安南的贼臣范子仪多次派人进攻明朝钦州、廉州等地，明廷便先派俞大猷去击安南。钦州一战，俞大猷追敌数日，斩安南兵一千余级，生擒范子仪亲弟范子流，最终逼使安南一方杀掉范子仪，函首来献。

如此大功，皆为当朝的严嵩所掩，仅仅赐银五十两了事。

俞大猷并未气馁，仍旧一心为国，继续率军镇压了琼州五指山的黎族人的反叛，并根据实际情况建议当局在海南建筑城市，派汉人与当地少数民族杂居，感化土人。结果，海南大定。

嘉靖三十一年，倭寇大肆侵扰浙东。明廷调俞大猷为参将，协助清剿。几年下来，他参加多次海战，屡建功勋。特别是张经指挥的王江泾大捷，俞大猷立功颇著。可惜，功劳皆为赵文华、胡宗宪所掩，他不仅未得功，还因不服从指挥被贬官。

俞大猷毕竟是饱读诗书的武将，他仍旧尽心竭力为朝廷卖命，打击倭寇，在陆泾坝、三板沙、莺脸湖等战役中数败倭贼。大名鼎鼎的柘林倭寇，被俞大猷等人连打连击，几近灭顶。由此，嘉靖三十五年，俞大猷被明廷任命为浙江总兵，兼辖苏、松数郡，成为一方军区司令。

他不负所托，冒寒顶雪，率明军死战，一举扫平舟山倭寇。而后，胡宗宪以计擒斩王直，致使新倭大至，大扰福建一带。为了推卸责任，胡宗宪嫁祸于俞大猷。朝廷震怒，把俞大猷逮捕入京，几乎杀掉他。幸亏朝臣相救，俞大猷得以出狱，以白衣身份发往大同效力。

这位干将，放哪哪行，大同巡抚李文进非常器重他，使得他有机会多次立功塞上，并在战场首创独轮车、拒敌马等新型战争器械。李文进把这些新器械介绍到北京一带的京营。

嘉靖四十年，广东饶平人张琏造反，攻陷数郡。朝廷重新起用俞大猷到南赣，总汇福建、广东的明朝部队前去征剿。于俞大猷而言，镇压这些人易如反掌。他很快就平灭了张琏等人的造反，并被提拔为福建总兵。此后，他又与戚继光（此时戚继光是俞大猷副手，为福建副总兵）等将领一起光复兴化城，大破倭贼（详情见后面的戚继光事迹）。

这次大捷乃戚继光部先登城墙，故而受上赏，俞大猷只获赐银币等物。

嘉靖四十三年，俞大猷徙镇广东。当时，潮州倭患极烈，有真假倭两万多人，与沿海诸峒部相互勾结，大掠惠州、潮州。福建方面，又有峒酋程绍录和梁道辉在延平、汀州一带勾结倭寇大掠。

俞大猷虎胆雄威，以堂堂总兵的身份，单骑入程绍录营中，晓以利害，说服对方率兵回原籍。惠州土酋伍端连败当地官军，气势正盛，听说俞家军至，吓得他忙掉头回撤。双方较量，伍端被擒七次，均被俞大猷放掉，让他不服再来。《三国演义》中诸葛亮七擒孟获之事是小说，但俞大猷七擒伍端见于正史。最后，土酋伍端心服口服，自缚入军门请罪，请求杀倭自效。

俞大猷用人不疑，以伍端所率少数民族军为先锋，向倭寇发动进攻，围敌于邹塘，一日一夜连克倭寇三个巢穴，斩杀四百多真倭，进而大破倭寇于海丰。倭寇虽百战之士，心中也惊，遭遇如此勇武的部队，只能逃字为上。

于是，潮州倭遁向崎沙、甲子诸澳，夺渔船入海。也该他们倒霉，海上大风，淹死倭寇数千，剩余的两千多人退保海丰的金锡都。

俞大猷不急，挥兵包围金锡都两个月有余。倭寇食尽，冒死突围，被明军歼杀殆尽。潮州倭寇，至此几息。

后来，降而复叛的吴平所率一部倭寇在广东、福建沿海四处骚扰，俞大猷统水军，戚继光统陆军，在平南澳夹击吴平，大败对方，吴平仅以身免。可惜的是，由于吴平夺舟出海，闽广巡按御史上章劾奏俞大猷失职，俞竟因此被夺职。

很快，河源等地有贼人造反，俞大猷又被起用。他率十万大兵，直捣贼人老巢，俘斩一万多土贼，夺回被抢的良民近十万人，因功复职，得授广西总兵官。

隆庆初年（1567年），俞大猷在广东、广西等地立功颇多，分别平灭海贼曾一本、韦银豹等，百年积寇尽除，威震南服。

万历元年，俞大猷病死。明廷赠左都督，谥“武襄”，褒誉甚隆。

俞大猷为将，廉而不贪，驭下有恩，先谋后战，珍惜士兵生命，忠诚为国，老而弥笃，确实是明朝难得良将。当时名将谭纶曾经写信给俞大猷，对他的评价非常中肯：

> 节制精明，公（指俞大猷）不如纶（谭纶自称）；信罚必赏，公不如戚（继光）；精悍驰骋，公不如刘（刘显，当时另一抗倭明将）。然此皆小知，而公则堪大受！

也就是说，俞大猷身上，汇集了诸人全部的优点，不愧名将风范。

飚发电举戚继光

戚继光，字元敬，山东登州人。其父戚景通做过都指挥一类的明朝中级军官，后入京城神机营为官。十七岁时，父亲戚景通病死，戚继光得以嗣职，后被擢升为都指挥佥事，在山东沿海备倭。后来，他又改任浙江沿海，抵御倭寇。

史载，戚继光自幼“倜傥负奇气”，好读书，通经史大义，可称是武将世家中不多见的文武双全的好苗子。

嘉靖三十六年，他合同俞大猷一起在岑港包围王直属下倭兵，久攻不克，倭贼多有遁走，与俞大猷一起被免官，“戴罪办贼”。不久后，王直寇平，戚继光得以复官，改守台州、金州、严州三郡边务。

初入浙江时，他深觉卫所的职业明军战斗力太弱，而浙江金华、义乌两地民风剽悍，于是就在两地招募士兵三千人，精挑细选，教以击刺格斗以及使用长短兵器的技巧，日日操练，精习他自创的“鸳鸯阵”和“一头两翼一尾阵”，终于把这三千人练成抗倭的“王牌军”。

沿海地带多水洼崎岖地形，戚继光因地制宜，不求快马驰驱，专门训练兵士熟悉地形制定战斗策略，演习阵法，务求进退有方。而且，在他操练下，这数千军人军队的战舰、火器、兵械等物皆精益求精，旗号鲜明，时人称之为“戚家军”。但是，在嘉靖四十年以前，戚家军皆配合俞大猷等部作战，不是十分出名。

嘉靖四十年，大批倭寇出击，杀掠桃渚、圻头等地。戚继光闻讯，提军直趋宁海，控扼桃渚，在龙山一带大败倭寇，一直追至雁门岭。

倭寇的情报系统很灵，得知戚继光出军后台州空虚，一大股真假混杂的倭寇直扑台州。戚继光即刻回军，与入围台州的倭寇展开殊死战斗，临阵手刃贼首一名，倭寇大败，不少人堕入瓜陵江淹死。

刚刚料理完这一拨，圻头的倭寇又随后进攻占州。不料想，戚继光先发制人，迎头邀击于仙居，使这群自送上门的倭寇无一人逃脱。

一月之间，戚继光九战皆捷，俘斩倭寇千余人，淹死的倭寇成千上万，由此他声名大噪，浙江倭患渐息。

倭寇们见浙江立不住脚，纷纷窜入福建，北自福州、宁州，南至漳州、泉州，千里沿海，骚扰不绝。于是，胡宗宪命令戚继光率六千多人自浙入闽，在福建杀倭。

自温州赴闽的倭寇联合福宁、连江一带倭寇攻陷寿宁、政和、宁德；自广东南澳赴闽的倭寇与福清、长乐诸倭合陷玄钟卫，大田、古田、蒲田等地岌岌可危，形势非常严峻。

宁德城外十里处有一横屿岛，四面皆水路险隘，倭寇千余精兵，裹挟数千良民，在岛上结营，气焰嚣张。明朝当地官军一直不敢进攻，相持逾年。而且，陆续而至的新倭又在牛田、兴化一带结营，与横屿倭寇互为倚援，一方大震。

戚继光到达后，下决心先啃下横屿这块硬骨头。

横屿与陆地之间可涉地面退潮后皆是淤泥。戚继光观察地形后，果断下令，命手下兵士人人持草一束，边进攻边投草，稳扎稳打，逼近岛上倭寇大营。

倭寇没有心理准备，拼死顽抗，被戚家军打得大败，二千六百多人被杀不说，横屿老巢也连锅被端。

戚继光一鼓作气，乘胜至福清，击败牛田倭寇，倾覆其巢穴，余贼遁走兴化。戚家军死追不放，乘夜拔栅，连克六十营，斩首千余级。依理，戚家军可以乘间作大休整。但戚继光善出奇兵，旋帅回福清，在东南澳正好迎击刚刚登陆的一支倭寇，击斩二百多人。此时，明军刘显一部在福建也屡屡破倭，众倭散逃，“福建宿寇几尽”。

大胜之下，戚继光在平远台勒石记功。

年底，戚继光率浙军离闽返浙。

好景不长，听闻戚家军还浙，散逃于海上的倭寇会聚，重新反攻福建各地。

嘉靖四十一年底，近万人的倭寇精锐部队包围了兴化城，围城一月之久。由于兴化是府城，墙高砖厚，倭寇很难攻入。不幸的是，明军刘显一部有个八人小分队到兴化送情报，途中被倭寇截杀。倭寇派队伍中的华人穿上号衣，化装成刘显手下入城。半夜，八名贼人乘黑斩杀明军城门守将，大开城门。城外倭寇一哄而入，攻陷了兴化府城。入城后，倭寇杀伤不少明朝守军，明军只有一两名守将逃脱。

倭寇占据兴化城后，日夜杀人奸掠，荼毒两个月后，放一把大火把兴化城烧成白地，突出合兵，攻陷平海卫。如此凶狂，八闽皆震。

嘉靖帝大惊，立命俞大猷为福建总兵、戚继光为副总兵，让他们会合福建当地的刘显一部明军合力灭倭，并派右佥都御史谭纶巡抚福建。

刘显所部明军数量不多，在平海卫只得坚壁不出。俞大猷率兵抵达后，出于持重，只指挥手下部队与刘显部合围倭寇，仍旧没敢进攻。

嘉靖四十二年五月，戚继光率生力军抵达。于是，巡抚谭纶自领中军，俞大猷将右军，戚继光将左军，并齐攻平海卫的倭寇。

毕竟训练有方，戚继光率部先登，诸军继之，一举破敌。此战下来，斩倭寇两千多人，夺还被掳民众三千多。更可称道的是，如此大捷，明军仅阵亡十六人。

谭纶上功，以戚继光为首，他得以接任俞大猷为总兵官。

转年，戚继光率明军在仙游城下击溃万余倭寇，斩首数百，倭寇堕山摔死几千人。幸存的倭寇，仓皇之余奔据漳浦县的蔡王岭。戚继光把手下士兵分为五哨人马，皆身持短刀缘崖攀上，突现于狼狈不堪的残倭面前，大战一场，俘斩数百人。余贼崩溃，入海掠渔舟逃去。

至此，入闽倭贼基本被肃清。

再后，戚继光与俞大猷合作，在广东南澳攻败倭寇贼头吴平，广东倭寇几无遗类。

> （戚）继光为将，号令严，赏罚信，（故）士无敢不用命。（他）与（俞）大猷均为名将，操行不如（俞），而果毅过之。（俞）大猷老将，务持重，（戚）继光则飚发电举，屡摧大寇，（其）名更出（俞）大猷（之）上。

当然，戚继光后世之所以大名越于前辈俞大猷，还在于他隆庆、万历年间督师蓟北的功勋。特别是张居正掌权时代，他极其信用戚继光，使得戚继光奇才得展。在蓟北任上，他广修长城，发明了诸多先进的攻守武器，极大提升了明军的战斗力，降伏了时时进犯的蒙古长秃和狐狸两大寇，并因功被明廷加太子少保。

自嘉靖中期蒙古俺答汗犯京师，蓟北乃边防重镇，十七年间易大将十人，总督王忬（此人在抗倭早期立功）和杨选皆因失律战败被诛。而戚继光在镇十六年，成效显著，“边备修饬，蓟门宴然。继之者，踵其成法，数十年得无事”。

戚继光著《纪效新书》《练兵纪实》等，实为博大精深的系统性军事专著，当时日后，广受尊崇。

可叹的是，张居正死后，其政敌死打穷追，认定戚继光乃张居正死党，把他调换广东。郁郁不得志之下，戚继光不久以病离职。但张居正政敌仍不放过他，纷纷上奏弹劾，戚继光被罢官遣返老家。

三年后，既贫且病的戚继光由于没钱抓药，病势转沉，郁郁而亡。一代大英雄，竟落得如此不堪结局。

值得一讲的是，张居正所犯的痔疮，实为吃了戚继光所献的海狗鞭壮阳药所致。张相国割痔感染，竟至要命。他这一死，戚继光在朝中倒了后台，自己也开始了倒霉的历程。

嘉靖后期近十年的倭寇之害，自浙江开始，继而流窜淮扬吴越。闽中两广，无不惨遭荼毒。史载："（倭寇）掠子女财物数百万，官军吏民战及俘死者不下十余万。虽时有胜负，而转漕军食，天下骚动。"

所以说，倭寇之害，流蔓甚广，绝不是一些人所讲的什么倭寇给中国带来了"资本主义萌芽"。

自倭寇乱炽，浙闽等地富殷繁华城镇，半为丘墟，人民被杀无数，沿海奸民与倭人、佛郎机人勾打连环，唯一的目的就是杀人劫物。他们的劫掠，严重破坏了明朝沿海一带的工农业生产以及手工业发展，真不知有什么"萌芽"会蕴于血火刀剑之中。

当然，明朝沿海倭患渐息，除俞大猷、戚继光等人的因素外，日本国内的因素也不容忽略。因为，那时的日本，已经处于战国末期。在万历十三年，日本的羽柴秀吉平定四国，最终完成日本的统一，被天皇任命为"关白"，赐姓"丰臣"。

丰臣秀吉乃大志倭人，稍后征服了九州的岛津氏和关东的北条氏，成为日本列岛的真正主人。而日本的统一，使丰臣秀吉得以在上台初期下大力气整治国内政治、经济。他严令打击海盗，巩固他本人为主的中央集权。这些，皆在客观上从源头阻遏了日本列岛倭寇的生成。

明朝的抗日援朝

朝鲜半岛，大明旗迎风飘扬

每年 8 月 22 日，日本人一般都很少在那个敏感的日子去韩国旅游。因为，1910 年 8 月 22 日，日本伊藤博文政府强迫朝鲜政府签订了《日韩合并条约》，正式吞并朝鲜半岛，由此开始了长达三十五年的对朝鲜人民的奴役过程。这一天，在朝鲜半岛被视为“国耻日”。

朝鲜人与日本人之间的仇恨，由来已久。“倭寇”一词，最早就是出现于朝鲜史籍。

据《高丽史》记载，高宗十年（1223 年）五月间，就有“倭寇金州”的字样。当然，这里的“倭寇”不是名词，乃主谓短语，“倭”是名词，“寇”（侵略）是动词。其实，高句丽广开土王（好太王）墓碑（404 年）上已经有“倭寇溃败，斩杀无数”的字样。由于高句丽和高丽其实根本不是一回事，笔者就不想把高句丽的记载引接到朝鲜史中，以免引起误解。需要注意的是，上述的“倭寇”含义，是指“日本强盗”，并非指称明朝沿海的倭寇。

中国史书中出现“倭寇”一词始见于《明太祖实录》洪武二年（1369 年）四月的记载：“倭寇出没海岛中，数掠苏州、崇明，杀伤居民，夺财货。”

由此开始，直至嘉靖末年（1566 年）和隆庆初年（1567 年）的倭寇，皆指日本武士、中国海盗和沿海奸民以及佛郎机（葡萄牙人）混在一起的特定时代特定意义的海盗集团。与朝鲜人、中国人平日蔑称日本侵略者为“倭寇”的那种含义不同。

华丽帝国背面的百孔千疮

万历中前期的时局

嘉靖帝死后，其第三子朱载垕登基，是为明穆宗，时年三十。这位爷，人倒是厚道，性情平和，但寿命不永，只当了六年皇帝就病死，仅仅是明朝的一个过渡性帝王。老百姓都知道的“青天大老爷”海瑞，正是他继位后马上从牢中释放（嘉靖帝下诏捕之）并予以任用。

至于明穆宗死因，也与春药和纵欲有关。由于他人缘好，当时或后人很少拿这事渲染做文章。

明穆宗死后，太子朱翊钧继位。此人即大名鼎鼎而又臭名昭著的明神宗，改元万历。

明朝之亡，其实正是因为这位万历皇帝。但他的命长，为帝时间近半个世纪。

由于近年黄仁宇先生《万历十五年》的热销，坊间有关万历这一朝的政治得失、历史沿革以及人物浮沉都有许多专著和杂著出版，笔者不想多说。特别是有关万历年间的大学士张居正的著述，林林总总，基本上都是翻案替他讲好话的。我恰恰相反，在简述一下张居正的改革之余，我也要讲讲他带来的弊端。

张居正握权十年，改革措施大概体现在四个方面：

第一，增强边防实力。特别是他调度有方，在支持王崇古推动蒙古俺答封贡的同时，调派戚继光主持蓟镇大权，提拔李成梁巩固辽东边防，使得明朝边疆地区烽火暂息。

第二，实施官吏考成法。从先前的注重浮誉考察官吏，变成“唯以安地静民为最”，裁撤冗员，大大提高了政府的办事效率。

第三，实行赋制改革，推行“一条鞭法”。“一条鞭法”原为“一条编法”。后来，“鞭”“编”二字俗写或错借，逐渐成为“一条鞭法”。其原旨皆是本着化繁为简的原则，使均徭里甲与两税（赋）为一，以便消除蠹弊。主要内容有四点：一、赋役合并；二、田赋一概以银两为征收手段；三、以州县为单位计算赋役数额；四、地方官直接征收赋役银两。一条鞭法最大的利处，在于打击土地兼并，减轻了无田或少田农民的负担，而使占田多的豪强不得不多交税。

第四，治理黄河。张居正在任，大用工部侍郎潘季驯，治理黄河极其有法。众人从实际情况出发，解决了不少历史难题，有效减少了黄河的水患。

另外可值称道的，是张居正当首辅时西藏达赖封贡的圆满完成。现在不少别有用心拔高大清的史学者，皆极口夸赞清政府对西藏统治的功绩。其实，真要论功绩，最早也应该算在忽必烈头上而不是清帝头上。

明朝得国后，洪武六年即诏封喃力吧藏卜等人，标志着明朝延续元朝对藏地的统治权。各地政教首领也知天顺命，纷纷上交元朝旧敕印换取明朝新敕印。此后，明朝在藏地设置朵甘、乌思藏行都指挥使司以及俄力思军民元帅府，通过行都武卫制度与册封地方首领两种方式有效管理藏地。

针对藏地几大宗教派别峙立的情况，明成祖很有成算，他弃用元朝尊帝帅力推一教的做法，多封众建，平衡和分化当地政教合一首领的威权。自 1406 年起，明朝在藏区分别封立阐化王、辅教王、护教王、阐教王，又封藏传佛教三大教派首领为“法王”。当时，明政府下最大力气推举的是噶玛噶举派的“大宝法王”。1408 年，明朝又邀新崛起的格鲁派创始人宗喀巴入京。

宗喀巴本人正在拉萨忙于传召大法会，忙派他的大弟子释迦也失入京朝觐。由于明廷赐予释迦也失大量财物，他回藏地后，格鲁派实力与威望大增。贡赐关系以及茶马互市，其实为藏地带来了大量的经济利益。

明朝早期对藏地的统治，“统”实际上大过“治”。16世纪前期，由于格鲁派保护者阐化王政权的衰亡，黑帽系噶玛噶举派与红帽系联合在一起大力压制格鲁派黄帽系。而到了16世纪70年代，哲蚌寺住持索南嘉措重振雄风，在青海会见了被明朝封为顺义王的蒙古俺答汗。俺答汗赠其“圣识一切瓦齐尔达喇达赖喇嘛”尊号。正是从这时开始，格鲁派索南嘉措的活佛转世系统开始出现“达赖喇嘛”之称。

通过俺答汗，索南嘉措上书申请与大明王朝建立贡赐关系。明廷反响积极，派官员授他为“朵儿只唱”（即俺答汗所授尊号中“瓦齐尔达喇”的藏语音译，蒙语为“金刚持”之意）。由此，明政府文件中开始以“答赖（达赖）”称呼索南嘉措。他死后，格鲁派追认宗喀巴弟子根敦主巴为第一世达赖，根敦主巴门徒根敦嘉措为二世达赖，而身为根敦嘉措弟子的索南嘉措为三世达赖。清朝日后也是继承和发展了达赖册封的制度。

索南嘉措之所以能得到明政府破格优待（明制，只有国师以上方有资格入贡），与张居正的支持密不可分。他派人直接携重礼见到张居正，上书一封，拣好听的说。他大赞张相爷：

> 释迦牟尼比丘锁南坚措贤吉祥，合掌顶礼朝廷钦封干大国事阁下张：知道你的名，显如日月，天下皆知有你，身体甚好。我保佑皇上，昼夜念经。有甘州二堂地方上，我到城中，为地方事，先与朝廷进本，马匹物件到了，我和阐化王执事赏赐，乞照以前好例与我。我与皇上和大臣昼夜念经，祝赞天下太平，是我的好心。压书礼物：四臂观世音一尊、氆氇二段、金刚结子一方。有阁下吩咐顺义王早早回家，我

就吩咐他回去。虎年十二月初头写。

张居正上交索南嘉措的“礼物”于朝廷，并建议明神宗回赐这位藏地宗教首领，封其为禅师。所以，西藏的内附与达赖系统的形成，张居正功劳不小。

介绍完张相爷做的种种好事，也要谈谈他鲜为人知的政治劣迹。

其一，官员考成法虽然行之有效，但他完全把内阁阁臣的权力上升为封建王朝的金字塔尖（上面还有皇帝），科、部、院，皆成为内阁监督下的被动执行部门，朝内御史和给事中等言官完全丧失了弹劾的自由和权力，他们想论劾某人，先要向辅臣（阁臣）送揭帖，名曰“请敬”。如此一来，先前对君主权力都有拒否权和监察权的言官，顿时下降成阁臣的听命仔。

其二，张居正以整顿天下书院为名，大肆压制学生、士子的言论自由，并关闭了包括南康白鹿洞书院、吉安白鹭洲书院等多处讲学公议场所，甚至连泰州学派的思想家何心隐也在他的授意下惨遭杀害。由此，以学人、士子为代表的公共言路被张居正封杀。

这两点错误作为，危害极大，流毒甚广，而且不因他本人的病死而中止。

1588年，张居正病死，明神宗亲政（时年二十）。这位贪婪怠政的帝君虽然对张居正本人不厚道之甚，但对考成法和一条鞭法仍奉行不辍。亲政仅四年，昏惰的明神宗便以身体不好为由怠政，朝臣们党同伐异，相互攻讦陷害，政局日紊。而后，青海蒙古部落、宁夏哱拜的回鹘各部以及播州（今贵州遵义）的土司杨应龙相继叛乱，虽最后皆被平定，但兵饷皆竭，搞得明政府焦头烂额。

屋漏偏逢连夜雨，正是在这种内患起伏不息之时，日本侵朝战争爆发，明政府又不得不面对外部的巨大压力。

丰臣秀吉梦想的踏板

高丽半岛

说起丰臣秀吉，现在的中国人和韩国、朝鲜人肯定都指斥他这个大倭寇。笔者替他说句好话，他统一了日本之后，曾经严令打击倭寇（日本官方也把这些沿海流窜海盗称为“倭寇”），从严从重惩治海盗。与此同时，他给出海做正当生意的日本商人发放官方“朱印状”，保护这些做海外贸易的商人的正当权益。

可能有人会问，倭人坏，丰臣秀吉更坏，这个大倭头怎么会做出这种打击倭寇的好事？这种想法，近乎天真。丰臣秀吉是个政治家，统一日本之初，他想的念及的，乃更大的政治经济利益。沿海倭寇对中国的窜扰，对他本人及京城大贵族没带来多少利益，只给各地的大名和武士集团带来丰厚的利益。所以，从大处着眼，他当然要获取对外正当贸易所带来的巨大利润以供庞大的侵略机器能够日益成熟，不会允许小打小闹的倭寇海盗分肥。

丰臣秀吉野心颇大。早在万历六年（1578 年），时为织田信长家臣的丰田秀吉就曾向主子展示心迹：“图朝鲜、窥视中华，此乃臣之素志！”到了万历十九年，丰臣秀吉已经嚣张至极，扬言曰：“我有欲统大明国之志，不日泛楼船过海，占据中华，易如反掌！”他称日本为“刀剑锐利之国”，蔑称大明为懦弱好文的“长袖之国”。

也就是说，日本这个一直以中华文化为母体宗主文化的国家，发展到丰臣秀吉时代，终于走出“藩夷”的心态。不仅不再视中华为“天朝”，把大明当成与其对等并立的国家，而且还产生出全新的“日本型华夷意识”。

在丰臣秀吉心中，他已经以“中华”概念自居，先前以中国为主宰的亚洲册封朝贡体系，在他眼中已经消溃。

依据当时的世界政治地理，日本想入侵中国，必须以朝鲜半岛为跳板。控制了朝鲜，才有可能进攻大明朝。

起先，丰臣秀吉想以怀柔方式使朝鲜自动归降。万历十七年，借归还一批朝鲜叛民示好之际，丰臣秀吉致信朝鲜国王：

> 本朝（日本）开辟以来，朝政盛事，洛阳壮丽，莫如此日也！人生一世，不满百龄焉，仅能郁郁久居此乎！吾不惮国家之远，山河之隔，欲一超直入大明国，欲易吾朝风俗于四百余州，施帝都政化于亿万斯年者，在吾方寸中。贵国（朝鲜）先驱入朝，依有远虑无近忧乎？远方小岛在海中者，后进辈不可作容许也。予入大明之日，将士卒望军营，则弥可修邻盟。余之愿，只愿显佳名于三国而已。

朝鲜国王接信，以为丰臣秀吉胡说八道，既没当真，也没理会，更想不到这个疯子真敢打泱泱大明朝的主意。日本岛夷，蕞尔小国，朝鲜国王以他有限的想象力，根本意识不到倭人能有那么宏大的野心。朝鲜人对日本人的认识，仅限于倭寇而已。日本海寇自其南北朝时开始，潮水般一拨又一拨侵袭朝鲜沿海地区。倭寇之乱，朝鲜先于明朝首罹其毒。李氏朝鲜建国之际，由于大明给面子承认了李成桂得位不正的政权，李氏感激涕零，竭尽全力抵御倭寇之患。同时，由于李朝在国内大行“科田法”，国力日强，军力日强，最终沉重打击了侵掠朝鲜半岛的倭寇。

世易时移，承平近二百年后，李朝与大明朝相仿，党争严重，勋旧集团与士林集团明争暗斗，内讧不已。特别可笑的是，士林集团掌权后，他们自己人又窝里斗，分裂成东人党和西人党两大派，造成巨大的内耗。所以，朝鲜朝廷对即将来临的日本入侵，根本没有任何心理准备和物质准备。

日本方面，当时还没有打闪电战的军事能力。丰臣秀吉在诱引朝

丰臣秀吉像

鲜归降的同时，两手抓两手都硬。他在日本国内进行兵力召集，以名护屋城（今名古屋）为大本营，起兵三十余万，造战船千艘，储存武器装备，随时准备出击。

明朝方面，万历十八年刚刚经历过一次“洮河之变”，即蒙古第三代顺义王奢力克悍然侵边，首犯西宁，并连陷临洮、河州、渭源，攻克洮州，明军数位主将败死，西北震动。明军丧败之余，朝臣们意识到了大明朝战斗力的低下以及军队士气的低落。

在以银子求取和平的同时，明朝两名副总兵（相当于大军区副司令）之死，其实使明朝的国威大受损挫。正是在这种情况下，宁夏有哱拜之乱，播州有杨应龙之乱，而丰臣秀吉也添乱，把战争指向大明的藩属国朝鲜。

相互被瞒骗的“和平”

日本第一次侵朝战争

日本侵朝，最终途径是从九州扬帆，越过对马海峡直击朝鲜。恰好九州的封建领主锅岛和黑田与丰臣相交甚厚，他们举四只脚赞成丰臣秀吉侵略，并为大举入侵专门在九州北部修建侵略大本营名护屋城。

万历十九年，明廷已经接到日本招诱琉球（当时还是大明朝忠心耿耿的藩国）想进行侵略的情报，但大臣们无一把这当事，认为倭寇已遭灭顶之灾，倭人又何能为也。

1592 年（万历二十年，朝鲜宣祖李昖二十五年）5 月 23 日，日本发动侵朝战争。由于当年是朝鲜壬辰年，他们历史上称先后两次的抗日战争为“壬辰卫国战争”。中国一方称之为“万历朝鲜之役”，而日本则把两次战争分称为“文禄之役”和“庆长之役”。

日军方面，精心准备后倾国而来，陆军方面有十六个军团十六万人，水军有四万多人。首先从名护屋渡海的有五个军团，头号阵指挥为精熟高丽语的小西行长。其后，二阵由加藤清正指挥，三阵由黑田长政指挥，四阵由岛津义弘指挥，五阵由福岛正则指挥。海军方面，九鬼嘉隆、加藤嘉明等人为首领，主要任务是输送、护卫以及给养保证和后勤支援。

小西行长前锋军率先进攻釜山，高呼“借道战明”，喝使朝鲜守军开城投降。虽然士兵人数只有数名，朝鲜守将郑拔殊死抵抗，最终全部战死，釜山落入日军之手。而后，东莱城朝鲜将士也皆壮烈殉国。

可惜的是，当时朝鲜类似釜山、东莱二城守将的勇烈将军极少，多为贪生怕死之辈。东莱府左兵使李钰及庆尚道水军节度使元均等人虽手握重兵，皆怯懦昏庸，不战而逃，致使日军破东莱后一路掠杀，如入无人之境。他们在庆闻会师后，直扑汉城的咽喉重镇忠州。

忠州守将申立是条汉子，率八千子弟与日军死战，最终寡不敌众，战死阵中，朝军大败。日军乘胜，逾过汉城天险屏障乌岭，向汉城汹汹杀来。

朝鲜国王李昖根本不作有效抵抗，撒丫子就跑，直向义州遁去，准备在最坏情况下入大明北京做寓公。可气的是，朝鲜留守大将金命元等人都是十足的草包，日本兵面都没见，他们数位头领带头溜出汉城先行遁逃。

日军加藤清正一部渡汉江直入汉城，大掠大杀之后，放起一把大火，把繁华的汉城烧成白地。确该朝鲜人倒霉，汉城百姓更倒霉，加藤一部是日军中纪律最坏、最爱杀人屠城的军队，他们每至一地皆屠戮数万朝鲜当地居民。至今，“加藤清正”一词在朝语中仍然是“狗”的代名词。

朝鲜李朝确实不大经打，开城和平壤相继陷落，两个朝鲜王子也被俘，朝鲜基本上处于亡国的边缘。

侵朝过程如此顺利，其实大出丰臣秀吉意料。狂喜之余，他开始拟定占领明朝后的分地计划（《丰大阁三国处置大早计》）：第一，由宫部中务卿留守朝鲜。第二，恭请天皇去北京居住，以附近十国（十州）为皇室采邑；公卿诸人在明地也会分得十倍于日本采邑的土地。第三，日本本土天皇可由在北京统治的后阳成天皇的儿子良仁亲王替任……共二十五条，奏列详尽，俨然已经打算迁都北京了。

明朝得知朝鲜快亡国了，大惊失色。但是，由于国内军事力量绝大部分集中用于平定宁夏哱拜之乱，又一直意轻日本（以为他们只是倭寇的升级），廷议之后，在兵部尚书石星的建议下，仅派出辽东的游击将军史儒带一千兵马雄赳赳地跨过鸭绿江援朝抗日。

史儒猛将，自以为大明朝厉害，兵如天兵马如龙，一直冲向平壤。早有准备的日军候个正着，潮水般从四面八方涌出，千名大明军包括主将史儒在内，皆稀里糊涂被这些身披奇怪铠甲、手抡日本刀的锉子们杀死，一个不剩。而后，明朝副总兵祖承训所率三千多骑兵，先胜后败，在平壤城内基本被日军杀死，只有祖总兵等几个人逃出生天。

消息传回朝廷，大明官员们瞠目结舌，这才明白过味儿来：日军，不是从前的倭寇，二者不可同日而语。

在这种情况下，明廷立即部署沿海守卫力量，在山东、辽东、直隶、蓟镇等地调兵遣将，特别加强天津防卫，抽调近三万明军集结于天津，集粮七万石，生怕倭兵由海道从天津上岸直扑北京。与此同时，朝鲜方面的乞援使臣，络绎于路，纷纷来北京告哀告变，力求大明施以更大的援手。

此时的明廷，还希望通过谈判与日方达成和平。兵部尚书石星不知兵，也想不费气力就罢兵，挑来找去，选中了商人出身精通日语的浙江人沈惟敬当中间人，派他去义州先和朝鲜国王见面磋商。

朝鲜王李昖一看见沈惟敬这个貌陋能言之人心里就不舒服。他希望大明出重兵援朝，最怕沈惟敬这种舌辩之士与日本人谈判，出卖朝鲜利益。

甭说，沈惟敬最初与日本人的讲和谈判工作，大有成效，最起码他成功拖延了日军的进一步进攻，使中国军队有喘息之机重新集结兵源。而在平壤接待沈惟敬的小西行长，本人就是日本界港巨商出身，对贸易金钱的兴趣大过战争征服。见到同样是商人出身的沈惟敬，小西行长立刻就有天然的好感，引以为同道。

于是，小西行长表示，如果大明答应与日本皇室通婚，答应日本封贡（其实是做买卖），并允许日本方面占领朝鲜大同江以南地区，他本人就会回日本说服丰臣秀吉撤军。当然，小西行长如此表示，也是因为朝鲜半岛人民在各地风起云涌地展开反抗，四处袭杀日军，使日军终日提心吊胆。况且，日久军疲，饷粮不继，拖下去并无太好结局。

这一计划，如果达成，朝鲜人吃亏最大。如果尽割大同江以南与日本，朝鲜三分之二的国土就没了。

沈惟敬回报在辽东主持军务的明朝兵部右侍郎宋应昌。宋应昌上报自己的上司兵部尚书石星。二人一合计，觉得廷议肯定不会接受日方条件，便打发沈惟敬回平壤与小西行长再谈。小西行长寸步不让。

明廷方面，朝官们纷纷指责宋应昌进兵不利。双方一拖，时间就到了 1592 年的年底。

此时，平定宁夏哱拜之乱的李如松得以抽身。明廷就派他携近五万精兵，东征入朝鲜征战日军。

由此，对结束第一次日军侵朝起决定作用的平壤大战即将爆发。

李如松，字子茂，乃明朝名将李成梁之子。他祖籍就是朝鲜，从李成梁曾祖父李英那辈就内附明朝，世为铁岭卫指挥佥事。李成梁镇守辽地二十二年，先后十次上奏大捷，“边帅武功之盛，（明朝）二百年来未有也”。李成梁虎父无犬子，其子李如松、李如桢、李如樟、李如梅皆官至总兵官，其余四子亦为参将。

宁夏哱拜之叛，经御史梅国祯之荐，李如松率两个弟弟前往讨叛军，以武臣拜提督，开明朝首例，为提督陕西讨逆军务总兵官。宁夏攻坚战，李如松百计频施，奋不顾身，临城先登，终于尽灭哱拜之族，尽平宁夏。朝廷因朝鲜事急，立拜其为“提督蓟、辽、保定、山东诸军”，提军援朝。

由于李如松新立功，气骄意傲，对全权监察朝鲜战事的文臣宋应昌没有也不表示应有的礼敬。依据明朝官场惯例，李如松这样的武将见文人督帅宋应昌，应该先穿甲胄戎服当庭参拜，然后才能出庭换易冠带之服，再叙礼寒暄。李如松却以监司服谒见督抚之仪，“素服侧坐而已”，这使宋应昌对这个武将极其反感。

甫至朝鲜，李如松听说沈惟敬与日本人和谈想以大同江为界分割朝鲜，登时大恼，立斥沈奸邪小人，马上派人要斩杀他于军门。其手下参谋李应试连忙劝阻：“正好借沈惟敬与倭人谈判之机，敌人松懈不备，可出其不意进袭！”李如松大以为然，便释沈惟敬不杀。

万历二十一年正月初四日，明军到达肃宁馆。小西行长不知有诈，以为明朝派使节来封贡，赶忙先行派出二十名牙将出平壤城对明军表示热烈欢迎。

李如松令游击将军李宁生率小股人马迎前，准备先绑起这二十个倭军参将。岂料，明军行事不密，倭将发现前来的明军个个眼中冒火腰持绳索，便猝起格斗，最终明军只逮住三个，跑了十七个。

小西行长闻讯大骇，但他仍旧没敢多想，就派亲信小西飞入明营谒见李如松。李如松为麻痹日方，说是前日双方误会，明军实际是护送封贡使臣来此，好言好语好招待打发回小西飞。

明军到达平壤城下。

小西行长深信明军是护送朝廷封贡使臣来此。正月初六，他在平壤城内的风月楼大摆宴席，群倭花衣骏马，夹道欢迎，等候大明使臣入城。李如松方面，分派诸将，授以方略，准备分道奇袭入平壤。

但明军诸将轻敌，逡巡未入，反而四处打招呼安排，一时间使得日本军人大疑，纷纷登陴拒守。明军暂时放弃奇袭计划。

夜半时分，日军率先开城偷营，被李如松一军打得大败，逃回城内。

正月初七一大早，李如松安排攻城事宜。他严令诸军在进攻中不要因割首报功耽误工夫，下令要三面合围，留出东面空缺专供日军逸出。同时，他深知日军最轻视朝鲜军人，就下令副将祖承训（先前在平壤败过）率所部身穿朝鲜军装，在城西南方向潜伏。城北牡丹峰，由游击将军吴惟忠率部进攻。李如松本人亲提大军直抵平壤城下，攻其临江的东南方向。

日本人一直在平壤构筑防御设施，一时间矢炮如雨，明军小却。李如松怒，手斩先退兵将数名，指挥敢死队立云梯抛钩绳，肉搏登城。日军主力皆移军东南，死拒明军正面进攻。

西南方向，日军认为拥至城下的是朝鲜军，不屑派重兵与这些不堪一击的朝鲜军交战，纷纷抽调人手到东南方向增援。结果，祖承训部明军在城下登城前，纷纷解去朝军号衣，露出明军衣甲，守卫的日军见状大惊，连忙叫回已经派出增援东南城的军士。

战场形势，瞬息变幻，日军慌乱之际，捍守失当，明军杨元一部已经破平壤小西门先登，李如松本人率军从大西门杀入。

日军顽强抵抗，火器并发，烟焰蔽空，使明朝将士多有死伤。李如松虽身为主帅，仍旧亲自驰马进攻。一发炮弹爆炸，一下子把李如松胯下战马炸死。这位李将军神勇，一挺腰，又跨上一匹新马，挥刀直进。中途有深壕，其马不慎跌入，李如松大喝一声，急跃而上，毫发无伤，麾兵益进。将士感奋，无不以一当百，高呼登城。

毕竟明军有威力巨大的火炮，平壤城多处崩塌，手持火绳枪和倭刀抵抗的日军纷纷滚落城下。

小西行长见势急，忙遣人哀求李如松，表示如果明军放其一条归路，日军马上拱手奉出平壤撤走。二人比阴比心计，李如松先佯装答应，趁小西行长南撤时，他挥兵忽然追杀，又杀死几百号倭兵。

事后点算首级，明军杀敌一千有余。平壤之战，可谓大捷。

日军放弃平壤后一路狂逃，李如松部明军很快收复开城。不久，朝鲜所丧失的黄海、平安、京畿、江源四道皆由明军收复。盘踞咸镜道的日军将领加藤清正见势不妙，与几路日军合兵，回守汉城。

节节胜利之际，明军轻敌，紧接下来遭受了碧蹄馆之战的失败。

李如松连捷连胜之余，心高气傲，再不拿日本军当盘菜，便于正月二十七挥师冒进。可巧，有误事的朝鲜人（也可能是朝奸）来报，说日本军已经弃汉城而逃。李如松信以为真，只带两千轻骑，直趋汉城驰来，准备上演一出轻衣匹马取汉城的奇剧。

岂料，一行人马行至距汉城数十里的碧蹄馆，正陷入数部日军的合围，明军仓促应战。

李如松毕竟百战良将，倒还算镇定，指挥部下应战。倭兵围之数重，明军骑兵越杀越少。其中一金甲倭将率数百兵，把李如松本人及十余明兵紧紧围住，情势十分危急。明军中级军官李有声冒死救援，被倭兵砍死。困窘之间，李如柏奋不顾身拍马驰前，夹击倭兵。李如梅弯弓驰射，一箭把金甲倭将射落马下，总算救出大哥李如松。“打仗亲兄弟，上阵父子兵”，诚不虚言。

不久，明军杨元一部及时赶到，突入重围，终于杀掉倭兵，但明军已经损失数千人马。

明军大部队后至，准备合力攻城。由于天气久雨，明军精甲骑兵往往陷于汉城周围泥泞的稻田中，骑行缓慢，更甭提驰骋了。日军方面，利用有利地形，背靠岳山，面临汉水，在城中联营拒守，四处遍竖飞楼，居高临下，箭炮不绝，不断杀伤明军士兵。

相持到二月中旬，明军接报，据说有二十万倭军来援（其实是日军奸细散布的谎言）。为此，李如松马上令杨元一部在平壤屯结，控扼大同江，连接饷道；命李如柏一部在宝山诸处连营，以为声援；查大受部驻兵临津；祖承训部屯军开城；他本人东西往来，全权指挥。不久，听说日酋平秀嘉据守龙山仓，有粮数十万，李如松密遣查大受率敢死队突袭，一把大火点燃了龙山仓，切断了日军的粮草供应。

虽如此，自碧蹄馆之役创败，李如松进取之意大沮。日军方面，虽然固守汉城，但渐渐达至断粮乏食的地步，亦有归意。于是，双方以沈惟敬为中间人，再议讲和。

从日本国内讲，劳师丧兵，耗费巨大，连九州大领主岛津氏内部都有人带头暴动拒绝去朝鲜当炮灰，日本人的日子也很不好过。在这种情况下，主和派的小西行长加紧与沈惟敬谈判。当然，谈判桌上比的不是嘴皮子，而是真刀真枪的实力。

小西行长一失往日嚣张口气，答应沈惟敬，表示日本愿向大明称臣，归还汉城，并放回所俘的朝鲜王子。

于是，四月十八这天，日军忽然从汉城遁逃，李如松立刻率明军入城。进入日军所弃军营，发现本来应存放粮食的大麻袋数千，用刀捅开一看，粒米皆无，全是干草。李如松大悔，如果坚持用兵，大可全歼后勤基本断绝的日本军队。

悔恨之余，李如松立遣明军渡汉江尾追日本兵，想趁其遁归之际击杀他们。但后撤的日军步步为营，严防死守，计划周密，分番迭休。由于经过碧蹄馆一役败创，明军产生畏敌心理，没敢上前与穷寇展开厮杀。最终，残余日军得以在釜山集结，联营拒守，躲过灭顶之灾。

此次追击未成，也很有可能是李如松因与宋应昌有矛盾，故意放日军逃跑。而且日军撤军前，也没有放还两位被俘的朝鲜王子。最令人发指的是加藤清正一部日军，在晋州屠杀朝鲜平民六万多人，罪恶滔天。

这年底，由于明朝兵部尚书石星力主封贡议和，明朝大军撤回国内，只留刘綎一将率少部明军驻守朝鲜。言官奏劾李如松“和亲辱国”，万历帝不问，并论功加其为太子太保。

小西行长的特使小西飞抵达北京，明廷受沈惟敬迷惑，准备册封丰臣秀吉为藩属的日本国王。

明朝撤军其实太早，因为釜山一地当时还有十多万日军。人家不撤军，明朝自己先撤，很无军事远见。

在此，我们还要谈谈沈惟敬在碧蹄馆战役后与小西行长的“和平”交易。

当时，沈惟敬受明朝经略宋应昌之托，给小西行长带去三个条件：撤出朝鲜并送返被俘二王子，日本向明朝上章谢罪，明廷封关白（丰臣秀吉）为日本国王。要注意的是，中方宋应昌仅仅提及“封”，并未言及日本有“贡”的地位，即没有立刻答应给日本经济好处。

如此中日讲和，实际上把与日本有“万世之仇”的朝鲜晾在一边。朝鲜国王苦求中方不要与日本言和，宋应昌表示日本仅为蕞尔之邦，大明不想与他交战过频陷得太深。

小西行长本人对中方提出的条件没多大所谓，他只想日后与中国通贡赚钱就行。于是，宋应昌派出两名中下级军官，与小西行长使人一起去名护屋的日本大本营商谈和议。日本方面，提出“大明日本和平条件”，共有七条，内容与宋应昌的条件驴唇不对马嘴，完全是各讲各的。日本条件是：一、明皇室嫁女与日本天皇；二、恢复两国勘合贸易；三、明朝割朝鲜四道给日本；四、朝鲜送王子、大臣入日本为人质；五、日本交还被俘的两个朝鲜王子；六、朝鲜立誓日后不“背叛”日本；七、大明和日本相互立誓互不侵犯。

结果，小西行长和沈惟敬两人暗中一合计，觉到明日双方根本说不到一块。于是，这两位商人后来擅作主张，两边挡驾两边瞒，对宋应昌表示说日方同意明方要求，希望明朝对丰臣秀吉封王。为此，这两个中日“友好人士”胆大心细，伪造了一份以丰臣秀吉名义写的“降表”。

明廷见此大悦，顺便把主张在朝鲜境内保留大部分军队的宋应昌撤了职，换了顾养谦为经略，一心一意议和。

明朝仍旧是惯有的旧思维，把日本当作与朝鲜一样的藩属国看待。

见日方交还两个朝鲜王子，明廷便在万历二十四年秋下旨，封丰臣秀吉为日本国王，册文一如既往居高临下。

于是，明廷派临淮侯李宗城为册封使，沈惟敬作陪，携敕书前往日本册封丰臣秀吉。

路过釜山时，沈惟敬与小西行长私下合计，怕两个人左右欺瞒的事情露馅，就暗中告知对马岛主宗义智（小西行长的女婿）先留明使在岛上。然后，小西行长与沈惟敬一起软硬兼施，迫使朝鲜国王答应派大臣前往日本，与明使一起向丰臣秀吉“谢罪”。

本来，这场大戏丝丝入扣，李宗城到日本京城后走走过场，回国一汇报，万事大吉。岂料，酒席间他见对马岛主宗义智的夫人漂亮，又穿着和服含羞给自己敬酒，淫心辄起。宗义智大怒，拔刀断喝。酒醒后，他怕被日本人宰了，连夜狂逃回朝鲜，途中连册封的诏书和金印都弄丢。明廷得知大怒，只能升任他原来的副使杨方亨为正使，以沈惟敬为副使，再次从朝鲜渡海册封。

丰臣秀吉蒙在鼓里，以为日方所提七项条款被明方完全接受，便在大阪城盛摆宴席，款待明廷和朝鲜的来客。结果，当他看见朝鲜派来的“谢罪使”不是什么嫡亲王子或宰相类的大官，仅仅是个州判，立刻勃然大怒，差点离席而去。

小西行长苦苦哀求，满心希望册封过场结束，双方罢兵了事。

结果，明使展读册文，小西行长派去的翻译没派上用场，丰臣秀吉招来精通汉语、留学明朝多年的学问僧为他翻译。这一来，听一句话，丰臣秀吉的小瘦脸阴沉一下子。待诏书读毕，丰臣秀吉明白过味儿来，一脚踹翻桌案，离席怒去。

中日和谈失败。日本第二次侵朝战争开始。

明使杨方亨归国后，把实情一一禀告明神宗。不用说，皇帝大怒，不仅把沈惟敬下狱处死，连兵部尚书石星也被捕入诏狱论死。

没有实际内容的"胜利"

日本第二次侵朝战争

万历二十五年，日本的丰臣秀吉紧锣密鼓安排过后，派十五万人二次入侵朝鲜。朝鲜称这次大战为"丁酉倭乱"；日本称之为"庆长之役"。

由于得知日本加藤清正已经率两百多艘战船在釜山东北扎营，明廷才意识到日本再次入侵的现实，先后派出麻贵、邢玠和杨镐前往朝鲜御敌。

有读者会问，先前第一次抗倭援朝的李如松为何不露面？李如松时任辽东总兵，《明史》上讲"土蛮寇犯辽东。（李）如松率轻骑远出捣（其）巢（穴），中伏，力战死"。清朝史官支支吾吾，所谓的"土蛮"，很可能就是满洲土著或者是蒙古部落。所以，李如松战死于辽东总兵任上，自然不能再去朝鲜。

日军此次之所以能顺利登陆朝鲜半岛，正在于朝鲜内部临阵换将，把名将李舜臣撤职。其海军失去主心骨，一战便大败亏输。

李舜臣，字汝海，自小受中国传统的儒家教育，忠臣孝子之念深植其心。第一次日本侵朝期间，朝军诸路皆败，唯有李舜臣所率水军取得重大胜利。他研发了独特的铁甲龟船，在玉浦海战中打得日本水军仓皇逃窜，并在紧接的唐浦海战再次大败日军。特别是闲山岛大战，李舜臣所率朝鲜水军智争力取，击沉日船近百艘，杀死淹毙倭兵数千人，诚为朝军罕有的大胜，极大打击了日军的海上运输线。

如此功勋卓著的大将，在日军第二次侵朝的关键时刻，竟然因李朝内部党争牵连，被革去军职。而后朝鲜水军的主将由大草包胆小鬼元均担任。结果不必细说，海上遭遇战，由于元均指挥无方加之胆怯，朝鲜水军全盘皆溃，元均本人也在逃跑时被日本人打死，朝鲜的制海权落入日本水军之手。

不仅朝鲜水军大败亏输，入援的明军也败绩不断。守卫南厚的明军最早被日军击败，主将遁逃。全州、庄州明军见势不妙，拉起队伍就跑，日军在两地疯狂屠城。

明方统帅时任备倭大将军的麻贵也愚钝胆小，闻讯竟想弃汉城逃鸭绿江。多亏其手下参谋劝阻，加上明军不断入境，李朝的朝军也从忠清道发兵来援，他才稍稳心神。

日军集结完毕后，对汉城发动猛攻。昔日李如松手下的得力谋士李应试还在，他以沈惟敬的名义派人到小西行长营中“讲和”。后者挺“义气”，见沈有口信来，立刻止军不攻。加藤清正部本来就要攻克汉城南面险隘稷山，由于失去小西行长的支援，半途而废，只得领军撤至蔚山一带，汉城暂时告安。

年底，明朝海军源源不断地运送明军入朝，水师提督陈璘率副将邓子龙等人相继入援。朝鲜国王知错就改，重新起用李舜臣。虽然他当时手中只剩下十二只残舰，但也积极备战，招募水兵，与明军水师积极配合，协力合作。

眼见手中已有四万精兵，总督邢玠和经略杨镐两人商议后，决定主动出击，发三路大军率先攻下庆州，然后直接向蔚山迈进，准备全歼日军最残忍、战斗力最强的加藤清正部。

三路大军中，高策领中军，李如梅（李如松弟）率左军，李芳春领右军。于是，杨镐命令二李统主力直攻加藤清正，高策领中军策应。蔚山大战拉开序幕。

蔚山大战初始阶段，李如梅与参将杨登山首建奇功，以轻兵诱敌，在海边设伏，一下子杀倭兵四百多人，余贼仓皇遁去，退守高地势、强堡垒的岛山石城。为了减缓明军进攻，日军在岛山下部设置三道围栅，据险而守。明朝副将陈寅率手下浙兵，奋呼而进，不顾矢石和枪弹交加，冒死冲击，立破两重栅，进抵最后一道守栅。栅破之际，正在山下坐镇的杨镐私心顿起，命人鸣金收兵。浙军不敢抗命，只得悻悻而返。

这帮戚家军的老班底在山上有数百兄弟牺牲了，功败垂成。

杨镐，河南商丘人，万历八年进士出身。由于在辽东任事，与李成梁家族关系密切，与李如梅关系更好。本来他在万历二十五年春与李如梅出塞击敌时因失败要受处罚，但倭兵二次入侵朝鲜，明廷免去其罪，擢其为右佥都御史，经略朝鲜军务。

杨镐入朝后，上奏之事，多为杂苛小事，与朝方多生嫌隙，当地人怨之不已。他在岛山下方看见陈寅浙兵先登，马上要攻克日军堡垒，如此关键时刻，竟然鸣金收兵，停止进攻，想待自己好友李如梅率军获此头功。结果，明军丧失了最佳的进攻机会。如果杨镐不鸣金，岛山上的加藤清正部肯定会被完全消灭，日军在朝鲜的军事进攻应该就玩完了。

日军入岛山石城后，闭城不出，坚守以待援军。由于当时正值隆冬苦寒，泥淖遍地，风雪裂肤，明军的战斗力和士气十分低落。李如梅第二天率众进攻，世易时移，日军连发火绳枪，明军死伤惨重，连一重栅也过不去。无奈之下，明军几万人只得就地扎营，想围困逼日军出战或投降。

岛山日本守军乃穷凶极恶之辈，凭借地势，日夜往下发炮，且炮弹皆在发前用毒药煮过，明军凡有擦伤者，皆溃烂而死。入围整整十天，岛上堡垒竟然不能攻下。

日军主将加藤清正趁与明军议降的空档，派人送信给身在釜山的小西行长，求他带兵来救自己。二人关系虽不睦，关键时刻，不能不施以援手。小西行长立刻急行军，悄悄开至注意力皆在岛山堡垒的明军近侧，突然发起攻击。与此同时，各地来援的日军纷纷投入战场，高举倭刀喊杀着朝明军扑来。如果这时主将是第一次日本侵朝时的李如松，估计不会有多大闪失。但文人出身的杨镐毫无胆略，又不知兵，他与好哥们儿李如梅率先逃跑。

明军军心大乱，一时大溃，竟然被日军趁乱杀掉两万多人，只可用

"惨败"二字形容。《明史》记载,"是役也,谋之经年,倾海内全力,合朝鲜通国之众(也就几千人)委弃于一旦,(明廷)举朝嗟恨"。

更令人气愤的是,杨镐败奔后,跑到庆州仍旧不止步,怕日军奔袭,一直逃回汉城,并和总督邢玠一起捏造军情,以大捷上奏。诸军点检损失,上报死亡人数两万多,杨镐大怒,力称只死亡一百多人,抑之不奏。

由于首辅是与杨镐关系不错的老迈昏庸的赵志皋,他竭力回护,向万历帝力保杨镐,只把他免职而已。这位志迂才疏的杨镐,在万历四十七年被任命为辽东经略,大败于满洲军队,明军死亡五万多人,闯下奇天大祸。那时再无人搭救他,杨镐被逮入诏狱论死,但直到崇祯三年(1630年)他才被杀头。

蔚山之战后,明日双方形成相持之势。明军退归汉城坚守。日军也消耗巨大,无力大谋进攻。毕竟明朝当时的底子不薄,不甘心在朝鲜半岛大失颜面,从内地抽调十余万精兵入朝鲜,准备一举肃清日军。

总督邢玠兵分三路,分攻蔚山的加藤清正、釜山的小西行长以及泗川的岛津义弘。海上方面,明军水军统帅陈璘与朝鲜的李舜臣将军联军,保持警惕,准备在日军溃逃时给予沉重打击。结果,进攻泗川的中路明军功败垂成,自己军中的炸弹突然自爆,引爆了火药车,日军趁乱夺回泗川。东路的加藤清正元气大伤之余,以退为进,明军也没捞到什么大便宜。西路的明军主将刘綎脑子也比不过日将小西行长,没什么进展,双方干耗。

这时,日本本土传来消息,丰臣秀吉病死。为此,在朝鲜的日本将领都大舒一口气。万历二十六年秋,丰臣秀吉临死,遗命从朝鲜撤军。

本来就不情愿劳民伤财打朝鲜的日本朝内大臣,立刻安排日军将领尽速回撤,"五大老"之首的德川家康迫不及待,十万火急派人持密令遍告诸日将。

可奇怪的是，明军情报系统效率极低，对日本国事及日军即将撤军之事竟然一无所知，特别是刘綎部明军，还与日军积极交涉，大搞军中和平协议。

加藤清正部日军跑得最利索，十一月十八日尽数撤走；泗川日军跑得也不慢，与加藤部同时开拔，一日内即逃得精光。只有西路小西行长“任重道远”，苦于大明、朝鲜水军联军切断水路，他忙向岛津义弘求救。正好小西行长的女婿宗义智也来救老丈人。于是，岛津义弘与宗义智合军，乘五百余艘战船连夜西行，准备救出小西行长。

朝鲜水军主将李舜臣立刻与明朝水师提督陈璘商议，提出了一个围歼来援日军的计划：明军水师埋伏于沿海港湾，朝军水师设伏于外海的观音浦，等日军越过露梁海峡后，由明朝老将邓子龙出奇兵断其归路，一举全歼这只日本来援水军。

一切皆不出李舜臣所料，日军来援水师落入中朝水军包围圈。唯一出乎意料的是，日酋岛津义弘非常顽强，他发现中计后，率水军拼死回撤，下死命令抵抗。双方展开海上大血战。

令人感动的是，大战期间，李舜臣见明军统帅陈璘坐船被围，立刻乘船来救，不幸被日军炮火打中，正当胸口。李将军屏住气息，强忍剧痛说出一句话：“战事正急，切勿宣扬我的死讯！”言毕，李将军含恨而死。其部将、亲属含悲忍愤，奋勇杀敌，陈璘指挥船终于脱险。

明朝方面，老将邓子龙以古稀之年，手执大刀挥船而进，与倭兵倭将白刃相接，直至壮烈牺牲。

露梁海战，中朝水上联军击毁日舰二百余艘，俘获一百余艘，生俘倭兵近两百人，倭军被杀、被溺毙一万多人，岛津义弘仅率几十艘战船溃围逃走。小西行长还算命大，趁夜黑与近侍坐小船偷跑，有命回到日本本土。运气不好的日本数千残军，最终被明军和朝军赶尽杀绝。

回国后的小西行长不自量力，加入岛津义弘等人在内的西军反对德川家康。结果兵败，他本人逃入伊吹山。由于他是天主教徒，没能切腹自杀，就劝当地一个农民把他交予对手。农民获了赏金，小西行长被德川下令斩首于京都，时年四十三岁。观其一生为人，确实算条汉子。

与我们今人的想象不同，露梁海战中，中朝海军在军舰、武器以及其他军事配置上远远优于日本。特别是李舜臣创制的龟船，体型巨大，顶板结实，覆以铁板，槽间连结点遍植尖锥和利刃，船身上也有不少突发火器的射击铳穴，无论是攻击和防守，比起日本那些体积相对小、防护力弱的战舰具有极大优势。朝鲜龟船与日舰相遇，龟船可以迎前直撞，直接把日舰撞成碎片。

而明朝战船，更是种类繁多，有楼船、沙船、苞船、铜绞艄、海舫等，特别厉害的是，明朝这些战船上皆配备佛郎机（大炮）。日舰上也有类似火器，但射程仅一百米，而明朝兵船上的大炮射程可达三千米。

至此，长达七年的日本侵朝战争结束。万历二十七年初夏，邢玠领明军主力撤出朝鲜。转年秋，所有明军全部返国。

明朝援朝之役，代价不可谓不大，在万历三大征中耗银居于首位，支出近八百万两白银。幸亏明朝有张居正时期所留的底子，才没被巨大的战争开支拖垮。

对于朝鲜而言，抗日战争意义更不待言。如无大明出手相援，朝鲜就会提前三百多年沦为日本殖民地，说不定变成另一个琉球。

丰臣秀吉忙活半天，军败身死，民怨无数，只留下一个五岁的儿子丰臣秀赖在人世，使他久久合不上双眼。德川家康在丰臣秀吉死后开始了自己的霸业，并于万历四十二年找借口讨伐丰臣家族。丰臣秀赖兵败，剖腹自杀，赴黄泉向其父哭冤去也。

德川家康所创的江户幕府统治日本二百六十多年。但也正是从他开始，日本大肆铲除天主教，实行闭关锁国，并正式在1639年下达“锁国令”（“异船御禁止”与“海禁”）。日本江户幕府的“锁国令”很严厉，严禁日本商船出海贸易，政府可处死擅自出海的商人。同时，日本政府规定海外日本人也不准回国，一经发现，偷回国者马上处死。这些措施，比起明朝海禁最严的时期还要严厉。真是风水轮流转，风气轮流转。

正是在这种大环境下，自那以后，中国（明万历末期至清朝中前期）再无倭患。

竭天下膏血以贡一人的“富裕”

万历终结时代的明朝现实

中国社会在明朝万历时代，商品经济空前繁荣，以明神宗为代表的皇室靡费也骇人听闻。这位在位四十八年的帝王，除前十年有能臣张居正等人管理国家稍可称道外，后三十八年，只能用八个字来形容：怠于临政，勇于敛财。他是个不折不扣的财迷懒惰皇帝，竟能有三十年的光景不履行皇帝责任，不上朝、不行郊礼、不举告庙礼，基本上是个罢工皇帝。

他从万历十七年躲进深宫吸鸦片炼丹纵欲，直至二十四年后“梃击案”发生，万历帝为了保住郑贵妃，才上朝面见大臣一次。

如果他“无为而治”也就罢了。不少人指责他在位期间不看奏章，不补官缺，不少衙门府署处于无人执掌的状态。其实，这些皆非大恶。最恶毒的是，万历帝手下那些宦官遍布天下，充当矿监税使，对天下之民进行敲骨吸髓式的剥削，横行无忌，所谓“凿四海之山，榷三家之市，操弓挟矢，戕及良民。毁宝逾垣，祸延鸡犬，而经十数年而不休”，折腾不休。

从《明史·食货志》发现，万历二十五年至三十三年这八年间各地太监上缴万历帝矿税银三百万两，似乎数目并不大。但真正情况是，

“大率入公帑者不及什一（十分之一）”，太监们自己贪占的倒可能几近三千万两白银。如此瞎搞，最终搞得天下萧然，生灵涂炭。

活人不消讲，地下死人也受害。由于太监陈奉在兴国挖出唐朝宰相李林甫之妻杨氏的坟墓，得黄金数万两，由此在全国兴起一阵挖墓风。一时间，荒坂野岭，皆成白骨散弃的掘坟“工地”。

所以，万历帝这种“孤人之子，寡人之妻，拆人之产，掘人之墓”的搜刮，黎民百姓所受荼毒一年深过一年，家商交困，阡陌萧条。天下民心一失，明朝的气数，也就差不多了。

万历帝对张居正的寡恩自不必言，对多年拥保自己有功的老太监冯保也很绝情。而其初衷，除政治因素外，还有抄家敛财的念头。这一点，在《明史·冯保传》中万历与其生母孝定李太后的一段对话中可以明白看出。万历皇帝的儿子潞王要结婚，宫内缺钱用，万历皇帝愤言宫内大臣一直巴结冯保和张居正，二人很有钱。李太后闻言欢喜，说：“反正两人都被抄家登记，应该有大笔金银可使。”万历帝恨恨道：“冯保老奸黠猾，事先已经转移了不少财产。”事后，为了弄得更多的钱，他又把负责主持抄冯保家的太监张诚也抄家，再得“外财”一大笔。

其实，从人情方面讲，冯保于嘉靖十五年入宫，兢兢业业，特别是对于万历帝的父皇明穆宗，死心塌地护持，并受托孤之命，力保万历登基。我们从冯保一封乞辞书信中，可见他对万历父亲的忠心，虽然文中不乏丑表功，可写的确实都是实事：

司礼监太监冯保奏：臣嘉靖十五年蒙选入内中馆读书，十七年钦拔司礼监六科廊写字，二十二年转入房掌印，二十九年升管文书房，蒙简拔秉笔，与同黄锦一同办事。（皇帝）赏蟒衣玉带禄米，许在内府骑马，寻赐坐蟒。四十五年龙驭上宾，恩典照旧，赐凳杌……召内阁辅臣同受顾命。以遗嘱二本令臣宣读毕，以一本恭奉万岁爷，一本投内阁三臣。次日卯时分，先帝强起，臣等俱跪御榻前，两宫亲传懿旨："孟冲不识字，事体料理不开，冯保掌司礼监印。"蒙先帝首允，臣伏地泣辞。又蒙两宫同万岁俱云："大事要紧，你不可辞劳，知你好，才用你。"迄今玉音宛然在耳，岂敢一日有忘。万历六年，举大婚，臣得以奉敕赞襄。累年荷蒙眷注之隆，荫锡之宠，臣不能恭述万一。为此感激，矢效犬马，事事经心，时时惕念，任劳任怨，以答三朝天高地厚知遇之恩。臣于此际，正宜鞠躬尽瘁，死而后已，何忍言去？但犬马之年，见逾六十，精力日衰，疾病屡作。万历三年，臣因思虑伤脾，积成湿热，毒流遍体，几损厥生。仰仗圣母万岁怜念孤忠，祈神保佑，始获全愈。五年，复发于背。今春首右足破伤，痛关心肺，医药罔效，伏蒙屡赐存问，愈自局促不宁。兹者恭逢圣龄日长，圣聪日开，大婚大礼，籍田谒陵，俱已完毕。迄今三月以来，气血顿觉衰惫，步履日益艰难。顷因随侍圣驾，不过斯须微劳，辄不能勉强支持。且臣自觉多涉颠倒，诸症一时复发，力不从心，有辜任使。臣见万岁前后左右，多有贤能堪用，伏望恤臣犬马效劳四十余年，容臣在外调治，少延残喘，朝夕焚香，祝延圣寿，仰答终始，成就罔极洪恩。臣不胜感戴天恩之至。（当然，这种乞退也是试探，大公公不是真想退休。）

即使如此几朝老奴，万历母子仍惦念老太监的家财。冷血皇家，真让后人开眼。

万历末年，明廷内发生了著名的"三案"："梃击案""红丸案""移宫案"。这三大案，对日后明朝政治影响深远。官僚、太监、文士皆以此为把柄，定案、翻案、定案、翻案，一直折腾到明亡。

至于“三案”的背景，首先要言及万历帝的家庭生活。万历帝正宫皇后姓王，一直无宠，但万历生母李太后很喜欢这个贤德的媳妇。万历九年，明神宗到母后所居的慈宁宫问安，看见一个宫女王氏，就临幸了她。结果，竟暗结珠胎。知道王氏肚大，明神宗起先还不承认，李太后拿来《起居注》，他才不得不认。但在他心中，根本没有王宫女和她腹内骨肉的任何位置。由于王皇后本人不生育，根据“有嫡立嫡，无嫡立长”的几千年封建伦常，王宫女所生的朱常洛当为太子最佳候选人。

可明神宗自有人选，他的宠妃郑贵妃所生的皇三子朱常洵才是他心头最爱。大臣们一直强烈要求皇帝立长子，纷纷上章进言，即“争国本”。而神宗生母李太后也倾向于立长孙。母子二人曾有一番对话，明神宗认为朱常洛这个长子是“都人（宫女）之子”，不料他的生母李太后听后勃然变色，怒斥道：“汝亦都人子也！”因为李后怀明神宗时身份也是个宫女。明神宗惶恐，伏地不敢起。

由于宠妃郑氏的压力，明神宗就采用“拖”字诀，就是不立皇太子，并因此耽误了朱常洛、朱常洵的冠婚礼，使得朱常洛二十岁都没能行冠礼（本应十五岁举行）。一直拖到万历二十九年，明神宗不得已，只能立朱常洛为皇太子。

万历四十二年，明神宗生母李太后病死。转年，在郑贵妃策划下，宫内发生了“梃击案”：一名大汉手持木棍，闯入太子所居慈庄宫，打伤了一名守门宦官。毕竟宫内护卫多，大汉被抓。拥戴太子一派大臣想方设法审讯，得知此人名叫张差，受郑贵妃手下宦官庞保和刘成指使，入宫谋害太子。群情激愤下，万历皇帝也为宠妃郑氏兜不住，最后让她自己去求太子朱常洛出面和稀泥。孰料群臣不依不饶，已经二十四年不上朝的明神宗只得自己出面，总算化解了危机，使得朝廷官员不再追究此事。他还下令秘密处死了持梃入宫伤人的张差，顺便把庞保和刘成两个公公也秘密灭口了。

“梃击案”发生后，郑贵妃知道胳膊拧不过大腿，一改从前不拿皇太子当回事的作态，常常携大笔金宝入太子宫奉承这位准皇帝。朱常洛倒不记仇，见她对自己这么好，昔日仇恨一扫而空。郑贵妃不仅送钱，还隔三岔五送人，共送来八个贴身宫女给皇太子享用。因此，朱常洛很快身体便不适。万历四十八年，明神宗病死，皇太子朱常洛继位，是为明光宗。

当了皇帝的明光宗一点也高兴不起来，他躺卧于病榻上，起都起不来。其间，鸿胪寺寺丞李可灼进献红色丹药，明光宗试服一丸，感觉不错（可能是回光返照），忙又进一丸，结果很快就蹬腿升天了——他才当了一个月的皇帝（他爸明神宗当了四十八年皇帝）——此即“红丸案”。其实，明光宗是病重身死，大药丸子并非夺命之物，只是大臣们猜疑，附会指摘，才弄成了“红丸案”。

明光宗死时，身边只有一个美女李选侍。这位姑娘乃当年郑贵妃入献的八美人之一。李选侍私心很重，便把明光宗长子朱由校这个少年揽在身边，想以未来的皇太后自居，并赖在乾清宫这一象征皇权的宫殿不走。大臣杨涟、左光斗等人在太监王安的帮助下从李选侍手中骗走了朱由校，先拥立他为皇太子，准备护送他登基，并通知李氏在皇太子正式登基前腾出乾清宫。李选侍赖皮，软硬不吃，最后大臣们冲入宫中汹汹愤怒高呼，终于吓跑了李选侍。这即为“移宫案”的大概。

明末“三案”，从根本上讲并不复杂。但举朝士大夫党同伐异，喋喋不休，相互攻讦不已，争是非，论短长，拉帮结派，最后发展下去，其实已经不是正邪之分。最终，“三案”倒成为魏忠贤等大奸臣清除异己的法宝，借这些来罗织罪名，剪除善类。

万历四十八年很特别，本来明光宗在转年才能改元，但他当一个月皇帝就死了，朝廷也不好划分他这个新时代。大臣们商量，就以万历四十八年八月为界限，八月后称为“泰昌元年”（1620 年），而转年就是明光宗儿子朱由校的“天启元年”（1621 年）。

明熹宗朝服像

这位少年新天子，即明熹宗，实为明朝真正的亡国之帝。

因为，所谓的明熹宗天启时代，就是大太监魏忠贤的时代。

明朝，马上要进入最最黑暗的阶段。

宦官专政的极端产物

疯狂的“九千岁”魏忠贤

天启五年（1625 年）冬日某一天。北京城内的一个小客栈。

逆旅无聊，五个从天南地北来京城做小买卖的商客聚在一起饮酒。其中一人数杯热酒下肚，酒力泛蹿，袒胸赤膊，高声说：“魏忠贤这个鸟公公，作恶多端，久当自败！”

说别的倒无妨，直斥当朝“九千岁”魏大公公，哪能不叫人着慌。其余四人虽然腹内皆灌入不少老酒，或沉默或惊骇，没有一人敢顺这位大嘴巴客人话头往下说。胆小的两位还劝他别瞎说招祸。

热酒入空肚，自然让人胆壮，醉酒大言的客商不仅不缄口，反而拍胸脯又说：“怎么的！魏忠贤虽然号称暴横，就凭我几句话，他还能剥我皮不成！”

余人默然。过了半个时辰，皆悄然散去，各自回房安息。

夜半时分，客栈门突然被踹开，拥进数十锦衣卫士兵，以手中火把依次对住客进行照面辨认。很快，寻得醉酒骂魏忠贤的那位爷，立刻打翻在地绑个严实，拖之而去。

惶骇间，与他一起喝酒的四人也被辨认出，随后均被押送入禁城之内的某处院落。

月黑风高，灯火明燎。

四位客商被掼于地。抬头偷看，见早先与他们一起喝酒的那位爷口中塞布，呜咽不止。其四肢皆被铁钉贯入，钉于一块门板之上。

如狼似虎的锦衣卫士兵和几个华衣小宦者，皆站立恭谨，唯独一位半老头子居中坐于太师椅上，拈腮微笑（无髯可拈），对下面跪趴的四个人讲：“此人说我魏忠贤不能剥他的皮？姑且一试，各位看仔细了！”

与一般公公不同，魏大公公嗓音不是特别尖细，而是沙哑苍劲，透着威风凛凛、不可一世的杀气。

“来人啊，伺候着！”魏大公公断喝。

几个锦衣卫闻命，立即从庭院中间一口大铁锅中用小瓷筒取出煮成液体的滚烫沥青，均匀、细致地从头到脚浇到被钉在门板上那位爷的全身，连每个指尖都不放过。

被剥皮的人还没有咽气，他的双眼还看见自己的“皮外衣”立在面前，狂喊不已。

此刻，趴在地上的四个人全部昏了过去，他们觉得自己的下场肯定与门板上那位客官一样。

魏忠贤笑了，他捂着鼻子（几个人被吓得拉了好几裤子），令人用冷水泼醒地上四个人，“好言”抚慰道：“这事与你们无关，我只剥这位的皮，他不是说我不能剥他的皮吗！天网恢恢，我就是天！你们老实，不瞎说话，每人五两银子的压惊钱。”

言毕，他挥挥手。锦衣卫上来，两人架一个，把四位吓瘫的客商架送到轿子里，全须全尾抬回他们所住的客栈……

这段故事，不是笔者凭想象编造的，也不是佚名作者在明朝瞎写的，乃是明末大文士夏允彝（夏完淳之父）在其《幸存录》中记载的一则真事，由一徐姓算卦者讲给他听的。当时，徐术士正住在那个客栈，事情经过为其耳闻目睹。

魏公公的新式沥青剥皮法，是活剥人皮，技术层面的要求非常高。朱元璋、朱棣父子也有“灰蠡水”剥皮法，不过是先把人杀死，然后再剥皮。魏忠贤“发扬光大”，手段更残忍，受刑人痛苦更甚。

由李进忠到魏忠贤

最早的发迹

明光宗死后，李选侍赖在乾清宫不走，与诸大臣斗法，她身边有一个出谋划策的太监，名字叫李进忠。这位李进忠不是别人，正是日后的魏忠贤。

当时的李进忠，已经显露出其阴狠超人的本色，一直劝李选侍把带头闹事的杨涟、左光斗骗入宫杀掉，然后挟持朱由校效仿武则天垂帘听政。李选侍一庸常妇人，没有听取李进忠之言。但是，李进忠不只是在李选侍身边侍候的一般太监。他入宫很早，万历十七年（1589 年）前后已经进入宫禁内，隶属于当时的司礼监掌东厂太监孙暹。

魏忠贤，原名李进忠，河间肃宁人。他不是那种幼年被阉的终身职业宦者。青少年时代，他是当地流氓地痞，脑子活，模样俏，天天吃酒赌博，嫖娼寻花，斗鸡走马，典型的浮浪子弟。不仅如此，魏忠贤武艺也不错，能右手执弓，左手勾弦，射无不中，几乎就是个神箭手。他稍为欠缺的，在于文化方面，几乎是目不识丁。但此人博闻强记，敢为敢断，所以又比一般识字之人多出了狡黠智慧。

魏忠贤之所以入宫当宦官，也全属一时的意气所激。一次，他与众恶少赌博使老千，赢了数千银两。结果，恶少们发现小魏使诈，汹汹不止，不仅把赌输的银子抢回，还结众追打魏忠贤，不依不饶，弄得魏忠贤困窘异常。愤恨之下，魏忠贤显露出他本性中斗狠的一面。他大叫一声，喝止了追打他的诸恶少，从腰中抽出刀来，掏出自己裤裆里那东西，一刀就把家伙切下，血淋淋抛向众人。见此情状，诸人一哄而散。

然后，赌神提裤不流泪，昂首加入公公会。青年魏忠贤志向远大，因祸得福，转行入宫发展。

万历年间，明光宗身为明神宗长子，地位一直很不稳定，一直提心吊胆过活。所以，他自己的儿子朱由校基本上处于缺少管教的状态，小孩子成长过程中最亲密的人只有奶妈客氏以及天天和他一起玩耍的公公魏忠贤。

魏忠贤对人狠，对朱由校却是发自内心的慈爱，几乎是看着这位皇孙长大，日夜陪伴他玩耍。依实而言，当时魏公公并非有多大的私心，因为在当时连朱由校他爹的地位都岌岌可危（很有可能是郑贵妃之子福王日后当皇帝），更甭提朱由校小孩子本人了。

明朝宫中宦者皆有门派。魏忠贤得以入侍皇孙朱由校，是由宫内一名叫魏朝的太监引进。而魏朝又属太监王安门下。王安侍奉明光宗近四十年，可以说是“德高望重”的老太监，自然很看重自己门徒魏朝的徒弟魏忠贤。当时，魏朝的宫内对食是朱由校乳母客氏。

所谓“对食”，宫内又称“菜户”。宫内许多有地位的太监都有一个相对固定的宫女为其菜户，互相满足一下精神需求。

魏朝职位较高，多在老师王安门下奔走，杂事又多，自然与客氏相处的时间很少。于是样貌堂堂、身强力壮的魏忠贤就自荐枕席，与客氏背着魏朝偷欢。

明光宗当上皇帝后，封自己儿子朱由校为太子，魏忠贤一下子就蹿到自己老师魏朝上面，得封“东宫典膳”，成为有职有权的太监。这都是客氏从中出力。后来，由于为李选侍出过坏主意，大臣杨涟劾奏，连及魏忠贤。这可把当时的他吓坏了，忙泣求师父魏朝与师爷王安。两位公公很仗义，力保了魏忠贤。

明光宗继位甫一月即病死，朱由校成为皇帝。这样一来，魏忠贤与魏朝就平起平坐，同为新皇帝的旧宫老功臣。一天傍晚，这两人喝多了酒，不约而同来到乾清宫暖阁客氏所居的小屋子里，争着要搂皇上奶妈。客氏不好说什么，两个昔日同一战壕的公公却大打出手，飞拳走脚，大骂大打。客氏见势不妙，忙走入明熹宗宫内，大讲魏朝的坏话，极誉魏忠贤之好。在十六七年的成长岁月中，明熹宗对客氏有严重的依赖感，基本上拿客氏当亲妈来看待。

于是，他立召正厮打得不可开交的二魏入内。魏朝自恃侍候皇帝多年，品级一向高过魏忠贤，觉得皇帝一定叱骂对方向着自己。殊不知，小皇帝默然半晌，大声叱责魏朝。众宦者见状，立刻把魏朝斥出。

魏忠贤不依不饶，转天矫旨，把从前的恩公加老情敌魏朝贬往凤阳为净军。半路，派人用绳子勒死了他。由此，一步一步，魏忠贤终成尾大不掉之势。

弄死了魏朝，魏忠贤开始把目光转向师爷王安。明熹宗之所以能顺利登基，全赖其父明光宗身边忠心耿耿的太监王安与众大臣鼎力扶持。王安发觉徒孙魏忠贤不是东西，就与大臣商议，很想对他予以重惩。

魏忠贤能装，跪在王安面前声泪俱下，边说边抽自己大嘴巴，王老太监心一软，只责令其改过自新，未能立刻斥责其出宫。

由于在大臣压力下被迫搬到宫外居住，客氏非常痛恨王安。毕竟是与明熹宗感情深厚的奶妈，小皇帝不久就又把客氏召回宫内。

明熹宗得立后，依据当时的功劳和辈分，他父亲明光宗身边的老太监王安绝对应该是司礼监掌印太监最佳人选，而且，诏旨已经发出。但明廷的高级官员和太监任命下达后，受任者一般都要走一种形式，上表辞让再三，过场走毕，才正式上任。恰恰是这个过场的空隙，给予了魏忠贤、客氏可乘之机。

此时，司礼监内还有一名叫王体乾的太监，他一直想坐首席太监之位，就和魏忠贤一起撺掇客氏在明熹宗面前讲王安的坏话。同时，他们鼓捣朝内阉党给事中霍维华上表弹劾王安。

明熹宗憨愚少年，他本人对父皇的老仆王安印象又不深，自然一切听客氏的，就扣压下对王安的任命。这样一来，司礼监的掌印太监一职就成为空缺。

客氏与王体乾私下商量，表示说可以把这职位让给王体乾做，但交换条件是魏忠贤必须做司礼监秉笔太监，而且内外大事，皆要王体乾唯魏忠贤马首是瞻。依理，司礼监掌印太监是太监总管，而秉笔太监必须是博学能文的太监充任。魏忠贤不识字，充当此职极不合适。

王体乾一口答应，并保证自己凡事听从魏忠贤这个太监“司令”。

几人谈妥后，由客氏进言皇帝，自然马上成事。

魏忠贤当上司礼监秉笔太监后，第一步就是把师爷王安贬为南海净军，让老公公扫厕所。没几天，他就派人勒死了王安，以畏罪自杀上报。从此之后，魏公公终于踏上了他赫赫扬扬的不归之路。

从上述事件证明，倘无客氏相助，魏忠贤万万不能爬到太监的最高领导层。他凭借讨好女人的功夫，一力奉承皇帝奶妈，最终修成“正果”。

步步为营的战术

魏忠贤对朝政的把持

明熹宗青春期荒唐少年，对自己奶妈客氏真的是知恩报德，不仅封客氏为“奉圣夫人”，又任命客氏儿子侯国兴为锦衣卫指挥使。一个定兴庄稼汉，登时从白丁匹夫变成特务军的少将。不久，明熹宗降旨，命户部择良田二十顷专门拨给客氏作护坟香火之用，又命工部叙录魏忠贤的“侍卫”之功。

御史王心一规劝：“梓宫未殡，先规客氏之香火；陵工既成，强入（魏）忠贤之勤劳，于礼为不顺，于事为失宜。”

明熹宗览奏大怒，下诏斥责王心一。

吏科给事中、礼科给事中、兵科给事中、御史等科道官皆有好几个人谏劝皇帝汲取昔日刘瑾、江彬乱政的前鉴，但大多招致削籍贬官的报复。

此段时间，魏忠贤等人未大开杀戒，一是力量不够，二是朝内阉党势力还未成气候。

魏忠贤杀掉师爷王安后，宫内由他一人说了算，骄横无比。太监都知道皇帝爱以习武弄兵为乐，魏忠贤同昔日的王振等人一样，常常在禁宫内操兵演练，以供明熹宗笑乐。

由于钲鼓之声不绝，明熹宗一个妃子刚刚诞下的皇子，竟然被震耳欲聋的声音震吓而死。此外，宦官王进在明熹宗面前把弄铳枪，忽然炸膛，王公公一只手没了不说，差点把小皇帝炸个正着。

御史刘之凤上言："假使当年权阉刘瑾身边有甲士三千，他能束手就擒吗？"

疏上，魏忠贤大怒，因为他本人所领甲士过万，特别恨别人说这事，于是矫旨切责刘之凤。

在外廷有所顾忌，但魏忠贤和客氏在宫内可以说是"太上皇"加"皇太后"的角色，想办谁就办谁，想杀谁就杀谁。

明光宗的美人赵氏，由于先前不待见客氏，被魏忠贤矫诏赐死；明熹宗所宠裕妃张氏有孕在身，无意中得罪客氏，她便派魏整治裕妃。魏公公断绝裕妃的饮食，把她关押在宫内僻静处通堂窄道中，连水也不给一口。连饥带渴近十天，恰遇天降小雨，裕妃挣扎爬到瓦檐下，以手掬数滴雨水啜饮，然后，闭声而绝。其腹中七八个月的龙子，也一并殒毙。如此被饿毙的，还有冯贵人、胡贵人等几个妃子。听说成妃李氏在承幸时劝皇帝不要在宫内习武演操，魏忠贤、客氏怒极，立刻派内监把成妃关押起来。李成妃先前知道张裕妃饿死的惨状，早就有所准备，在过道墙壁间暗地储备了一些吃食，得以数日不死。后值客、魏二人怒稍解，李成妃被贬为宫女，幸留一命。

对明熹宗嫔妃如此，对皇后张氏，客氏也敢下手。得知张皇后怀孕的消息，客氏买通宫女，在张皇后饮食中下麝香等物，造成皇后流产。

正因客氏阴毒，明熹宗诸妃嫔有娠，却一个皇子也没能活下来。一个老教授口口声声讲他的历史“新发现”，认定客氏和魏忠贤谋害这些有孕的嫔妃是想把他们自己亲戚的骨血弄进去，并举客氏倒台时家中被查抄出好几个怀孕妇女为支持证据。但他忘了，客氏、魏忠贤干这些事儿时是在天启初年。远在五六年前就能想着此事，这一对“菜户”奸夫淫妇还真没如此远见。他们当时之意，只是怕这些女人如有皇子生出，地位骤高，会危及他们利益而已。

至于魏忠贤乱政，其实并非有什么特别新的手段，都是他太监公公前辈屡试不爽的旧戏法：明熹宗喜欢当木匠，整日刀锯斧凿不离手，亲自制造家具。当然，比起天生具有设计才能的元顺帝，这位汉族皇帝只是小技，工匠而已，太师椅大板凳做得不赖，没有什么奇巧高明之作。每当皇帝引绳削墨在木头上打线画圈要下钻孔的当口，魏忠贤就会拿一堆奏折来“请示”。

见此，明熹宗不耐烦，斥言道：“朕知道了，汝辈自己去处理！”

皇上开此金口，魏忠贤自然威福自恣，想提谁就提谁，想灭谁就灭谁。

在大臣之中，魏忠贤在天启三年首引其心腹魏广微为大学士，先在内阁中安插了自己的人选。后来，他又相继塞进了冯铨、施风来等人。这些“魏家阁老”，一直为魏公公卖力。同年，魏忠贤本人又兼掌东厂，控制了禁卫军和情报大权。

天启四年七月，左副都御史杨涟上疏，参劾魏忠贤“二十四大罪”。

魏忠贤耳目甚众，很快得悉杨涟奏章内容。他非常恐骇，面临着掌柄以来最大的挑战。司礼提督太监王体乾压疏不发，并只挑其中能激怒明熹宗的几条念出，先让皇帝对杨涟生出成见。同时，客氏天天入宫活动，在皇帝耳边大讲魏忠贤忠诚。

明熹宗不怎么在意这种劾疏。听得太多，逆反心理已经养成，他立刻让阁臣魏广微拟旨，切责杨涟。

各种史书上讲，杨涟本来写好奏疏立刻呈上，恰值转天免朝，他怕奏疏内容泄露，便迫不及待把劾疏从会极门投入，以便早达圣听。如果真是这样，杨涟智商就显得太低：会极门的“受理窗口”，值班站岗的不是宦者就是锦衣卫，他们得到奏疏，第一反应就是禀呈魏公公，怎么可能直达皇帝御览呢？

得知魏忠贤正抓紧商量对付自己，杨涟更加愤怒，准备上朝时公开参劾。魏公公极尽心机，上献药性极大的催情春酒，使得明熹宗一夜脱力，三天没能上朝。

三天后，待帝出朝，数百小宦者衣内裹甲夹陛而立，严令左班御史不得言事，杨涟没有机会当面劾奏魏公公。

其实，杨涟所有这些努力，基本上白搭。即使疏奏得达，即使他当着皇帝的面历数魏忠贤罪恶，对于心中把魏公公、客氏当成自己养育父母的明熹宗，也不可能听得进去。

从杨涟上奏疏开始，魏忠贤杀心大起。

科道诸臣以及朝中大臣，激于意气，纷纷上疏，一时间不下百余疏。给事中魏大中和陈良训、兵部尚书赵彦、吏部郎中邹维涟、抚宁侯朱同弼等人，先后申奏，或专章，或合奏，无不激切愤慨，指斥魏公公之奸恶。

首辅叶向高三朝老臣，德量充盈，扶植善类。但多年官场沉浮，他凡事优柔寡断。假使杨涟上疏弹劾魏忠贤二十四大罪时，叶向高以首辅身份率群臣出头，应有制阉党于死地的力量。但他转念一想魏忠贤不易除，所以一直不肯出手一击。

见百余大臣纷纷上疏激言，叶向高不得不出来表态，表示说，如此众多大臣指斥魏公公，我叶向高也受谤连，说不定日后与焦芳同列史传（焦芳乃刘瑾大公公死党）。但叶向高在奏疏中，仍称赞魏忠贤勤劳有功，希望皇帝解其事权，听归私第，以善保始终。

此时的魏忠贤，羽翼已丰，当然不会自动辞职回家休养，皇帝也不会舍得“干爹”。

得知首辅叶向高如此公开表态，魏公公恼怒，让徐大化拟旨，矫诏叙述他本人的“功劳”，洋洋数百言，反驳叶向高。

上有皇帝表态，下有阁内魏忠贤塞进来的党羽，平时又有众多小宦官包围宅邸大声叫骂，他知道北京再不可留，连忙上疏二十余道，力请求去。

明熹宗很尊敬他，魏忠贤也不敢杀这位三朝元老，就给叶向高一个太傅虚衔，派人护送叶向高致仕归家。

魏公公同党太监王体乾提议恢复廷杖以威胁大臣。公公们说到做到，工部郎中万燝上书，劾奏魏忠贤，立刻在朝上被廷杖致死。

叶向高既罢，继任的首辅韩旷、朱国祯没干多久皆被罢官。而后，主持政务的皆阿谀小人，朝内清流无所倚恃。

阁臣魏广微更是自编一册名录，共六十多人，以叶向高、杨涟、左光斗等人为首，目为“邪党”，密呈魏忠贤，使得阉党可以按册逐步铲除。同时，他又把附和自己的霍维华、阮大铖等五十多人制成名录，目为“正人”，呈献魏忠贤以便相次擢用。

其实，魏广微眼中的“邪党”，是真正的“正人”，他眼中的“正人”才是真正的附阉“邪党”。

在阉党寻求聚合同党的过程中，崔呈秀出场了，并一跃成为魏忠贤最得力的爪牙干将。

崔呈秀，蓟州人，万历四十一年进士。天启初年，他作为御史巡按淮扬一带。由于顾宪成家居讲学生徒众多，当时形成了代表士林清流的“东林党”。崔呈秀投机小人，很想入东林党，但他名声太差，被东林党拒纳。

说起东林党，还需要简要介绍一下这个明朝后期的重要政治团体。张居正柄政时，封闭地方言论自由，压制学生。为此，顾宪成等人形成了一股反对内阁集权的势力。万历中期，随着“争国本”事件的展开，号召开通言路的朝臣和在野诸人逐渐形成有组织的政治团体。由于顾宪成、高攀龙等人以东林书院为大本营大讲其学，东林党便逐渐成形。这些人声名显赫，逐渐具有影响明政府朝中官员任命的势力，东林党日益兴盛。而以叶向高为首辅的初年内阁，其实可以说由东林党一系人马掌权。

正是由于杨涟首疏揭发魏忠贤罪恶，一下子把东林党推到与阉党对决的前线。恨和尚兼及袈裟，魏公公自然视东林党人为眼中钉、肉中刺。

崔呈秀本身是个爱索贿的小人，他在淮扬巡按时大肆收受赃银。举例来讲，霍丘知县郑延祚贪污事发，崔呈秀持举报信给郑知县看，表示自己正写奏章准备揭发他。郑知县“懂事”，立刻掏出千两白银表示“谢罪”。崔御史眼前一亮，立刻表示下不为例。郑知县一看这位御史大人这么平易近人，马上又令从人再抬进一千两银子。崔御史笑逐颜开，当着郑知县的面，立刻写奏章向朝廷保荐他。诸如此类，崔呈秀几年内在淮扬转一圈，基本成了大富翁，随后还朝。

要想人不知，除非己莫为。崔呈秀甫回朝，都御史高攀龙就把他所有贪污罪状搜集起来，详细写明上奏。吏部尚书赵南星很重视此案，认为崔呈秀这种“纪检人员”犯贪污罪不可轻饶，下令把他革职。

情急之下，崔呈秀连夜跑入魏忠贤私宅，叩头哀求，哭诉高攀龙、赵南星皆是东林党人，挟私排除异己，求魏公公保护自己。

为了得到魏忠贤信任，崔呈秀抱着公公大腿，一把鼻涕一把泪，表示自己要认魏忠贤为干爹。魏忠贤大喜。经历杨涟等百余号大臣弹劾自己的事件后，他正想在朝臣中拉拢一帮心向自己的人，准备在外廷增加势力。崔呈秀的投靠，正是绝妙时机，故而魏忠贤与他一拍即合，让他成为自己的心腹。

于是，魏公公以皇帝中旨的名义，重新起用崔呈秀为御史，消除对他的贪污指控。

从此，魏公公对朝中异己力量大规模的消除屠杀开始进入了执行阶段。

耸人听闻的“绞肉机”

魏忠贤的果敢诛戮

杀人，即使是手握天下大柄的魏公公杀人，也是要有借口的。所以，魏忠贤计划把某个案件铸成大案，可以把诸人皆牵涉进去，以图一网打尽。如何下手呢，正好朝中有熊廷弼案，于是阉党们经过细心谋划，开始了行动。

熊廷弼案当时又称“辽案”。天启初年，熊廷弼以兵部尚书兼右副都御史的身份经略辽东，与广宁巡抚王化贞不和，造成明军在与后金军队作战中惨败，二人先后被捕，问成死罪。毕竟为官多年，辽东大败的主要责任不在己身，熊廷弼设法找到时为内阁中书的汪文言，让他帮忙暗地疏通关节，救自己一命。

汪文言此人在《明史》中无单传，在列传一百三十二中合于杨涟等人传中，附于魏大中传后。汪文言非进士出身，由县吏起家，为人侠气有智，有纵横之才，早先以监生身份入京，曾用计破朝中齐、楚、浙三党，是个老于政治谋划并能在朝中救人捞人的资深政治掮客。由于知道汪文言与师爷王安关系甚好，魏忠贤杀掉王安后就剥夺其监生的身份，并一度把他收监。汪文言大能人，未几通过关节出狱，凭借昔日名声广游于朝官之间，终日车马盈门。首辅叶向高很欣赏汪文言才智，起用他为内阁中书。有了这种身份，他得以与赵南星、杨涟、左光斗、魏大中等东林派正人交游密切。

汪文言为搭救熊廷弼，四处打通关节，最后七拐八绕，竟与魏忠贤搭上桥，让大公公出手相救。魏公公本人与熊廷弼没有直接的过节和深仇大恨，派人捎口信，说只要拿出四万两白银，熊廷弼会马上得以释放。经过好几个中间人，最后口信传到熊家时银子数目成了十万两，家里凑不齐这么多银子，熊家只能哭穷表示拿不起。

这事，如果放在别的贪官身上，拿人钱财与人消灾，不见银子不出手，也就罢了。魏公公心狭，觉得熊尚书这么一个大官连这点银子都舍不得出，非常生气。不久，他又打听到自己老对头汪文言替熊廷弼四处活动，灵感突现，决定以熊案为突破口，把朝中与自己作对的诸位带头人一网打尽。

于是魏公公先行一步，令大理寺丞徐大化率先劾奏杨涟、左光斗二人党同伐异、招权纳贿。魏忠贤矫诏，先把二人抓起来。很快，汪文言被逮入狱。

主审此案的阉党许显纯、田尔耕等人捏造罪名，把御史周宗建、黄尊素等四人削籍。

阉党工部主事曹钦程出面，劾奏赵南星、高攀龙、黄尊素、魏大中等人收受贿赂。

崔呈秀急不可耐，向魏公公呈献《天鉴录》《同志录》两部名录，把叶向高列为东林党之首。《同志录》中，尽列陈宗器等词林部院卿寺等大臣名字，以供阉党抓人有依有据。阉党王绍徽又献《点将录》，这部名录更是鲜活形象，以水浒一百零八将为蓝本，其“首领”为“天罡星”三十六人，有托塔天王李三才、及时雨叶向高、浪子钱谦益、圣手书生文震孟、大刀杨涟、智多星缪昌期等；又有“地煞星”七十二人，包括神机军师顾大章、旱地忽律游大任等。

魏公公听人念这个，高兴得手舞足蹈。昔日在市井为无赖时，魏忠贤最爱听《水浒传》《三国演义》，如今有这么一部《点将录》，他不能不为之开颜。

可笑的是，魏忠贤拿王绍徽的《点将录》给明熹宗看，这小伙子看见“托塔天王”四字，不知何解。他没听过《水浒传》评书，自然不知这些绰号由来。魏公公来了精神，给皇帝大讲特讲起《水浒传》中“托塔天王”晁盖等人智取生辰纲的故事。皇帝越听越入神，大叫：“托塔天王真是神勇有智！”这一来，论事离题，怕皇帝对现实名录中的“托塔天王”等东林党大臣产生好感，魏忠贤此后再也不给天启帝看《点将录》了。（史家研究，《点将录》很可能是阉党阮大铖代作，这位戏曲大家擅长此种东西，他自己上献魏公公《百官图》，更形象地以图画的方式来教魏忠贤按部就班杀人。）

汪文言为人是条刚烈汉子，在狱中两个多月受尽常人想象不到的刑讯，至死不攀诬诸大臣。主审阉党许显纯力逼他指称杨涟受熊廷弼之贿。汪文言仰天大呼：“哎！世上岂有贪赃的杨大洪（大洪，乃杨涟别号），天下人谁信！”

汪文言不承认也不要紧，许显纯自己撰写供词，然后抓住已经被打死的汪文言手指往案卷上按手印。

天启五年秋，杨涟、左光斗、周朝瑞、顾大章等先前劾奏魏忠贤最有力的言官被逮捕入北镇抚司。阉党许显纯严刑拷掠诸人。

杨涟等人坚持不认罪。其间，左光斗对同牢的人说：“阉党杀我辈有两法，乘我等不服罪，严刑置我们于死地；其二，在狱中暗害我们，再报称我们是病死。不如我们现在先行认罪，执送法司，或可免于立死。”

诸人觉得有理，就暂时承认受贿的罪名。

坏人的卑鄙和阴险，超出一般君子的想象力。阉党早有心理准备，左光斗等人承认受贿，正好给了他们追比的机会。所谓“追比”，又称“杖比”，即犯人每次受杖刑，均定出下一次交出贿银的日期，到时候交不出，又会再以大杖伺候。一般是每五日一比，犯人只能被迫说出下一次交银日期。只要吐不出所承认的受贿银两数目，就会五日一刑，无休止折磨下去。

身为朝臣武夫，阉党帮凶许显纯阴毒如蝎，他叱命昔日的这些同僚叠跪阶前，剥去衣服，裸体反接，戴枷受刑。杖打之后，又处以夹刑，日夜拷掠，惨毒无比。

打了十多天，诸人已经连跪都跪不住。均身荷百余斤大木枷匍匐于地受杖。

于是，二十多天后，先前首疏魏忠贤二十四大罪的杨涟先被拷掠致死。死时土囊压身，两枚大铁钉贯耳，惨状让人不忍卒睹；紧接着，魏大中被打死，尸体溃烂，筋骨皆碎；接着，左光斗、周朝瑞等人相继被残杀。“辽案”主犯熊廷弼也被押入闹市，公开问斩。

熊廷弼被杀前肯定纳闷，怎么有这么多东林党人陪绑被杀。前些年熊廷弼在朝中当御史时，性情刚烈，好谩骂人，专门与姚宗文等人排斥东林党人，他与这些东林党人根本就不是同路人。

其后，阉党当廷杖死熊廷弼姻亲、御史吴裕中。对于被害诸臣家属，魏阉党人仍不放过，继续严刑重罚。

根据吴应箕《熹朝忠节死臣列传》统计，死于魏忠贤阉党之手的，最早是被杖死的万燝；汪文言一案左光斗、杨涟等六人惨死；阉党李实诬奏致死的有周顺昌、高攀龙、李应升等七人；以逆党罪被逮入狱中拷掠至死的有王元相等十六人；刘铎之因作诗嘲讽魏忠贤被杀于市；苏继欧等七人因得罪阉党被缢死；赵南星在戍所被折磨致死。

每弄死一个大臣，阉党许显纯就会剔取死者喉骨装入一小盒内，在封识上写清死者姓名，送交魏忠贤查验。

紧接着，阉党疯狂地在朝廷进行“大清除”，把不附于己的尚书李宗延、张问达以及侍郎公鼐等五十多名“正副部级官员”削逐出廷，朝署一空。吏部尚书赵南星被遣送振武卫劳改，并被折磨死在了戍所。赵南星与阉党魏广微父亲还是好友，他入朝后待小魏以子侄辈之礼，激起魏广微私恨，竟置父亲老友于死地。

在诛逐异己的同时，魏忠贤遍植私人党羽于要津，所以，当时的朝廷，实为魏忠贤朝廷，他本人获得明熹宗赐印，文曰“顾命元臣”。客氏也有赐印，文曰“钦赐奉圣夫人”。大家甭以为这两块印不过是玉玺大小。其实，这两块印是用黄金铸成的，重三百两。以魏忠贤魁梧的体格，都拿不起他那块大金印。

明熹宗根本不知外朝之事，终日家人欢会，一般与客氏、魏忠贤游玩。一次，皇帝在西苑湖面与两个小宦官划船玩，边玩边与岸上敞坐饮酒的魏、客二人笑乐招呼。忽然一阵风起，小船翻覆，明熹宗掉入水中。魏忠贤、客氏相顾错愕，不知如何是好。幸亏明熹宗会几下狗刨，扑腾上岸。两个小宦者是旱鸭子，沉入水底淹死。这次很悬，明熹宗差点步昔日正德皇帝后尘。

魏忠贤借助东厂特务机关，横行肆意，破家败户。凡是被他们盯上的，三族九宗，均终成齑粉。一般官员百姓自不必讲，连宁安大长公主儿子李承恩这样的皇亲，由于魏公公贪图他家中御赐器物，便诬其偷盗宫中御物，将其逮起来弄死，然后把抄收的财物全部运入自己宅中。

同时，魏公公竭力培植自己家族势力，以其侄魏良卿为佥书锦衣卫，掌南镇抚司事；以其侄魏希孟为锦衣卫同知，控制锦衣卫；以其族叔魏志德的外甥傅之琮、冯继先为都督佥事，掌御林军；内廷太监方面，王体乾、李朝钦等三十余人对他“热烈拥护”；外廷方面，文臣有崔呈秀、田吉、吴淳夫、李夔龙、倪文焕替他出坏主意，号“五虎”；武臣有田尔耕、许显纯、崔应元、孙云鹤、杨寰等负责替他清除异己，号“五彪”；又有吏部尚书周应秋等人“组织人事”，号“十狗”；还有“十孩儿”“四十孙”等名号，不可计数。自内阁、六部至四方总督巡抚，魏忠贤皆遍布死党。内外大权，皆归于魏忠贤一人之手。

好笑的是，阉党太仆少卿曹钦程与诸人关系不睦，被削籍为民，排挤出朝。曹辞行，到魏忠贤面前哭辞：“君臣之义已绝，父子之恩难忘！”魏公公心中厌恶此人，对他迎头吐了一口大浓痰，曹狼狈踉跄而去。魏忠贤败后，曹钦程被下狱论死，关在牢中好多年，其家人也不送饭给他。他天天抢夺其他同牢囚犯的伙食，终日醉饱。李自成攻破北京，曹钦程破狱投降，最后随起义军败走，不知所终。

为了进一步打击东林党人，魏忠贤又让阉党阁臣顾秉谦总裁，会修《三朝要典》，详细记述“红丸案”“梃击案”“移宫案”，想把“三案”颠倒黑白，铸成铁案。

天启六年，锦衣卫去苏州逮捕吏部主事周顺昌时，由于缇骑霸横，周顺昌民望又好，百姓颜佩韦等人率众勇为，打死缇骑特务三人，几乎酿成一次大的民变。当然，最后周顺昌以及要救他的颜佩韦等五人皆被杀。中学课本中的《五人墓碑记》，详细地记载了这件事情的始末。

此类民变也是一个苗头，说明明王朝的统治确有日薄西山之势。基层百姓心中的怨恨，皆如火山内的熔浆一样，蓄势待发。

一改以前太监上疏自称“奴婢”的称呼，魏忠贤自称“臣”；一改以前宦者称皇帝为“万岁爷”，魏忠贤改称“皇上”“陛下”，把自己这种公公等同于外廷大臣。

而且，此时的魏忠贤，已经被宫内宦官们称为“九千岁”，只要是逢他生日，“千岁、千岁、千千岁”之声，轰响若雷，在禁宫中经久回荡。外廷大臣更有无耻者，拜见魏公公时称谀他为“九千九百岁”，比皇帝只差“一百岁”。

为了宣示威仪，每次外出，魏忠贤均乘坐华丽异常的羽幢青盖文轩车，四匹如龙骏马拉引，周遭握刀骑马锦衣卫列侍，加上优伶、百戏、厨传，下人杂役人等，随从万人左右。魏公公喜爱大戏一样的排场，途中铙鼓雷鸣，敲敲打打，吹吹奏奏，烟尘避天，旗帜匝地。道旁行人总误以为是天子驾到。

魏公公的老姘头客氏当仁不让。每次出行，皆盛服靓妆，几十岁的老娘们儿描眉涂眼、抹粉打腮，太监王朝忠等数十人皆腰缠红玉带作前驱，随从甚盛。她还常常在禁宫内乘坐马车四处游逛，到乾清宫圣驾休息处也从不下车，太上奶奶一样。客氏很喜在夜晚出宫回私宅，灯火通明，亮如白昼。其马车四周，数百宫女着华美宫衣，各提灯笼，远望俨然仙女下凡，簇拥客氏马车。私宅大门中开之后，自管事到家仆，上千人挨次叩头，齐呼“老祖太太千岁、千岁、千千岁”，喧声震天。

为了进一步尊崇魏忠贤，满朝文武和内廷太监，皆不敢直呼其名，只称其为“厂臣”。阁臣以皇帝名义拟票，开口闭口是“朕与厂臣”，即在官方正式文件中，魏公公与当今天子肩挨肩待着。

天启六年夏，浙江巡抚潘汝桢开头，以机户感恩的名义，在当地为魏忠贤建“生祠”，即活人纪念馆，地点位于关羽庙和岳飞庙之间。他上疏谀赞魏公公“心勤体国，念切恤民”。疏上，圣旨称道，赐名“普德”。

由此一来，天下阿谀官员群起效仿，魏公公生祠遍天下，祠坊均属“奉旨”而建，额题都是“广恩”“永恩”“崇德”“崇仁”“报恩”一类的上好嘉名。而一祠所费，少则数万，多则数十上百万，均从公库支出，外加刮敛民财。

生祠筑建，各地林木也大遭殃，多被砍供以作修祠木料。吴淳夫等人所建生祠规模巨大，九进殿庭，肃穆如太庙，壮丽如帝居。仅占地一项，就拆毁民房数万间。山西、湖广、蓟州等地的生祠中，魏忠贤坐像皆系纯金制成，头戴冲天冠，手执玉笏，俨如上天尊帝的派头。

由于巧匠众多，江南一带的魏忠贤祠内坐像多以沉香木为体，眼耳口鼻手足皆栩栩如生，睛能顾盼、口欲发声，连坐像肚子中也按真实比例用金玉珠宝雕成肠子肚子心肝脾肺肾，充斥其中，以拟真人。

魏忠贤的雕像外饰以华丽彩仪，髻上留一孔，以供每日一换时令鲜花。一次，由于一间祠内坐像的头部雕凿稍大，朝廷派来赐冠的小宦官手拿真黄金宝冠往头上按了半天按不下去。工匠惶恐，见尺寸稍稍差一点，便抡起斧子剔削头像两下，把宝冠放稳。小宦者亲见“亲爹”脑袋挨削，痛在心头，抱像大哭，责骂工匠不止……

宦者如此，官员们更甚。山东巡抚李精白上建祠疏时有“尧天之巍荡”之语奉承魏公公，特意把“巍”字上的山字头放在下面，并派人转告魏公公："我怕山字压了魏大人的'魏'"。天津巡抚黄运泰率地方官员群迎魏公公雕像，行五拜三叩之礼，乘马前导，有如迎圣旨。蓟辽总督阎鸣泰谄词，有"人心之依归，即天心之向顺"，魏公公完全成了人民的大救星。不少官员群跪于魏公公雕像前，依次"宣誓"："某年某月某日，蒙九千岁升拔！"而后，叩头致谢，拜舞连连。

魏公公个人尊拜发展最甚时，国子监生员陆万龄上疏，提出要以魏忠贤与孔圣人并誉，理由是魏公公"芟除奸党，保全善类"。他还一一比拟：孔子作《春秋》，魏公公作《三朝要典》；孔子诛少正卯，魏公公诛除东林邪党。

生员朱之俊更绝，他免去上书走衙门的麻烦，直接在大路上张贴大字报，声称魏忠贤的功劳"在大禹之下，孟子之上"，应该把魏忠贤像搬入孔庙与孔子像并排。

京城读书人都无耻到这个地步，可见阉党对士气的摧残有多剧烈。

骄蛮到这种地步，魏忠贤与客氏接着打起明熹宗皇后张氏的主意，准备先拿张皇后的爸爸张国纪开刀。张皇后贤淑严正妇人，非常讨厌魏忠贤与客氏，有一次她见客氏在宫中太招摇，以皇太后自居，就把半老婆子召来训斥一顿。就宫廷礼仪讲，皇后至尊，客氏当时不敢吭气，但心中恨死这位女主子。

张皇后对熹宗也有所讽谏。一日，年轻皇帝入皇后宫中闲聊，看见张后正在读书，便笑嘻嘻问："皇后读何书？"张氏严肃回答："《赵高传》。"熹宗皇帝不傻，知道皇后话中有话，为之默然。

客氏安插的亲信宫婢很快把此事禀告给她。密议后，客氏与魏忠贤就散布张皇后不是张国纪亲生女，准备先以张皇后之父太康伯张国纪为切入点来施行打击。于是，魏公公暗遣壮士数人于便殿，让他们身怀利刃。锦衣卫军早就安排好，一举把这些壮汉拿下。当时明熹宗正在做家具，闻听庭院汹汹，吵嚷声一片，忙走出问个究竟。

结果，看见数位大汉和一地明晃晃的凶器，这位皇帝爷又惊又怒，立刻唤魏公公把他们送入厂卫严加刑求。

大汉们入狱后，按照魏公公事先的交代，都承认自己是为张皇后父亲张国纪指派，准备入宫弑帝后谋立帝弟信王朱由检。几天之内，魏忠贤已经派人把口供整理成册，准备兴起大狱，把张皇后一家和熹宗之弟信王一网打尽。

正准备往皇帝处呈送，大太监王体乾读书很多，深知熹宗皇帝性格，劝魏忠贤说："主人对朝内外一切大事皆糊里糊涂，唯独对待夫妻、兄弟之间情谊不薄。万一事不成，皇上大怒，吾辈全都玩完！"

魏忠贤一寻思，越想越怕，万一皇上因讯案而召对其弟信王与皇后张氏，那些人逼急眼说出自己许多阴事，没准会使皇上一改对自己的信任。

大惧之下，他杀人灭口，派人把他事先派去当刺客的几个壮汉乱刀砍死，抛尸野外。

在此之后，魏忠贤还想尽收天下兵权，便派心腹太监外出镇守山海关，命司礼监手下总督太仓、切慎两大库，在抓兵权的同时抓后勤保障。但明代军制太复杂，魏公公在朝内把持朝政容易，要各地大员向他效忠也容易，如果真要操纵天下兵柄，实在不是一件容易的事情。

亲戚方面，魏忠贤以皇帝名义加自己已是宁国公的侄子魏良卿为太子太保、魏明望进轶少帅，侄孙魏良为栋安侯、魏鹏翼为安平伯（这两人一个两岁、一个三岁）。魏家姻亲董芳名、王选、杨六奇等人皆至左都督、右都督及都督同知等军中要职。

魏忠贤大力擢升自己的心腹首谋之士崔呈秀，以之为兵部尚书、少傅兼太子太傅，仍兼左都御史。崔呈秀刚死了妈，依礼应该回家守丧，魏自然不能离他，让他"夺情"视事。

明朝最乍人眼目的"夺情"事件，是张居正父亲死后皇帝让这位首辅"夺情"。本来，"夺情"一般指军队将帅出征抵御之际，如果危急时刻弃军奔丧，肯定要贻误军情，所以军人会守忠退孝，带哀视事，以孝情次于忠国之情，故称为“夺情”。在这样的情况下，官员可免于丁忧。张居正恋权，他当时本该回老家奔丧然后居家服孝守制二十七个月。在心腹李幼孜劝说下，想出“夺情”一招，其实已经是离经叛道，当时就被不少正臣攻击不已。后人有样学样，到了崔呈秀这里，又玩“夺情”把戏，他甚至有时连孝服也不穿。

一切顺利之时，魏忠贤富贵荣华的根子出了大问题：明熹宗因多年痛饮纵欲加上狂吃春药，身子骨不行了。

登时消融的权力冰山

魏忠贤的灭亡

天启七年秋八月二十二日，多年狂吃春药的明熹宗崩了。时年仅二十三岁。

史书记载，阉党霍维华有个内弟是守午门的小宦官，向熹宗皇帝进献一种“仙方灵露”，制法是取粳糯等杂米淘净，放入木甑慢蒸，甑底安放长颈银瓶，随时一点一点添加杂米，锅中水也一点一点倾加，蒸馏出来的甜汁，号称米谷之精，据说饮后可以延年益寿。明熹宗很喜欢喝这种饮料，平时还喜欢把饮剩的“仙露”遍赐近侍。

明熹宗病重，魏忠贤心慌之余老大不高兴，认定是霍维华的内弟上献的饮料有问题，加重了皇上病情，就把霍维华叫来一顿臭骂。从配方上看，这种饮品绝对纯天然，没有任何有毒矿物质。如果熹宗皇帝真的饮此加剧病情，只能说明他还患有严重的糖尿病。

霍维华见魏公公把责任推给自己，又侦知皇上处于弥留状态，恨惧之下，已怀二心。

明熹宗死前，曾召异母弟弟朱由检入宫，嘱托后事。人之将死，其言也善，这位荒淫君王衷心希望弟弟能成为尧舜一样的明君，并要他好好照顾自己的张皇后，最后切嘱皇弟一定要信用魏忠贤。

当时，信王朱由检泪下如雨，连连点头不止。

熹宗崩后，信王朱由检得召入宫。魏公公亲自门前迎接。当时正是黎明时分，百官一闻讣诏，皆赴宫门，被宦者拦住，告知他们要穿丧服入宫。众人连忙改服，再入，又被告知应该穿常服。群臣奔走不暇，气喘吁吁，纷纷哀求守门宦者开恩，希望能先入宫哭灵。

最终，把门宦官见呼啦啦跪了一大片朝臣恸哭，只得挥手让他们进去。

大家入宫，大行皇帝尸身已摆在灵堂，众臣大哭。除信王以外，在丧所的重要人员，只有太监魏忠贤和王体乾。王体乾乃司礼监提督太监，识文知礼，在一旁不停指挥礼部安排丧事细节。魏大公公如丧考妣，双目哭得烂桃一样，呆呆坐在灵前发愣。

群臣出宫后，魏忠贤独召兵部尚书崔呈秀入内，屏人秘语多时，后人不知二人商议何事。史臣推测："魏忠贤欲自篡，崔呈秀以时机未可，事遂中止。"这完全是妄自揣测，近乎造谣。魏公公恶贯满盈，罪恶滔天，但篡位的念头，他绝对没有！他再没有文化，再目不识丁，也应该知道，自古至今，从来没有公公当皇帝这一说。况且，明熹宗是他一手带大，爷俩感情之深，俨若父子。所以，他才会哭得二目皆肿，神昏意迷，连坏念头也暂时没了。

不仅魏悲伤欲绝，熹宗皇帝奶妈客氏也哭得死去活来。她在灵前跪哭，从小金盒子里面拿出黄绫包裹的熹宗儿时胎发痘痂以及累年积存的剃发、落齿、指甲等物，边哭边烧，几近昏厥。

这两位大恶之人此时的悲痛，全无一丝做戏成分。一是因为多年的感情，二是因为他们内心产生了不祥预感：作为"寄主"的皇帝死了，他们这些"虫子"再大再硬朗，还能支持几天？

信王朱由检继位，是为明朝最后一位皇帝，即明思宗崇祯皇帝。

为试探新帝的意思，魏忠贤上表乞辞官职。新帝老成谨慎之人，佯装不许，先稳住魏公公。但是，“奉圣夫人”客氏已经没有在宫中待下去的理由，她灰溜溜地搬出了皇宫。

崇祯皇帝继位时仅十七岁，处事非常冷静、机敏。登基后，他不仅没动魏忠贤，还很快颁旨，授魏忠贤的侄子和侄孙以“铁券”，似乎是给魏家上保险一样。外臣不知就里，江西巡抚杨邦宪等人仍旧上疏申请为魏忠贤建生祠，诏报不许。这，似乎是魏忠贤要倒霉的信号。

隔了几天，登莱巡抚上奏宣川大捷，论功行赏，魏忠贤、崔呈秀等人皆有份儿。这一切，均使观望的众臣摸不着头脑，阉党心里也拿捏不准新皇的意图。

原本是魏阉党羽的御史杨维垣由于阉党首领之一的魏广微不提拔重用他，心怀怨恨。嗅闻政治空气后，他与表叔徐大化详商，决定先行参劾崔呈秀，准备以之押宝。如此，阉党倒台，他就会成为首批倒阉党的功臣。世事难料，天启帝死后，第一个跳出来与阉党对着干的人，竟然是最早替魏忠贤把忠臣顾大章等人牵入熊廷弼案中的阉党骨干。

崇祯帝随波就势，按奏章办事，先罢崔呈秀之官。不久，下诏给予首先上奏为魏忠贤建生祠的浙江巡抚潘汝桢以削籍处分。

接着，工部主事陆澄源上疏，指出魏忠贤所受恩爵过厚，但未敢显斥。紧接而至的兵部主事钱元悫不客气，上劾魏忠贤不法。钱主事文章写得好，文学气十足，铺陈恣肆，只是没说到点子上。正在这时，又有浙江贡生钱嘉征上书，详细列数明魏忠贤十大罪恶：

> 曰“并帝”：封章必先关白，至颂功德，上配先帝；及奉谕旨，必云“朕与厂臣”，从来有此奏体乎？曰“蔑后”：皇亲张国纪未罹“不赦”之条，先帝令忠贤宣皇后灭旨不传，致皇后御前面折逆奸；遂罗织皇亲，欲致之死。赖先帝神明，只膺薄愆。不然，中宫几危！曰“弄兵”：祖宗朝不闻内操，忠贤外胁臣工、内逼宫闱，操刀厉刃，炮石雷击。曰“无二

祖列宗”：高皇帝垂训“中涓不许干预朝政”，乃忠贤一手障天，仗马辄斥，虿毒缙绅，蔓连士类；凡钱穀衙门、边腹重地、漕运咽喉，多置腹心，意欲何为？曰“克剥藩封”：三王之国，庄田赐赉不及福藩之一；而忠贤封公侯伯之土田，拣选膏腴，不下万顷。曰“无圣”：先师为万世名教主，忠贤何人，敢祠太学之侧！曰“滥爵”：古制非军功不侯，忠贤竭天下之物力佐成三殿，居然袭尚公之爵，腼不知省！曰“邀边功”：建贼（满洲人）犯顺以来，堕名城、歼士女、杀大帅，神人共愤；今未恢复尺寸地、广宁稍捷，袁崇焕功未克终、席未及暖，忠贤冒封侯伯。假辽阳、广宁复归版籍，又何以酬之乎？曰“朘民脂膏”：郡县请祠不下百余，计祠费不下五万金；敲骨剥髓，孰非国家之膏血！曰“通同关节”：顺天乡榜二十六日拆卷，而二十四日崔铎贴出，复上忠贤书；其夤缘要结，不可胜数。

魏忠贤得知几个人弹劾他的消息，并不知详情，急赤白脸跑入宫中，跪哭自诉于崇祯皇帝。

见昔日威风八面的魏公公如此，崇祯帝心内暗笑，就让他的同党太监王体乾大声朗读钱嘉征奏疏。

魏忠贤跪听，惶骇至极，汗下如雨。

面如死灰的魏忠贤出宫回家，绞尽脑汁，想起崇祯帝当王爷时有个宠信太监徐应元是自己昔年乡间的老赌友，便想攀住这根救命稻草，连夜送无数珍宝给徐公公，表示自己要把东厂太监的职位让与他，让他在皇上面前为自己说几句好话。

崇祯帝不是天启帝，立刻叱责徐应元受贿为魏忠贤进言，下诏把他谪戍于远地。这样一来，魏公公只有在家中等宰的份儿。

到了十一月，崇祯帝下诏免去魏忠贤东厂太监等要职。由于害怕他的亲戚党羽急红眼生变，崇祯帝对那些人仅采取降职处理，剥夺手中握兵的实权，没有立刻下狠手诛除。

等了数日，见魏党根本没有任何反弹迹象，崇祯帝胆气上来，下诏贬魏忠贤于凤阳安置，将客氏交浣衣局收押，同时对他们进行抄家。对于魏忠贤与客氏的罪恶名，一一列出：

> 朕闻去恶务尽，御世之大权，人臣无将，有位之炯戒。我国家明悬三尺，严绳大憝，典至重也。朕览诸臣屡疏陈列逆恶魏忠贤罪状，俱已洞悉。窃思先帝以左右微劳，稍假恩宠，（魏）忠贤不思尽忠报国，以酬恩遇，乃逞私植党怙恶肆奸，擅作威福，难以枚举。略数其概：将皇兄怀宁公主生母成妃李氏，假旨革夺，至今含冤未雪；威逼裕妃张氏，立致弃生；借旨将敢谏忠直之臣，罗列削夺，又同心腹酷刑严拷，诬捍赃私，立毙多命。他若謇谔痛于杖下，柔良苦于立枷。臣民重足，道路以目。而身受三爵，位崇五等，极人臣未有之荣。通同客氏，表里为奸，先帝弥留之时，犹叨恩晋秩，亡有纪极。赖祖宗在天之灵，天厌巨恶，神夺其魄，罪状毕露。朕思忠贤等不止窥攘名器，紊乱刑章，将我祖宗蓄积贮库传国奇珍异宝金银等朋比侵盗几空，本当寸磔，念梓宫在殡，姑置凤阳。二犯家产，籍入官。其冒滥宗戚，俱烟瘴永戍。

从前的“九千九百岁”，现在连一条狗都不如！魏忠贤只得乖乖上路。走了三天，一行人晚间在阜城一家尤姓店主所开的小旅舍歇脚，魏公公接到京中党徒密报：朝廷新下诏旨，要逮捕他回京重新收审。

大公公昔日虐畜一样杀人无数，想到自己很快要回到锦衣卫诏狱中的那个活地狱，亲身感受昔日他以为笑乐的残酷刑罚，他浑身上下连指甲盖都冰凉。绝望之下，思前想后，明白脱不开一个“死”字。

于是，延至半夜，泪眼模糊，魏公公与他的同党宦官双双对缢于房梁。

作恶多端的魏忠贤，竟得良死。

客氏方面，锦衣卫抄家时搜出八个怀孕的年轻妇女，据称可能是想趁明熹宗临崩前混入宫冒充皇子之用。

崇祯帝大怒，马上命令卫士赴浣衣局，大棒交加，把她打死了。

崔呈秀当时在苏州家中被拘押待勘。得知魏忠贤败讯，他自知不免。于是，一夜之间，他大开筵宴，令数十妓妾白肉相陈陪酒，遍摆几年来收受的奇珍奇宝，开启数坛美味御酒，敞怀畅饮。每满饮一杯，他就捡起一件宝物，熟视后猛掷于地。一连畅饮十杯，摔碎无数价值连城的稀世之宝。大笑之余，复又痛哭。崔呈秀的众多姬妾皆心中茫然，不知主人为何得了失心疯。

大醉酩酊之下，这位阉党主谋往房梁上甩了一根白绳，悬梁自尽。

至于魏忠贤族人，如其侄魏良卿等人，凡是与姓魏的有亲戚关系的，一个不剩，皆押入闹市问斩。“天下以为惨毒之报，无不快之。”

杀掉头一批首恶后，崇祯帝召回从前被阉党挤下台的首辅韩旷，要他组织人力清查魏忠贤党羽。韩阁老厚道人，对老仇人们网开一面，细查慢究，数日也没有上报名单。

崇祯帝这时沉不住气，力催吏部、刑部官员协查办案，终于在崇祯二年（1629年）公布“逆案”名单，颁示天下：

> 首逆凌迟者二人：魏忠贤，客氏（魏忠贤已死，只能戮尸）。
>
> 首逆同谋决不待时者六人：（崔）呈秀及魏良卿，客氏子都督侯国兴，太监李永贞、李朝钦、刘若愚。
>
> 交结近侍秋后处决者十九人：刘志选、梁梦环、倪文焕、

田吉、刘诏、薛贞、吴淳夫、李夔龙、曹钦程，大理寺正许志吉，顺天府通判孙如冽，国子监生陆万龄，丰城侯李承祚，都督田尔耕、许显纯、崔应元、杨寰、孙云鹤、张体乾。

结交近侍次等充军者十一人：魏广微、周应秋、阎鸣泰、霍维华、徐大化、潘汝祯、李鲁生、杨维垣、张讷，都督郭钦，孝陵卫指挥李之才。

交结近侍又次等论徒三年输赎为民者：大学士顾秉谦、冯铨、张瑞图、来宗道，尚书王绍徽、郭允厚、张我续、曹尔祯、孟绍虞、冯嘉会、李春晔、邵辅忠、吕纯如、徐兆魁、薛风翔、孙杰、杨梦衮、李养德、刘廷元、曹思诚，南京尚书范济世、张朴，总督尚书黄运泰、郭尚友、李从心，巡抚尚书李精白等一百二十九人。

交结近侍减等革职闲住者，黄立极等四十四人。

魏忠贤亲属（可能是姻亲疏属）及内官党附者又五十余人。

值得一提的是，首先弹劾阉党的原阉党杨维坦也被惩治，受到削籍处理，罪名是“逆党私人，占气最先，转身最捷，贪天为功，沽名反复”。小人枉为小人。此外，名单中还有最早与阉党分手的兵部尚书霍维华。

魏忠贤逆党定案后，漏网的党羽多次蠢蠢欲动。更可笑的是，崇祯帝派去整治逆党的吏部尚书王永光本人就与阉党是同道。他后来与奸臣温体仁多次谋划翻案，均因崇祯帝态度坚定而未遂。

这位新君对魏忠贤及其同伙极端厌恶，日后有人上章举荐阉党人物霍维华等人重新为官，崇祯帝怒下诏旨，把举荐人谪戍重罚。此后，其党偃旗息鼓，不敢再言。明朝灭亡后，福王朱由崧跑到南京建立小朝廷，漏网阉党阮大铖冒定策之功，援引杨维坦、徐得阳等阉党复起，大肆残害东林党人等异己，钩心斗角，直至南明覆亡。

观明天启帝一朝，给我们后人留下最难忘印象的，是杨涟、左光斗等“东林六君子”的“明知不可为而为之”的耿耿忠贞。为了清除奸阉邪党，为了尽忠报国，他们不惜身死族灭，挺身而出，赤手空拳与手握东厂、锦衣卫实权的魏忠贤抗争，忠直肝肠，苌弘碧血，不惧酷刑，不悲惨死，不悔直节，正如杨涟被杀前所表白的那样：

浩气还太虚，丹心照千古。
平生未报恩，留作忠魂补。

至今读之，凛然生气，沛然诗文之间。

特别可贵又可悲的是，这些骨鲠忠臣，亦为血肉之身，亦有家人宗族。在天高不可呼、阉党猛于虎的暴虐政权下，在与父母妻儿痛别后，在被逮入地狱般的锦衣卫诏狱前，这些道德文章气节均达至完人层次的烈士，也有凄怆，也有迷茫，也有对生命深沉的眷恋：

顾大章被逮道经故人里门

世事浮云变古今，等闲回首尽伤心。
愁霾镇日迷荒草，不觉郊原夜色侵。

白山黑水飙狼烟

明朝与后金的战争

明朝嘉靖三十八年（1559 年）。

这一年，大明朝除东南沿海倭寇因王直被明廷诱杀而猖狂报复后兴起新一轮的劫扰以外，帝国其他地方还算安静。蒙古一部的图门可汗（札萨克图汗）于嘉靖三十七年起开始在辽河一带折腾，但明朝当时有名将李成梁和戚继光，他们对蒙古兵狠打的同时又玩怀柔那一套，所以东北边疆并无大的纰漏。

也恰恰在嘉靖三十八年这一年，明朝建州左卫的女真奴隶主贵族他失（清人称塔克世）生下一个儿子，肉头瘪脸，典型的女真孩子。这孩子生时无异状，哭声不响亮，屋子里面也无红光，再普通不过。而恰恰这个女真孩子，实为大明王朝的掘墓人之一。

这孩子不是别人，正是努尔哈赤，即日后在中国史上与刘邦、李渊、赵匡胤、忽必烈、朱元璋比肩而立的“清太祖”。

大清立国后编了一堆神话，附会帝系一族祖先天赋异禀，其实百分之百都是瞎话。有据可考的，是努尔哈赤六世祖猛哥帖木儿，此人乃元末一个万户（所以他的名字很蒙古化）。大明初建立，他被明廷授予建州卫都指挥使，可以说一家人数代受大明的深恩厚泽。从这位蒙古名的女真爷们儿开始，努尔哈赤一族才得发迹，日后清廷就把他追尊为“肇祖原皇帝”。

明朝成化年间，建州三卫势力日益强大，明廷派军在诱杀努尔哈赤五世祖董山后纵骑蹂躏，建州女真死掉近一千二百人，数百堡垒被摧毁，诸部衰落。至努尔哈赤祖父觉昌安这辈，由于家世凋零，他只得与当时女真部最强的王杲结姻，为四子塔克世娶王杲长女额穆齐（这两人生下努尔哈赤），又把孙女（其长子礼敦之女）嫁给王杲的长子阿台。额穆齐病死，塔克世娶女真部另一大酋王台的女儿为妻（努尔哈赤继母）。但是，王杲与王台有不共戴天的血仇，而觉昌安、塔克世父子与王台走得很近，常常一起充当明朝军队的鹰犬，清剿对大明三心二意的女真人。

万历六年（1578 年），明朝辽东总兵李成梁率大军平灭不断进攻明朝边地的女真大酋王杲，把他抓起来送往北京凌迟处死。王杲死后，其子阿台据守古埒城。建州女真另外一个酋长尼堪外兰与觉昌安、塔克世父子一起，站在明军一边，骗古埒城内的女真同胞投降。城门打开后，明军纵兵大杀，目的在于彻底诛除这些桀骜不驯的女真人。觉昌安带儿子塔克世入城找寻自家嫁与阿台的亲孙女，结果明军看见大辫子的脑袋就杀，父子二人在混乱中双双被宰。另外一个可能是，高丽血统的明将李成梁心思阴狠，故意纵兵杀掉觉昌安父子。所以，高丽人算计女真人，第一回合取胜。

明朝对此次误杀表示歉意，慰问努尔哈赤，让他袭任建州左卫指挥使，赔偿他三十匹马，又赠三十道敕书（专卖凭据）。

狼子野心的努尔哈赤当时翅膀不硬，压抑悲愤与怒火，接受了封职与赔偿。而复仇的怒火却一直在他胸膛里熊熊燃烧。

万历十年，努尔哈赤以其父祖所遗十三副铠甲起兵，率先灭掉了引明兵围攻阿台的女真酋长尼堪外兰，因为此人一直被认为是杀害努尔哈赤父祖的真凶之一。尼堪外兰被杀，努尔哈赤攻取图伦城。由此，努尔哈赤开始了他长达三十年的统一女真诸部的战争。

从大系方面分，女真有建州女真、海西女真与野人女真（东海女真）三大部，当时皆辖属于明朝的奴儿干都司。

建州女真主体聚合于抚顺关以东、鸭绿江以北及长白山南麓，海西女真主要居于东辽河流域及松花江上游乌拉河、辉发河一带，野人女真主要散居在长白山北坡、乌苏里江靠海处以及黑龙江中下游一带。

头十年，努尔哈赤吃掉了建州女真所有部落。接下来，古埒山大战，他打败海西女真与蒙古科尔沁部的九部联军，然后乘胜击灭海西女真四部以及野人女真大部，把海西女真最强盛的叶赫部打得失魂落魄。再后，野人女真的瓦尔喀、库尔哈、萨哈连等部相继降服。万历四十三年，自嫩江至鸭绿江、自东海至辽边的广阔地域，皆在努尔哈赤掌握之下。

有人会问，努尔哈赤扫荡过程中，明朝干什么去了，怎么听凭他一方独大。这是因为，明廷乐得其成，希望这些女真人相互厮杀，并一直坚信努尔哈赤对大明忠心耿耿，不时对其加官晋爵。

正是手中握有不少明廷的封敕和赐物，努尔哈赤常常炫耀明朝和他的关系，威慑女真同胞部落。其间，他本人与兄弟等人多次入北京“进贡”，大打秋风。获赐金银不说，又赚取了朝廷对他的信任。1595 年，明廷更授其“正二品龙虎将军”的职衔。如此高官，努尔哈赤面子不小，与同胞打仗时常常让人扛着这些官称招摇炫耀。同时，由于万历年间太监到辽地开矿征税，明朝边民不少人逃亡到努尔哈赤辖地，无形中又增强了他的实力。

1616 年，努尔哈赤在赫图阿拉建国，国号“大金”，史称“后金”。他本人被拥推为“覆育列国英明皇帝”。这一年，努尔哈赤五十八岁，定年号为“天命”。努尔哈赤的都城随着他胜利的脚步逐步推移，由赫图阿拉至界凡城，由界凡城至萨尔浒城（今辽宁抚顺大伙房水库库区），由萨尔浒城至辽阳城，由辽阳城至沈阳城。

在“牛录制”基础上，努尔哈赤创建“八旗制度”，各旗旗主互不辖属，完全听命于努尔哈赤一人。

明朝万历四十六年四月十三，羽翼已丰的努尔哈赤终于向老主子大明朝宣战，揭开了抚顺、清河之战的序幕。

此后，相继有萨尔浒大战、开原大战、铁岭大战、辽沈大战、辽西大战、宁远大战。努尔哈赤步步紧逼，最终在宁远城下止步。后金对明朝的战略进攻，发展到双方战略相持的地步。

抚顺、清河之战

女真旗开得胜的欣喜

开战之前，努尔哈赤不念大明王朝对他列祖列宗的恩德，反而公布“七大恨”，作为发动进攻的借口。“七大恨”最原始的文章不可考，内容絮絮叨叨，基本上是一个看家护院的奴才因为主子怠慢自己加上拉偏手而大发祥林嫂式的怨叹，由于原文过于卑陋欠理，清朝立国后有可能把原始档案篡改或销毁，历史学者孟森先生多方钩沉研判，寻找出“七大恨”最接近真实、原始的版本：

> 金国（后金）汗谕官军人等知悉：我祖宗以来，与大明看边，忠顺有年。只因南朝（指明朝）皇帝高拱深宫之中，文武边官，欺诳壅蔽，无怀柔之方略，有势力之机权，势不使尽不休，利不括尽不已，苦害侵凌，千态莫状。其势之最大最惨者，计有七件：
>
> 我祖宗与南朝看边进贡，忠顺已久，忽于万历年间，将我二祖（觉昌安与塔克世父子），无罪加诛。其恨一也。
>
> 癸巳年，南关（女真哈达部）、北关（女真叶赫部）、灰扒、兀喇、蒙古等九部，会兵攻我，南朝休戚不关，袖手坐视，（我努尔哈赤）仗庇皇天，大败诸部。后我国复仇，攻破

南关，迁入内地，赘南关吾儿忽答为婿。南朝责我擅伐，逼令送回，我即遵依上命，复置故地。后北关攻南关，大肆掳掠，南朝不加罪。然我国与北关，同是外番，事一处异，何以怀服？所谓恼恨二也。

先汗忠于大明，心若金石，恐因二祖被戮，南朝见疑，故同辽阳副将吴希汉，宰马牛，祭天地，立碑界铭誓曰："汉人私出境外者杀，夷人私入境内者杀。"后沿边汉人，私出境外，挖参采取。念山泽之利，系我过活，屡屡申禀上司，竟若罔闻，虽有冤怨，无门控诉。不得已遵循碑约，始敢动手伤毁，实欲信盟誓，杜将来，初非有意欺背也。会值新巡抚下马，例应叩贺，遂遣干骨里，方巾纳等行礼，时上司不究出原招衅之非，反执送礼行贺之人，勒要十夷偿命。欺压如此，情何以堪！所谓恼恨者三也。

北关与建州，同是属夷，我两家构衅，南朝公直解纷可也，缘何助兵马，发火器，卫彼拒我？畸轻畸重，良可伤心！所谓恼恨者四也。

北关老女（即叶赫部首领布斋之女东哥，她因貌美，被当作工具多次许配给女真各部首领，却都没成功，一直未能出嫁，三十三岁时才嫁予蒙古首领莽古尔岱，又称"叶赫老女"）系先汗礼聘之婚，后竟渝盟，不与亲迎。彼时虽是如此，犹不敢轻许他人，南朝护助，改嫁西虏（蒙古部）。似此耻辱，谁能甘心？所谓恼恨者五也。

我部看边之人，二百年来，俱在近边住种。后前朝信北关诬言，辄发兵逼令我部远退三十里，立碑占地，将房屋烧毁，稼禾丢弃，使我部无居无食，人人待毙。所谓恼恨者六也。

我国素顺，并不曾稍倪不轨，忽遣备御萧伯芝、蟒衣玉带，大作威福，秽言恶语，百般欺辱，文牍之间，毒不堪受。所谓恼恨者七也。

怀此七恨，莫可告诉。辽东上司，既已遵若神明；万历皇帝，复如隔于天渊。踌躇徘徊，无计可施。于是告天兴师，收聚抚顺，欲使万历皇帝因事询情，得申冤怀，遂详写七恨，多放各省商人，颙望伫候，不见回音。迨至七月，始克清河，彼时南朝，恃大矜众，其势直欲踏平我地……今反覆告谕，不惮谆谆者，叙我起兵之由，明我奉天之意。恐天下人不知颠末，怪我狂逞，因此布告，咸宜知闻……

大致归拢，主要内容如下：明朝无故挑衅，杀我父祖二人；明朝违背盟约，在边境驻戍；威胁我女真交出十人在边境砍杀；明朝支援叶赫部，使已聘我之女转嫁蒙古人；明朝派兵驱赶我部众在边境开地；袒护叶赫部，遣使来书凌辱我；明朝以是为非，以非为是，帮助偏向天谴之叶赫部。

誓师后，努尔哈赤率族人拜天焚表，兵分多路，直杀抚顺城下。然后，努尔哈赤让一个在城外被捉的汉人往城里送信，逼守城的明朝游击将军李永芳投降，信中软硬兼施，充满恫吓。

李永芳惶恐，仍旧凭本能立在南方城墙之上，指挥明兵进行守卫。但后金兵有数万之众，来得又突然，很快就大竖云梯攻城。守城明军怯懦不识兵，登时惊溃。

见此情状，李永芳真个“识时务者”，纵马迎降。抚顺守备王命印不降，格斗而死。努尔哈赤立刻命令李永芳收降城中顽强抵抗的军民，杀掉不少人后，终于完全占据了抚顺。

后金兵有备而来，不仅攻克抚顺大城，一日内又袭破周围堡垒四千多座，破小城十多个，俘虏人畜三十多万，立刻当作战利品分给部众做奴隶。

努尔哈赤不食言，授李永芳总兵，并把自己七儿子阿巴泰的女儿嫁与他为妻。所以，李永芳就成为明朝官员中第一个向后金投降的“名人”。

此外，抚顺城内一位名叫范文程的明朝生员也前来投附，此人号称宋朝名臣范仲淹之后，努尔哈赤特别高兴。而这位范文程，也成为后金日后最重要的汉人谋士之一。

明朝辽东总兵张承胤听说抚顺失陷，大惊之下，即刻率一万余明兵来救。

气势正锐的努尔哈赤率八旗兵严阵以待，双方交战中后金旗开得胜。他们这些人有着多年真刀真枪的实战经验，把明朝基本没有作战经验的正规军打得大败。总兵张承胤及副参将蒲世芳皆于战中阵亡，明军基本被全歼，近万匹战马和无数辎重皆为后金所得。

休整八个月，努尔哈赤一鼓作气，扑向位于抚顺东南的清河城（今辽宁本溪县北）。

清河城地势险要，位于四山夹峙之中，是后金进入辽东腹地的必经之路。清河城不仅地势险，城墙厚，又有万余名明军严阵以待。本来，如果明军在城外小路或山间狭地层层设伏，大可以诱敌深入，步步歼之。但守城的明朝辽东副将邹储贤没有军事头脑，拥兵固结，死守孤城，结果招致后金兵奋不顾身的包围和强攻。最终，在付出了死伤数千兵的代价后，后金兵蚁附登城，几乎杀尽了守城明军和城内居民。

明将邹储贤先把全家老小阖门关进衙署焚死。然后，他跃马持枪，冲阵而死。此人虽无谋，但确实是条汉子。

继折毁抚顺城后，努尔哈赤又下令平毁清河城，遍毁周围几十里范围内的明军防御设施，尽迁其民，抢走一切可以拿走的东西。

抚顺、清河两城的丢失，对明廷不啻是晴天霹雳。

萨尔浒大战

大明朝痛彻心扉的失败

辽东二城丧于努尔哈赤之手，明廷大惊。这不仅仅是丧师殒将的问题，而是失去京师屏障的大问题。于是，一直惰政的明神宗不得不强撑起精神，亲自过问辽东政事。

明廷上下也都忙碌不停，调兵遣将，为此战特意在全国按亩加派辽饷，同时向朝鲜发出敕谕，让对方派出人员马匹支援明朝对后金的战争。

忙活大半天，在挑选辽东战争最高指挥官时，明廷却犯下大错，千不该万不该，挑中了多年前在朝鲜指挥调度乖方的杨镐为辽东经略。此人的上任，其实就已经预示明朝在辽东战场的失败。

杨镐在蔚山战役失败后落职，在家闷了十几年。至万历三十五年，他被明廷重起，巡抚辽东，马上主动开衅击袭蒙古炒花部。接着，由于他与李成梁家族的亲密关系，力荐李如梅为大将，为此受到朝中言官弹劾，复遭落职。闲了几年，赶上努尔哈赤崛起，明廷集议，有人认为杨镐熟谙辽事，遂起用他为兵部右侍郎经略辽东。

明神宗十分信重杨镐，特赐其尚方宝剑，他有权不经上报立斩总兵以下官员。同时，明廷任周永春为右佥都御史巡抚辽东。周永春驻广宁，杨镐驻沈阳。

朝鲜国王深感明朝之前帮他抗倭的救命之恩，派元帅姜弘立率一万多人涉过鸭绿江，来帮助明朝攻打后金。

杨镐挺会用权。他到辽东后，用皇上所赐尚方宝剑，立刻就杀了清河城逃将陈大道和高炫，徇首军中，以儆效尤。

杨镐，文人弄兵，实无大略，不过是一个官场沉浮多年的“官油子”。朝廷方面，大学士方从哲等人从“政治家”角度出发，唯恐战争拖延太久会劳师费饷，鬼催一样日发红旗，催促杨镐出战。

于是，万历四十七年二月二十一，明军诸道誓师，大举出塞。兵分四道：总兵马林出开原为北路，山海关总兵杜松出抚顺为西路，辽东总兵李如柏出鸦鹘关趋清河城方向为南路，总兵刘綎出宽甸为东路，朝鲜兵协助东路进攻。此次出兵动静极大，号称大兵四十七万（真实数目可能是十二万人），约定于三月初二会兵共击后金。

由于天降大雪，明军诸路兵早晚不一，由集中主力的战略临时变更为各个击破（结果是被各个击破）。

后金努尔哈赤初闻明军大举，也很心慌，派人送信说，只要朝廷赐他们白银三千两、黄金三百两、绸缎三千匹，后金就不与明军交锋。

说实话，由于心急，女真人开价真的不高。同时，后金派一万多兵丁赶至萨尔浒搬运大石，在界藩山上筑城防守。

明军当然不会与后金谈判，诸路继进。

稳定心神后，努尔哈赤制定了最为简捷的战略方针："凭尔几路来，我只一路去！"这种战法，即毛泽东的"集中优势兵力，各个歼灭敌人"。

铁背山前，明军杜松轻敌，他不待李如柏部明军来会，孤军深入，率明军突入后金军严备的萨尔浒谷口，自愿钻入口袋阵。

此次大战，后金兵有四万五，明军只有两万出头，虽然明军上下英勇死战，终于寡不敌众，杜松于激战中中箭而死，部将相继阵亡，明军近两万士兵被杀。如此，诸路明军中，西路军至此全部报销。

这一路明军，在接战开始时其实还占上风，打得后金军几不能当。但明军士兵贪功，只要有一名后金兵堕马，会有十来个明军下马争割首级，以致部伍混乱，越打越不行，最终反胜为败。

北路军总指挥马林是个懦夫。听闻杜松一部战没消息，他吓得再也不敢前进，在尚间崖（今辽宁抚顺县哈达）掘嵌自守，扎三营为掎角。

看到这个软柿子，努尔哈赤本人与皇太极诸子皆亲自投入战斗，先破明军车营大阵，猛冲猛杀，明军不敌。除马林本人逃命以外，其手下兵将基本被后金全歼。

行至中固城（今辽宁开原市）的明朝友军、女真叶赫部首领金台石闻马林败讯，急忙撒丫子回逃，根本没有给明军帮忙。

击败马林后，努尔哈赤闻知刘綎与李如柏二路明军朝自己逼近。审时度势后，他们决定仅以极少数兵马牵制袭扰李如柏部，集中主力攻打刘綎的明军。

刘綎一军因道路崎岖加大雪，三月初四才行进到富察（今辽宁宽甸东北），而且，他根本不知道刘松、马林二部明军败亡的消息，仍旧按原计划行军，且士气高昂，大有废此朝食的意气。

其实，出发前，刘綎曾以不熟悉地形建议缓师，但由于他与杨镐在朝鲜共事时不和，立刻受到对方尚方宝剑的吓唬，只能硬着头皮出兵。

行至清风山，刘綎遇到后金派来的间谍，谎称自己是杜松手下，要刘綎与他会军进攻。

刘綎为抢头功，更死命往前赶路，行至阿布达里冈（今辽宁新宾榆树乡，距后金首府赫图阿拉很近），明军正遇后金埋伏的士兵。

刘綎慌忙布阵，阵未成，后金军一部已从高岗驰下，奋击明军。刘綎所部明军殊死搏战，其手下数千亲兵皆百战勇士，战斗力极强，与后金厮杀在一处。

不久，后金军倾翼迂回冲上，人马越来越多，明军逐渐不支，忽然大溃。刘綎纵马力战，最终死于后金兵乱刀之下，其属下两万多明军仅仅逃出几个人。

后金兵乘胜而前，杀至富察甸，正遇本来充当接应的康应乾部明军以及一万多朝鲜援军。后金兵高呼上前，很快杀尽了数千明军。

朝鲜元帅姜弘立见势不妙，在如此关键时刻竟然勒兵不战，向后金投降。朝鲜军队投降后金后，还把战败后与大部队失散的数百明将明兵尽数交与后金军队。

明军游击将军乔一琦血战三天三夜，刚刚在朝鲜军营吃了碗冷面，就被朝鲜兵以刀相逼，喝令他出营向后金军投降。乔一琦双眼冒血，大叫一声，跃身投崖而死，为国尽忠。

不过，投降的朝鲜军也没有好下场。姜弘立等军将一直被扣压，属下士兵皆被发放到各旗为奴隶，最终只有不到三千人逃回朝鲜，其余都被后金杀掉或者虐待致死。

至此，杨镐所统四路大军，三路皆丧。他立即下令李如柏回军。李氏家族一直与后金有着千丝万缕的联系，当时对刘綎又见死不救，不少人怀疑李如柏与后金之间其实有某种私下交易。

此次萨尔浒大战，明军文武将吏战死三百一十多人，军士死亡五万多（明官方数字是四万五千八百多人），丢失驼马甲仗军资无算。

杨镐以十二万之众，败于六万后金军，罪过不可谓不大。这次杨镐再无人替他在朝中开脱，被逮论死。

不久，为了全取辽沈，后金以界藩为临时都城，在万历四十七年夏天，攻取了开原、铁岭。

开原位于辽河中游左岸，是明朝军防重镇。由于警备松懈，四万多后金兵一鼓作气缘城而上，明朝总兵马林以及大将于化龙等人皆于阵中被杀。

破城后，后金兵在开原屠杀三天，杀掉居民近十万人，然后焚毁城池，饱掠而去。

又过一个多月，后金兵攻击铁岭，守城明军全部战死。

在攻取开原、铁岭的同时，后金击败前来援明的喀尔喀部蒙古与叶赫女真。此后，两部联合，终成明朝东北巨患。

萨尔浒之战后，后金拥有二十万左右的精兵，杀掠而得的衣甲骡马又充实了他们的后勤保障。努尔哈赤手中握有了真正开国立朝的大本钱。

据实而讲，明军诸路中，杜松、刘綎等部明军战斗力很高，可惜的是单部兵员占下风，战法又死板，最后被后金各个击破。

明军与后金战阵，基本都是先结营，以鸟铳、火炮对着后金军狂轰。但那时的火器威力还不够，后金军总能冒死前冲，快速杀至明军阵前，没有心理准备的明军往往发慌，只要他们掉头，必定逃不脱被大辫子金兵砍杀的命运。

世易时移，19 世纪中晚期清军名将僧格林沁与英法联军交战，仍旧使用这种不要命的“奋勇直前”战法，但僧格林沁不抵“马克沁”，两三万清兵骑兵在西洋连发机枪下落叶般堕地而亡。所以，如果明军热兵器在当年有“马克沁”机枪一半的威力，“后金”可能早就成为历史名词。

萨尔浒大战，后金仅仅以伤亡五千的微弱代价，打败了明朝十二万的精锐部队，并杀掉了其中的一半人。

在明朝“九边”中，辽东称为“九边之首”。由于辽东位于京师左翼，故又称“辽左”。辽东疆域极阔，其东隔鸭绿江与朝鲜相邻，西至山海关接引京师，南至旅顺口与登、莱二州隔海相望，北辖开原、铁岭控白山黑水，东西一千余里，南北一千六百里，一面阻海，只有山海关一线与内地相通。

如此巍巍雄藩，明朝在山川这么肥美的地方竟然未设州县，只于开原、辽阳两处设立州治，其余皆归卫所管辖。

当初明朝的考虑，是因为辽东华夷杂糅，且主要注意力在于残元势力，对于女真人主要以“抚”为策，想使这两方互攻，坐收渔利。

特别疏忽的是，明政府对于辽东地区一直没有积极开发，没有执行大规模移民实边的工作，致使此地防御体系脆弱。如果早早安插些兵团在其中，控制险隘要地，日后也不会如此狼狈。

辽沈大战

多事之秋的沮丧

萨尔浒大战后，经略杨镐被免职，明廷擢熊廷弼为兵部右侍郎兼都察院右佥都御史，经略辽东。至此，熊廷弼开始主唱他的悲剧大戏。

熊廷弼，字飞百，江夏（今湖北武汉）人，万历二十五年乡试第一,二十六年进士及第。此人身长七尺，有胆知兵，能在飞驰中纵马左右开弓，绝对是文武奇才。但此人“性刚负气，好谩骂，不为人下，物情以故不甚附”。

他在万历三十六年时，曾经巡按辽东，根据当地实际情况，督民屯田，缮建城堡，核军实、绝贿赂、整肃军纪，大得军民之心。

杨镐丧师败绩，明廷因熊廷弼有辽东工作经验，派他代替杨镐为辽东经略。他本人还未出京，开原亡陷的消息已经传来。闻此讯，熊廷弼忧心忡忡，上奏表言：“辽左乃京师肩背，河东乃辽镇腹心，而开原又为河东根本。欲保辽东，则开原必不可弃。奴酋（指努尔哈赤）未破开原时，北关（叶赫）、朝鲜犹足为腹背患，今已破开原，北关不敢不服，遣一介使，朝鲜不敢不从。建奴既无腹背之忧，必合东西之势以交攻，然则辽沈何可守也？乞朝廷速遣将士，备刍粮，修器械，毋窘臣用，毋缓臣期，毋中格以沮臣气，毋旁挠以掣臣肘，毋独遗臣以艰危，以致误臣、误辽、兼误国也。”

如此激动冒上之语，明神宗均报允，并赐其尚方宝剑。

可叹的是，熊廷弼刚一出关，铁岭失守的消息即传来。沈阳及附近各城堡军民一时逃窜，辽阳汹汹，人心极乱。

熊廷弼临危制乱，星夜兼程，急赴辽东，祭奠死节将士，斩杀懦怯逃将，并劾罢总兵李如桢。

然后，他督促兵士制造战车、修复城堡防御设施，请求朝廷调十八万大军，分布于清河、抚顺、柴河、三岔儿等要口，首尾呼应，小警自为堵御，大敌互为应援。并挑选精骑尖兵，乘间杀入后金部落，更番袭击，以使对方疲于奔命。

在他一系列计划得施之后，辽东守御已经形成体系。

万历四十七年秋，努尔哈赤部队完全平灭叶赫女真。审时度势之后，熊廷弼只得退守辽阳坚城，准备以坚守为大计，先保证城池不失，然后渐谋进取。

本来朝廷已经批准其计划，但熊廷弼在朝中招来小人，使他不能安位。户科给事中姚宗文是熊廷弼昔日好友，丁忧回朝后想补官，但一直未补上。于是，他就想假称自己有招徕蒙古部落的功劳，屡屡上疏，均不得报。计穷之余，他就给老友熊廷弼写信，让他这位势振一时的辽东经略代为己请。熊廷弼当时正忙于辽事，没顾上此事，结果使姚宗文大为怨恨。

不久，姚宗文在吏部重新得官，以朝廷特派员身份赴辽东阅视军情，自然与熊廷弼意见多左，二人嫌隙日深。

此外，辽东当地人出身的御史刘国缙以兵部主事身份协助熊廷弼在辽东募兵，他主张招募兵士应以辽人为主。结果，招兵一万七千人，未几大半逃散。熊廷弼把此事奏闻朝廷，刘国缙深恨之。

而这位刘国缙与姚宗文一样，昔日在朝中和熊廷弼同为言官，三人意气相得，终日以排挤东林党人、攻击道学为能事。日久相失，姚、刘二人结伴，对从前老友熊廷弼怨毒满心。所以，二人表里相结，在朝中倾陷熊廷弼。

姚宗文从辽东阅视军情回朝，马上写奏疏，陈说熊廷弼刚愎自用，致使国土沦丧，最要命的有几句：“军马不训练，将领不部署，人心不亲附，刑威有时穷，工作无时止。”然后，他又暗联与自己声气相通的御史言官，一同劾奏，必欲把熊廷弼从辽东经略位子上弄掉。

当时，恰值明光宗病死，明熹宗初立，朝中多事，各党各派大打出手，互相攻讦。

在受到众多攻击的情况下，愤怒至极的熊廷弼只能上书求去，朝议以袁应泰代领其职。

幸亏被派往辽东勘验熊廷弼工作的兵科给事中朱童蒙是个君子，他回朝后直陈熊廷弼在辽东的功勋：“臣入辽（东）时，士民垂泣而道，谓数十万生灵，皆（熊）廷弼一人所留，其罪何可轻议！独是（熊）廷弼受知最深，蒲河之役，敌攻沈阳，（其）策马趋救，何其壮也！”

因此，赖君子回护，熊廷弼此次未遭牢囚之灾。

袁应泰是忠臣大好人，但其谋略相比于熊廷弼，远远不如。在其任上，沈阳、辽阳，相继失陷，他本人也最终自杀殉国。

袁应泰，陕西凤翔人，进士出身。他入辽东主掌军务后，一反熊廷弼从严治军，治军以宽，并把一直与女真勾打连环的不少蒙古饥民安置于辽阳、沈阳城中。本来袁应泰想先收复抚顺，未待其出发，天启元年（1612 年）春，后金先发制人，八路大军出攻沈阳东南四十里的奉集堡，挑起辽沈大战序幕。

天启元年三月初十，努尔哈赤率数万后金精兵，对沈阳发动猛烈进攻。守将贺世贤是陕北人，勇猛过人。他于城外设置数道防御，后金兵一时不能靠近坚城。

于是，在知悉贺世贤有勇少谋的情况下，努尔哈赤使用诱敌出战的计谋，以老弱之兵引诱明军出城来战。贺世贤率数千亲兵追击“溃逃”的后金兵，结果正中其计，被埋伏的后金兵逮个正着，明军完全被打散，后金军乘胜势杀入辽阳城门。激战之中，贺世贤身中数箭，血战而死。

攻入沈阳后，后金兵大开杀戒，屠杀兵民近十万人，全取沈阳坚城。

接着，后金军队在浑河南岸的野战中充分发挥本身的优势，大败明军川浙籍兵将组成的精锐部队。后金在付出死伤数千人代价后，歼灭近四万明军，直逼辽东最重要的堡垒城市辽阳。

明朝在辽阳经营二百余年，墙厚城坚，城防特别严密。

袁应泰闻报沈阳失陷，惊骇异常，忙把辽阳周围各大军事据点的明军调撤回来，齐守辽阳大城。这样一来，后金军一路无阻，辽阳实际上成为一座孤城。

三月十九，后金军队逼近辽阳。

袁应泰派出五万明军出城对阵。结果，交战不久，明军即不支，掉头往城内逃溃，被杀的不说，自己人踩死的自己人，就有一万多人，城门外积尸数层。

转天一大早，最后的三万明军被派出东门外列营，仍旧是老战法，阵前排列三层火器，对后金兵猛轰。毕竟是初级状态的热兵器，抵抗不住金兵奋不顾死的杀气。明军大溃，逃窜过程中掉入护城河淹死的就有上万人。

恶战持续一天多，早先混入城内的后金军间谍四处放火，烧毁明军几乎所有军备和物资。辽阳陷落。

袁应泰见大势已去，哀叹之后，跑到城上的镇远楼自缢殉国。

沈阳、辽阳相继沦陷，明朝在整个辽东地区的统治土崩瓦解，各部军队纷纷后撤。

危难之时，王化贞登上历史舞台。这个人，注定也是一个悲剧角色。

河西大战

窝里斗的败局

王化贞，山东诸城人，万历四十年进士。熊廷弼经略辽东时，他以户部主事身份守广宁。由于抚慰有方，蒙古炒花诸部皆不敢乘机轻举妄动。朱童蒙勘验熊廷弼一案，回朝后也大讲王化贞好话。

辽阳、沈阳失陷后，明廷重新起用熊廷弼，同时进王化贞为右佥都御史，巡抚广宁。当时，升任兵部尚书的熊廷弼未到任，辽阳初失，远近震惊，皆以为河西之地肯定不保。

王化贞手下最初只有千余名孱卒。他困守孤城，联络蒙古，激励士民，以至于朝廷倚信他为奇才。所以，熊廷弼经略辽东，只是在山海关驻军。辽西之事，皆由王化贞规划。

但熊、王二人，一开始就不相协，意见相左。熊廷弼主张守战，深垒高栅以俟后金精兵；王化贞主张进取，并把各处援辽部队改称“平辽军”。熊廷弼以为：“辽人未叛，应改军名为‘平东军’或‘征东军’，以慰其心。”王化贞不以为然。

于是，二人同处辽东，经略、巡抚不和，已经广为人知。

后金、大明相持之际，王化贞手下都司毛文龙率数百精兵，突然袭取了镇江（今辽宁丹东附近），明廷举朝大喜。王化贞自以为奇功。

熊廷弼大不以为然：“三方兵力未集，毛文龙发之太早，致使虏泄恨辽人，屠戮四卫军民殆尽，灰东山（蒙古）之心，寒朝鲜之胆，夺河西之气，乱三方并进之谋，误属国联络之算。目为奇功，实为奇祸！”

疏上，明廷不悟。

王化贞闻之，认定熊廷弼嫉妒他属下首功，心中更恨。

王化贞为人，素不习兵，轻视大敌。文人轻狂、目空一切的习气在他身上表现得淋漓尽致。获镇江小胜后，他感觉好得要飞上天，奏称可以联络蒙古炒花等部合击后金。朝中兵部尚书张鹤鸣信之，全依王化贞的话行事。

所以，当时王化贞在广宁城拥重兵十四万，而他名义上的上级熊廷弼徒拥经略之名，身边只有几千弱兵。两人事事龃龉，加上熊为人量浅，盛气凌人，更与王化贞亦火水不容。

与此同时，熊廷弼上奏，明白直斥兵部尚书张鹤鸣不与自己商量，擅自调派部队。由此，熊、张二人矛盾日深。

王化贞一直嚷嚷蒙古会派精兵四十万来援，熊廷弼不信。结果，蒙古始终未发兵，王化贞亦不敢进兵。

天启元年底，河水冻合，广宁的百姓认定蒙古兵肯定要渡河来攻，纷纷逃亡。王化贞分兵镇守镇武、西平等堡塞，集大军守广宁。

朝中兵部尚书张鹤鸣要熊廷弼出关相援。不得已，熊廷弼出关在右屯（今辽宁凌海市东南）驻兵，仍旧坚持守战，以重兵内护广宁，外扼镇武、闾阳，准备后金军行至中间时夹击。

部署既定，王化贞轻信后金间谍之言，忽然主动发兵攻袭海州，结果半途而返，劳师丧气。

回广宁后，王化贞仍不减斗志，再上疏请兵六万，表示要一举荡平后金。当时，王化贞的座师叶向高重回内阁不久，非常偏向自己的学生，熊廷弼之议自然不受重视。

朝中官员察知辽东经、抚不和，多上章弹劾二人，朝廷内乱成一锅粥。

彼时的魏忠贤还未成大气候，与客氏专心在内宫谋杀怀孕嫔妃，外廷之事皆是几个阁臣主持。互斗了多日，明廷不明确表态支持熊廷弼或王化贞，仍旧兼任二人，只是警告二人加强合作，功罪一体。

努尔哈赤方面，秣马厉兵，准备充分，于天启二年初春时分调发五万精兵，兵分三路，直向广宁杀来。

后金军在三岔河渡口休整后，首先猛攻西平、镇武诸堡塞。王化贞轻信早已与后金军有约的内奸孙得功之言，尽发广宁守军，让孙得功与祖大寿率领这批主力明军出城与祁秉忠等人一起寻找后金兵交战。

此时的努尔哈赤最怕攻城，最擅长就是旷野运动战。平阳桥上（今辽宁台安境内），两军相遇。刚刚交锋，孙得功就率本部兵先行自溃，镇武、闾阳兵登时惶骇，四处奔逃，明将刘渠、祁秉忠等人皆战死，六万明军基本被后金军杀个精光。

此时，有人建议熊廷弼急驰广宁救援，但最终为人所阻，未能成行。

孙得功逃回广宁后，王化贞仍不知他已经暗中降金，对这个叛将仍旧言听计从。城内明军人数不多，不少人趁乱缒城逃走。孙得功本想把王化贞本人与广宁一道送与努尔哈赤当见面礼，幸亏参将江朝栋救护，王化贞才得以逃出城去。

广宁遂为后金所有。

狼狈踉跄之余，王化贞在逃到大凌河（今辽宁凌海市境内）时与熊廷弼相遇，失声痛哭。

此时，熊廷弼心中又急又恨又幸灾乐祸，微笑地问："六万大军想一举荡平建奴，现在何如！"

王化贞再无昔日的精神头，俯首怀惭不能回答。

喘定后，他与熊廷弼商议，想遣军夺回广宁。熊廷弼说："现在讲这个，为时太晚，只有护送溃逃民众入关这一种选择。"

于是，他把手下五千军兵交予王化贞殿后，然后尽焚军资，徐徐掩护难民撤退。

此时此刻，再也不见从前那个雄才大略的熊廷弼。本来，明军在西平等地战败时，如果熊廷弼出军，或许能与广宁守军固守城池。即使王化贞弃广宁，如果安排得当，明军仍可坚守锦州、宁远等地，步步为营阻击后金军。

由于同僚间互相倾轧，熊廷弼心灰意冷，故而根本不想再做抵抗，一心回撤入关。

努尔哈赤方面，派人把广宁城抢个精光后，一把大火焚毁城池，金军撤回辽阳。至此，后金军基本在辽西掌握了军事主动权。明朝再也无望恢复辽东，步步后撤，最终只能以山海关为依托了。

熊、王二人入关不久，双双被逮。当时魏忠贤已渐握朝柄，索银四万不成，索性以熊廷弼为名目大兴"辽案"。以受贿罪把杨涟、左光斗等东林党人牵涉入内，一一残杀，熊廷弼本人也难逃闹市被诛的结局。不仅他自己家，与其有姻亲的家族也受牵连，财产尽被罚没。其长子熊兆珪不堪地方官凌辱，自刎而死。其女熊瑚悲愤，呕血而死。直到崇祯二年（1629年），朝廷才下诏允许其家人持其首级归葬。王化贞与熊廷弼一起下狱论死，但多活了几年，直到崇祯五年才被斩首，以平公论。

熊廷弼被杀，当时御敌的袁崇焕闻讯，悲愤交加，作《哭熊经略二首》：

记得相逢一笑迎，亲承指授夜谈兵。
才兼文武无余子，功到雄奇即罪名。
慷慨裂眦须欲动，模糊热血面如生。
背人痛极为私祭，洒泪深宵苦失声。

太息弓藏狗又烹，狐悲兔死最关情。
家贫罄尽身难赎，贿赂公行杀有名。
脱帻愤深檀道济，爰书冤及魏元成。
备遭惨毒缘何事，想为登坛善将兵。

这位熊爷的死，其实是明朝自己砍去支撑王朝的一根巨柱。

宁远大战

后金不败神话的破灭

广宁大败的消息传至京城，朝中兵部尚书张鹤鸣吓得差点尿裤子，为减轻罪责，他立刻自告奋勇去山海关督师。明熹宗做木匠活儿之余，闻言大喜，马上赐其尚方宝剑，让他立刻赴山海关。

躲过追查责任这一关，张鹤鸣擦下满头冷汗，一路磨蹭，行了二十天才抵达山海关。然后，他立即以自己身染重病为由，递上辞呈，溜回老家。

明廷只得另觅人选，决定让兵部右侍郎解经邦经略辽东。这位文人胆子奇小，连连辞任，即使被朝廷革职也在所不惜。丢官可以回家颐养天年，丢命可就啥也没有了。

最后，明廷只得进行民主集议，谁得票多，谁就得去。选了半天，王在晋被大家选中，被任命为兵部尚书兼都察院右副都御史，经略辽东、蓟镇、天津、登莱等处军务。如此职高权大的位置，王在晋力辞。

最后，明熹宗翻脸，表示如果再敢推辞，国法不容。

勉强之下，王在晋只能受命。他集中近十二万精兵于山海关，本人坐镇关上。

城上危楼控朔庭，百蛮朝贡往来经。
八窗虚敞堪延月，重槛高寒可摘星。
风鼓怒涛惊海怪，雷轰幽谷泣山灵。
几回浩笑掀髯坐，羌笛一声天外听。

此诗名为《镇东楼》，乃明朝成化年间进士萧显所作。镇东楼，今人可能茫然不知此楼为何物，其实就是山海关。

明朝洪武十四年（1381 年），大将军徐达在今天的山海关建关设卫，而“山海关”之名，也是由彼时而起。此雄关倚雄伟燕山，襟带辽阔渤海，是一道坚固的防守关垒。而镇东楼仅仅是山海关城四座门楼中的一座，其余三楼为望洋楼、迎恩楼、威远楼，每座门楼外都有瓮城环而卫之。但如今保存完整的只有镇东楼瓮城，其余三楼的瓮城均毁于 20 世纪 50 年代。

“天下第一关”五个雄浑大字，相传为萧显所书，又有一说为明朝

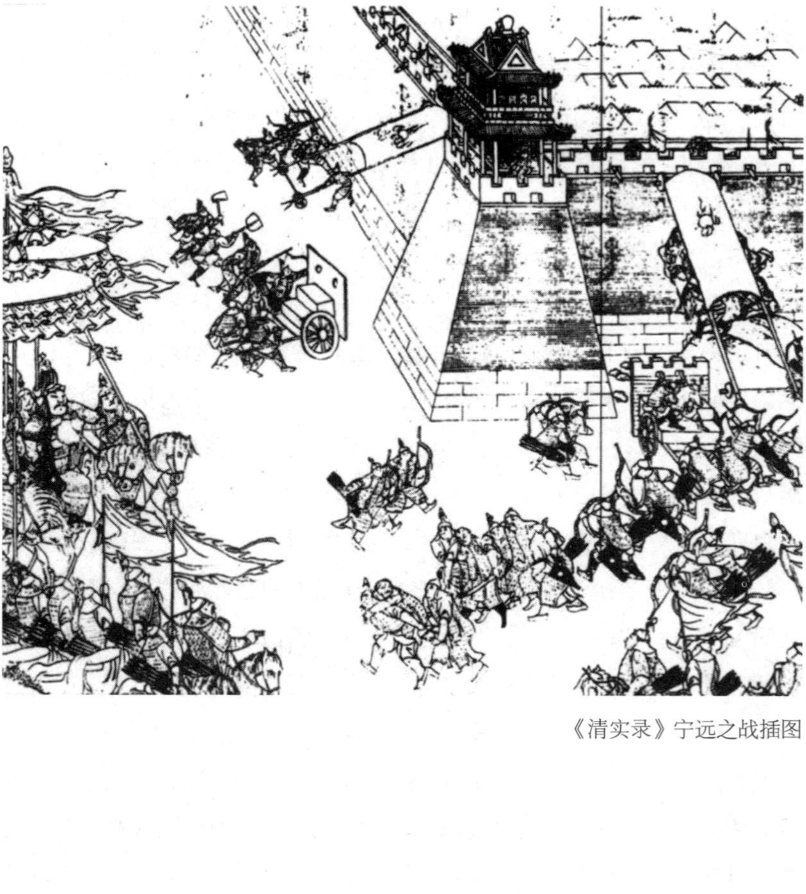

《清实录》宁远之战插图

大学士严嵩所书。笔者个人认为，如此气势恢宏、典雅大气的书法，应该是当过相爷的人才能写得出。所以，严嵩可能是这五个大字的书写者。萧显的官职，最高不过是兵科给事中、福建按察司佥事这样的司局级，书法也不是特别闻名。但恰如“苏黄李蔡”四大家，后人认为“蔡”是蔡襄而不是蔡京一样，皆为“忠奸”心理所致。人们感情上倾向于老家是山海关的萧显，而不是身为相爷、声名不好的严嵩。

搜索史志，可以发现山海关历史悠久，商朝时其地属孤竹，周朝时属燕地，秦汉属辽西郡。至隋文帝时代，在这里设置榆关（今山海关）；唐朝又属临渝县；宋朝时此地属于辽国，设迁民县；元朝时称迁民镇。延至明代，始称山海关，归隶永平府管辖。清朝、民国属临榆县辖下。1948 年底，山海关解放，辖于秦榆市。1949 年春，秦榆市改称秦皇岛市。

山海关在辽西走廊西端，又是万里长城的东部起点。极目北眺，燕山长城如带，雉堞丛立，周绕青山，雄瞰一方；挥手南指，渤海碧波万顷，石城入海，拱卫海疆；西边的石河（今秦皇岛燕塞湖水库），是阻敌进攻的天然深壕（新中国成立后修水库，即现在的“燕塞湖”）；东有观喜岭，又是御敌的天然屏障。自南北朝时期开始，北齐在天保七年（556 年）就开始在燕山山脉修筑长城三千里，西起西河总秦戍（今山西大同），东到大海（今山海关），至今在抚宁石门寨，仍可发现北齐长城遗址。隋朝时，隋文帝时代汉王杨谅以及日后的隋炀帝数十万大军东征高丽，均从临榆关出大军。唐太宗御驾征高丽，仍是由此出击。“长城之枕护燕蓟，为京师屏翰，拥雄关为辽左咽喉”（《畿辅通志》）。明清时此关更是为京师安全的关键屏障。中原政权一直倚山海关为峻险雄关，但五代时后晋的卢龙节度使周德威愚勇不修边备，致使榆关被契丹人攻克，遂失屏障。

从军事史角度上讲，山海关最重要、最出名的年代在明朝。大将军徐达发燕山等卫屯兵一万五千一百人，修永平、界岭等三十二关，筑山海卫城，又在山海关附近开设码头庄港，使其成为接转山东粮饷和向辽东转运的转输港。

本来，明朝前期，主要边防力量皆在今天的山西、内蒙古等地，严防退走大漠的蒙古兵卷土重来。但是，明中期开始，东北满族分力兴起，辽东成为边防重地。明朝几乎可称是竭尽四海之物力以在山海关备战，每每在此处关垒内外布防重兵十数万人，山海关成为阻止满洲铁骑入北京的最重要之地。

由于是咽喉要地，山海关系天下安危于一垣。几十年来，满族骑兵屡屡试探性进攻，但均于关前止步，无法逾此天险雄关，只能多次绕过山海关从别的隘口越过长城驰骋于华北平原。虽然克胜连连，但皆是得而失之，抢掠而去，原因很简单：

> 山海关控制其间，则内外声势不接。即入其他口，而彼（明军）得绕我后路。（魏源《圣武记》）

由此，后金军即使绕路攻入山东、直隶的郡邑，抢掠后很快就逃奔，主要就是因为有山海关阻隔，怕腹背受敌。

山海关这一组庞大的防御体系，经过明朝二百六十多年长期经营而最终完成。它以长城为主线，以山海关城为中心点，共有十大关隘、七座卫城、三十七座敌台、十四座烽火台等建筑，不仅主次分明，且点线呼应，布局合理，设计科学。其十大关隘南从老龙头开始，中间经山海关城，东北延至一片石（九门口），共二十六公里，十座险关扼咽，重峦叠嶂，入海为城，确实有“一夫当关，万人莫开”之势。值得一提的是，民族英雄戚继光在平定东南沿海倭患后出镇蓟州，在山海关一带大修武备，训练士兵，改进武器，巩固了山海关一带的山海之防。

王在晋本人并不知兵。他到任后，并未提出有价值的战略思想，只提出他自己的“八字方针”——拒奴抚虏，堵隘守关。后四字不必讲，核心内容是前四个字：拒奴，就是抵御后金；抚虏，就是想大砸银子收买蒙古部落来“以虏制奴”。此外，他还提出在山海关外重筑一关的不切实际的臭招。幸亏不久后，为明熹宗侍讲的大学士孙承宗前往山海关做实地考察，与袁崇焕等人一起否决了王在晋关外建关的荒谬建议。

这位王尚书在山海关几个月，基本没干实事，皇皇万言的奏书倒是写了许多份，皆是书生空谈。

别的大臣视辽东如畏途，大忠臣孙承宗却以大学士之尊，自己主动要求去山海关担任辽东经略。他到任后，推荐副总兵赵率教、满桂（蒙古籍明将）二人为助手，与袁崇焕一道，坚持力守关外的战略方针，在宁远、锦州一线布防，依托山海关，使之成为努尔哈赤和皇太极均不能逾越的坚实防御体系。

孙承宗派出将领至锦州、松山、杏山、右屯、大凌河、小凌河各处筑缮城守。如此，自宁远城向前又推进二百多里，其间至山海关共四百里，加固了以宁远为中心的宁锦大防线。

孙大学士卖命卖力如此，京城内大太监魏忠贤等人却以柳河之战明军损失几百人为口实（柳河之役是明将马世龙的冒失进攻，其实只是小规模战败，无碍大局），竭力攻击孙承宗，最后逼使他不得不请辞回家。

孙承宗走后，阉党成员高第接手山海关防御。

这位高第甫上任，出于胆怯，就下令撤除宁锦防线，命外出明军回缩到山海关布防。为此，身在宁远的袁崇焕毅然抗命不从，表示宁可死于城中，决不回撤。

袁崇焕坚决，别的明将不得不听命，纷纷从锦州、右屯等地狼狈回撤，丢失粮储无数。数十万辽民，也哭天喊地地被逼回关内。

袁崇焕，字元素，广东东莞人，万历四十七年进士。其为人慷慨有胆略，好谈兵，常以边才自许。天启二年，他由邵武知县身份入京述职，为御史侯恂推荐，被破格拔用，升为兵部职方主事。

广宁溃师，无数明军明将败撤于关内，唯独袁崇焕一人单骑出关，随行随观，精心记忆山川形式，并详细记录防御要点。回京后，他上疏奏言：“给我兵马钱谷，我一人足守山海关外！”明廷当时为之一振，立擢其为佥事，监关外军，发帑金二十万给袁崇焕，让他招兵买马。

行前，他去看望了被软禁在京城的熊廷弼。两人晤谈整整一天，相见恨晚。特别是熊得知这位袁爷与自己持同样的“先守后战”的战略方针后，大喜之下，知无不言，言无不尽，向袁崇焕传授了自己宝贵的战争经验，并画详细地图与对方。

到山海关后，袁崇焕抚定哈剌慎诸部，深夜进驻中左所（距山海关约四十里）。在孙承宗支持下，他在天启四年重筑宁远城，使这个原本的堡垒小城，俨然成为关外重镇，防守设施极其完备。

果不其然，天启六年开春，努尔哈赤亲率六万后金精兵，矛戈一新，直向宁远城杀来。

此城位于辽西走廊中段，西距山海关一百公里左右，东距沈阳三百公里，北依高山，南濒大海，实为通往山海雄关的咽喉所在。

此次出兵，后金号称二十万。努尔哈赤抵达宁远后，先招降袁崇焕。

袁崇焕笑谓使者：“二十万大军，没那么多吧，听说只有十三万，我大明将士，又有何惧！”然后，他率大将满桂、祖大寿等人召集将士，誓以死守。

为激唤忠义之气，袁崇焕热血为书，亲执牛酒，遍拜将士。明军上下思愤，踊跃效死。

于是，在袁崇焕精密布置下，明军尽撤城周百姓入城，坚壁清野，并在城上安置了当时最为先进的西洋红夷大炮十余门。值得一提的是，宁远城内，明军兵力只有不到二万人。

见劝降不成，努尔哈赤下令后金军进攻。一时之间，后金兵蔽野而来。他们群拥向前，前面是楯车，后面依次为弓箭手、车兵、重铠铁骑，坚实而又杀气腾腾地往城墙方向移动。

袁崇焕镇静淡定，手挥令旗，明军发炮。震耳欲聋之间，炮弹在后金队伍中开花，坚厚高大的楯车以及周遭忙着推车的后金士兵，顿时被炸成木肉混合的屑末，红雾狂飞。

即使如此，后金兵仍奋不顾死，蚂蚁一样拥至城下，玩命挖凿城墙。幸亏天寒地冻，虽然宁远城多处城墙上的砖石被挖出了洞，但冻土坚实，没有垮塌下来。

由于攻至城下的后金士兵不在大炮射程内，明军想出新招，把火药塞入棉被中，投入墙下正挖墙脚的后金士兵群中。然后，守城明军用弓箭射火，登时棉被四处开花，大火烧死不少后金兵，他们攻城的楯车、云梯也被纷纷点燃。

这样，激战两天有余，由于宁远城上红夷大炮太厉害，努尔哈赤只得望城兴叹。唯一让他略感安慰的是，后金一部杀掉觉华岛守卫粮仓的明军数千人，总算挣回一点面子。恼急之余，后金军把岛上数千居民均屠杀殆尽。

二十七日，努尔哈赤骑着高头大马，想在撤围前再亲自看一眼宁远城。结果，大炮又响，一枚铁丸透入坚甲，直插入他的背中。虽然当时并不至于要命，也使得这个女真酋首立马吐血。受伤加上兵员重挫，他只能下令解围回军。

后金军撤退途中，袁崇焕命令祖大寿、满桂等人率领明军追击，突出奇兵，把代善一军杀得大败亏输。金鸡岭下，留下两三千后金兵的尸体。后金军狼狈而去。

受伤的努尔哈赤在病榻上残喘了半年多，最后还是抱恨而死。

当然，清朝的官方文件讳口不言努尔哈赤真实死因，只说他是病死。明朝人讲这位酋首是宁远失败后“疽发于背”而死，即气闷而死。其实，被大炮的铁丸子击中，才是他真正的死因。

胜讯传来，明廷上下，一片欢呼。八年以来，第一次生挫后金兵锋。由此，袁崇焕被提升为右佥都御史，加辽东巡抚，诸将各有升赏。当然，“厂臣”魏忠贤功劳最大，宁远大捷被说成是他本人“指挥帏幄”的结果，其宗族子弟，为此均得荫赏。

一直驻守山海关畏缩不出兵救援的高第，由于是阉党人员，只落得去职闲住的小小处分。

宁远之战后，凭坚城用大炮，成为明军的战略指导思想。为此，明熹宗还下诏封十几门西洋大炮为“安国全军平辽靖虏大将军”。这比起秦始皇封避雨的五棵大松树为“大夫”，确实有进步意义。此后，明与后金之间的形势，从原先后金单方面的进攻，变成了双方的战略对峙。

宁锦大战

坚城利炮的正确体现

努尔哈赤死后，其第八子皇太极继位，改元“天聪”。

袁崇焕有勇有谋，派手下都司等人携礼物吊丧。皇太极热情接待，双方心照不宣，互相很有礼貌。袁崇焕此举是想试探后金虚实，皇太极的礼敬是想稳定后金汗位交替之际的政局。由于朝鲜和蒙古部落于旁边伺窥，皇太极心中也不踏实。双方开始讲和。

皇太极想以山海关为界，要求明朝每年赐金赐物与后金。这几乎就是从前北宋对辽、金关系的翻版，明朝当然不可能同意。皇太极不惜“委曲求全”，答应削去自己的“年号”，奉明朝为正朔，每年回贡人参、貂皮为回报。

其实，明朝从上至下，包括袁崇焕本人，根本就不想与女真人真的实行和谈。互相派人，只是迁延观望的试探手段而已。

天启七年初，皇太极首先发动对朝鲜的进攻，十余天已尽占朝鲜半岛，朝鲜国王逃往江华岛，只得与后金订立“盟誓”，互为“兄弟之国”。

后金强迫朝鲜签订“江都和议”，与朝鲜讲明后金与明交战时其要保持中立。

初夏时分，皇太极从朝鲜回来稍作休整，即率七万左右大军向锦州方向进发。

袁崇焕一直坚持他自己的一套原则：“以辽人守辽土，以辽土养辽人。守为正计，战为奇计，和为旁计。”一年多时间内，他指挥明军修筑坚城，大兴屯田，分选官将守卫险隘要地，一直没有放松备战。当然，袁崇焕与满桂等人之间也有矛盾，但经过多方调和，大家皆能以大局为重，同仇敌忾，共抗后金。

天启七年夏五月，皇太极自率三万左右前哨精兵渡过辽河，直扑锦州，把锦州城包围得水泄不通。

明朝守城总兵赵率教、左辅、朱梅甚至监军太监纪用等人劲往一处使，各自分头到四面城上率军抵御，丝毫不敢松懈。同时，明军各部事先打招呼，绝不能中后金诱兵出战之计，各自坚守城池不出，只派出祖大寿率数千精骑袭扰包抄，避免与后金兵在野外混战。

攻打锦州十多天，后金军伤亡惨重，没有丝毫进展。无奈，皇太极只得又率数万精兵，扑向宁远，只留少数军队在锦州外围留围。

五月二十八日，后金兵对宁远开始了第二次攻城大战。袁崇焕、满桂二人亲自督战。满桂领明军出城击迎后金兵。皇太极见状大喜，以为终于可以与明军野战。他不知道，袁崇焕在努尔哈赤撤退后，抓紧训练明军野战，特别组织了车营和骑兵营，专门针对性训练对后金的旷野作战。同时，袁崇焕凭城指挥发炮，杀得后金军队人仰马翻，死伤甚众。

皇太极气恼，死命士兵冲锋，一时间把明军逼退。明朝大将满桂身先士卒，带伤奋战。明军感奋，踊跃向前，凭借二百多辆厢车，从车中发射火器，杀得后金兵将死伤一片，终于击退皇太极的进攻。

打了一天，后金方面死伤四五千人，宁远城毫发无损。见攻宁远无望，皇太极只得率大军复围锦州。

此时的皇太极，又气又急，萌发赌徒心理，命令后金士兵拼死也要把锦州攻下来。可幸的是明军深壕坚墙，外加大炮，打得后金兵尸横遍野，又折数千人马。

由于天气越来越热，尸气弥漫，眼看军中就要流行疫病，皇太极不得不灰溜溜撤兵。

此战，明朝方面称之为“宁锦大捷”。此次大捷意义重大，正如袁崇焕本人所讲：“十年来尽天下之兵未尝敢与奴（后金）战，合马交锋，今始一刀一枪拼命，不知有夷（后金兵）之凶狠、剽悍！”

明军畏敌之心，一扫而空。

同仇敌忾，众志成城，明军终于取得了一次扬眉吐气的胜利。

大捷喜讯至京，自然魏忠贤一伙又得“大功”。阉党数百人因“指挥若定”加官晋爵，而宁锦大捷最大的功臣袁崇焕仅被加衔一级。

不久，阉党言官攻击袁崇焕私下与后金议和，导致朝鲜受攻。功高不赏暗箭来，袁崇焕只好称自己有疾，乞休归家。

还好，明廷未“追究”他，袁崇焕得以全身而退。

不久，明熹宗病死，其异母弟弟朱由检继位，是为崇祯帝。

崇祯帝捕杀魏忠贤阉党后，袁崇焕得以重新起用，以兵部尚书兼右副都御史身份，督师蓟辽军务，兼督天津、登莱。

可惜的是，皇太极于崇祯三年舍山海关不攻，绕道内蒙古突逼北京，施反间计，诱使崇祯帝杀掉了袁崇焕。

杀了自家的顶梁柱袁崇焕，明朝不亡，天理难容！

内忧外困下崇祯帝的自杀选择

北京王气黯然收

崇祯十四年（1641年）正月二十日。河南洛阳，福王府邸。

在宏伟壮丽的飞檐红墙映衬下，王府中堂广场尤显平阔。人声鼎沸中，烈焰腾腾，珍稀香木制成的无数王府家具皆成为柴木，烘烧着一口从洛阳郊外迎恩寺抬来的“千人锅”。

巨大的铁锅内，撒满姜、葱、蒜、桂皮、花椒以及无数高汤炖煮用料，奇香扑鼻。熊熊烈焰中，最骇人心目的景象是，巨锅之中，除七八只剥皮去角的整只梅花鹿以外，还有一个三百多斤的巨胖活人在里面。他盲人游泳一样瞎扑腾，时而蹿上水面，时而沉入水底，边号边叫，好不凄惨。其间，这个猪油糕似的大胖子刚刚抓住一只浮起的梅花鹿尸体喘息，大锅周围两三千围观的农民军士兵中立刻有人用长矛戳刺其胳膊，使此人不得不惨叫着放开手，重新在已经微微烧开的热水中“游泳”。

锅中被剥光剃毛的巨胖，不是什么寺中和尚，也不是在表演什么“绝世武功”。此人，乃明朝皇帝崇祯帝的亲叔父、明神宗最宠爱的儿子——福王朱常洵。大锅周围围观的人，乃李自成手下农民军，他们正在围观的“活物”，正是马上要“享受”的大餐中的一味主菜——“福禄（鹿）宴”中的“福”菜。

一个时辰过后，煮得烂熟的福王朱常洵以及锅中数只梅花鹿已经成为大家的晚餐，被几千兵士吃入腹内。

崇祯帝大错之一

枉杀袁崇焕

崇祯帝朱由检是明光宗第五子。由于早年丧母，身边也没有任何一个可信赖的家人，他的童年所遭受的孤独感、被遗弃感、挫折感，决定了他成人之后那种猜疑、偏执的性格。崇祯帝唯一比他同父异母哥哥明熹宗要强的，是他酷爱读书，从小一直接受着正统的儒家教育。

继位后，崇祯帝轻而易举地铲除了魏忠贤阉党毒瘤。放松之余，骄矜之气溢满胸膛，他顿觉自己是个天纵英明的帝君。

登基之初，崇祯帝对袁崇焕非常信任，命其以兵部尚书兼右副都御史的身份，督帅蓟辽，兼督天津、登莱军务。崇祯元年秋八月，袁崇焕入京觐见，在皇帝面前许诺五年之内可恢复全辽境土。崇祯帝闻言大悦。

陛见后，给事中许誉卿问袁崇焕："你为什么说五年可以恢复辽土？"袁崇焕道："圣心焦劳，我做臣子如此说，聊慰圣心。"许誉卿斥责道："皇上英明聪颖之君，到期后问你成效，你如何应付？"闻此言，袁崇焕自知失言，怃然不乐。

为了亡羊补牢，免蹈熊廷弼、孙承宗受人掣肘之老路，袁崇焕辞行时向崇祯皇帝表示："以臣之力，制全辽有余，调众口不足（指无力约束朝中科道官员对自己的诬蔑）。臣一出国门，便成万里，忌能妒功，在所难免。"

崇祯帝谕之"朕自有主持"，并赐其尚方宝剑。还应袁崇焕所请，将宁远、锦州合为一镇，命祖大寿、赵率教、何可刚等人听他节制，以期克复全辽。

崇祯二年五月，明廷叙功，加袁崇焕太子少保。

崇祯二年夏七月，袁崇焕至旅顺，杀掉了皮岛的明朝大将毛文龙。

毛文龙被杀，完全是咎由自取。毛文龙此人，本为明军中级都司一类的官员，因援朝鲜而逗留辽东。王化贞巡抚辽东时，毛文龙冒进出兵，袭取后金的镇江，报功于王化贞，造成王化贞与熊廷弼相互猜嫌。由于王化贞竭力推举，毛文龙得授总兵，累官至左都督，设军镇于皮岛。皮岛亦称东江岛（朝鲜称椴岛），其北岸八十里开外即后金境地，东北方则是朝鲜本土。

明朝之所以重视毛文龙，实则想依恃他牵制后金，保卫朝鲜“友邦”不被后金吞灭。

但毛文龙本人在皮岛，完全是经营自己的独立王国。他手中号称几十万的“兵员”，其实绝大多数是明朝辽东难民。为了套取兵饷自肥，毛文龙一直向朝廷虚报兵数。所以，册报的十五万精兵，真正能成军的仅有两万人。

由于后金势大，明朝与朝鲜断绝陆上往来，只能由海上往来。为此，毛文龙于海上设卡，对来往船只索要“税金”，利润丰厚，使得毛文龙及其部下将校一下子发家致富，生活奢靡，俨如帝王。毛文龙本人拥金银财宝无数，美妾九人，侍女如云。有巨财在手，他一日摆宴五六次，每宴精馔百余品，奢侈无度。

这还不算，毛文龙不断与后金密谋，想要袭取朝鲜，并为后金攻下山东。由于努尔哈赤突然病死，联系中断。而毛文龙在皮岛的兵民数十万皆靠内地及朝鲜供给，他害怕自己被切断供应，所以暂时未叛。

皇太极继承汗位后，毛文龙积极派人与后金谈判，试图与后金联手，他自己独霸山东、朝鲜，让后金占取山海关。由于后金使者到皮岛时被明朝派去的户部官员发现，毛文龙被迫执送后金使者入京。此举使得皇太极丧失了对他的信任，双方的谈判进程搁置下来。

毛文龙还是吹牛大王。天启五年（1625 年）的镇江之役，虽然只

袁崇焕像

生俘六十多人，杀七十多后金兵，他却上报称：“斩虏首五千余颗”；后金派兵追杀毛文龙，他丧兵五百多人，狼狈逃至朝鲜，却上报说自己“一日七战，胜败相当”。天启二年，手中只有四千老弱残兵，毛文龙吹嘘自己有“精兵三十万”。天启三年，他谎报自己提兵由朝鲜深入后金腹地，以一千兵杀后金兵二万人，夺马三千匹。同时，他夸下海口，表示说，如果朝廷给自己每岁一百五十万兵饷，他两年即可平灭后金。天启五年，明廷太监王敏阅视皮岛，毛文龙册报兵员十七万，得饷额六十万。崇祯元年，朝廷派员实地调查兵数，查证能战为兵者仅二万八千人。

特别可恨的是，毛文龙为了虚报战功领赏，往往将被后金强迫剃发的辽民杀掉，上献首级冒功。所以，连朝鲜人都在忍无可忍之际数落他：“都督（指毛文龙）不修兵器，不练军士，少无讨虏（后金）之意，一不交战而谓之十八大捷，仅获六胡（后金人）而谓之六万（首）级，其所奏闻天朝（明廷），无非皆欺罔之言也。”

袁崇焕任蓟辽督师后，为了加强山海关的正面防守，将旅顺以西划归宁远、旅顺以东划归东江，实际上压缩了毛文龙的东江镇辖治范围。同时，袁崇焕把东江饷道从原来的登莱而出改为从宁远而出。这就堵住了毛文龙冒饷的漏洞，同时严打他在海上的走私贸易。

袁崇焕对毛文龙冒饷以及潜通后金一事一清二楚，便以阅兵为名，泛海与其相会。

当时，袁崇焕并不想杀毛文龙。他与毛文龙欢饮数日，商谈军事，并提出设监司、更营制、杜绝海上走私等主张。毛文龙坚拒不从。于是，袁崇焕暗示他可以“光荣”退休。这位毛大帅大大咧咧地回答：“我先前倒想回家退养，但现在朝中大将熟谙辽事的，唯我一人，灭奴（后金）之后，趁朝鲜衰弱，我准备发兵灭其国家。”

见毛文龙有割据朝鲜自谋的意思，袁崇焕下定决心要杀掉他。

于是，袁崇焕以邀毛文龙在山上观将士射箭为名，事先设下埋伏，把他请到自己帐中。由于在自己地盘内，毛文龙不疑，率将官兵卒上山。入帐前，其手下士兵均被袁崇焕卫士拒于账外。

坐定后，袁崇焕首先说道：“毛公海外重寄，为国辛苦，当受我一拜！”宾主交拜后，他又向跟随毛文龙入帐的数十亲信将领表示：“君等积劳海外，请也受我一拜，望诸君为国尽力！”众人皆顿首还礼。

袁崇焕落座，忽然变色，诘问毛文龙为何不服从朝命。

毛文龙也气，心想这位袁爷脸变得这么快，太不给自己面子，马上高声抗辩。

袁崇焕起身，厉声叱责，命卫士剥去毛文龙冠带，把他当众缚起。

毛文龙手下将官人数虽然不少，但事出仓促，皆不敢有所动作。

毛文龙本人仍旧怒气冲天，跳脚高叫。袁崇焕站定，手执尚方宝剑，一一历数毛文龙的十二斩罪：

> 尔有十二斩罪，知之乎？祖制，大将在外，必命文臣监。尔专制一方，军马钱粮不受核，一当斩。人臣之罪莫大欺君，尔奏报尽欺罔，杀降人难民冒功，二当斩。人臣无将，将则必诛。尔奏有牧马登州取南京如反掌语，大逆不道，三当斩。每岁饷银数十万，不以给兵，月止散米三斗有半，侵盗军粮，四当斩。擅开马市于皮岛，私通外番，五当斩。部将数千人悉冒己姓，副将以下滥给札付千，走卒、舆夫尽金绯，六当斩。自宁远还，剽掠商船，自为盗贼，七当斩。强取民间子女，不知纪极，部下效尤，人不安室，八当斩。驱难民远窃人参，不从则饿死，岛上白骨如莽，九当斩。辇金京师，拜魏忠贤为父，塑冕旒像于岛中，十当斩。铁山之败，丧军无算，掩败为功，十一当斩。开镇八年，不能复寸土，观望养敌，十二当斩。

数毕其罪状，毛文龙丧魂落魄，哑口无言，只得叩头乞免。

袁崇焕厉声询其部将："毛文龙罪状当斩否？"

这些人皆被震住，皆惶恐唯唯。

于是，袁崇焕命人把毛文龙推出帐外，以御赐尚方宝剑立斩其首，宣示其罪。

当时，毛文龙麾下健校悍卒数万，深惮袁崇焕大帅之威，无一人敢动。

转日，袁崇焕命人取棺厚葬毛文龙，具牲醴拜奠，哭言道："昨日斩尔，朝廷大法；今日祭尔，僚友私情。"

然后，他分毛文龙手下二万八千兵为四协，分由毛文龙之子毛承祚、副将陈继盛、参将徐敷奏、游击刘兴祚分别掌管。接着，袁崇焕犒劳军士，尽除毛文龙虐政。

崇祯帝闻毛文龙被杀，登时大骇。如此方面镇将被杀，确实出乎意料。但由于当时正倚重袁崇焕，崇祯帝只得优旨褒答，认定他杀得好，并下诏宣谕毛文龙罪状。后来，这反而成为袁崇焕被杀的一条罪名：擅杀大将。

当时与后世，均有好事者认为，袁崇焕杀毛文龙，是中了后金的反间计，自剪羽翼，亲痛仇快。这些人往往以东江镇日后耿仲明、孔有德、尚可喜等人叛明降清为口实，认为皆是由于毛文龙之死引致。

其实，袁崇焕杀毛文龙后仅仅几个月，皇太极就从长城逾入内地。袁崇焕急忙携军救援。崇祯帝偏中皇太极"反间计"，自毁长城，杀掉了袁崇焕。

如果袁崇焕不死，以他的指挥控制能力，东江镇兵将肯定会被打造成为一支恢复辽东的劲旅。而假如毛文龙不死，这个跋扈明将很有可能会叛明降清，日后也不会附于《袁崇焕传》，肯定会被清代史官编入《贰臣传》中。

毛文龙被杀的三个月后，皇太极率兵绕过山海关，由蓟镇长城的长安、龙井关、洪山口毁边墙入寇，并攻占遵化、迁安、永平、滦州四城。

后金军忽然出现在北京城外，对北京展开围攻，即明人所称的“己巳虏变”。

人们可能会奇怪，山海关是后金（清军）入寇的必经之路，他们怎么又绕到蒙古的地界到达内地呢。这还要简述一下蒙古诸部的情况。

瓦剌的也先被杀后，鞑靼部复起。孛来拥立脱脱不花之子麻儿可儿为“可汗”，由于此人当时年少，被称为“小王子”。此后，相沿成习，明人把蒙古部可汗均称为“小王子”。明成化年间，作为成吉思汗第十五世孙的达延汗（《明史》中仍称之为“小王子”）一跃成为蒙古诸部共主，重新统一了蒙古。他死后，蒙古复分裂为漠北喀尔喀蒙古、漠南蒙古以及漠西的瓦剌蒙古三大部分。漠北喀尔喀蒙古由达延汗幼子承继，其有子七人，多受分封，称为外喀尔喀七部。漠南蒙古分为东西两部，由于东部的察哈尔汗是达延汗长孙博迪之后，所以名义上他是全蒙古的大汗。西部是达延汗第三子的后裔，据有鄂尔多斯。其间，又有土默特部的俺答汗冒出。这些人相互攻杀，最终，俺答汗脱颖而出。他西取青海，东并朵颜卫，势盛一时。由于想从经济上得到好处，俺答汗在隆庆年间对明朝称臣，受封为顺义王。这样一来，除了每年得到明朝巨额赏赐外，他又可以从互市中得利。俺答汗还建筑了归化城（今内蒙古呼和浩特），以吸引汉人定居。察哈尔汗受俺答汗势力压迫，被逼东迁至辽东西拉木伦河以北，不时骚扰明朝边境。传至林丹汗（因其汗号为“呼图克图汗”，故明人以谐音称为“虎墩兔憨”）时，部众强盛一时，相继征服喀喇沁等诸部。东起辽东，西至洮河，林丹汗自号“四十万蒙古”的主人。

明末时，蒙古沿边强部有三：察哈尔、喀尔喀（内喀尔喀）以及科尔沁，他们名义上的共主自然是有“黄金家族”血统的察哈尔汗。本来科尔沁诸部一直与女真叶赫部联合攻击努尔哈赤，皆大败不果。努尔哈赤称汗建金后，科尔沁蒙古首先来附。萨尔浒战役后，后金击败内喀尔喀最强的宰赛，迫使喀尔喀五部听命于己。但由于贪图明朝赏金，喀尔喀常常掉头攻袭后金，时附时叛。他们对后金无信，对明朝也无信。王世贞广宁大败的重要原因之一，就是蒙古诸部违约不至，没有夹攻后金。

西征蒙古诸部的林丹汗日益强大，但对诸部无恩，最终使科尔沁部完全投入后金怀抱，并联兵一处，在农安塔（今吉林农安）大败林丹汗。林丹汗乃“黄金家族”嫡系子孙，不掺假的元室帝胄。他有勇有智，经过数年经营，雄踞漠南蒙古。可惜的是，既生瑜，何生亮，林丹汗生得不是时候。他准备统一漠南漠北蒙古的时候，后金方兴未艾，努尔哈赤、皇太极龙父虎子，使得林丹汗在东北遭遇到极大阻力。

林丹汗此人智商高，情商却低下，他向蒙古诸部巧取豪夺，咄咄逼人，使得其主领的察哈尔一部不仅没有让诸部催生“大蒙古”的凝聚力，反而形成离心力，科尔沁、阿禄等部蒙古纷纷投向后金。

后金天命四年（1619 年），林丹汗致书努尔哈赤，以“四十万众英主青吉思汗（成吉思汗）”自居，称努尔哈赤为“水滨三万人英主”，威胁对方不要攻取广宁，否则将兴兵对抗。其实，“四十万众”蒙古是个传统的概念性数字，泛指漠南漠北大蒙古，如同中国皇帝自称“华夏之主”“九州之主”一样。

努尔哈赤较真，回信中狠狠嘲笑了林丹汗一顿，历数他们元朝当初从北京逃窜时的惨状，“揭发”蒙古的“四十万众”早已丧失无几，并讥笑林丹汗不过是个贪图明朝钱财赏银的“无赖”。发信后，努尔哈赤果断出击，一举攻克广宁，林丹汗也未敢报复，远避后金兵锋。皇太极继汗位后，三征林丹汗，万里追击，终于在天聪六年（1632 年）秋天把林丹汗的察哈尔部完全击溃，倒霉的汗王本人远遁至藏地，失去了大本营。一年多后，穷途末路、众叛亲离的林丹汗因发痘死于青海大草滩，其妻囊囊大福晋（娜木钟）与其子额哲来降，并携传国玉玺来献（此玉玺号称是传自汉代，不一定是真），漠南蒙古全部臣服于皇太极。

后金努尔哈赤、皇太极在宁远、锦州等地两次遭受挫败，本来蒙古诸部尚有机会翻盘击退女真人，但均因内部分裂，丧失大好机会。喀喇沁三十六部受察哈尔部挤逼，向明朝求助未果，便全体投附了后金。

如此，察哈尔部不仅被孤立，明朝蓟镇边外千余里也顿失屏障。正是在蒙古人引导下，皇太极才能深入明朝腹地，他边收降残余的蒙古部落，边扑至北京城下。

乍闻后金军逼近京师，明廷震骇，立刻调诸路兵马入京来援。袁崇焕闻讯，在先派出赵率教入援的同时，即刻率祖大寿等人急赴国难，步步为营，途经抚平、永平、迁安、丰润等诸城，皆留兵营守。

不久，明将赵率教战死消息传至，后金兵蜂拥而至。袁崇焕大惊，急引兵趋至北京城下，在广渠门外立营。

虽然袁崇焕手中仅有不到两万人，但他们斗志高昂，数次与后金军交战，皆得胜而还（清人自己讲是“互有杀伤”）。

见袁崇焕营盘坚固，无隙可乘，一直熟读《三国演义》的皇太极便施用“反间计”。恰好营中有两个被俘的明朝太监杨春、王德成（此二人先前在城郊牧马场被抓获）在押，他命令汉人降将高鸿中与鲍承先趁夜坐在这两个明朝太监被困的营帐外，假装酒醉，放言说城内袁巡抚（袁崇焕）与大金有密议，准备里应外合。夜间，哨兵故意纵两个太监逃脱。

这两人一回城，兔子一样跳到崇祯帝面前，把这件“天大的秘密”讲与皇帝听。刚愎自用的崇祯帝竟然上了皇太极这种最简单的当，很快就派人逮捕了袁崇焕，下诏狱严刑拷打审问。

袁崇焕部将祖大寿为此惊惶至极，出城后即拥兵向辽西奔逃。幸亏袁崇焕在狱中写信召唤祖大寿，他当时才没有叛变。由于山海关、宁锦一线仍在明朝掌握中，加之后来的孙承宗御敌有方，皇太极只得率兵退走。

北京城有惊无险。

后金退兵后，明廷开始审查袁崇焕一案。当时，大学士钱龙锡持正，得罪了不少暗藏的阉党成员。阉党王永光时为吏部尚书，引其同党御史高捷等人猛烈攻击袁崇焕，诬称他暗中与后金议和、擅杀毛文龙、引清兵入京。

这些阉党本意是想以袁崇焕兴起一件新的大“逆案”，顺便攀引钱龙锡，大造舆论，讲袁崇焕杀毛文龙是由钱龙锡主使。

在狱中，袁崇焕作《狱中对月》一诗：

天上月分明，看来感旧情。
当年驰万马，半夜出长城。
锋镝曾求死，囹圄敢望生。
心中无限事，宵柝击来惊。

最后，崇祯三年八月十六日，刚过中秋，袁崇焕本人被判凌迟，剐于北京闹市，其兄弟妻子长流三千里，抄其家产归公。大学士钱龙锡免死戍边，“劳改”十多年（同为大学士的温体仁受过毛文龙不少好处，他也落井下石非要置袁崇焕于死地）。

袁崇焕一案，天下冤之。但北京市民信以为真，恨极了这位引狼入室的袁巡抚，纷纷上前高声责骂，甚至出钱买肉，要生食这位耿耿忠臣身上的肉。千刀万剐，明朝就这样对待袁崇焕这样一个大忠臣。

被杀前，袁崇焕作《临刑口占》，依旧对大明朝忠心耿耿：

一生事业总成空，半世功名在梦中。
死后不愁无勇将，忠魂仍旧守辽东。

大英雄被剐之时，紧咬牙关，欲哭无泪，只能仰望苍天，让冤报叹息回荡于自己的胸腔之中！

可笑又可悲的是，崇祯帝至死不悟自己中了皇太极的反间计，甚至连入清后生活了三十多年的明末大才子张岱（写《陶庵梦忆》那位），也在书中把袁崇焕列为明朝逆臣。最终为袁崇焕“平反”的，竟然是清朝皇帝乾隆。这真是个历史的黑色幽默！

如果罗贯中地下有知，知道自己的《三国演义》多少年后被女真首领当“兵书”来使，以“蒋干盗书”为原型杀掉大明顶梁柱袁崇焕，肯定会在地下愤怒高呼不已。

崇祯帝大错之二

以油浇火的“平贼”

崇祯帝继位以来，用人不当自然是不可推卸的主观责任，但罕见的自然灾害，也是明朝灭亡重要的客观原因。坏运气，是每个王朝灭亡不可忽视的重要因素之一。

首先，从朱由检继位的第二年，即 1628 年，陕北突遭大旱。十余年间，陕西、山西、河南、河北、江苏、山东，无年不旱。倒霉的是，大旱相继，蝗灾与瘟疫接踵而至，赤地千里，十河九枯。由于乏食，最终出现了“人吃人”的惨剧。明朝“副处级”巡视员一类的小官（行人）马懋才在崇祯二年所上的《备陈大饥疏》，真实记录了当时的惨状：

> 臣陕西安塞县人也，中天启五年进士，备员行人。初差关外解赏，再差贵州典试，三差湖广颁诏，奔驰四载，往还数万余里。其间如关外当柳河之败，黔南当围困之余，人民奔窜，景象凋残，皆臣所经见，然未有极苦极惨，如所见臣

乡之灾异者。

…………

臣乡延安府，自去岁一年无雨，草木枯焦。八九月间，民争采山间蓬草而食，其粒类糠皮，其味苦而涩，食之仅可延以不死。至十月以后，而蓬尽矣，则剥树皮而食，诸树唯榆皮差善，杂他树皮以为食，亦可稍缓其死。迨年终，而树皮又尽矣，则又掘其山中石块而食，其石名青叶，味腥而腻，少食辄饱，不数日则腹胀下坠而死。（讲述人民苦状）

民有不甘于食石以死者，始相聚为盗，而一二稍有积贮之民，遂为所劫，而抢掠无遗矣，有司亦不能禁治。间有获者，（盗贼）亦恬不知畏，曰："死于饥与死于盗等耳，与其坐而饥死，何不为盗而死？犹得为饱死鬼也。"最可怜者，如安塞城西有粪场一处，每晨必弃二三婴儿于其中，有涕泣者，有叫号者，有呼其父母者，有食其粪土者，至次晨，则所弃之子，已无一生，而又有弃之者矣。（讲人民造反的原因和痛苦惨状）

更可异者，童稚辈及独行者，一出城外，便无踪迹，后见门外之人，炊人骨以为薪，煮人肉以为食，始知前之人皆为其所食。而食人之人，亦不免数日面目赤肿，内发燥热而死矣。于是死者枕藉，臭气熏天，县城外掘数坑，每坑可容数百人，用以掩其遗骸。臣来之时，已满三坑有余，而数里以外，不及掩者，又不知其几矣。（讲人吃人的惨景）

小县如此，大县可知；一处如此，他处可知。幸有抚臣岳和声，拮据独苦，以弭盗而兼之拯救，捐俸煮粥以为之率，而道府州县，各有所施以拯济，然粥有限而饥者无穷，杯水车薪，其何能济乎？又安得不相牵而为盗也？且有司束于功令之严，不得不严为催科，仅荐之遗黎，止有一逃耳。此处

逃之于彼，彼处复逃之于此，转相逃则转相为盗，此盗之所以偏秦中也。（讲陕西一地盗贼集中的原因）

总秦地而言，庆阳、延安以北，饥荒至十分之极，而盗则稍次之；西安，汉中以下，盗贼至十分之极，而饥荒则稍次之……

天灾人祸，小民无生路可寻，加之官员贪污，苛捐杂税，横征暴敛，只能走一条路：造反！

同时，明朝发展到晚期，土地高度集中，宗室、勋戚、官绅地主对土地的兼并愈演愈烈，贫者益贫，富者益富，社会的两极分化达至惊人地步。自嘉靖帝开始"竭天下之财以奉一人"，万历帝变本加厉，明熹宗有样学样，明朝财政面临破产的境地，只得通过不断加派赋税来榨取民财。各级官吏巧取豪夺，竭泽而渔。由于农民纷纷抛荒逃散，造成水利失修、河患日甚，恶性循环下，天灾人祸不绝。

军制方面，更是法久弊生，军屯、商屯均有名无实，士兵被拖欠军饷，甚至没什么战斗力。诸大将除身边亲兵可用外，基本上没有信得过的兵校。军纪败坏下，索饷哗变，就成为明末军队中的"主旋律"。

早期暴动的农民，无非是一群乌合之众，除了想挣口饭吃，没有任何别的明确目标，无组织，无纪律，看似成千上万，实际上是一大帮拖家带口的饥民流民。如果正规官军加以认真对付，这些人马上就会逃散。而且，领导暴动反抗的人，不少是当地土豪世家子弟或者明朝边军的中下级军官，为避免事发后暴露身份连累亲族，他们纷纷自起诨名绰号。农民起义发展到中晚期，声势渐炽，首领纷纷以本来姓名示人，"绰号"使用得越来越少。

明末农民暴动，最早当推崇祯元年延安的府谷人王嘉胤（澄城县规模太小，忽略不计），因当地大饥荒，他率杨六、"不沾泥"等人四处抢掠富民家里的粮食，相聚起事。与白水县王二会合后，已有五六千人的规模。他们攻破宜君县城，大肆抢劫一番，进入延安一带的黄龙山。张献忠首先加入的就是王嘉胤的队伍。

张献忠本人是延安卫人，年轻时可能在延安府当过捕役，也可能当过边兵，在榆林卫洪承畴手下卖过力（这是他1645年在成都当“皇帝”后自己说的，不一定是真）。但肯定的是，他绝非一般因饥而反的顺民，而是在衙门或军门里待过，有不少入世经验。由于在与官军作战中勇敢能杀，他自己很快有了一支武装，自号“西营八大王”。所以，相比李自成，张献忠绝对是起义军中的老前辈。

至于李自成，多年来一直说他是“农民领袖”，其实他是一个下岗驿卒，原先是有铁饭碗吃官家饭的“城里人”。他生于米脂，小名黄娃子，成年后到银川驿充当驿卒。

明代的时候，十里置铺，六十里置驿。驿站原本是为政府官员提供舟车、马匹、夫役、邮传等服务的，是很有必要的“公家”设施。随着明朝社会的全面腐化，驿站制度日益成为不少官员谋利的工具。他们往来经过驿站时，常常敲诈勒索驿站，损公肥私。过分的是，明朝驿夫、马户为了应付差事，有时甚至倾家荡产。举例来讲，大驿站一年应该供银五万，但实际发下来的银两只有一两千，县官自己扣下四百两后把剩下的交给驿站。这一点银子，根本不够日常开支。即使如此，明朝政府内还有人打驿站的主意。

崇祯二年，给事中刘懋奏言整顿驿站。他出发点不错，通过整顿、精简，可以节省国家经费开支，抵消薪饷。搞了一年多，裁撤数万驿卒，共省下六十八万两左右的白银。这区区六十八万两白银，恰恰以明王朝灭亡为代价——由于裁减驿卒，李自成下岗，无奈之下参加农民军，“奋臂大呼，九州幅裂”。

所以，七品给事中的一纸奏文，在将大明朝送入历史黑暗深渊的进程中使劲加了一把大力。

李自成登高一呼，饥民齐集，一天就得千把人，转掠四方。由于在政府部门做过事，他很会组织安排，十来天内就发展到数千人，往驰骋来，自号为“闯将”。

由于“闯将”的名号，包括姚雪垠先生在内，不少当代和明（末期）清学者均认为李自成是“闯王”高迎祥手下。其实二人根本没有关系，更不是舅甥关系，李自成后来的老婆高氏也和高迎祥无关。“闯王”“闯将”皆造反诨名，是并列关系，不是从属关系。

饥民四处造反，府县官员们都是一样，大事化小，小事化了，总是上报说是“饥民”饿极了惹事，认为到转年春天有活干有粮吃有指望时，事情就会自动平息。可巧老天弄人，陕西等地连年干旱，饥荒越闹越大，造反之民越来越多。

待明朝中央政府正视这件事时，小打小闹抢粮食的饥民暴动已经发展成有规模有计划有组织的造反了。

崇祯皇帝为解决问题，派左副都御史杨鹤出任陕西三边总督。由于刚刚经历了皇太极破边入口杀至京城脚下的危机，各地抽调了不少精锐部队抵至京畿地区。

杨鹤眼见陕西各处农民军规模庞大，手中兵少“剿”不过来，就主张以招抚为主，提出要实实在在解决饥民的吃饭问题，然后使饥民解散，由政府发给耕牛农具，让农民规规矩矩种田当顺民。这种安抚策略虽然花钱多，但效果好，农民各安其业，不再会复出造反。农民耕田有收成，生产恢复，政府可从赋税中收回银两，良性循环，应该可以一劳永逸地解决问题。

崇祯皇帝觉得有理，发诏照准。由于当时不少农民军已经进入山西境内，陕西只有“神一魁”势力最大。听说官家招安，自己能当官，“神一魁”率着六七万人就到了宁州，正式投降，被杨鹤授予守备（“上校团长”）一职。入伙的饥民纷纷领取印票（回乡证）、银子后各自回家。

当时，几乎陕西境内所有的起义军首领，包括“点灯子”“满天星”

这样的老起义将领，无一不受抚，得到相应官职。但是，得官后的农民军首领留有后手，他们各自私留武器、占据要地，不时派人四处劫掠富户，号称“打粮”。

另一方面，由于明政府只拨发十万两白银赈济，杯水车薪，仍旧有大量农民军穷饿至极。这些人自然不愿意就这样回乡等着饿死，仍旧团结在头领身边，恋恋不去。

在此种情况下，朝内“主剿派”群攻杨鹤一方的“主抚派”，指斥他浪费了大笔国帑，最终造成“屡抚屡叛”的局面。

崇祯帝是个急性子，见花了银子没有立竿见影，大怒之下罢去杨鹤官职，重新确定“剿杀”方针。

“杀剿”之下，稍稍平息的民乱趁势又起。“神一魁”再次造反，攻占宁塞县城。不久，农民军头领们互攻，“神一魁”被杀。

洪承畴被委任为总督后，陕西叛乱相继被镇压，郝林庵、“可天飞”等人逐一被杀。这位洪总督爱使招降和收买的手段，“以贼杀贼”，铁角城、锥子山等起义农民大本营一一被端掉，明军残杀数万农民军，陕西境内基本看不见大股的农民军。

野火烧不尽，春风吹又生。农民军不是被杀光了，而是不少人遁至山西，在那里轰轰烈烈干了起来。

应该交代一下的是，当崇祯朝臣尽力“剿杀”陕西饥民暴动的同时，东北地区的皇太极发动进攻，摧毁了大凌河城。

崇祯四年，得知明军在大凌河中左千户所（距锦州四十里，今为大凌河镇）加紧筑城的消息，为防止明朝借此步步推进，皇太极亲自率六万大军自沈阳出发，于八月六日突然包围了大凌河城。

当时，城内仅有一万四千多官兵及一万多平民，守城明将是祖大寿和何可纲等人。由于经过数次攻城挫败，后金已经在战法上有所改变，他们不再急于以人肉作为代价拼死攻城，而是十分耐心地坚持“围城打援”的战略方针，在把大凌河城包围得水泄不通的同时，在城外各处挖掘层层壕堑，一方面阻止宁锦方向的明朝援兵，一方面防止城内明军逃逸。

更为重要的是，后金军队也拥有了自己的“红衣大将军炮”。用于此战的，有这种大炮四十门，威力相当大。如此一来，先前明军在热火器上一面倒的优势已经消失，我有人有，心理上不再占据上风。

明朝派出四万大军来援，结果在锦州东南的长山山口遭受后金军队截击。恶战之下，明军不支，三十三员将领以及四万精兵被后金全歼。

即使如此，祖大寿仍旧坚守孤城。几个月后，大凌城内开始断粮，马肉鼠肉雀肉食尽之后，开始出现人吃人现象。供役筑城的近万名工匠最惨，他们首先被军士当作“军粮”吃掉。

皇太极也不着急，十拿九稳之下，他派人劝降。由于先前皇太极的堂兄阿敏在攻打北京撤退时尽杀永平、迁安的明朝降官，祖大寿等人不敢投降，深恐降后仍不免于一死。

皇太极展开攻心战，“痛心疾首”地表示“不再妄杀一人”，并告诉祖大寿乱杀人的阿敏已受幽禁处分（这倒是真的，此人乃“四大贝勒”之一，因其威胁到皇太极地位，故借此被幽囚）。

思前想后好一阵子，祖大寿决定暂时投降，并送儿子祖可法到后金营中为人质。由于祖大寿的家属大部分在锦州，他表示投降后希望后金不要声张，他会替后金赚开锦州城。奇怪的是，守城诸将，除何可纲以外，这些与后金血战多年的汉子们都愿意随祖大寿投降（明帝杀袁崇焕可能在最大程度上冷了这些人的心）。

为了取信后金，祖大寿等人把何可纲押至城外，当着双方军将的面，将这位英雄砍头。何将军临死大笑：“宁为大明鬼，不为鞑子奴！”

当晚，祖大寿亲自出城，入皇太极御营谒见。诸贝勒皆一里外相迎，待之非常恭谨。行至帐前，皇太极本人亲自出帐迎接。祖大寿刚要行跪拜礼，皇太极止之，与他行“抱见礼”。这种满族礼仪，在民国初的市面上还可见到——两大老爷们见面，拱手打揖后，趋前互屈一膝，相互左肩碰右肩，再右肩碰左肩，然后相抱交头。在女真人眼里，此礼乃见面的最高礼仪。

二人入帐后，皇太极亲自斟酒递与祖大寿。等对方饮毕，祖大寿斟酒跪献，表示降服。

转天，皇太极听信祖大寿建议，命八旗诸将率四千多人着明军服色，跟同祖大寿的三百多人一起作溃逃状，希望赚开锦州城门。由于天降大雾，后金军之间相互失散，不果而还。为此，祖大寿提出自己先入城，趁机斩杀明将后再拥兵献城（清人自己记载是皇太极主动提出放祖大寿，表明这位“太宗”的英明）。

皇太极信以为真，派祖大寿与其侄子祖泽远带二十名明军前往锦州。

祖大寿回锦州后，派人至后金营报称锦州明军太多，表示要“从容图之”，希望皇太极善待其留在后金营中当人质的子侄。皇太极无奈，反正破大凌河城的目的已经达到，就率兵回返。

十年之后，祖大寿才真正归降皇太极。但他的儿子（一说是其养子）祖可法对后金百分之二百地真心孝顺，为皇太极出了无数上好的“坏主意”，他在《贰臣传》中的“名位”也远远在洪承畴和祖大寿之前。

祖大寿回锦州后，对巡抚邱禾嘉说自己是突围而出。不久事泄，邱巡抚上奏崇祯帝。由于边地需要祖大寿这样的勇将，崇祯帝没有下令杀他，而是下敕让他入京面君。祖大寿心中有鬼，一直不敢入京，皆借故推辞。但观其日后所为，他确实断绝了与后金方面的联系，一心守土，直到锦州大战时才真正降附清廷。

大凌河之战，明军精锐数万被歼，大量先进火器丧失，损失不可谓不大。最重要的是，皇太极粉碎了明军步步为营东进的战略，迫使明朝向后退缩。

后金天聪七年年初，因愤恨巡抚孙元化征兵渡海，被袁崇焕杀掉的毛文龙原先的部将孔有德、耿仲明（二人均为辽东人）在登州叛变，乘船率万余名兵士及家属在镇江向后金投降。

皇太极大喜过望，待以厚礼，立封孔有德为都元帅、耿仲明为总兵官，让二人在朝中与八和硕贝勒共列一队朝见，以示殊宠。同时，明令二人自领所统汉军，具有类似旗主的权力。日后，皇太极称帝，封二人为王爵，专为他们所统汉军设汉军二旗，成为日后汉军八旗的前身。

皇太极这一举措意义深远：一是用汉将统汉兵，这些人熟谙水战，深晓地利，成为清军的鹰犬前驱；二是汉军八旗（以及蒙古八旗）的建立，可以削弱满洲八旗旗主的独尊地位，对他们予以牵制，更增加了皇太极一人独大的不二地位。

崇祯七年，皇太极发兵二次入关打击明朝，总共持续三个多月，在宣府、大同一带大肆杀劫，掳抢百姓、牲畜不计其数，扬扬而去。

崇祯帝大错之三

轻信农民军“投降”的后患

见陕西境内消停一些，明廷便下令给临洮总兵曹文诏，让他带领陕西、山西诸将，去山西“剿贼”。曹文诏手下兵不多，只有近四千人，于是他立刻从甘肃庆阳开拔，经潼关，过黄河，率先镇压蒲州、河津一带的农民军。

到崇祯六年冬，从各地调至山西、河南、河北一带的“围剿”官军已达三万多人。一直号称“英明”的崇祯帝，此时也走他“前任”的老路，派出不少太监公公到各部队当监军。

明末农民军之所以被称为“流贼”，就是因为这些人善于四处游走，东打一下西杀一下，让官军四顾不暇。但华北地区多为大平原，起义者们无险可据，无山可藏。官军势大，进攻不懈。最后，大部分农民军被迫局限于河南界内的黄河以北地区不能动弹。

见突围无望，年底隆冬时分，“闯塌天”“满天飞”“张妙手”以及李自成等人，佯称要投降，向京营总兵王朴递信。王朴和太监杨进朝大喜，立刻制止各部官军的“围剿”，向朝廷上报了六十多位即将接受“招安”的“降贼”名单，自认为兵不血刃立下奇功。

“投降”名单上的人名很有意思，一半像《水浒传》上面的，一半像《智取威虎山》里面的：

贺双全、新虎、九条龙、闯王（高迎祥）、领兵山、勇将、满天飞、一条龙、一丈青、哄天星（应为混天星）、三只手、一字王、闯将（李自成）、蝎子块、满天星、七条龙、关锁（当为关索）、八大王、皂莺、张妙手、西营八大王（张献忠）、老张飞、诈手、邢红狼、闯塌天（刘国能）、马鹞子、南营八大王、胡爪、哄世王（当作混世王）、一块云、乱世王、大将军、过天星（惠登相）、二将、哄天王（应为混天王）、猛虎、独虎、老回回（马守应）、高小溪、扫地王、整齐王、五条龙、五阎王、邢闯王、曹操（罗汝才）、稻黍杆、逼上路、四虎、黄龙、大天王、皮裹针、张飞、石塌天（应为射塌天李万庆）、薛仁贵、金翅鹏、八金龙、鞋底光、瓦背儿、刘备、钻天鹞、上天龙等。

千奇百怪的人名，共计六十一个。

明军放松警惕后，不少兵卒还与即将“投降”的农民军做起买卖来，偷出军营里的军靴、棉衣、兵器等物卖与对方。

数名农民军头领暗中早有串联，趁诈降机会大大地休整一番。然后，他们吃饱喝足，趁山西垣曲到河南济源之间黄河封冻之机，纵马狂奔，整部整部地突破黄河天险，冲出明军包围圈，呼啦啦出现在中原大地。

由于河南地方官员没有“平贼”经验，中原之地又便于驰骋，农民军水银泻地一样，四处窜击。不仅河南全境燃起烽火，周遭的安徽、四川、湖广等地均处处开花。由此，局部的农民战争，一下子变成了全面的内战。

特别是河南连年大旱，当地人活不下去，见参加起义军能吃饱饭继续存活，不少人纷纷入伙。农民军军势益炽。于是，高迎祥、张献忠、李自成等部进入卢氏山区，与当地掘矿的起义军合伙，直下湖广，连破襄阳、上津、房县等地，如入无人之境。而“扫地王”“满天星”“横行狼”等人西入武关，连陷山阳、镇安等地，然后北上雒南，杀向西安。待洪承畴率军来截杀时，他们又南下四川，攻城略地。

横行数月，最终农民军主力大多回到了陕西。

为了统一事权，明廷任命陈奇瑜总督五省（陕西、山西、河南、湖广、四川）军务。他在河南陕州会师后，统军南下，打得在均县、竹山一带活动的张献忠、李自成等部纷纷退却，转往陕西。

大部农民军在明军的围追堵截下，误入汉中栈道险地车厢峡。由于两个多月的阴雨天气，农民军弩解刀锈，衣甲多日不干，缺粮少食，几乎丧失战斗力。如果明军趁势进攻，这几万人只有等着挨宰的份儿。

情急之下，李自成、张献忠等人齐集商议，各自拿出先前缴获的金宝，送入陈奇瑜营中遍贿明军军官。在左右力保下，陈奇瑜答应安抚招降，准备接受农民军的“投降”。

由于朝中兵部尚书张凤翼也主抚，崇祯皇帝信之，下诏招安。结果，陈奇瑜派出明军小头目，一对一百，对“投降”农民军登记整编，准备尽遣这些人回乡安置。

眼见农民军都成“良民”了，明军松懈，捧着农民军方面“孝敬”的大酒罐痛饮，搂肩搭背倾诉衷肠，都表示还是不打仗好。

结果，一夜之间，农民军在统一布置下忽然翻脸，尽杀安抚官员，夺马夺兵器后四处出击，立呈燎原之态。

可见，明政府对农民军“伪降”“诈降”一直没有充分的警惕性，使得他们一而再，再而三地绝处逢生，化险为夷。

诸部农民军脱险后，自汉中逸出，回奔陕西、甘肃。

崇祯帝大怒，撤掉陈奇瑜，改任洪承畴为兵部尚书，总督五省军务。屋漏偏逢连夜雨，明军西宁士兵哗变，洪承畴不得不首先处理西宁军变。等他回来时，农民军都已向东奔入河南。

农民军在河南集结后，共有七十二营、三十万人左右的队伍。农民军各推首领，于荥阳召开大会，商议共拒官军事宜。

崇祯八年初，过了一个肥年的农民军主力由河南汝宁入安徽，攻克颍州后，直杀向明太祖朱元璋的老家凤阳。

凤阳是明朝祖陵所在，一直没敢建城墙，怕压住龙脉。结果，正月十五元宵节，农民军轰哄而至，杀掉守军数千，并派人挖掘了明帝的“祖坟”（其实朱元璋父母早就丢于乱坟岗，皇陵仅是象征性建筑）。然后，龙兴寺和皇陵宫殿均被农民军一把火烧成白地。

祖陵被掘，崇祯帝气得发疯。在下“罪己诏”的同时，他杀掉凤阳巡抚等多名高官。然后，他调集七八万大军，发足军饷，命令洪承畴在半年内一定要消灭掉所有农民军主力。

恰恰是在凤阳，李自成与张献忠二人结下梁子，从此分道扬镳——攻破凤阳皇陵后，张献忠俘获了在皇陵充当乐手的小宦官十二人。每次宴会，张献忠就让这些小宦官为他吹吹打打，以乐佐酒。李自成向张索要。张先是不给，李自成固请。张大怒，派人砸毁所有乐器，把小宦官们一番凌辱后送给李自成。

李自成一怒之下，把十二个小宦官杀死，以泄胸中愤恨。

由此，李、张二人失和。这种因为个人褊狭心理和腐化作风导致的内部分裂，对未来农民军发展造成了严重影响。

半年内平灭农民军，说来容易做起难。各路农民军返回秦地，饥民纷纷相从，规模几近二百万人。李自成率部坚持在陕西发展，并在进攻甘肃真宁（今甘肃正宁）时杀掉明军猛将曹文诏，给予诸路明军以极大的精神打击。

高迎祥、张献忠、马守应等人粮草供应发生困难，又从陕西东出潼关杀回河南。几十万人忽来忽去，让明朝官兵非常头疼。

眼见洪承畴一个人忙不过来，明廷只得让湖广巡抚卢象昇协助，让他专剿东南，洪承畴专剿西北。高迎祥、张献忠等人东下安徽，对滁州展开围攻，卢象昇立刻领兵去救，但扑了个空。

农民军在密县、登封一带与官军交手得利后，复回陕西。洪承畴本来在甘肃打得李自成等人喘不过气来，正要集中兵力予以消灭时，驻宁夏固原的明军因缺饷发生兵变，洪承畴只得赶过去救火。李自成逃出生天，奔回陕西老家。

沮丧之余，明廷终于得到一个好消息。崇祯九年夏末，在孙传庭、洪承畴二部明军的围堵下，“闯王”高迎祥在周至被生俘。明廷立刻派人把他押解至北京，凌迟处死。

高迎祥之死对农民军打击很大，“张妙手”“蝎子块”等头领纷纷乞降。这次，他们是真正投降。可笑的是，明廷为免蹈前车之覆辙，几个农民军头领投降不久，便将其交付各部官军斩首。

李自成方面，在米脂、绥德一带休整后，本想渡河进入山西。见明军有备，他只得率部西行，转战宁夏、甘肃一带。

崇祯九年初，李自成与十余支农民军联手，从秦州出发，想攻取汉中。但明朝总兵曹变蛟早已设伏，把农民军打得大败。

见入汉中不成，李自成便转头进攻四川，攻破广元后，连克数十州县，所向披靡。见明朝政府军云集川地围堵自己，李自成又出四川向北，杀入甘肃境内。

在崇祯九年明廷狼奔豕突追截堵杀农民军时，东北的皇太极改国号“大金”为“大清”，改年号“天聪”为“崇德”。

拜天大典上，朝鲜使臣罗德宪、李科二人反感清廷的仪式，站立不拜。皇太极大怒，但他并未杀人，而是在打发二人回国时撂下一句话：“尔国王若知逆顺，当送子弟于我国为人质。不然的话，我必兴兵，直到把尔国打服为止。”

在动手打击朝鲜之前，皇太极先派十四弟多尔衮等人率十万大军第三次深入明朝腹地，并明示此次进攻目的只在抢掠明朝京畿地区，抢人掠物为主，不计城池得失。

明廷以为清军会从山西入京，岂料清军选择延庆。入居庸关后，清军杀入昌平，焚毁了明熹宗的德陵（这位皇帝在阴间估计也找不到木头做家具了）。

身任总指挥的明廷兵部尚书张凤翼要谋无谋，要胆无胆，虽然手中有尚方宝剑，也调动不了胆战心惊的明军将领，眼巴巴看着清军数月之间遍掠畿内。清军五十六战皆捷，俘掠人畜二十万，于秋九月从冷口从容退军，并派人在塞上砍去树皮，以墨写上“各官免送”，羞辱胆怯的明朝军将。

由于皇陵被毁，诸近京县城遭受严重劫掠，兵部尚书张凤翼和总督梁廷栋深知罪责难逃，在崇祯帝派太监要他们项上人头前双双服毒自杀，总算死得舒服些，免去砍颈之痛。

同年秋，皇太极说话算话，自统大军跨过鸭绿江，对朝鲜展开攻势。九月十日，清军挥军渡江，攻陷义州，一路势如破竹，十四日已攻破平壤。朝鲜国王逃出汉城。三十日，清军占领汉阳。

身在南汉山城的朝鲜国王无奈，在崇德二年（1637年）正月三十日，这位绝望的朝鲜爷们只得亲自出城入清军军营投降，正式向皇太极称臣，答应如下几项条件：一、断绝同明朝的关系；二、奉大清为正朔；三、每年向清朝进贡；四、把朝鲜国王世子送入清朝为质子，长年待在沈阳；五、惩处主张与清朝交战的大臣。

还好，皇太极并未杀王灭国，订立誓约后即于二月二日撤兵。朝鲜国王率群臣跪送。由此，清朝再不用担心朝鲜反复，又可从这个“大仓库”征调人力、物力以对付明朝。

崇祯帝大错之四

误用杨嗣昌

按倒葫芦又起瓢。崇祯帝深感朝中无办事能臣，挑来选去，他选中了杨嗣昌。

杨嗣昌，字文弱（听这名字就不祥），武陵（今湖南常德）人。此人万历三十八年（1610年）进士，其父不是别人，正是崇祯初年力主抚议最后被革职下狱的杨鹤。

崇祯七年，杨嗣昌任宣大总督。由于自诩知兵，他向崇祯帝上奏不少条陈，有一些确实管用，比如官方开矿招工以瓦解私矿矿徒造反等。由于其父杨鹤病死，杨嗣昌丁忧在家。丁父忧刚要满期，其母又死。这时，崇祯帝见兵部尚书一职空缺（张凤翼畏罪自杀），就诏起杨嗣昌“夺情”视事。

这位杨爷进士出身，工笔札，有口辩，在崇祯帝面前朗朗开言，天文地理五行兵书无所不通，确实唬住了皇帝。每次入对，君臣二人都会密谈良久。崇祯皇帝常常慨叹：“恨用卿晚！”

面对当时“贼”满天下的局面以及清朝虎视眈眈的威胁，杨嗣昌提出“攘外必先安内”。对于“剿杀”农民军的策略，他提出“四正六隅”的“十面之网”，即“以陕西、河南、湖广、江北为四正，四巡抚分剿而专防；以延绥、山西、山东、江南、江西、四川为六隅，六巡抚分防而协剿”，由此构筑成“十面之网”，让“流贼”插翅难逃。

平心而论，杨嗣昌的战略在理论上没什么漏洞，但坏就坏在纸上谈兵。而且，明朝各地将领、官员的执行是否到位，也是检验这种策略的关键。

要实现“十面之网”打大仗，必然要有钱，因为“十面之网”需要增兵十余万。有兵，就要有饷，饷银从哪里来？崇祯皇帝已经明确告诉他“内帑空虚”，大内无钱。这样，就只有把饷银进行摊派和转嫁。如果是按以前卢象昇的建议实行“因粮”征税（即田多的地主应该多交银），不算是坏事。要命的是，杨嗣昌病急乱投医，他改“因粮”为“均输”，即平摊在一般百姓身上。如此一来，为丛驱雀，为渊驱鱼，使得无数本来就活不下去的“良民”，铁下心加入起义军队伍。

崇祯用杨嗣昌是错，而这杨嗣昌用人更是错。他认为总督河南的王家桢软弱无能，就推荐福建巡抚熊文灿代任。

熊文灿是大言虚妄之人，在其福建任上，专以金银财宝实施“买通”的安抚政策。他招降海盗郑芝龙等人，然后“以贼杀贼”，依赖郑芝龙之力大平闽地的海贼。两广总督任内，他还是仅恃郑芝龙，平灭大海盗刘香。

由于在闽广之地为官日久，熊文灿手中奇珍异宝无数，便拿出不少送入京中权门贵府，想自己能久镇岭南，坐享一方富贵。

其间，崇祯帝怀疑海盗头子刘香不是真死，就派太监以采买货物为名前往广东查验虚实，同时观察熊文灿为人。

身为钦差的公公到后，熊文灿金山银山地招呼他，留饮十日，极尽奉承巴结。特派员公公高兴，言及中原“流贼”方炽，当时熊文灿喝多了酒，拍案大骂：“诸臣误国！如果我熊文灿前去，岂能令鼠辈猖獗如是！”

大公公闻言大喜，起身托手：“我来此地非为采买货物，实是奉皇上之命观察您熊公的为人。熊公有当世大才，只有您可以杀平中原流贼。”

熊文灿一下酒醒，傻眼了，后悔得要大打自己嘴巴。情急之下，他马上凑弄出自己去中原的“五难四不可”。

大公公也乐，说：“熊公您甭推辞了，我回去入禀皇上。倘若陛下有意，您也不能推辞大任。”

崇祯帝知道此事，就问杨嗣昌。杨嗣昌立刻推荐，说熊文灿绝对是人才。其实，杨嗣昌对其为人一无所知。他在朝中有个好友姚明恭

明十三陵图

与熊文灿是姻亲，劝他把其当成心腹助手来用，故而有此推荐。

于是，明廷诏下，拜熊文灿为兵部尚书兼右副都御史，总理南畿、河南、山西、陕西、湖广、四川军务。

熊“总理”得诏后，闻知明将左良玉兵精，立刻调其六千精兵为自己贴身护军，又招募二千多广东当地人携“高科技”火器赴任。

过庐山时，熊文灿见到昔日好友高僧空隐。大和尚劝他说：“流贼不同海贼，招抚之计不可轻用。如果师出不胜，性命不保。”

熊文灿悔得肠子发青，只能硬着头皮前行。

左良玉乃桀骜宿将，其下属与广东兵鸡同鸭讲，天天边走边互骂殴击，乱成一团。不得已，熊文灿只得打发粤兵回家，但左良玉兵又不听他指挥。杨嗣昌知道情况后，另调五千边兵归熊文灿调度。

杨嗣昌在崇祯面前拍胸脯说“三月平贼”，他自己确实卖力，严明纪律，大用赏罚，加上陕西总督洪承畴、陕西巡抚孙传庭以及曹变蛟、贺人龙、左光斗、黄得功等将领有才略有勇气，在甘肃、四川等地打得李自成等部连连败退，几乎全歼农民军主力。

自崇祯十一年秋至十三年秋两年多时间内，李自成只率领百十号人在河南深山老林里坚持。官府认为他非死即伤，基本不再注意他的动向。

当时，张献忠、“闯塌天”（刘国能）、“过天星”等部农民军势大。在官军大力围剿打击下，他们也逐渐不支。惧怕之下，他们提出要投降。

如果遇上洪承畴或孙传庭等人，肯定不吃这一套，农民军假降诈降不是一两次。

可巧，一直吃惯了“安抚”甜头的熊文灿“总理”见京营军民屡战屡捷，自己寸功未立，心里很急。他一到安庆，就派人去正在湖北麻城一带活动的张献忠和刘国能处招降。刘国能首先投降。这位庠生出身的农民军首领为母所劝，还是真降。张献忠先不降，四处活动，他本人差点被左良玉打死。穷蹙之下，他只得表示投降，并送给熊文灿大笔奇珍异宝。

朝中杨嗣昌听说此事，怕张献忠诈降，主张趁机“剿杀”。关键时刻，崇祯帝自作主张，下诏主抚。

有了朝廷赦令，张献忠在谷城外造房数百间，买地种麦，与民间交易往来，看似解甲归田，实则伺机待动。

崇祯十一年到十二年五月间，由于张献忠、刘国能的“示范效应”，农民军头领罗汝才、“整十万”、“十反王”、“托天王”等人纷纷向熊文灿投降。得到同意后，这些人并非立刻被遣散，而是分营于当地驻扎，以待处理。

也就是说，“受抚”期间，农民军得到了最宝贵的喘息和休整机会。张献忠最为狡猾，在狮子大开口向明政府要粮饷的同时，其本部人马高度戒备，刀不离身。

在熊文灿及杨嗣昌等人斡旋下，张献忠得地，得官，得关防。罗汝才（绰号“曹操”）在房县，倒没有索饷，但其所部一直保持战时编制，只是暂时不打官军、不掠民财而已。

一直杀气腾腾搞“十面撒网”、欲杀绝农民军的杨嗣昌，看主子崇祯皇帝脸色，也附和熊文灿主抚招降。

当时，也有头脑清醒的地方官如郧阳抚治戴东浸秘奏，希望朝廷下令这些农民军缴械，然后乘机“剿杀”，以绝后患。

对此建议，明廷未尝不想。但边警忽起，皇太极的满洲兵嗷嗷而至，明廷一时间无暇顾及对付这些闭齿似瞑的群狼。

崇祯十一年秋八月，极擅用兵的皇太极自己统领一军在大凌河一带做出大举进攻状，把不少明军牵扯在自己附近。同时，清军真正进攻的主力在豪格、岳托以及多尔衮率领下，分成数队，远攻明朝内地。

岳托一军直奔密云，破边墙（长城）而入。依理讲，密云的墙子岭长城隘口十分险峻，清军本不易攻破，但驻守此处的明朝总兵吴国俊正给派来军中的邓公公过生日，兵将们大多正排队叩头祝寿，痛饮寿酒。清兵来袭，明守军猝不及防，故而任由清军一鼓作气杀入长城以内。多尔衮所部进展也十分顺利，在青山关口破墙而入。两部清军于通州会师，弃北京不攻，到涿州后再分成数部自北而南，在华北平原上纵情驰骋蹂躏。

崇祯帝赶忙下令京师戒严，命令各地人马赶来勤王。清军此次来，算起来已经是第四次入口侵掠。此次防御作战的重任，落在了宣大总督卢象昇身上。

卢象昇，江苏宜兴人，天启二年进士。虽然是文士出身，但这位白皙颀长的俊雅男子善骑射，娴将略，能治军，乃真正的文武全才。

自崇祯六年开始，卢象昇以按察使身份在山西等地镇压农民军，屡立战功，成为使农民军非常忌惮的方面大帅。清军入口时，卢象昇正丁父忧，闻难奉诏，穿孝服督师。

听闻朝内杨嗣昌和太监高起潜暗中主持与清军和议，卢象昇痛心疾首，入京见崇祯帝慷慨主战。

心中无底的青年皇帝闻此心动，发内帑万金犒军，支持他与清军正面交战。

由于主和的兵部尚书杨嗣昌和太监高起潜暗中阻挠，卢象昇的军事计划多不得实现。他当时名义上是总督“天下援兵”，其实手中不过一万多兵马。由于不久陈新甲（原宣府巡抚，也被“夺情”视事。此时好玩，杨嗣昌、卢象昇、陈新甲三位重臣，皆是孝服在身，其兆不祥）又至昌平，卢象昇只能又分兵马与他，这使得自己军力更为单薄。

面对汹涌而来的清军，卢象昇主张集合数路援军，齐锐共击清军。崇祯帝不纳。

无援无饷之下，卢象昇只得率几千疲卒在巨鹿附近屯兵。畿南三郡父老闻言，苦请他召集民兵，休整再战。卢象昇感泣：“自从我与流贼相战，数十百战未尝败绩。今手下仅疲卒五千，大敌西冲，援师东隔，事由中制，加之食尽力穷，死在旦夕！死则死尔，为国为民，我不愿连累百姓遭兵。”

乡野村民闻言，哭声雷动，纷纷捐出家中仅存的口粮为卢象昇当军粮。

十二月十一日，卢象昇进至贾庄。当时，太监高起潜拥关宁铁骑重兵在五十里以外的鸡泽（地名）。卢象昇派人向其求援，高公公怯战不应。

卢象昇行至蒿水桥，突遇大队清兵，双方遂战。从半夜战至天明，清军铁骑数万，里三层外三层把卢象昇几千明军包围。卢象昇指挥兵士，拼死力战。苦战三个时辰，炮尽矢穷，最终明军士兵皆战死，唯剩卢象昇一人。他身负数创，仍旧手提三尺剑，亲手杀掉数十清兵。刀箭矛枪之下，卢象昇壮烈殉国。

面对如此战场牺牲的大明烈士，高起潜公公逃回城后，竟掩盖他英勇战死的事迹。杨嗣昌小人，也想上报“下落不明”来阴构卢象昇“临阵逃脱”。最终，当地父老寻得大英雄尸身，杨嗣昌竟然连扣了八十多天，不验尸，不上报。仇及死人，真是奸刻毒辣。

卢象昇殉国时，年仅三十九岁。其后，其家族死于国难者一百多人，可谓满门忠烈。卢象昇诗词均做得很不错。其《渔家傲》一词，壮怀激烈，有岳武穆遗风：

> 搔首问天摩巨阙，平生有恨何时雪。天柱孤危疑欲折，空有舌，悲来独洒忧时血。　　画角一声天地裂。熊狐蠢动惊魂慑，绝影骄骢看并逐。真捷足，将军应取燕然勒。

清军大掠河北后，呼啸奔驰至山东，四处杀掠，并攻陷坚城济南，生俘明朝宗室德王朱由枢。这还不算，清军在济南展开大屠杀，近十六万人被杀，整个城市被抢个精光。

这时候，明朝各地的勤王军已有十来万人，由大学士刘宇亮以及陈新甲统领。人数虽众，但他们怯生生一路尾随清军，根本不敢进攻。

转年二月，多尔衮等人携无数金银财物及数十万被掳汉民、牲畜，自天津渡水还东北。明将皆远远观望，没有一部敢趁清军半渡运河时出击，眼睁睁看着清兵满载而去。

此次冀鲁侵掠，清军克城池七十多座，杀明官明将一百多人，生擒德王等宗室三人，杀平民二十多万。清军这次入口大掠，还曾围攻高阳。当时已经退休在家的前阁臣兼兵部尚书孙承宗年逾古稀，仍旧奋髯而起，率全城人民抵抗。血战两天后，老夫子被清军抓住。他望北京方向叩头，乘守兵不备，投缳自杀。其子侄孙子辈近二十位家族男性，皆与清兵格斗而死。

此后，崇祯十五年深秋，松锦大战后清军又攻掠了山东一次。清军转战八月有余，俘汉民近四十万，掠财物无数，饱掠而归。这第五次入口杀掠，也是清军入关前的最后一次大规模进攻。

杨嗣昌掌权以来，丧师丢地，言官为此上章弹劾。崇祯皇帝刚愎自用，认为是他本人亲自擢用杨嗣昌，听不得异议，贬逐上书言官。同时，他对这位书生臣子宠眷不衰，让他负责评议“文武诸臣失事罪”，穷追清兵入口以来各地守官的责任。

杨嗣昌十分卖力，详细列出五等罪：守边失机，残破城邑，失陷藩封，失亡主帅，纵敌出塞，然后按罪抓人，大兴刑狱，共杀包括巡抚、总兵、总监在内的官员三十六名，而他这位最重要的廷中指挥者，则没有任何责任。一时间朝野大哗。

清军饱掠而去，明廷稍稍松了口气。杨嗣昌不闲着，于崇祯十二年初出主意，欲从各镇边兵中抽练精兵。经过“精密”计算，数目可达七十余万。

崇祯皇帝很满意这个数字，觉得手中如果真有七十多万虎狼之兵，平灭内外之敌应该有足够的把握。但是，说话容易，行事极难。练兵七十万，军饷哪里出。崇祯十年时加派"剿饷"税，本来是一年的暂征税，现在根本未停，却又多出一笔庞大开支。

杨嗣昌自然有办法：增派"练饷"。很快搜刮到七百多万两白银。这些人民的血汗钱，绝大多数打了水漂。各地将领、官员玩命虚报兵员数字，无非是借机搜刮敛财，没有几两银子真正用于"练兵"。

更坏的后果是，横征暴敛使得饥民雪上加霜，纷纷抛荒逃散。所以，崇祯十三年看似空前的"自然灾害"，实则是加派"练饷"敛赋的人祸。如此，精兵没练成，更多的农民逃亡，不少人加入农民军，明政府实际是得不偿失。

清兵进犯的压力减弱后，明廷注意力自然转向在谷城附近"就抚"的张献忠等部农民军，暗中调兵遣将，准备一劳永逸地解决掉这群人。

张献忠是非常谨慎精明之人，在政府军内多有耳目，他来个先发制人，在崇祯十二年夏五月重新造反，攻占了谷城县城。罗汝才等部农民军闻讯响应。几路农民军合军，打下房县。

对朝廷而言，唯一可幸的是，均州一带投降官军的王光恩等五部首领耻于反复，歃血为盟，效忠朝廷，这才保证了均州的安全。

收受张献忠无数金银财宝的"总理"熊文灿听说义军复反，五雷轰顶，慌忙派左良玉部自襄阳出发杀向房县。

此部明军粮食供应匮乏，一路上除杀马外，不得不采摘野果充饥。明军苦行军十天抵达房县，在簸箕寨正落入张献忠的埋伏圈，一万多人被打死。左良玉命大，仅带千把人逃出。均州部分早先"投降"的农民军闻官军败讯，除王光恩一人外，余皆又反。

崇祯帝气得发疯，立即削去熊文灿官职，逮之下狱。他坐在狱中几乎后悔死，又撞墙又扇自己耳光，后悔自己在太监公公面前讲大话。不然的话，他现在正在两广安享荣华富贵。

杨嗣昌当然不会再保他（当然，在奏疏中杨嗣昌也说熊文灿"劳苦功高"，实际上是私庇熊文灿以烘衬自己无过）。

熊文灿被关一年多，问成死罪，秋决时押赴西市砍头。

思来想去，觉得民军复炽闹得星火燎原太伤脑筋，臣子中实在无合适人才可用，崇祯帝就直接批示给“心肝宝贝”杨嗣昌，让他以阁臣身份（其兵部尚书一职当时由前四川巡抚傅宗龙代任）出朝督军，任镇压农民军的“前线总指挥”。

在朝内“诸葛亮”了好几年，现在指派自己出去干事，杨嗣昌还真不好也不能借辞推托。他急趋宫内，丑表功作忠勇状，奏称：“君言不宿于家，臣朝受命，夕启行！”

崇祯皇帝闻言大悦：“卿能如此，朕复何忧！”

君臣二人上演一场让人“感动”的好戏。

转天，崇祯下诏赏赐杨嗣昌金银锦缎大笔，并赐宴送行，亲手斟酒三杯，御赐赠诗：“盐梅今暂作干城，上将威严细柳营。一扫寇氛从此靖，还期教养遂民生。”盐梅乃人生不可或缺之物，比拟宰相（内阁大学士），意指杨以相爷之尊出为大将，可立汉朝周亚夫（其营曰“细柳”）那样的不世功勋，并希望他一举成功，回朝后仍旧辅帝教养民生。

为臣子送行斟酒赐诗，在崇祯帝一朝为开天辟地头一回。杨嗣昌感动得边拜边泣，誓要成功。临别，他又获皇帝赐膳。

于是，杨嗣昌威风凛凛，杀气腾腾，率军高举“盐梅上将”的旗标，浩浩荡荡从北京出发，直达襄阳城。

八月二十九日，杨嗣昌在襄阳建大本营。十月初一，大誓三军。湖广巡抚方孔炤，总兵左良玉、陈洪范等人咸来拜见听命。

由于左良玉言辞慷慨，能言善论，杨嗣昌对这个武夫很是欣赏，上疏崇祯帝准备专门让他挂“平贼将军印”，予以殊荣。一来可以以将制将，二来好卖弄人情让左良玉日后为自己卖命。

左良玉得到崇祯皇帝从大内发出的“平贼将军印”，打了强心针一般，出奇地卖命。他不听从杨嗣昌让他把主力集结于兴安（今陕西安康）一带的命令，集合生力军从渔渡直入四川，在太平玛瑙山（今四川

明嘉靖洒线绣蹙金正龙方补

万源境内）把张献忠打得大败。张的家眷七人也被官军活捉。

张献忠一败再败，一个月后，他在转移途中遭陕西官军贺人龙部截杀，其左右营将率两千多人投降。仓皇之下，张献忠只能窜入深山老林，以摘采野果度日，身边仅有残卒数百人。

杨嗣昌闻报，也来了精神，催左良玉乘胜追击，让他一举歼绝张献忠残部。

左良玉悍将，自恃有智有功，根本不听调遣，高卧营帐，再不肯派兵穷搜山林密谷。

杨嗣昌狭隘小人，立刻写信给当时朝中的兵部尚书陈新甲，建议以陕西总兵贺人龙代左良玉挂“平贼将军印”。此印很有威力，谁挂此印谁就可以“总统诸部”，平级的将官也要听挂印人指挥。崇祯帝对杨嗣昌言听计从，下诏照准。

但杨嗣昌胸无主骨，觉得临阵易将是战争大忌，就又改变主意，上报朝廷要求收回成命。

这样一来，他把两个人都得罪了：左良玉恨他有夺印之心，贺人龙恨他说话不算。如此之后，兵将与统帅各怀二心，谁都不卖力征剿。张献忠终得保全，转移至湖北一带躲藏起来。

崇祯十三年，连连大败的罗汝才与张献忠残兵会合。商议过后，两人达成一致意见，觉得湖北官军云集，只有进入四川才有生路。

杨嗣昌得报，立刻发文让四川方国安部官军“迎头痛击”这两股人数仅三四千的农民军。但是，农民军脚快，先于方国安部渡过昌江。当时，守净堡的川军有五千人之多，全都龟缩于山顶，避敌不战，张献忠、罗汝才军得以从容入川。

本来，杨嗣昌原有计划是驱敌入川，他以为蜀地峻山险壑，农民军被逼入后可以陷其于死地。岂料，张献忠、罗汝才等人入川后反而如鱼得水，更加势盛（详情见后）。

四川处处陷没，张献忠势大炽，川抚邵捷春及陕西总督郑崇俭被充作替罪羊，一个被杀头，一个被革职。

在四川征战了小半年的张献忠等部农民军士气高昂。他们于崇祯十四年年底，拖着数部官军转来绕去玩了好久之后，准备掉头再入湖广。

明将猛如虎在开县黄侯城追赶张献忠。他求功心切，不顾手下兵疲将惰，挥军进攻。结果，官军大败，猛如虎的子侄均陷没于阵。

左良玉由于深恨杨嗣昌，完全不听命。本来他应该出湖北郧阳入川堵住农民军，但他却指挥部下军队向陕西兴安开进，故意避开张献忠。

农民军乘胜，出夔门经巫山重回湖北。

张献忠部农民军急行军抵襄阳后，获知襄阳城内守军人数很少，就精选二十骑化装成官军模样，持从明军处缴得的符信进入襄阳。

崇祯十五年二月初四夜间，这二十个人在城内首先持刀砍杀守门士兵，然后大呼喊杀，先前埋伏于城内的百十号人乘势而起，四处纵火，襄阳城内火光冲天。城内大乱惊扰，城外农民军大部队从无人守备的城门一拥而入。杨嗣昌苦心经营，号称铜墙铁壁的坚城，一夕即为张献忠所有。其间军资储备堆积如山，至此全部成为张献忠的战利品。数千守军，仓促不及战，一时间解甲投降。

张献忠在宏伟壮丽的襄阳王宫踞坐，唤人把已经吓得软成一摊泥的襄阳王朱翊铭押至堂上，亲自斟满一杯酒，笑着走下座位，说："王爷，我其实不恨你，也不想杀你，只想杀杨嗣昌。此人远在蜀地，我一时杀他不得，只能借您项上人头一用，杨嗣昌就会因'陷藩'之罪被杀。王爷走好，请尽饮此酒。"

襄阳王哆哆嗦嗦端过酒杯，刚一低头欲饮，张献忠即抽出钢刀，猛挥之下，王爷身首异处。然后，张献忠从兵士手中接过火把，反扔入帷幕，一把大火把襄阳王府烧成白地。张献忠临走前开库，放银十五万两赈济饥民。

在此一个月前，李自成在河南刚刚杀掉福王朱常洵。

河南本来是富有之乡，但连年灾害，加之明廷七藩封于此地，土地高度集中，贫困人民非死即逃，有力气有胆识的就扯旗造反。

李自成进入河南之始，手下仅有一千左右兵士，势单力薄。由于明朝官府强敛赋税，当地人难忍官府压榨纷纷造反，李自成部几个月就发展到数万人。农民军一举攻克宜阳、永宁、偃师、灵宝、宝丰等地，杀明朝宗室万安王以及各县官员数百人。也恰恰在此时，宋献策和牛金星这两个“知识分子”加入了李自成农民军。牛金星是犯法被贬戍的“举人”，宋献策是江湖术士，二人深受重用。特别是宋献策，首献“十八子主神器”谶语，让李自成极感高兴：“姓李的该当皇上了！”至于姚雪垠先生在小说中极力渲染的李岩，历史上应该没有这个“实人”，仅靠历史笔记中的矛盾记载混编而成。

农民军在河南作战，最大目标自然是洛阳的福王朱常洵。此人乃明神宗第三子，由宠妃郑贵妃所生。他在当时几乎夺了明光宗的太子之位。明末“三案”，追根溯源，皆与此人及其母大有关系。

万历二十九年，明神宗封此爱子为福王，婚费达三十万金，在洛阳修盖壮丽王府，超出一般王制十倍的花费。亿万钱财，皆入福王藩围。神宗皇帝一次就赐田四万余顷给他。就国之后，福王横征暴敛，侵渔小民，千方百计搜刮，坏事做绝。崇祯帝即位后，因这位福王是帝室尊属，对他很是礼敬。

这位重达三百斤的肥胖王爷终日闭阁畅饮美酒，遍淫女娼，花天酒地。陕西农民起义正盛之时，河南又连年旱蝗大灾，人民相食，福王不闻不问，仍旧收敛赋税，连基本的赈济样子都不表示一下。

四方征兵队伍行过洛阳，军士纷纷怒言：“洛阳富于皇宫，神宗耗天下之财以肥福王，却让我们空肚子去打仗，命死贼手，何其不公！”

当时退养在家的南京兵部尚书吕维祺多次入王府劝福王，劝他即使只为自己打算，也应该开府库拿出些钱财援饷济民。福王与其父明神宗一样，嗜财如命，不听。

崇祯十四年春正月十九日，李自成率军以大炮（抛石机）攻洛阳。毕竟洛阳城极其坚固，农民军攻了整整一个白天也攻不下。傍晚，城内有数百明兵在城墙上纵马驰呼，城下农民军响应。于是，明朝守城兵将因怨生恨，突然把守城的正指挥王胤昌绑在城上，准备献城投降。

总兵王绍禹闻讯，急忙赶来谕解。哗变士兵大叫："贼军已在城下，王总兵您又能把我们怎样！"一时间叛兵动手，杀掉守城明军数人，不少人因惊堕城。

城外农民军见状，趁乱蚁附攀城，哗变的明军伸手引梯，洛阳即时陷落。王胤昌见势不妙，掉转马头就跑（后崇祯帝把他逮捕，凌迟于市）。

巨胖福王与女眷躲入郊外僻静的迎恩寺，仍旧想活命。其世子朱由崧脚快，缒城逃走，日后被明臣迎立于南京，建立弘光政权。

别人逃得了，福王没有这福分。很快，他就被农民军寻迹逮捕，押回城内。

福王熊包一个，见了李自成，立刻趴在地上，叩头如捣蒜，把脑袋磕得青紫，哀乞饶命。

李自成也笑，看见堂下跪着哭喊饶命的三百斤肥胖王爷，他让手下人把他绑上，剥光洗净，又从后园弄出几头鹿宰了，与福王在一个巨锅里共煮，名为"福禄宴"。

事后，李自成手下搬运福王府中金银财宝以及粮食，数千人人拉车载，数日不绝，一搬而空。

洛阳、襄阳连陷，二王被杀，身在湖北沙市督军的杨嗣昌惊悸异常，畏罪服毒自杀，时年五十四。

《明史》中记载他"不食而死"，又有笔记讲他是病重身死，均不确切。两藩失陷，他自知再无生路，只能一死了之。

其实，杨嗣昌不可谓不勤奋，但属干吏小才，行事过于烦琐，一切军情大小事情均亲自料理，千里待报，坐失机会。他掌兵柄数年间，陷卢象昇于死地，排挤打压孙传庭，挤对洪承畴，加饷，残民，实际上自绝明朝国脉。

事闻朝廷，崇祯帝为掩自己用人之失，竟不追治其罪，还以“剿贼功”追赠他为太子太傅。清初，其子杨山松作《孤儿吁天录》，极力掩辩，谓其父乃正常病亡，不是畏罪自杀，想左右写《明史》的清朝史官的看法。可幸“馆臣未受其误（导）”，并未把杨嗣昌描写成“有劳无过”的忠臣。

日后，张献忠攻陷武陵，把杨嗣昌七世祖墓一一掘出，尸骨散弃；派兵士用大刀把杨嗣昌夫妇尸体大卸八块，然后用棺木焚烧。这体现出张献忠作为农民军领袖的狭隘和暴戾的一面。

张献忠爽过一把后，生怕郧阳一带的左良玉部明军来攻，便涉汉水而东，打下光州后，折入湖北克随州。接着，他率部至信阳一带。

左良玉率军入河南追剿，张献忠部乘机杀至郧阳。而罗汝才部在河南没动，与李自成联军，改换门庭。张献忠失去一条有力臂膀，军力大减，不久在信阳遭遇老对手左良玉部，与其交手大败，几乎全军覆没。

由于从前在荥阳大会时与李自成有过节，张献忠不敢去投李自成，转去安徽，与“革里眼”等部联手。攻打庐州和无为州之后，“革里眼”等人向河南开拔，投奔李自成，张献忠只得准备重入湖北。但潜山一战，他被明将黄得功击败，一时龟缩在原地不敢动弹。

由于李自成忽然在湖北孝感、汉阳等地大败官军，左良玉部逃至池州。这给予了张献忠一个好机会。他即刻率军从潜山出发，一直向西挺进，连克黄梅、蕲州，并在攻破蕲水后杀掉了寄住在那里的熊文灿家属几十口人。

势如破竹之下，崇祯十六年（1643 年）夏，张献忠一举攻下重镇武昌，杀掉了宗藩楚王。

楚王朱华奎也是个财迷，王府金银百万千万，一个子儿也舍不得拿出来募兵发饷。结果，攻克武昌后，张献忠看见楚王府那么多金银，大发叹息：“这朱老头真是愚蠢，这么多钱舍不得用来招兵买马，放在这里等人抢！”于是，他命人在朱华奎身上塞了数块银锭，把大胡子老王爷扔入水中淹死。

占据武昌后，张献忠建立“大西”政权。由于李自成军队已经据有汉阳，张献忠知道自己打不过他，不久就率主力杀向湖南，全取湖南，并向江西发展。

崇祯帝大错之五

明清松锦大战的错误指挥

清军数次入口，掳人夺财杀人虽多，土地基本一块未得，天气一热就退回关外。为此，“皇帝不急太监急”。皇太极与大群满洲贵族不着急，其手下如祖可法、张存仁这些汉人降官降将却忧心忡忡，深觉清廷偏隅一方当土皇帝没出路，应该杀入中原推倒明朝为正统。这样一来，这些人也好成为新王朝的开国功臣。

大约在崇祯十三年，清廷的都察院参政张存仁献“三策”攻明：上策是直捣北京，割据河北；中策是直取山海关，切断北京与宁锦之间的“咽喉”；下策是屯兵广宁，稳步夺取宁锦土地。

此时，由于蒙古察哈尔的林丹汗也被清军击败，漠南蒙古尽属于己，皇太极更无后顾之忧。

皇太极思前想后，最终决定采用张存仁的最后一策：夺取宁锦。

为此，祖可法、张存仁这几个人立刻忙乎起来，先在义州（在广宁与锦州之间）修城，以此为前哨，屯田练兵，保障将来的大战有稳固的后勤支援。

1640年夏，皇太极本人亲自到义州一带观察地形，并率军杀至锦州，用红夷大炮猛轰城内明军。趁明军闭门严守之际，清军把城周的粮食尽行割光，运回义州作为军粮储备。

义州这个战略要地，明辽东巡抚方一藻三年前就上书朝廷建议重修，却无人过问。至此，反而成为清军攻击的落脚处。

北京的崇祯皇帝听说皇太极又有动静，立命蓟辽总督洪承畴赶紧出关前往锦州。本来，洪承畴一直在陕西等地与农民军作战，由于他极富韬略，陕西巡抚孙传庭又与他合作，在崇祯十一年屡战屡胜，曾一度几乎把李自成等军赶尽杀绝。但是，由于受杨嗣昌排挤，他在崇祯十二年被外派为蓟辽总督，战争对手由农民军变成了清军。

洪承畴确实是明朝少有的真正有将略的文臣。他到山海关巡视后，立刻抽练兵卒，置精兵于山海关之外的前屯卫和中后所（今辽宁绥中），以能将吴三桂为总兵官，信用辽东本土将官祖大寿等人。在锦州、松山、杏山、塔山、宁远、前屯卫、中后所、中前所（今绥中前所）等八城屯精兵近八万人，大大加强了宁锦防线的实力。

面对汹汹而来的皇太极清军，洪承畴审时度势，在得知吴三桂等一万明军分赴松山、杏山驰援消息后，他又下令总兵曹变蛟、马科等人率二万人出关，于五月十六日抵达宁远。

先行抵达杏山的吴三桂非常勇敢，率军与清军交战，可惜先胜后败，几乎陷没于阵，数千明兵被杀。

清军此次攻围宁锦非常有耐心，已经有打持久战的准备，并定期三个月轮换士兵，保证士气和进攻能力。同时，清军按部就班，逐步清除锦州城外的明军堡垒。

锦州城内明军并不示弱，屡屡出城与清军交手，双方死伤相当，谁也不占大便宜。

清军、明军双方源源不断地运粮、运攻城器具于宁锦，大打消耗战。

在环围锦州的情况下，清军仍多疏漏，近两万石粮食在交战期间被明军运入城内，极大鼓舞了明军士气。

七月间，洪承畴本人率曹变蛟、马科、吴三桂、刘肇基四位总兵官带兵四万至杏山，与清军大战。吴三桂一部独胜，清军退却。由此，清军集中围打锦州的企图受挫。明清两军在松山、杏山与锦州之间形成战略相持。

洪承畴在杏山首战后非常有信心，急忙上奏朝廷，请求派十五万大军以及运送一年的粮草到位，就能最终取得战争胜利。同时，他调动灵活，为节约粮食，只留吴三桂一部万余人马于松、杏一带，以拖住清军，其余兵马即刻回关内休整。他还下令宣府、大同、密云三总兵出关，准备转年待诸军集结完成后毕其功于一役，与清军决战。

张存仁对满洲主子可谓用心良苦。他发现清军包围锦州有多处缺口，即刻苦口婆心劝说皇太极从严从重惩罚松懈的清将，加强围困，在锦州城外深挖堑壕，多筑战台，并先取松山、杏山和塔山三城。

皇太极“知错就改”，下死命令严防明军从锦州以外运粮草等物入内，把城围得水泄不通。

由于诱降了为明军镇守锦州外城的蒙古军头领那木气，两营蒙古兵连家属六七千人向清兵投降，锦州外城一度为清军攻占。多亏祖大寿率兵死战，最终夺回外城。但是，外城不少城垣遭受破坏，锦州防御能力大大降低。明军基本上只能凭内城守御。

胶着之间，崇祯十四年正月，从宣府、大同等地抽调出关的明兵哗变逃亡，乱了好大一阵才抚平。

得知锦州已经完全被清军隔绝，北京的崇祯皇帝十分焦急，怕丢掉这座战略要地，催洪承畴即刻进兵。无奈之下，洪承畴只能力催各道兵加紧出关。最终，各军于四月中旬齐集于宁远城，共计为大同总兵王朴、山海关总兵马科、东协总兵曹变蛟、中协总兵白广恩、阳和总兵杨国柱以及王廷臣和吴三桂七个总兵官，共十二多万人。

四月二十五日，明军与清军在锦州以南十五里外开战，虽然是在地势上以低攻高，但明军英勇冲杀，清军虽顽强，仍然伤亡惨重。

六月间，洪承畴挥兵六万攻清军于松山，夺其三营，杀伤清兵甚众。从当时情况讲，明军已经取得战争主动权，围困锦州的清军开始动摇。

关键时刻，皇太极手下的汉族将领石延柱献上“妙策”，竭力劝说皇太极不要为小败而产生沮丧情绪，把“围城打援”当成作战原则，坚持下去肯定胜利。

洪承畴此时很清醒，他上奏朝廷，认为应该在保持战场优势的情况下，在松、杏一带与清军相持。多年与女真人交手的祖大寿也在锦州城内向京城送信，嘱诫明军切勿轻易与清军野战，即使交战，也应用车阵逼之，使其骑兵不得驰击。同时，他还表示锦州城内粮食充足，大可支持半年。

战地统帅洪承畴与锦州守卫主将祖大寿如此表示，朝内的兵部尚书陈新甲却坚持速战。这个吏选入朝当尚书的无谋浅视之人被小胜冲昏头脑，力劝崇祯帝下诏催诸将速战速决。崇祯帝偏听偏信，禁不住陈新甲激劝，立刻下旨让洪承畴马上进兵解锦州之围。陈新甲为了大张其事，还派出亲信往军中监视，催促出兵。

松山之地，位于锦州与杏山之间，实是宁锦防线的咽喉要地。洪承畴得到御旨，不敢不遵，只得下决心在松山与清军展开决战。

由于清兵在锦州南的乳峰山以东结营，洪承畴就下令曹变蛟率军屯于乳峰山以西，以斗其势。明军数万大军，在松山与乳峰之间连扎七座大营，遍掘长壕，密排火器，排马布阵，旗甲鲜明。

进围锦州的清军见明军如此势盛，不少人内心十分惶恐。

锦州城内祖大寿敢战，他于八月二日首先自城内杀出，与围外入内的明军联手，予包围锦州的清兵以严重杀伤。但宣府总兵杨国柱也在战斗中阵亡，明军损失不小。

双方大战七八天，各自损兵折将，基本持平。

身在沈阳的皇太极坐不住，他不顾自己严重的鼻出血，用大棉花团塞住鼻子，自率三千精骑，御驾亲征，飞驰六天六夜赶到松山前线，亲自指挥战斗。

清军不惜血本，后备军预备队一齐上，总共十二三万人马。与之相较，连同守城明军算在内，松山一带的明军大概也是这个数。双方军力差不多，都无明显优势。

两军相较，就看精神头了。

皇太极在松山结阵。他登高察望，仔细观察许久，与左右满汉将领切磋半天，终于找出明军漏洞：洪承畴明军过于集中，前锋兵甚锐，后守薄弱。于是，皇太极立刻部署，决定断绝明军粮道，下令清军在松山与杏山之间多处立营，挖壕筑台，围困明军。

如此一来，清军由被动变为主动，整盘皆活。

如果此时撤兵，洪承畴可能不会损失太大。但崇祯帝不表态，洪承畴只能死扛。当时，大同监军张斗看出些端倪，建议分出一支兵马在长岭山驻守，以防止清军包抄明军后路。洪承畴没有采纳。即使如此，假如他此时趁清军新来援兵立足未稳赌一把大的，果断命令明军即刻出击，兴许还能出奇制胜。但他没有，呆等“战机”。“战机”不来，清军却把杏山、松山切割开来，明军后路被堵。由此，自宁远经塔山抵杏山的粮道也就被阻塞掉。

明军上下得知此事，军心立刻动摇。

洪承畴不愧是谋划老帅，他本来安排诸将在城内稍事休整后，转天白天倾力一战。但由于马上要绝粮，他就命诸兵将背水一战。士兵只要有必死之心，在兵力相当情况下，兴许能杀败清兵。

恰恰就在这时，朝廷兵部尚书陈新甲派出的心腹监军张若麒在宁远发来一封急信，让洪承畴率诸将先回宁远就食，吃饱后再整兵回战。先前他一直催洪承畴出战，这节骨眼儿他又要洪承畴撤军回宁远，完全是瞎指挥。

最要命的是，他这一封信，大大动摇了松山城内的各位明军将领，不少人不想冒险，要求率部先回宁远休整持粮，再回来解锦州之围。

洪承畴坚持己见，诸将议论纷纷。洪承畴无奈，只得自己守松山，听任诸将分道突围。

大同总兵王朴先逃，各总兵趁黑胡乱出城遁走。结果，严阵以待的清军在半路迎头截杀，杀死全无斗志的明军无数。由于夜深看不见道路，不少明军在海边逃走时正遇涨潮，淹死许多。

明将曹变蛟英勇，转天深夜，他率所部自乳峰山而下，荡清营数次，有一次还奔入皇太极御营，几乎要了这位清帝性命。可惜夜间昏黑，曹变蛟本人中箭，只得带伤逃回松山城中。

松山、杏山一带，到处都是明军的尸体。明军约六万人被杀，只有三万残兵逃回关内。

可称道的是，清兵随后三日搜杀，明军残兵大多视死如归，基本无投降者。据被皇太极当作人质带在自己身边的朝鲜世子回忆："汉人视死如归，鲜有乞和者。（他们）拥荷其将，立于海中，伸臂翼蔽，俾（将领）不中箭，不失礼敬，死而后已……汉兵（明兵）初势极壮，用兵亦奇，乃以无粮分兵出送，取此丧败，气挫势穷。"

大胜之后，清军在进围杏山的同时，把松山围成铁桶一般。

明廷虽下令范志完代洪承畴为蓟辽总督，逃出的吴三桂又在宁远一带召集败亡残兵，但一直没能再有力量组织一支有力援军。明廷听凭松山、锦州被围。

松山城内，此时还有万余精兵。洪承畴与曹变蛟、王廷臣以及辽东巡抚丘民仰一同守城。坚持数月，一直到转年（崇祯十五年，即1642年）正月，城内食尽，并无任何明朝援军到来的消息。结果，二月十八日，守城的松山副将夏承德暗中降清，忽然率兵把洪承畴等人活捉，然后开门献城。

当时，皇太极已回沈阳。闻胜讯后，他即刻下令，将洪承畴押解至沈阳，其余明将，包括曹变蛟、王廷臣以及明军守城官校及兵卒，近一万二千余人，全部就地处决，平毁松山城。

别人不讲，曹变蛟乃明朝大将曹文诏的侄子，骁勇绝人，在陕西等地曾经击败农民军上百次。特别是南原一战，曹变蛟率军攻杀，农民军尸骸相叠，李自成仅与七骑走免，余众皆降。正是由于他的英勇，洪承畴出任蓟辽总督时特意带他出关。至此，竟然被奸贼所执，遭满人杀害，明廷又失一栋梁。

曹变蛟、王廷臣两人乃明朝总兵，其实还有求生机会，清将要二人剃头易服，归降清朝。二人表示“头可断，发不可剃！”于是相继被杀。

松山大战中，丧亡的将士皆是明朝边地百战精兵，可称是最厚的老底军队，均在此役中赔光。

松山一失，锦州再也无望。三月八日，祖大寿率守城兵将七千人出降。这一次，他是真降，即刻被送入沈阳。皇太极善待之，并未翻脸杀他。但是，锦州守兵没那么好运，除祖大寿亲信部将数十人以外，几千明军士卒皆被处决。同时被杀的，还有一直忠于明朝的两千多蒙古士兵。这些蒙古兵力大，清兵以招宴为名骗去他们的兵器，然后在城外以铁骑逼之，箭射刀砍。蒙古兵再勇武，赤手空拳也打不过刀枪箭矢，皆格斗而死。

继锦州后，塔山、杏山两城，相继落入清军之手。明朝山海关以外的八座坚城，如今已失其半。

祖大寿入沈阳后，在大清门外下跪请罪，向皇太极表示罪该万死。有汉人降将进言，说祖大寿反复，应该杀掉。皇太极认为日后可以用祖大寿招降他的外甥吴三桂，不听，仍然待之以礼，让他日后“竭力事大清”。

日后，祖大寿一系兄弟子侄皆成为清廷鹰犬，为之前驱效力，立功不少。直至顺治十三年（1656 年），祖大寿才病死，清朝葬以一品官员礼。值得一提的是，最早他作为人质留在清营的儿子祖可法（有称为其义子），翻蹄亮掌为清廷忙活多年，也在祖大寿病死的同一年病死，当时的爵位是子爵。这父子俩，也是明清之际的一个奇观。

至于洪承畴，刚刚被俘时确实大骂不屈，只求速死。所以，明廷在北京还为他立祠纪念，以为他已经壮烈殉国。到沈阳后，不知为什么，这位崇祯皇帝的信臣腰一软，决定降了，剃发后穿满服跪于殿外向皇太极乞罪："臣将兵由松山援锦州，曾与天兵数战，大犯天威。圣驾一至，众兵败没。臣坐困松山，粮绝兵疲，城破被擒，分当受死。蒙皇上矜怜不杀，臣知罪大，不敢入殿。"

皇太极谕之曰："彼时尔与我军交战，各为其主，朕岂介意！朕之大胜，实乃天意。朕恩养于你，上合天道，望你尽心图报即可。"

洪承畴叩头不止。他随即被编入镶黄旗汉军。但终皇太极之世，洪承畴与祖大寿均未被重用，形同软禁。

当时，皇太极最宠爱的宸妃病死，使这位女真爷们如丧考妣。先前他在松山大胜后匆匆回沈阳，也是为见她最后一面。所以，接见洪承畴和祖大寿等一批降臣降将时，皇太极还沉浸于悲痛中不能自拔。这位宸妃为皇太极生过一个儿子（皇八子），可惜二岁而殇。崇德六年（1641 年）九月十二日，皇太极正在松锦前线指挥对明军的战斗。宸妃病重消息传来，这位皇帝转天即上路，催马挥鞭往沈阳赶。十七日，刚刚驻马喘口气，听闻宸妃病危，皇太极夜间赶路，纵马奔驰。入沈阳后，得知宸妃已经咽气。大受刺激之下，皇太极数日水米不进，神经病一样。二十三日皇太极痛哭，一口气喘不上来，竟然昏死过去，差点"殉情"。此后，皇太极每每触景生情，大哭不止。这位宸妃，她的妹妹正是电视剧《康熙王朝》中的孝庄文皇后（即顺治帝生母、康熙帝祖母，死后谥"孝庄"）。当时，这位"孝庄"是皇太极的庄妃。这姐俩与姑姑博尔济吉特氏均为科尔沁蒙古人，皆为皇太极的"夫人"。不过，姑姑是皇太极的“大福晋”，即日后的“孝端文皇后”。科尔沁蒙古与后金结姻，原本是为了一起抗击察哈尔蒙古（此部曾与明朝结盟）。

皇太极还真是个情种，因思成病，竟然病入膏肓，转年十一月撒手西归，死了。

《清史稿》中讲，皇太极曾亲自入洪承畴囚室，解自己身上的貂裘为他披上，耐心温言劝降。此事实属子虚乌有，乃《清史稿》写作者抄袭昭梿的笔记《啸亭杂录》的内容。至于说皇太极派庄妃色诱洪承畴，完全是《清史演义》等小说中的“瞎编”，没有任何历史根据。洪承畴本人在皇太极活着的那段时间，连个正式的官职都没有，更甭提替清帝出谋划策了。日后多尔衮信用他后，才日益显出这位降臣走狗的重要性。

皇太极病死前数月，还有件重要的事情可表：崇德七年十月，西藏的五世达赖派使者千里迢迢赶至，奉清朝为“正朔”。这件事让皇太极又意外又惊喜。本来他不信佛教，如今却一反常态，一口一个阿弥陀佛，向五世达赖的使者表示自己崇信佛教，并遣使奉大批珍宝回访藏地，向达赖及班禅示好。

崇祯帝大错之六

与清廷犹豫不决的和议

皇太极松锦大战一举击破明军十多万，依当代人的心态，他该问鼎中原，策马直驱。其实不然，清军虽然大胜，皇太极仍旧非常想与明朝讲和。

明清（后金）之间，长久以来，对和议最积极的，一直是后者。努尔哈赤时代不讲，小酋长刚刚得志，得地掳人日多，很想与大明交好过过安稳的日子，只要中原王朝从经济上给自己好处，偃戈息兵绝非天方夜谭。皇太极登位后，亦抱如是观点。

松锦大胜后，明廷派人前来接触，皇太极在给朝鲜国王的信中就这样讲："朕想今日我之藩服不为不多，疆域不为不广。彼（明朝）既请和，朕意欲成和事，共享太平之福。诸王、贝勒或谓明朝时势已衰，正宜乘此机会，攻取北京，安用和为。但念征战不已，死伤必重，固有所不忍。纵蒙天眷，得或一统，世岂有长生之人，子子孙孙宁有世守不绝之理！昔大金曾亦一统，今安在哉！"

这些话，无一不实。清入主中原后无不增饰描绘清太祖、清太宗"梦一中原"的雄才大略，皆是事后诸葛亮式的锦上添花。

1642 年刚刚歼灭十余万明朝精兵的皇太极，绝无入据中原一统天下之意，于他而言，沈阳辽东之地，原非世有，如今拥有如此一片广阔大地，足可为国。而他的那句"大金亦曾一统，今安在哉！"才是真正的雄才大略。如入中原，女真人的历史和传统，必定会全然消泯。凡事福祸相倚，日后满族人问鼎中原，虽吸收金、辽灭亡的不少历史经验，在汉化同时稳守"传统"，其作用不过是延长国祚而已。

从明朝方面讲，"天朝上国"的自大观念极其严重。特别是朱明王朝是推翻元朝异族政权而定国，民族意识一直是意识形态教育中最基本的原则。长期以来，朝野中所有大儒、正人，皆竭力反对讲和，因为这让他们想起靖康之耻，想起南宋求和的屈辱。即使是袁崇焕出于权谋假装与后金讲和，他被杀时这一点也是一大罪柄：和款误国。所以，明廷上下谈和色变，和议绝对是一个最为忌讳的话题。谁讲"和议"，谁就是叛贼。

松辽大战失败后，明王朝内地形势更是一天紧过一天。那一年初，洛阳、襄阳被农民军攻克，福王、襄王被杀，辅臣杨嗣昌自杀，前兵部尚书傅宗龙（时任三边总督）又死。年底，开封被农民军包围，中原势如鼎沸。一切的一切，均让崇祯帝焦心似火。

但是，作为皇帝，崇祯帝是个自尊心、虚荣心极强又极好面子的人，他很想与清军议和，谁都清楚，只有这样才能腾出手来对付农民军。最终，趁兵败之际，一直有意议和的兵部尚书陈新甲主动做出表示，并让大学士谢升出面告知皇帝。

崇祯帝大松一口气，有“大学士”级别的阁臣出面提出此事，自己即可不负责任，无论和谈成败，均可找出进步退身的借口。于是，他就让陈新甲安排，派职方郎中马绍愉等人出关与皇太极议和。

这一使团，是明朝官方第一次也是唯一一次正式的议和使团。当然，明廷架子还是摆得挺大，敕书中仍旧以“天朝上国”自居，视清廷为属夷。皇太极见书不满，明使周旋，又回京换敕书，来来往往。纠缠期间，松山、锦州、塔山、杏山等坚城均落入清廷之手，明朝在谈判桌上越来越被动。所以，待马绍愉一行到沈阳时，已经是崇祯十五年五月十四日。那时候，洪承畴、祖大寿作为清人的“阶下囚”，也在沈阳。

对于明廷的主动议和，皇太极和不少清廷贵族认同而重视，而上蹿下跳反对最欢的当数汉人降官张存仁和祖可法等人，他们认定明朝是以和议为缓兵之计，劝阻皇太极不要轻易议和。即使与明朝讲和，也要效仿前朝金国，最大程度侵夺明朝土地、最大程度上勒索明朝金银，对明朝削之弱之，最后再亡之。可见，这些人的阴狠之心，比他们的满洲主子有过之而无不及。

皇太极不这样想，他认定自己应坚守东北为国，并不惜居于明朝属国的地位，只要明廷每年能“馈赠”万两黄金、百万两白银即可。作为回报，清国每年上贡明朝貂皮千张、人参千斤。至于“国界”，皇太极想以塔山为清国界，以宁远与双树铺中间的土岭为明国界，在连山一地设立互市的集散地。

从这些条件方面看，皇太极绝对没有狮子大开口。明朝出这些钱绰绰有余，基本就是先前“赏赐”明朝各边蒙古人的数目。如今，清廷已经遍服蒙古诸部，明朝完全可以做顺水人情，把这笔开支换个收家而已。

为表礼敬，明使马绍愉出关，清廷隆重欢送，宴饮极欢。

马绍愉行至宁远，立即把与清廷议和的详情一五一十写下来，密报人在北京的兵部尚书陈新甲。

陈新甲仔细阅后，思虑重重，把密报放置于桌案，自己随后入书房写条陈做“功课”。

陈新甲家童很勤快，见到那封密报，以为是日常必须对外公布的《塘报》，马上送人传抄散发。这一来不得了，言路哗然，群情激愤，一起上言上书攻击陈新甲是“叛贼”。

《邸报》《塘报》都是官方所办类似今天“大内参”“小内参”一类的东西。《邸报》乃朝内的政情大汇总，记载皇帝旨谕和朝臣奏议；《塘报》内容多为地方军政大事要闻辑录，一般通过官方驿递系统在京城衙门府署送递并发至四方官署。

崇祯帝甫听到此消息，内心极恼，他还以为陈新甲故意泄露和议之事。于是，在隐忍一段时间后，他就附和众议，严旨切责陈新甲。如果陈懂事，严加自责，把皇上从此事中撇清，大包大揽声称责任完全在于自己一个人，保命肯定没问题。由此，他大可以回家优游山林。当然，官是保不了。

但陈新甲此时却较真，认为自己是皇帝面授机宜，当然不会承受反叛之罪。郁闷之下，他洋洋洒洒万言敷陈，力诉自己有功，广引崇祯帝敕谕中的言辞，抱着皇帝这棵救命大树不放。

最爱面子的崇祯帝忍无可忍，亲下谕旨，把陈新甲在任期间四座边城失陷、两个藩王被杀以及河北、山东七十二城被清兵蹂躏的“罪过”，全安在他头上。最后，归结为一个字：斩！

杀了陈新甲，明清之间的和议，自然不了了之。

历史的黑色偶然性，在这一刻又露出了它狰狞的笑脸。假使陈新甲的家童懒一点或是拉肚子，没有把那份和议的密报当《塘报》抄出去，今天的历史，可能会是另外一个样子。

明末内忧外患，士大夫文人多以“知兵”自诩，以成大用。所谓唇吻韬略，竟成金紫之资，亦为杀头之源。这些人中，好坏参半，贤愚夹杂。熊廷弼、杨镐、袁崇焕、卢象昇、孙传庭、杨嗣昌、熊文灿、洪承畴、陈士奇、陈新甲等人，皆是名噪一时的文人统帅。特别是崇祯一朝，由乡试而至巡抚大员者竟多达十人（崇祯以前整个明朝仅有三人）。也算是“时势造英雄”吧，“知兵论武”在时势多艰的情况下比走科举之路要便捷得多。所以，陈新甲、何腾蛟、宋一鹤、丘民仰、刘可训等人才能迅速被升擢重用，往往两三年就做到别人通过正常途径要在官场熬上二十年才能得到的官位。

文人“论兵”“知兵”这种高级“玩儿票”行为，只有明末这种衰世才会特别突出。当然，比起南北朝时期和“戎服讲经”，明末士人要踏实一些。可悲的是，在外敌强兵压境、内患不断的紧要关头，士大夫们仍然把“韬略”当作万能药剂，醉心于“诸葛亮”的帷幄算计之战，却忽略了武备和士气的重要性，本末倒置，还沉浸于“羽扇纶巾，谈笑间，强虏灰飞烟灭”的梦呓中。此种传统儒学陈旧意识导致的虚骄习气，也正是他们大多下场悲惨的主要原因。

历史机遇的一再丧失，明朝，不能不亡！

李自成、张献忠的成败

农民英雄的悲壮战歌

1644年，明朝崇祯十七年，三月十九。夜。北京紫禁城内乾清宫。皇帝寝殿。

一位一米八三左右的精瘦汉子，皮肤黝黑，头发细黄，正浑身赤裸地站在御殿寝室巨大的黄金浴盆旁。十余个身着明宫官服的年轻貌美宫女，手忙脚乱地帮他揩拭身体，水珠不停地从汉子那细软如鼠毛的发间滚落下来。黑大汉侧身之际，一人多高的西洋穿衣镜中，登时出现一个影像，凸颧凹腮，睁一目眇一目，未瞎的一只眼里面发出瘆人的凶邪之光，遍体黑毛，臂膊间青筋毕现——大汉一惊，多年戎马生涯养成的警觉令他大喝一声，肩摇腿踢，几个正为他揩身的宫女重重摔落在一旁。

殿门处卫士闻声飞速赶入宫殿，见大汉余悸未消，一脸惊惶地怒视穿衣镜，卫士长忙下跪禀报："闯王，那是西洋穿衣镜。"

"知道了！"大汉挥挥手，扈卫立刻消失于殿下。这位北京紫禁城的新主人，不是别人，正是大名鼎鼎的李自成。

读过姚雪垠先生小说的人，见到笔者的描述肯定会大吃一惊——姚先生笔下的李自成，相貌堂堂，威风凛凛，头戴毡笠，身披红氅，完全是农民起义英雄"高大全"的形象。那种描写，完全是文学的臆想和政治的演绎。甚至连李自成最明显的相貌表征"独眼龙"都不着笔墨，姚老先生也太过"美化"这位明王朝的掘墓人了。

此刻入主皇宫的李自成，心中还存有最大的挥之不去的隐忧：崇祯皇帝到底在哪里？活不见人，死不见尸。京城虽克，明朝的象征人物却下落不明，仍旧不算是最终胜利。

两天后，宫里的一个小宦官在煤山脚下发现了崇祯的“御马”。

农民军士兵追踪寻迹，终于在山上一棵歪脖树上发现了自缢而死的大明皇帝。这士兵在三十四岁皇帝的白绫衣袖上，发现有数行潦草凌乱的字体，显然是崇祯皇帝上吊前仓促所书。一行是：“朕失江山，无面目见祖宗，不敢终于正寝”；另一行是：“百官俱赴东宫（太子）行在”。

十七年的皇帝生涯，对于崇祯皇帝来讲，只能用杜甫的一句诗来概括：艰难苦恨繁霜鬓！

除在诛杀魏忠贤一事上“英明神武”外，崇祯帝继位后，几乎是步步皆错，一步一步带着大明王朝走向灭亡。

驿卒成王业

李自成

河南、湖广的攻取之路

李自成在洛阳把福王朱常洵烹杀，休整数日，就提兵进袭开封。

由于明朝河南巡抚李仙风当时正在怀庆地区攻打农民军，开封守将也因洛阳告急领兵外出，致使开封城内守城力量薄弱。李自成得知这一情况后，立刻自领三万精兵，急行军三天三夜，准备以突袭方式攻克开封。

开封的周王倒不吝啬，他在拿出五十万两白银犒军赈民的同时，提高赏赐，发榜表示“民众有能出城斩贼一首的，赏银五十两”。重赏之下出勇夫，开封守城士兵积极性大增。

李自成军不与之硬拼，退避数舍。此时，出援洛阳的官军及时赶回，开封终于免于被攻占。

李自成不甘心，亲自骑马到城下观察地形。城上官军发箭，有一箭正射入李自成左眼，镞深入骨，差点把这位农民军领袖射死。从此，李自成就成了独眼龙。

开封围解。

此后，李自成与弃张献忠来归的罗汝才合军，自河南西部入湖广，在孟家庄抓住了明朝三边总督傅宗龙（前兵部尚书）。农民军押傅宗龙去项城，想让他去赚开城门，岂料傅宗龙大声叫骂，立刻被杀。

项城虽然未下，经此一战，李自成部下多添了昔日陕西的能战“官军”，势力更大，便开始自称“闯王”。

项城之战后，农民军横扫豫中地区。李自成破叶县，杀守将刘国能；克襄城，杀守将李万庆。被杀的这二人，刘国能绰号“闯塌天”，李万庆绰号“射塌天”，皆是李自成从前的“老战友”。他们几年前投降官府后，一直忠于明朝，成为农民军的敌人。

南阳一战，明朝猛将猛如虎、刘光祚也在与农民军作战中战死。李自成名振一方。

在此情况下，李自成开始了对开封的第二次攻击。

农民军围攻了三个月，直到崇祯十五年（1642 年）开年，开封仍攻不下。情急之下，李自成指挥士兵逼迫城外平民在城墙中掏大洞十余个，置火药数万斤。然后，农民军士兵百炬齐投，就等着城崩杀入城去。

岂料，火药威力太大，天崩地裂一声响后，正纵马擐甲准备杀入城的农民军数千人被炸死炸伤。

崩城未成，自己人大损。这样，李自成二破开封仍旧失败。

傅宗龙死后，明廷任汪乔年为陕西三边总督。这位汪爷笃信怪力乱神，调兵遣将他不急，先派人把米脂县内李自成的祖坟刨开，并从中捉到一条小蛇，四处张扬，然后千刀剁碎，宣扬说已把李自成家的风水全部搞坏。

可笑的是，李自成没咋的，全须全尾活得好好的。由于左良玉率部逃走，农民军攻克襄城，活捉了挖李自成祖坟的汪乔年，咔嚓一刀，汪总督好日子立刻就到头了。

于是，几个月之内，李自成在豫东地区秋风扫落叶一样连战连捷，把开封外围打扫得干干净净，第三次包围了开封。

明廷十分重视开封的安全，马上派丁启睿督率左良玉等部近二十万众，号称四十万，连营黄河岸边，准备与农民军开打。

李自成有谋，为防止出现腹背受敌的情况，他先派人化装成官军向开封送信，要城内军队严防死守不可轻出。然后，他集中力量迎向来援明军，在朱仙镇与明军开战。

此时的明军，各怀鬼胎，督统丁启睿又无能，面对强敌，未战心乱。大将左良玉率先不战而退，其余诸将一窝蜂四溃，总兵姜名武被俘杀，明军大败。

李自成挟得胜之气，复率兵围开封。

李自成此次围开封很有耐心，他不着急攻城，先派人四处拔堡陷城，最终把开封完完全全变成一座孤城。

被围四个多月，开封城内断食，人民大量饿死，其数目达数十万之多。在吃光牛皮、鼠雀、水草、胶泥等之后，守军只得吃死人尸体。眼见守军已经很难坚持了。

无奈之下，明军采取决河灌敌之法，挖开朱家寨黄河大堤以冲农民军。李自成当然不示弱，他反决马家口黄河大堤。但双方决堤都没见成效，河水只在城外漫浸，深三四尺而已。

最后，农民军趁阴雨连绵河水暴涨之际，先堵塞东西南三面决口，然后数万人一起挥锄猛挖，掘开北面黄河的上流堤坝。

如此一来，黄河水洪涛横流，开封城顿时成为水中泽国，居民死伤无数。开封城中，只有钟鼓二楼、周王王城以及延庆观几处地势高的地方没有被淹，这几个地方一些居民的性命得以保存。不久，这些人中很快又有大部分人冻饿而死或被饥饿的人吃掉。满城尸骸，惨不忍睹。

农民军掘堤时，也有一两万人躲闪不及，丧生水中。

趁乱，明朝的宗室周王有幸在明军保护下乘船逃走。

开封虽成为废城，但已非朝廷所有。

此后，自潼关入河南的陕西孙传庭部官军复为李自成、罗汝才部联军击败。河南大地几乎尽属李自成。

一直在安徽、河南、湖北交界地区作战的“革左五营”（“老回回”马守应、“革里眼”贺一龙、“左金王”贺锦、“改世王”刘希尧、“乱世王”蔺养成）北上河南，与李自成会师，农民军军威更盛。

合军后，农民军齐攻汝宁。克城杀掉藩王崇王与他一家人后，李自成把顽抗的明朝保定总督杨文岳绑起，用大炮轰碎。

河南大定。李自成、罗汝才以及“革左五营”联手，杀向湖广。河南久经旱蝗水灾，千里萧条，几十万农民军筹粮困难，吃饭成为当务之急。湖广乃鱼米之乡，粮草才是农民军领袖所想。

所以，乍看明末农民战争史，一般人根本记不住农民军队的行军路线，忽东忽西，忽南忽北。如此飘忽的行走飞奔，都以为是农民军出于策略往来奔波制胜，实际上不全是事实，哪里有吃食哪里官军弱就杀向哪里。正因为如此，他们才被明廷和清廷称为“流贼”。

据守襄阳的左良玉部当时有二十多万人，面对汹汹而来的四十万李自成联军，他不战而逃，把襄阳留给了李自成。

农民军乘胜攻克荆州，杀湘阴王全家；下承天（钟祥），击杀总兵钱中选，并刨开嘉靖帝生父的陵墓。

夺取汉川、汉阳后，李自成休军，自回襄阳，开始解决起义军内部矛盾。

农民军领袖由于自身难以克服的狭隘、自私等缺点，各部联军之初就存在矛盾，加之地主阶级的挑拨，遂至火并。李自成出手很快，迅速杀掉了罗汝才和贺一龙。

郏县大战，他所率一军已被孙传庭大败，如无罗汝才义无反顾自香山驰下出手相救，反败为胜，他当时就会被官军杀掉。“革命”形势大好之际，为保证自己第一把金交椅的稳固，李自成率先下手，亲手杀掉毫无防备、当时正在营帐中与数位美女做梦的大恩人罗汝才。当时罗汝才以其绰号“曹操”闻名于世。先前河南一带有童谣：“郑台复郑台，曹操今再来”，他为应谶言，故以为号。

杀人后，李自成立刻控制罗汝才部属。除少数人投降孙传庭官军外，大部分罗汝才军队并入李自成属下。

“革左五营”几位首领闻讯，为之心寒。特别是回族人马守应，远远躲开，不敢再与李自成联军。马守应当时在湖南还可以躲，剩下几个首领无可奈何，只得听任李自成兼并己军，乖乖成为他的部将。

在牛金星等人的撺掇下，李自成在襄阳建立“倡义府”政权，自称“奉天倡义文武大元帅”，但当时并未立国号，也未改元。之所以如此，不是李自成当时不想当皇帝，而是因为他铸钱、营殿皆不成。迷信之下，他未敢遽称国号为帝。

当时的李自成农民军，已有百万之众。

陕西“老家”的回归

襄阳、荆州、德安、承天陷落，湖广自然不保。身在北京的崇祯帝忧心如焚。崇祯十六年夏，他严命身在西安的陕西总督孙传庭出关，寻找李自成决战。

当时，明王朝仅剩三大部主要军事力量：其一是辽东部队，但陷在那里堵防清军；其二是左良玉部队，但此军军头跋扈，形同军阀，很难指挥；其三就是孙传庭部。

其实，如果孙传庭部在西安养锐不动，李自成无论是进攻北京或者南京皆有后顾之忧，可称是对其最大的威慑和牵制。

君命难违，加上陕兵能战，抱存侥幸心理的孙传庭在八月率军出关，其下有白广恩、高杰、牛成虎三个总兵，共十几万精兵。由于孙传庭的身份是“督师”，他同时檄调河南总兵陈永福进军洛阳，檄调左良玉提军西上，以便夹击李自成。

孙传庭出关后很顺利，很快收复洛阳。如果明军步步为营，胜算还是很大。但是，由于身在北京的崇祯帝力催，害怕自己因“逗留观望”被杀，孙传庭硬着头皮向南进发。

李自成自然重视河南军务。他听闻官军出潼关，立刻把湖广一带农民军调往河南。他本人也离开襄阳，进入河南。

由于在河南日久，他对当地的地形地势一清二楚。仔细考虑后，他决定诱敌深入，在把主力部署在郏县以南的同时，派弱旅诱敌，吸引官军注意力。

孙传庭连连得胜，交手即克，一直打到了宝丰。此时，他思想麻痹，自以为可以解黎民倒悬之苦，清君父苦思之忧，天天唯一的念头就是“旦夕灭贼”。

九月初九日，官军攻克宝丰县后，向郏县挺进。九月十四日，双方交战，官军首战获胜，并擒杀农民军将领“果毅将军”。此役中，李自成命悬一线，他本人差点被明军擒获。农民军奔集襄城。惊惧之下，数位头领都想绑李自成投降官军。

李自成智谋过人，笑言道：“不要怕，我辈杀王烧陵，毁城无数，罪过不可谓不大。可在此决一死战，如果不胜，你们再缚我出降不晚！”

时值秋雨连绵，道路泥泞。由于孙传庭孤军深入，后勤保障困难，运输速度又慢，明军粮草很快匮乏。如果此时他回师洛阳或其他什么地方就地休整，还不至于失去主动权。但求胜之心日益强烈，孙传庭觉得开弓没有回头箭，命令军队攻破郏县就食。

郏县确实不难攻，很快就落入官军手中。但此处县小地穷，根本没有什么吃食。幸好有农民军丢弃的几百匹运物骡马，被官军宰杀当粮，几天就吃个干净。

明廷闻报，立命山西、河北就近传运粮饷。

孙传庭另一个失招儿，在于他率军攻克唐县时，把集中在那里的农民军家属几万人几乎杀尽，致使农民军满营痛哭，誓杀官兵。

农民军哀兵必胜之气已被激发。

李自成严令部下搜掠四境，一粒粮食也不留下，致使官军不可能就地筹粮。特别有心机的是，他派大将刘宗敏领军万余人，间道抄至官军后方，在河南汝州的白沙切断了官军的后勤补给线。由此，明军大惊，军心动摇。打仗打的就是给养，如果无粮，大败可期。

孙传庭此时清醒过来。他留河南总兵陈永福率部留守，自己准备率陕军回军，想先打通粮道再说。陈永福手下的河南籍士兵急眼了，大声叫骂："你们陕西兵回军，准备先让俺们河南人在这里饿肚子等着贼来杀，不中！"他们也跟着陕西兵跑。

混乱时刻，李自成指挥农民军主力发动进攻。双方交战，变成了农民军对官军的追击战。

官军大溃逃。由于明将白广恩部的火车营士兵为逃命解开拉军车的马匹逃跑，笨重的军车四散于路，把路堵住，逃跑的官军更乱成一团。

农民军恨官兵在唐县杀自己家属，士气倍增，一路追杀。血光飞溅下，明军有四万多人被杀。他们飞遁四百多里，丢失甲仗骡马无数。

孙传庭本人与总兵高杰有幸率数千残兵渡过黄河，经山西恒县逃回潼关。经此一战，陕西王牌军基本报销。

崇祯帝闻败大怒，斥责孙传庭"轻进寡谋"（其实是他自己的决断使然），削去其督帅之职，让他戴罪收拾残兵，图功赎罪。同时，崇祯帝擢升败入潼关的白广恩为援剿总兵官，持"荡寇将军印"，协助孙传庭，以望保住陕西。

十月初六，李自成对潼关展开进攻。高杰一部先溃（他手下兵将皆从前的农民军），白广恩随之逃跑，潼关失陷。

孙传庭无奈，只得退军渭南。

李自成乘胜前进，合众数十万齐攻渭南。孙传庭知不可免，在预备队打光后，与监军副使乔迁高双双持枪跃马，高呼冲入无边无沿的起义军之中，陷阵而死。

人在西安的孙传庭妻子张氏闻夫死讯，率孙传庭两女三妾跳井自杀，实为封建时代标准节烈妇人。可悲的是，由于明廷没有找到孙传庭尸首，崇祯帝怀疑他未死降敌，竟不予赠谥。

潼关一破，西安自不必说。秦王朱存枢也是那种明朝皇室遗传的抠门精，一两银子也不拿出犒军，激起众愤。结果，不待农民军进攻，明朝守城将领主动开城投降，西安被农民军占领。

李自成气魄很大，下令诸部四出，稳取三边。明朝总兵白广恩、陈永福等一大批高级将领相继投降，宁夏、甘肃、青海大部分地区皆被农民军攻克。这样一来，整个西北地区（除西宁以外），已经是李自成的天下。

崇祯十七年正月初一，李自成改西安为长安，建国号“大顺”，改元“永昌”。他在这里封侯拜将，更定官制，开科取士，真的有那么一股帝王创业开基的气息。

当时，李自成已经称帝，并改名为“李自晟”，追尊西夏的李继迁为“太祖”（这招不伦不类，很失算，历史上姓李的“皇帝”不少，不知李自成为何攀鲜卑拓跋部人为“祖宗”）。

李自成作为最终失败的农民起义领袖，又是清朝的敌人，其形象在清朝受到了极大的歪曲，可以通过清代谷应泰《明史纪事本末》看看清人是如何“塑造”他的：

（李自成）每屯（兵），以骑兵一营外围巡徼，昼夜更番，余营以次休息。警候严密，人不得逃逸，逸者追获必磔之。营兵不许多携辎重。兵各携妻孥，生子弃之，不令举。男子十五以上，四十以下，咸掠为养子，为奴隶。故（李自成）每破一邑，众辄增数万。每一精兵则蓄役人二十余，其驮载马骡不与焉。众实五六万，且百万也。

虽拔城邑，不听屋居，寝处布幕，弥望若穹庐。其甲（胄）缝棉帛数十重，有至百者，轻而韧，矢镞铅丸不能入。每战，一骑兵必二三马，数易骑，终日驰骤而马不疲。严寒（时分）则掠茵荐布地，以藉马足。或刳人腹为马槽，实以刍椒饲之。饮马则牵人贯耳，流血杂水中。马习见之，遇人则嘶鸣思饮啖焉。

行兵倏忽，虽左右不知所往。鸡再鸣，并起蓐食，备马以俟。百万之众，唯自成马首是瞻，席卷而趋。遇大川，则囊土拥上流，虽淮、泗诸水，乱流而渡。百万合营，不携粮，随掠而食，饱则弃余，有断食断盐数月者。临阵，铁骑三重，反顾则杀之。战不胜，马兵阳（佯）北，官军乘之，（农民军）步兵拒战，马兵绕而合围，无不胜矣。以牛金星为谋主，日讲经一章、史一通。每有谋划，集众计之，自成不言可否，阴用其长者，人多不测也。

其攻城，分昼夜为三番，以铁骑布围，步兵肉薄向城。人戴铁胄，蒙铁衣，携椎斧凿城，得一砖甓即还，易人以进。穴城可容一人，则一人匿之，畚土以出，以次相继，遂穿空旁侧。迤四五步留一土柱，巨絙系之。去城十百丈，牵絙倒柱，而城崩矣。

望风降者不焚杀，守一二日杀十三四，或五六日不下，则必屠矣。杀人数万，聚尸为燎，名曰“打亮”。城将陷，以兵周布濠外，缒城者杀之，故城陷必无噍类。掠马骡为上功，次军仗，次币帛衣服，次珍宝。其金银恒散弃之，或以代铅置炮中。屠城则夷其城垣，令后莫与为守。

（李自成军队）立投顺牌四，凡破城，四向负牌至村落。降者既负牌过别村，否则加兵。牌所至，日屡千里。

（李自成）性惨酷，断耳、剔目、截指、折足、剖心、锯体，日以为常，谈笑对之。其兄从秦军来，自成获而杀之。（他）性又澹泊，食无兼味。一妻一妾，皆老妪，不蓄奴仆。无子，以李双喜为养子，（此人）嗜杀更酷于自成。

其中不少骇人听闻的“细节描写”，姑妄听之，不可盲信。

势如破竹的“东征”

1644年正月初八，李自成自统大军从西安出发，杀向北京。除主力军外，他仍派刘芳亮等人率一军为偏师，进取黄河以南，与主力部队相夹成钳，堵住了崇祯皇帝可能由运河一线南逃的道路，同时又可有效阻断南直隶、山东的明军的北援路线。

渡河之后，平阳府不战而降。这样，李自成大军从容向太原进发，并于二月六日包围了太原城。

可笑的是，太原城内的宗室桂王拿出三千两银子募人杀敌，却被山西提学黎志升换成“记功纸票”。都什么时候了，这个贪官还想贪污银两。

仅仅过了一天多，明军守太原新南门的军将开城投降，太原陷落。太原府众文官一大批人被杀，而那个克扣士兵赏银的黎志升却买通李自成手下，被称誉为“天下文章能手”。此人活命之余，还成为“大顺朝”的考试主审官。

得到太原重镇坚城，李自成自信心爆棚。他在此处印发“诏书”，展示平定天下的大志：

上帝鉴观，实唯求莫。下民归命，只切来苏。命既靡常，情尤可见。粤稽往代，爰知得失之由；鉴往识今，每悉治忽之故。咨尔明朝，久席泰宁，浸弛纲纪。君非甚暗，孤立而炀蔽恒多；臣尽行私，比党而公忠绝少。甚至贿通官府，朝廷之威福日移；利擅宗神，闾左之脂膏罄竭。公侯皆食肉纨绔，而倚为腹心；宦官悉龁糠犬豚，而借其耳目。狱囚累累，士无报礼之心；征敛重重，民有偕亡之恨。肆昊天既穷乎仁爱，致兆民爰苦于灾祲。朕起布衣，目击憔悴之形，身切恫瘝之痛。念兹普天率土，咸罹困穷；讵忍易水燕山，未苏汤火。躬于恒冀，绥靖黔黎。犹虑尔君尔臣，未达帝心，未喻朕意。是以质言正告：尔能体天念祖，度德审几，朕将加惠前人，不吝异数。如杞如宋，享祀永延，用彰尔之孝；有室有家，民人胥庆，用彰尔之仁。凡兹百工，勉保乃辟，绵商孙之厚禄，赓嘉客之休声。克殚厥猷，臣谊靡忒。唯今诏告，允布腹心。君其念哉，罔恫怨于宗工，勿阽危于臣庶。臣其慎哉，尚效忠于君父，广贻谷于身家。永昌元年谨诏。

这份诏书，文采确实不错，洋洋洒洒，立意鲜明，言辞赫赫。至于诏书作者，可能是牛金星，也可能是黎志升，还有可能是善写文章的明朝降官张璘然。

二月二十六日，稍事休整，李自成继续北上。

途经宁武时，明朝守将周遇吉顽抗，给予农民军很大杀伤，但最终先败。这是起义军由陕西向北京进军所遭遇的最激烈的一次战斗，此后则阻拦甚少。

三月一日，农民军大军抵达大同城下，明朝总兵姜瓖未作任何抵抗，马上开门投降。他顺便捉住明朝的文官大同巡抚卫景瑗和宗藩代王交给李自成。

李自成久闻卫景瑗巡抚清廉之名，并不杀他，还要用他为官。卫景瑗忠于明朝，自己在寺庙上吊殉国。李自成想饶卫巡抚，却不饶代王，下令把这位明朝宗室全家杀个精光。

见大同守将向农民军投降，各地震动，明朝将领大多怀有二心。驻守阳和的宣大总督王继谟本想率亲兵护送库银逃回京师，但他手下的明军士兵忽然奋起哗变，把王总督的银子和好马抢夺一空，挟取后去投农民军。

阳和军将投降后，明朝宣府总兵王承胤更殷勤。李自成还未到宣化，他已经派人送来降书。在当地的宣府巡抚朱之冯还想抵抗，总兵王承胤早已暗派人把城下大炮的引信除掉，塞住炮口，使这些防备器具成为一堆废物。朱之冯哭骂之后，自缢殉明。

自从李自成占领西安，崇祯帝几乎就没有睡过一个好觉，他自知来日无多。不祥的预感，终日笼罩不去。

从朝臣中挑了半天，崇祯帝只得派大学士李建泰替自己出京督师，以图能抵御住农民军凌厉的攻势。

李建泰文人一个，无兵略，无将才。因为他家是山西曲沃的豪富，崇祯帝挑他，也是希望他能用家财饷军。当时，大内的官帑，基本山穷水尽。

为大张其事，崇祯帝在北京正阳门（现在的前门）亲自为他饯行，金杯赐酒，手递敕书，赐其尚方宝剑，表示李建泰可斩罚一切级别的文武官员。这种礼遇，比当年对杨嗣昌高出了许多。

李建泰自然泣下叩恩，誓死以报。

出北京后，李建泰刚到保定，就被李自成偏师刘芳亮部堵在那里。凭城四望，只见农民军旌旗铁甲，连绵百里，马嘶人喊，李大学士被吓得拉了一裤子，马上就决定了——投降。

保定知府不投降，率军抵抗。李建泰为农民军做内应，终于使得保定被农民军占领。

后来，清军打跑李自成，李建泰又投降了清军，并被委任为弘文院“大学士”，主修《明史》。由于打关节受贿，他不久被免官。家居时，大同姜瓖叛清反复，心怀怨恨的李建泰据太平县响应，最终被清军擒杀灭族。这个反复小人，官虽然大，但在《明史》中找不到他，《清史稿》等书的《贰臣传》中也找不到他，原来他被编入了《逆臣传》。

垂死挣扎之际，崇祯帝还有两招可想，一是南迁，二是调山海关外的吴三桂辽军入京。

崇祯帝确实动过南逃的主意，即以亲征的名义“南下”。

可是，明朝朋党斗争在王朝将要灭亡之时，也一点儿没有消停的意思。阁臣们个个心怀鬼胎，他们唯恐皇帝跑走后自己会与太子一同留下死守北京，所以没一个人正式出来明确表态。

傻不拉叽的书呆子直臣、时任左都御史的李邦华开口就很冲：“皇上应该留守社稷！”他建议让太子朱慈烺去南京“监国”，分封定王和永王两个王子于外。这样的举措，完全是南宋亡国前的翻版。

崇祯皇帝很生气，怕大臣们拥太子去南京搞出“另立中央”的事情，就说：“朕经营天下十几年，尚不能济事，哥儿孩子家（指太子、两个王子）又能做得什么事！”

廷臣们争吵商议，终日不绝，崇祯帝南逃之计就没成。

这样一来，只有调吴三桂一路可走。但吴三桂部路远，短时间内不能赶到，崇祯帝只得下令先调蓟镇总兵唐通和山东总兵刘泽清入援。

刘泽清人品很坏，先是谎称自己有病，得到朝廷赏银后，率部在临清一带抢掠一番后撤回原地。

唐通还行，率八千士兵很快抵至京城。但是，崇祯帝对将领不放心，派出太监做监军。此举惹得唐通大怒，拉起队伍回到居庸关。

崇祯帝无可奈何。

放在早先，他一纸诏书，早就要了唐通项上人头。崇祯帝朱由检确实是一位猜忌之心很重的君主，任期内曾诛总督七人，杀巡抚十一

《马嗜烟雨图》（局部） 明　盛颖

人。而他手下的十四任兵部尚书，或自杀（张凤翼、杨嗣昌等），或被杀（陈新甲等），或遭削籍，罕有善终者。兵临城下之际，崇祯帝人主的威严顿失。

情急抱佛脚，兵来要花钱。没钱怎么办，崇祯帝只得让勋臣、太监们出钱助饷。

这些腐败到根儿的贪官财迷们纷纷搪塞，身为皇帝岳父的周奎仅捐出一万两，就表示自己家中再无银两。日后刘宗敏“追赃”，从周奎家抄出现银和金宝一百多万两。

内廷太监们心怀怨恨，让他们出银子比割他们肉还痛，有人还在宫墙上写“反标”：“此处不留人，自有留人处。”

所以，求来求去，明廷也没从官员、太监手里抠出多少银子，最终只得二十万两的银子，完全是杯水车薪。李自成入京后，大板子大夹子“伺候”，一下子从这些蛀虫家里弄出七千多万两银子，皆在逃离北京时搬走。

明将唐通赌气离京抵至居庸关，但他对李自成大军可不敢有气。三月十五日，他开关投降。天险一失，北京城大敞四开地摆在农民军面前。

三月十六日，昌平失守。晚上，农民军前哨已经出现在城下。明朝襄城伯李国桢统三大营京兵在城外迎敌，结果，迎敌变成迎宾和投降，他带着大批火器投入李自成“怀抱”。

如此关键时刻，更为奇怪的是，北京全城所有军队，皆由太监指挥。为了讨好公公们，国家即亡的崇祯帝竟然下令礼葬魏忠贤——他亲手除去的逆阉！原因只为司礼太监曹化淳一句话：“（魏）忠贤若在，时事必不如此！”这哪儿挨哪儿呢？可能崇祯帝真的相信当初辽东胜仗确有魏公公“指挥若定”的因素吧。

李自成至城下后，派先前在宣府投降的太监杜勋入城，与崇祯帝谈判。

他开始要价根本不高，提出割西北一带予自己，立自己为王，犒军白银百万。如果崇祯帝答应条件，他就退军河南，并表示还可以为明朝内灭群贼、外遏清兵。

崇祯帝召大学士魏藻德计议，魏深恐自己蹈陈新甲后尘，一直鞠躬俯首，始终不发一言，气得崇祯帝挥袖把他斥出。

忧懑无计之余，宦官张殷屁颠屁颠跑过来，说："皇帝陛下不要愁，奴才有一妙计。"

崇祯抓住根稻草，忙问何计。

张殷说："贼军果真入城，自可投降，肯定就没事了！"

闻言，崇祯帝差点气死，从案上抽出一剑，把张殷公公捅死。这，也是他平生第一次亲手杀人。

可叹的是，北京守城士兵，仅有七八千疲卒，健锐士兵均在先前被那些派出京城到四地监军的太监们当护卫军调走。北京的宦者人数不少，城上城下走窜着的有上万人，他们颐指气使，个个都一副领导模样。

北京守城开始之际，还有人送饭。小宦者派人胡乱到城上送去几大桶粗饭，听凭士卒以手攒食。十六日以后，送饭的人也不见了，守城士兵竟有不少饿死者。

农民军开始大规模攻城。

崇祯帝手持三眼枪，率数十名宦官在城内转悠了大半圈，均不得出城门，失望而归。

农民军攻彰义门时，监军太监曹化淳开门投降，引大军入城，齐攻内城。

回宫后，崇祯帝知道大势已去，但他还存一丝幻想。于是，他唤来皇亲新乐侯刘文炳以及驸马巩永固，想让他们带家丁护送太子及二王出城。

二人跪地哭诉："国法素严，我们哪敢在家里私蓄武装家丁。即使把所有仆人带齐，也就几百个人，这些人平素皆不习武，何能在出城逃跑时与贼军相抗？”

崇祯帝彻底失望。

无奈之下，他又召首辅魏藻德议事。魏仍旧一语不发。

绝望之余，崇祯帝命官人上酒。痛饮数杯后，他先让皇后周氏自缢。同座的袁妃不想死，遽起离座想逃，被崇祯帝追上，数剑砍死。接着，他手提利剑在宫内自己动手杀掉嫔妃数人后，行至寿宁宫，正遇自己十五岁的长女乐安公主。

三十四岁的朱由检含泪叹息道："汝为何生于帝王之家！"掩面朝爱女挥剑。

乐安公主一声惨叫，右臂被断，昏死于地。

接着，朱由检咬牙下手，把自己的幼女、时年仅六岁的昭仁公主也亲手杀掉，以免她日后遭人玷污。

然后，崇祯帝拉住已经吓得发傻的太子朱慈烺的手，恸哭言道："你们今日是太子、王子（二王也在场），北京城破，你们就是百姓小民……各自逃生吧，不要恋我。朕必死社稷，也无面目见列祖列宗于地下！你们出宫后千万谨慎小心，见到做官的人，长者呼为老爷，年轻的呼为相公。如遇平民，长者呼为老爹，少者呼为老兄，呼文人为先生，呼兵士为长官……"

父子情深，崇祯帝泪下如雨，至嘱切切。

三月十八日夜，崇祯帝与太监王承恩逃上煤山，四望之下，北京城内杀声一片，农民军已经入城。

叹息良久，崇祯帝写下遗言。然后，他与王承恩相对缢死于树间（崇祯自缢处说法很多，有说是衣帽局，有说是树上，皆无定论）。大明王朝，至此落下帷幕。

王承恩大公公陪皇帝同死，其余的大小宦者皆希冀富贵，导引李自成等人入宫，并以极高效率将宫内嫔妃以相貌为标准分出三等，详写姓名于一册，呈与李自成、刘宗敏。

献门的大太监曹化淳文化高，为博“新帝”一笑，他口诵谀文：“万姓归心，独夫授首，比尧舜而多武功，迈汤武而无惭德。”

李自成并不买账，对这些公公们叱责道：“汝曹背主献城，罪应当斩！”公公们跪倒一片，好多人当时就拉尿满裆。

太监杜之秩（在居庸关投降）脑子还算快，乞哀道：“奴才们承天顺命，故来孝顺。”

李自成当时心情好，没下令杀他们，叱令他们立即滚出城去。

于是，数千大小宦官，狼狈出逃。农民军的孩子兵争相上去拳打脚踏以为戏乐，群呼“打老公”。

昔日的大太监们没那么好运，不少人在随后的追赃中被处死。

至于锦衣卫方面，这个昔日滴水不漏的特务机关内，众人皆作鸟兽散，一个不见。李自成用于宫内守卫的，是他自己的“龙衣卫”，皆是他老营将士，自己的绝对心腹。对于原先锦衣卫和东厂的中高级头目在京未逃者，李自成下手果断，整家整家予以诛杀，根除殆尽。此举，对京城百姓来讲倒是大快人心。

十九日黎明时分，得意扬扬的李自成从西长安门入紫禁城，手发三箭射承天门匾，矢失其二，仅有一箭中于“天”字下端。

牛金星一旁言道，“真乃天意，此即定鼎天下之意！”

李自成大笑。

入宫后，望见遍地鲜血，袁妃、公主狼藉于地，李自成也叹息：“皇上太残忍！”

三月二十一日，崇祯帝与王承恩的尸体被发现，李自成等人心中一块大石终于落地。

兵卒们用两块门板把两具尸体抬至东华门荫凉处，买了两具柳木棺材（仅值二十串铜钱），把帝国最有权势的两个人装了进去。两位爷头下皆枕以土块，尸体上蒙以草苇。不久，自杀的周皇后尸身也被放置于侧，可能有宫女细心，尸下垫以锦褥，上覆锦被。

崇祯帝尸体暴露一天后，倒是李自成兵士中有人看不过眼，撤周皇后尸身上的锦被，蒙于崇祯帝尸身之上。

二十三日上午，农民军终于从市集找来两个卖丧敛之物的商贩，有一个稍有良心的小宦者在旁，指挥他们为崇祯帝和周后的尸体穿戴靴帽。

农民军看守士兵在一旁见到崇祯帝空脚穿靴，周皇后脸上无蒙布，就问小宦者为什么这样做。

小宦者熟悉内廷典故，躬身答道："凤不裹头，龙不裹脚。"

可叹的是，对于这一龙一凤来说，在九天之上昂首舞爪飞扬，只是一种奢侈、离奇的梦想了吧。

明朝群臣中，临"梓宫"而痛哭者，唯兵部主事刘养贞一人。

三月二十四日，李自成听见东华门方向哭声大震，惊问是什么人。兵卒禀报，有人请求新朝礼葬先帝。李自成顺从民意，下令用帝礼葬崇祯，祭祀以王礼。

有李自成"口谕"，明廷的光禄寺才敢以祭礼追奠"大行皇帝"。至于昔日满朝文武，敢来祭拜者寥寥，仅有数人来观，也是远远瞻望而已。他们大多唯恐表现不佳，耽误自己在新朝的任用。

四月初三，大顺政权派出挑夫三十多人，轮流换肩，把崇祯帝和周皇后的尸身挑到昌平州的田贵妃墓地埋葬。由于新朝态度简慢，极其"节约"，重挖田贵妃墓的工钱都不够，当地十名士绅思恋旧主崇祯帝，凑钱"三百四十千"，勉强雇人挖开了田贵妃墓。

由于崇祯帝的薄皮棺材太过寒酸，当地的农民军监葬小官自作主张，把田贵妃外棺套于崇祯帝薄棺之外，总算凑齐一套"棺椁"。至于坊间传说李自成亲自率众将士哭祭崇祯帝，说什么"我来与汝共享江山，如何寻此短见"，并以皇帝尊礼下葬崇祯的事情，皆属讹传。

追赃

李自成入京后，崇祯皇帝的三个儿子很快就被抓住。这三个孩子皆着民间破烂衣服，帽子上与绝大多数北京市民一样，贴“顺民”二字。

李自成本人没儿子，看见这三个眉清目秀的玉孩儿，心中不由自主生出怜爱，安慰他们说：“你们今日即同我儿一般，不失富贵！”他立刻唤人为他们换上新衣。

这几个孩子智商很高，但他们自幼长于深宫，没有经历过世事，说话口无遮拦。回答李闯王问话时，言及农民军，还一口一个“贼”字。对此，李自成也不怪。

李自成问太子朱慈烺：“知道你父亲的事情吗？”

太子：“知道，父皇崩于寿宁宫。”

李自成：“你们朱家为什么失去天下？”

太子：“父皇误用庸臣。”

李自成闻言也笑：“你也明白这个道理。”

太子可能是平日听左右儒士教诲，恨恨地说：“满朝文武官员无情无义，很快就会来向您朝贺求官。”

李自成闻言，若有所思地点点头。对于明朝官员的贪腐，他本人感触自然不浅。崇祯帝太子之言，无形之中又加深了他对明朝官吏的憎恶。有了这种恶意，加上刘宗敏等将的贪婪，才最有可能是导致紧接而至的对明朝北京大官们的“追赃”拷掠的起因。

李自成命人遍索皇宫，发现大内府库中只有黄金十七万两、白银十三万两，骇异之下，失望至极。本来，他“建国”之后当大赏将士，如今金银缺少，如何是好！

李自成回想崇祯太子一番话，又有刘宗敏等人撺掇，遂下令“追赃”。至于明末清初士人杨士聪在《甲申核真略》中说明宫中有银三千七百万两，完全是臆测和道听途说。崇祯帝再是上财迷，也知道金银在国亡时只徒为对手当赏金，他的“觉悟”不会低到不要命也要惜财的份儿上。可就这份类似“小说”的记载，被后世无数学者当“口实”，攻讦明廷国亡之际仍吝啬守财。

最早向大顺军“献财”的，乃大太监曹化淳。他一出手就是五万两白银，很让李自成高兴了一把。

三月二十日，新朝“宰相”牛金星发布文告：“各官俱有次日朝见。朝见后，愿去者，听之。敢有抗违逆令者，斩！”一时间，明官纷纷报名晋见。

转天，李自成等人坐于朝堂，牛金星手执花名册，一一点名，“嬉笑怒骂，恩威不测”。李自成坐一会儿就不耐烦，与刘宗敏起身离去。

忽然之间，明朝各官皆被二骑羁押，全体驱往西华门外四牌楼街。众人愕然之余，以为是将要遭受集体屠杀，不少人吓昏过去。

忽然间，农民军中有传令：“前朝犯官俱送刘宗敏将军处听候发落。”

于是，这大批人转向，被驱赶至刘宗敏处。当时，这位迅速腐化堕落的将爷正拥妓欢笑，饮酒为乐，叱命兵士把朝官押回军营待审。于是，百官皆换上监狱号服，被捆系于军营的马棚等待处理。他们饿了一天多，转天才复被带至刘宗敏处听审。

结果，刘宗敏根本不审，也不问，只让人传令：“以官第献银，一品必须献银累万，以下必须累千。痛快献银者，立刻放人；匿银不献者，大刑伺候。”

由于官员太多，刘宗敏自己所住的大王府容纳不下，便把其余诸人转送至大顺将领田虎和李过的府中。

刘宗敏滥施酷刑，北京城内四处响起明朝官员的惨号之声。同时，城中富民，不少人也被加以拷掠，平民的薪米财物，也有遭到抢掠以供军用。

李自成闻报，觉得过分，趁集会时对刘宗敏等人讲：“你们为何不帮助孤王做个好皇帝？”

刘宗敏马上顶他一句：“皇帝之权归你，拷掠之威归我，你别说废话！”

李自成默然。

甭看刘宗敏的官衔只是“制将军”，不是“太尉”“大司马”什么的，其实他几乎与李自成平起平坐，根本不买这位“皇帝”哥们儿的账。

追赃之际，官员中首遭拷掠而死的，竟然是率京营三大营兵士在北京城外最早投降的明朝国戚、襄城伯李国桢。这个贼臣是崇祯帝末期最受宠信的臣子。平日别的大臣跪禀事议，唯他一人扬扬站在皇帝身边，殊无人臣礼仪。所以，从崇祯帝一直以来信用的诸人名单，就可以看出明朝不可救药：温体仁、周延儒、陈演、魏藻德、李建泰、李国桢。

李自成在北京城外初见李国桢，对他就没一丝好印象，呵斥他说：“汝受天子重任，信宠逾于百官，依理应该死国，厚脸来降，汝欲何为？”马上就令人把他绑个严实。李国桢痛哭哀乞。李自成骂道：“误国贼，你还想活！”有了这句话，李国桢想活也太难。

陈演和魏藻德两个“大学士”，也该“赘述”一番。

陈演是“前大学士”，三月初因谎报战功罢相。他本来想逃离北京，但因家产太多未成行。听说大顺军索银，他主动先向刘宗敏送去白银四万两。刘喜其“慷慨”，没有立即对他加刑。稍后，其家仆告发，说他家中地下藏银数万。农民军掘之，果然整个院子地下全是白银。

刘宗敏大怒，开始大刑伺候，得黄金数百两，珍珠成斛。即使如此，李自成从北京临走前，仍把陈演与一帮勋戚大臣斩首。

大学士魏藻德，状元出身。他以谈兵见拔，但入相后没有为崇祯帝出过任何好主意，只知依从沉默。本来因为他官大，单独囚于一黑屋中。这魏大人死催，隔门缝乞求：“新朝如欲用我为官，就把我放出来吧，别把我锁在这里。”这一来，反而提醒了刘宗敏。

刘宗敏把魏藻德提入厅堂亲自审问，首用夹刑，边夹边问：“汝居首辅，何以乱国如此？”

魏藻德边号边答：“我是书生，不谙政事，先帝无道，遂至于此。”

刘宗敏闻言而怒：“汝以书生擢状元，为官三年即升首辅。崇祯何处对不起你，竟敢诬他为无道昏君！”

此后魏藻德遭受数日酷刑，被拷掠致死。清贫官员也多被刑掠而死。以刘宗敏为代表的部分农民军首领对待原明朝上层，暴虐残酷，而李自成姑息，迁就，放纵，对处于事业顶峰的农民起义带来极大损害，严重影响了农民军和新政权的形象，农民军渐失民心，政治优势开始丧失。

经过数天拷掠，李自成军共得银七千多万两，均让工人重新熔铸成中间有孔窍的巨大方板状银块，以便于运输。

七千万两真不是小数。崇祯帝十多年加饷摊派，从民间得银不过两千万两，结果导致民心涣散而亡国。李自成军在京城榨银七千万两，酷烈可知，大顺的败亡，可见一斑。

这笔巨大的数字，绝非仅仅从明朝官员身上榨出，也出于北京每户细民之家。

李自成进入京城后，也沾染了腐化享乐之风，他传点大群戏子和裁缝入宫，天天换新衣，日日听小曲。但他腐化程度尚较轻。他在吃饭方面极不讲究，唯吃少许米饭拌干辣椒，佐以烈酒送饭，不设盛馔。器物方面，李自成皆用昔日营中的粗陋军器，对于宫中诸精致器皿，他眼神不好，总觉栩栩如生的艺术品龙腾凤跃，感觉不祥，所以从来不用。

农民军士兵对待“文物”自然也不爱惜，他们以皇宫中精美巨大的官窑花缸做马槽，拆精木门窗烧火为炊；看见内库中有珍稀巧雕的犀牛角杯，把大点儿的用于捣蒜，小点儿的注入豆油当灯用，一无所惜。

见刘宗敏等诸营皆富，李自成的“老营”只得粗米马豆当粮食，众人有怨，觉得“闯王”不够意思，于是私下相率出宫，入民间房舍抢财奸淫。这造成了很坏的影响。值得一提的是，李自成本人行止检点，他在皇宫中仅幸掌书宫女窦氏一人，卫兵们称之为“窦妃”。

抛开上面的负面事件不说，李自成作了不少政权建设工作。当时，西北、华北、山东、河南所有地区以及湖北、江苏大部分地区，皆是大顺政权辖地。在不停选派官员对地方实现真正管辖的同时，李自成派出部分军队南下，准备彻底消灭残明军队，一统天下。而且，大顺军初入城的前十天左右纪律特别严明，犯抢劫及强奸罪的士兵被杀了数百人。只是后来随着时日推移，农民军军纪日益败坏。

四月中旬，听闻山海关吴三桂“造反”，李自成坐不住了。他想让刘宗敏、李锦率军出征，但二将耽于京城内的淫乐享受，摇头不应。无奈何，李自成只得“亲征”。同时，他下令在平则门处决了以大学士陈演为首的明朝大臣一百多人，并派兵把北京城内拷掠而来的银两整车载运往“西京”（西安）。

四月十九日，李自成早晨发兵，他戴绒帽，一身蓝布箭衣，装扮朴素。随行人中，除七八万精兵外（号称二十万），还有吴三桂父亲吴襄以及崇祯帝三个儿子，均派人严加看守。

山海关前的惨败

1644年初，皇太极已死。主持清朝政局的多尔衮听说李自成在西安建大顺政权，立刻派人前去联络，提出要“并取中原，同享富贵”。李自成对此没有做出反应。

三月初，农民军兵临城下，吴三桂接诏弃宁远，往山海关方向移动，清廷上下大为兴奋，准备借机南取中原。

清廷汉人大学士范文程连忙献策：其一，可入边直取北京；其二，昔日以明朝为敌，此次入关后的敌人是农民军；其三，明朝积弱，必定灭亡，一定要趁此百年不遇的机会占领中原，特别是河北地区。

多尔衮大为赞同。他下令在国内征兵，男丁七十以下、十二岁以上，必须从军，可以说是倾国而来。同时，多尔衮还听从范文程建议，严肃纪律，力诫兵将进入明朝境内后切勿再像以前那样只顾杀掠，要以安抚为主。

松山溃败后，由于极需人才，明廷并未严处败逃的吴三桂，仅在名义上降其三级使用，仍然派他固守宁远。吴三桂很知报恩，整日训练士卒，加强城防，把数千士兵扩展为数万人，器械一新。崇祯十六年，他还率兵多次击败清军的进攻，并多次拒绝其舅父祖大寿替清军对他的"招降"，很想做明朝耿耿忠臣（当时他也不可能因舅而降，因为其父吴襄在北京，且受崇祯帝信用）。

吴三桂离开宁远前，清军已经占领了中后所、中前所以及前屯卫。山海关之外，只有吴三桂孤军奋战，死守宁远孤城。

明廷下诏，指示吴三桂弃宁远回援京师，他当时确实闻命即上路。临行前，吴三桂下令把宁远城中的所有建筑皆烧毁，以免资敌。但由于宁远城内兵民相加共五十万人，人多物多，全部迁徙入关非常费事。拖沓而行，一天只能走数十里，直到三月十六日才抵达山海关。

吴三桂安顿好居民后，率部队急驰入卫，三月二十日到达丰润，却听说农民军已经在前一天攻破北京城。这时候，吴三桂平生第一次真正处于两难地步：孤军穷途，要不投降农民军，要不投降清朝。思想斗争并不久，吴三桂就做出了抉择：准备投降李自成。一来自己老父陷于北京，为李自成扣押；二来大明已亡，新朝甫建，不失为开国功臣。而且，与他同级的有兵有将有城的唐通、姜瓖等人都已经降附，他吴三桂投附，也算不甘人后，知天顺命。

李自成当然重视山海关方面的吴三桂，入京后即派人持檄招抚，表示他归大顺后"不失封侯之位"。

于是，犹疑间，吴三桂往北京方向赶路，一路大贴告示安民。

北京城内的吴三桂父亲吴襄为全家性命打算，也亲笔写信来"语重心长"地劝。吴的信，可能被农民军所逼，不得不写（还有一说是李自成先派明朝降将唐通带兵持金帛迎降吴三桂，并接管山海关）。

行至半途，吴三桂得知大顺军在北京拷打明朝官员追赃之事，不少暗中逃出的官员遮道哭诉，吴三桂大失所望。当他得知自己父亲也被拷掠的消息，愤怒至极，决定不再入京，怕自投罗网后父子均遭杀戮。后人总是渲染吴三桂爱妾陈圆圆（陈沅）被刘宗敏占有之事是他叛李自成的主要原因，其实这只是次要原因。

前明遗老和清朝文人日后为了加重吴三桂的“罪行”，故意拿他“冲冠一怒为红颜”说事，以此反衬他对明朝的不忠与对父亲的不孝。

吴三桂与李自成撕破脸，自然要靠近背后咄咄逼人的清廷。但当时吴三桂不是即刻降清，而是以大明朝孤臣义士的身份，向清廷“借兵复仇”。

吴三桂请清军从喜峰口、密云等处入边，自己仍旧试图掌握山海关险隘来牵制清军。

当时，多尔衮所领大部清军的的确确不是往山海关方向走。他听从洪承畴建议，怕李自成农民军烧空抢光北京后西遁西安，正想急行军从蓟州、密云等处入攻北京。

接到吴三桂密信，多尔衮大喜过望，立刻改变主力部队行军路线，直奔山海关而来。同时，他写信给吴三桂，许以“裂土封王”，要对方投降，而不是“借兵”。

吴三桂听说李自成率农民军大部来攻，心里发慌，立刻回信要清兵速来助战。

四月二十一日，清军前军抵达山海关外，在欢喜岭上结营，并与吴三桂进行了过程艰难的“谈判”工作。不久，大军接踵而至，清军共十四万人集结于关外。

李自成听说吴三桂与清军搭上线，不敢怠慢，派出降将唐通与白广恩先率骑兵赶至抚宁县东南的一片石，而他自己则率主力布阵于石河。

此时，多尔衮及部下将领均心有疑惑，第一是怕吴三桂骗人，第二是清军从未与李自成军交过手，心中没谱儿。于是，清军先拿唐通一军开练，首先在一片石打败了这批为数不多的前“官军”与农民军混合部队。

一片石战役，清军虽胜，但无关于山海关大局。

惶急之下，四月二十二日清晨，吴三桂本人亲自出关，驰奔欢喜岭，拜见多尔衮。

多尔衮拉着吴三桂的手说“掏心窝子”话：“君为故主复仇，大义可嘉。我今次领兵入关，严令大军遵纪，如有人敢抢一粒米，敢动一株草，皆会以军法处死。望君告知关内士民，万勿惊慌。”

吴三桂“感动”之余，忙与多尔衮盟誓，祭天祭地，表示谁违约谁就不得好死（二人均不得好死）。

多尔衮仍不放心，又让吴三桂剃发。急上墙的生死危急关头，为得清军助力，吴三桂只得和手下几个高级军官立刻剃发、称臣。

明军四五万人来不及一时全部剃发，多尔衮就让他们先在身上缠白布条做记号。白布不够，明兵将裹脚布扯下当记号。由此，混战之中，清军见身上裹白布的汉人就知其为盟军而不杀。

于是，吴三桂下令开山海关门。清军几十年梦想，一朝成为现实，而且是兵不血刃，不费一兵一卒，由明军自己打开了这百万雄师都难以攻克的险关。

吴三桂自为前锋，英王阿济格居左，豫王多铎居右，多尔衮自己率主力殿后。

大战开始。

身经百战的李自成此时还不知道清军已经入关，他对吴三桂军力估计也不足，以为他只有数千精兵而已。所以，李自成在精神上很松懈，与崇祯帝的太子并骑于高岗之上，悠闲观战。

吴三桂哀兵，呐喊冲杀。农民军有“主上”亲征，个个当先。汉人们厮杀在一起，打得你死我活，不分胜负。

斗至中午时分，毕竟农民军一方实力占上风，吴三桂有些不支，已呈败象，明军被杀过半，勉强支撑。

关键时刻，清军号角声响起，两三万戴斗笠拖大辫的清军劲骑忽然呐喊着杀奔而来。

李自成骇然，吓得差点从马上掉下来。他当时的反应不是加紧指挥部队战斗，而是低喊了一声“鞑子来啦”，掉转马头就跑。

身经百战的农民军得胜在即，忽然看见装束奇特的清军纵马而来，嗷嗷乱叫，一时惊慌。又见“主上”跑了，大家皆失主心骨，立刻掉头也跑。

兵败如山倒。吴三桂军与清军合击，一路追杀，二三十里间，很快堆满了数万被杀的农民军尸体。

望着巍巍雄关和遍地的农民军尸体，高兴之余，多尔衮立刻封吴三桂为平西王。

李自成仅剩数千残卒，败退永平。为泄愤，他下令杀吴三桂他爸吴襄，把首级悬于高杆之上。小喘片刻，他急忙遁回北京。

即使在此大胜之际，吴三桂仍存复明之心，令人急速入京，告知北京官员士民准备迎接崇祯帝太子复位。多尔衮当然不干，事情不了了之。

北京官民根本不知道清人入关之事，皆兴奋而忐忑地等待京城重回大明天下。

四十二天的“帝王梦”

四月二十三日，已有李自成败讯传回北京。刘宗敏等人慌忙令士兵搬运兵器上城墙，并拆毁所有近城的民房以及佛寺。

四月二十六日这天，李自成率残兵回北京。此时，大军只剩几千骑兵，步兵全部在山海关及沿途被杀。这次残兵入城后，城内大顺兵军心动摇，丧失纪律，开始在北京城内烧杀抢掠。

吴三桂一家不必讲，李自成入城后，第一件事就是派人把他全家三十四口尽数杀掉，一个不剩。

转天一大早，李自成即在武英殿举行正式的“登基礼”，追尊自己家七代皆为帝后。然后他头戴冠冕，受“百官”朝贺（李自成先前在西安已经称帝，在进京路上一直称“朕”）。

他草草结束典礼，然后派人在城外加紧准备，当夜把北京城内宫殿及九门城楼尽数焚毁。

然后，他以郊天为名，第二天一大早就匆忙离京，向西退走。退走之前，农民军把皇宫内的金器和金锭皆融铸成大饼，每饼重千金，骡载数万饼，随军而走。

混乱逃亡途中，崇祯帝的三个儿子均走散，李自成始终未加害他们。

北京域内仇恨大顺军的人，在城内搜出脚慢未走的农民军及伤兵数千，尽数杀死。

李自成闻之，大怒，立遣数千铁骑回奔，准备入城报复。恰巧，一家被杀三十四口的吴三桂报仇心切，率军已经杀至城南，农民军士兵不敢撄锋，即刻掉转马头退走。

自入城到离京，大顺政权仅存在了四十二天。

五月二日，多尔衮率清军抵北京。士民初以为是吴三桂拥太子而至，乃有人出城摆香案迎接。结果，看见一大群清军，大家惊愕异常，但最终不得不接受残酷的现实。

至于京内昔日的明官们，看见清兵反而大都大松一口气。何者，如果是吴三桂率明军回来，肯定会清算他们“降贼”的罪名。“大清”来了，就无此忧。所以，日后劝多尔衮南下消灭残明，出谋划策的数这群人居多。

多尔衮当然吸取李自成的失败教训，四处张榜，表示说无论是谁，只要降顺大清，官复原职不说，还要加官晋爵，另有封赏。这样就赢得了部分前明官员的支持。

李自成自北京败退的消息传出后，原明朝官绅知道他大势已去，纷纷起来破坏、反抗大顺地方政权。靠近北京的就归顺清朝，南方地区则大多打出恢复“大明”的旗号。

此时各地的李自成部队，仍旧有数十万之多。他本人率部分兵力一路经太原、平阳，返回西安，把大部队留守于山西、河南一带抵御明清联军。

回到西安后，李自成精神萎靡，没见他有什么宏图大略，半年时间内基本没什么大动作。

清军步步逼近。他们先在山西招降了大同的姜瓖，然后用大炮轰毁太原坚城。先前降李自成的这位明朝总兵再降清朝，山西差不多皆为清军所有。但在河南方面，清军在怀庆被农民军打败，使得本来正要进取南京的主力清军不得不掉头回河南。此时，如果南明小朝廷趁机攻取山东、河北，日后定会大有作为。

南明诸将和朝臣短视，想坐视“贼”“虏”互攻消耗，丧失了拓地发展的大好机会。

由于主力清军杀至河南，农民军很快在灵宝被打败，急忙回撤到潼关。

年底隆冬时分，清军源源不断向潼关外增兵。双方自十二月二十九日激战，打了十几天，互有胜负，在喊杀和血拼中度过了1645年的春节。

1645年正月十二日，守潼关的李自成部将马世耀献关投降。转天，他与七千名农民军被集体屠杀。

困愁于西安的李自成闻讯灰心，西北看来是待不住了，南逃有张献忠政权在四川堵着，只能再去河南、湖广。只要能消灭南明政权，自可拥有半壁河山。

临撤退时，他下令部将田见秀把西安城内所有建筑和仓库烧毁。

幸亏这位田将军还比较清醒，只点燃了东门楼和南月城楼，为西安百姓留下了御寒的房屋与粮食。

李自成逃离西安，原先西北地区的明朝降将纷纷降清。白广恩、马科、郑嘉栋等前明总兵纷纷成为满服辫发的大清将领。整个西北，只有榆林的高一功是李自成旧部，坚守不降。

从西安逃离时，李自成手下军队仍有十三万之多。依理，如果他急速行军，抢在清军之前杀往南京，最起码可以把东南一带富庶地区据为己有。但不知为什么，李自成走到河南境内却耽误了不少时间，估计是临行前士兵们拖家带口拉金银，严重拖慢了行军速度。

不久，清军阿济格部逼近，农民军在三月中旬往湖北方向撤退。清军边追边打，双方共交手八次，每次均以大顺军战败为结果。

李自成部队打不过清军，却渡过长江，在荆河口大败左良玉部明军，吓得这个一直“养寇自重”的军阀率部移向南京。他以“北来太子案”为由，要找弘光小朝廷算账。大敌当前，他不思同仇敌忾，反而与自己人“窝里反”，左良玉的人品可见一斑。

这样一来，大顺政权回光返照，武昌、襄阳均落入李自成之手。他集军二十万，准备攻取南京。

清军没有给李自成机会，未等农民军喘息，已经追至武昌。李自成只得弃城接着逃。

四月下旬，在江西九江附近的一次大战中，农民军大败，数万人被杀，李自成的两个堂叔以及大将刘宗敏被俘后皆遭剐杀，“活神仙”宋献策也投降了清军。

此前，“大顺”的“宰相”牛金星见势不妙，悄悄溜走，跑回儿子牛佺处躲避。由于牛佺降附清军并被任命为黄州知府，没人追究牛金星过去“助贼”的事情，牛老爷子善终于家。清廷中也有汉官惦记他，先后有两名给事中上疏多尔衮，要求清廷逮捕牛金星这个“流贼”宰相，将他父子处斩。多尔衮不同意，斥训道：“流贼伪官，真心投诚者多能效力，此奏殊不合理！”如果不是牛金星在李自成“朝中”官阶太高，如果不是怕惹起前明官员反感，说不定清廷还会给他个大官做。

湖北、江西等地大败，农民军消耗极大，李自成身边仅剩下万把人。这时候，清军多铎部已经自河南商丘和安徽泗州分头行军直扑南京，东下水路因无船也走不了，李自成只好掉头往西南方向跑，想穿越江西西北部转战湖南。

五月初四这天，农民军大队人马行至湖北通山县境。李自成命令手下军人就地扎营造饭。他胡乱吃了几口，就率二十八名亲兵在附近九宫山一带转悠，一来消遣愁绪，二来察看地形。

附近的山民不知道是李自成的队伍，只听说有贼人到，而且人数不多，只有数十骑，就纠集了数十人来杀。

他们根本不知道有数千农民军在附近，只以为是一股几十人的流窜匪盗，故而有胆上来厮杀。如果他们知道对方其中一人是“大顺皇帝”，如果他们知道附近有数千农民军，当不敢如此肆无忌惮。

结果，李自成正在欣赏雨后青山绿水的风景，山上的村民突然出现，纷纷抛举大石往下砸。李自成坐骑受惊，人马立刻惊散。

仓促之间，李自成拍马就跑，与手下二十多人完全失散。逃到牛背岭，慌不择路，又遇山间小气候导致的滂沱大雨，李自成坐骑陷于泥中走不动，他只好下马牵坐骑深一脚浅一脚前行。

农民程九伯见李自成一人，又有匹好马，勇气倍增，嗷的一声蹿出来。李自成毕竟百战大将，反应自然灵敏，就徒手与手持锄头来杀的程九伯格斗起来。

两个人一打，程九伯当然不是李自成对手，被对方骑在身下。李自成压住程九伯，回手抽刀，但刀鞘中因雨水沾泥，一时间拔不出刀来。

此刻，程九伯外甥金二狗赶到，他见舅舅被一个大汉骑在身下要挨宰，情急之下，抡起铁铲冲李自成砍去，一代农民军领袖就此陨落。

后来，李自成余部被活捉。地方官府知道了山间的尸体乃李自成，就多次到山中晓谕，表示说杀李自成者受大赏。

程九伯起初不敢自认，后来听说李自成的样子和被杀地点与自己当天所遇一模一样，才大着胆子出山“认功”。由此，他不仅获赏银千两，还得到清朝总督的接见。这时候，程九伯才由山民变为“地主阶级”。

李自成的结局，让人唏嘘。

至于日后流传的李自成病死或出家之说，均是野史逸闻。清初以来无数考家考证推断，确系无稽之谈，把简单之事弄复杂而已。

嗜杀残暴的猛虎

张献忠

张献忠，这位与李自成同岁的农民军首领，长身虎颔，面色发黄，故人称“黄虎”。此人长就一副堂堂相貌，但暴虐嗜杀。

崇祯十六年底，本来已在湖南和江西取得重大进展的张献忠，忽然弃两省之地，大举入川。原因很简单，李自成势力太大，张觉得自己搞他不过，索性走远一些，以免两虎争食。

四川方面，有一支曾经参加过“荥阳大会”的“摇黄十三家”组织，长期活动，和四川的地主阶级对抗，对明朝的四川官兵造成极大的消耗。张献忠有这些人在川地内部活动，得以从容地二次入川，越下牢，渡三峡，如入无人之境，攻克涪州后，直捣重庆。

本来，重庆三面临江，易守难攻。张献忠在城墙根下埋炸药，轰隆一声，坚硬的石墙坍塌，起义军一拥而入。

张献忠入城后，先杀守城的巡抚陈士奇等人，然后又把明神宗第五子瑞王朱常浩绑至法场。

当时，天色晴朗，空中却忽响炸雷。瑞王本人是宗室中人品很好的王爷，本性好佛，属于少有民愤的那种。张献忠大笑，大叫：“天若再雷，我当释瑞王不杀。”等了稍许，天竟无雷，张献忠亲自上前砍下瑞王头颅，并杀其家属及重庆官吏一万多人。张献忠镇压地方官绅和地主，严厉甚而至于残忍，打击面过宽。

重庆被陷，张献忠下一个目标就是成都。成都乃二百七十多年大明富藩，可惜蜀王也是个财迷，不肯拿出王府金银犒军。

经过四天对成都的攻打，张献忠入城。蜀王夫妇、总兵皆投井自杀。巡抚刘之勃被捉住，张献忠把他绑在校场上。由于刘巡抚是陕西人，农民军劝他投降。刘巡抚大骂。张献忠怒，令人将他杀死。

成都失陷后，四川大部分州、府、县应声而溃，很快皆为张献忠所据。当时，四川只有遵义、石柱（秦良玉部）以及黎州未下，其余皆非明地。当时，李自成已败归陕西，他试图派兵来攻，被张献忠打了回去。至此，两支农民军不仅未再联手，反而公开而坚定地决裂。张献忠小胜后，得寸进尺，又猛攻李自成所据的汉中府，反被大顺军击败。但仅仅几十天过后，李自成便弃西安而逃，这样，张献忠的北面就暴露给清军。

张献忠在成都立稳后，建立“大西”国，称帝。他首先娶大学士陈演之女（陈演本人在李自成离京时被处决）为皇后，自南门五里外架桥高十数丈，逾城直达蜀王府，遍植彩灯，夜望如长虹横亘于天，引着宫女彩娥及“陈皇后”入宫。仅仅十天，张献忠即杀掉“陈皇后”，并派人杀尽她在成都的所有亲属。

张献忠还“开科取士”，共收取“进士”一百三十人。一夕之间，忽然变脸，把进士们尽杀不留。这反映出张献忠残暴的一面。

张献忠的滥杀和重罚等行为，非常过分，导致农民军无法得到本应有的支持。张献忠遂萌生退出四川的想法。顺治三年（1646年）夏，张献忠弃成都向川北转移。

1647年年初，先前投降清军的川将刘进忠熟门熟路，带着清军在川地追踪张献忠。清军主帅是豪格，得知张献忠在西充凤凰山下扎营，他即刻派鳌拜和准塔两位满将为前锋，在刘进忠带领下，急行三百里，直扑张献忠。

当时，张献忠手下还有近十万人，根本不知道清军在附近。有小校仓皇来报，说“鞑子来了”。张献忠很气，上前一刀就砍死了报信人，怒言道：“胡说八道，什么鞑子，不过是摇黄贼罢了。”

不久，又有哨探来报，张献忠复杀之。

他不披甲，手持短刀，带着十几个亲兵亲自出大营四处张望。张献忠走了几十米，大摇大摆来到太阳溪边。刘进忠瞧见，对清将说：“这就是张献忠！”

清军中闪出一射手，给了张献忠一箭，正中其左乳。

张献忠大叫一声，倒地翻滚，痛极而亡。

于是农民军大崩。清军进攻，农民军数万人被杀，仅官校被斩首的就有二千三百多人，马匹辎重尽为清军所得。

张献忠手下孙可望、刘文秀、李定国、艾能奇等人率残兵奔逃，经重庆、遵义入云南，后来多成为南明永历政权名义下的将领。

孙可望最后降清，李定国却成为南明耿耿忠臣，与清朝一直奋战到死。历史的出其不意，使得后人充满遐思与猜想。

李定国最后之所以能“尽忠报国”，正因为他从蜀地掠入军中的说书人金公趾常为他说《三国演义》，此人常把孙可望比喻为董卓、曹操，把李定国比为诸葛亮，激发他忠义报国之心。李定国感动：“诸葛亮不敢自比，能学关、张、姜维三人报国，已经足够！”最终他百折不回，直至病死，仍忠于南明王朝。而张献忠本人也爱听书，目的在于从《三国演义》《水浒传》中学兵法、学战略。由此可见，民间文学的力量确实巨大。

妇人、孺子的杀身救国

徒持金戈挽落晖

明之将亡，不得不亡。世风浇薄，道德沦丧。上层士大夫们寡廉鲜耻，朝中文人爱钱，武人怕死，风尚相袭，华靡承蹈，以至于亡。帝国大厦倾覆之际，“潇洒西园出声妓，豪华金谷集文人”。虽然清军铁骑的蹄声以及势如燎原之火的贼人喊杀声渐行渐近，明王朝的“中坚”们仍怡然观望，文恬武嬉，不少人已经暗中与“大辫子”和逆贼暗通款曲，随时随地准备献城投附，好做异族或新朝的“臣妾”。

朝代的更迭，对于这些人来讲，不仅不是身家性命与国家民族创伤的剧烈阵痛，反而是他们益加飞黄腾达的最佳契机。但是，虽然世态炎凉、尔虞我诈、钩心斗角、忠奸泯淆，在这样一个大伪季世，大汉民族勃勃不屈的精神，仍旧在不息地脉动。秦良玉、夏完淳，正是这种精神承继者的典范。一妇人，一孺子，忘身忘家，殒宗赴国，其大义凛然与坚定不屈的事迹，数百载之后思之，仍拍案称奇。

巴山蜀水巾帼雄

秦良玉

秦良玉，如果对明史不大清楚的人，乍观此名字，可能会把这个秦良玉与那个左良玉搞混。左良玉乃男儿汉，官至总兵，携“平贼将军印”。堂堂大老爷们，却一直养贼自重，最终还对南明的弘光朝君臣大施拳脚，在进攻南京的途中病死。其子左梦庚携数十万明军向清投降，甘为异族鹰犬。

而我们要讲的主人公秦良玉，乃红装妇人，巾帼英雄。她多年来为大明朝出生入死，赴边击后金，川地杀逆贼，至死不降，诚为女中丈夫，直可愧煞左良玉之辈。

秦良玉，忠州（今重庆忠县）人，生于万历初年（1573年）。由于其父秦葵乃明朝贡生出身，秦良玉自幼一直接受良好的儒家教育熏陶。忠臣烈士之义、感身报国之情，秦葵一直向子女传授不懈。身为知识分子，秦葵已经有预感大乱将至，常研习兵书，舞剑论兵。他对儿女一视同仁，让秦良玉与其兄秦邦屏、弟弟秦民屏一起读典籍、学骑射。

可喜的是，比起兄弟来，秦良玉禀赋超群，文翰得风流，兵剑谙神韵，使得秦葵怃然叹息道：“可惜孩儿你是女流，否则，日后定能封侯夺冠。”

秦良玉慷慨朗言：“倘使女儿得掌兵柄，应不输平阳公主（唐高祖李渊之女）和冼夫人（隋朝岭南的少数民族首领）。”

急赴国难女丈夫

定川援辽的功勋

天作良缘。秦良玉成人后，嫁与石柱土司马千乘。这位马土司虽是一方土酋，但其祖宗却有大名，乃汉朝“马革裹尸”的伏波将军马援。郎才女貌，神仙伴侣，二人伉俪情深，夫唱妇随。

万历二十七年播州地区的土司杨应龙造反。由于事起仓促，叛军连陷重庆、泸州等战略要地，进围成都。蜀中大震。

作为地方土司，马千乘以三千石柱兵从征，跟随明朝四川总督李化龙讨伐叛军。石柱兵皆持一种特制长矛，矛端呈钩状，矛尾有圆环，攀援山地及险峻地形时，前后接应搭接，敏捷如猿。由于兵士手持的矛杆皆以无漆的白杆制作，时人称之为“白杆兵”。依理，马千乘率兵三千跟从官军，已经尽到了土司对中央朝廷的义务。但秦良玉为解国难，又统精卒五百人，自备军粮马匹，与副将周国柱一起在邓坎（今贵州凤冈）扼守险地，持弓援剑杀贼。

为此，明朝总督李化龙大为叹异，命人打造一面银牌赠予时年二十六岁的秦姑娘，上镌“女中丈夫”四个大字，以示表彰。

万历二十八年正月初二，明军由于连连克捷，上下松懈，置酒高会，庆祝新春佳节。洞晓古今兵法的秦良玉多智，她预料叛军会乘夜偷营，诫嘱丈夫马千乘命令白杆兵严禁饮酒，持矛裹甲，连夜分守险隘。半夜时分，明军官兵大部分醉醺醺地沉入梦乡，叛军果然突然发动袭击。醉梦中的官军一时间四处奔逃。

所幸的是，早有准备的秦良玉夫妇所领白杆兵发起反突袭。叛军先胜后败，惶骇间被长矛捅倒无数，皆转身奔逃。

秦良玉夫妇紧追不舍，追入贼境，连破金筑寨、明月寨等七寨，直抵杨应龙叛军老巢的天险桑木关下。

明军诸军喘息后集结，齐攻桑木关。由于山险关峻，甲胄裹身的明朝官兵一时束手无策。白杆兵此时顿显神威，这些士兵的攀援能力本来就高超，又有特制矛钩搭连，他们在短时间内演杂技一般互相搭持攀挂，与酉阳土司等地方兵配合，一举荡破险关。关口拿下，明朝官军夺门而入。

于是，众人合兵，直捣海龙囤，杀得叛兵血流成河。叛首杨应龙骇然无奈，慌乱中自缢身死，播州之乱平息。

此次平乱，马千乘、秦良玉夫妇为“南川路战功第一”，为诸司之先，并又获朝廷银牌及色缎等物作为奖励。

大功如此，秦良玉并未沾沾自喜。她从不言功，夫妇二人仍回石柱本分过活。

十多年后，万历四十一年，秦良玉丈夫马千乘死于政府狱中。《明史》记载说，石柱部有民状告马千乘，明廷把他逮入云阳狱，不久马千乘病死其中。但他真正的死因，其实是北京万历帝派来的监税太监丘乘云向石柱索取贿赂，马千乘自恃于朝廷有功，不予。这下可羞恼了丘公公，他指使手下捏造罪名，把马土司逮捕入狱。马千乘被活活折磨而死，时年仅四十一岁。

一下子变成孤儿寡母，秦良玉含泪忍痛。她以大义为重，殡敛丈夫后，未生出任何反叛不臣之心，反而代替丈夫任石柱土司，忠于职守。

《明史》中这样赞诩秦良玉："（其）为人饶胆智，善骑射，兼通词翰，仪度娴雅。而驭下严峻，每行军发令，戎伍肃然。"

万历四十四年，女真酋长努尔哈赤在赫图阿拉建立"大金"（后金），开始连连发动对明朝的进攻。两年后，萨尔浒一役（战场在今辽宁抚顺以东），明军惨败，诸营皆溃。自此之后，驻辽明军几乎是闻警即逃。

东北告急，在此大背景下，明廷在全国范围内征精兵援辽。秦良玉闻调，立派其兄秦邦屏与其弟秦民屏率数千精兵先行。她自己筹马集粮，保障后勤供应。为此，明廷授秦良玉三品官服。

沈阳之战中，秦氏兄弟率白杆兵率先渡过浑河，血战满洲兵，大战中杀"辫子兵"数千人，终于让一直战无不胜的八旗军知晓明军中还有这样勇悍的士兵，并长久为之胆寒。

由于众寡悬殊，秦邦屏力战死于阵中，秦民屏浴血突围而出，两千多白杆兵战死。但也正是由此开始，秦良玉手下的石柱白杆兵名闻天下。

得知兄长牺牲消息后，秦良玉制一千多件冬衣，配送给远在辽地的石柱兵。然后，她自统三千精兵，直抵榆关布防，控扼满洲兵入关咽喉。明廷兵部尚书张鹤鸣为此专门上奏天启帝，追赠死难的秦邦屏都督佥事，立祠祭祀。不久，明廷又诏加秦良玉二品官服，封诰褒奖。

由于白杆兵战斗力强，明廷下令再征兵两千。秦良玉闻诏即行，与弟弟秦民屏驰还石柱，征调士兵准备援辽。

抵家仅一日，重庆内乱。永宁土司奢崇明借奉诏援辽的名义，率数万人马与其女婿樊龙里应外合地占据了重庆，并发兵围攻成都，大有关门当皇帝的意思。

由于同为土司“乡亲”，奢崇明派人携大笔珍宝来石柱与秦良玉“通好”。秦良玉二话不说，立斩叛使。

她派遣秦邦屏及其二子溯流西上，渡渝城后，忽然抵至重庆南坪关，扼制叛兵归路。趁天黑敌军无备，白杆兵突袭叛军驻于长江和嘉陵江上的水军，尽焚其舟。同时，秦良玉分兵守忠州，驰报夔州官军密防瞿塘天险，阻遏叛军沿江东下。

正是由于这位女中丈夫调度有方，奢崇明叛军终于难成气候，出战即败。但当时川地一带诸土司“自治”部落皆收受叛军贿赂，大多数逗留观望，唯独秦良玉率石柱兵奋勇直前，连获红崖墩大捷、观音寺大捷以及青山墩大捷。如此一来，不仅成都围解，重庆也很快得以收复，叛乱得平。

明廷叙功，秦良玉得授总兵一职，她的兄弟和子侄皆获擢升。

川地甫定之后，鉴于作战中明朝官军的“熊包”表现，秦良玉上书奏称：“臣率（秦）翼明、（秦）拱明（她的两个侄子）提兵裹粮，累奏红崖墩诸捷。而（明朝官军）行间诸将，未睹贼面，攘臂夸张。及乎对垒，闻风先遁。败于贼者，唯恐（别）人之胜；怯于贼者，唯恐（别）人之强。如总兵李维新，渡河一战，败衄归营，反闭门拒（见）臣（秦良玉自称），不容一见。（李维新）以六尺躯须眉男子，忌一巾帼妇人（自称），（其）静夜思之，亦当愧死！”

疏上，由于明廷正需石柱这样的地方力量，天启帝“优诏报之”，并下令文武大臣对秦良玉皆要以礼相待，不得疑忌。感动之下，秦良玉更加为明廷卖命，其弟秦民屏不久即在陆广作战中战死沙场。

崇祯三年（1630年），皇太极攻榆关不入，便率十万辫子兵绕道长城喜峰口进攻，攻陷遵化后，进抵北京城外，连克永平四城，明廷大震。

秦良玉得到十万火急的勤王诏书之后，即刻提兵赴难，星夜兼程，直抵宣武门外屯兵。当时，闻诏而至的各路勤王官军共二十万有余，但都畏惧清兵的狠勇，无人带头出战。秦良玉带领的白杆兵虽然人数仅有数千，但一直为清兵所忌惮。昔日浑河血战，让清军再也忘不了这些身体矮小手持超长锐矛的士兵。因此，白杆兵呐喊冲杀之际，清兵便心自发怯，加上明军中又有孙承宗这样的老将与秦良玉配合，最终迫使皇太极连弃滦州、永平、迁安、遵化四城，撤围而去（当时未能攻下山海关，也是清军撤兵原因，他们怕日后遭首尾截击）。

北京围解之后，崇祯帝大加感慨，特意在北京平台召见秦良玉，优诏褒美，赏赐彩帛美酒，并赋诗四首以彰其功：

其一

学就西川八阵图，鸳鸯袖里握兵符。
由来巾帼甘心受，何必将军是丈夫。

其二

蜀锦征袍自裁成，桃花马上请长缨。
世间多少奇男子，谁肯沙场万里行！

其三

露宿风餐誓不辞，饮将鲜血代胭脂。
凯歌马上清平曲，不是昭君出塞时。

其四

凭将箕帚扫虏胡，一派欢声动地呼。

试看他年麟阁上，丹青先画美人图。

观崇祯皇帝有生之年，享国日浅，遭逢多难，很少有闲情逸致吟诗作赋，除赠秦良玉诗外，仅有赠杨嗣昌的五绝诗传世。

迢迢西南边陲一位女土司，竟能得到大明皇帝面见赐诗。秦良玉当属古往今来第一人。

抗御敌人保家乡

与张献忠起义军的血战

满洲军出塞后，秦良玉率石柱兵回家乡。由于当时张献忠、罗汝才等九路人马自湖广进攻四川，明廷诏令秦良玉不用再出兵援剿，“专办蜀贼”，负责守御川地。

崇祯七年，张献忠率军破夔州，进围太平，秦良玉提兵赶至，起义军慑于秦良玉及其手下白杆兵威名，仓皇逃走，川东大定。

崇祯十三年，罗汝才部进入巫山，为秦良玉阻遏。于是，这位绰号“曹操”的首领突然进攻夔州，又被秦良玉率兵击走。

不久，秦良玉率兵在马家寨邀起义军，杀其骁将“东山虎”，斩首六百余级。然后，秦良玉乘胜与明军在谭家坪、仙寺岭连败起义军，夺得罗汝才主帅大纛，并生擒其副手“轰塌天”。

数役下来，秦良玉部斩起义军士兵近万，获甲仗马骡无算，起义军尸横陈遍山谷。

罗汝才率残部遁走大宁（今重庆巫溪），与张献忠在巫巴山区合军后，其势复炽，逾过巴雳河（今重庆巫山县双龙镇大宁河），拚死攻击秦良玉侄子等人统领的石柱兵。接着，起义军四处扎营，严重威胁川地大部分地区。

明朝湖广襄阳督帅杨嗣昌本人乃湖广（今湖南常德）人，他的初始战略是想尽驱张献忠等部起义军入川。这位杨督帅的如意算盘是：蜀地险远，起义军兵入蜀后，蜀地官军守则守之，不能守自可弃涪州、万州、雅州、松州大部分地区，诱敌深入。然后，陕西官军断栈道，临白水制敌；云南官军屯曲靖，扼守白石江。而他杨督帅本人则可率明军主力掩击起义军，把他们驱至松潘诸部落的地盘，听任当地土人剿杀。

杨嗣昌此计，既愚昧又阴险。愚昧的是，他纸上谈兵，以为川地崎岖险峻，必能困住起义军；阴险的是，他驱张献忠等部入四川，自己没有丧地的责任，四川巡抚是邵捷春，丢地丧兵，责任皆由他负。杨嗣昌本人自可坐观成败，时刻准备去摘熟落的“桃子”。

由于担心四川当地官军扼守险隘会导致张献忠急红眼反扑湖广，杨嗣昌又使阴招，依仗自己的威权，把大批蜀地精兵调出，只留二万弱疲士卒给川抚邵捷春守重庆。

秦良玉一心为国，率三万石柱精兵抵至夔州。邵捷春令她把部分士兵移近重庆，与附近守将张令相倚为声援。不久，劭捷春抽调一万五千石柱兵，进入重庆与官军共同把守坚城。秦良玉深知邵捷春之策甚愚，但她又不敢违背命令，就对路过自己军营的绵州知州陆逊之表示：“邵公不知兵，其移我部兵自近，而派张令守黄泥洼一带，甚失地利。贼军盘踞归、巫众山之巅，俯瞰吾军营垒。倘若他们自上而下，乘势使气攻击官军，张令部必败。张令一败，次必及我部军。我部军一败，谁又能救重庆之急？”

陆逊之大惊，问策之所出。

秦良玉言：“邵公此时，绝不能坐防坚城，应先发制人，与贼军争山夺险。”

陆逊之立即把消息转告给邵捷春。邵巡抚倒是知错就改，可惜晚了一步。张献忠一军于十月五日在土地岭（今重庆奉节草堂镇）率先向窝里斗的明朝官军发动进攻，一天内即杀明军五千多人。

次日，张献忠手下白袍小将张玉儿当阵射杀号称“神弩将”的明军老将张令，乘胜把明军杀得一败涂地。不仅张令一军尽覆，秦良玉手下三万多白杆兵也全军覆没，致使最后秦良玉仅单骑逃返重庆，遭遇其平生未有之惨败。

此役过后，杨嗣昌围起义军于川地的“圆盘战略”完全破产，川鄂交界地带三十二隘口尽陷于敌，蜀中大乱。

损失如此惨重，秦良玉并未灰心丧气，她对川抚邵捷春说：“事态危急，可以尽发溪峒兵卒，人数可达二万，我本人出资出粮可供饷其中的一万人，朝廷供饷另外一万人。如果布置妥当，应该还能与贼寇周旋。”

邵捷春低头，良久不言。时势至此，这位文人守抚已全然死心。从他自己角度考虑问题，丧兵失地不说，官仓中已无粮养兵，而溪峒兵卒反复不测，如果这些人再趁乱闹兵变，他邵捷春三族不保。饱读史书的他，自然知道元末官军中纪律最坏的就是杨完者所带领的“苗兵”。他们那些兵不仅剿贼无力，平时对百姓比寇贼还要凶恶淫毒。所以，溪峒兵卒，难保不像“苗兵”那样。

顾虑多，定议就少。

劭捷春最终婉言拒绝了秦良玉提出的计划。

秦良玉叹息而归。其计不被用，全川自然溃烂不可收拾。

张献忠蹂躏各处，杀人无算，四川广大地区人民陷入了地狱般的境遇。而邵捷春本人，自然难逃罪责，不久被逮入诏狱，仰药自杀（与陷害他的杨嗣昌一个死法）。

三年多后，1644 年，李自成攻入北京，崇祯帝上吊自杀。消息传来，深受明恩的秦良玉服孝痛哭，几次昏厥，哀动左右。

张献忠一部此时尽陷楚地，又向四川杀来。秦良玉向当时的四川巡抚陈士奇呈献《全蜀形势图》，希望官军能增兵坚守蜀地十三处险隘。陈士奇不予采纳。秦良玉不死心，又椎心泣血地向四川巡按刘之勃建议，刘巡按倒是同意她的计策，但他本人手中无兵可发。

张献忠一部数十万长驱直犯夔州。秦良玉驰援，由于众寡太悬殊，兵败而去。她的失败，标志着蜀地的沦陷。

张献忠相继攻克万县、重庆、成都，并在当年年底称帝，建立“大西”政权。

张献忠占领蜀地，只有遵义、黎州及秦良玉的石柱地区未归于“大西”。慑于秦良玉威名，张献忠部无一兵一将敢于入犯石柱。投降张献忠的明朝官员屁颠颠向各地土司送去大西政权印信，各地土司大多出于畏惧而接受。秦良玉接到印信，马上当众毁之，慷慨言道：“吾兄弟二人皆死王事，吾以一孱妇蒙国恩二十年，今不幸至此地步，怎能以残余之年以事逆贼！石柱一地有敢从贼者，族诛之！”

不久，又有噩耗传来，秦良玉独子马祥麟先前被明廷征调到湖广御敌，战死于襄阳。死前，他给母亲写信：“儿誓与襄阳共存亡，愿大人勿以儿安危为念！”

见儿子绝笔血书，秦良玉泪下如雨，心如刀割。但她乃大义妇人，提笔在信纸上写道：“好！好！真吾儿！”

秦氏、马氏二族，可称上是满门忠烈，数年之间，死于国事者甚众。

清廷占据北京后，残余的南明政权相继有弘光、隆武、永历数帝，秦良玉皆与之保持联系。但山高水远，秦良玉本人年逾古稀，不可能再有较大作为。

1648年，在西南颠沛流离的南明永历帝派人加秦良玉太子太傅，授四川招讨使。久卧病床的一代女豪杰，闻之瞿然而起，拜伏受诏，感泣道：“老妇人朽骨余生，实先皇帝（崇祯）恩赐，定当负弩前驱，以报皇恩！”

可惜的是，几日之后，秦良玉就因病重抱恨而终。其孙马万年把奶奶葬于回龙山，墓碑题文可彰示这位女中丈夫不屈的民族气节和赫赫功勋：

> 明上柱国光禄大夫镇守四川等处地方提督汉土官兵总兵官持镇东将军印中军都督府左都督太子太保忠贞侯贞素秦太君墓。

道德标准，总因时代嬗变而有所不同。但忠、孝、义三个字，恒久常新。

秦良玉一汉族妇女，数十年在地区自治间安乡护土，心向朝廷，忠贞不贰，破家为国，数赴国难，终为大明铮铮直臣。至死不叛变，不降清，大义凛然。这样的奇女子，连封建文人也叹息称绝，题咏连连。

清代词人钱枚有《金缕曲》一首。他因见这位女英雄小像而发慨叹，持笔濡墨，写词褒赞，艺术性地概括了秦良玉卓尔不凡的传奇人生：

> 明季西川祸，自秦中、飞来天狗，毒流兵火。石砫天生奇女子，贼胆闻风先堕，早料埋、夔巫平妥。应念军门无将略，念家山、只怕荆襄破。妄男耳，妾之可。
>
> 蛮中遗像谁传播。想沙场、弓刀列队，指挥高坐。一领锦袍殷战血，衬得云鬟婀娜。更飞马、桃花一朵。展卷英姿添飒爽，论题名、愧煞宁南左。军国恨，尚眉锁。

而歌颂秦良玉最让人感动的诗篇，当出自清末女英雄秋瑾。二人同为巾帼女儿身，自然别有一番真味在诗中：

> 古今争传女状头，谁说红颜不封侯。
> 马家妇共沈家女，曾有威名振九州。

揸撑乾坤女土司，将军才调绝尘姿。
靴刀帕首桃花马，不愧名称娘子师。
莫重男儿薄女儿，平台诗句赐娥媚。
吾侪得此添生色，始信英雄曾有雌。

四海狼烟美少年

夏完淳

明清更迭之际，壮烈殉国的仁人志士和儒生士大夫数以十万计，但均湮灭于历史的烟尘之中。时至今日，国人大多都知道“我大清”的雍正、康熙、乾隆、多尔衮以及“刘罗锅”、纪晓岚等满洲帝王及驯奴臣仆，但少有人知道夏完淳——这位明末殉国的翩翩美少年。

他牺牲时年仅十七岁（虚岁），是集文才、志气于一身，千年才可一见的卓然英豪。

香兰生雅庭

夏完淳的家学渊源及忠孝承袭

清朝文人所修的《明史》，并无《夏完淳传》。其父夏允彝附于《陈子龙传》后，传中在交代了夏允彝自杀后，只有这样二十三个字交代了夏允彝之兄夏之旭以及其子夏完淳的结局：“（夏）允彝死后二年，子（夏）完淳、兄（夏）之旭并以陈子龙狱词连及，亦死。”

这帮奴才文人，吝于笔墨描述民族英雄，竟把《明史稿》中本来已经非常简略、只有介绍夏完淳性格和才能的一百多个字眼尽数削除，以此来取悦满洲主子。

言及夏完淳，一定要先讲他的父亲夏允彝与他的老师陈子龙。

夏允彝，字彝仲，松江华亭（今上海松江）人，崇祯十年进士出身。崇祯初年，大名士张溥在吴江把南北许多知名文社的负责人召集起来，其中包括江南应社、苏州羽朋社、浙西闻社、江西则社、中州端社等，结成新的“复社”。

与东林党相比，复社并不是一个卓然标格的政党类型，它强调的是“以学救时，以学卫教”。而东林党人在末期鱼龙混杂，不少人“急功名、多议论、恶逆耳、收附会”，严重违背了孔子有关君子“群而不党”的圣训。后来，复社因其精神领袖张溥的去世而渐趋衰落。

夏允彝自开炉灶，成立了新的师生相传的“几社”，诗文酬和，社友们互相以文章道德激励。

夏允彝的仕途很短暂，只做过福建长乐县令，时间约五年。在官期间，他治绩优秀，成为当年由吏部点名表扬的全国政绩突出的七位“优秀知县”之一，并受崇祯皇帝亲自接见。可惜，由于母亲病逝，他只能丁母忧回老家守丧。

崇祯十七年，明朝灭亡，夏允彝急忙拜谒史可法，商议恢复大计。由于南明弘光政权的迅速崩溃，夏允彝才不获展，在林野乡间仍旧想有所作为。

当时清朝在江南的统治还不稳固，义师纷起，明朝残余军事力量散落其间。于是，夏允彝暗中写信给自己从前的学生、明朝江南副总兵吴志葵，商量准备合兵攻取苏州，然后收复杭州，再进兵南京，以图保有明朝江南半壁河山。也就是在那时，年仅十五岁的夏完淳匆匆完婚后，马上和父亲一道加入戎旅之中。

可惜，吴志葵无长远谋略，军将多懈怠二心，苏州城不仅未被攻下，这些残明的乌合之众，也大败四溃。

坏消息一个接一个传来，夏允彝反而变得愈加平静，他决定自杀殉国。乡人劝他可以趁乱渡海去他曾任地方官的福建，招纳兵马，再图恢复。夏允彝考虑再三，没有同意，怕举事再败以致蒙羞万世。松江清军主将早闻夏允彝大名，表示只要他肯出山，一定给大官做。清将还表示，即使夏先生不愿在新朝为官，出来见一面也行。夏允彝以“贞妇”自比，明白无误表达了自己不事二朝的决心。

他给好友陈子龙等人写信交代后事，然后平静地与家人道别，并特意把未完成的文集《幸存录》交予独子夏完淳，叮嘱他毁家饷军，精忠报国，代父完成恢复志愿。然后，夏学士投松塘自杀。《明史》上讲他“自投深渊以死”，实乃误记。夏允彝自杀形同日本人礼仪性的剖腹自杀，其兄、子、妻妾等家人，皆肃穆哀恸地立于水滨观视。

松塘水浅，只达夏允彝腰身以上，这位大才子生生埋头于水中，呛肺而死。他背部的衣衫都未沾湿，便生殉了他的大明朝。

彼情彼景，身为儿子的夏完淳肝胆欲裂，目睹父亲刚烈死状，他也更加坚定了必死的报国之心。

至于陈子龙，他与夏允彝乃同年进士，也是当时鼎鼎大名的文学家。本来，陈子龙想与夏允彝同死，但夏允彝以母妻托付于他，他本人又有九十岁老祖母需要赡养，故而忍死待变，割发为僧隐于乡间。明宗室鲁王监国时，陈子龙暗中接受鲁王的任命，与夏完淳一起策动清朝的松江提督吴胜兆反清。天不祚明，兵变失败，不仅吴胜兆被杀，陈子龙本人也被逮捕。在押解至南京的途中，陈子龙终于做出了与其挚友夏允彝一样的人生选择：跳水自杀殉国。

生父尊师，这两位忠烈楷模，在少年夏完淳泪水模糊的目光中，逐渐幻化为千古仁人志士的终极典型。

黄花白草英雄路

夏完淳不屈殉国

夏完淳，字存古，号小隐。是夏允彝的妾生子，也是他唯一的儿子。这位英雄天分极高，小时候就是个神童，五岁即熟谙儒家典籍，七岁能文，八岁能诗，九岁即印刻文集《代乳集》行世。

观夏完淳十三岁之前的作品，柔媚秀丽，清婉韵致，仍不脱晚明文人流俗：

寻芳草·别恨

几阵杜鹃啼，却在那，杏花深处。小禽儿，唤得人归去，唤不得愁归去。

离别又春深，最恨也，多情飞絮。恨柳丝，系得离愁住，系不得离人住。

明朝灭亡后，亲历戎旅，又目睹父亲的自杀殉国，悲恸欲绝的夏完淳上书鲁王，要求予父亲以赠谥。

鲁王见夏完淳如此年轻又对大明如此忠心，立授他中书舍人一职，赠夏允彝右春坊右中允，谥“文忠”。这一切，均极大鼓舞了身在江南的夏完淳抗清复明的勃勃斗志。

不久，听闻太湖一带活跃着吴易领导的“白头军”（这支队伍的兵士皆以白布缠头作标志，以此为明朝“戴孝”），夏完淳喜出望外，连忙与老师陈子龙一起携家中所有金银奔赴军中，并充任吴易的参军。

吴易，字日生，吴江人，进士出身，曾为复社的活跃分子，能诗善文，又喜读兵书。北京陷于李自成的时候，他正作为候补官员在京内，幸亏有大德知一禅师相助，吴易有幸从东便门逃出。后来，由史可法推荐，吴易在福王政权中有了一个职方主事的官职。他离开扬州外出筹集粮饷时，扬州陷于清军之手。清军铁蹄迅疾，很快占领了吴易的老家吴江。县丞朱国佐降清，并斩杀了痛骂他的学生吴鉴。吴易闻之大怒，率数人突入县衙，活捉朱国佐，在吴鉴灵前杀掉了这个叛变败类后，宣布反清。

兴兵之初，吴易的白头军发展迅速，不少昔日当地的水贼头目如“赤脚张三”等人纷纷入伙，在民族矛盾上升为社会最主要矛盾的关头，这些人由“贼”而变成“官军”，在辽阔的太湖水面上给予了清军沉重打击。白头军最漂亮的一仗是“分湖大捷”，杀敌三千多，斩清中下级军官二十多名，获战船五百余艘。当然，这种暂时的胜利，主要原因在于当时清军没有有效组织起过硬的水军，对于水战实属外行，故而使得白头军大逞神威。

胜讯传出，南明的隆武政权和鲁王朝廷均派人携带“诏书”而来，对吴易加官晋爵，视为中兴大将。

飘飘然之余，吴易与白头军将领们开始轻敌。许多水贼出身的将卒本性毕露，四处剽掠。清军方面，却加紧准备。海盐一战，白头军大败，夏完淳也因军败与吴易等人走散。至于陈子龙，他在海盐之战前已经看出吴易手下的乌合之众难成大事，便以筹饷为名离开了白头军，想另行发展。

吴易军败后，其父、其妻、其女均投湖自杀，以免被清军俘虏受辱。吴易本人逃入湖中，仍旧坚持抗清斗争。

1646年夏，吴易听人风传清廷任命的嘉善知县刘肃之想反正，便派人与之联络。这刘知县之所以散布自己想反正的消息，无非是想诱执吴易。见吴易自己送上门，刘肃之立刻派人持信来复，邀请吴易来县衙赴宴。吴易不疑有诈，只带随从数人来会。“鸿门宴”人易出难，刘肃之早就通知大批清兵埋伏，待吴易一入门，立即逮捕了这位白头军领袖，很快把他送往杭州处死。

吴易为人虽属轻率无远略之辈，但大节不亏，慷慨赴刑，并作《绝命辞》：

落魄少年场，说霸论王，金鞭玉辔拂垂杨。剑客屠沽连骑去，唤取红妆。

歌笑酒炉旁，筑击高阳，弯弓醉里射天狼。瞥眼神州何处在，半枕黄粱。

成败论英雄，史笔朦胧，与吴霸越事匆匆。尽墨凌烟能几个，人虎人龙。

双弓酒杯中，身世萍逢，半窗斜月透西风。梦里邯郸还说梦，蓦地晨钟。

夏完淳闻讯，立即穿白服前往，在吴江为吴易起衣冠冢，与文人同道哭吊，赋《鱼服》一诗，祭奠吴易，表达了复仇雪恨的决心：

投笔新从定远侯，登坛誓饮月氏头。
莲花剑淬胡霜重，柳叶衣轻汉月秋。
励志鸡鸣思击楫，惊心鱼服愧同舟。
一身湖海茫茫恨，缟素秦庭矢报仇。

1647年早春时分，得悉清廷任命的苏松提督吴胜兆要反正的消息，少年夏完淳马上萌发了巨大的复明希望，急忙为吴胜兆与浙东义师牵线搭桥，准备事发之时亲自参加战斗，做绝死的斗争。

岂料，吴胜兆谋泄，其手下将领抢先一步把他的计划上告清廷。吴胜兆一卒未出，已被擒。屋漏偏遭连夜雨，浙东方面，义师水军刚离岸，飓风忽至，大部分人被淹呛而死，溃不成军。

清廷对吴胜兆一案十分重视，四处抓人，陈子龙等人首先遭到逮捕。押送途中，陈子龙投水殉国。

夏完淳眼中含泪、喉中吞血。由于他本人也在清政府通缉名单中，便一度匿藏于其岳父在嘉兴的家中。1647 年 7 月，他决定渡海加入鲁王政权军队。夏完淳至孝之人，临行前，他回乡间老家探望嫡母和生母，准备与二老告别之后再出发。

清廷眼线极多，夏完淳甫一回家，即为人侦知。清廷人马俱至，逮捕了这位少年英雄。由于是朝廷重犯，他被立刻押赴南京受讯。

在南京受押的八十天，是十六岁英雄夏完淳人生旅途的最后八十天。其间，他不仅智斗洪承畴，巧妙羞辱了这位清廷鹰犬，并且自激自励，赋诗写词多篇，表达了他“今生已矣来世为期”的冲天豪情和“家国之仇未报”的遗恨。

被羁之初，夏完淳作《采桑子》一词，从内心深处抒发了他的亡国之愁：

> 片风丝雨笼烟絮，玉点香球。玉点香球，尽日东风不满楼。
>
> 暗将亡国伤心事，诉与东流。诉与东流，万里长江一带愁。

清廷主持江南一带招抚的第一把手，乃洪承畴。他听说夏完淳与其岳父钱栴被抓，很是得意，便想亲自劝降这翁婿二人，此举不仅能为清廷的主子招纳人才，又能给自己脸上贴“慈德”金粉。

南京旧朝堂上，洪承畴高坐，喝问下面被提审的夏完淳：“汝童子有何大见识，岂能称兵犯逆。想必是被人蒙骗，误入军中。如归顺大清，当不失美官。”

夏完淳不为所动，反问洪承畴：“尔何人也？”

旁边虎狼衙役叱喝：“此乃洪大人！”又有狱吏在其旁低声告之：

"此乃洪亨九（洪承畴）先生。"

夏完淳佯作不知，厉声抗喝："哼，堂上定是伪类假冒。本朝洪亨九先生，皇明人杰，他在松山、杏山与北虏勇战，血溅章渠，先皇帝（崇祯帝）闻之震悼，亲自作诗褒念。我正是仰慕洪亨九先生的忠烈，才欲杀身殉国，以效仿先烈英举。"

狱吏们此时很窘迫。洪承畴在上座面如死灰。

上来一个胥吏，厉声叱喝夏完淳："上面审你的，正是洪经略！"

夏完淳朗声一笑："不要骗我！洪亨九先生死于大明国事已久，天子曾临祠亲祭，泪洒龙颜，群臣呜咽。汝等何样逆贼丑类，敢托忠烈先生大名，穿虏服虏帽冒允堂堂洪先生，真狗贼耳！"

洪承畴汗下如雨，嘴唇哆嗦，小英雄字字戳到他灵魂痛处，使得这个变节之人如万箭穿心般难堪、难受。食禄数代之大明重臣，反而不如江南一十六岁少年，真让人愧死！类似故事也发生在同吴易一起被抓的白头军领导人孙兆奎身上，他被押南京后，也是洪承畴主审。面对拖着条大辫子的清朝总督，孙兆奎轻蔑地笑问堂上洪大人："我们大明朝也有一个牺牲的先烈叫洪承畴，您不会与那位大人同名吧？"狠狠羞辱了洪承畴。

忽然，一旁因久受严刑而体力不支的夏完淳岳父钱栴忽然一声倒地，匍匐不起。夏完淳见状，忙上前扶起岳丈，厉声激励道："大人您当初与陈子龙先生及我完淳三人歃血为盟，决心在江南举义抗敌。今天我二人能一同身死，可以在地下与陈子龙先生慷慨相会，真真大丈夫平生之豪事，何必如此气沮！"

听女婿如此说，钱先生咬牙挺起，忍耐奇痛。

洪承畴默然久之，只得挥挥手，令士卒把二人押回牢狱。然后，上报清廷，拟判处夏、钱二人死刑。

上述种种历史的细节，不见于清朝御用文人官修的史书。而是出于被乾隆帝"御封"为"贰臣"的明末大才子屈大均所著的《皇明四朝成仁录》中。

这位文人，实属丧失大节，但他内心中对全忠全义的英雄，也不由自主流露出热切的渴慕和崇敬。

深知自己来日无多，夏完淳在狱中写下了他那篇流传千古的《狱中上母书》，派人转送老家的嫡母盛氏与生母陆氏：

> 不孝完淳，今日死矣！以身殉父，不得以身报母矣！
>
> 痛自严君见背，两易春秋（严君：对父亲的敬称。见背：去世）。冤酷日深，艰辛历尽。本图复见天日，以报大仇，恤死荣生，告成黄土。奈天不佑我，钟虐明朝，一旅才兴，便成齑粉。去年之举（指自己于前一年入吴易军抗清。他兵败后，只身流亡，历尽艰危），淳已自分必死，谁知不死，死于今日也！斤斤延此二年之命，菽水之养（指对父母的供养。《礼记·檀弓下》："啜菽饮水尽其欢，斯之谓孝。"），无一日焉。致慈君托迹于空门，生母寄生于别姓，一门漂泊，生不得相依，死不得相问。淳今日又溘然先从九京（九泉），不孝之罪，上通于天。
>
> 呜呼！双慈在堂，下有妹女，门祚衰薄，终鲜兄弟（意思说家门衰落，福泽浅薄，又无同胞兄弟）。淳一死不足惜，哀哀八口，何以为生？虽然，已矣！淳之身，父之所遗；淳之身，君之所用。为父为君，死亦何负于双慈？但慈君推干就湿（推干就湿：是指母亲把干燥处让给幼儿，自己睡在幼儿便溺后的湿处。形容为人母者养育子女的辛劳。语出《孝经·援神契》："母之于子也，鞠养殷勤，推燥居湿，绝少分甘。"），教礼习诗，十五年如一日；嫡母慈惠，千古所难。大恩未酬，令人痛绝……
>
> 呜呼！大造茫茫，总归无后。（倘若）有一日中兴再造，

则庙食千秋（享受庙祭），岂止麦饭豚蹄（指祭祀一般死者的食品），不为馁鬼而已哉……

兵戈天地，淳死后，乱且未有定期。双慈善保玉体，无以淳为念。二十年后，淳且与先文忠为北塞之举矣（这句话意思是讲自己死后再度转世为人，仍要与其父在北方起兵反清）……

语无伦次，将死言善（语出《论语·泰伯》："鸟之将死，其鸣也哀；人之将死，其言也善。"言善，指说话真诚不欺）。痛哉，痛哉！

人生孰无死，贵得死所耳。父得为忠臣，子得为孝子。含笑归太虚，了我分内事。大道本无生，视身若敝屣。但为气所激，缘悟天人理。恶梦十七年，报仇在来世。神游天地间，可以无愧矣！

1647年9月秋决，夏完淳等三十多名抗清义士在南京西市慷慨就义。手提鬼头大刀、凶神恶煞般的刽子手，面对面前昂然站立的这位面容白皙、姣好的十六岁美少年，他那杀砍掉无数人头的双手，也不由自主地发颤发抖，最终只能闭眼咬牙砍下那一刀……

历史有时真是有些不可思议。一百多年后，1775年，即乾隆四十年，乾隆帝下诏，承认明末抗清诸臣"茹苦相随，舍生取义"的辛劳，颁布《钦定胜朝殉节诸臣录》，对夏完淳、夏允彝、陈子龙以及一大批明朝的忠臣义士予以"一体旌谥"。由此，昔日清王朝的危险敌人，一下变为全忠全孝的大节无亏之人，而洪承畴们、祖大寿等曾"事两朝"的"元戎"们，统统进了《贰臣传》。

自乾隆四十年起，夏完淳生前的诗文得以公开刊印、流传，《夏节愍全集》等书纷纷面世，其上千首诗、文、信函，均得以辑成发表。

可笑又可叹的是，与夏完淳同时代投附清朝的明末大文豪、大名士们，包括撰写夏完淳第一手资料的屈大均，都被乾隆帝加以痛诋和讥讽：

> 至钱谦益之自诩清流，腼颜降附；及金堡、屈大均辈之幸生畏死，诡托缁流，均属丧心无耻。若辈果能死节，则今日亦当在予旌之列。乃既不能舍命，而犹假（借）语言文字以自图掩饰其偷生，是必当明斥其进退无据之非，以隐殛其冥漠不灵之魂！

清朝学者庄师洛所作诗，最能为夏完淳这位少年英雄盖棺论定：

> 天荒地老出奇人，报国能捐幼稚身。
> 黄口文章惊老宿，绿衣韬略走谋臣。
> 湖中介义悲猿鹤，海上输忠唼凤麟。
> 至竟雨华埋骨地，方家弱弟可同伦。

无论是秦良玉，还是夏完淳，在翻天覆地的历史大动荡年代，他们皆体现出中国传统文化中“儒”与“侠”的最完美结合。所谓儒，即是全力体现舍身成仁、杀身取义的价值观；所谓侠，并非飞檐走壁、能打掌心雷的“侠客”，而是那种能够牺牲自己生命，去解救别人危难的侠义之人。

这种行为，在某些人看来，是迂阔和不识时务的。但是，我们中华民族的尊严和精神价值内核，正是这些妇人孺子的抵抗和不屈所由在。

乾隆四十一年底，在诏令国史馆修编《明季贰臣传》时，乾隆老爷子已经明白无误地把对“我大清”有赫赫功勋的洪承畴、祖大寿、冯铨等一批人打入另册，其意在于“崇奖忠贞”“风励臣节”：

……因思我朝开创之初，明末诸臣望风归附。如洪承略以经略丧师，俘擒投顺；祖大寿以镇将惧祸，带城来投。及定鼎时，若冯铨、王铎、宋权、谢升、金之俊、党崇雅等，在明（朝）俱曾跻显秩，入本朝（清朝）仍忝为阁臣。至若天戈所指，解甲乞降，如左梦庚、田雄等，不可胜数。（当时）盖开创大一统之规模，自不得不加之录用，以靖人心，而明顺逆。今事后平情而论，若而人者皆以胜国（明朝）臣僚，乃遭际时艰，不能为其主临危授命，辄复畏死幸生，靦颜降附，岂得复谓之完人！（他们）即或稍有片长足录，其瑕疵自不能掩。若既降复叛之李建泰、金声桓，及降附后潜肆诋毁之钱谦益辈，尤反侧佥邪，更不足比于人类矣……朕思此等大节有亏之人，不能念其建有勋绩，谅于生前；亦不能因其尚有后人，原（宥）于既死。今为准情酌理，自应于国史内另立《贰臣传》一门，将诸臣仕明及仕本朝各事迹，据实直书，使不能纤微隐饰，即所谓虽孝子慈孙百世不能改者……此实乃朕大中至正之心，为万世臣子植纲常！

在痛诋“贰臣”们的同时，乾隆帝对于清朝开国之初那些与其祖先驰马援弓、浴血死战的明臣明将，如史可法、刘宗周、孙承宗、卢象昇等人大加赞诩。表扬这些人“遭际时艰，临危受命”，均可称为“一代完人”，即使对于稍后“负隅顽抗”的南明诸臣，包括夏允彝、夏完淳父子，乾隆帝也称他们是“忠于所事”，乃舍生取义的英雄。这些人，皆入《胜朝殉节诸臣录》，可谓是万世流芳。

清初努尔哈赤、皇太极，对汉文化的吸收，更多来自《三国演义》《水浒传》这样的话本小说，所以对关云长这样义薄云天的人物极为崇敬。关羽成为“帝”（忠义神武关圣大帝），正是清朝顺治帝所封。同时，这些清朝爷们儿对于历史上的岳飞、文天祥等人也耳熟能详，尊崇有加。当然，清廷全力使用洪承畴一类降臣是当时大势所趋，这些人可以起到不可替代的作用。但内心深处，满洲皇帝和上层贵族对这些人充满鄙夷和不屑。特别是对告以南明永历帝一朝虚实的孙可望，清朝当时虽给了他个“义王”的称号，但没过多久就在打猎途中把他当作猎物一箭射死，简直就是不把他当人看待。相反，对于数位在满洲兴起的阶段被俘不屈的明朝大臣，如巡按御史张铨、太仆寺少卿张春等人的大义凛然，后金汗王、清代帝君们皆肃然起敬。皇太极更是叹息道：“我从史传中得知文天祥事迹，以为是天降神人，今见张春，乃知文天祥确有其人啊！”

皇太极也疑惑过，问汉人谋士范文程：“我见中原名将多矣，只要战败势劣，大多倒戈投降，而那些文臣儒士，却多不为所屈，杀身报国，此何原因？”

范文程答：“文臣读圣贤书，忠孝名节，皆其平生所学，所以才危而忘身，一心赴国难，此乃国家养士之报。”

皇太极深以为然，并开始督促诸王贝勒、宗室子弟及旗主贵族子弟学习儒家典籍，代代相承，至于乾隆。所以，这位清帝所展现出的进步历史观，恰恰是汉文化陶冶所致。

“苟利国家，生死以之！”堂堂中华，数千年礼仪之邦，长久以来支撑我们伟大民族屹立不倒的精髓，正是无数仁人志士胸中那一股浩然之气！

冲冠一怒报红颜

明清易世之际“刽子手”枭雄李成栋的反反复复

每每读明末历史，人们总为史可法、张煌言、陈子壮、夏完淳、瞿式耜、何腾蛟、李定国等这些明王朝的忠臣赤子扼腕叹息，也常常因马士英、阮大铖、马吉翔、孙可望、刘承胤、陈邦傅等奸臣佞贼而切齿欲碎。至于吴三桂、耿精忠、尚可信这样一直食明朝俸禄，而最终又因个人私利反复多端的“贰臣”，无论其生前死后，都为人们所不齿。上述诸人，黑白忠奸分明，一生事业易辨。就连曾为明朝浴血苦战，最后在内外交困之下不得不降附清廷并“竭尽忠心”的祖大寿、洪承畴等人，也早在乾隆帝年间被明白无误地列入《贰臣传》，棺盖而论定。

无须多言，恭事二主再诚心，道德上的污点无论如何也难以拭揩干净。因此，忠心耿耿与首鼠两端，气宇轩昂与猥琐低贱，刚毅伟岸与懦弱虚伪，坚贞爽直与狡诈奸猾，皆表现得淋漓尽致，一眼望穿。

在波澜壮阔、血肉横飞的明清交替之际，唯独有一个人的一生历程难以用“忠”或“奸”加以定夺，更难以用“好”或“坏”来对他个人加以形容——“扬州十日”大屠杀中有他为清兵卖力杀戮的前驱身影，“嘉定三屠”则完全是由他一人屠刀上举发号施令而造成的惨剧；他是击灭南明诸帝之一隆武帝朱聿键的首功之将，还是生擒绍武帝朱聿粤的不替功臣；此人又是清廷攻灭南明江浙、福建、两广等广大地区的第一功臣。不可思议的是，一念之间，这个人良心发现，摇身一变，成为南明永历帝的忠臣，与金声桓、王得仁一起在江西反正，重新成为明朝的忠臣义士。而且，重换明朝装束之后，他蹈死不顾，为明王朝死而后已。

最后，为了报答一位红颜，这位曾经杀人不眨眼的三心二意的将军，竟能置安危于不顾，乱流趋敌，赴水而亡，最终被南明天子亲口谥“忠烈”二字，赠太傅、宁夏王——这个人，就是纵横四海、大名鼎鼎，一直以来难以定论的明末大人物：李成栋！

“诸贼”出身　乱世沉浮

李成栋“出山”的时局

据明末大儒王夫之《永历实录》记载，李成栋是陕西宁夏人，字廷玉，起身群盗，后被明朝官军招降，官至都督同知。显然，这位好汉是明末大起义中的佼佼者，乃李自成勇将、绰号“翻山鹞”高杰的属下。李成栋自己也有个外号，名“李诃子”。虽是盗贼出身，李成栋在义军中干活时间应该不长。何者？从他的顶头上司高杰就可以推断得出。

高杰，陕西米脂人，与李自成是老乡。崇祯七年（1634年）十月，明将贺人龙围李自成于陇州。困急之下，李自成派高杰假装向贺人龙约降。不久，贺人龙的军使与高杰来往密切，似乎假戏成真。

如此一来，李自成不喜反忧，疑窦顿起。

高杰一表人才，资貌瑰杰。这位美男子一次偶然到军资仓库去支粮米，与李自成的老婆邢氏“一见钟情”。邢氏貌美多智、兼掌军资，因李自成日日在外攻城略地，二人很少有时间亲热。见到高杰相貌堂堂，又说一口流利的家乡话，很快就与之勾搭成奸。

邢氏给李自成戴顶“大绿帽”，自己反而先着慌，就撺掇高杰向明朝官军投降。当时的李自成还不成气候，只有一支武装而已。高杰本来与明将贺人龙（贺人龙同高杰是米脂老乡）关系不错，趁机带着李大嫂（邢氏）及一帮兵士归降明朝，一变而成为受招安的“官军”。

在这些摇身一变的军士当中，肯定包括日后大名鼎鼎的李成栋。

高杰变成官军后，非常能干，数次大败李自成、罗汝才、张献忠等人。后来他的老上司贺人龙、孙传庭等人或为朝廷诛死或为农民军所害，唯独高杰能独善其身不败，一直保存“有生力量”。

崇祯十七年，明廷授高杰为总兵，命其驰救山西。天下纷乱之际，高杰本性重犯，面对势若山来的李自成农民军连战连北，他却在败退途中仍纵兵大掠，没有一丁点儿官军气。相反，当时的李自成倒一改昔日面貌，爱民如子，加上许多知识分子出身的书生帮忙，宣传搞得不错。老百姓乐呵呵地瞎唱：“吃他娘，穿他娘，闯王来了不纳粮。”

崇祯皇帝吊死煤山后，高杰率兵南遁。南明的弘光帝（福王朱由崧）封他为兴平伯，以扬州为驻地。

由于高杰部队抢掠的恶名远扬，扬州士民把四城紧闭，防贼一样紧守，不让高杰部队入城。高杰震怒，勒兵攻城。同时，他还派兵在扬州城外到处抢掠，无恶不作。这一切使得他臭名更甚。

如果在平日，不用等御史纠劾，朝廷早会有人挟旨而来。光是高杰攻城、抢掠人民的罪过就够杀他了。但当其时也，内忧外困，南明小朝廷正倚重武将，而且弘光帝又深感其“推戴之功”。无奈之余，史可法也从中“和稀泥”，把瓜州让给高杰部队进驻。

高杰知道扬州城很难攻下，就顺势收下史可法的“人情”。不久，他奉弘光朝廷命令，移镇徐州。

高杰本性强横，与“兄弟部队”如黄得功、刘泽清等明将关系恶劣，不能协同作战。即使如此，高杰最后也深为史可法的忠义所感动，真的与之商议恢复之业。他自告奋勇，领兵奔赴归德，直逼荆、襄之地。

清顺治二年（1645年）二月，高杰抵达归德，命令驻守睢州的明朝总兵许定国来拜见自己。

乱世之际，武人都想拥兵自重，最怕的就是被人调离原先的守地。武人离开自己的军队，则恐羽翼尽失，任人宰割。因此，高杰的到来让许定国非常担心。最重要的是，高杰还在李自成手下当头领时，有一次率兵袭取许定国的老家太康，曾惨杀这位明将家里不少人。如此深仇大恨，许定国自然不会忘记。

许定国先卑辞下意，推诿睢州军务缠身不能前往。同时，他派人送信要高杰到睢州来“视察”自己的工作。

高杰欣然接受，按时赴约。其属下李成栋等人都劝他不要这么轻信许定国，但高杰不听劝告，仅率少数随从入城。

酒席宴间，高杰喝得高兴，觉得自己是方镇大员，出言肆意，吆五喝六，严命许定国到期外出移军，并令他送子弟于自己军中为人质。

许定国心中虽然又疑又恨又气恼，却一口应承下来。趁高杰欢笑之际，许定国送上数位绝色美妓侍寝。不仅如此，他还给高杰身边的数十个亲兵每人“配送”两个美女。

高杰酒酣之余，回到客舍纵酒狂欢。而后，他又累又乏，呼呼大睡。

半夜，忽然一声炮响，许定国兵士争相挥刀闯入。高杰身边数十个亲随听见炮声吓得光着屁股爬起想拿兵器抵抗，但是他们都被身边的美人一人压住一只胳膊死死按住。

须臾之间，人头落地。

高杰自己，迷迷糊糊被士兵拖入许定国帐中斩首。

转天，被高杰派出去的部伍知道头领被杀，悲愤欲绝，包括李成栋在内，高部官军猛攻睢州城。破门后，直杀得“老弱无孑遗”。

带头造祸的许定国却乘间逃走，向清军投降。

高杰为人虽然骄暴淫毒，但他对明朝仍旧有拥立之心，而且死前“进取意甚锐”，很有进击清军的决心。死后，明廷赠其为太子太保。

李成栋等人虽然带兵屠陷睢州，仍被弘光朝廷视为内部矛盾。加之惹祸的许定国降清，朝廷就更对高杰诸将皆不予追究，仍旧命他们领兵镇守徐州、颍州等地。

弘光昏庸　半壁沦亡

李成栋对清朝的降附

言及崇祯帝死后的南明，不得不提首先称帝的福王朱由崧。

朱由崧的父亲朱常洵是昏庸无道的万历皇帝爱子福王，多次差点登上皇储之位，但大臣们因其不是长子数次谏劝，终于让万历帝打消了这一念头。作为补偿，万历帝在朱常洵“之国”时派一千一百七十二艘大船，满载金银财宝，大张旗鼓欢送这个宝贝儿子到洛阳享福。

李自成等人早就知道“洛阳富于大内”，在崇祯十四年二月猛攻洛阳，把这位重达三百多斤的大胖子福王逮住，连同几只鲜肥的梅花鹿一起烹为“福禄宴”。

朱由崧跑得比他爹快，捡得一条小命，仍被堂弟崇祯帝封为福王。由于王府已失，他暂时寄居怀庆。

1644 年，李自成大军中的一个分支杀到怀庆，已经养成像他爹一样大胖身坯的朱由崧再次面临灭顶之灾。这次他已经养成兔子般狂逃的经验，丢下母亲邹氏，趁乱来个“猪癫疯”，竟也能再次逃过一死，跑至淮安。

虽然朱由崧早就名声在外，有“不孝、虐下、干预有司、不知书、贪、淫、酗酒七不可立”，最后仍被马士英和阮大铖这两位奸臣看中，认为此庸者俗人“奇货可居”，便于控制，加上此人身属嫡系，最终仍在崇祯帝自杀后不到两个月得以登上帝位，年号“弘光”。

弘光帝登基后，就用高官厚爵酬谢马士英和拥戴他的四位武将（即

“四镇”，包括黄得功、高杰、刘泽清、刘良佐）。新朝气象没有维持多久，马士英便把任兵部尚书的史可法排挤出朝，命这位“史阁部”带兵渡江北上。这样一来，朝内大权完全落入马士英之手。不久，早先名列“阉党”名单之首的阮大铖被马士英引荐入朝，并被委以兵部右侍郎的高官。如此安排，致使弘光小朝廷内党争频起。

四镇之军除黄得功外，其余三将皆骄横跋扈，所统兵将也只知狂掠百姓，遇敌则怯懦无计，只知撒丫子狂逃。虽然总共有数十万明军屯集江淮一带，但将领们几乎全无斗志，个个都把金银家小安置于江南富庶的大后方。

这些人贪生怕死，同时又肆无忌惮。官拜东平伯的刘泽清最能道明这些武将心事：“吾拥立福王以来，以此供我休息。万一有事，吾自择江南一郡去耳。”

因此，清朝军队在降将许定国率领下渡过黄河，一路势如破竹。明军诸军不仅不抵抗，反而闻讯大掠他们应该加以保护的明朝百姓，然后满载辎重向西奔逃。

弘光朝内，仍旧文恬武嬉。马士英一哥们儿还故意扬言：“岳飞讲‘文官不爱钱，武官不怕死’，这真是大错特错。文官若不爱钱，高爵厚禄何以劝人？武臣必惜死，养其身以其待！”爱钱惜身竟成了“硬道理”，可见弘光君臣糜烂的境地。

弘光帝自己也天天畅饮醇酒，摇头赏吟“万事不如杯在手，百年明月几当头”（语出明朝朱存理《中秋》诗：“万事不如杯在手，一年几见月当头。”）。

马士英等人大兴狱案，罗织罪名，杀掉不少与自己有过节的朝臣和士人。

由于朝政糜烂，加上令人疑窦丛生的“童妃案”“北来太子案”“大悲和尚案”，在外拥兵的宁南侯左良玉趁乱打着“清君侧”的旗号进逼南京。

当时的情势是，一方面，清军昼夜兼程乘势南下，把史可法的扬州城包围得密不透风；另一方面，左良玉的明军气势汹汹，兵锋直指南京。

弘光帝虽荒淫昏庸，却讲出一句明白话："左良玉应该不是真想反叛，还是以兵坚守淮扬抵挡清兵。"

马士英闻言大怒，怒目对弘光帝喝道："北兵（清军）至，犹可议和。左良玉至，我君臣死无葬身之地。宁可君臣同死于清，不可死于左良玉之手。"

于是明军皆从江淮沿线回撤，死保南京不被左良玉军攻破，却任由清军纵横直前。

左良玉率大军抵达九江后，患急病而死。而他手下人数达数十万的明军，全都为其儿子左梦庚所掌握。这一行大军沿长江浩浩荡荡而来，不是抵击清军，而是沿途大肆劫掠。黄得功的一支明军一边要抵抗清军，一边又要与左梦庚部作战。

左梦庚在板子矶被黄得功打得大败后，听说清军已至，便率全军投降，成为日后灭亡南明的主要军事力量。

清军以满汉大军进围扬州的史可法。此前一年，当时受史可法辖制、镇守徐州的李成栋早已因兵力不支带领四千明军投附清军。

清豫王多铎带着大军猛攻扬州八天。1645年5月20日，清军以死伤数万的代价终于破城，并进行了惨绝人寰的"扬州十日大屠杀"。八十万人死于清军刀下。这些清军中，有很多人是左梦庚、李成栋这样的前明军。

大清军队直向南京逼来。弘光帝仍旧醉生梦死，麻木不仁。兵临城下之时，他还忘不了派人四处逮了数万只癞蛤蟆剥取蟾酥以做春药使用，并叫来戏班子连夜通昼地演戏。

6月3日夜间，过足戏瘾饮足酒的弘光帝忽感大事不妙，只带着两个贵妃和几个太监，骑马冒雨悄然遁出，奔向黄得功处，又一次把他太后母亲扔在城里不顾。不过，这位太后成为奸臣马士英的一件挡箭牌，他挟持着这位不太老的“老太太”向浙江逃去。

马士英这样考虑：清军知道黄得功收纳弘光帝，肯定会猛攻。如果黄得功侥幸胜利，马士英有“护送太后之功”；如果黄得功失败，清军会继续猛追弘光帝，能使他自己赢得时间，更便于逃命。

黄得功看见落汤鸡一样来奔的弘光帝，悲从中来，失声痛哭，说：“如果陛下您死守京城（南京），臣等犹可尽力借势做事，奈何听信奸人之言轻出，进退何将所据？为臣营垒单薄如此，怎能护卫陛下安全呢！”

不数日，清军还未追到，已经投降了清军又想立大功的叛将刘良佐先到了芜湖。他身后，跟着降清的明军和为数不多的满族旗军。

黄得功率军与刘良佐对阵，互相劝说对方投降。交谈间，刘良佐手下将领张天禄忽发暗箭，正射中黄得功咽喉。

这位忠心耿耿的明朝大将在马上奋力坐稳，大叫一声：“我黄某岂可为不义屈，今日死国，为义也！”言毕双手握住喉头之箭用力自刺，落马而亡。

刘良佐等人挥军进攻。打清军不行，打自己人却又猛又勇，投降的前明军刀矛挥舞，杀声阵阵，无数明军落水被杀而死。

本来隶属于黄得功的左协和右协两个总兵不由分说，冲进船内，背上弘光帝就向刘良佐投降。

刘良佐立刻把这位南明帝王交给清军，附一字条：“献上皇帝一枚！”

多铎把弘光帝押送北京，打入囚牢。转年5月，这位贪淫好色的南明皇帝被杀于北京，结束了他可耻可恶的一生。

一年之前，弘光帝在南京登基之初，不仅保有半壁江山，而且名义上受其统辖的军队有近百万之众（高杰四万，黄得功三万，刘泽清三万，左良玉八十万，安庆、凤阳、淮安驻军三万，黄斌卿二万，李成栋四千），即使刨去各军虚报的水分，六十万军队的人数肯定没有问题。而且，明军可挟正朔必复之威、怀哀兵必胜之心，如果同心协力、君臣和睦，即使恢复不了全部疆土，保住半壁江山应该是绰绰有余。

从力量对比看，虽然明军中有不少昔日的农民军和诸路杂牌部队，但清军也好不了哪里去，其中也有不少首鼠两端、唯利是图的汉军。假使弘光帝是才能平平的庸主，有史可法、黄得功一班忠臣良将内外护持，偏安一隅保持明系一脉还是非常可能的。偏偏这一帮人上昏下暗，只知争权夺利，大敌当前仍旧沉湎于酒色财气。所以，再有二十个史可法，也难保弘光朝不亡！

嘉定三屠　百姓切齿

李成栋亲手策划的大屠杀

南明弘光朝覆亡后，以钱谦益为首的朝臣多送款迎降，劝多铎说："吴地民风柔弱，飞檄可定，无须再烦兵锋大举。"除太仓农奴为了抢夺先前的主人造过几次反外，江南大地一时还真没对清军进行太大的袭扰。各地乡绅为了自保，也纷纷在城墙上大书"顺民"二字。钱谦益与各地乡绅的信中也称大清"名正言顺，天与人归"。尤其是对"扬州大屠杀"的恐惧，一向生活安逸的江南人民在心理上确实产生了极大的震撼，开始认真思考顽强抵抗后的毁灭后果。

让人极其震骇的南京和扬州的结果昭然在目——"扬州十日"杀了八十万人；南京城在弘光帝逃跑后由赵之龙、钱谦益等人手捧明境图册和人民户口向清豫王多铎行四拜礼献降，二十余万兵马束手投降，清军兵不血刃，果然没有大行杀戮——这两种截然不同的遭遇确实为江南士绅民众在心理上打上了深深的烙印。（日本人在 1937 年的"南京大屠杀"实际上也是天皇裕仁和日本大本营默许的，其最初目的也是想效仿清军当时的大屠杀以达到震慑中国人心理的目的。殊不料，世易时移，中华民族心理日益坚强，大屠杀反而更加激起同仇敌忾之抵抗决心。）

偏偏就在此时，清廷忽然下了一道“剃发令”。本来，在1645年6月，清豫王多铎还下过一道命令：“剃头一事，本国相沿成俗。今大兵所到，剃武不剃文，剃兵不剃民，尔等毋得不遵法度，自行剃之。前有无耻官员先剃求见，本国已经唾骂。特示。”但仅仅过了一个多月，摄政的多尔衮下令所有汉人都必须剃发，“留头不留发，留发不留头”。

而这一忽然而来并导致数百万人头落地的命令，竟源于一个无耻之极的汉族降臣孙之獬。

孙之獬，山东淄川人，明朝天启年间进士。此人一直郁郁不得志。清军入关后，他求官心切，是第一批摇尾乞降的汉官，并当上了礼部侍郎。为报新主提拔之恩，一时间又想不出什么平定大计，孙之獬就走了个“偏门”——主动剃发。

孙之獬前脑门一溜精光，后面也拖个大辫子，穿上一套四不像的满服，施施然来，上朝时想博个满堂彩。不料，当时汉人官员仍是博冠大袖、汉人装束，见这么一个老臣不伦不类，心中都觉得又可笑又可鄙，扬袖把他排挤出汉班；满族官员也都纷纷脚踢笑骂他，把他踹出满班。

恼羞成怒加上气急败坏，孙之獬下了朝后立马写了一道奏章，向清世祖建议在全境范围内给汉人剃发，其中有几句话直挠当时摄政的多尔衮心窝：“陛下平定中原，万事鼎新，而衣冠束发之制独存汉旧，此乃陛下从中国，非中国之从陛下也！”

清帝顺治当时年仅七岁，大事全部由摄政王多尔衮一人说了算。多尔衮等人本来就是北方武人性格，被孙之獬这一阴激，深觉其言甚是有理。而且，早在1644年多尔衮入关之前，满人大学士希福已在盛京向朝廷进献了满文写的辽、金、元三朝史料，想使这些少数民族入主中原的历史经验“善足为法，恶足为戒”。其中最主要的警示，就是防止上层汉化。

孙之獬的进言，正好挑起多尔衮的警惕之心，他想先从形式上消除汉化的潜在危险——好！我先下手为强，先给全体汉人来个满化，强迫剃发！

这下可好，本来渐趋平静的江南地区顿时如水入沸油般四处暴散起反抗的怒潮。“身体发肤，受之父母，不敢毁伤”，一直以孔孟伦理为原则的中国人，无论官绅还是普通百姓，都不能接受自己在形象上的改变。即使是统治中国近百年的蒙古统治者，也从未下令要汉人改变装束。

一朝天子一朝臣。以家族宗法和儒学为源的中国人，或许能把朝代兴替看成是天道循环，但如果有人要在衣冠相貌上强迫其改变，把几千年的汉儒发式和盛唐袍服变成小辫，这不仅仅是一种对人格尊严的侮辱，简直就是类似“阉割”之痛。而且，以那种形象活着，死后都有愧于祖先，没有面目见先人于地下。

如果说在文化、财产、等级等方面，士大夫和平常民众还存有歧异的话，那么在这种保卫自身精神和风俗的立场方面，几乎所有汉人都表现出惊人的一致性。

原本已经降附的地区纷纷反抗，整个中国大地陷入血雨腥风之中。连真心归附清朝的汉人学者也在笔记中愤愤不平地记述道：

> 我朝（清）之初入中国也，衣冠一仍汉制（其实朱元璋下令是遵依唐制）。凡中朝臣子皆束发顶进贤冠，为长服大袖，分为满汉两班。有山东进士孙之獬，阴为计，首剃发迎降，以冀独得欢心。乃归满班则满以其为汉人也，不受。归汉班则汉以其为满饰也，不容。于是（孙之獬）羞愤上书……于是削发令下，而中国之民无不人人思螳臂拒车斗，处处蜂起，江南百万生灵尽膏野草，皆（孙）之獬一言激之也。原其心，止起于贪慕富贵，一念无耻，遂酿荼毒无穷之

祸！（王家祯《研堂见闻杂记》）

不过报应真迅速。三年多以后，因为受人钱财卖官，孙之獬受弹劾，被夺职遣还老家淄川。这人恰好赶上山东谢迁等人起义。义军攻入淄川城，孙之獬一家上下男女老幼百余口被愤怒的民众一并杀死，备极惨毒。

孙之獬本人被五花大绑达十多天，被押期间五毒俱下。义军百姓在他头皮上戳满细洞，人们争相用猪毛给他重新"植发"，最后，还把他的嘴巴用大针密密缝起，然后把他肢解了。

"嗟呼，小人亦枉作小人尔。当其举家同尽，百口陵夷，恐聚十六州铁铸不成一错也！"此种下场，连仕清的汉人士大夫也不免幸灾乐祸。

剃发令下后，太仓、秀水、昆山、苏州、常熟、吴江、嘉定等广大地区义军顿起，纷纷杀死清军安排的地方官吏，开始了反清复明的抵抗运动。其中有嘉兴徐石麒、松江沈犹龙、常熟何沂、太湖徐云龙、昆山朱集璜等。

多铎忙派八万清军回师江南，并以李成栋这样的明朝降将为主力，进攻义军占领的城市。仅在昆山和江阴两地，清军就杀害了十多万起义的人民。

昆山本来局势平静，剃发令下，"人心方骇"，民众争起，杀掉清军委任的阎丞茂才，烧掉县衙，并把巡抚官署也一把大火烧为平地。

清军李延龄受李成栋指派，以铁骑围城，先杀义军数千。而后，清军入城，开始屠城，大杀三天，方下令"封刀"。

是两日天气晴明，而风色惨淡，空中无一飞鸟，暮皆大雨，震雷轰烈……初八日，王师（清军）拘掠千艘，载虏获西去。约计城中男妇逾垣得出者，十无一二。巧掩得全者，百无一二。骤遇炎雨，尸皆变色……其死之状，有倚门、卧床、投阁、板槛、反缚、攒捆、压木柱、斩首、斫颈、裂肩、断腰、刳肠、陷胸、肢解、寸磔种种之异，以至悬梁挂树，到处皆是；井坎池潭，所在皆满，呜呼惨矣！（吴伟业《鹿樵纪闻》）

李成栋明将出身，善用大炮攻城。屠掠昆山后，他又率清军拥数十门巨炮，进攻江阴城。一时间炮声震天，江阴城墙多处塌落。在此之前，江阴军民先上演一出“空城计”，大开城门，诱清军入城，夜中时分伏兵四起，斩清军大将一名并杀掉早已叛清的明将许定国（杀高杰那位）。

李成栋军猛攻六天，才把江阴城攻克。

江阴城虽不大，抵抗最力，最后阖城遇屠，情状惨烈！

1645年7月底，李成栋率所部五千多人向嘉定进逼，嘉定居民在明朝进士黄淳耀等人带领下，用大木、巨石填塞城门，誓死拒守。

8月中旬，李成栋猛攻嘉定城北的娄塘桥，杀死上万民众。8月24日夜，由于天降大雨，城上不能张灯，李成栋趁黑派兵潜伏于城根下挖地道，在其中暗埋火药。黎明时分，李成栋用大炮猛轰，引燃火药，地裂天崩，城墙倒塌，清军乘间蜂拥而上，由于军士在屋顶上奔驰，一时间通行无阻。最终，城内难民不得逃生，皆纷纷投河而死，河水为之不流。黄淳耀兄弟奋战力竭，最后相对自缢殉国。

由于李成栋的弟弟在此之前在一江伏击战中被杀死，出于报复之心，他下令部下屠城。“（李）成栋持刀，下令屠城，约日入后闻炮即封刀。时日暑正长，各兵遂得悉意穷搜，家至户到……”（吴伟业）

清军受命，家至户到，小街僻巷，无不穷搜。乱草丛棘，必用长枪乱搅，一心要杀个鸡犬不留。

当时的惨景，有亲历者朱子素的《嘉定屠城略》作证，“市民之中，悬梁者，投井者，投河者，血面者，断肢者，被砍未死手足犹动者，骨肉狼藉”，简直就是一幅活的人间地狱图！

一顿杀戮过后，李成栋属下四处劫掠财物，见人就喊“蛮子献宝”，随手一刀，也不砍死。如果被砍人拿出金银，清兵（其实是前明军）就欢跃而去；那些腰中金银不多的居民，必被砍三刀，或深或浅，刀刀见骨。当时刀声豁然，遍于远近。乞命之声，嘈杂如市。

最后，这五千拖着大辫子的汉人清军竟抢夺三百大船的财物，统统在李成栋的指挥下运离嘉定。此为“嘉定一屠”，共有近三万人被屠杀。

几天之后，有一名叫朱瑛的义士聚集逃跑于周遭的民众共两千多人，重新回到嘉定，并处死归降清军的叛贼和清军委派的官吏，在葛隆一带还设伏消灭了李成栋的一支小分队。

气恼至极的李成栋忙率军回攻嘉定，并在路上把葛隆和外冈两个镇子的居民全部杀光。被民众赶走的清军委派县令浦嶂为虎作伥，领着李成栋军士直杀入城里，把许多还在睡梦中的居民杀个精光，积尸成丘，然后放火焚尸。浦嶂不仅把昔日几个朋友娄复文等人整家杀尽，还向李成栋进言：“若不剿绝，必留后患！”清军杀得性起，嘉定又惨遭“二屠”。

二十多天后，原来南明的一个名叫吴之番的将军率余部猛攻嘉定城，周边民众也纷纷响应，竟在忽然之间杀得城内清兵大溃出逃。不久，李成栋整军反扑。吴之番所率民兵大多未经过作战训练，很快就溃不成军，吴将军自己提枪赴阵而死。李成栋军第三次攻城，不仅把吴将军数百士兵砍杀殆尽，顺带又屠杀了近二万刚刚到嘉定避乱的民众，血流成渠，是为“嘉定三屠”。

经过如此残酷的“三屠”，江南大部分地区才开始剃发，自称大清顺民。

反抗的烈焰渐趋熄灭。李成栋因为这些“赫赫”功劳，被提拔为江南巡抚。不久，清廷又把他调往东南，派他去平灭南明的另一个皇帝隆武帝。

先行鹰犬　隆武陨落

李成栋对隆武帝的歼灭战

受努尔哈赤的孙子博洛贝勒直接指挥，李成栋成为清廷平灭南明隆武帝的先锋大将。

南明隆武帝朱聿键原为宗室唐王，是太祖朱元璋九世孙。朱聿键的爷爷老唐王嫌世子（朱聿键之父）嘴舌上长了个大瘤子，又爱小妾生的儿子，就暗中把朱聿键父子（当时朱聿键才十二岁）囚禁起来想活活饿死他们。幸亏暗中有人帮忙送饭，父子在囚房中度过了十六年。眼看就要熬到头，朱聿键的父亲被急切想袭唐王王位的弟弟毒死。老唐王不久病死，作为嫡孙，朱聿键终于在朝廷恩旨下袭封唐王。

其时，正值崇祯末年，国家多难，朱聿键报国心切，竟不顾“藩王不掌兵”的国规，率兵从南阳北上，中途和起义军交手，互有胜负。由于朱棣正是以藩王身份反叛得天下，故而明朝对藩王防备极严。依照明朝规制，藩王尽可在王府内为所欲为，唯独不能兴兵拥将离开藩属。即使朱聿键动机单纯，仍使当时在位的崇祯帝大怒，派锦衣卫把这位唐王关进凤阳皇室监狱。

崇祯帝在北京自杀后，弘光帝继位，朱聿键才被放出来，但他已经又被关押八年多。这位金枝玉叶真是倒霉，活到四十三岁的年纪，在囚牢里倒有二十四年之久。

弘光朝并未恢复他的王爵，责其往广西平乐府居住。朱聿键刚刚走到杭州，弘光朝已经玩完。朱明又一个王爷潞王朱常芳在众人推戴下于杭州自称“监国”（代理皇帝）。三天后，清军杀到，一直被寄予厚望的潞王与属下没做任何抵抗，即向清军献城投降。

此前一天，朱聿键已离开杭州。潞王被俘消息传来，黄道周等明臣上疏劝朱聿键“监国”。在郑芝龙家族拥护下，朱聿键在建宁称“监国”。二十天后，他在福州正式称帝，改元隆武。举行大典仪式当天，大风雾起，拔木扬沙，尚玺官的坐骑受惊，玉玺摔落，碰坏一角。虽然征兆不祥，隆武君臣还是很有平复天下的决心，锐意恢复。

由于身世坎坷，隆武帝和弘光帝迥然不同，他善于抚慰群臣，乐于纳谏，甚至同意招纳大顺军（李自成军）余部，以共同抵抗清军。同时，针对南明军杀害剃发的平民一事，他也予以阻止：“兵行所至，不可妄杀。有发为顺民，无发为难民。”这一谕旨使得百姓欢呼鼓舞，纷纷来投。

虽为英明之主，隆武帝却一直为郑氏集团所架空。以郑芝龙、郑鸿逵、郑芝豹、郑彩为首的郑氏家族，都是大海盗头子出身，数十年横行福建、广东、浙江一带沿海，兼商兼盗。他们在崇祯初年受招安后，趁天下大乱之际一直忙于扩大地盘，充实实力。

郑芝龙等人推举隆武帝，其实也是看上了这位爷“奇货可居”，但朝中一切实权都掌握在郑家手里。

郑芝龙早年入海为盗。郑成功原名郑森，是郑芝龙和日本老婆生的儿子。郑芝龙有一次带郑成功入宫，隆武帝见之大悦，以手抚其背，说：“恨无一女配卿，卿为尽忠吾家，毋相忘也。”赐郑森名成功，命为御林军都督、仪同驸马都尉，时人称之为“国姓爷”。后来郑芝龙降清，郑成功写信说：“父不能为忠臣，儿不能为孝子”，一直忠于明朝。虽后世认为他有收复之功，在当时却为人所诟病。尤其是他软禁鲁王，毒死抗清明将张名振，远离故土大陆，使广大明朝遗民失望。

郑氏家族不仅傲慢无上，还卖官鬻爵，大肆搜刮百姓，狠毒凶暴甚至超过弘光朝的马士英，以致造成这种现象：“受害者延颈待清兵，谣曰‘清兵如蟹，曷迟其来！’”（计六奇《明季南略》）

郑氏家族经营朝政仍如同经营生意一样。如此，其后果可知。同时，由于当时另一个宗室鲁王朱以海在绍兴也称“监国”，两个朱明同姓政权也产生龃龉，最后竟闹出互杀来使的事情。

至此，隆武帝三面受困，一受制于郑氏家族，二要防鲁王军队，三则有李成栋率领的清军节节逼近。无奈之下，隆武帝声言要亲自北伐，以挽颓势。

总领大军的郑芝龙冷笑一声，理也不理。

只有明朝老忠臣黄道周以六十之高龄，带数名门生故吏，一路招兵买马至九千多人，北上抗清。千辛万苦，百死愁绝，终为清军俘获，慷慨就义。

愤懑之下，隆武帝再也不顾郑氏阻拦，携数千明兵“御驾亲征”。而平日作威作福、杀掠抢劫的郑影等人忽然弃新城（今江西黎川）而逃。郑芝龙早已暗中与清兵约降，福建各关隘均无人把守。

李成栋的清军在浙江等地一路大胜，先后攻下绍兴、东阳、金华、平州，很快攻陷郑鸿逵所守的仙霞关。

隆武帝逃湖南不成，又想取道汀州去江西，此时的“御驾亲征”已变成“御驾亲逃”。一边是隆武帝臣下的众叛亲离，离心离德；一边是李成栋的驭兵有方，指挥若定。此间情形，让人慨叹。

如此危难紧急关头，酷嗜读书的隆武帝仍然载书十车，边逃边读、边读边逃。小路狭隘，书又死沉，更拖慢了诸人的逃跑速度。

隆武帝在汀州刚刚歇过一口气，转天凌晨，就有大队身穿明军军服的人叩响汀州城门，声言护驾。守门士兵不知是计，城门一开，发现来人原来都是李成栋派出的化装的清军。

隆武帝闻乱惊起，持刀刚入府堂，即为清军乱箭射杀。同时遇难的，还有其皇后曾氏和不满月的皇子。

由此，李成栋更得清廷垂青。清廷命他与佟养甲一起，驻军福州，以观时变。

铁蹄迅疾　再擒一龙

李成栋生擒南明绍武帝

隆武帝“御驾亲征”之前，留下自己的四弟朱聿粤在福州留守。隆武二年（1646年）八月福州陷落，朱聿粤仓皇乘船逃往广州。

不久，隆武帝死讯传出。十月，瞿式耜、丁魁楚等人在肇庆拥立永明王朱由榔（后来的永历帝）“监国”。

隆武朝的大学士苏观生与丁魁楚素有过节，福州陷落时苏观生正在广东募兵，出于个人恩怨，他提出“兄终弟及”之说，于十一月在广州拥立朱聿粤为“监国”。三天后，一行人就举行登基大典，改元“绍武”。不到半个月，永明王也在肇庆称帝，改元“永历”。隆武帝时，就有鲁王朱以海称“监国”。现在，南明又出现二帝并存的局面。大敌当前，形势如此严峻，这些人仍蹈明后期的积习，互结朋党，各援党系。

最为可叹的是，苏观生还下令杀掉永历朝的来使，激得永历帝派兵部右侍郎林佳鼎举兵“讨伐”。绍武帝也派陈际泰向肇庆进发，旗号也是“讨伐”。

十一月底，两支南明“讨伐军”相遇于广东三水。永历军先获胜利，攻杀八百多绍武兵，陈际泰狼狈而逃。林佳鼎得意忘形，挥军直杀广州而来。

绍武帝一下子着了慌。苏观生倒有主意，他派林察率数万海盗出身的绍武军前往迎敌。林察与林佳鼎是旧相识，就派人诈降。林佳鼎信以为真，置林察兵于不顾，径自带领战船追击往海口方向窜逃的绍武残军。林察所率的昔日海盗个个勇于海战，又富于经验，暗中设伏，突然向永历军船施放火器。永历兵大惊溃败，不是被水淹死、被火烧死，就是被自家明军杀死。林佳鼎本人遭受炮击，死无全尸。永历军只有三十余骑人马逃出此厄。

窝里斗中大获全胜，绍武帝飘飘然，自以为“天授帝位”，开始搞那套郊天、祭地、幸学、阅兵的花架子。君臣上下，大肆封赏，胡乱赐官。究其实也，绍武帝只是广州一个城的“皇帝”而已，“七门之外，号令不行”（黄宗羲《行朝录》）。

永历、绍武两军在海口血战之际，李成栋、佟养甲的清军已在辜朝荐（潮州人，退休明官）带领下攻取漳州，袭取潮州，并诱降大盗陈耀，攻克惠州。

李成栋的清军一路上最大的障碍是山路崎岖，几乎没怎么遇到真正的抵抗。清军往往一在城下列兵，南明守军就城门大开，府县守官拿着簿册恭谨献降。

为了麻痹广州的绍武帝和苏观生，李成栋让各地官员书写信件送递广州，报告说没有任何清兵到来，致使广州的绍武君臣相安泰然，自以为没有任何迫近的危险。

1646 年 12 月 14 日，李成栋派三百精骑兵从惠州出发，连夜西行，从增城潜入广州城北。清军十多人化装成艄公，从水路大摇大摆乘船入城。上岸后，直到布政司府前，这些清军才在众人面前掀掉头上包布，露出剃青前额的满人发式，挥刀乱砍，大呼：“大清兵到！”

“鞑子来了！”一句惊呼，满城皆沸，百姓民众争相躲避，乱成一锅粥。说来也真是奇怪，无论能征善战如李自成的大顺军，还是杀人如麻如张献忠的大西军，抑或是出生入死、血斗冲杀无数的明军勇兵武将，只要听一声“鞑子来了”，个个亡魂皆冒，立时溃散。笔者现在也想象不出，清兵有何威力以至有此震慑之效。

绍武帝正和苏观生等人在国子监“视学”，忽然有卫士急报清兵入城。苏观生非常生气：昨天潮州还有信报说一切无恙，今天怎么会有清兵来此！他挥手让左右的人杀掉报信卫士。

入城的清兵很快杀掉广州东门守卫，大开城门，数百清兵策马冲入，大红顶笠满街驰奔。

绍武君臣这才知道清兵真的杀到，无奈大兵都西出和永历军交战未返，宿卫禁兵当下也召集不全，一时间众人皆作鸟兽散。

情急之下，绍武帝易服化装外逃，但他最终在城外被清兵抓住，关押在府院。

李成栋大概因为广州城攻克得太容易，心情不错，既没下令屠城，也没有立刻杀掉绍武帝。他派人送食物饮水给绍武帝。这位一直昏庸无能的朱明爷们倒是有铮铮气骨，坚拒不受，说："我若饮汝一勺水，何以见先人于地下！"晚间，趁守兵不备，朱聿粤用衣带自缢而死，和他哥哥一样，做到了"国君死社稷"，也真算是条好汉子。

射死一帝，又生擒一帝，至此，李成栋的灭明之功臻致高峰。

最后，也要交代一下那位苏观生。呼天不应，呼地不灵，苏观生跑到他一手提拔的生死好友吏部都给事中梁鍙处问计。梁鍙一脸忠义，平静地说："死耳，复何言！"于是两人商定分入厅堂左右的东西房，准备上吊殉国。梁鍙入房后，自己掐住脖子嗷嗷叫了几声，并踢翻凳子给自己配音。

旁边的苏观生认定这位好友已自杀殉国，提笔在墙上大书"大明忠臣义士固当死！"然后上吊自杀殉节。梁鍙听得真切，马上冲进屋指挥仆人扛着苏观生尸体向清军投降，声言有献"伪大学士"之功，并深获李成栋嘉奖。

乱世纷纷，生死是块试金石，忠奸善恶、亲情友情、美丑正邪，一切人间大伦，都在此表现得淋漓尽致！日后他还"乞修明史"，得到清人批准。不知他在《明史》中怎样描写自己的行为！

穷追不舍　誓平两广

李成栋对肇庆的进攻

如今，从深圳开车走广深高速公路，行至一半时总会看到一个大大的路标，上写“道滘”。看旁边拼音，才知第二字念 jiào。此地正是李成栋奔杀广东以来第一次惨遇败绩的战场。

李成栋、佟养甲攻陷广州城后，杀入东莞城（明末忠臣袁崇焕老家）。清军四处烧杀，仍是旧习不改。

顺治四年一月，道滘义军叶如日等在江边设伏，忽然出袭，杀掉没有任何防备的数百清兵。东莞清军来援，又被义军杀死二百多。

时任广东提督的李成栋大惊。他先派总兵陈甲由水路前往，自率大队人马随后由陆路行军，杀向道滘。

义军集船只千余艘，在虎门与陈甲所率清军大战，歼灭两千多清兵，并擒杀总兵陈甲。

清兵能以数十骑袭破城坚兵众的广州，竟栽在道滘这个“小河沟”。一时间，明朝士民振奋，清军情绪低落。

东莞万江一带抗清的明将张家玉闻讯前往道滘，与叶如日以及博罗的明朝举人韩如琰所率乡民一起，集兵齐攻东莞，竟能在一天之内攻下坚城，俘斩当地清军任命的官员，取得重大胜利。同时，起事诸人还上书永历帝，准备兴复广州。

刚刚过了一天多，李成栋大队清兵就杀至东莞城，挥兵攻城。不知是有内奸还是火药受潮，义军事先摆好架在城头的多门大炮关键时刻一个也没响。清军很快就攻上城墙，混战半日，东莞城破，多名义军将领皆在战斗中被杀。

李成栋乘胜推进，与明将杨邦达大战望牛墩（高速路上也有此地名）。双方苦战了七天七夜，上千义军战死，杨邦达本人在混战中牺牲。

集结休整部队后，李成栋挥兵直奔道滘杀来。明将张家玉以泥砖为垒，遍伏大炮，待清兵攻近时，炮火齐发，清兵死伤甚众。

李成栋本人的坐骑也被炮火击中，他摔入泥中，狼狈不堪。这是他数年战场遭遇中最危险的一次。

正在李成栋无计可施之际，张家玉一个表兄李郝思献计，把道滘防守的详细情况一一禀告，并请求李成栋事成后在道滘赏他一块好地。

李成栋大喜，马上指挥兵马，集中力量进入对方防守薄弱的道滘东北角，攻入道滘。入城后，清军遍屠居民，把张家玉和韩如琰的宗族杀个精光。当然，李成栋也不食言，赏给叛徒李郝思一块上好的田地（现在的南丫乡李洲角）。叶如日等人一起战死西乡，张家玉暂时逃脱。

至此，李成栋的下一个目标，就是在肇庆即位不久的永历帝朱由榔。

永历帝是明桂王朱常瀛的二儿子，乃袭爵桂王朱由楥的弟弟。崇祯时，朱由榔获封为永明王。隆武帝"御驾亲征"前，曾讲过"永明神宗嫡孙，正统所系。朕无子，后当属诸永明王"。因此，隆武帝死后，瞿式耜等人就名正言顺地立永明王朱由榔"监国"。虽然绍武帝抢先称帝，又在内讧中获得先机，但不久就在骄傲中为清军攻灭。

当时的永明王朱由榔二十四岁，姿表飘逸，样貌酷似其祖父明神宗朱翊钧。虽然没有帝王端凝深沉的大器，但他事母极孝，又无好色饮酒的恶习，在明末诸帝中可以算是品行不差的人才。

称帝之后，永历帝在与绍武帝的交战中落败，而他御下的朝政也一片混乱。拥戴他登帝位的东阁大学士丁魁楚贪婪误国，遍树朋党，裙带满朝。不久，广州绍武帝被擒的消息传来，永历帝惊吓非小，开始了他长达十六年闻警即逃的流浪生涯。

当时，只有忠臣瞿式耜坚持死守肇庆，但永历帝要瞿式耜带兵与自己同行护驾。无奈，瞿式耜赶忙在肇庆部署防守阵地，然后飞速赶往梧州与已经逃亡的永历帝相会。

不料，永历帝早就在几天前溯流北逃，奔往桂林。急赶数日，瞿式耜才追上这位脚底抹油的皇帝。此时的永历帝身边众臣零散。当初他在肇庆上船准备逃跑时，大学士丁魁楚、李永茂以及兵部尚书王化澄、工部尚书晏日曙都各携家眷财物上船，表示说准备和永历帝一起出逃，但走到半路，这些人和他们的船全都不见了踪影。

永历帝刚在桂林喘息两天，就有消息传来，李成栋属下兵将已经攻下肇庆、高州、雷州、廉州、梧州等重地。永历帝任命的广西巡抚曹烨“肉袒牵羊”向李成栋投降。这群人书读得很多，礼义廉耻记不住，古书里讲的投降礼节倒是都依式做足全套。

最工于心计、最富于表演才能、最能走一步看三步、最善于给自己留退路而下场又最为悲惨的，当数永历帝的武英殿大学士丁魁楚。

丁魁楚，河南永城人，万历年间中进士，有吏才，崇祯九年官至河北巡抚。此公胆小，当时的后金兵进攻河北时他弃军而逃。由于他“善事权要”，执政的大学士温体仁百般周旋，使他免于重罚。弘光帝在南京称帝时，丁魁楚被重新起用，为兵部右侍郎。永历帝继位后，封他为武英殿大学士、吏部尚书。

自恃有拥戴之功，丁魁楚整日只知卖官受贿，派军士在肇庆灵羊峡一带挖掘端砚老坑石头，制作精美的砚台，用以玩赏、珍藏。

李成栋攻陷广州后，丁魁楚第一个获知消息。他不慌不忙，隐匿不报，派亲信家仆携黄金三万两及大量奇珍异宝向李成栋示好，随时准备降清。

李成栋很高兴，写信给丁魁楚让他一切放心，表示“到时自有安排”。因此，当永历众臣大溃逃之际，丁大学士成竹在胸，把几年来搜刮受贿的财物装满四十只大船，在江面缓缓而行，有如太平时节的太平宰相游江行乐。

李成栋攻下梧州后，丁魁楚得到李成栋亲笔信，要他过来主持两广政务。丁大学士大喜过望，急速命船夫加紧赶路，往梧州进发。

刚至目的地，李成栋立刻骑马赶至岸边迎候，设大宴款待丁魁楚父子（丁魁楚本有三子，因战乱病亡死掉两个，现只剩一子）。

欢饮之间，李成栋搂着丁大学士肩膀，亲热地说："东南半壁江山，就靠老先生您与我两人支撑啊。"表示转天早晨就要择一吉时举行封授仪式，向丁魁楚正式呈交两广总督的印信。丁魁楚被感动得一塌糊涂，宴饮临别时老泪纵横。

当夜，丁魁楚正做统管两广的美梦，忽然被兵士叫醒，让他下船入李成栋营帐议事。

丁魁楚匆忙赶入帅帐，见李成栋居中端坐，两旁士兵个个立目横眉，刀剑出鞘。这位明朝大学士知道事情有变，忙双膝下跪，叩头不止："望大帅只杀我一人，饶过我妻儿。"

李成栋一笑，问："您想我饶你儿子一死吗？"他一挥手，身边卫士上前一刀就把丁魁楚仅有的一子脑袋砍下，放置于他的面前。

哀号未久，兵士拎起老谋深算的丁魁楚，一刀结果了他的性命。

接着，李成栋尽杀丁魁楚一家男丁，并把他一妻四妾三媳二女均押入帐中。同时，丁魁楚四十艘大船所载的八十四万两黄金和珍宝奇物，尽归李成栋所有。仅黄金一项，如果丁魁楚拿此饷军招买人马，就足以抵挡清军两年三载。

晚明时代，商品经济发达，政治高压，人欲横流。许多士大夫一方面诗词歌赋往来，看似潇洒、清远、淡泊，其实一肚子的势利、浮躁、竞取和焦虑。数十年仕宦浮沉，这些人变得十分世故，而纵欲享乐的积习又使得原本清晰的道德感和君臣大义在生死面前变得苍白甚至可笑。

危急关头，这些文人士大夫的卑俗和狡诈让人瞠目结舌，就连贩夫走卒在某些时刻都会比他们高尚得多。高尚庄严变成轻佻无耻，豪气凌人变成臣妾意态，悲怆豪放变成奴颜婢膝，壮士情怀变成鹰犬效力。

"岁寒，然后知松柏之后凋也！"朝代更迭、出生入死之际，虽不乏抛掷头颅为一笑的书生豪气，但更多的是明代士人的世故和混乱年代的诡谲奸诈。观其结果，一场空忙！

且战且行　抵抗重重

李成栋在两广战场连遇挫折

逃至桂林的永历帝一直坐卧不安。在太监王坤等人撺掇下，他想往湖南方向逃跑。瞿式耜极力谏阻，指出广西乃战略要地，一旦轻易委弃，就会进退失据，后患无穷。永历帝倒没有架子，亲写御书给瞿式耜，辩解说自己去湖南，完全是为了长久的恢复大计，并命瞿式耜以兵部尚书、太子太傅身份总管兵马，留守广西待变。无奈之下，君命难违。瞿式耜只得上书乞求永历帝先驻跸全州，不要闻警即逃。因为，皇帝逃跑一次，臣民之心就涣散一圈，这样下去，后果不堪设想。

永历帝跑到全州，何腾蛟属下的定蛮伯刘承胤迎驾。此人貌似精忠，实际上是个挟主自重、骄横跋扈的武将。见到永历帝，他马上肆口大骂太监王坤误国奸逆，逼得永历帝把王坤贬放。王坤虽然不是什么好人，可这手中握兵的刘承胤更坏，他和永历帝身边佞臣马吉翔等人一拍即合，获封安国公。由伯爵成公爵，刘承胤立刻蹿升一级。

桂林方面，自永历帝一行离开，上至总督侍部朱盛浓，下至桂林知府王惠卿，个个“三十六计走为上”，大小官员一转眼都逃个精光。唯有瞿式耜和县丞李世荣等几个当地下级官员连同兵民一起困守孤城。

李成栋部下清兵猛烈进攻，桂林军民拼死抵抗。清军倚恃兵器精良，一时间竟登上西门城墙。危急时刻，刚刚护驾永历帝至全州又急忙赶回的平蛮将军焦琏从阳朔急急杀回，他率军入文昌门，与冲入城的清兵竭死巷战，苦斗两日，杀敌数百，终使进攻清兵落败而逃。此战，明军缴获了战马、甲胄以及许多武器，取得了振奋军心的“桂林大捷”。

艰难困境之中，取得如此殊功，永历帝竟发旨：“俟平、梧克复，即与伯爵”，告知焦将军，待他日后取下平州、梧州，再赐伯爵。与此同时，永历帝对身边无尺寸之功的马吉翔等三人却立授伯爵，借口是他们有护驾之功，其实是一起逃跑之功。

如说护驾之功，焦琏鞍马劳累，从桂林一直护送永历帝至全州。紧接着，焦将军未解征衣，马上星夜兼程赶往桂林浴血死战，获得大捷。而马吉翔等人不过是跟从永历帝左右，也就像几个随行太监贴身跟着，竟能轻易获此高爵，不能不让南明臣下失望。

马吉翔等人的封爵，完全是刘承胤的意思，他借以笼络这几个近臣和他站在一条船上。果然，几个人一齐劝谏，让永历帝移跸武冈——刘承胤的老根据地。如此，刘承胤就完全可以“挟天子以令诸侯”。武冈位于群山之间，地势仄狭，根本就不是什么战略要地。刘承胤、马吉翔等人硬是胁迫永历帝下旨，与众臣一起转移到武冈。这样，永历帝完全落入刘、马二人的掌握之中。

刘承胤进入自家地盘后，为所欲为，接连杀害了几个与他意见相左的大臣，又随意斩杀南明其他友军的来使，并想废掉永历帝，另立岷王为帝。

“屋漏偏逢连夜雨”。湖南各地的南明军纷纷落败，孔有德部清军直向武冈杀来。

刘承胤一面骗永历帝他已大败清军，一面向孔有德暗中约降，准备献上永历帝为“见面礼”。从近处逃回的一个明朝宗室慌忙拜见永历帝，告诉他清军已在三十里开外的地方。此话如晴天霹雳一样，吓得永历帝惊骇不知所为。

幸亏孔有德怕刘承胤诈降，使得这个叛贼不得不再次返回武冈城剃掉头发以“表决心”，恰恰这一来一往，给了永历帝及其左右群臣一个机会。刘承胤的老母和兄弟还算有良心，他们交出城门钥匙，永历帝才逃出生天。

清军与刘承胤忙随后追杀。明朝参将谢复荣等五百多明兵拼死断后，最后全部战死，才保得永历帝一行未被清军追及。

逃到半路，永历帝遇到总兵侯性带领的五千多明军，一行人踅回广西，到达柳州。

桂林方面，刘承胤派出的军士与焦琏军士发生内讧。李成栋派出的平乐和阳朔清兵对他们发动突然进攻时，这些人还没有醒过味来。

瞿式耜等人指挥有方，准备充分，他冒大雨率军与清兵殊死拼斗，又一次大败清兵，取得第二次“桂林大捷”。

数月之间，永历帝之所以能苟延残喘，在广西和湖南之间来回窜逃，主要是因为李成栋大军在广东遇到了大麻烦，一时间脱不开身。

陈子壮、陈邦彦和先前在道滘大败李成栋的张家玉一直集合当地民众，袭扰李成栋军队。义军与清军多次在广州附近周旋、战斗，极大地牵制了李成栋军队的主力。特别是陈邦彦，他率两三万义军由海路入珠江，声言攻打广州城，使得当时的清广东巡抚佟养甲连发急书，命李成栋回援。这样，四处窜逃的永历帝才有机会摆脱李成栋部下的穷追不舍。张家玉方面，率义军攻陷顺德县城，与回援的李成栋清军打起了游击战。

陈子壮在南海起兵，本来已经约定花山义军一起里应外合攻入广州。不料消息外泄，佟养甲和李成栋两人联兵，把三千多花山义军全部活埋，并大败陈子壮水军。

李成栋趁势引军猛攻陈邦彦，一路追击，一直打到清远，最终俘获了这位对明朝耿耿忠心的书生，并把他凌迟处死。临刑前，这位顺德义士赋绝命诗：“崖山多忠魂，前后照千古。”

数天之后，李成栋在增城大败张家玉义军。身中九箭的张家玉见势不可挽，放弃了逃跑的机会，慷慨言道：“大丈夫立身天下，事已至此，焉用徘徊！”言毕，遍拜共同作战的义军将领，转身投水而死。

又隔数日，陈子壮在南海被俘，拒不投降，也被清军于广州凌迟

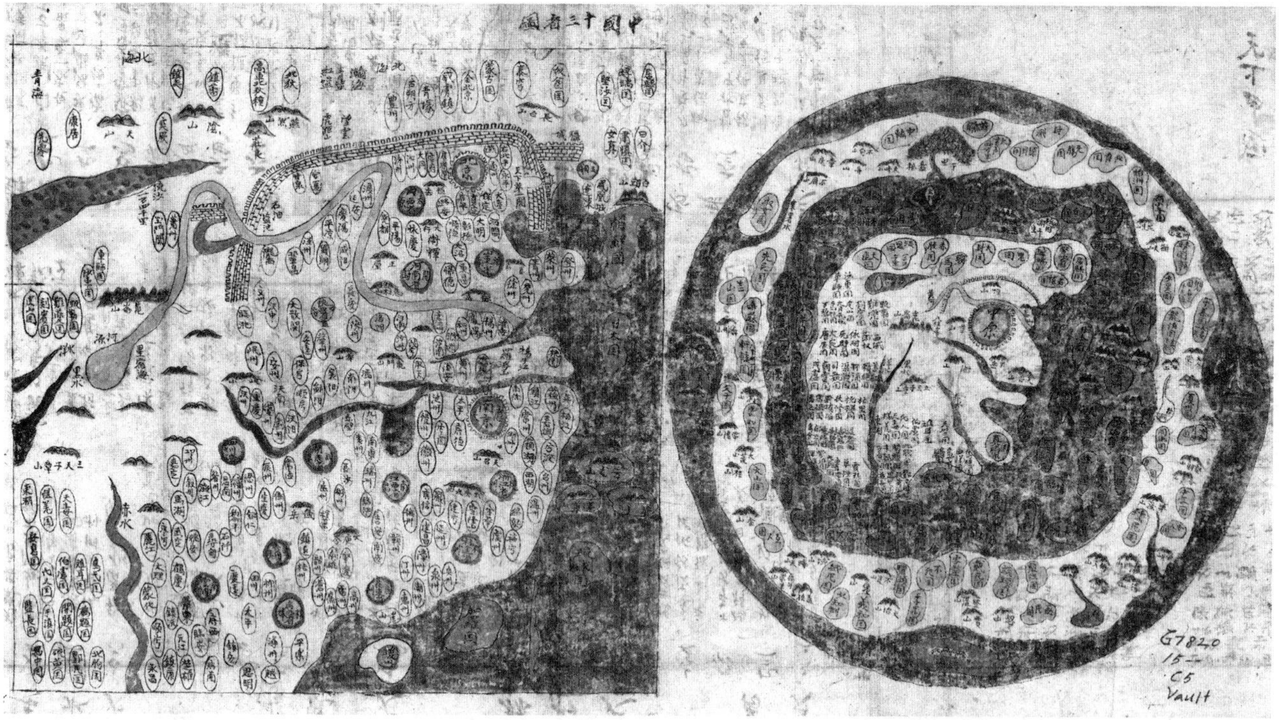

明朝中国十三省图和世界地图

杀害。

虽然在广东最终剿杀了“三忠”（陈子壮、陈邦彦、张家玉）及数万明朝义军，但李成栋内心深处想必也不会不为所动：同是汉族血脉，同受昔日明朝食禄，二陈一张能够以书生残弱之躯作绝望无援之斗，屡战屡北，屡北屡战，前赴后继，视死如归。反观自己，堂堂七尺武将，手握重兵，甘为清军鹰犬，屠戮残杀同胞。面对数位血肉同胞，在自己眼前慷慨壮烈而死，同为人子，同为汉人，李成栋心中不能不有所感念。

天良发现　立意反正

李成栋广州宣布归明

1647 年，趁着李成栋军在广东平灭陈子壮等人之际，瞿式耜把永历帝从柳州迎回桂林。

永历二年（1648 年）二月，在全州驻防的郝永忠忽然率军跑回桂林，报说清军正一路追逼，劝永历帝马上逃往柳州躲避。

由于郝永忠是李自成大顺军出身，他与明朝诸将之间的关系一直不睦，故而无人信其所言。此次回桂林，郝永忠部的粮食一直欠乏供应，这位流贼出身的武夫气恼之下，忽然纵兵大掠。乱兵冲入皇宫府堂后，不仅百官被抢劫得一干二净，连永历帝本人的龙袍也被抢走。这位帝王慌乱中逃出城外。幸亏当时郝永忠部只是愤恨抢劫，没有别的念头。

三月间，完全没有帝王尊严的永历帝逃至南宁避难。

清军杀到桂林时，瞿式耜仓皇应战。恰巧南明滇、楚两镇兵将赶到，于是诸路明兵殊死战斗，竟又获桂林第三次大捷。

喘息绝望之机，南明君臣竟忽然得到了他们做梦也想不到的好消息——江西总兵金声桓、副将王得仁以及广东提督李成栋三人，陆续宣布反正。他们重奉明朝正朔，宣布反击清朝。

金声桓是陕西榆林人，王得仁是陕西米脂人。这两人皆是明末农民军出身，金声桓号“一斗粟”，王得仁号“王杂毛”，皆是万人敌的猛将。金声桓在明末降左良玉，是左良玉四十八营中最精锐的部队。左良玉死，其子左梦庚降清，反击明军。金、王两人一起同刘良佐和高进库进攻江西，并长期驻兵于南昌。这两人虽是农民军出身，但常“邑邑思本朝（明朝）”，平时宴饮之间，言及明朝覆亡，两位将军竟常常泣下沾襟。

恰巧，清朝有个董御史巡按江西，傲慢骄横，向王得仁索要一个歌妓陪睡。王得仁没有立刻应允。董御史大骂：“我可以让王得仁老婆陪我睡觉，何况一个歌妓！”

听罢此言，王得仁按剑而起，大叫：“我王杂毛做贼二十年，却也知道男女之别、人间大伦，安能跪伏于猪狗之辈以求苟活！”于是，他提剑直趋，寸斩董御史。然后，他拜见金声桓，细诉缘由，两人一起宣布反正。

这两人的兵卒数目相加共约十万人，又有良马万匹，甲械精良。一朝反正，天下震动。

可见，历史上许多重大事件，导火索往往是一件小事情。如果没有董御史的好色，可能金、王两人只存“恢复”之心，随时而移，也不一定会激起如此大的事端。二人最终极可能循规蹈矩，一直做大清顺臣。

清廷听闻二人造反，立刻四处调兵。佟养甲命李成栋率军救援正为金、王两人急攻的赣州清将高进库。但是，此刻的李成栋，不动声色，静观时变。

本来，李成栋、佟养甲两人级别相当，两广大部分地区都是李成栋一路血战夺得，隆武、绍武两帝均为他所擒杀。殊不料，论功行赏之际，清廷重用“辽人”（佟养甲一族是辽阳大族，早就有族人投效清廷），封佟养甲为广东巡抚兼两广总督。李成栋只落个两广提督（军区司令），一切军务大事还得听佟养甲一人说了算。

李成栋的家属在从江南入广东的路上，肯定也目睹了金声桓、王得仁等人反正后各地“反清复明”的大势，可能多多少少对他进行过劝说。

各种史料中记载最多的，当数李成栋一个宠妾自杀激劝的事迹。连号称考据严谨的美国历史学家 Wakeman（中文名魏斐德 ）也曾提及过这一深明大义的美妇人。根据查继佐的《国寿录》记载，此烈女名张玉乔；王夫之所著《永历实录》，只讲这位美妇人是松江院妓出身，没有言及其姓名；江日昇《台湾外记》，讲她本是陈子壮的侍妾；而钱澄之《所知录》等笔记，又称这名美妇姓赵，是李成栋侧室。

本来，降清的明臣袁彭年一直知道李成栋怏怏不快，两人关系又好，酒宴言谈间，常常以辞色挑之。李成栋养子李元胤，也常常劝他反清。一次，爷儿俩登上越王台，密谋三天之久。李元胤纵论天下大事，涕泣陈说大义，劝说义父反正。最后，李成栋拔刀而起，发狠言道：“事即不谐，自当以颈血报本朝！”（此言也是一语成谶）

袁彭年为明朝大文人袁中道之子。袁中道，字小修，是“公安派”三袁兄弟中最小的一位。袁中道的两个哥哥袁宏道、袁宗道都是二十多岁中进士，唯独袁中道四十七岁才中，因此牢骚满腹。他天性狷狂，年轻时饮酒纵欲，疏狂不羁，还特别佩服狂放的大哲学家李贽。袁彭年的人品性格，想必半是遗传其父，半是自幼受这位轻狂老子的影响，积习所致，导致他后半生的行径反反复复。

回家后，李成栋那位美貌的爱妾也不断劝他趁机反正。由于他怕妇人嘴碎泄露大计，佯装发怒，对美人大声责骂。岂不料，这美人是个烈性妇人，她一刀在手，慨然说：“明公如能举大义反正，妾请先死于前，以成君子之志！”言毕，美人横刀在颈，用力一挥，登时香消玉殒。

李成栋不及解救，抚尸恸哭，感愤益甚，决意反清。

根据南明大学士何吾驺等人的史料，此美人应该姓赵。因为何吾驺在李成栋于广东反正后，为赵姓美人写过颂扬其事迹的歌诗。总之，无论这位美人姓张还是姓赵，红颜玉碎，以死相激，这件事情肯定实实在在发生过。正是这位美人，激使一代枭雄李成栋拍案而起，下定反清复明的决心！

永历二年六月初十，李成栋变易冠服，拜永历正朔，发兵逮捕佟养甲属下辽籍亲兵一千多人，全部杀掉。然后，他裹挟佟养甲一起向永历帝递降表。由此，广东十郡七十余县，共十多万兵士归附南明。

李成栋获封惠国公，李元胤获封锦衣卫指挥使，袁彭年为都御史，就连迫不得已投降的佟养甲，也被永历帝封为襄平伯。

在此，笔者为行文方便，完整交代一下袁彭年。这位名士之子，文人习气不轻。他于崇祯甲戌年（1634年）中进士，年轻即有才名。弘光帝得立，袁彭年获封礼部给事中。由于其人生性亢直，上疏揭发马士英、阮大铖罪恶，立刻被弘光帝罢官。隆武帝立，诏复原官。清军入福建，袁彭年降清。听说金、王两人在江西反正，又闻何腾蛟等明将在湖南、湖北连胜，家乡在湖北公安的袁彭年自然心动，与李元胤一起鼓励李成栋反清。入永历朝后，袁彭年卷入与马吉翔等人的争权夺利之中，后被永历帝冷淡，出居肇庆。清军再次攻陷广东后，袁彭年再去清朝官署自首，声言当初是李成栋逼自己反清。估计他的名气大，又是文人，对清廷统治没有大威胁，清政府竟饶他一命。回老家后，袁彭年往游四处，以诗自鸣自诩。后来，他病死于旅途之上。袁公子性情反复，也算是明末无行文人的一个典型。

否极泰来。广东、江西、湖南、湖北等大片地区一时遍树明朝旗帜，尽复明朝衣冠，正所谓“乌纱吉服，腰金象简满堂，如汉宫春晓”。不久，靖州、沅州、梧州、金川、宝庆等地相继入明，真正“形势一派大好”。

反正之后，李成栋忠心耿耿，一心事明。他不仅派人把桂林永历帝父亲的陵寝整修一新，还派兵迎永历帝移跸肇庆。

时穷节见　杀身成仁

李成栋的最后岁月

鉴于刘承胤挟帝自重的前鉴，瞿式耜上书请永历帝到桂林。不过，瞿式耜这份担心纯属多余，李成栋对永历帝确实怀着一份纯诚之心。他在肇庆修治宫殿，重建官署，修复城防，填充仪卫，使得“朝廷始有章纪”。

1648 年 11 月，永历帝驾临肇庆。

李成栋农民军出身，先与高杰被明军招安，接着又降清军。先前，他只见过隆武帝的尸身和那个登基仅一个多月即被擒的绍武帝。现在，他奉永历为正朔，还真没有足够的心理准备面见明朝新君。觐见之前，他向一群儒臣宾客练习面君时的进退礼节和应对之语。

待陛见之时，永历帝温颜接之，和声赐座，慰问再三。李成栋只是跪伏在地上，没有一句答言，最后叩头趋出。

出殿后，他的参谋很奇怪，问他为何没有与皇上对话。李成栋回答说：“吾是武将出身，容止声音，虽禁抑内敛，犹觉勃勃高声，恐怕回言时惊动皇上，有失人臣礼节。”

至此，从前杀人如麻的李将军，一番真心剖白，真令人刮目相看。

不过，这永历帝确实有人君之威仪。永历十六年，他最后被吴三桂抓住关进监狱，清军、汉军各级官将出于好奇去看这位爷，都不自觉地“或拜或叩首而退”。吴三桂本人前往，永历帝问“来人为谁？”吴三桂竟然双腿打晃，伏地不能起，惊惶得色如死灰、汗流浃背。大概是皇家嫡系、九五之尊的伦威所致。

为了表示对李成栋的尊崇，永历帝特敕拜李成栋为大将军、大司马，并效刘邦拜韩信故事，筑坛拜将，李成栋因而感到殊荣无比。

为报知遇信赖之恩，李成栋马上返回广州，募兵治军，准备入江西声援金声桓等人，恢复大明江山。

在肇庆时，李成栋对永历宠臣马吉翔的熏灼权势已有所见。他回到广州，出于耿耿忠心，上疏永历帝，说："恩威不出陛下而出旁门，匪人滥进，货贿公行……社稷存亡之大，非细故也，臣不敢不言。"

马吉翔见此疏，深恨李成栋。不久，李成栋集结兵马准备北上南雄进入江西抗清。他临行前，想入肇庆与永历帝辞别。

马吉翔闻讯，连忙于宫中造谣，说李成栋想仿效董卓和朱温，要趁入见时解散皇帝亲兵，以他的旧部代替，把皇上当傀儡。

由于李成栋昔日疯狂屠杀明军的表现仍历历在目，永历帝不能不疑。他派遣鸿胪卿吴侯去安抚李成栋，告诉他不必面君。

李成栋一片赤诚，对此一无所知，直到他见到在朝中任官的义子李元胤，才知道自己被马吉翔冤枉的实情。为此，他叹息说："我初归附国家，诣阙面君是正常的礼节。此次出行，誓死岭北！我只想与皇上辞别，交付公卿大臣后事，不想小人辈汹汹如此，恨吾不能剖心示诚，坐受无君之谤，徒以血肉付岭表耳！"

行至三水，永历使臣驰至，仍敕其不得入朝。李成栋望阙大恸，就地拜辞。然后，他从清远顺流而去。临行之时，他长叹道："吾不及更下此峡矣！"

清军方面，在中原聚集满族、蒙古族、汉族大军数万人，一支军由孔有德、济尔哈朗指挥，逼向湖广；另一支军由谭泰、尚可喜、耿仲明率领，直扑江西南昌。

1649 年 3 月 1 日，南昌陷落，金声桓失败。他杀妻子，焚厩舍，自刎而死。王得仁与清兵巷战，死于战场。湖南的明将何腾蛟不久被清军俘获，于湘潭就义。

李成栋提兵北上，屡战屡北。也真是天不祚明，当他为清朝从北往南打杀时，一路势如破竹。反正以后，由南往北打，他却败绩连连，十多万大军沿路伤亡殆尽。

1649年4月，南昌金、王两人败亡后，赣州的清将高进库再无北顾之忧。于是，他聚集全部精锐部队，在江西信丰大举进攻李成栋。

鏖战一天，李成栋部下大将多数战死。士卒溃逃，粮食又吃完，处境十分不妙。丧败之余，部下将领请李成栋退师，寻找机会再图重兴。

已经十分绝望的李成栋索酒痛饮，投杯于地，大言道："吾举千里效忠迎主，天子筑坛以大将拜我，今出师无功，何面目见天子耶！"言毕，他竟不带随从，骤马持弓渡水，直冲清军大营。

估计饮酒过量，加上伤心欲绝，李成栋竟于中途摔入水中，遇溺而亡。由此，这位刽子手名将终于结束了他令人费解、充满杀戮、反反复复、又不失波澜壮阔的一生。

讣闻，南明朝廷震悼，赠其太傅、宁夏王，谥"忠烈"。

值得交代的，还有李成栋的养子李元胤。李元胤，字元伯，河南南阳人，原本是良家子弟。李成栋为盗时掠良家子，就养以为子。自少年时代起，李元胤一直跟随李成栋出生入死，但他稍读书，知大义。由于读过书，他心计密赡，饶有器量。李成栋降清时，李元胤快快不乐。日后李成栋反正，李元胤绝对是劝成首功之人。佟养甲被胁迫降南明后，一直郁郁寡欢，暗中与清廷联络，准备内应反攻明军。佟养甲的信使为李成栋所获，李成栋恨得想马上杀掉这位老上司。李元胤劝李成栋说，一定要先禀永历帝后再杀佟养甲，不可专杀这么高级别的降将。后来，李元胤自到佟养甲处，假意告知说朝廷派他屯军梧州。佟养甲大喜，本来他一直装病，听说有命派他外镇，觉得终盼蛟龙入海之日，忙带亲兵上船，沿河而下。李元胤奉永历帝手谕，于半路邀击，遍杀佟养甲及其亲丁数百。

《万壑秋涛图》（局部） 明 何浩

李成栋战死后，永历帝仍旧信任李元胤。明将杨大甫屯居梧州，常常劫掠行舟，杀戮往来军使、抢夺贡物。李元胤上疏，请永历帝召杨大甫入见，趁机诛杀这个跋扈将领。于是，君臣饮酒之间，永历帝诘责杨大甫。这位桀骜的武将竟想趁势劫持永历帝。一旁侍饮的马吉翔等人立刻趁乱跑掉。李元胤不慌不忙，他一脚把杨大甫踹个大马趴，把这位爷逮住并缢杀于船外。

永历四年，清军攻梅岭，明将罗成耀弃南雄逃跑。见南明时势已去，罗成耀暗中约降清军，想攻取肇庆立功。永历帝知悉此情，忙派李元胤乘间杀掉这个叛贼。李元胤平时和罗成耀关系不错，就相约游船饮酒。舟泛中流，李元胤忽然把正在绳床上晃荡的罗成耀掀翻在地，以利刃一刀结果了这个叛贼。众人大惊，李元胤不慌不忙，以皇帝手敕示众人："有诏斩罗成耀。"然后，他"移尸涤血，行酒歌吹如故"。可见，李元胤三斩叛将，决机俄顷，有忠有智有勇，确是一个人才。

不久，永历帝逃跑，李元胤孤军守肇庆，领独军于西南驿击败清军。由于永历帝及一帮臣下各自鼠窜，李元胤最终孤军不支，被清军重围于郁林。绝望之下，李元胤穿上大明朝服，登城四拜，哭叹道："陛下负臣，臣不负陛下。"言毕自刎而死。从此，广东又尽陷于清军之手。

至此，诸师沦亡，南明昙花一现的大好时光终于过去。

1650 年年底，桂林城陷，瞿式耜殉国。

永历帝逃至南宁后，受制于权臣孙可望。而后，虽有李定国等忠臣义士相拥，南明仍因朝中奸臣当道，四面交困。

苟延残喘了十二年之久，历尽艰辛，逃过百死，永历帝最终为缅甸人出卖，交给了吴三桂。

永历十六年四月十五，永历帝朱由榔被吴三桂以弓弦绞死于昆明篦子坡，时年四十岁。南明灭亡。

明末清初的大名士吴伟业有《圆圆曲》一诗，其中妙笔生花，极力铺陈，把"白皙通侯最少年"的青年将军吴三桂和"前身合是采莲人"

的美貌歌姬陈圆圆的情事娓娓道来。但是，笔者估计真能看完全篇长诗的人不多，其中流传最广的也只有一句："冲冠一怒为红颜。"前因后果，也许没有多少有心人真正琢磨过。

其实，吴伟业这首长诗，极尽讽刺，特别是后面四句"妻子岂应关大计，英雄无奈是多情。全家白骨成灰土，一代红妆照汗青"简直就是诛心之句：吴三桂因一貌美年轻歌妓背父弃君。这样，石河大战之后，气急败坏的李自成在秦皇岛范家店当即虐杀了一直押在军营当人质的吴三桂之父吴襄。可以想象，刚刚损失数十万精兵的大顺军会怎样怀着刻骨仇恨"伺候"这位吴老爷！逃回北京后，李自成仍旧笼罩在失败后狂怒的情绪中，把吴三桂全家三十八口寸磔而死。吴三桂以剃发背国、全家成灰的代价，换来"一代红妆照汗青"。字里行间，刀笔戳入心肺骨髓，吴伟业已把吴三桂一生事业盖棺论定。

从明末清初这段历史，可以看到有三个爷们拍案而起跟红颜有关：首先是心机叵测的吴三桂，冲冠一怒"为"红颜；其次是因董御史强索宠爱歌妓而按捺不住的王得仁，冲冠一怒"惜"红颜；最后就是本文的主人公李成栋，冲冠一怒"报"红颜。而且后两位的经历相似，先前是卖身投靠，为清廷鹰犬，后来又起事反正，一心一意做明朝忠臣，孤忠可鉴，死而后已，确实不辜负红颜，令人扼腕嗟叹。

我们再回溯至那凄风苦雨的1662年，即清康熙元年，南明永历十六年。

十六年来，艰难苦恨繁双鬓，刚届不惑之年的永历帝朱由榔落入吴三桂之手。他对这位昔日的大明良将，仍抱怀有一丝天真的幻想。雨中黄叶树，灯下白头人，永历帝满怀凄怆，提笔作书，字字血泪，在纸上写道：

> 将军本朝之勋臣，新朝之雄镇也。世膺爵秩，藩封外疆，烈皇帝（崇祯）之于将军可谓甚厚……朕自登极以来，一战

而楚失，再战而西粤亡。朕披星戴月，流离惊窜，不可胜数。幸李定国迎朕于贵州，奉朕于南（宁）、安（隆），自谓与人无患，与国无争矣。

乃将军忘君父之大德，图开创之丰勋，督师入滇，犯我天阙，致滇南寸地曾不得孑然而处焉。将军之功大矣！将军之心忍乎？不忍乎？朕用是遗弃中国，旋渡沙河，聊借缅国以固吾圉。出险入深，既失世守之江山，复延先泽于外服，亦自幸矣。迩来将军不避艰险，亲至沙漠，提数十万之众，追茕茕羁旅之君，何视天下太隘哉！岂天覆地载之中，竟不能容朕一人哉！岂封王锡爵之后，犹必以歼朕邀功哉！第思高皇帝栉风沐雨之天下，朕不能身受片地，以为将军建功之能。将军既毁宗室，今又欲破我父子，感鸱鸮之章，能不惨然心恻耶？将军犹是中华之人，犹是世禄之裔也。即不为朕怜，独不念先帝乎？即不念先帝，独不念二祖列宗乎？即不念二祖列宗，独不念已身之祖若父乎？

不知新王何亲何厚于将军，孤客何仇何怨于将军？彼则尽忠竭力，此则除草绝根，若此者是将军自以为智，而不知适成其愚。将军于清朝自以为厚，而不知厚其所薄，万祀而下，史书记载，且谓将军为何如人也。朕今日兵单力微，卧榻边虽暂容鼾睡，父子之命悬于将军之手也明矣。若必欲得朕之首领，血溅月日，封函报命，固不敢辞。倘能转祸为福，反危就安，以南方片席，俾朕备位共主，唯将军命。是将军虽臣清朝，亦可谓不忘故主之血食，不负先帝之厚恩矣。唯冀裁择焉。

没落帝王，流离龙子，低首乞哀，字字有血，笔笔带泪，言中辛酸委屈，铁石心肠之人也会有所触动。不仅仅是哀求一己之生，永历帝也

《汉宫春晓图》（局部） 明 仇英

从吴三桂自身着想，一针见血指出："将军自以为智，而不知适成其愚。将军于清朝自以为厚，而不知厚其所薄……"试想，连对家门世受其恩禄的旧主都要斩尽杀绝、不留一丝情面的人，新主子清朝统治者在"赞叹"之余，内心深处真的不会起疑心吗？而且，万世千秋，史有传书有载，当以吴三桂为何如人也！

然而，刚狠凶戾、心机叵测的吴三桂，为了向清廷表现他的"一腔忠勇"，断然要把永历帝和他年仅十二岁的太子斩成两段，使他们身首分离。

最后，连和他一起作战的满族人爱星阿和宗室贝子卓越罗都心中不忍，劝说"永历（帝）亦曾为君，全其首领留个全尸总该不过分"。因为这两个满人的话，永历帝才得全尸而亡。

绞死永历帝及其太子后，吴三桂为向清廷表忠心，仍下令把永历父子焚尸扬灰。这样一个奸贼，难以让人相信他曾"冲冠一怒为红颜"。温情脉脉的情怀是否真有，肯定让人疑窦丛生。

康熙十二年，吴三桂竟也厚颜以"为明报仇"之名起兵。虽然他前前后后折腾了八年，但在他起兵之日起，就已注定了他败亡的命运！

如此相较，人品顿分高下。比起一生叛君叛父叛友叛明叛清的吴三桂，李成栋将军那发自内心深处、满怀深情、蹈死不顾的为红颜而激的"冲冠一怒"，确有让人激奋、让人信服、让人敬佩的一面！

细思明朝历史，满洲八旗在入关时只六万兵丁，到顺治五年才不过十万余丁。以区区十多万丁，满洲竟然能趁明朝内乱之际，最终灭亡有二百七十多年历史、拥兵数百万、人口近二亿的大明朝，着实发人深省！

在大明王朝摇摇欲坠之时，"数十万人齐解甲，更无一个是男儿"！反而是被圣人归为"难养"之类的女子，义薄霄汉，挺身而出，出现了赵氏姑娘（或张玉乔）以及众位反清英雄烈母贤妻的动人场面。她们或以义激，或以身殉，给中国历史的壮阔画卷平添了奇丽的动人风景。

扼腕叹息之余，不禁使人想起美国作家米勒对历史中那些德义妇女的评价：“女人看似柔弱、沉默，其实她们比男人更加坚韧，道德和良知更加坚定，能够面对人生巨大的变迁和伴侣的兴衰浮沉，并能在关键时刻比男人更果决、更富有远见……”

"圣朝"不留旧皇脉

清廷对崇祯三子及明宗室的杀戮

崇祯自杀后，李自成入北京，对其三个儿子朱慈烺（太子，周皇后生）、朱慈焕（田贵妃生）以及朱慈灿（周皇后生）均未加以杀害。自山海关败后，李自成败逃出北京，明太子绯衣乘马随乱军之后，虽然颠沛，却仍旧活得好好的。

乱离之中，兄弟三人运气还算不差，凤子龙孙，金枝玉叶，虽沦为街边巷口厮养仆役、搬砖乞食，总能弄口饭吃。太子朱慈烺在兵荒马乱中生存下来后，回到北京，投往其外祖父周奎处。

周奎国亡前不肯出银子饷军，李自成入京后，他由于及时献媚，竟免于被处死的命运，连刘宗敏的大夹板也没能把他夹倒。太子朱慈烺先是找到宦官常进节，细诉因由。太子本人虽出生在北京，但一直生养于深宫，只去常家玩过，记得他府门的特征，故而寻摸着找到了这位前明太监。常公公不敢怠慢，但当时已是大清天下，也不敢留他，就对太子说他姐姐长平公主（被其父亲崇祯帝杀之未死的那位）在姥爷周家。兄妹情深，又是血亲，太子便让常公公带自己去见周奎。

太子时年十六七岁，他之所以敢如此大胆露面，也与清廷在北京的政治大气候有关。多尔衮入京后装模作样殡葬崇祯皇帝、皇后，追谥崇祯为"怀宗端皇帝"，陵号为"思陵"。明白表示天下是取于"贼"，而不是取于明，宣扬清军是为明朝"复仇"。这种政治秀，使得明太子误认为他可以以真身示人。他可能这样想，昔日的大顺政权不仅让他活着，还给他个“宋王”封号。那么，“仁义”的大清，应该不会比李自成差吧。前明太子毕竟是年轻人，就是这样天真！

周奎初见太子外孙，非常惊讶，即时引长平公主来见。兄妹二人相执痛哭。

初见时，周奎与其侄周绎待太子非常客气，行坐宴饮间均待之以君臣之礼。到了晚间，长平公主持一锦袍送给太子，嘱咐他不要再来。兄妹依依不舍地告别。

太子在外冻饿数日，思念妹妹，更思念外祖父家锦衣玉食的温暖。隔了几日，他忍耐不住，再次登门。

此次，周奎的侄子周绎负责接待，周奎本人没再露面。周绎戒嘱太子说：“千万别说你自己是太子，有人问你，你就说姓刘，说书为生，如此可以免祸。”

太子皇家脾性，非常固执，坚决不肯。这种偏执，颇类其父。周绎很生气，就把这位表弟逐于门外。太子吵嚷，双方隔门大骂，周绎本人还冲出去对太子拳打脚踢。

恰巧，清兵巡逻队经过，见前明皇丈门前喧哗，事出可疑，就把太子与周绎一同抓起，送往刑部审问。

官府中堂之上，清朝一般有满汉两名官员共审。汉官是刑部主事钱凤览。他问明情由后，怒从心起，撩衣下堂，冲着周绎脑袋猛击一拳，大骂他“背主负恩”。从人情上讲，周绎如此对待明朝太子爷，确实说不过去，且钱凤览本人也是儒家思想教育出来的汉人，尤觉不能容忍。在堂的满人刑部尚书定不了案，此事关系重大，只能下令先把两人收监再说。

周奎急了，他深知此事关涉自身性命，连夜奋笔疾书，具疏上表，直递多尔衮。他坚称被逮的不是真太子。

多尔衮听说崇祯太子落案，非常紧张，马上派人押崇祯太子入宫，进行廷勘。同时，他召集昔日太子的锦衣卫扈从以及前明宗室晋王前来认人。

扈从数人一见太子，立即下跪敬拜，异口同声说："此真太子！"至于前明藩宗室晋王，支吾不语。

太子激愤，恨外祖父家寡情，切齿道："我来周家，只为看望我公主妹妹，没别的想法。现为周奎叔侄出卖，无论真假，大概逃不出一个'死'字，也不用再审，给我一刀就好！"话虽这样说，实际上少年求生愿望很强。

多尔衮弄清楚堂上所立玉面少年真的是崇祯帝太子，立即下令，把做证的十名锦衣卫官兵及前明宦官常进节关入牢狱。

刑部主事钱凤览不知多尔衮阴毒心事，他上疏道："观周奎疏中所言，他已明说是自己要大义灭亲，以真为伪，为大清除害，请朝廷以仁义为重，认真对待此事。"

多尔衮自有主张。经过安排后，清廷又进行审讯，在刑部会集更多官员听审，并派前明宗室晋王和前明大学士谢升来当廷指认。晋王下死口说不是真太子；谢升看了一眼少年，也摇头称不是。

太子高声对谢升说："谢先生，您在东宫给我讲课，城陷前还给我讲'临危授命'一题，不知您还记得吗？"

谢升大惭，一揖而退，仍旧默不作声。

主审汉官钱凤览见状愤恨，怒斥谢升与前明宗室晋王不仁不义。此时，他仍未揣摩到清朝主子多尔衮的真意。

审毕，各人仍皆送监严加看守。

于是，多尔衮坐便殿，把满朝文武大臣（包括在北京降清的前明朝臣）都唤来，探究大家对此事的意见。前明臣子们多是人精，皆唯唯而已。只有钱凤览与另外一个汉臣赵开心力争这个崇祯太子为真，希望清朝恩养。

多尔衮沉默了一会儿，忽然拍案而起，大怒道："真假且不必争，朝廷自有处分。但晋王乃前明王子，谢升乃前朝大臣，钱凤览出言不逊，无上蔑尊至极！伪太子及有关涉案人员，包括钱凤览、赵开心，皆斩首示众！”有人假惺惺求情，请多尔衮“开恩”：“钱凤览毕竟本朝臣子，赏他全尸，斩刑改为绞刑，赵开心免死。”

清廷狱具，认定崇祯太子是“伪太子”，而案件的“证人”为崇祯妃子“袁妃”和前明的宗室晋王。晋王不必讲，此人乃外藩，先前为清军在山西所俘，他本人根本没有见过太子，多尔衮让他说啥他就说啥。而这个“袁妃”，也是假冒，真袁妃在北京城陷前已被崇祯帝亲自砍死，清政府自己入京时曾布告过“礼葬”故明的帝、后、妃子，其中就有袁妃在内。这件事情，大概多尔衮自己都忘了，或者他就是强权当真理，说什么就是什么，毫不顾及。定案时做证的“袁妃”，其实是当年魏忠贤的“义女”，即送给天启皇帝玩弄的任妃。这个女人居冷宫多年，求媚清朝新贵，自告奋勇做假证，不足为怪。所以，不仅崇祯的真太子被杀，引他见周奎的宦官常进节以及十名承认他是太子的前明锦衣卫官兵，皆一同被杀。

大约在北京“太子案”的同时，南京也有“南都太子案”。其实这个“太子”乃前明驸马都尉王昺的侄子王之明，冒充太子名号想得享富贵。南明的弘光帝也很紧张：“太子若真，将何以处朕！”奸臣马士英等人为了保住自己地位，自然严刑拷求。当时，南方地区广大人民痛恨马士英等人，对他们怀有成见，所以大多数人反而认定这个太子是真的，各地将帅，包括史可法、何腾蛟、左良玉等人均上疏力挺这位假太子。后来，史可法从前往北京的南明使臣左懋第处知道真太子在北京，非常后悔，曾致书马士英承认过错。左良玉弄权跋扈大将，他反而以拥护“太子”的名义起兵窝里反，发大兵向南京进攻。所以说，当时南北两个“太子”，北京的是真，南京的是假。

清朝对待明朝宗室，表面上加以恩礼，其实养起来的都是疏远小宗，明皇近亲直系，却被屠戮无遗。究其机心，险恶深远。不过，他们对长平公主等女性亲属毫不为意。长平公主知道哥哥被杀后，愤然出京，但清廷强迫她出嫁，不久这位公主抑郁而死（在金庸笔下，她变成女大侠）。

清朝初建的几十年间，打着"朱三太子"旗号起兵的有好几起，最有名的当数康熙时吴三桂起兵后那个以"朱三太子"起兵的"天地会"首领杨起隆。康熙十八年（1679年），湖南抓到了一个和尚朱慈灿，这位确是崇祯帝另外一个儿子，他从北京逃出时年仅十二，多年流落，幸免于难。康熙帝把他与杨起隆列为同宗，诬之为假，借口是北京城陷时朱慈灿年少，不可能逃脱。于是以伪皇子名义将其处死。

这还不算，康熙四十七年，清廷又找到了崇祯帝唯一幸存的儿子朱慈焕。明亡六十年后，康熙帝十分阴狠地以伪皇子名目诛杀了此人。多尔衮时代，杀崇祯太子，用心尚或可理解，当时南明未下，全国未定，明太子活着是个大的政治隐患。但康熙后期，太平盛世，清朝坐稳帝位，康熙出此毒手，无非是对前明皇族斩草除根。

这件事情，案件当事人李方远在自己笔记《张先生传》中记得清清楚楚。康熙二十二年，李方远在一家路姓大户家中首次见到"张先生"，其人"丰标秀整，议论风生"，是个侃侃能言的美男子，自称姓张，号潜斋，在浙中大户张家为西宾（教师）。于是，二人交往密切，诗词往来，半年多内顿成密友。后来，"张先生"南行，二人拜别，二十多年没有通问消息。康熙四十五年，做过县令并已经解任家居的李方远又见到找上门来的"张先生"，要求谋求一教职养家糊口。老友相见，分外亲切，两人立刻欢饮畅叙。此后，"张先生"同时在不远的张岱霖家和李方远家教子弟读书。

康熙四十七年四月初三，李方远正与"张先生"下棋，忽然闯进一批捕快，把二人一同抓起审问。李方远本人做过清朝饶阳县县官，确实不知自己犯了何罪。审至"张先生"，此人马上坦白交代："我乃先朝皇子定王朱慈焕。崇祯十七年（1644年）流贼破北京，先帝（崇祯）

把我交给王内官。城破后，王内官把我交与闯贼领赏。不久，吴三桂与清兵杀败闯贼，我被贼军中一毛姓将军带往河南。他弃马买牛，种田过活。不久，由于大清捕查流贼很紧，毛将军弃我而逃。当时我十三岁，就自己往南走。行至凤阳，遇见一王姓老乡绅，知我是先朝皇子，就收留我在家，遂改姓'王'。过了几年，王先生病故，我就找寺庙出家。后来我云游至浙江，在古刹中遇见一位姓胡的余姚人，他叹赏我的才学，就把我请回家中，让我还俗，并把女儿嫁给我。后来，我又改姓张，以逃祸患。"

清朝主审的钦差和两江总督等多名高官在场，问："现在江南有两处叛逆造反案，皆称扶立你为君，恢复明朝，你知罪吗？"

朱慈焕表示："大清于明朝，有三大恩：第一，诛灭流贼，为我朱家复仇；第二，善保明朝宗室，从不杀害（此非实情）；第三，当今圣上亲自祭奠我家祖宗（朱元璋），命人扫墓。有此三大恩，我怎能造反呢？况且，我今年已经七十五岁，血气已衰，须发皆白，我不在三藩作乱时造反，而在如今太平盛世造反，于理于情说不通。况且，如果造反，一定会占据城池，积蓄屯粮，招买军马，打造盔甲，而我并未做一件类似事情。还有，我曾在山东教书度日，那里距京师很近，如果我有反心，怎敢待在那里？"

清朝官员马上押解生俘的大岚山造反首领，让他认人。这位造反的首领看了半天，表示说："我不认得此人，只是想假借朱氏皇子名义来鼓动百姓。"

审了多日，一层一层把案件呈上去，最终刑部接康熙朱笔御批："朱某虽无谋反之事，未尝无谋反之心，满门处斩！其本人假冒前明皇子，判凌迟。"至于与"张先生"老早相识的李方远，也被全家流放到东北宁古塔给披甲人为奴。

朱慈焕家在余姚，有一妻二子三女一媳，皆被清廷派人绞死在家中（传闻讲这七人是自缢，实际是被谋杀）。

自崇祯帝上吊自杀，至康熙四十七年，时光已流逝六十五年，小皇子已由昔日的十二岁孩童成为衰朽老翁，仍被押入北京城在闹市凌迟。

清廷所谓恩养的明室后裔，皆非正宗明裔。雍正二年（1724年），为了搞仁义幌子，清廷找出个镶白旗汉人朱文元，称为明太祖第十三子代王后人。这一支宗室在皇太极时被清军俘获。但查朱家宗谱，此人名字可疑，排行无据，实乃假冒无疑。宣统皇帝的洋老师庄士敦在他所著的《紫禁城的黄昏》中，写溥仪逊位后有一猥琐朱姓男子拜访谢恩打秋风，大概就是代王这一支的后人。

明朝宗室在明朝末期很走背运。在明末农民战争中，他们成为农民军屠戮的首要对象。从崇祯十四年至崇祯十七年，就有福王、唐王、崇王、岷王、代王、蜀王等十四个显贵王爷被农民军整家杀掉。至于郡王及将军之下，被杀的更是不计其数。

清廷方面，出于政治需要，自入关到顺治二年（1645年）以前，对明朝宗室人员以诱降、恩养为主。清军攻克南京后至顺治八年这一段时间，清廷开始对明宗室展开屠杀。自顺治八年至康熙早期，清廷又施以杀抚并用的手段。早在皇太极入关征明时代，后金军抓住明宗室王爷一般都杀死，比如德王和鲁王。由山海关入京后，清廷开始以招抚为诱饵，在诛杀崇祯帝直系血脉的同时，假装将逮到的明宗室养起来。清军攻陷南京后，由于明宗室在中国南部纷纷被人拥立，起兵相抗，清廷顿露狰狞面目，接二连三地罗织罪名，很快就把本来恩养在北京的明朝十几个王爷（包括曾经指认崇祯太子为“假太子”的晋王）均残酷加以处死。直至顺治亲政后，清廷对明宗室的控制才稍稍放缓，但彼时朱家血脉至近的“皇族”也没剩下多少了。

民国初年（1912年），一好事者名叫张相文，听说还有姓朱的后人祭祀“十三陵”，便去东直门的羊管胡同找到了这一家。当时这位朱姓人家还年年从民国财政部领银圆八百。

张相文到其家时，只有仆人在。他观主人案上有书，皆《七侠五义》《玉匣记》一类的通俗文学书。不久，“朱侯爷”本人回家，此人“年可三十余，状貌粗肥，面带酒肉气”。

张相文问他出自朱皇家哪一支，何年受封，传侯几代。此人皆茫然无知。

听说张相文在政府做事，“朱侯爷”喋喋不休，说他见过曹汝霖总长，要把自己家祖坟“十三陵”卖给国家当公园，以银还债。

张相文哑然失笑，马上告辞，离开了这个要卖祖坟的不肖之人。念朱元璋和大明王朝一度何等赫赫，有子孙愚蠢若斯，真不知是何报应！

明史大事记

1351 年　红巾军起义爆发，朱元璋投郭子兴从军。

1356 年　朱元璋被部下奉立为吴国公。

1368 年　朱元璋即位称帝，国号“大明”，定都南京。

1382 年　科举制度开始恢复；云南平定。

1398 年　朱元璋去世，其孙朱允炆即位，是为建文帝。

1399 年　建文帝采取削藩策略，致使燕王朱棣发动靖难之役。

1402 年　朱棣攻陷南京，即位称帝，是为永乐帝。

1405 年　郑和第一次下西洋，此后连续七次下西洋。

1421 年　明朝迁都北京。

1424 年　朱棣死于北征归途，朱高炽即位，是为洪熙帝。

1425 年　朱高炽去世，朱瞻基即位，是为宣德帝。

1435 年　朱瞻基去世，朱祁镇即位，是为正统帝。

1449 年　瓦剌进犯，土木堡之变中，朱祁镇被俘，其弟朱祁钰即位，是为景泰帝。

1450 年　明军大败瓦剌，朱祁镇还朝。

1457 年　朱祁镇复位，是为天顺帝。

1464 年　朱祁镇去世，朱见深即位，是为成化帝。

1472 年　明朝在河套地区修建长城。

1487 年　朱见深去世，朱祐樘即位，是为弘治帝。

1505 年　朱祐樘去世，朱厚照即位，是为正德帝。

1508 年　王守仁龙场悟道，创立阳明“心学”。

1519 年　王守仁平定宁王朱宸濠之乱。

1521 年　朱厚照去世，朱厚熜即位，是为嘉靖帝。

1563 年　戚继光击溃东南沿海倭寇。

1566 年　朱厚熜去世，朱载垕即位，是为隆庆帝。

1572 年　朱载垕去世，朱翊钧即位，是为万历帝。

1581 年　张居正主持在全国范围内推行了一条鞭法赋役制度。

1583 年　努尔哈赤起兵反明。

1616 年　努尔哈赤定国号“大金”。

1619 年　萨尔浒之战，努尔哈赤击败明朝与朝鲜联军。

1620 年　朱翊钧去世，朱常洛继位，是为泰昌帝；同年朱常洛去世，朱由校即位，是为天启帝。

1621 年　努尔哈赤迁都沈阳。

1626 年　努尔哈赤去世，皇太极即位。

1627 年　朱由校去世，朱由检即位，是为崇祯帝；崇祯帝清除阉党，魏忠贤自杀。

1629 年　皇太极率军破关，攻打北京；次年袁崇焕因“通敌叛国罪”被杀。

1636 年　皇太极称帝，改国号为“大清”。

1643 年　皇太极去世，福临即位，是为顺治帝；多尔衮摄政。

1644 年　李自成称帝，建立大顺政权，随后攻入北京，崇祯帝自杀；不久清军与吴三桂联军攻入北京，顺治帝在北京登基，明朝灭亡。

1646 年　福王朱由榔被拥立为帝，是为南明永历帝。

1661 年　郑成功收复台湾。

1662 年　吴三桂在缅甸擒杀朱由榔。